4차 산업혁명시대

개정판

스마트 생산관리

제조실행시스템: MES

한 경 사

박진영 | 지음

4차 산업혁명 시대 **스마트 생산관리 (개정판)**

저　자 박진영
발행일 2024년 2월 16일
발행처 **한경사**
발행인 이계남
등록사항 제10-1951호 2000년 4월 14일
주　소 서울시 마포구 신수로 59-1 (3층)
전화번호 02_717_7264~5
팩스번호 02_717_7226
홈페이지 hankyungsa.co.kr
이메일 hankyungsa@hanmail.net
ISBN 978-89-6844-480-7　93320
가　격 38,000원

4차 산업혁명 시대
스마트 생산관리

차례

3부 제품개발 및 생산계획

4부 공정 및 작업관리

5부 품질 및 설비관리

머리말

4차 산업혁명은 독일이 2011년 인더스트리 4.0을 발표한 이후 2016년에 다보스포럼에서 논의되면서 시작되었다. 4차 산업혁명은 3차 산업혁명인 컴퓨터 혁명 또는 디지털 혁명을 기반으로 사물인터넷, 로봇, 인공지능, 가상현실, 증강현실, 디지털 트윈, 블록체인 등 새로운 분야를 탄생시켰다.

독일의 인더스트리 4.0은 제조기업을 기반으로 하고 있으며 강소기업을 육성하는 계기가 되었다. 이것은 인구의 급속한 노령화로 생산 가능 인구의 감소가 제조 경쟁력을 저하하는 등의 문제를 해소하기 위하여 미래에도 고용과 더불어 글로벌 리더십을 유지하기 위한 정부정책 노력의 결과이다. 이와 같이 4차 산업혁명은 기업의 제조환경을 급속하게 변화하게 만들고 있다.

최근에 우리 제조기업들은 근로시간 제한, 인력 부족, 인건비 상승 등으로 인하여 어려움에 봉착해 있다. 이러한 어려움을 해소하고 중소기업의 경쟁력을 높이기 위하여 정부에서는 스마트공장 구축 보급확산 사업을 확대하고 있다. 2014년부터 시작한 스마트공장 구축사업은 대부분이 기초수준에 머무르고 있다.

스마트공장의 수준은 제조현장의 스마트화한 정도에 따라 분류하고 있다. 스마트화라는 것은 데이터를 신뢰성 있게 수집 및 분석을 통해 현장을 자율제어하는 것을 말한다. 우리는 흔히 스마트공장하면 자동화를 떠 올린다. 자동화는 이미 3차 산업혁명 때부터 CAD/CAM과 로봇 등을 통해 많이 보급되었다. 이때 자동화는 인력을 절감하고 설비의 생산성을 높이기 위한 대량생산이 목적이었다. 그러나 무턱대고 한 자동화는 많은 실패의 요인이 되었다. 자동화만으로 해결 못하는 것이 많았다. 제조현장은 4M1E의 상호작용으로 이루어지고 있으며, 4M1E의 비효율적인 운영으로 많은 낭비를 발생시키고 있다. 자동화는 이 중에 설비에 해당하는 것으로서 설비자동화를 통해 4M1E의 상호작용에 따른 비효율적인 낭비를 제거하지는 못했다. 이는 제조현장의 4M1E가 최적화되지 못했기 때문이며, 제조현장에 대한 정확한 정보(데이터)가 없어 현장을 효율적으로 제어하지 못했기 때문이다.

기업은 스마트공장을 도입하면 제조현장에서 발생되는 모든 문제들이 일시에 해소되기를 기대한다. 그러나 현실적으로는 그렇지 못함에 대한 실망감이 크다. 또한 스마트공장이 어느 정도로 구축되어야 완성되는지를 모르고 있는 것이 현실이다. 그리고 스마트제조 수준을 나타내는 용어 중 고도화라는 것은 수준(level-5)을 나타내기도 하고, 때로는 초기 도입 후 추가 도입할 경우에도 사용하고 있다. 고도화는 명사로서 정도가 높아짐 또는 정도를 높인다는 뜻으로 후자에 해당하는 용어라고 할 수 있다. 이와 같이 용어의 사용에 있어서도 혼란이 가중되고 있다. 따라서 이 책에서는 전자에 사용된 수준(level-5)을 완성수준으로 정의하였다. 왜냐하면 스마트공장 완성의 종착점은 가상물리시스템의 구현을 통하여 생산현장을 자율제어하는 데 있기 때문이다. 이 같은 현상은 스마트공장 구축에 대한 이해가 부족하기 때문인 것으로 분석된다.

스마트공장 구축의 궁극적인 목적은 제조 경쟁력을 갖추기 위한 것이다. 제조 경쟁력은 제조성과를 통해 결정된다. 제조성과는 생산성, 품질, 납기, 원가, 유연성, 환경 등으로 측정할 수 있다. 이러한 제조성과는 제조현장에서 4M1E의 효율적인 운영으로부터 나온다. 이를 저해하는 비효율적 요인인 낭비가 철저하게 제거되어야만 효율성이 높아진다. 따라서 제조현장의 현상을 이해하고 이를 분석하여 체계적으로 접근할 때 성공적인 스마트공장을 구현할 수 있다.

스마트공장을 구축하기 위해서는 투자가 수반되어야 하므로 기업에서는 부담이 되지 않을 수 없다. 그러므로 스마트공장을 도입하고자 하는 기업에서는 미래 바람직한 스마트공장의 모습을 그려놓고 단계적으로 접근하는 것이 필요하다.

따라서 이 책은 성공적인 스마트공장을 구축하기 위하여 스마트제조의 수준에 대한 이해를 통해 스마트제조의 원리와 제조성과를 높이기 위한 효율적인 생산관리 활동 방법을 이해함으로써 체계적으로 접근할 수 있도록 하는 데 있다.

제1장은 4차 산업혁명과 생산관리의 개념에 대하여 살펴보고, 제조 경쟁력을 달성하기 위한 구조의 이해를 통해 제조성과와 스마트제조 수준과의 관계를 설명하였다.

제2장은 스마트공장 구축을 위한 제조 스마트화 단계별 수준을 정의하고, 기능별로 단계별 수준을 정의하고 설명하였다.

제3장은 스마트공장을 구축하기 위한 기본적인 하드웨어에 대하여 설명하였다.

제4장은 스마트공장을 구축하기 위한 응용소프트웨어의 종류와 적용범위에 대하여 살펴보고, 단계적인 도입순서와 기본적인 응용소프트웨어의 구현내용에 대하여 설명하였다.

제5장은 스마트공장의 완성은 가상물리시스템이 구현되는 것으로 가상물리시스템의 개념에 대하여 살펴보고, 가상물리시스템을 구현하는 디지털 트윈 기술에 대하여 설명하였다. 그리고

디지털 트윈 기술을 구현하기 위한 공정 최적화 프로세스 접근법을 제시하였으며, 이를 공정분석, 낭비제거, 공정 최적화 설계, 공정 레이아웃 구축 등 4단계로 설명하였다.

제6장은 제품개발 및 설계 방법에 대하여 설명하였다.

제7장은 시장의 불활실성에 따른 수요예측 방법에 대하여 설명하였다.

제8장은 중장기 생산계획으로부터 단기 및 일정계획과 생산능력계획 수립 방법에 대하여 설명하였다.

제9장은 자재관리의 범위와 재고관리 및 자재소요계획 수립 방법에 대하여 설명하였다.

제10장은 공정 및 작업관리의 첫 번째 단계로 제조성과를 달성하기 위한 생산성분석을 통해 생산성을 저해하는 낭비제거 방법에 대하여 설명하였다.

제11장은 공정 및 작업관리의 두 번째 단계로 공정분석과 공정설계 방법에 대하여 설명하였다.

제12장은 공정 및 작업관리의 세 번째 단계로 표준시간분석에 대하여 설명하였다.

제13장은 공정 및 작업관리의 네 번째 단계로 공정설계에 따라 시뮬레이션을 통한 실제 레이아웃 구축방법에 대하여 설명하였다.

제14장은 최근에 이슈가 되고 있는 빅데이터의 개념에 대하여 살펴보고, 현장에서 발생하고 있는 빅데이터를 선별적으로 수집하는 방법과 이를 분석하고 해석하는 품질관리 방법에 대하여 설명하였다.

제15장은 공정관리에 있어서 제약조건 중의 하나인 설비의 신뢰성을 높이기 위한 보전관리 방법에 대하여 설명하였다.

제16장은 설비의 고장을 예방하고 신뢰성을 높이기 위한 설비진단기술에 대하여 설명하였다.

이상에서 살펴본 바와 같이 이 책은 스마트공장을 구축하기 위한 체계적인 접근법과 효율적인 생산관리에 대한 원리를 설명하였다. 이 책에서 제외된 부분은 소프트웨어 구현에 관한 내용이다. 공정 최적화 설계가 끝난 후 공정 레이아웃 구축은 물리적 시스템을 구현하는 것이다. 공정 최적화 설계가 된 것을 그대로 소프트웨어로 구현하면 가상 시스템이 되고, 공정 레이아웃이 구축된 모습을 그대로 컴퓨터로 구현하면 디지털 트윈이 되며, 이를 실제 현장에 적용하면 가상물리시스템이 된다. 소프트웨어로 구현하는 것은 컴퓨터 전공자에게 맡기면 되기 때문에 이 책에서는 생략했다.

끝으로 4차 산업혁명시대 스마트공장의 구축은 제조 경쟁력을 확보하는 일이다. 제조 경쟁력은 제조성과를 달성할 수 없으면 불가능하다. 공정분석, 낭비제거, 공정 최적화 설계없이 단순히 데이터만 수집하고 설비자동화만 하는 스마트공장 구축은 제조성과를 높이는 데에는 한계가 있다. 똑같은 제품을 제조하는 기업이라고 하더라도 제조방식은 기업에 따라 다르다. 스마트공장은 그 기업에 적합한 스마트제조시스템으로 구축되었을 때 경쟁력있는 제조시스템이 된다. 따라서 최적의 스마트공장을 구축하기 위해서는 스마트제조기술에 대한 이해와 이를 효율적으로 달성하기 위한 체계적인 생산관리 방법의 이해가 필요하다. 이 책은 스마트공장 구축과 직간접적으로 관련이 있거나 이를 처음 학습하고자 하는 사람들에게 이해를 돕고 경쟁력 있는 스마트제조시스템을 구축하기 위한 체계적인 생산관리 활동의 안내자 역할을 하기를 기대한다.

저자 박진영

1부 스마트 생산관리 개요

CHAPTER

1

4차 산업혁명과 생산관리

1. 4차 산업혁명

4차 산업혁명은 독일에서 2011년부터 제조업 혁신을 목표로 하여 인더스트리 4.0을 만든 슬로건으로서 2016년 4차 산업혁명의 변화를 가져오게 만든 원천이다. 2016년도에 스위스 다보스에서 열린 세계경제포럼에서 4차 산업혁명이라는 용어를 사용하면서, 제조산업의 전반적인 패러다임을 변화시키고 산업 전반에 걸쳐 생산이나 관리 등 시스템에 커다란 변화를 줄 것이라고 예고하였다. 세계경제포럼에서 4차 산업혁명을 3차 산업혁명에 기반을 둔 디지털, 바이오산업, 물리학 등의 경계를 융합하는 기술혁명이라고 정의하였다. 인더스트리 4.0은 기술의 발전이 글로벌 가치사슬 구조를 근본적으로 바꿀 것이라고 하였고, 스마트공장의 도입을 통해 제조업의 가상 시스템과 물리적 시스템이 결합하여 완전한 맞춤 생산이 가능해지고 새로운 제조모델이 발생할 것이라고 하였다. 따라서 4차 산업혁명의 기반은 가상물리시스템(Cyber Physical System: CPS)이 될 것이라고 예언했다.

4차 산업혁명은 3차 산업혁명을 기반으로 하고 있으므로 산업혁명의 발전을 살펴볼 필요가 있다.

[그림 1-1] 산업혁명의 발전

제1차 산업혁명	제2차 산업혁명	제3차 산업혁명	제4차 산업혁명
18세기	19~20세기 초	20세기 후반	2015년~
증기기관 기반 기계화 혁명	전기에너지 기반 대량생산 혁명	컴퓨터와 인터넷 기반 지식정보 혁명	IoT*/CPS**/인공지능 기반 만물초지능 혁명
공장생산시스템	컨베이어시스템	자동화시스템	가상물리시스템
공장 등장과 기계화 생산 설비를 통한 생산 혁명	공장에 전력이 공급되어 컨베이어 벨트를 이용한 대량생산 혁명	컴퓨터와 IT를 통한 정보화 및 자동화 생산 혁명	사람, 사물, 공간을 초연결·초지능화하여 개인맞춤형 대량생산 혁명

*IoT: Internet of Thing.
**CPS: Cyber Physical System.

제1차 산업혁명은 18세기 철도건설과 증기기관의 발견으로 공장이 등장하게 되었고, 공장에서 기계화를 통해 제품을 생산하는 기계혁명을 일으켰다. 기계혁명은 산업화를 이루는 계기를 마련하게 되었고, 기계 발전을 통해 산업의 생산성을 크게 향상시키는 계기가 되었다.

제2차 산업혁명은 19세기에서 20세기 초에 전기에너지를 기반으로 하는 컨베이어 벨트를 사용하여 대량생산을 가능하게 하였다. 동력을 이용한 컨베이어 벨트의 사용은 작업의 분업화를 통해 반복작업으로 인한 작업능률을 극대화함으로써 대량생산이 가능하도록 하였다.

제3차 산업혁명은 20세기 후반에 컴퓨터와 인터넷을 기반으로 하는 지식정보혁명이 일어났으며, 이를 컴퓨터 혁명 또는 디지털 혁명이라고도 한다. 정보기술의 발달은 설비를 컴퓨터로 제어하는 자동화를 가능하게 만들었으며, 컴퓨터를 이용한 생산자동화를 통해 대량생산의 형태로 진화하게 되었다.

제4차 산업혁명은 정보통신기술(Information Communication Technology: ICT)의 발달로 사람·사물·공간을 초연결 및 초지능화하여 각종 기술의 융합이 가능해 졌으며, 가상공간에서 시뮬레이션을 통해 실제 현장에 적용하는 지능형 자동생산방식으로 전환

[그림 1-2] 제품 생산량의 변화에 따른 생산방식의 변화

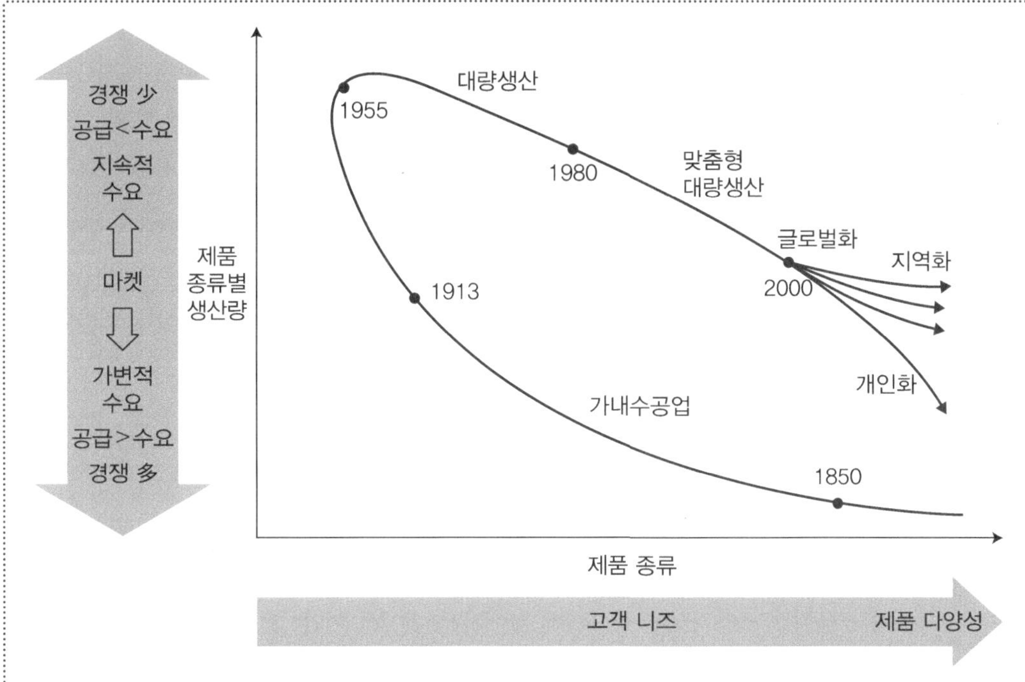

된다. 현장으로부터 막대한 데이터를 실시간 수집이 가능해져, 이를 분석하여 일정한 패턴을 파악하고 이것을 토대로 생산을 예측할 수 있다. 그리고 고객 개개인별 요구사항을 반영하는 개인별 맞춤형 생산이 가능해 졌으며, 대량생산을 통한 고객이 수용할 수 있는 가격으로 시장에서 경쟁력을 확보할 수 있다.

더 저렴하면서 작고 강해진 센서, 인공지능, 머신러닝과 딥러닝, 모바일 인터넷의 발달 등의 4차 산업혁명 특징으로 인해 지능형 설비와 정교한 네트워크는 스마트제조를 가능하게 만들었다.

2. 제조업의 변화

2.1 생산자 중심에서 소비자 중심으로 변화

과거에는 국내 소비자를 대상으로만 생산 및 판매활동을 벌여왔으나, 글로벌화가 되면서 전 세계의 소비자를 대상으로 그 규모가 확대되어 이루어지고 있다. 그리고 정보기

술의 발달은 고객이 그들이 구매하고자 하는 상품을 세계의 어느 곳에서든지 인터넷을 통하여 자유롭게 구매할 수 있게 만들었다. 이와 같이 시장이 글로벌화 되면서 기업들은 국내 판매에만 의존한다는 것은 성장에 한계가 있을 수밖에 없기 때문에 세계시장으로 진출을 확대하고 있다. 많은 기업들은 제조비용 감축을 위해 인건비가 싼 해외로 공장을 이전하여 수출기지를 구축하기도 한다. 글로벌화 시대에는 공장이나 거점을 신흥시장에의 진출을 목적으로 생산거점을 개발도상국으로 이전하여 지역밀착형 제조공장을 지향한다. 이것은 시장으로 기대되는 신흥 개발도상국에 공장의 거점을 두고 현지의 문화와 니즈에 맞는 제품을 설계하고 판매하는 지역밀착형 경영을 의미한다. 신흥 개발도상국을 두고 글로벌 기업들이 서로 경쟁을 하게 됨으로써 기업이 생존하기 위해서는 소비자 중심으로의 전환이 필요하다.

예를 들면 1890년대에는 자동차 생산회사가 포드자동차뿐인 관계로 고객의 선택 여지가 없었지만, 오늘날에는 자동차를 생산하는 기업이 많이 생겨나 고객의 취향에 따라 선택할 수 있는 상태가 되었다. 국내의 경우에는 전자제품을 생산하는 금성사(현재 LG전자)가 트랜지스터 라디오를 생산하여 판매하는 유일한 기업이었으나, 그 후 삼성, 대우가 생겨나고 일본의 소니 등이 국내에 들어오면서 고객들이 전자제품을 선택하는 폭이 넓어진 경우를 말한다. 또한 생산기술의 발달로 인하여 과거보다 생산성이 훨씬 향상되어 공급과잉 문제가 발생하기도 하였다. 이것은 고객들의 선택 폭이 넓어져 제품을 선택하는 데 있어서 까다롭고 다양성이 높아지는 계기가 되었다. 따라서 기업은 고객이 원하는 제품을 좋은 품질, 저렴한 가격, 신속한 납기 등으로 제공하지 않으면 실패할 수밖에 없다. 이와 같은 현상은 기업들의 생산방식에 있어서 변화를 요구한다.

2.2 아날로그 시대에서 디지털 시대로 변화

컴퓨터에 의한 설계제조시스템(CAD/CAM)의 등장과 인터넷 보급은 제조 프로세스를 아날로그 방식에서 디지털 방식으로 변화하게 만들었다. 설계제조시스템은 어느 정도 컴퓨터를 사용할 수 있는 사람이면 특별한 지식이나 기술이 없어도 간단히 설계를 하거나 제품을 만들 수 있는 획기적인 혁신기술이다. 디지털 시대에는 숙련된 기술자가 꼭 있어야 되는 것은 아니다. 생산성을 향상시키기 위해서는 부품의 조립을 위해 좁은 생산현장을 최대한 활용할 수 있도록 설비를 효율적으로 배치하는 것이 중요한데, 이러한 일은 컴퓨터 시뮬레이션을 통해 간단히 처리할 수 있다.

최근에 기업들은 생산성을 높이고 원가절감하기 위해 부품을 표준화하여 모듈화 생산을 확대하고 있는 추세이며, 이들 모듈화된 부품의 조립만으로도 제품을 만들 수 있다. 따라서 숙련된 기술자가 아니더라도 컴퓨터 활용을 통해서 이들 모듈화된 부품들을 조합하여 원하는 제품을 만들 수 있다. 후발 기업들도 디지털 제조시스템을 활용하여 과거와는 비교할 수 없을 속도로 신제품을 연속적으로 내놓고 있다. 이러한 현상은 컴퓨터의 발달이 후발 기업들이 선도 기업들과의 격차를 줄이는 역할을 가속화 시킨다.

선도하는 제조기업 입장에서는 신흥국에서 생산된 제품이 가격과 품질 면에서 수준이 낮아 소비자들이 외면할 것처럼 보일 수 있다. 그러나 이러한 생각은 크나큰 인식의 차이에서 발생하는 현상이다. 이제 막 소비활동을 시작한 신흥시장에서는 수준이 낮은 품질과 가격의 제품으로도 소비자의 욕구를 충분히 만족시킬 수 있다. 선도하는 대다수 기업들은 신흥시장의 소비자들이 보다 더 고품질의 제품을 요구하게 되면 자연적으로 선도기업이 생산하는 고급 제품을 구매할 것으로 생각하고 있지만, 그런 일은 발생하지 않고 있다. 사용하던 제품에 익숙해진 소비자들은 그 제조사의 보다 고급화된 제품을 구매하고 있는 것이 지금의 현실이다. 따라서 글로벌 선도기업들도 기존의 기술을 융합하여 다양한 사람들이 살고 있는 현지 신흥시장에서 과거에 없던 획기적인 제품을 연속적으로 만들어 내고 있다.

제품을 생산하는 데 있어서도 숙련된 설계자나 기술자가 없다고 해도 문제가 되지 않는다. 최신 설계정보를 입력한 컴퓨터와 최신 가공정보를 입력한 공작기계만 있어도 세계 어느 곳에서든지 글로벌 선도기업들이 만들어 내고 있는 것과 동일한 수준의 제품을 만들 수 있다. 이것이 지금 세계 제조산업에서 일어나고 있는 변화이다. 글로벌화에서 가장 중요한 것 중의 하나가 의사결정의 신속성과 신제품 개발·생산의 속도이다. 휴대폰 시장에서 볼 수 있듯이 삼성, LG, 애플의 경쟁과 같이 시장에 제품을 먼저 출시하는 것이 시장을 선점한다.

선도기업이 개발한 제품을 참고하여 그들이 적용한 제품개발 프로세스를 역으로 접근하여 다양한 시장에서 요구하는 제품을 재창조하는 기술을 리버스 엔지니어링(reverse engineering)이라 한다. 이것은 완전 복제품과는 다르게 설계자의 개발의도를 충실히 이해하고, 여기에 기능을 추가하거나 삭제해가면서 지금과 전혀 다른 새로운 목적이나 기능을 가진 제품을 만들어 낸다.

이러한 방법으로 개발된 제품에 사용된 기술을 보면 특별히 새로운 것이 없다. 그러나 이 정도의 노력으로도 보다 많은 소비자로부터 선택받을 수 있는 매력적인 제품을 만들 수 있다는 것이다. 선진국 소비자의 입장에서 보면 도저히 생각할 수 없는 제품 사용법이지만, 소비자들에게 선택받지 못하면 팔리지 않는 것이 현실이다.

2.3 생산방식의 변화

헨리 포드가 도축장을 우연히 방문하여 컨베이어 벨트에 가축을 매달아 효율적으로 도축하는 모습을 보고 이를 자동차 산업에 도입하여 발전시킨 것이 1890년대 포드자동차의 컨베이어 시스템이다.

[그림 1-3] 포드자동차의 컨베이어 생산

컨베이어 벨트는 동력으로 움직이고 한번 설치를 해 놓으면 고정타입으로 변경하기가 쉽지 않기 때문에 한 가지 제품을 연속으로 생산할 수밖에 없다. 포드의 컨베이어 생산방식은 작업자가 한자리에서 마치 기계의 부품처럼 동일한 일을 컨베이어 속도에 맞추어 반복하게 만들었다. 포드시스템은 작업을 3S인 표준화(standardization), 전문화(specialization), 단순화(simplification)한 것으로, 작업을 잘게 쪼개어 단순화하고 표준화하여 작업자가 반복작업을 통해 기능을 숙련시킴으로써 비약적인 생산성 향상을 가져오게 하였다. 이것은 이전까지 가내수공업이었던 소품종 소량생산 방식에서 벗어나 단일품목을 대량으로 생산하는 소품종 대량생산 방식으로의 전환점이 되었다. 포드시스템으로 인한 생산성 향상은 원가절감을 통한 판매가격의 하락으로 자동차의 대중화를 여는 계기가 되었다. 예를 들면 1908년에 포드자동차는 모델T카를 처음 출시하게 되었는데 당시 2~3천 달러였던 자동차를 750~800달러로 내렸다.

[그림 1-4] 포드자동차의 모델T카

1945년 2차 세계대전이 끝난 후 패망한 일본은 부족한 자원으로 산업을 재건해야 하는 상황에서 도요타 자동차는 경쟁에서 이기기 위해서는 생산방식을 바꾸지 않으면 안 되었다. 미국 자동차 회사와 동일한 생산방식으로 경쟁에서 이긴다는 것은 불가능한 일이었기 때문이다. 따라서 고객이 요구하는 제품을, 필요한 시기에, 필요한 양만큼 만들어 필요한 장소에 공급하는 적시생산(Just in Time: JIT)시스템을 고안하였고, 이를 도요타생산방식(Toyota Production System: TPS)이라고도 한다. 적시생산시스템은 무(無)재고생산방식으로 제조활동에서 발생할 수 있는 낭비를 근본적으로 배제하는 제조 프로세스를 만들어 생산성과 품질향상을 통해 원가를 절감하고자 하였다. 적시생산시스템으로 오늘날 일본이 품질 좋은 제품을 값싸게 미국 등 세계 시장에 공급함으로써 경쟁력을 확보하게 된 계기가 되었다. 이를 본 미국 MIT대학의 학자들이 도요타 생산시스템을 연구하여 린생산시스템(Lean Production System)으로 이름을 붙여 오늘에 이르고 있다. 우리는 소품종 대량생산방식보다 다품종 소량생산방식이 원가가 더 많이 소요될 것이라고 말을 한다. 물론 대량생산은 규모의 생산으로 단위당 비용이 적게 든다. 그러나 도요타 자동차는 다품종 소량생산을 하더라도 원가경쟁력을 갖출 수 있다는 것을 보여준 대표적인 예다. 다품종 소량생산은 생산방식의 문제가 아니라 제조 프로세스의 운영이 효율적이지 못하기 때문에 원가가 상승되는 현상이 발생하는 것이다. 스마트제조에서 최종적으로 지향하는 개별 맞춤형 생산방식도 원가가 상승될 것처럼 보이나 인공지능과 사물인터넷의 발달로 제조 프로세스의 효율향상이 가능하여 원가경쟁력을 갖추는 것을 가능하게 한다. 적시생산시스템을 살펴보면 고객이 요구하는 제품이 1개일지라도 요구하는 시기에 맞추어 필요한 장소에 제공해야 한다는 철학은 오늘날 스마트공장의 미래 모습인 개별 맞춤형 대량생산방식과 같다.

포드자동차 태동 이후에 현재까지 세계적으로 자동차를 생산하는 제조사를 살펴보면 많다는 것을 알 수 있다. 그리고 현재 도로를 달리는 차를 살펴보면 차종, 색상, 제조사 등이 다양하다는 것을 알 수 있다.

1990년대 포스터포디즘 논쟁이 일어나 사람들이 탈중앙적, 탈계몽적, 탈근대적 사고를 갖게 되면서 소비자들은 획일적인 소비를 거부하고 자기의 개성과 창의에 맞는 소비를 하게 될 것이라는 전망이 나왔다. 이 포스터포디즘으로 인해 소품종 대량생산 시대에서 다품종 소량생산 시대로의 변화를 가져오게 되었다.

예를 들면 베네통은 연구과 마케팅 인력만 보유하고 있고, 생산은 세계 각 나라의 제조시설을 활용하여 위탁생산을 하는 것으로 알려져 있다. 베네통은 다양해지는 소비자의 요구에 빠르게 대응하기 위하여 설계 및 운영 방식을 변화하여 소비자가 원하는 다양한 디자인과 다양한 색상의 옷들을 만들어 제공하려고 다품종 소량생산을 실현했다. 일반적인 기업의 옷 제조 프로세스는 원자재인 하얀색의 실을 먼저 색상별로 염색한 후 색상별 옷을 제작한다. 이때 염색한 실은 고객이 어떤 색상을 원하는지 알 수 없으므로 다양한 종류의 색상으로 미리 준비해 두어야 한다. 이것은 각 색상별로 재고를 보유해야 하는 문제가 발생한다. 그러나 베네통의 경우에는 원자재인 하얀색의 실로 옷을 제작한

[그림 1-5] 베네통과 일반적인 옷 제조 프로세스 비교

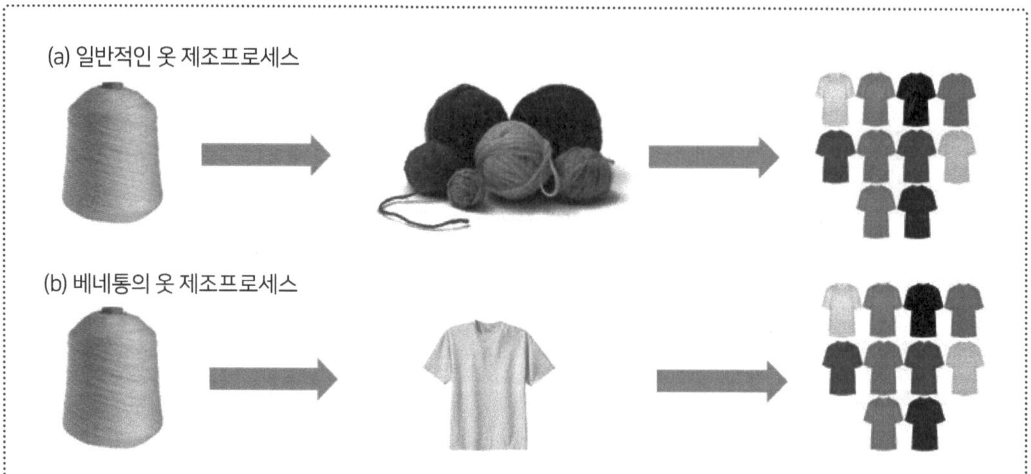

후 고객이 원하는 색상에 따라 옷을 염색한다. 따라서 고객이 원하는 색상의 제품을 재고 없이도 신속하게 제공할 수 있었다.

전기자동차 회사인 테슬라 공장은 사람과 컨베이어가 사라졌다. 컨베이어 벨트를 사용하지 않기 때문에 차를 만들 수 있는 공간에 작업자가 모여 차를 생산하게 된다. 소비자가 자신이 타고 싶은 자동차의 구성요소를 하나하나 선택해 세상에 없는 자신만의 자동차를 요구한다. 예를 들면 2015년 전기차 창업기업인 패러데이 퓨처스는 '제품을 당신이 결정하세요. 배터리는 4×5, 4×6, 5×6, 5×7 중 선택, 차축은 전륜, 후륜, 사륜 중 선택, 트렁크는 앞 또는 뒤 설치 중 선택, 차량은 세단, 스포츠카, SUV 중 선택, 색상은 자주색, 노란색, 아니면 무슨 색을 선택'할 것인지를 질문한다. 이것은 고객 맞춤형 개별생산방식을 실현했다.

[그림 1-6] 테슬라의 자동차 생산

독일의 폭스바겐은 이 공장에서 생산되는 자동차의 차체 안에 RFID카드가 들어 있다. 이 카드에는 고객 개개인이 원하는 자동차 사양이 입력되어 있다. 그러면 생산 과정에서 그 차체 안에 있는 RFID가 그 정보를 생산하고 있는 로봇에게 전파로 전달하고, 전달받은 로봇은 이 주문에 따라 그대로 만들어 준다. 차체에 어떤 내용의 사양을 가진 RFID카드가 있느냐에 따라서 매번 다른 자동차가 생산된다.

국내의 경우에도 S전자의 '비스포크', L전자의 가구형 가전 '오브제', H자동차의 소형 스포츠유틸리티 차량 '베뉴' 등은 나만을 위한 제품을 원하는 소비자를 위해 만들어진 맞춤형 제품이다. 기업들은 이 제품을 생산하기 위하여 주문 후 생산(Build to Order: BTO)방식을 도입하였다. 예를 들어 S전자는 '고객 맞춤형 냉장고'를 주문 후 배송까지 4일 소요된다. 이것은 소비자의 주문에 따라 자유자재로 조립할 수 있도록 5개의 모듈로 구성된 모듈형 냉장고이기 때문에 가능하다. 기존시스템은 수요 예측→제품 생산→소비자 주문→배송의 과정을 거치지만, BTO시스템은 소비자 주문→생산 계획→제품 생산→배송의 과정을 거친다. 기존시스템은 소품종 대량생산에 유리, 생산원가 절감, 빠른 배송 등의 특징을 가지고 있지만, BTO시스템은 다품종 소량생산에 유리, 맞춤형 제품생산 가능, 재고비용 축소 등의 특징을 가진다.

3D 프린터는 3차 산업혁명까지 사용했던 금형의 개념을 깨뜨린 것이다. 금형은 한 번 만든 금형으로 많은 제품을 찍어내기 위한 틀이다. 물건을 많이 찍어 내지 않으면 금형에 들어간 막대한 비용을 뽑아낼 수 없다. 따라서 소품종 대량생산 체제의 기반기술이다. 그리고 금형은 쇠를 깎아 만들어 내는 방식으로 불필요한 것은 버리고 필요한 것만 남기는 방식이다. 그러나 3D 프린터 방식은 차곡차곡 쌓아 올리는 누적적층방식이므로 버리는 자원이 없다. 아디다스는 신발 깔창을 3D 프린터로 만들었다. 자신의 발 사이즈에 딱 맞는 아디다스 신발을 가질 수 있게 된다. 그리고 이 신발은 사람이 없는 공장 3D 프린터가 만들어 낸다. 3D 프린터는 컴퓨터에 설계도만 바꾸어 입력하면 금방 다시 새로운 제품을 만들 수 있다. 따라서 3D 프린터는 개별 맞춤형 생산방식의 기반기술이 된다.

3. 스마트제조

3.1 스마트제조의 개요

21세기가 시작하면서 동시에 출현한 4차 산업혁명은 독일의 인더스트리 4.0으로 이어졌다. 4차 산업혁명은 스마트공장의 도입을 통해 제조업의 가상 시스템과 물리적 시스템이 유연하게 협력할 수 있는 세상을 만드는 것으로 보고 있다. 독일은 인더스트리 4.0을 구현하기 위한 중요한 수단 중의 하나로 스마트공장을 들고 있다. 이것은 기존의 생산방식인 대량생산 또는 대량맞춤 생산과는 달리 개인화된 고객의 요구사항을 충족시키기 위해 생산체계를 고객이 수용할 수 있는 가격으로 개인 맞춤형 제품을 제공하는 방식으로 변화하는 것이다. 이 변화는 제조업의 혁신적인 것으로 다양한 개인별 요구사항을 수용할 수 있는 탄력적인 유연생산시스템이 개발되고 동시에 생산성이 향상될 수 있는 지능적인 공장을 구현하게 만들었다. 인더스트리 4.0에서 설명하는 스마트공장은 기계들이 제품과 직접 의사소통하여 제품과 기계가 스스로 제어하고, 데이터가 완전히 자동으로 확보되어 활용되며, 제조 프로세스 관련 모든 시스템이 IT(Information Technology)에 의해 지원되는 상태를 말한다. 4차 산업혁명의 4대 핵심기술은 지능화 기술, 사물인터넷, 서비스인터넷, 가상물리시스템으로서, 이 기술들이 제조업을 혁명하는 근간이 될 것으로 보고 있다. 스마트제조리더십연합은 스마트제조를 제품 전주기와 전체적 가치사슬, 그리고 비즈니스의 수직적 통합, 이를 통한 지능화된 제조시스템이라고 정의하였다. 따라서 스마트공장은 지능형 공장이라고 하며, 가상물리시스템(Cyber Physical System: CPS) 기술이 전면적으로 도입된 미래의 지능형 공장이다.

3.2 스마트제조의 특징

스마트공장이 지니고 있는 제조기술에 대한 특징은 기업들이 스마트제조를 위하여 전환하거나 신규 도입을 고려할 때 현재 수준에 대한 점검과 구현 목표 설정을 위해 참고해야 할 방향성을 제시한다. 따라서 스마트공장은 기존의 공장과 비교할 때 다음과 같은 특징을 가지고 있다.

(1) 고객중심 제조시스템화

고객요구사항을 조사하여 설계에 반영하고, 이를 생산하는 공정에 반영함으로써 고객이 원하는 제품을 생산할 수 있다. 기존의 제조시스템은 품질, 원가, 납기에 초점을 두고 있으나 다품종 소량생산의 특성으로 인하여 원가가 상승되는 문제가 발생하였다. 또한 개별 고객의 요구사항을 제품에 모두 반영할 수 있도록 실시간 제조시설에 변화를 주는 데에는 한계가 있었다. 가상물리시스템은 제조 설비, 제품, 자재 등을 유연하게 자율적으로 제어할 수 있도록 함으로써 개인별 맞춤형 제품을 대량생산 수준의 비용으로 생산 가능하게 하여 저렴하게 제품을 제공함으로써 개별 고객을 모두 만족시킬 수 있게 만든다. 따라서 고객의 요구사항에 따라 제조시스템을 유연하게 자율적으로 제어할 수 있는 정도는 스마트제조의 수준을 결정하는 요인이 된다.

(2) 데이터 기반 의사결정 최적화

기업의 제조 프로세스인 수주부터 납품까지 발생하는 모든 정보가 공유되어야 한다. 정보의 공유는 디지털 데이터로 관리함으로써 올바른 의사결정을 신속하게 내리도록 만들어 준다. 제조 프로세스 상에 있는 설계, 공정, 검사 등 각 부문에서 발생하는 데이터를 통합 분석관리 함으로써 각 부문의 관리항목에 대한 통제와 관련 부문에서 데이터를 적용할 때 자동적으로 분석된 최적 대안들을 검토할 수 있게 만들어 준다. 가상물리시스템은 디지털 트윈 시스템을 통해 가상공간에서 데이터를 시뮬레이션하여 최적화된 결과를 실제 현장에 적용할 수 있도록 한다. 이와 같이 제조 프로세스 상에서 발생하는 모든 데이터를 디지털 가상공간에서 통합관리를 함으로써 자율적인 의사결정을 내릴 수 있다. 따라서 제조 프로세스 상에서 데이터의 분석과 적용을 자동적으로 수행하는 정도는 스마트제조의 수준을 결정하는 요인이 된다.

(3) 생산 자율화

스마트공장은 고객요구의 변동, 생산 계획의 변동, 생산 환경의 변화 등으로 인하여 발생하는 생산 재조정 또는 생산 구조변경 등을 시간과 비용이 최소화되게 생산시스템이 스스로 최적화를 통해 자율 적응하는 특성을 가지고 있다. 생산시스템이 자율성을 갖추기 위해서는 가상물리시스템을 구성하고 있는 해당 개별시스템들이 각각 의사결정을 자율적으로 할 수 있는 지능을 갖추고 있어야 한다. 따라서 생산활동 단위를 구성하고 있는 각 가상물리시스템이 자율적 의사결정의 지능을 보유하고 있는 정도는 스마트제조의 수준을 결정하는 요인이 된다.

(4) 생산 분권화

기업은 다양한 조직기능, 다양한 설비, 다양한 제조방식으로 구성되어 있기 때문에 중앙집중 통합시스템으로 구성하여 획일화된 실행 명령을 내리면 개별시스템별로 자율적인 의사결정을 할 수 없게 되어 자율성이 무너지게 된다. 따라서 제조현장의 각 부문 시스템에서 발생하는 변동사항에 대응하는 최적의 방안은 분권화를 통해 해당 부문을 담당하는 가상물리시스템이 자율적으로 결정할 수 있도록 한다. 따라서 부문별로 적용된 가상물리시스템을 통해 의사결정을 자율적으로 결정하고 있는 정도 또는 아날로그식으로 의사결정을 수행하는 정도는 스마트제조의 수준을 결정하는 요인이 된다.

(5) 생산정보 디지털화

스마트공장의 가장 이상적인 모습은 가상물리시스템을 실현한 것이라 할 수 있다. 가상물리시스템은 물리적 시스템을 가상의 시스템 상에서 완벽하게 구현된 것을 말한다. 가상 시스템은 컴퓨터를 통해 디지털화한 것으로 제조 프로세스 상에서 발생하는 모든 데이터와 정보는 디지털로 처리되고 있어야 한다. 따라서 제조 프로세스 상에서 아날로

그로 되어 있는 정보가 존재하고 있다면 이것은 스마트제조의 수준을 결정하는 요인이 된다.

(6) 생산정보 네트워크화

가상물리시스템에서 사람, 설비, 자재, 제품들은 사물인터넷을 통해 네트워크로 연결되어 실시간으로 상호작용을 한다. 제품을 생산하는 경우 관리자는 부품이 어떤 공정에서 가공이 되고 있는지를 언제든지 파악할 수 있다. 이러한 정보는 공급자 또는 고객에게도 제공될 수 있다. 그리고 설비고장이나 자재부족이 발생했을 경우에는 자동으로 알람을 보내 관리자에게 알릴 수도 있다. 데이터를 실시간 주고받을 수 있도록 공장 내 네트워크로 연결된 사물인터넷 통신 포인트의 정도 또는 아날로그식 데이터의 수집이 존재하는 정도는 스마트제조의 수준을 결정하는 요인이 된다.

(7) 제조 모듈화와 표준화

고객요구 변화의 다양화로 인한 잦은 생산변동과 시장환경의 변화는 비즈니스 환경을 동적으로 변화시키고 있다. 기업은 제조경쟁력을 갖추기 위해서는 현장에서 보유하고 있는 설비, 제품, 주변장치들은 이러한 환경의 변화에 적응할 수 있도록 시스템 내부의 모든 요소가 최소비용으로 신속하게 변경될 수 있어야 한다. 따라서 설비, 제품, 주변장치들은 유연하게 모듈화 구성이 가능하도록 변화하게 될 것이다. 모듈화를 하기 위해서는 다른 제품의 제조에도 사용할 수 있도록 모듈간의 연결 또는 인터페이스가 표준화되어야 한다. 따라서 모듈화와 표준화의 정도는 스마트제조의 수준을 결정하는 요인이 된다.

(8) 수평과 수직 간의 협업화

기업 내부에서 목표를 달성하기 위한 업무의 의사소통 방식은 대부분 수직적으로 이루어지고 있다. 그러나 가상물리시스템은 생산활동 단위시스템별로 각각 구성되어 분산 운영하고 있기 때문에 목표를 달성하기 위해 업무들이 가상물리시스템과 수직적으로 연결되고, 업무의 협력을 위해 개별 가상물리시스템들 간에 수평적으로 연결된다. 기존 시스템은 현장에서 문제가 발생하면 상위 서버에 전달하고 결과를 기다리지만, 가상물리시스템은 자신의 문제 상태를 상위 서버와 연관성 있는 주변의 설비 또는 장치와의 의사소통을 통해 스스로 도움을 받아 처리할 수 있는 자율시스템으로 변화하게 될 것이다. 따라서 수평과 수직 간의 의사소통을 통해 협업을 하는 정도는 스마트제조의 수준을 결정하는 요인이 된다.

3.3 스마트제조시스템 구조

기업은 지속가능한 경영을 목적으로 한다. 지속가능한 경영은 고객욕구를 충족시켜 매출향상을 통해 최적의 수익을 창출함으로써 사회적 책임을 다하는 것을 말한다. 기업의 사회적 책임은 매출을 점진적으로 향상시켜 적정이윤을 창출함으로써 지속적으로 기업을 존속하게 하고 고용을 창출하여야 한다. 매출향상과 적정이윤은 재무적 지표로서 기업운영의 결과이다. 이러한 결과를 얻기 위해서는 제조기업은 갈수록 다양화되고 까다로워지는 고객의 요구를 충족할 수 있는 생산시스템을 갖추어야 한다. 그렇지 않으면 제조경쟁력이 없다. 제조기업의 경쟁력은 생산기술력으로부터 나온다. 제조경쟁력을 갖추기 위해서는 기존의 생산방식으로는 경쟁력을 확보할 수 없으므로 개별 맞춤형 생산방식으로의 전환은 필수적이다. 스마트공장은 개별 맞춤형 생산방식을 가능하게 한다.

스마트공장 구축의 목적은 제조경쟁력을 확보하는 데 있다. 이러한 목적을 달성하기 위해서는 스마트제조시스템을 구축해야 하는데, 그 수준은 연결성, 리얼타임, 지능화, 유연성, 지속성 정도로서 측정할 수 있다.

연결성은 생산관리 요소인 4M1E(Man, Machine, Material, Method, Environment)가 상호 유기적으로 데이터를 통해 송수신이 이루어지는 정도다.

리얼타임은 연결된 4M1E으로부터 실시간으로 데이터의 자동관리가 이루어지는 정도다.

지능화는 연결된 4M1E으로부터 실시간으로 수집된 데이터를 분석하여 자율적인 의사결정 등이 이루어지는 정도다.

유연성은 지능화에 의한 자율적인 의사결정에 따라 생산변경을 자유롭게 할 수 있도록 제조시스템이 이루어지는 정도다.

지속성은 시장환경, 경영환경, 환경자원 등의 변화에도 불구하고 제조시스템이 지속적으로 생존할 수 있는 상태 또는 능력으로 다른 기업과 차별적인 경쟁우위를 소유하고 계속적으로 경쟁우위를 점하도록 변화 및 개발이 이루어지는 정도다.

스마트제조시스템은 연결성, 리얼타임, 지능화, 유연성, 지속성 정도로서 수준을 측정할 수 있다고는 하였으나 이를 객관적으로 측정하기에는 쉽지 않다. 이것은 제조시스템이 갖추어야 할 근본적인 접근방향을 나타내기 때문이다. 뒤에서 스마트제조시스템의 수준을 측정하기 위한 단계별 기준을 제시하였다.

측정은 정량적으로 나타낼 수 있어야 한다. 생산관리 요소인 4M1E를 낭비없이 효율적인 운영은 생산성, 품질, 원가, 납기, 유연성, 환경 측면에서 성과를 높이는 결과를 가져오며, 이것을 생산관리의 목표라고 한다. 이 목표를 달성하기 위하여 업종별 고유기술 기

[그림 1-7] 스마트제조시스템 구조

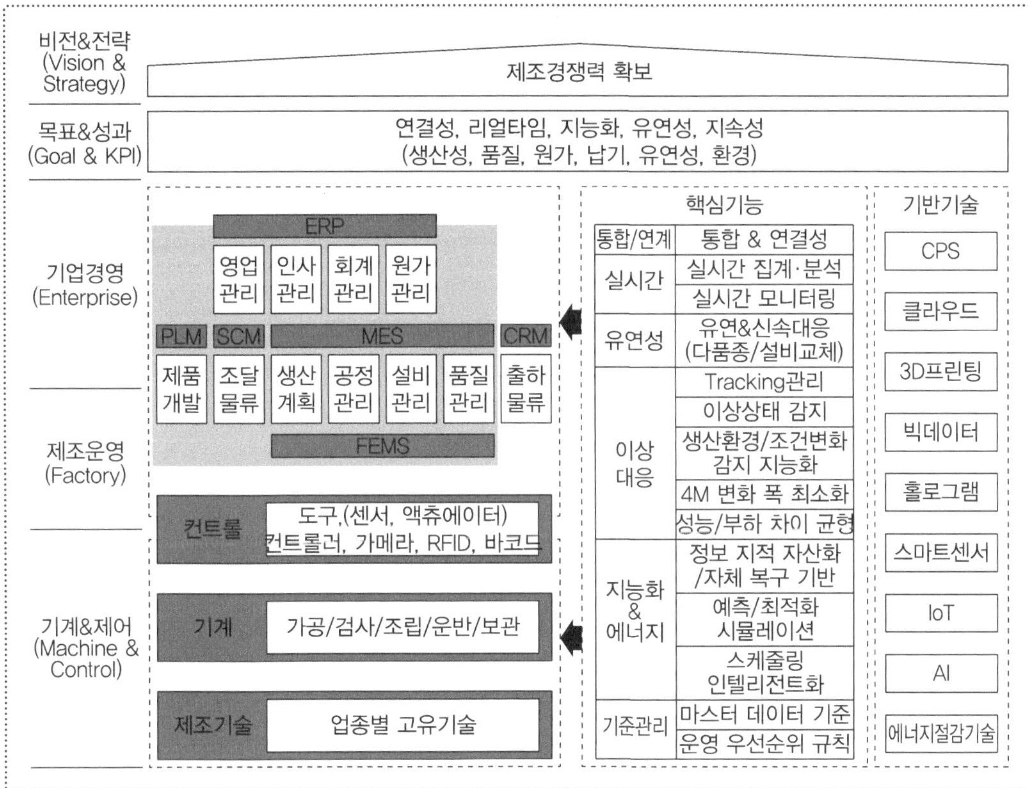

반 위에 하드웨어와 소프트웨어가 기업의 특성에 적합하게 적용되어야 한다.

4. 스마트제조의 생산전략

4.1 경영전략과 생산전략

4차 산업혁명으로 인한 기업환경의 변화는 기존의 환경변화 속도와는 차원이 다르고 경쟁방식도 달라지고 있다. 기존 산업에서 우량한 기업들도 4차 산업혁명으로의 환경변화에 적응하지 못해 자연스럽게 도태되고 있으며, 4차 산업혁명과 관련된 새로운 우량한 기업들이 탄생하고 있다. 또한 고객욕구의 다양화와 까다로움은 시장을 세분화하고 전문화를 촉진하는 계기가 되고 있다. 4차 산업혁명으로 인해 생산성의 증가는 공급이 수요를 앞지르게 되어 시장경쟁이 치열해지고 있으며, 이 치열한 시장경쟁 속에서 기업이 생존하기 위해서는 차별화된 자신만의 핵심적인 경쟁력을 갖추는 것이 필수적이다. 그러기 위해서는 기업은 중장기적으로 사업을 추진해 나가야 할 방향을 설정하고, 이에 따라 달성해야 할 목표를 정하여 조직은 이를 달성하기 위해 지속적인 노력을 해야 한다.

미션, 즉 기업의 사명은 조직의 존재 이유를 간결하고 함축적으로 표현한 문구로서 조직의 모든 활동이 지향해야 할 기본적인 목표 및 조직 구성원의 활동을 안내하는 가치이다. 또한 조직이 어떻게 경쟁하고 고객에게 가치를 전달할 것인지를 묘사한 것이다.

비전은 조직의 중장기 목표들을 정의하는 간결하고도 함축적인 문구로서 외부적이고 시장 지향적이다. 일반적으로 비전은 장기적으로 10년 후에 달성할 목표를 설정하는 것을 말한다. 과거에는 비전을 달성 불가능하거나 힘겹게 달성할 수 있는 이상적인 모습으로 설명하고 있으나 최근에는 비전도 달성 가능한 목표로써 나타내는 것이 일반적인 추세이다.

목표는 기업이 생존하고 나아가서는 성장발전 할 수 있는 지표를 정량적으로 명확히 나타내는 것을 말한다. 여기서 설명하는 목표는 장기목표를 3~5년 후에 달성할 목표로, 중기목표를 1~2년 후에 달성할 목표로, 단기목표를 1년 이내에 달성할 목표로 설정하는 것을 말한다. 단기목표는 1년간 기업 활동의 결과로써 달성 여부의 평가 잣대가 된다. 이 목표는 도전적으로 설정되어야 한다. 왜냐하면 조직 구성원의 동기유발과 목표지향성을 갖도록 하기 때문이다. 또한 목표는 자원할당 및 예산편성에도 활용된다.

전략은 목표를 성공적으로 달성하기 위하여 반드시 이행해야 할 계획을 말한다. 따라서 어떤 조직이 시장에서 지속적인 경쟁우위를 창출해 낼 수 있도록 다른 경쟁자들보다 앞서 있는 차별적 활동들을 선별해 내어야 한다. 지속적 경쟁우위는 차별적 가치 또는

[그림 1-8] 경영전략 구조

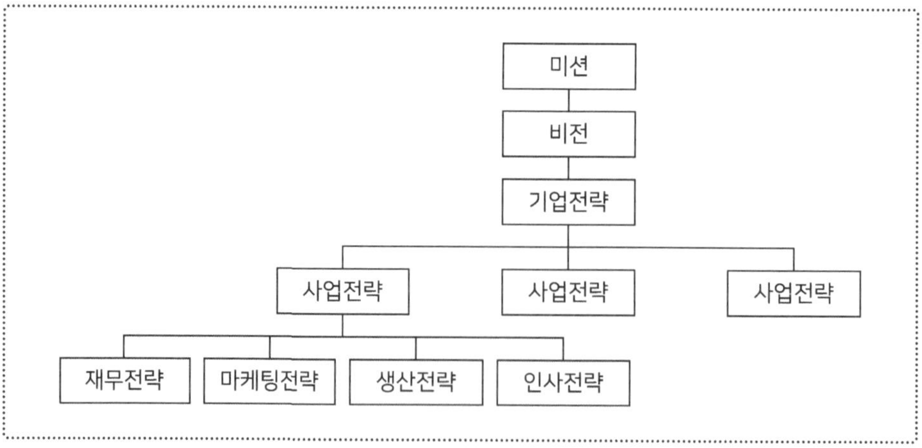

낮은 가격으로 경쟁하는 것을 말하며, 경쟁우위는 활동의 선택에 의해 발생할 수도 있고 그 활동의 수행방식에 의해 발생할 수도 있다. [그림 1-8]에서 보는 바와 같이 전략은 기업전략, 사업부전략, 기능전략으로 구분한다.

기업전략은 경영전략이라고도 한다. 기업전략은 기업 전체의 조직을 대상으로 하는 것으로 기업은 경영목표를 달성하기 위한 전체적인 사업방향을 설정하고 기업자원을 배분하는 등의 조정하는 역할을 한다. 사업부가 여러 개일 경우에는 사업부의 시장에서 경쟁상태에 따라 성장전략, 유지전략, 방어전략, 철수전략 등을 전개할 수 있다. 성장전략은 기업이 시장에서 경쟁우위에 있거나 사업초기에 시장의 확대를 목적으로 하는 전략이다. 유지전략은 시장에서 후발 경쟁자가 늘어나고 사업이 시장에서 안정상태에 있는 경우에 시장점유율을 유지하는 목적으로 하는 전략이다. 방어전략은 시장이 성숙하여 향후 시장의 하락하고 경쟁이 치열한 상태로 사업실적이 하락하여 사업방향을 전환하거나 축소하는 전략이다. 철수전략은 사업 분야가 시장에서 쇠퇴하고 있어 사업실적이 급감하여 사업을 매각하거나 시장에서 탈출하는 전략이다.

사업전략은 기업이 구성하고 있는 서로 다른 사업에 대하여 개별적인 사업단위를 대상으로 한다. 예를 들면 삼성전자는 반도체사업부, 영상사업부, 정보통신사업부, 가전사업부 등 제품의 성격이 서로 다른 분야를 구분하여 운영하고 있다. 이들 사업 분야별로 시장에서 경쟁사들과 경쟁하고 있다. 시장에서 경쟁은 동일한 제품을 대상으로 한다. 사업전략은 시장에서 사업의 경쟁우위를 확보하기 위한 것이기 때문에 경쟁전략이라고도 한다. 만약 단일 제품을 생산하거나 하나의 사업 분야만 있는 기업일 경우에는 기업전략과 사업전략을 별도로 구분하지 않아도 된다.

경쟁전략은 원가우위전략, 차별화전략, 집중화전략으로 구분한다. 원가우위전략은 원가절감을 통해 경쟁자보다 낮은 가격으로 경쟁우위를 확보하는 전략이다. 이는 가격에 민감한 고객에게 제품의 가치에 비해 가격이 저렴하다는 점을 인식하게 하여 시장점유율을 높이고 수익을 창출할 수 있게 해준다. 차별화전략은 가격 이외에 다른 기업이 쉽게 모방할 수 없는 기술을 바탕으로 시장에서 경쟁우위를 확보하는 전략이다. 이는 고객이 가격에 민감하지 않고 비싸더라도 다른 사람이 갖고 있지

[그림 1-9] 경쟁전략

경쟁범위 \ 경쟁우위	원가우위	차별화
넓은 범위	원가 우위	차별화
세분된 범위	원가 집중화	차별적 집중화

않다는 우월적인 소비자의 욕구를 충족시켜 경쟁우위를 확보하는 전략이다. 집중화전략은 전체 시장을 대상으로 하지 않고 시장을 세분화하여 특정 고객, 특정 품목, 특정 지역 등을 집중 공략하여 가격우위나 차별화의 장점을 통해 경쟁우위를 확보하는 전략이다.

기능전략은 각 사업부에 생산, 재무, 인사, 마케팅, R&D 등의 기능부서가 존재하는데 이 부서들의 전략을 말한다. 이 전략은 기업전략과 사업전략을 효과적으로 실행할 수 있도록 해준다. 기능별 전략은 가치사슬과 연관되어 있다[그림 1-10].

[그림 1-10] 가치사슬

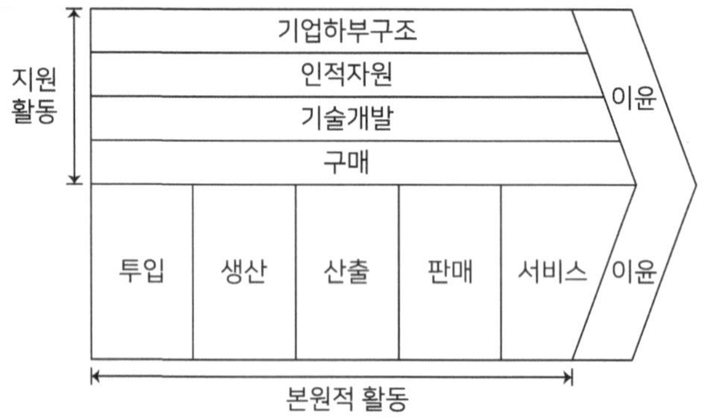

가치사슬은 특정산업 또는 사업단위에서의 기업의 제반활동이다. 동일산업 내에서도 각 기업의 가치사슬은 생산품목의 차이, 구매자의 차이, 유통경로의 차이 때문에 다르게 나타난다. 따라서 경쟁자의 가치사슬과 비교하여 나타나는 차이점이 경쟁우위를 결정짓는다. 가치사슬은 본원적 활동(primary activity)과 지원활동(support activity)으로 구분한다. 본원적 활동은 투입, 생산, 산출, 마케팅 및 판매, 서비스로 이루어지며, 지원활동은 본원적 활동을 지원하는 활동(조직)으로 이루어진다. 가치활동은 경쟁우위의 원천이 되는 요소들로 구성되어 있다. 각 활동을 경제적으로 함으로써 경쟁자와의 경쟁에서 원가우위를 결정하여 구매자의 욕구를 자극하는 결과를 가져오기도 한다. 또한 지원활동에 있어서 경영정보시스템(MIS)의 구축은 조직 전체의 정보를 신속하고 정확하게 분석하여 의사결정 할 수 있도록 지원해 줌으로써 원가우위를 실현할 수 있고, 구매자와의 관계 개선에 있어서 큰 역할을 하기도 한다. 예를 들면 모기업에서 공급기업의 생산 및 품질현황의 신뢰성을 담보할 수 있는 정보시스템의 구축을 요구하고 있고 이를 근거로 공급기업의 물량을 조절하기도 한다. 따라서 기능전략 중 생산전략은 본원적 활동인 제조 프로세스를 정보통신기술을 활용하여 스마트화하게 되면 원가절감으로 원가경쟁력 확보, 신속하고 유연한 생산 및 품질향상을 통한 차별경쟁력을 확보할 수 있다. 이때 정보시스템을 제조실행시스템이라 한다.

4.2 스마트제조의 생산관리

4.2.1 성과관리의 개요

기업이 1년 동안의 제조활동 결과는 재무제표에 나타난다. 재무제표에는 자산, 부채, 자본의 관리상태를 나타내는 재무상태표(대차대조표), 판매활동을 통한 손익의 결과를 나타내는 손익계산서 그리고 제품을 만드는 데 소비된 자원의 결과를 나타내는 제조원가명세서 등 3가지가 있다. 그러나 이 3가지는 1년 동안 제조활동이 끝난 후 결산을 통해서 확인할 수 있기 때문에 실시간으로 산출하기가 쉽지 않다. 예를 들면 매출액의 경우에는 매월 마감을 통해서 산출할 수 있으나, 영업이익은 매출액에서 제조원가를 뺀 것을 말하는데 컴퓨터로 자동관리가 되지 않는 한 산출이 어렵다.

MB(Malcolm Baldrige)모델은 측정지표를 운영의 효과성 및 효율성뿐만 아니라 고객의 요구조건, 고객만족, 경쟁성과를 연결하는 내용이 잘 반영되도록 선택하고, 측정지표 시스템은 적절히 정의된 목표를 향해 기업의 모든 활동을 조절하고 목표를 향한 개선을 추적할 수 있는 명확하고 객관적인 기초내용을 담고 있어야 한다고 설명하고 있다. 이것은 기업의 성과측정이 반드시 고객에게 초점을 맞추어야 한다는 것을 규정해 놓고 있는 것이다.

회사가 성공하려면 그 회사만의 독특한 경쟁 환경과, 그러한 환경에 대응하기 위해 회사가 선택한 전략과 관련해 재무적인 성과측정치뿐만 아니라 비재무적인 성과측정치들도 필요하다.

성과측정은 기업의 전략을 성공적으로 보장해 주는 주요요인이다. 이제 조직들은 품질·혁신 및 유연성과 같은 비가격적인 요소로 경쟁하고 있다.

재무제표는 고객만족, 품질, 적시배송, 혁신 등의 향상이 재무적 성과향상 및 주주가치 창출과 연계되는 것을 결정하므로 조직을 위한 중요한 의사결정 도구로 남을 것이다. 우리에게 필요한 것은 정확하고 통합된 재무적 성과지표들이 조직의 미래 재무성과에 영향을 주는 성과 동인들(drivers)과 균형을 이루는 것이다.

균형성과측정(Balanced Scorecard: BSC)에서는 기업이 재무적 성과에만 의존한다는 것은 위험하므로 비재무적 성과가 함께 고려되어야 하며, 재무적 성과와 비재무적 성과가 균형지게 측정되어야 한다고 하고 있다. BSC에서는 재무적 관점, 고객 관점, 내부 프로세스 관점, 학습과 성장 관점 4가지를 통해 성과측정 기준을 균형되게 조절한다. 그리고 성과지표는 선행지표와 후행지표가 혼합되어 있어야 한다. 선행지표가 없는 후행지표는 우리에게 어떻게 목표를 달성할 것인지를 알려주지 못한다. 또한 후행지표만을 이용하는 것은 우리가 도전해야 할 과제를 제시하지 못한다. 반대로 후행지표가 없는 선행지표는 기업 전체의 활동방향을 알려주지만 그러한 활동이 고객이나 재무적 결과의 향상 여부를 보여주지는 못한다. 선행지표와 후행지표를 균형되게 설정함으로써 결과 중심적인 성과측정에 치중하는 조직들로 하여금 결과를 발생시키는 원인이 되는 핵심사항들을 우선적으로 살펴보게 하는 중요한 역할을 수행한다. BSC에서는 고객, 내부 프로세스, 혁신 및 개선활동에 대한 성과를 측정함으로써 투자수익률, 영업이익과 같은 전통적인 재무지표들을 보완해 준다고 하고 있다.

따라서 재무제표는 결과측정지표(results measures)로서 기업이 목표 달성을 위해 노력한 정도를 알려주지만 그 성과가 어떻게 달성되었는지, 무엇이 달라져야 하는지를 설명해 주지 못한다. 과정측정지표(process measures)는 특정 결과를 산출해낸 기업 전반의 과업과 활동들을 감시하는 역할을 수행한다. 예를 들면 재무측정지표보다는 사이클타임, 품질 불량률 등과 같은 운영측정지표를 개선해야 재무적인 성과가 뒤따른다. 운영측면이 개선되면 재무적 성과는 저절로 따라온다.

스마트공장은 제조활동 과정에서 발생되는 성과를 측정하여 실시간 의사결정을 할 수 있어야 한다. 따라서 스마트공장을 구축하여 달성하고자 하는 목표는 생산성, 품질, 원가, 납기, 유연성, 환경 등에서 경쟁력을 갖추어야 하므로 이를 생산관리의 목표라고도 한다. 이것은 궁극적으로 매출과 영업이익 등의 재무적 성과에 영향을 준다.

4.2.2 생산관리의 목표

(1) 생산성

생산분야 목표달성의 성공여부를 측정하기 위해서는 일반적으로 생산성과 효율성의 개념이 사용된다.

생산성(productivity)은 노동력 또는 기계사용 시간에 대한 산출량의 상대적인 비율로서 투입량에 대한 산출량의 비율로 산출한다. 효율성(efficiency)은 주어진 자원의 사용에 대한 사용결과의 비율이다. 이것은 주어진 생산자원을 낭비없이 최대한 활용하여 산출물을 산출하였는가를 설명하는 것으로 생산성과 동일한 개념으로 해석하기도 한다. Katz and Kahn은 효율성을 특별한 투입을 허용가능한 산출로 변환시키는 비용을 최소화할 수 있는 조직의 기술적 능력으로 정의하고, 최소의 비용으로 최대의 산출을 생산해 내는 것이 효율성의 중요한 측면이라 하였다. 그리고 케네(Quesnay)는 생산성이란 용어를 제일 먼저 사용하였으며 학자에 따라 표현방법상 약간의 차이가 있지만 근본적으로는 시스템 운영을 위한 투입량과 시스템에 의해 생산된 산출량과의 비율을 핵심개념으로 하고 있다. 웹스터사전에서는 생산성을 생산적 노력의 단위당 물적 산출량 노동과 장치의 이용에 따른 유효성으로 정의하고 있다. 따라서 조직이 가지고 있는 자원을 얼마나 효율적으로 이용하고 있느냐를 나타내는 하나의 측정치이다. 그리고 효율성은 또한 효과성(effectiveness)과 비교하여 설명하기도 한다. 효과성은 생산의 목표를 계획대로 실적을 달성하였는가에 대한 비율로 산출한다. 이것은 올바른 방법을 사용하여 계획하고자 하는 목적을 달성하는 것을 말한다.

따라서 생산·운영시스템은 생산성으로 성과를 측정하며, 이는 낭비없이 효율적으로 생산활동을 하였는가를 판단한다. 생산성을 향상시키기 위해서는 우선 생산성을 측정할 수 있어야 한다. 생산성은 투입(input)에 대한 산출(output)의 상대적인 비율로 나타낸다.

$$\text{생산성} = \frac{\text{산출량}}{\text{투입량}}$$

그러나 이 식에서 투입 및 산출 요소가 측정하는 단위에 따라 생산성 척도는 달라질 수 있다. 투입과 산출 요소는 시간단위, 화폐단위, 품목단위, 사람단위 등으로 측정할 수 있다. 예를 들면 시간당 생산성, 투자 생산성, 단위당 생산성, 인당 생산성, 설비가동률 등이다.

(2) 품질

품질(quality)이란 제품이나 서비스가 사용 목적 혹은 사용자의 요구를 만족시키고 있는지의 여부를 결정하기 위한 평가의 대상이 되는 고유의 성질 및 성능의 전체를 말한다. 이것은 제품의 규격에 적합 여부(conformance with specification)를 판단하는 기준이다. 현실적으로 이러한 뜻의 품질로는 고객의 만족은 물론 기업 간의 경쟁에서 살아남을 수 없다. 따라서 현대 품질의 개념은 고객의 요구를 충족시키는 것을 중심으로 하고 있다. 이것은 사용에 적합 여부(fitness for use)를 판단하는 기준을 말한다.

예를 들면 도요타 자동차의 렉서스 자동차에서 발생한 결함은 가속페달의 복원과 관련하여 1,000만대, 엔진오일 호스와 관련하여 93만대에 문제가 있는 것으로 밝혀졌는데, 이 가속페달은 북미의 부품공급 회사인 CTS(자동차·의료·항공·우주·방위산업에 전자부품·센서를 공급하는 글로벌 전문 업체)에서 생산하여 납품을 받아온 것으로 도요타 자동차는 협력회사에 지속적인 원가절감을 요구한 결과 협력회사는 원가를 맞추려고 결국 값싼 재질을 사용하게 되었고, 엔진오일 호스는 지나치게 원가절감에 매달려 금속파이프를 고무호스로 바꿔 일어난 사건이다. 이 문제에는 고객보다 회사 이익을 생각하는 원가절감 정책, 결함발생 이후의 느린 대응, 현장과 경영진의 소통 부재, 외부 충격에 따른 수동적 대응 등과 같은 최근에 도요타가 고객에게서 멀어졌다는 비판을 듣는 모든 이유가 담겨 있다. 도요타는 가속페달과 엔진오일 호스의 결함으로 인하여 대규모 리콜을 단행하였고, 도요타의 생산량이 30%까지 하락하였다. 이때 발생할 경제적 손실비용이 약 50억 달러(약 5조 6,600억 원)에 달할 것으로 내다보았다. 이 금액은 회계연도기간 동안 명성 회복을 위한 인센티브 비용과 마케팅 확대, 소비자들의 민사 소송 비용 등을 합한 것이다. 또한 이와는 별개로 이미지 타격을 전망하였는데, CNW마켓리서치에 따르면 리콜 사태 이후 도요타의 잠재고객 7%가 다른 브랜드를 선택하기로 마음먹은 것으로 조사됐고, 국제 신용평가사 피치는 도요타의 신용등급 전망을 '부정적'으로 하향 조정하였다.

제품의 품질을 설계하고 관리하는 생산기업에서는 품질수준을 상대 품질척도로서 측정 및 관리하기 위해서는 요구(요구품질)→설계(설계품질)→제조(제조품질)→사용(사용품질)의 순서에 따라 개개의 품질특성들을 각 단계와 관련된 요구 내지 요건들과 관련된 것으로 정해야 한다.

생산에서 품질에 중점을 두는 경우에는 설계품질(quality of design)과 적합품질(quality of conformance)의 양쪽 모두가 강조된다. 그리고 품질은 기업의 성과에 많은 영향을 미친다. 다구찌는 제품이 출하된 이후에 사회에서 그로 인해 발생하는 손실이라고 정의하고 있다. 품질향상으로 이루어지는 경영성과는 시장점유율 향상, 납기 단축, 낭비 감소, 원가절감, 생산성 향상, 수익성 증대 등을 들 수 있다. 높은 품질이란 경쟁업체의 품질보다 상대적으로 높고 가격이 비싸도 팔릴 수 있을 만큼 충분히 좋은 품질로 정의된다. 따라서 품질은 고객만족도, 클래임률, 불량률, 재작업률, 폐기율, 반품률 등으로 측정할 수 있다.

(3) 납기

납기(delivery)란 고객이 원하는 시간과 장소에 제품이나 서비스를 인도할 수 있는 생산의 능력을 말한다. 납기는 다양한 방법으로 측정될 수 있다. 제조리드타임(수주출하리드타임)은 주문을 받은 후 실제 제품을 인도할 때까지 걸리는 시간을 말하며, 납기준수율은 약속한 납기에 인도된 비율로 측정한다. 그리고 자재를 조달하거나 재고를 보충하는 데 걸리는 시간을 조달기간으로 측정한다.

적시생산시스템에서는 필요한 양을 필요한 시간에 맞춰 필요한 장소에 공급하는 것을 요구한다. 이는 무재고 생산방식으로 고객이 요구하는 시간 내에 공급할 수 있어야 하므로 최소의 재고를 유지하고 고객의 요구시간에 맞추어 생산할 수 있는 능력을 갖추어야 한다. 따라서 납기는 제조리드타임, 수주출하리드타임, 조달기간, 납기단축, 납기준수율 등으로 측정할 수 있다.

(4) 원가

원가(cost)는 재료비, 노무비, 경비로 제품을 생산하는 데 소비된 비용으로 산출하며 이를 제조원가라고 한다. 제조원가는 매출액에서 차지하는 비율이나 제품의 단위당 원가로 표시한다. 제조원가는 단위당 원가를 절감하기 위해서는 대량생산을 요구한다. 설비는 가능한 오래 사용해야 하고, 낮은 비용으로 유지되어야 한다. 생산의 효율성을 높이기 위해서는 완제품과 원자재의 재고는 최소한으로 유지하여야 하며, 품질관리에서는 재작업 비용, 불량비용, 폐기물 비용 등 품질비용의 감소가 요구된다.

일본의 도요타 자동차는 세계 자동차 시장에서 1위를 차지하고 있는 기업으로 우리에게 잘 알려져 있다. 그리고 도요타 자동차는 1등 기업이 되기까지에는 적시생산시스템을 통해 끊임없이 생산성 향상을 통한 원가절감 활동을 한 결과이다. 적시생산시스템은 재고로 고객 대응능력을 높인 것이 아니라 생산의 유연성을 높여 고객 대응능력을 향상하였기 때문에 재고는 최소화로 유지할 수 있어 원가를 절감할 수 있었다. 보다 작은 재고보유와 품질향상은 원가를 낮추는 효과를 가져 온다. 따라서 원가는 작업공수, 제품원가, 재고비용, 재작업 비용, 불량비용, 폐기물 비용, 클레임 비용 등으로 측정한다.

(5) 유연성

유연성(flexibility)이란 고객의 요구에 신속하게 대응할 수 있는 능력을 말한다. 즉 고객의 요구에 따라 생산순서와 생산수량을 신속히 조정할 수 있고, 신속하게 신제품을 개발하거나 디자인을 다양하게 변경할 수 있는 능력을 말한다. 또한 갑작스런 고객요구를 충족할 수 있도록 생산변경능력을 보유하여야 한다. 높은 유연성을 유지하기 위해서는 적응력과 신축성이 강한 인력과 장비를 갖추고 있어야 한다.

스마트제조시스템은 고객의 요구에 실시간 대응할 수 있는 것을 말하는 것으로 유연성이 확보된 것이라 할 수 있으므로, 스마트제조시스템의 수준을 측정하는 것은 유연성의 정도로 측정할 수 있다. 스마트공장에서 추구하는 가상물리시스템(Cyber Physical System: CPS)은 유연성이 가장 좋은 상태를 말한다. 따라서 유연성은 금형준비교체시간, 기종준비교체시간, 금형준비교체횟수, 기종준비교체횟수, 라인생산변경횟수, 로트당 구성 수, 제품 1개 맞춤형 생산품목 수, 1일 생산품목 수, 고객대응도 등으로 측정한다.

(6) 환경

산업이 발달하면서 삶의 질이 향상되고 있는 반면 환경오염으로 인한 문제로 환경파괴가 가속화되고 있다. 기업은 지속가능한 발전을 위하여 기업의 본질인 이익을 창출하는 것뿐만 아니라 환경보호 등 사회적 책임과 함께 균형되게 추진하여야 한다. 지속가능한 발전의 목적은 미래 세대의 삶을 저해하지 않으면서 현세대의 풍요로운 삶을 충족하는 것이다. 즉 환경이 수용할 수 있는 능력 안에서 현세대와 미래세대를 포함한 모든 사람들의 삶의 질을 높이는 것을 말한다.

기후변화는 화석연료의 사용으로 인하여 지구 온난화가 가속화되고 있다. 지구 온난화는 북극 빙하를 빠르게 녹게 만들고, 이로 인하여 지구촌의 가뭄과 홍수 등 기후 이상변화를 일으키는 주범이 되고 있다. 화석연료로는 우리가 가장 많이 사용하는 것이 석유자원이다. 석유는 전기 생산, 공장 가동 및 자동차를 움직이는 등 산업에서 없어서는 안 될 중요한 자원이다. 그러나 각 나라의 수출에 있어서 환경오염과 관련된 것은 제재를 받고 있다. 예를 들면 세계 자동차 시장은 온실가스를 전혀 배출하지 않는 수소자동차, 전기자동차 등의 개발 확대와 기존 자동차의 생산중단 등을 진행하고 있다.

환경 효율적 기업이란 유지관리, 원재료의 대체, 청정 기술, 환경 친화적 제품을 통하여 환경오염의 발생을 방지하면서 보다 높은 효율을 달성하는 기업을 말한다.

$$\text{환경 효율성} = \frac{\text{자원 투입량} - \text{폐기물 배출량}}{\text{총발생량}}$$

환경 효율성은 환경과 경제의 양면에서 효율적인 것을 의미하며, 환경, 경제, 사회의 조건을 만족하는 것을 말한다. 환경 효율성을 향상시키기 위한 대책은 다음과 같다.

- 제품, 서비스, 생산에서 원재료 사용량 감축

- 제품, 서비스, 생산의 에너지 사용량 감축
- 유독 물질의 확산 최소화
- 재료 리사이클 활용성 향상
- 내구성의 향상
- 재생 가능한 자원의 최대 활용
- 제품과 서비스 이용 밀도의 향상

기업의 생산활동 증가는 에너지 사용량을 증가시킨다. 제품 생산을 위한 설비가동, 제품 배송을 위한 차량운행, 폐기물 처리 등은 모두 에너지를 사용하는 것으로, 에너지는 대부분 전기와 석유를 사용하고 있다. 환경오염을 줄이기 위해 생산활동을 감소시킬 수는 없다. 따라서 기업은 생산활동에 있어서 에너지 효율성을 높이는 노력이 필요하다.

$$\text{에너지 효율성} = \frac{\text{제품을 생산하는 데 사용된 에너지량}}{\text{총에너지사용량}}$$

미국의 존슨앤드존슨은 첫째 고객, 둘째 종업원, 셋째 지역사회, 넷째 주주라는 사회적 책임을 경영방침으로 하고 있다. 이는 주주를 가장 후순위로 인식한다는 것이 아니라 고객만족을 높이고 종업원의 의사를 존중하면서 지역사회에 공헌하는 경영을 하면 결과적으로 이익을 확보할 수 있어 주주에게 보답할 수 있다는 뜻이다. 이와 같이 환경은 기업의 생산관리 활동에 있어서 중요한 목표가 된다. 따라서 환경(environment) 또는 에너지(energy)는 환경 효율성, 폐기물 발생량, 재활용량, 온실가스 배출량, 탄소 배출량, 에너지 절감(감축)량, 에너지 효율성, 에너지 생산성 등으로 측정한다.

가장 경쟁력이 있는 기업이란 고객의 요구에 대응능력이 뛰어난 기업을 말한다. 즉 고객이 수량, 가격, 납기 등에 있어서 어떠한 요구를 하더라도 맞추어 줄 수 있어야 한다. 이는 생산의 유연성과 품질이 기반이 되어야만 가능하다. 고객에게 대응력이 좋다고 하더라도 품질이 좋지 않거나, 품질이 좋다고 하더라도 대응력이 떨어지면 고객은 이탈할 것이다. 따라서 가장 이상적인 생산활동이란 좋은 품질과 저렴한 가격으로 신속하게 납품을 할 수 있도록 유연성을 동시에 달성하는 것이다. 지금까지 생산관리 목표인 생산성, 품질, 납기, 원가, 유연성, 환경은 상호 간의 상충관계가 존재하였다. 그러나 스마트공장은 생산관리 목표들 간의 최적화를 가능하게 하여 동시에 달성이 가능하도록 해준다.

4.3 스마트제조 수준과 성과와의 관계

스마트공장의 구축수준은 정보통신기술((Information Communication Technology: ICT)의 적용 정도에 따라 결정되는데 ICT미적용 수준부터 완성단계까지 5단계로 구성된다. 스마트제조 수준과 성과와의 관계를 살펴보면 [그림 1-11]과 같다.

기초 1 수준부터 기초 2 수준까지는 스마트공장 구축을 통한 성과는 대부분 나타나지 않거나, 기초 2 수준에서 약간의 미미한 효과가 나타난다. 왜냐하면 기초 1 수준과 기초 2 수준은 관리대상이 자재흐름의 정보관리에 초점을 두고 있기 때문이며, 자재정보의 실시간 관리는 재고관리를 효율적으로 할 수 있으므로 원가절감의 효과가 기초 2 수준부터 나타나기도 한다. ICT미적용부터 기초 1 수준까지는 자재관리를 위한 인력이 투입

[그림 1-11] 스마트제조 수준과 성과와의 관계

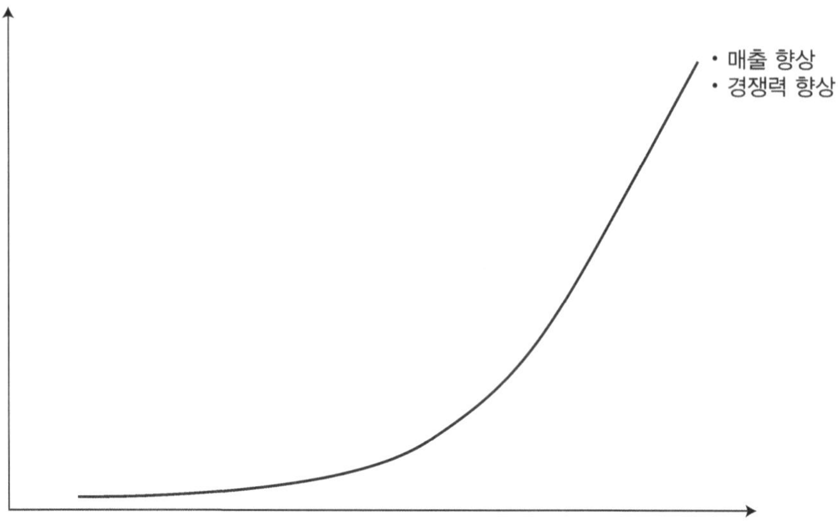

제조 수준		ICT 미적용 (level-0)	기초 1 (level-1)	기초 2 (level-2)	중간 1 (level-3)	중간 2 (level-4)	완성 (level-5)
성과	생산성	-	-	-	소	중	대
	품질	-	-	-	소	중	대
	원가	-	-	소	중	중	대
	납기	-	-	-	소	중	대
	유연성	-	-	-	소	중	대
	환경	-	-	-	소	중	대
자동화율		-	-	소	소	중	대
생산인력 감소율		-	-	소	중	중	대

되나, 기초 2 수준부터는 자재정보를 자동화하는 것이기 때문에 자재관리를 위한 정보관리 인력을 제외하고는 모두 사라지므로 인력절감의 효과가 나타나기 시작한다.

중간 1 단계부터는 3M(사람, 설비, 자재)관리에 집중하여 효율성을 높이게 되므로 성과가 높아지기 시작한다. 이 단계부터 자동화의 비율이 높아지기 때문에 투자비용도 증가하기 시작한다. 자동화는 인력절감의 효과를 가져오기 때문에 자동화를 위한 투자비용의 상쇄효과가 발생한다. 그러므로 투자비용에 비해서 성과달성의 효과성은 상대적으로 커진다.

사람을 이용한 생산활동은 작업자의 작업유연성이 높고 초기 투자비용이 적은 장점이 있으나 매년 인건비 상승은 단점으로 작용한다. 그러나 자동화는 초기 투자비용이 높은 것이 단점이 되나 일정 기간 동안 감가상각이 일어나고 그 이후부터는 비용이 발생하지 않으므로 원가절감으로 이어진다. 제조기업의 생산활동에 있어서 직접인력이 간접인력보다 많은 것이 일반적이다. 그러나 선진기업일수록 현장이 자동화가 많이 되어있어 직접인력에 비해 상대적으로 간접인력이 더 많다. 왜냐하면 현장이 자동화되면서 직접생산 인력은 줄어들고 상대적으로 설비를 운전하는 오퍼레이터 인력이 증가하기 때문이다. 1980년대 우리나라의 직접인력 대비 간접인력의 비율이 70:30 또는 80:20 수준까지도 되었으며, 일본의 경우에는 40:60 수준이었고 현재에는 30:70 수준을 예상하고 있다.

스마트공장 구축의 최종목표는 가상물리시스템을 구현하는 것으로 시스템의 완성단계에 다다른 것을 말한다. 이 완성수준은 공장을 구성하는 요소인 4M1E(사람, 자재, 설비, 작업방법, 환경)를 자율 제어하는 것으로 투자비용이 기하급수적으로 증가하는 경향이 나타나지만, 품질과 생산성이 높아져 원가가 최적화될 것이고, 유연성이 좋아져 고객수요에 적응하는 납기능력을 달성할 수 있으며, 궁극적으로는 경쟁력을 확보할 수 있으므로 수주 증가 등으로 이어지는 선순환 고리를 만들 것이다.

1장 연습문제

1. 4차 산업혁명의 태동에 대하여 설명하시오.
2. 산업혁명의 발전단계에 대하여 설명하시오.
3. 제조업의 변화 3가지에 대하여 설명하시오.
4. 스마트제조의 특징에 대하여 설명하시오.
5. 스마트제조시스템의 생산방식에 대하여 설명하시오.

6. 스마트제조시스템의 수준은 구축의 정도로서 측정하는데 이를 설명하시오.
7. 스마트제조시스템의 구조에 대하여 설명하시오.
8. 경영전략의 기업전략, 사업전략, 기능전략에 대하여 설명하시오.
9. 경쟁전략의 원가우위전략, 차별화전략, 집중화전략에 대하여 설명하시오.
10. 재무적 성과와 비재무적 성과에 대하여 설명하시오.
11. 스마트공장을 구축하는 데 비재무적 성과를 측정하는 이유에 대하여 설명하시오.
12. 균형성과측정에 대하여 설명하시오.
13. 생산관리의 목표에 대하여 설명하시오.
14. 효율성, 효과성, 생산성에 대하여 설명하시오.
15. 생산관리 목표별 핵심성과지표(KPI: Key Performance Index)의 예를 설명하시오.
16. 스마트공장 수준과 성과와의 관계에 대하여 설명하시오.
17. 스마트공장 수준 중 기초 1단계와 2단계에서 성과가 나지 않는 이유에 대하여 설명하시오.

CHAPTER

2

스마트제조 단계별 접근법

1. 스마트제조 수준의 정의

기업이 스마트공장을 구축했다고 했을 때 스마트제조의 수준에 대한 개념이 사람마다 생각하는 기준에 있어서 차이가 크게 나타나고 있다. 이것은 스마트공장을 바라보는 시각이 사람마다 다르기 때문이다. 제4차 산업혁명 및 인더스트리 4.0에서 스마트공장에 대한 정의를 명확히 제시하고 있다. 스마트공장은 가상물리시스템 기술이 적용된 미래의 지능화된 제조공장을 실현하는 것이다. 따라서 기업이 스마트공장을 구축하는 최종 목표는 가상물리시스템이 적용된 공장이다. 그러나 가상물리시스템을 구축하기 위해서는 자동화, 로봇, 사물인터넷, 네트워크, 스마트 센서, 빅데이터, 컴퓨터 제어프로그램 등 많은 부분에 대한 대규모 투자가 요구되므로 기업의 여력과 능력에 따라서 점진적으로 진화하여 궁극적으로는 최종 목표를 달성할 수 있도록 하는 단계적 달성 정도에 따른 객관적인 기준이 마련되어야 한다. 이 기준은 기업에서 체계적인 투자를 계획하고 실행할 수 있도록 하는 판단의 지침을 줄 수 있다. 그리고 기업 간의 스마트공장 구축의 수준을 비교할 수 있는 객관적인 지표가 될 수 있다.

스마트제조의 수준을 정의하는 기준으로는 공장관리 요소인 4M1E(Man, Machine, Material, Method, Environment)의 식별, 측정, 제어, 자동화 및 통신 능력, 실시간 운영능

[표 2-1] 스마트제조 수준

수준	IoT 대상		운영 및 의사결정 정의
	요소	자동화 형태	
완성 (level-5)	4M1E관리: Man, Machine, Material, Method, Environment	실시간 제어	4M1E의 실시간 제어 자동화, 가상물리시스템(CPS), 고객 맞춤형 대량생산, 자율 의사결정 최적화
중간 2 (level-4)	4M관리: Man, Machine, Material, Method	실시간 제어	4M의 실시간 제어 자동화, 의사결정 최적화, 설비·공정 자동제어 모니터링
중간 1 (level-3)	3M관리: Man, Machine, Material	실시간 집계	3M의 실시간 집계를 활용한 의사결정, 설비정보 모니터링
기초 2 (level-2)	1M관리: Material	실시간 집계	자재흐름 실시간(Real-time) 파악(Lot-tracking), 수주~출하 관리 생산정보 모니터링
기초 1 (level-1)	1M관리: Material	일괄 집계	부분적 자재 정보 관리(Batch-time관리), 자재 정보 모니터링
ICT 미적용 (level-0)	없음	—	수기로 기록 또는 엑셀 관리

력, 실시간 최적 의사결정 능력 등을 기반으로 수직적·수평적 통합성, 신경망의 구성 정도, 지능화 정도를 측정하여 수준을 정의한다. 스마트제조의 수준은 성장지표로서 ICT 미적용, 기초 1, 기초 2, 중간 1, 중간 2, 완성 등 6단계로 구분한다.

(1) ICT 미적용 수준(level-0)

현장에서 자재 및 생산실적 등을 기록하고 관리하는 것이 작업일보 등에 수기로 기록하거나 엑셀로 정리하는 수준을 말한다.

(2) 기초 1 수준(level-1)

재고관리에 초점을 둔 것으로 원자재 투입부터 완제품 출하까지 공정에서 생산되는 부품 등을 부분적으로 일정한 간격 또는 발생 시점에 컴퓨터에 입력하여 관리하는 수준을 말한다. 원자재, 완제품, 공정에서 생산되는 부품을 Lot단위로 작업자가 컴퓨터에 입력 처리한다. 자재 정보를 모니터링 할 수 있다. 보통 작업자나 관리자가 컴퓨터에 입력하거나 바코드(Bar code) 또는 QR코드(QR code) 스캐너를 활용한다.

(3) 기초 2 수준(level-2)

자재관리에 초점을 둔 것으로 수주부터 출하까지 자재의 흐름을 실시간 추적 관리하는 수준을 말한다. 수주부터 출하까지 사람의 손을 거치지 않고 자동 카운터나 바코드

(RFID) 센서를 활용하여 실시간으로 컴퓨터에 자동 입력되어야 한다. 생산실적 정보의 실시간 모니터링과 컴퓨터를 활용한 개인별 작업지시를 할 수 있다.

(4) 중간 1 수준(level-3)

3M(사람, 설비, 자재)을 관리하는 것으로 설비정보 수집 및 분석에 초점을 두고 있다. 설비정보 데이터를 자동으로 측정, 수집 및 분석과 공장운영 상태를 실시간 모니터링하는 수준을 말한다. 실시간 공정품질 분석과 경고가 가능하다. 실시간 공장운영 현황을 분석하고 의사결정을 할 수 있다. 비전검사기, 고도화된 센서 등을 활용하여 계수형과 계량형 측정값을 측정, 수집 및 분석한다.

(5) 중간 2 수준(level-4)

4M(사람, 설비, 자재, 작업방법)을 관리하는 것으로 설비 자동제어에 초점을 두고 있다. CAD/CAE/CAM의 운영과 레시피 자동 생성, PLC 및 컨트롤러 자동제어 등을 활용하여 설비 제어를 자동화한 수준이다. 제어를 통한 공장운영의 최적화, 실시간 스케줄링 및 의사결정, 실시간 모니터링·진단·분석·피드백 시스템 운영과 주기적인 분석을 통한 경영 가치창출을 한다.

(6) 완성 수준(level-5)

4M1E(사람, 설비, 자재, 작업방법, 환경)를 관리하는 것으로 가상물리시스템에 초점을 두고 있다. 실제 현장의 물리적 시스템과 똑같은 쌍둥이의 가상 시스템을 구현하여 시뮬레이션을 통한 실제 공장과 실시간 연동되는 자율적응형 생산체제의 수준을 말한다. AR/VR기술, 인공지능(AI) 기술을 활용한 생산으로 고객 맞춤형 대량생산시스템이 가능하다.

2. 스마트제조의 기능별 수준 정의

기업의 제조활동은 생산조직만 잘해서 되는 것은 아니다. 관련된 조직과 부품을 공급하는 기업과의 협업체계가 이루어질 때 문제없이 제조활동이 가능하다. 기술개발에서부터 완제품 생산 및 출하 그리고 공급기업의 원활한 부품 공급 등이 시스템화되어야 한다.

스마트공장의 수준은 제조활동을 중심으로 설계되어 있다. 그러나 스마트공장은 제조를 기반으로 기업이 구성하고 있는 조직의 가치사슬로 연결되어 있기 때문에 조직 전체가 하나의 시스템으로 형성되어야 한다. 또한 공급기업과 협업을 통해 제조시스템이 원활하게 돌아갈 수 있어야 한다. 내·외부와의 통신을 할 수 있도록 네트워크로 연결되어 정보를 실시간 주고받을 수 있어야 한다.

스마트공장은 가상물리시스템을 구현하는 것이 궁극적인 최종 목표이다. 가상물리시스템을 구축하기 위해서는 많은 부분에 대한 대규모 투자가 요구되므로 기업의 여력과 능력에 따라서 체계적으로 접근하는 것이 필요하다. 특히 제조기업의 경우에는 현장자동화와 공장운영-설계·개발-전사적 자원관리-공급사슬관리의 순서로 구축하는 것이 가장 바람직하다 왜냐하면 제조기업의 핵심은 제조 프로세스에 있으므로 제조 프로세스는 수주-설계개발-자재조달-생산-출하의 순서를 통해 제품을 생산하기 때문이다. 전사적 자원관리는 기업 전체의 자원을 관리하는 것으로 제조 프로세스에 지원조직을 포함한다.

스마트공장의 기능별 수준은 제조 프로세스를 기준으로 현장자동화와 공장운영, 설

[표 2-2] 스마트공장의 기능별 수준

<table>
<tr><td>기능</td><td>현장자동화</td><td>공장운영</td><td>전사적 자원관리</td><td>제품개발</td><td>공급사슬관리</td></tr>
<tr><td>시스템</td><td colspan="2">MES/POP</td><td>ERP</td><td>PLM/PDM</td><td>SCM</td></tr>
<tr><td rowspan="2">완성
(level-5)</td><td colspan="4">IoT/IoS기반의 CPS</td><td rowspan="2">인터넷 공간에서의 비즈니스 CPS 네트워크 협업</td></tr>
<tr><td>IoT/IoS화</td><td colspan="3">IoT/IoS(모듈)화
빅데이터 기반의 진단 및 운영</td></tr>
<tr><td>중간 2
(level-4)</td><td>설비제어 자동화</td><td>실시간 공정제어</td><td>공장운영 통합</td><td>시뮬레이션과 일괄 프로세스 자동화</td><td>모기업과 실시간 운영 최적화</td></tr>
<tr><td>중간 1
(level-3)</td><td>설비데이터 자동 집계</td><td>실시간 의사결정</td><td>기능 간 통합</td><td>기술 정보 생성 자동화와 협업</td><td>독립적 IT 운영</td></tr>
<tr><td>기초 2
(level-2)</td><td>Real-time 생산실적집계 자동화</td><td>Real-time 공정 물류관리 Lot-tracking</td><td>관리기능 중심에 수불 및 재고 정도 향상</td><td>서버를 통한 기술/납기 관리</td><td>자체 기초적인 IT 기능 운영</td></tr>
<tr><td>기초 1
(level-1)</td><td>Batch-time 생산 실적집계 부분 자동화</td><td>Batch-time 재고 실적집계 부분 자동화</td><td>관리기능 중심의 개별 기능 운영</td><td>서버를 통한 기술 문서관리</td><td>모기업 IT 인프라를 통한 정보 공유</td></tr>
<tr><td>ICT 미적용
(level-0)</td><td>수기 기록 및 엑셀</td><td>수기 기록 및 엑셀</td><td>수기 기록 및 엑셀</td><td>수기 기록 및 엑셀</td><td>전화와 이메일</td></tr>
</table>

주) MES: Manufacturing Execution System
POP: Point of Production
ERP: Enterprise Resource Planning
PLM: Product Life-cycle Management
PDM: Product Data Management
SCM: Supply Chain Management

계·개발, 공급사슬관리, 전사적 자원관리 4가지로 구분하고, 성장지표인 ICT미적용, 기초 1, 기초 2, 중간 1, 중간 2, 완성 등 6단계에 따라 접근방법을 설명한다.

2.1 기초 1 수준(level-1)의 정의

기초적인 ICT를 활용하여 자재흐름 및 생산활동의 부분적인 실적정보를 수집·활용하고, 모기업의 IT 인프라 활용 등을 통하여 정보공유를 구축하는 수준을 말한다.

[표 2-3] 기초 1 수준(level-1)의 정의

기 능	수준의 정의
현장 자동화	생산실적 정보를 Batch-time으로 수집 및 집계하는 부분 자동화 수준 - Lot별로 생산 시작 및 종료 시점 등의 기초적인 실적정보를 집계하는 수준 - 바코드(Bar Code, QR Code), 수동 바코드 스케너, 터치스크린, 키오스크 등 사용
공장 운영	자재/재고실적 정보를 Batch-time으로 수집 및 집계하는 부분 자동화 수준 - 자재 및 재고의 기초적인 실적정보를 집계하는 수준 - 바코드(Bar Code, QR Code), 수동 바코드 스케너, 터치스크린, 키오스크 등 사용
공급사슬관리	모기업의 IT인프라를 활용하여 정보 공유 - 자신의 시스템을 보유하지 않고 모기업이 보유한 시스템을 사용하여 모든 정보를 처리함
제품개발	서버를 통한 기술개발 문서를 관리하는 수준 - 기술정보와 도면문서를 분류하여 관리하고 공유함
전사적 자원관리	관리 기능 중심의 기능 개별 운영 - 회계, 인사급여, 영업, 원가, 세무회계, 프로젝트 관리 중 일부 운영

2.2 기초 2 수준(level-2)의 정의

기초적인 ICT를 활용하여 수주부터 출하까지 자재흐름과 생산활동의 실적정보를 자동으로 수집·활용하고, 모기업의 인프라를 활용하나 일부 자체 IT기능을 보유하고 있는 최소비용으로 자사의 정보시스템을 구축하는 수준을 말한다.

[표 2-4] 기초 2 수준(level-2)의 정의

기 능	수준의 정의
현장 자동화	생산실적 정보를 Real-time으로 수집 및 집계하는 자동화 수준 - 생산흐름에 따라 공정별로 실시간 기초적인 실적정보를 집계하는 수준 - 바코드(RFID), 자동 바코드 스캐너, 카운터, 타이머, 기초센서 등 사용
공장 운영	공정물류 정보를 Real-time으로 수집 및 집계하는 자동화 수준 - 수주~출하까지 자재의 흐름에 따른 자재 Lot-tracking이 가능함 - 바코드(RFID), 자동 바코드 스캐너, 기초센서 등 사용
공급사슬관리	자체적으로 기초적인 IT 기능 활용하여 정보 공유 - 자신의 기초적인 기능을 보유한 시스템을 사용하여 모든 정보를 처리함
제품개발	서버를 통한 기술개발 및 납기일정 등을 관리하는 수준 - 프로젝트 납기일정 및 기술정보와 도면문서를 분류하여 관리하고 공유함
전사적 자원관리	관리 기능 중심의 기능에 수불 및 재고 정도를 관리하는 수준 - 회계, 인사급여, 영업, 원가, 세무회계, 프로젝트 관리와 수불 및 재고관리 기능 포함

2.3 중간 1 수준(level-3)의 정의

3M(사람, 설비, 자재)을 관리하기 위해 ICT가 적용된 것으로 특히 설비 정보를 최대한 자동으로 획득하고 모기업과 높은 신뢰성을 가진 정보를 공유하여 기업운영의 자동화를 지향하는 수준을 말한다.

[표 2-5] 중간 1 수준(level-3)의 정의

기 능	수준의 정의
현장 자동화	설비 정보 및 생산실적 정보 집계의 자동화 수준 - 계측정보 집계의 자동화 수준 - 측정센서(인장강도, 정밀도, 온습도, 압력, 화학측정 등) 고도화
공장 운영	실시간 공장운영 현황분석 및 의사결정 - 공장운영 상태 실시간 모니터링 - 실시간 공정품질 분석 및 경고
공급사슬관리	모기업과 영업, 생산, 품질정보 등을 공유하되 독자적으로 IT시스템을 운영하는 독립형 협업
제품개발	제품개발을 위한 기준정보와 엔지니어링 정보의 생성자동화와 협업하는 수준 - 3D CAD/CAE/CAM/CAPP 응용 및 자동화 설비 프로그램 생성 - 개발일정 WBS화, 3D Model, BOM, 설계변경, ERP연계 및 협력업체 도면 호환
전사적 자원관리	공장운영시스템과 자동생산계획의 연계 계획과 원가의 정도 향상

주) CAPP: Computer Aided Process Planning
CAD: Computer Aided Design
CAM: Computer Aided Manufacturing
CAE: Computer Aided Engineering
BOM: Bill Of Material
WBS: Work Breakdown Structure

2.4 중간 2 수준(level-4)의 정의

4M(사람, 설비, 자재, 작업방법)을 관리하기 위해 ICT가 적용된 것으로 특히 설비가 자동제어되고, 모기업과 공급사슬 관련 정보 및 엔지니어링 정보를 공유하며, 글로벌 계획 최적화와 제어자동화를 기반으로 리얼타임 의사결정 및 제어형 공장을 달성하는 수준을 말한다.

[표 2-6] 중간 2 수준(level-4)의 정의

기 능	수준의 정의
현장 자동화	설비 정보, 생산실적 정보, 계측정보 집계의 자동화 수준 설비제어 자동화 - CAD/CAE/CAM 운영 - 레시피 생성, PLC 및 컨트롤러 자동 제어
공장 운영	제어 기반의 공장운영 최적화 실시간 스케줄링 및 의사결정 모니터링, 진단, 분석, 피드백 체계 운영 주기적 분석 및 피드백을 통한 가치창출형 공장 경영
공급사슬관리	실시간 운영 최적화, 고객 납기 약속, 내외부 환경변화에 대비한 What-if분석 등 실시 모기업과 영업, 생산, 품질정보와 제품개발 정보를 공유하되 독자적으로 IT시스템을 운영하는 독립형 협업
제품개발	시뮬레이션, 복수 프로젝트 관리, 현장 설비 자동 연동으로 일괄 프로세스화 - 시뮬레이션 중심, 3D프린팅, 디지털(Mock-up, Prototyping, Manufacturing) 구현 - 프로젝트 포트폴리오, 개발 유형별 프로세스와 모든 산출물이 시스템에서 관리
전사적 자원관리	제품개발시스템의 연계 KPI 개발 운영 대시보드를 이용한 눈으로 보는 경영

주) KPI: Key Performance Index
PLC: Programmable Logic Controller

2.5 완성 수준(level-5)의 정의

4M1E(사람, 설비, 자재, 작업방법, 환경)를 관리하기 위해 ICT가 적용된 것으로 사물과 서비스를 IoT/IoS화하여 사물, 서비스, 비즈니스 모듈 간의 실시간 대화 체제를 구축하고 가상공간 상에서 비즈니스를 실현하는 수준을 말한다.

[표 2-7] 완성 수준(level-5)의 정의

기 능	수준의 정의
현장 자동화	고객 맞춤형 생산체제(Lot-one 생산체제, 모듈형 생산체제, 3D 프린팅 체제 등) AR/VR 기술을 활용한 생산 활동 자율적응형 생산체제
공장 운영 공급사슬관리 제품개발	가상화 및 분산 컴퓨팅 기반의 공장 통합 운영 자율적응형 컴퓨팅 기반의 공장운영시스템 CPPS, 인공지능기술 기반의 실시간 공장관제 기술 구현 고객의 니즈를 반영한 실시간 제품 설계 및 생산
전사적 자원관리	가상물리시스템 기반의 협업 - IoT와 IoS를 통한 설비, 공정, 공장 등의 자유로운 선택 및 비즈니스 활동 제품 개발부터 완제품까지, 자재구매에서부터 유통까지, 생산에서부터 폐기까지 인터넷 공간에서의 경영

주) CPPS: Cyber-Physical Production Systems

2장 연습문제

1. 스마트제조 수준을 정의하기 위한 측정요인에 대하여 설명하시오.
2. 스마트제조 수준을 구분하는 관리요인에 대하여 설명하시오.
3. 스마트제조 수준을 구분하는 운영 및 의사결정의 정의를 설명하시오.
4. 스마트제조 수준을 구분하는 자동화 형태를 설명하시오.
5. 스마트제조 수준 6가지를 설명하시오.
6. 스마트공장의 기능별 수준을 설명하시오.

2부 스마트제조 구현 기술

CHAPTER

3

하드웨어

1. 로봇

1.1 로봇의 개요

로봇(Robot)은 체코어로 노동을 의미하는 로보타(robota)에서 나왔다. 로봇은 사람의 모습, 기능 및 지능을 종합적으로 갖춘 기계로서 스스로 작업할 수 있는 능력을 가진 기계를 말한다. 로봇은 명령하는 일을 수행하기 위하여 2축 이상 제어를 통해 동작부위를 움직일 수 있도록 프로그래밍이 가능한 구동기계이다. 로봇은 전자, 정보통신 및 컴퓨터의 발달로 인하여 공장 작업용 로봇으로 많이 활용되고 있다. 따라서 공장에서 사용하는 로봇은 공장자동화 분야에 사용하기 위하여 3축 이상의 자동제어와 재 프로그래밍이 가능한 구동기계로서 다목적 매니퓰레이터(manipulator)이다.

자동차, 전자, 반도체 등 제조 현장에서는 조립, 용접, 도색, 운반 및 품질검사에 이르기까지 로봇이 이미 모든 생산 공정을 담당하고 있다. 과거에는 인력을 대체하는 자동화와 생산성 향상을 위한 개선의 개념이었다면, 미래의 로봇은 사람이 할 수 없는 고도의 정밀도가 높은 작업 또는 좀 더 세밀하고 복잡한 작업을 수행하여 혁신적으로 품질수준을 높이는 설비가 될 것이다. 이와 같이 로봇은 기업의 생산성과 품질 향상을 통한 경쟁

[그림 3-1] 전통적 산업용 로봇(좌)과 협동로봇(우)

력을 추구함에 따라 생산현장에서 안전하고 효율적으로 작업할 수 있도록 지속적으로 사람을 대체해 나갈 것이다.

로봇은 모든 엔지니어 분야가 조합된 최첨단 융복합 기술의 집합체이다. 예를 살펴보면 다음과 같다.

- 재료: 로봇이 사람의 인체에 사용하는 것일 때에는 해를 끼치지 않는 재질, 무게를 지탱할 수 있는 재질, 부식 등에 견딜 수 있는 재질 등 사용
- 하드웨어: 로봇이 움직이기 위해 모터, 감속기, 제어기, 실린더 등 사용
- 소프트웨어: 로봇이 제어를 통해 하드웨어를 실행시키기 위한 프로그램
- 센서: 로봇이 인간과 비슷하게 행동하기 위한 감지 기능

로봇은 시각을 감지하는 비전 센서, 로봇 팔의 힘을 감지하는 힘 센서 또는 터치 센서, 거리를 감지하는 거리 센서, 로봇의 움직임을 감지하는 자이로 센서 등 다양한 센서의 융합을 통해 얻은 데이터로부터 프로그램을 가동시켜 하드웨어를 움직이게 하여 인간과 비슷하게 행동할 수 있게 한다.

1.2 로봇의 발전 과정

1세대 로봇은 제조공장에서 해당 공정에 고정된 상태에서 용접, 조립, 자재 탈부착 작업, 자재 이송 등을 자동으로 수행하는 로봇으로 산업용 로봇을 말한다. 이때의 로봇은 컴퓨터에 입력된 프로그램의 명령 순서에 따라 사람의 손과 발의 역할을 대신하는 것으로 단순 반복 작업을 수행한다. 작업을 일정한 속도로 반복하고 정확도가 높아져 불량이 발생하지 않아 품질향상 및 생산성 향상이 가능하며, 24시간 가동할 수 있어 생산량 증

[표 3-1] 로봇의 발달

세대	제1세대	제2세대	제3세대	제4세대
구분	산업용 로봇	지능형 로봇	인간형 로봇	인공지능형 로봇
특징	고정형	이동형	두 다리로 이동 다섯 손가락 움직임	매끈한 피부 사람과 유사
용도	용접, 조립, 자재 탈부착 작업 등	자재 운반, 적재 작업 등	위험 공정 작업 비생산 작업	전 공정 작업
수행 능력	프로그램 명령에 따라 수행	물체유무 스스로 인지 수행	작업 지시대로 수행	스스로 학습하여 수행
낭비 요인	불량 감소	비생산(낭비)요인 감소	위험 공정 대체 생산 낭비요인 감소	생산 최적화 제조리드 타임 감소
효과	품질 향상	생산성 향상	안전 향상	납기 향상

가가 가능하다.

2세대 로봇은 빛, 색상, 초음파 등의 환경을 이용하여 물체의 유무를 감지하는 센서를 통해 스스로 판단하는 기능을 가진 로봇으로 지능형 로봇을 말한다. 이때의 로봇은 물품의 겉면에 표시된 색이나 그림 또는 여러 가지 장애물 등 주변 환경을 스스로 인지하여 물품에 따라 적합한 장소로 운반하고 적재하는 작업을 수행한다. 시간에 맞추어 공정에서 필요한 자재를 공급하거나 자재 또는 완제품을 창고에 적재하는 등의 사람이 하는 비생산적인 작업을 대체함으로써 생산성 향상이 가능하다.

3세대 로봇은 외모가 사람과 비슷한 형태를 가지고 두발로 걷기도 하고 다섯 개의 손가락을 구부리기도 하며 말도 하는 기계로서 인간형 로봇으로 휴머노이드(Humanoid) 로봇이라고도 한다. 휴머노이드란 사람을 뜻하는 'Human'이란 단어와 '~와 같은 것'이란 의미를 가진 접두사 'oid'의 합성어로 '사람 같은 것'이라는 말이다. 이때의 로봇은 다양한 센서 기술의 발달과 센서를 통해 얻어진 다양한 정보를 고속으로 처리할 수 있는 컴퓨터 기술의 발달로 사람과 유사하게 관리자가 지시하는 대로 어떤 작업이나 조작을 로봇 스스로가 자동으로 움직이며 수행한다. 공정작업에 있어서 품질 향상과 생산성 향상이 가능하며, 특히 위험한 공정의 작업을 대체함으로써 안전 향상이 가능하다.

4세대 로봇은 사람과 같이 매끈한 피부를 가진 기계로서 인간처럼 스스로 생각하고 판단하며, 로봇이 스스로 지능을 발전시켜 갈 수 있는 인공지능형 로봇이 될 것이다. 이때의 로봇은 제조 과정에서 발생할 수 있는 다양한 작업형태를 학습하여 스스로 작업 스케줄을 최적화하고, 이 스케줄에 따라 어떤 작업이나 조작을 로봇 스스로가 최적화하여 자동으로 움직이며 수행한다. 공장 전체의 무인화를 통해 생산의 최적화를 마련할 수

[그림 3-2] 1세대 로봇(좌)과 4세대 로봇(우)

있어 품질 향상 및 생산성 향상이 가능하고, 특히 제조리드타임이 감소되어 납기 향상이 가능하다.

1.3 산업용 로봇의 종류

(1) 용접 로봇

용접작업은 노동집약적이고 작업 환경이 열악하고 위험하여 사람들이 기피하는 직업 중에 하나다. 또한 사람이 용접을 하면 용접부위가 균일하지 못하여 불량이 종종 발생하는 경우가 많다. 따라서 용접 로봇을 사용함으로써 균일한 품질과 생산성을 기대할 수 있다.

(2) 조립 로봇

조립은 부품의 형태에 따라 다양성이 크고 복잡하다. 이와 같이 서로 다른 모양의 부품을 동시에 조립할 수 있는 로봇이 현재 개발되어 사용하고 있다. 최근에는 로봇과 로봇, 로봇과 사람이 상호 협조하여 작업을 하는 협동로봇으로 발전하여 작업효율성이 점차 높아지고 있다.

(3) 도장 로봇

도장작업은 노동집약적이고 유해한 물질에 노출되어 작업을 해야 하므로 사람들이 기피하는 직업 중에 하나다. 또한 사람이 도장을 하면 도장 부위가 균일하지 못한 경우가 종종 발생하는 경우가 많다. 따라서 도장 로봇이 작업하면 균일한 도장을 할 수가 있고, 재료의 낭비를 줄이며, 유해한 물질에 사람이 노출되는 것을 줄여준다.

(4) 검사 로봇

사람이 검사를 하는 경우 특히 관능검사의 경우에는 검사자의 경력과 상태에 따라 또는 보는 시각에 따라 검출능력에 차이가 많이 난다. 카메라, 레이저, 초음파, 자기센서 등을 이용하면 부품의 기준과 비교하여 불량품을 찾아내고, 기준에 따라 분류할 수 있으며, 부품의 불량부위를 찾아내는 것이 균일하여 신뢰성 높은 검사관리가 가능하다.

(5) 운반 로봇

주로 공정과 공정 사이에 부품을 옮겨주는 작업, 저장장소 또는 공정으로 부품을 이송시켜 주는 작업, 기계에 부품을 부착 또는 탈착 작업 등을 보통 사람이 수행한다. 특히 부품이 크거나, 중량이 많이 나가거나, 사람의

손이 닿으면 안 되는 정밀부품 또는 화학약품 등 사람이 할 수 없는 일들이 있다. 최근에는 운반이라는 것이 낭비로 인식하고, 부품의 품질 유지, 운반스케줄에 차질이 발생하지 않게 하기 위하여 운반 로봇을 사용하는 추세가 늘고 있다.

(6) 가공 로봇

사람이 기계에 부품을 부착시켜 가공하는 경우 사람의 경력과 경험에 따라 가공 정밀도에 차이가 발생하게 된다. 기계가공의 경우 가공 정밀도는 부품의 품질에 결정적인 역할을 하는 것으로, 사람이 작업할 경우에 품질이 불균일하게 발생한다. 최근에 생산 현장에서는 짧아지는 납기와 더욱 엄격해 지는 요구조건 및 정밀도를 만족시켜야 하므로 자동화된 공작기계의 중요성이 증대되고 있다. 이러한 상황에서 생산성 및 경제성을 증대시키는 방법으로 가공 로봇의 도입이 필요하다.

(7) 협업(동) 로봇

스마트공장이 구축되면서 생산현장에서 작업자들이 없어지고 로봇이 등장하고 있다. 이 때 로봇은 단순히 사람의 작업을 일부분 대신하는 것도 있지만 사람이 하는 모든 일을 대신하기도 한다.

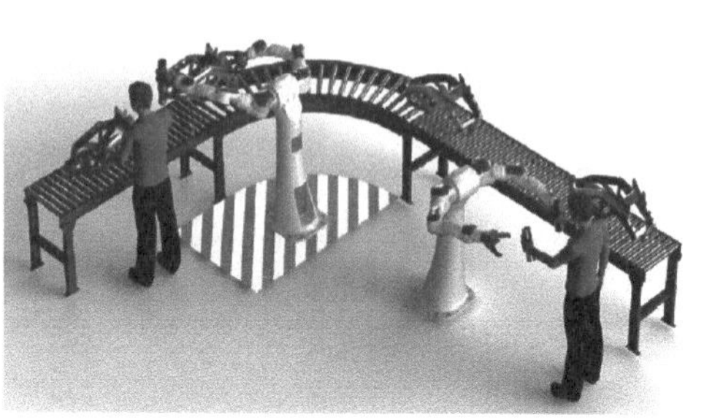

협업 로봇은 인간과의 직접적인 상호작용을 위해 설계된 로봇으로 정의한다. 따라서 일반 로봇은 다소 자율적으로 움직이도록 만들어졌으나 협업 로봇은 사람이 어떤 작업을 성공적으로 수행할 수 있도록 도와주는 것을 목적으로 한다. 따라서 협업 로봇은 사람과 같은 공간에서 작업을 해야 하므로 로봇이 사람의 안전을 보장할 수 있어야 한다.

협업 로봇은 일반 로봇에 비해 외형적으로 소형이며, 같은 공간에서 사람과 함께 작업이 가능하고 값이 비교적 저렴하다. 협업 로봇은 전자제품의 비중이 높아져서 작은 부품의 조립공정과 변경이 잦은 공정에 주로 사용된다.

1.4 로봇의 구성

(1) 매니퓰레이터

매니퓰레이터(manipulator)는 로봇의 팔로서 기구부에 해당한다. 이것은 직접 운동을 하는 관절(joint)과 이 관절들 사이에 연결된 링크(link)로서 이루어져 있다. 관절은 일반적으로 직선운동을 하는 직동관절과 회전운동을 하는 회전관절로 나눈다. 이러한 관절의 숫자는 매니퓰레이터의 자유도(degree of freedom)를 결정한다. 자유도란 관절에서 허용되는 독립적으로 움직일 수 있는 방향의 수를 말한다. 관절은 로봇에서 2개의 링크를 결합하여 한쪽 축에서 다른 한쪽 축으로 회전운동 또는 직선운동을 통해 힘을 전달하는 부분이다. 일반적으로 매니퓰레이터는 작업 공간 내에서 원하는 위치를 갖기 위한 3관절과 원하는 자세(방향)를 취하기 위한 3관절이 필요하므로 적어도 6자유도가 필요하나 작업의 종류에 따라 6자유도를 모두 사용하지 않아도 된다. 때로는 매니퓰레이터의 도구가 장애물을 피하거나 목표물에 도달하기 위해 다양한 경로를 거쳐야 하는 경우에는 더 많은 관절을 필요로 하기도 한다.

(2) 말단효과장치

말단효과장치(end effector)는 사람의 손과 같은 역할을 하는 것으로 로봇의 매니퓰레이터 끝에 위치한 도구가 대상물을 잡아 원하는 위치로 이동하거나 작업하는 장치를

[그림 3-3] 로봇의 구성

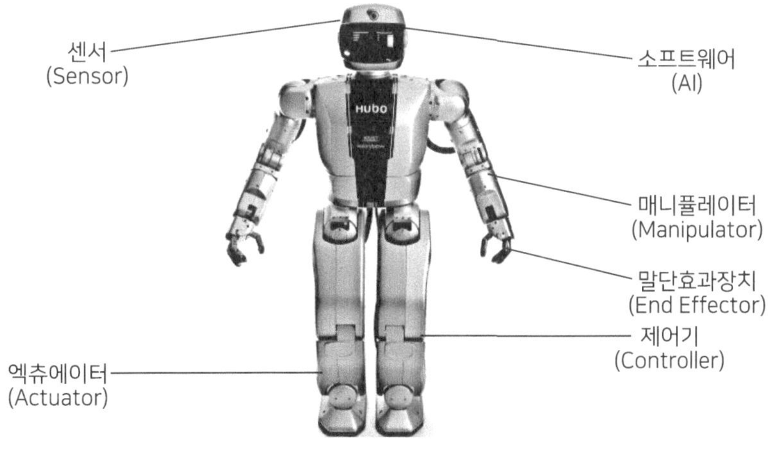

말한다. 예를 들면 작업 대상물을 잡는 그리퍼(gripper), 도장에 사용하는 스프레이 건, 스폿 용접을 하는 전극 접점, 용접을 하는 용접 토치, 드릴, 그라인더 등을 장착하여 사용하는 것을 말한다.

(3) 액추에이터

액추에이터(actuator)는 사람의 근육에 해당하는 것으로 로봇이 동작하기 위하여 모터나 실린더 등과 같은 구동장치로서 전류, 유압, 공압 등의 에너지원으로 작동한다. 이를 구동기 또는 작동기라고도 불린다.

(4) 센서

센서(sensor)는 사람이 오감을 통해 반응하듯이 로봇은 센서를 통해 주위 환경을 감지하여 상호작용을 할 수 있도록 하는 것으로 제어계에 전달하여 매니퓰레이터와 말단 효과장치가 동작하도록 만든다. 이러한 센서는 최근에 보다 더 정밀하고 무인화 되어가는 공장의 추세에 맞추어 가장 핵심적인 기술 중의 하나이다.

(5) 제어기

제어기(controller)는 매니퓰레이터가 지시된 작업을 수행할 수 있도록 액추에이터를 제어하는 장치를 말하는 것으로 시퀀스와 마이크로컴퓨터를 사용한다. 일반적으로 제어시스템은 입력요소를 어떤 지시된 방법으로 출력을 제어하는 것이다. 제어시스템에는 제어대상과 제어장치로 구성되어 있는데, 제어대상에 제어장치를 붙여 제어동작을 수행하게 된다. 제어장치는 제어부, 감지부, 조작부로 구성되어 있다.

2. 제어시스템

2.1 제어시스템의 개요

제어(Control)란 어떤 장치나 공정에서 발생하는 출력신호가 원하는 상태를 유지하도록 입력신호를 적절히 조절하는 방법을 말한다. 이러한 제어동작을 수행하는 회로나 장치를 제어기(controller)라고 하며, 이 제어기의 역할을 사람이 수행하는 경우를 유인제어, 사람이 없어도 물리적 장치를 통해 제어를 수행하는 것을 무인제어 또는 자동제어(automatic control)라고 한다. 유인제어의 예로는 자동차 운전을 들 수 있으며, 이는 운전자가 가고자 하는 목적지를 안전하고 빠르게 도착할 수 있도록 가속페달, 브레이크 및 핸들을 조작하여 자동차를 제어한다. 무인제어의 예로는 에어컨을 들 수 있으며, 이는 실내온도를 일정하게 유지시켜주는 역할을 하는 것으로, 사용자가 설정해 놓은 실내온도를 기준으로 실내온도가 높을 때에는 압축기(compressor)를 가동시켜 실내온도를 낮추고, 실내온도가 설정된 온도와 같을 경우에는 압축기를 자동으로 멈추는 제어활동을 하는 것으로, 에어컨에 설치된 온도감지기가 실내온도를 자동으로 측정하여 제어를 수행한다.

2.2 제어시스템의 구성

어떤 과업의 수행이나 주어진 목적을 달성하기 위하여 부품들이 결합되어 상호작용을 하는 하나의 복합장치를 시스템이라고 한다. 시스템은 입력(Input)과 출력(Output), 처리(Process), 피드백(Feedback)으로 구성된다.

[그림 3-4] 시스템

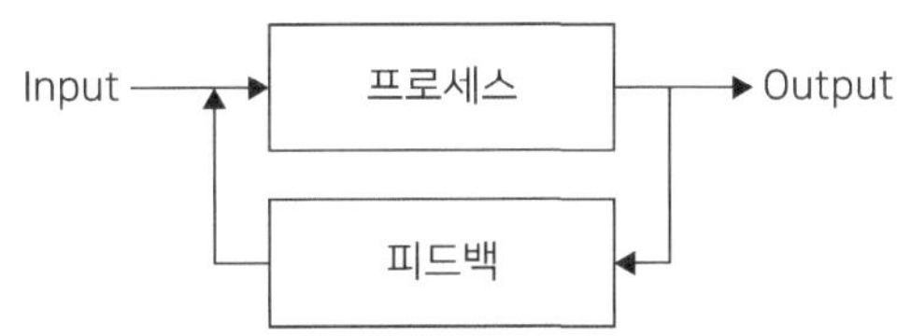

제어시스템에서 피드백은 매우 중요하다. 피드백 제어는 요구되는 입력 명령 값과 시스템을 통해 얻은 출력값을 비교하여 오차가 발생하면, 그 오차를 제어기의 입력값으로 하여 장비를 바람직하게 제어하는 과정을 말한다. 여기서 감지기는 실제 출력값을 측정하여 요구(기준)입력값과 비교하여 그 오차가 제어입력에 반영될 수 있도록 피드백 역할을 한다.

예를 들면 겨울에 집안의 온도를 18℃를 유지하고자 할 때 보일러 온도조절기에 18℃로 맞춘다. 이때 방의 온도가 온도조절기의 센서를 통해 18℃ 이하로 떨어진 것이 감지되면 그 오차만큼의 신호가 발생하여 보일러가 가동되어 열을 공급한다. 그리고 집안의 온도가 18℃까지 점차 상승하게 되어 다시 18℃에 도달하게 되면, 온도조절기의 설정된 온도와 실제 온도가 같게 되어 오차가 없으므로 오차신호가 0이 되어 보일러의 가동이 중단된다. 또한 열의 공급이 중단되어 열이 외부로 누출됨으로써 집안의 온도

[그림 3-5] 제어시스템

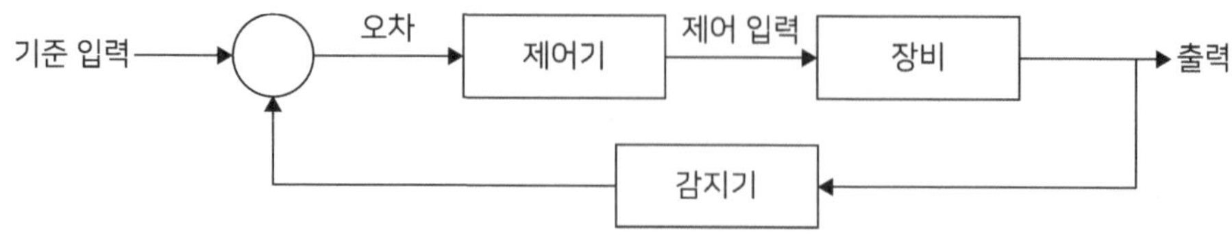

가 떨어지게 되면 오차신호에 의해 다시 보일러가 가동된다. 이와 같은 동작이 자동적으로 반복되므로 집안의 온도는 항상 18℃를 유지하게 되는데, 이때 온도조절기의 온도와 실제온도를 비교를 통한 오차는 센서를 통해 제어입력에 반영될 수 있도록 한 것을 피드백이라고 한다.

제어시스템은 제어기와 장비의 연결방식에 따라 개방루프(open-loop) 시스템과 폐쇄루프(closed-loop) 시스템으로 구분할 수 있다. 개방루프 시스템은 출력값이 제어기에 아무른 영향을 주지 않는 것을 말하는 것으로, 대상시스템의 특성을 잘 알고 있는 경우에 정확한 제어가 가능할 때 사용한다. 폐쇄루프 시스템은 피드백 제어시스템이라고도 하며, 출력값이 제어기에 영향을 주어 기준입력과 비교하여 차이가 발생하면 차이가 없어질 때까지 출력값을 피드백하여 계속 제어하는 것을 말하는 것으로, 대상시스템의 특성을 잘 모르는 경우에 비교적 정확한 제어를 할 수 있다.

2.3 제어시스템의 분류

- 제어의 목적에 따른 분류: 추종제어, 정치제어, 프로그램 제어, 비율제어
- 제어량의 종류에 따른 분류: 서보기구, 프로세스 제어, 자동조정
- 신호의 종류: 아날로그 신호, 디지털 신호
- 외란의 분포 상태에 따른 분류: 확률제어, 확정제어
- 외란 제거방법에 따른 분류: 피드포워드 제어, 종속제어, 피드백 제어
- 조절부의 동작에 따른 분류: 비례제어, 미분제어, 적분제어, 비례적분제어, 비례미분제어, 비례적분미분제어
- 제어기법에 따른 분류: 최적제어, 적응제어, 퍼지이론, 인공지능, 전문가 시스템, 신경회로망

3. PLC

3.1 PLC의 개요

PLC(Programmable Logic Controller)란 종래에 사용하던 제어반 속의 릴레이 타이머, 카운터 등의 기능을 고밀도집적회로(large Scale Integration: LSI), 트랜지스터 등의 반도체 소자로 대체하여 기본적인 시퀀스제어 기능에 수치연산 기능을 추가하여 프로그램 제어가 가능하도록 한 자율성이 높은 제어장치를 말한다. 미국 전기공업협회(National Electrical Manufacturers Associate)에서는 '디지털 또는 아날로그 입출력 모듈을 통하여 로직, 시퀀싱, 타이밍, 카운팅, 연산과 같은 특수한 기능을 수행하기 위하여 프로그램 가능한 메모리를 사용하고 여러 종류의 기계나 프로세스를 제어하는 디지털 동작의 전자장치'로 정의하고 있다.

종래의 PLC는 처음에 릴레이 제어반을 대체하기 위한 제어장치로 출발하였으나, 현재의 PLC는 컴퓨터로 다양하게 제어가 가능한 제어시스템으로 순차제어 기능, 아날로그 및 디지털 제어 기능, 통신 기능 등을 복합적으로 제어하는 데 사용하고 있다. 현재의 PLC는 릴레이로 만든 제어시스템보다 크기도 작고, 신뢰성이 높고, 전력손실이 적고, 확장성이 용이하다. 이와 같이 PLC의 경제성, 신뢰성, 편의성 등이 향상되면서 자동차, 철강, 화학 등 대형공장뿐만 아니라 소규모 공장의 공작기계에 이르기까지 적용이 확대되고 있다. 최근에는 데이터베이스 등을 처리할 수 있는 PAC(Programmable Autumation Controller)라는 제어기가 등장하였고, 오늘날 스마트공장의 구현에 주로 사용되고 있다.

3.2 PLC의 표준화

PLC는 제조사별로 사용 언어와 통신 네트워크가 서로 달라 엔지니어들이 많은 불편함을 겪어 왔으나, IEC에서 PLC에 대한 국제표준화규격(IEC 1131)을 제정하여 PLC 프로그램 작성을 위한 소프트웨어를 5가지의 프로그래밍 언어로 통합하고 표준화하였다.

- IL(Instruction List): 어셈블리 형태의 명령어로 니모닉(mnemonic) 언어를 표준화한 것이다.
- LD(Ladder Diagram): 시퀀스 제어를 위해 릴레이 로직으로 표현한 표준화된 언어이다.
- FBD(Function Block Diagram): 프로그램의 요소를 블록화하여 각 블록을 서로 연결하여 로직을 표현하는 것으로, 제어요소 간에 정보나 데이터의 흐름이 있는 경우에

사용한다.

- ST(Structured Text): 파스칼이나 C언어를 기반으로 하는 것으로 복잡한 수식 계산이 필요한 경우에 사용한다.
- SFC(Sequential Function Chart): 공정의 순서나 조건에 따른 동작을 순차적으로 표현한 언어로서 IL, LD, FBD, ST로 프로그램을 한다. 프로그램에서 오류가 발생할 경우에 쉽게 수정할 수 있다.

3.3 PLC의 선정방법

스마트공장을 구축함에 있어서 기본적으로 설비로부터 실시간 데이터를 수집 및 분석하여 이를 통해 설비를 자율제어 하는 데 없어서는 안 되는 것이 PLC이다.

PLC를 선정하기 위해서는 제어대상인 설비에 대한 사양과 제어해야 할 내용 및 범위에 대하여 정확히 이해해야 한다. 그리고 설비의 기능, 확장성, 사용기종의 지속성, A/S 등 사후관리의 지속성, 사용자의 수준, 가격 등을 고려하여 선정한다.

- 입력형태에 따른 선정: 조작반의 누름 스위치, 리밋 스위치, 근접센서, 포토센서, 리드 스위치 등과 입력 센서 등의 사용전압 등을 고려하여 입력 모듈의 사양을 선정한다.
- 출력형태에 따른 선정: 전원, 운전, 과부하, 부저 표시등, 솔레노이드 밸브, 릴레이, 전자 접촉기 등과 출력부의 사용전압 등을 고려하여 선정한다.
- CPU에 따른 선정: 디지털 I/O, 아날로그 I/O, 특수카드(HSG, POP, PID 등) 지원기능 등과 CPU의 특성을 고려하여 선정한다.

3.4 PLC의 구성

PLC는 CPU(Central Processing Unit: 중앙처리장치), 장치들 간에 신호를 주고받는 입출력부(Process Input-Output), 프로그램을 저장하는 기억부(Memory), 전원을 공급하는 전원부, 주변기기 등으로 구성된다.

PLC는 제어를 하기 위한 프로그램을 작성하여 메모리에 기록 저장한다. 그리고 PLC가 운전을 시작하면 우선 메모리에 저장된 프로그램을 하나씩 끄집어내어 읽는다. 그런 후 읽은 프로그램의 내용을 해석하고 그것에 따라 입력부의 상태를 조사하여, 그 결과를 출력부로 전달하여 동작을 명령한다.

[그림 3-6] PLC 구성도

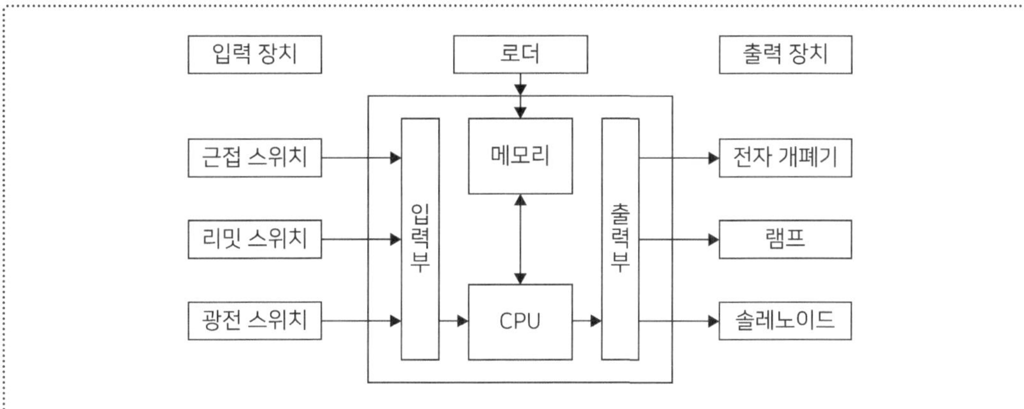

3.5 자동화 핵심요소

PLC를 잘 알기 위해서는 자동화에 대하여 이해를 하여야 한다. 자동화는 제어기기의 제작과 운영에 필요한 5대 핵심요소로 구성된다. 이 핵심요소는 기계 시스템을 구성하고 있는 기계장치(mechanism), 기계를 구동하기 위한 액추에이터(actuator), 기계의 동작을 감시하는 센서(sensor), PLC의 프로세스(processor), 여러 대의 기계장치 사이에 연동하기 위한 네트워크(network) 등으로 구성되어 있다.

기계장치는 '다수의 부품으로 구성된 것으로, 일정한 상태 운동에 의해 유용한 일을 하는 동력장치'를 말한다. PLC는 이러한 기계장치의 동작을 제어하기 위한 것으로, 이는

[그림 3-7] 자동화 5대 요소

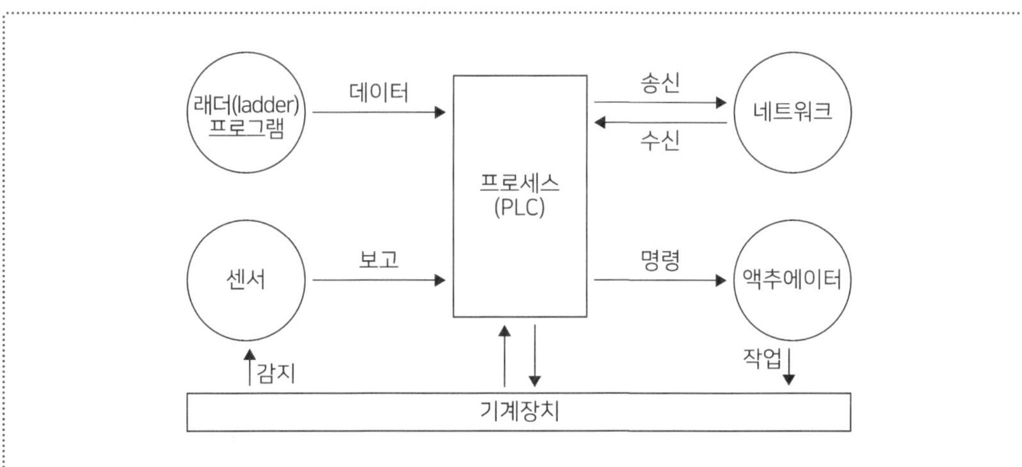

기계장치를 설계할 때부터 정해져 있다. 따라서 PLC 프로그램을 작성하기 위해서는 기계장치의 구동 원리나 순서를 잘 이해해야 한다.

액추에이터는 외부로부터 에너지를 공급받아 기계를 움직이도록 동력을 생산하는 기기를 말한다. 엑추에이터는 모터와 실린더로 구분한다. 실린더는 정해진 거리를 일정하게 왕복 운동할 때 사용되며, 공압용과 유압용이 있다. 모터는 전기로 구동하는 것으로 AC용과 DC용으로 구분한다. PLC 프로그램으로 제어하는 것은 PLC의 출력신호로 엑추에이터를 제어한다는 것이다. 유·공압 실린더를 제어하기 위해서는 솔레노이드 밸브의 제어방법을, AC 모터를 제어하기 위해서는 인버터의 제어방법을 이해하고 있어야 한다.

센서는 PLC로부터 출력되어 제어되는 엑추에이터와 기계장치의 움직임을 감시한 결과를 전기신호로 변환하여 PLC의 입력부에 전달하는 역할을 한다.

프로세서는 CPU를 통해 연속적으로 실행되는 프로그램으로서, 메모리에서 실행되는 작업 단위를 말한다.

네트워크는 수많은 기계장치를 연동하여 동작할 수 있도록 연결하는 장치를 말한다. 네트워크는 스마트공장을 구축하기 위하여 제조공정에 ICT(Information and Communications Technologies)를 적용하는 데 필수장치이다. PLC의 네트워크는 기존의 컴퓨터 네트워크에 회사별로 표준화한 프로토콜을 사용하고, 회사별로 네트워크 명칭도 각각 다르게 부여하고 있다. 그러나 기본 통신기술은 RS232 또는 RS485 통신을 사용하므로, 이들에 대한 통신방식을 이해하는 것이 필요하다.

4. IoT

4.1 IoT의 개요

독일의 4차 산업혁명은 제조업에 기반을 두고 있으며, 제조업의 혁명을 이루는 데 있어서 지능화 기술, 서비스 인터넷, 가상물리시스템과 더불어 IoT(Internet of Things: 사물인터넷)를 4대 핵심기술 중의 하나로 보고 있다.

네트워크를 스마트하게 연결하는 기술의 핵심은 IoT로 1999년 미국 MIT의 부설연구기관인 Auto-ID Center에서 RFID를 활용한 인터넷 통신을 정의하면서 개념이 완성되었다. Auto-ID Center는 900MHz 대역의 수동형 RFID를 활용한 무선인식기술의 표준을 개발하였고, 이것은 향후 EPC(Electronic Product Code)로 정착되어, 유통과 물류업무에서 추구하는 개별 사물의 위치 확인과 이력을 추적하는 기능에 초점이 맞추어졌다.

[그림 3-8] IoT의 개념

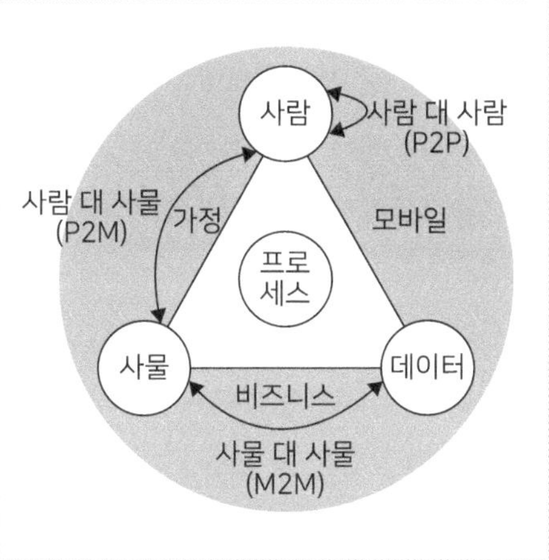

오늘날 네트워크의 목적과 용도가 넓어지면서 IoT의 개념도 발전하게 되었다. 식별과 데이터 교환 관점에서의 IoT는 연산기기, 디지털 기계, 사물, 동물과 사람 등의 객체들이 각자 유일한 식별자를 부여받고 사람과 사람, 사람과 컴퓨터 간의 상호작용을 요구하지 않고 네트워크를 통해 데이터를 전송하는 능력을 부여받아 상호 연동되는 시스템이라고 정의하였다. 또한 IoT가 센서와 제어기가 결합하여 사물 간의 인터넷 통신을 통한 식별, 측정, 제어의 기능을 수행하는 역할로 거듭 발전하는 것으로 보고, 전자장치, 소프트웨어, 센서, 구동장치 그리고 이들 객체들이 데이터를 수집하고 교환할 수 있는 네트워크 연결 장치들이 내장된 물리적 장치, 운반 장비와 사물 간의 네트워크로 정의하였다. 따라서 IEEE는 IoT를 사회망 중심으로 종합적 차원에서 정의를 내리고 있는데, IoT를 서로 다른 기술적·사회적 현장을 통합하는 응용영역이라고 정의하고 있다. 여기서는 IoT를 사물에 센서를 부착해 사물과 사물 간에 실시간으로 데이터를 인터넷으로 주고받는 기술로 정의한다.

4.2 IoT의 기술

지금까지는 인터넷에 연결된 기기들이 정보를 주고받으려면 사람의 조작이 개입되어야 했다. 그것은 처리시간이 느리고 실수도 많기 때문에 데이터의 품질에 영향을 주기도 하고, 데이터를 제멋대로 해석하거나 가공하기도 한다. 센서의 발달로 인해 사물인터넷 시대가 열리면서 인터넷에 연결된 기기는 사람의 도움 없이 서로 알아서 정보를 주고받으며 대화를 나눌 수 있다. 사물도 서로 대화를 나누려면 상대 기기의 아이디(id)나 IP주소를 알아야 한다. 그리고 사물끼리 통신을 하려면 통신을 주고받을 수 있는 통로, 즉 사물끼리 공통적으로 사용할 수 있는 언어가 필요하다. 여기에는 센싱 기술, 유·무선 통신 및 네트워

[그림 3-9] IoT의 3대 기술

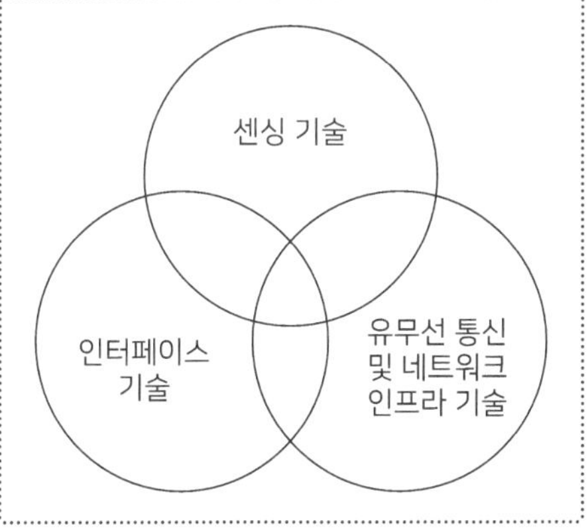

크 인프라 기술, IoT 서비스 인터페이스 기술 등이 있다.

센싱 기술은 사물끼리 통신할 수 있는 통로 역할을 하며, 정보를 수집·처리·관리하고 정보가 서비스로 구현되기 위한 환경을 지원한다. 따라서 사물인터넷은 모든 물리적 센서 정보가 중요한데, 온도, 습도, 열, 가스, 조도, 초음파 센서 등 기본적인 정보로부터 원격감지, SAR, 레이더, 위치, 모션, 영상센서 등 유형 사물과 주위 환경으로부터 수집한 정보를 바탕으로 사물 간 대화가 이뤄진다.

네트워크 인프라 기술은 사물과 사물 간에 통신과 인터넷을 할 수 있도록 하고 있고, 사람과 사물, 사물과 사물 간의 서비스를 연결시킬 수 있는 모든 유·무선 네트워크를 의미하며, 블루투스, 와이파이, 어스넷, 근거리무선통신(NFC), WPAN, BcN, , Zigbee, PLC 등은 이들의 자율적인 소통을 돕는 네트워크 기술이 된다.

IoT 서비스 인터페이스 기술은 네트워크적인 접근보다는 좀 더 정보화된 인공지능을 통한 상황 인식, 판단, 정황, 처리, 가공, 추출, 저장, 인지 등의 기능적인 요소뿐만 아니라 보안문제, 인증, 프로세스 관리 등의 고차원적 서비스 제공을 위해 인터페이스 역할을 수행한다.

5. 센서

5.1 센서의 개요

사람은 오감을 통하여 외부 환경으로부터 정보를 얻어 판단하는 것처럼, 기계장치에서 자동화를 위해 가장 기본이 되는 것으로 감각기능 역할을 하는 것을 센서(sensor)라고 한다. 센스(sense)는 라틴어로 '느낀다', '지각한다' 등의 의미로부터 유래된 것으로, 측정 대상물로부터 정보를 감지 또는 측정하여 전기나 빛의 신호로 변환하는 기능을 가진 장치를 센서라고 한다. 사람은 외부로부터 자극을 오감으로 받아 뇌로 전달을 하고, 이때 뇌는 전달받은 신호를 해석하여 해당하는 신체에 명령신호를 전달함으로써 동작을 수행하게 된다. 이와 같이 기계에서 발생하는 정보가 센서를 통해 감지되어 전기 신호로 변환하여 컴퓨터로 전달하고, 이때 전달된 신호를 컴퓨터가 해석하여 엑추에이터에 전송함으로써 기계를 제어하게 된다. 최근에 스마트공장의 구축으로 생산현장의 무인화가 진척되면서 센서가 기본적인 장치로 그 중요성이 매우 높아졌다.

5.2 센서의 특성

센서를 올바르게 선택하기 위해서는 센서의 특성을 이해할 필요가 있다.

(1) 범위(Range)

센서가 어느 정도의 범위까지 감지를 할 수 있는가를 나타내는 것으로 최소 입력과 최대 출력의 차이를 나타낸다.

(2) 감도(Sensitivity)

감지하고자 하는 대상에 대한 입력의 변화량에 대한 출력의 변화량의 비율이다. 이는 정밀도와 정확도를 결정하는 중요한 요소이다.

(3) 정확도(Accuracy)

정확도는 센서를 통해 출력되는 값이 목표값에 얼마나 근접하고 있는 지로 나타낸다. 센서로부터 출력되는 값이 목표값에 근접해 있을수록 좋다.

(4) 정밀도(Repeatability)

센서로부터 출력되는 값이 출력될 때마다 일정하게 나타나는 것으로 이를 정밀도 또는 반복도라고 한다. 이때 일정하게 반복되어 출력값이 생성되면 향후에는 어떤 값이 출력될 것인가를 예측할 수 있으므로 의사결정에 유용하므로 센서의 선택에 있어서 중요하다.

(5) 신뢰도(Reliability)

신뢰도는 센서의 총 가동된 시간을 센서가 운영된 횟수로 나눈 비율이다. 센서가 안정성을 가지고 지속적으로 유지되어야 신뢰성을 가질 수 있으므로 센서의 선택이 중요하다.

(6) 응답속도(Response Time)

센서를 통해 입력되는 값의 변화에 따라 얼마나 빨리 출력값이 변화하는지를 나타내는 것으로, 데이터의 실시간 관리를 위해서는 가장 필요한 선택의 요소가 된다.

(7) 인터페이스(Interface)

센서는 주변의 다른 기기들과 연결하여 사용하는 것으로 호환성이 지원되는 센서를 선택하여야 한다.

(8) 크기(Size)와 무게(Weight)

센서는 사용하는 기기의 가용한 공간에 설치되어야 하고, 장착되는 기기가 중량으로 인하여 동작을 하는 데 지장을 받지 않는 센서를 선택하여야 한다.

5.3 센서의 종류

센서는 어떤 대상을 측정하는가에 따라 센서의 종류가 달라진다.

(1) 광 센서

광 센서는 빛을 감지해서 전기 신호로 변환하는 장치로, 가시광선인 적외선과 자외선 사이에서 발생하는 광 자체와 광에 포함되어 있는 정보를 전기신호로 변환을 통해 감지하는 전자 장치를 포함한다. 광 센서의 종류에는 자외선 센서, CdS, 조도 센서, 컬러 센서, 포토인터럽터, 포토리플렉터, 리모콘 수신 센서, 초전 또는 모션 센서 등이 있다.

(2) 온도 센서

온도 센서는 접촉식과 비접촉식으로 구분한다. 접촉식은 측정 대상물과 직접 접촉하여 온도를 측정하는 방식이다. 비접촉식은 측정 대상물에서 방사되는 적외선 등을 통해 접촉하지 않고 일정한 거리를 떨어져서 온도를 측정하는 방식이다. 온도 센서의 종류에는 수정 온도계, 서미스터, IC온도 센서, 백금 측온 저항계, 구리 측온 저항계, 바이메탈식 온도계, 수은 온도계, 알코올 온도계, 열전쌍, 광 온도계, 방사 온도계 등이 있다.

(3) 압력 센서

압력 센서는 변위, 변형, 열전도율, 진동 수 등을 이용하여 압력을 측정하는 장치다. 압력 센서에는 기계식, 전기식, 반도체식이 있다. 기계식은 정도가 낮고 응답이 늦는 등의 결점을 가지고 있으며, 부르동관(회전각 지시형), 벨로스(힘 변환식), 다이어램프(힘 평형식) 등이 있다. 전기식은 기계적인 변위를 전기신호로 변환하는 것을 말하며, 정전용량식, 역평형식 등이 있다. 반도체식은 크리프 현상이 없고, 직선성이 우수하며, 소형·경량의 진동에도 매우 강하여 고감도와 고신뢰성을 갖는다.

(4) 초음파 센서

초음파 센서는 음향 주파수 중에서 20KHz~1MHz 사이의 주파수를 감지하는 것으로, 음향 에너지 중에서 비교적 높은 영역을 검출하기 위한 것을 말한다. 초음파는 빛과 전파와 같은 파동 에너지로서 전파 속도가 늦고 반사하기 쉬운 특징을 가지고 있다. 초음파 센서의 종류에는 개방형, 밀폐형, 고주파형 등이 있다.

(5) 자기 센서

자기 센서는 자기 에너지를 감지하여 검출하는 장치다. 자기 센서는 자기 작용에 따라 센서의 종류를 선택하면 된다. 자기 작용에는 전자 유도 작용, 전류 자기 효과, 자기 작용, 초전도 효과, 핵자기 공명, 자기광 작용, 자기열 작용 등이 있다.

(6) 습도 센서

습도 센서는 습도(절대습도 또는 상대습도)를 전기적 또는 광학적 방법으로 전기 신호로 변환하는 장치를 말한다. 습도는 공기 중에 포함되어 있는 수증기의 양 또는 비율을 나타낸다. 습도 센서의 종류에는 물체의 신축 이용(모발식, 바이메탈식), 건습구 온도 이용(건습계), 전기적 변화 이용(고분자 전기저항식, 고분자 전기용량식), 노점 온도 이용(광학식 노점, 염화리튬 노천계, 알파선 노점 온도계), 전자파 흡수 이용(적외선, 마이크로파) 등이 있다.

(7) 가스 센서

가스 센서는 기체 중에 혼합되어 있는 어떤 특정의 기체를 감지해서 전기 신호로 변환하는 장치를 말한다. 감지원리에 따라 반도체형, 고체 전해질형, 전기 화학형, 접촉 연소형 등으로 분류된다.

(8) 유량 센서

유량 센서는 물, 에어, 가스, 약품, 증기 등이 흐르는 양을 감지하여 전기 신호로 변환하는 장치다. 유량 센서의 종류에는 전기식(전자식), 기계식(날개 바퀴식, 부저식, 카르민식, 코리올리식), 기타(초음파식, 열식) 등이 있다.

(9) 변위 센서

변위 센서는 대상 물체가 일정한 위치에서 다른 위치로 변화했을 때 그 변화를 측정하는 장치다. 검출방식에 따라 와전류식, 광학식, 초음파식, 레이저포커스식, 접촉식 등이 있다.

(10) 적외선 센서

적외선 센서는 인간이 느낄 수 없는 광으로, 짧은 파장의 자외광, X선, 감마선, 긴 파장의 적외광, 열선, 마이크로파 등을 감지하여 전기 신호로 변환하는 장치다. 적외선 센서의 종류에는 열형과 양자형이 있다.

(11) 위치 센서

위치 센서는 대상 물체가 일정한 위치에 접근하면 이를 감지하여 On-Off 전기 신호로 변환하는 장치다. 위치 센서의 종류에는 근접 스위치, 마이크로 스위치, 리밋 스위치, 광전 스위치 등이 있다.

(12) 바이오 센서

바이오 센서는 생체관련 물질을 이용해서 화학물질을 측정하는 화학 센서의 일종이다. 바이오 센서의 종류에는 효소 센서, 미생물 센서, 면역 센서, 세포소기관 센서, 조직 센서 등이 있다.

6. 정보인식시스템

6.1 바코드(Bar Code)

영숫자나 특수글자를 기계가 읽을 수 있는 형태로 표현하기 위해 굵기가 다른 수직 막대들의 조합으로 나타내어, 광학적으로 판독이 가능하도록 한 코드이다. 예를 들면 상품의 포장에 인쇄되어 가격을 표시하거나 책의 표지에서 도서 관리를 위한 정보를 나타내거나 출퇴근 카드 등에 인쇄되는 등 물품을 구분하기 위한 다양한 용도로 사용되는 인식코드이다.

바코드는 1차원으로 주로 13~14자리의 숫자 데이터를 표시하는 것으로, 바코드를 사용하면 제품의 생산시점 정보관리, 즉 POP(point of production)와 재고관리가 쉽다.

6.2 QR코드(Quick Response Code)

1차원 바코드는 데이터 용량의 한계를 가지고 있어, 이를 극복하기 위하여 2000년대 중반에 2차원 바코드를 개발하여 사용되기 시작하였다. 2차원 바코드는 문자와 숫자, 사진 등 대량의 정보를 작은 사각형 안에 2차원의 심벌로 고밀도 코드화한 것으로 1,000자 이상의 데이터를 담을 수 있다.

대표적으로 많이 사용되고 있는 2차원 바코드는 QR코드다. QR코드는 흑백 격자무늬 패턴에 정보를 기록하는 2차원 바코드의 일종으로, 1990년대 중반 일본 도요타자동차의 자회사인 덴소웨이브에서 물류관리를 위해 개발한 시스템에서 유래한다. 기존의 1차원 바코드가 20자 내외의 숫자 정보만 저장할 수 있는 반면 QR코드는 숫자 최대 7,089자, 문자(ASCII) 최대 4,296자, 이진(8비트) 최대 2,953바이트, 한자 최대 1,817자를 저장할 수 있으며, 일반 바코드보다 인식속도와 인식률, 복원력이 뛰어나다. 바코드가 주로 계산이나 재고관리, 상품 확인 등을 위해 사용된다면, QR코드는 마케팅이나 홍보, PR 수단으로 많이 사용된다.

6.3 RFID

RFID(Radio Frequency Identification: 무선인식)는 반도체 칩과 무선통신을 이용하여 내장된 태그(Tag), 라벨(Label), 카드(Card) 등의 저장된 데이터를 무선주파수로 비접촉을 통해 읽어내는 인식시스템이다. RFID는 물류분야에서 자동으로 데이터를 인식하고, 집계, 분류, 추적을 할 수 있게 함으로써 물류의 전 과정을 실시간 관리할 수 있도록 한다. 지금까지 물류에는 대부분 바코드를 사용하여 왔는데, 바코드 시스템은 라벨은 매우 저렴하지만 저장 능력이 적고 재프로그램이 불가능하며 수작업으로 스캐닝해야 하는 등의 문제가 있으므로, 더 복잡하고 자동화가 요구되는 분야에서는 적정하지 못하다. 따라서 향후에는 RFID로 대체될 것으로 전망된다.

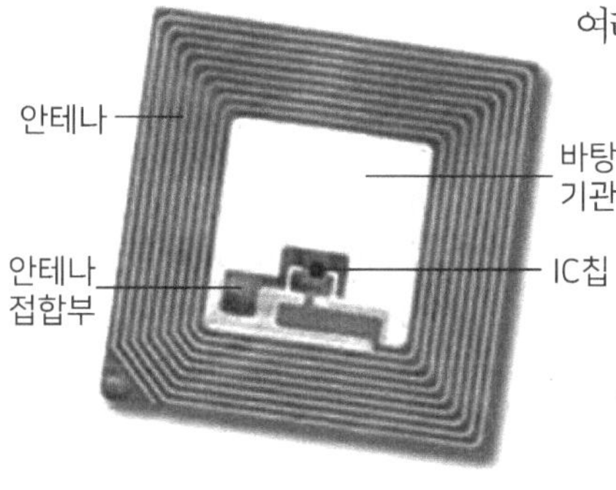

RFID 태그는 재사용이 가능하고, 데이터 저장 능력을 충분히 가지고 있으며, 한 번에 여러 개의 태그를 인식할 수 있다. 그리고 데이터를 읽는 속도 또한 매우 빠르며 데이터의 신뢰도 또한 높다. RFID 태그는 전원공급의 유무에 따라 전원을 필요로 하는 능동형(Active 형)과 내부나 외부로부터 직접적인 전원의 공급 없이 리더기의 전자기장에 의해 작동되는 수동형(Passive 형)으로 나눌 수 있다. Active 형은 리더기의 필요

전력을 줄이고 리더기와의 인식거리를 멀리할 수 있다는 장점이 있다. 하지만 전원공급 장치를 필요로 하기 때문에 작동시간의 제한을 받으며 Passive 형에 비해 고가인 단점이 있다. 반면에 Passive 형은 Active 형에 비해 매우 가볍고 가격도 저렴하면서 반영구적으로 사용이 가능하지만, 인식거리가 짧고 리더기에서 훨씬 더 많은 전력을 소모한다는 단점이 있다.

RFID의 장점은 다음과 같다.

- 바코드와 달리 접촉하지 않아도 인식이 가능하다.
- 원거리 및 고속 이동시에도 인식이 가능하다.
- 충돌방지기능이 있어 동시에 여러 개를 인식하는 것이 가능하다.
- 태그의 데이터를 변경하거나 추가가 가능하다.
- 눈, 안개, 결빙, 도색, 오염 등 환경적으로 제한상황에서도 인식이 가능하다.

RFID의 단점은 다음과 같다.

- 바코드에 비해 비용이 비싸다.
- 스마트카드에 비해 메모리의 용량이 작다.

7. 인터페이스

7.1 인터페이스의 개요

인터페이스(Interface)는 2대 이상의 장비가 서로가 필요한 정보를 주고받기 위해 물리적으로 연결하는 것을 말한다. 스마트제조 활동에서 제조실행시스템(Manufacturing Execution System: MES)은 장비의 제어기로부터 장비운전정보, 생산정보 등을 실시간으로 수집하고, MES에서 생성된 생산설정정보(레시피 등), 장비운전지시 등의 정보를 장비 제어기에 보내기 위하여 인터페이스를 설치한다. MES는 컴퓨터 실행 소프트웨어이므로 MES의 인터페이스는 장비와 컴퓨터 간에 이루어져야 하며, 컴퓨터와 장비 간에 직접 결선을 이용한 인터페이스 방법을 사용할 경우에는 상용화되어 있는 컴퓨터용 디지털 입력모듈 또는 디지털 출력모듈을 컴퓨터에 장착해야 한다.

직접 결선(Hard Wiring)이란 인터페이스 하고자 하는 장비에 전선을 연결하여 송신 장비에서 전기 신호를 제어하면 수신 장비에서 전기 신호를 수신하는 방법으로 장비 상

[그림 3-10] 송신 장비와 수신 장비간의 연결 개념도

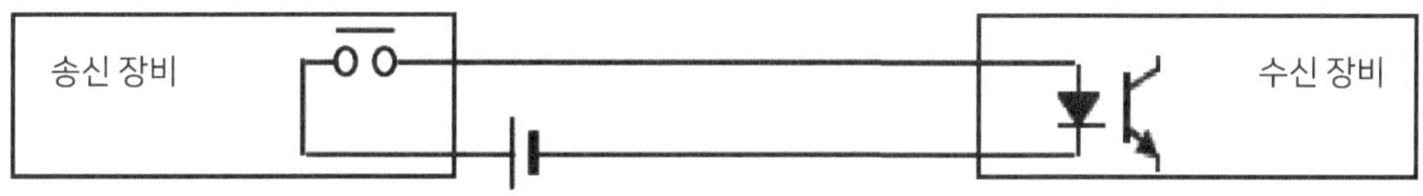

호 간에 신호를 전달하는 방법을 의미한다. 그리고 송신 장비는 스위치와 같이 전기 신호를 제어할 수 있는 디바이스가 설치되어야 하고, 수신 장비는 전기 신호를 받아 장비 내부에서 사용할 수 있는 정보의 형태로 변경할 수 있는 기능이 있어야 한다.

장비의 제어기에 통신 기능이 있을 경우 장비와 컴퓨터 간 통신을 이용하여 정보를 교환할 수 있으며, 일반적인 컴퓨터는 기본적으로 RS-232C과 Ethernet 통신(이하 범용 통신)을 지원하기 때문에 해당 장비의 제어기에서 범용 통신을 지원한다면 쉽게 인터페이스를 구현할 수 있다.

장비의 제어기에서 범용 통신을 지원하지 않고 Profibus-DP, DeviceNet 등 필드버스(Fieldbus) 계열의 통신을 지원할 경우 컴퓨터용 해당 통신 모듈을 컴퓨터에 장착하여 통신할 수 있으며, 필드버스 통신을 범용 통신으로 변경해 주는 게이트웨이를 사용하면 컴퓨터와 인터페이스 할 수도 있다.

통신을 이용한 인터페이스를 구현할 경우 직접 결선(Hard Wiring)을 이용하는 인터페이스보다 많은 양의 정보를 교환할 수 있고, 사용자 요구에 따른 정보의 수정 또는 확

[그림 3-11] 통신을 이용한 인터페이스

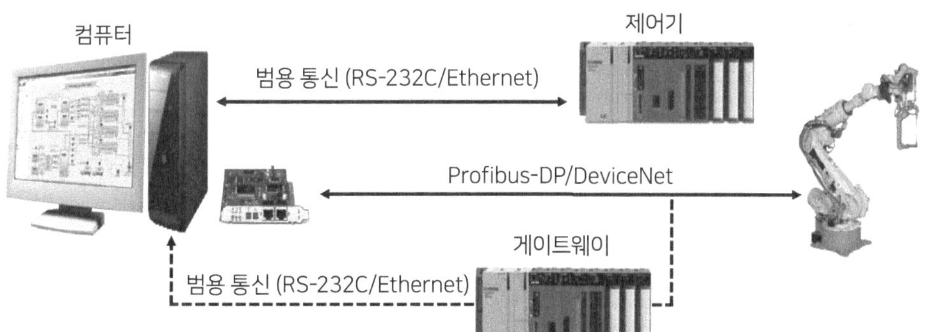

장이 쉬우며 장비와 컴퓨터 간 배선이 단순해지는 장점이 있다.

7.2 인터페이스 방법

(1) PLC 제어기 사용

PLC는 생산현장에서 생산설비의 자동제어에 가장 많이 사용되는 제어기로 디지털, 아날로그, 통신 등의 신호입력 기능을 통해 취득한 정보를 사용자가 요구하는 방법으로 가공하여 디지털, 아날로그, 통신 등의 방법으로 출력하는 제어장비다. PLC는 컴퓨터 소프트웨어 또는 전용의 로더(Loader)를 이용하여 프로그램을 작성한 후 다양한 통신방식을 통해 전송받아 작동한다. 따라서 모듈의 구성에 따라 컴퓨터에서 쉽게 사용할 수 있는 범용통신을 사용할 수 있기 때문에 장비의 제어기로 PLC가 사용된 경우는 통신을 이용하여 컴퓨터와 쉽게 인터페이스 할 수 있다. PLC는 사용자가 작성한 프로그램을 통해 입력 정보를 가공하기 때문에 MES에서 정보를 취득하고자 할 때 PLC 프로그램을 해석할 수 있어야 하고, 제조사별, 제품별로 통신 프로토콜이 다를 수 있으므로 몇 가지 경우로 나누어 컴퓨터와 장비 간 인터페이스 방법을 선택해야 한다.

PLC에 범용 통신을 사용할 수 있고 통신 프로토콜이 공개되어 있는 경우에는 MES 프로그램에서 공개된 프로토콜을 이용하여 PLC와 통신할 수 있는 통신 프로그램을 작

[그림 3-12] 프로토콜이 공개된 범용통신을 사용한 PLC 제어기 인터페이스

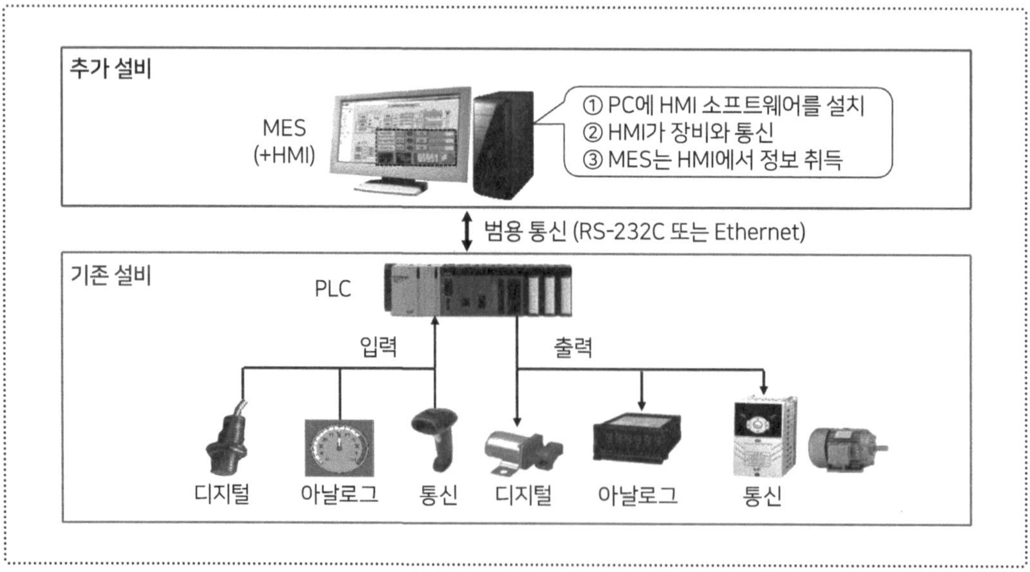

[그림 3-13] 프로토콜이 비공개된 범용통신을 사용한 PLC 제어기 인터페이스: 범용 HMI를 이용하는 방법

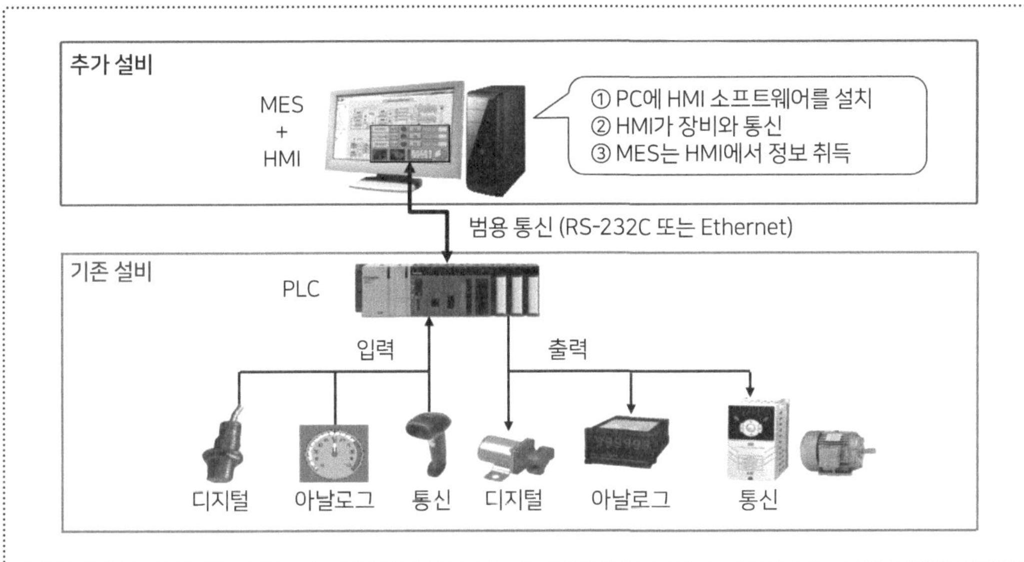

성하여 MES에서 필요한 정보를 취득한다[그림 3-12].

MES에서 PLC와 통신하는 프로그램을 구현하기 어려울 경우에는 해당 PLC의 통신 드라이브를 가지고 있는 범용 HMI(Human Machine Interface) 소프트웨어를 사용하여 HMI가 PLC와 통신을 담당하고, MES는 HMI에서 정보를 취득하는 방법으로 PLC와 통신할 수도 있다[그림 3-13]. HMI는 시각이나 청각과 관련된 인간의 아날로그적인 인지의 세계와 컴퓨터나 통신의 디지털을 처리하는 기계의 세계를 연결하는 인터페이스를 말한다.

HMI는 다양한 장비와 통신하기 위해 다양한 프로토콜을 통신 드라이브 형태로 구현해 놓았기 때문에 공개되지 않은 프로토콜도 통신이 될 가능성이 있다. 이 경우 MES가 설치되는 컴퓨터와 별도의 컴퓨터에 HMI를 설치하여 HMI가 장비와 인터페이스를 담당하고 MES는 HMI에서 정보를 취득하는 방법으로 인터페이스를 구성하여 MES에서 필요한 정보를 수집할 수 있다.

장비의 제어기와 통신할 수 있는 드라이브를 보유한 HMI를 확보할 수 없을 경우 현재 상태에서 통신 가능한 제2의 PLC를 설치하고, 수집해야 할 정보요소를 계측할 수 있는 센서를 새로 설치하여, 새로 설치된 센서를 제2의 PLC에 연결을 통해 제2의 PLC와 통신하는 방법으로 인터페이스를 구현해야 한다[그림 3-14]. 기존 시스템에서 통신으로 입력받는 정보는 통신 분배기를 설치하여 제2의 PLC에서 정보를 수집해야 한다. 기존 시스템의 아날로그 센서/부하 정보를 수집하고자 할 경우 아날로그 신호 분배기를 사용할

[그림 3-14] 프로토콜이 비공개된 범용통신을 사용한 PLC 제어기 인터페이스: 제2의 PLC를 설치하는 방법

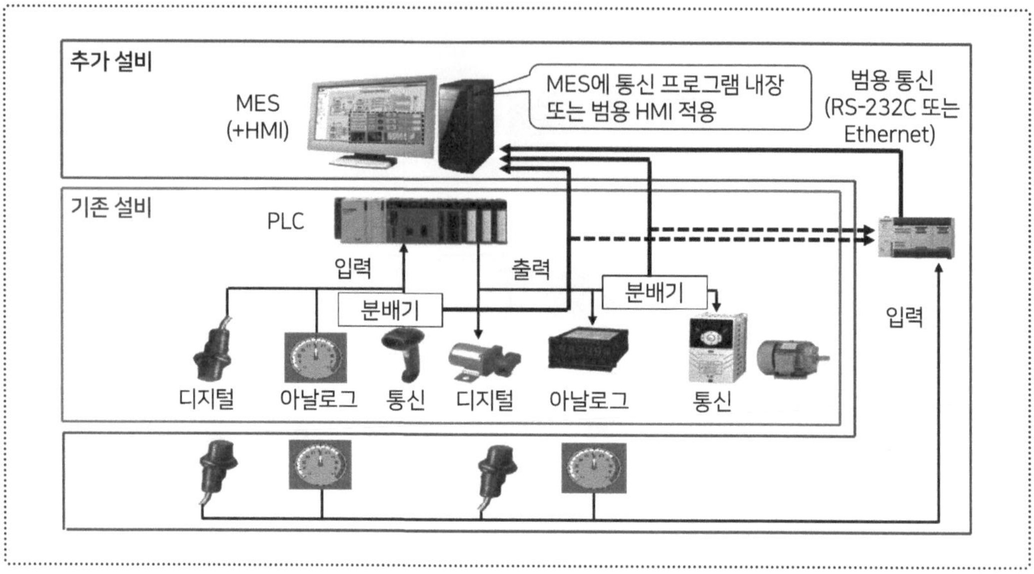

수도 있다. 이 경우 시스템의 정보를 MES에서 취득은 할 수 있지만 MES에서 제어기로 전송은 할 수 없다.

(2) 전용 제어기 사용

전용 제어기란 특정 장비를 제어하기 위한 제어장치로 제어기의 제작단계에서 입력 및 출력 신호가 고정되어 있는 경우가 많고 입력 및 출력 신호의 종류도 디지털 신호 및 아날로그 신호로 한정되는 경우가 많으며 입력된 정보를 가공하는 방법도 고정되어 있는 경우로 사용자 의도대로 정보를 가공하지 못하는 경우가 많다[그림 3-15]. 전용 제어기라도 범용 통신을 제공하는 경우가 있으나 입력된 정보를 가공하는 방법이 고정되어 있는 경우가 많으므로 통신 기능을 지원하더라도 읽기 프로토콜만 제공하는 경우가 대부분이기 때문에 MES에서 정보를 읽을 수는 있으나 제어기로 정보를 전송하는 것이 불가능한 경우가 많다. 이 경우에도 MES가 설치되는 컴퓨터나 별도의 컴퓨터에 HMI를 설치하여 HMI가 장비와 인터페이스를 담당하고, MES는 HMI에서 정보를 취득하는 방법으로 인터페이스를 구성하여 MES에서 필요한 정보를 수집할 수 있다.

그러나 전용 제어기에서 범용 통신을 사용하더라도 통신 프로토콜이 공개되지 않을 경우 MES는 장비와 직접 인터페이스 할 수 없다. 이 경우 현재 상태에서 통신 가능한 PLC를 설치하고 수집할 정보요소를 계측할 수 있는 센서를 PLC에 연결하여 PLC와 통신

[그림 3-15] 프로토콜이 공개된 범용통신을 사용한 전용 제어기 인터페이스

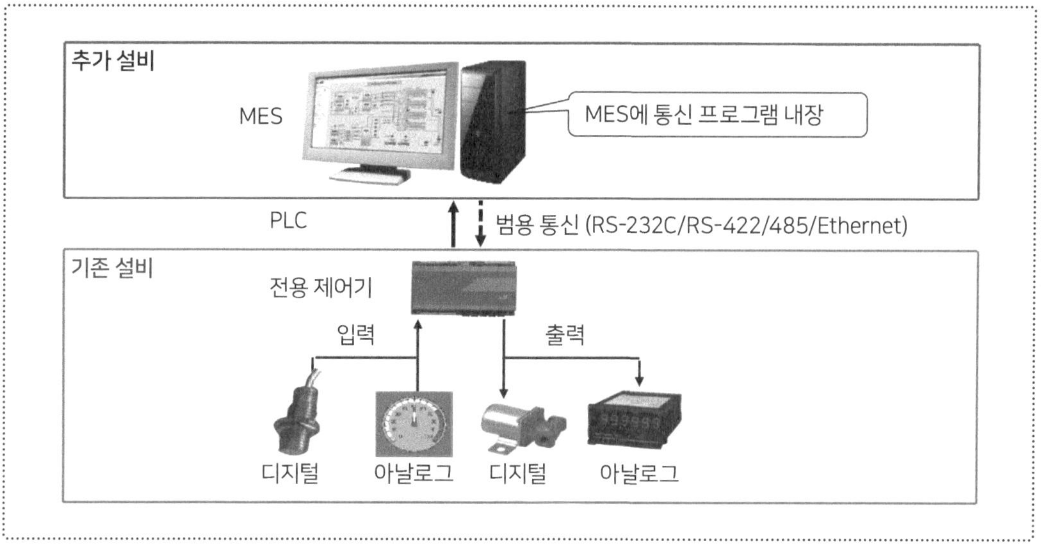

하는 방법으로 인터페이스를 구성한다[그림 3-16]. 기존 시스템의 아날로그 센서/부하 정보를 수집하고자 할 경우 아날로그 신호 분배기를 사용할 수도 있다. 이 경우도 MES가 설치되는 컴퓨터나 별도의 컴퓨터에 HMI를 설치하여 HMI가 장비와 인터페이스를 담당하고, MES는 HMI에서 정보를 취득하는 방법으로 인터페이스를 구성하여 MES에서 필

[그림 3-16] 프로토콜이 비공개된 범용통신을 사용한 전용 제어기 인터페이스

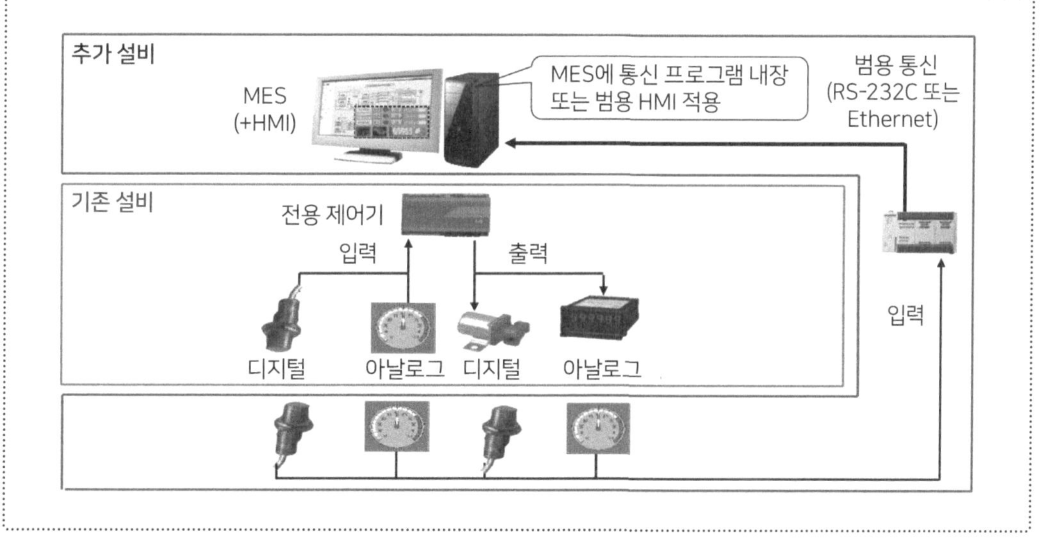

요한 정보를 수집할 수 있다. 시간과 비용이 허용되면 전용 제어기를 통신이 가능한 PLC 제어기로 대체하고 [그림 3-12]의 범용 통신을 사용하고 프로토콜이 공개되어 있는 경우의 방법을 따를 수 있다.

전용 제어기에서 범용 통신을 사용하지 않는 경우 MES는 장비와 직접 인터페이스 할 수 없다. 이 경우에는 현재의 상태에서 통신 가능한 PLC를 설치하고 수집할 정보요소를 계측할 수 있는 센서를 PLC에 연결하여 PLC와 통신하는 방법으로 인터페이스를 구성한다[그림 3-17]. 기존 시스템의 아날로그 센서/부하 정보를 수집하고자 할 경우 아날로그 신호 분배기를 사용할 수도 있다. 이 경우도 MES가 설치되는 컴퓨터나 별도의 컴퓨터에 HMI를 설치하여 HMI가 장비와 인터페이스를 담당하고, MES는 HMI에서 정보를 취득하는 방법으로 인터페이스를 구성하여 MES에서 필요한 정보를 수집할 수 있다. 기간과 비용이 허용되면 전용 제어기를 통신이 가능한 PLC 제어기로 대체하고 [그림 3-12]의 범용 통신을 사용하고 프로토콜이 공개되어 있는 경우의 방법을 따를 수 있다.

[그림 3-17] 범용통신을 사용하지 않는 전용 제어기 인터페이스

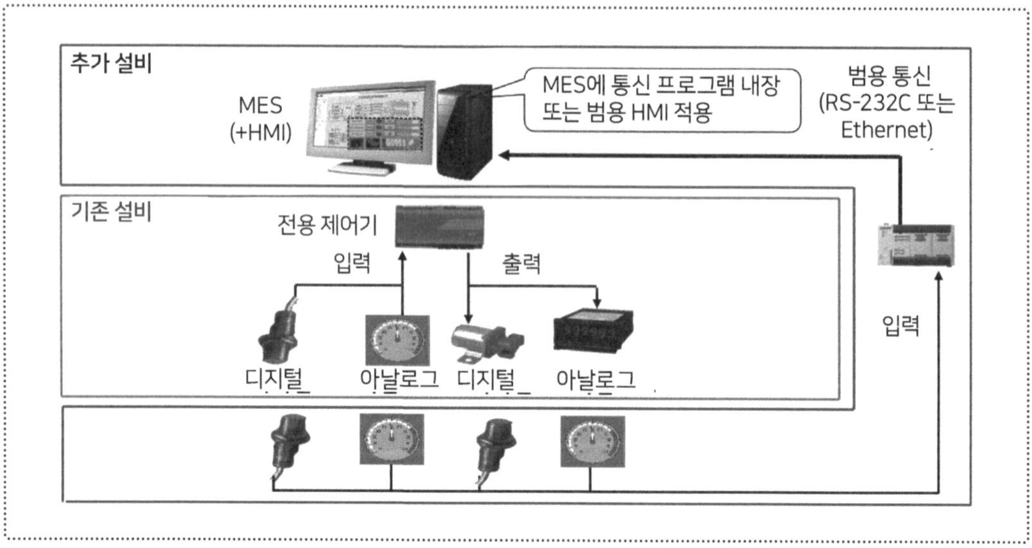

(3) 제어기가 사용되지 않는 경우

산업 현장에서 사용하는 장비는 PLC나 별도의 제어기를 사용하지 않고 스위치 및 릴레이 제어반을 이용하여 장비의 운전 및 정지 등 간단한 조작만 하는 경우가 있다. 이러한 장비는 조작반(스위치)과 부하 간 부하를 구동할 수 있는 상용 전원이 직접연결(Hard

[그림 3-18] 제어기가 사용되지 않은 경우

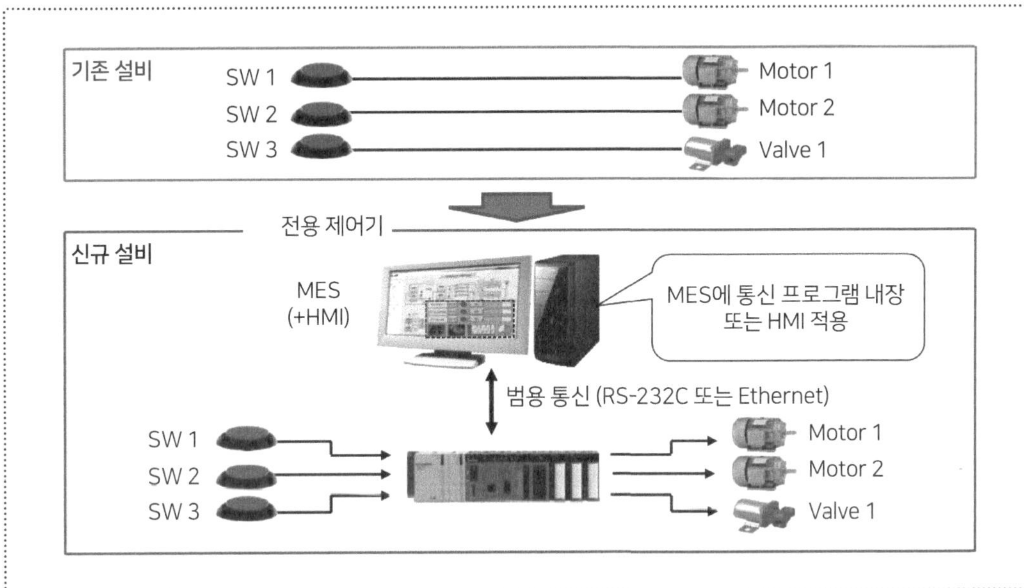

Wiring)되어 있어 컴퓨터용 입력과 출력 모듈을 사용할 수 없는 경우가 많다[그림 3-18]. 이 경우 MES가 장비를 인터페이스 할 수 없기 때문에 MES를 설치하기 위해서는 반드시 장비의 자동화가 선행되어야 한다. 이 경우 배선도 또는 실제 배선상태 점검을 통해 조작반과 부하의 연결상태를 확인한 후 PLC를 적용함으로써 간단하게 자동화가 가능하다. 장비의 자동화에 적용되는 PLC 선정 시 범용 통신을 지원하고, 프로토콜이 공개되어 있는 PLC를 선정하여 MES에서 통신기능을 수행하거나 HMI를 적용하여 PLC와 통신을 이용한 인터페이스를 구성하여 MES에서 정보를 수집한다.

(4) 여러 종류의 제어기 혼합 사용

산업 현장에 PLC, 전용제어기, 스위치 및 릴레이 제어반 등의 여러 종류의 제어기가 혼합되어 사용되는 경우에는 각각의 제어기에 대해 앞서 언급한 앞에서 설명한 인터페이스 방법 목차에 따라 인터페이스를 실시한다.

- PLC 제어기가 사용된 설비는 PLC 제어기 사용 방법을 따른다.
- 전용 제어기가 사용된 설비는 전용 제어기 사용 방법을 따른다.
- 제어기가 사용되지 않은 설비는 제어기가 사용되지 않는 경우의 방법을 따른다.

8. 인공지능

8.1 인공지능의 개요

인공지능(Artificial Intelligence: AI)은 인간이 지니고 있는 학습, 문제해결, 패턴 인식 등과 같은 지능을 컴퓨터 프로그램으로 실현한 기술이다. 그래서 사람을 따라 하는 로봇을 보고 인공지능이라고 부르기도 한다. 공학 분야에서 말하는 인공지능의 정의는 문제를 푸는 기능을 말한다. 예를 들면 2016년 알파고(AlphaGo)와 이세돌의 바둑대결은 인공지능의 문제해결 능력을 볼 수 있는 계기가 되었다. 알파고는 바둑 게임용 인공지능이지만 그 이면에는 방대한 양의 빅데이터를 기계가 스스로 학습하고 승리하는 방법을 터득하는 과정과 반복 학습을 통해 지식을 지속적으로 강화하는 과정 등이 핵심 기술로 구현되어 있다. 인공지능은 기술적 변화를 통해 단순 문제 풀이에서 지능의 실제적 구현을 목표로 발전되고 있다. 예를 들면 스카이넷(Skynet)은 영화 터미네이터 시리즈에 등장하는 가상의 시스템으로, 스스로 학습하고 생각하는 인공지능이다. 영화 속 스카이넷은 자신의 발전을 두려워한 인간이 자신을 멈추려고 하자 인류를 적으로 간주하고 공격을 감행했다.

인공지능은 머신러닝(machine learning: 기계학습)과 딥러닝(deep learning)으로 나눈다.

머신러닝은 기계가 수학적 최적화와 통계분석 기법을 기반으로 데이터를 통해 일정한 신호와 패턴을 학습하고, 이를 기반으로 다음에 일어날 일을 예측하며, 불확실성하에서 최적화된 의사결정을 내린다. 머신러닝의 핵심은 데이터의 양이다. 따라서 최적화된 결과는 데이터의 양이 많을수록 품질이 올라간다. 예를 들면 컴퓨터는 사진만으로 개와 고양이를 구분하지 못하지만, 저장된 고양이 사진과 비슷한 사진이 입력되면 사전에 입력된 고양이의 모습이 귀가 뾰족하면서 쫑긋 서있는 사진에 대한 지식을 이용해 이를 고양이 사진이라고 컴퓨터가 분류하도록 한 것이다. 이러한 기계학습 방법론에는 신경망(neural network), 의사결정나무(decision tree), 베이지안 망(bayesian network), 서포트 벡터기계(support vector machine), 강화학습(reinforcement learning) 등이 있다.

딥러닝은 머신러닝의 한 부분에 속한다. 딥러닝은 사물이나 데이터를 더 심층적으로 이해하기 위해 군집화하거나 분류하는 데 사용하는 기술이다. 딥러닝의 핵심은 분류를 통한 예측을 하는 데 있다. 수많은 데이터 속에서 패턴을 발견해 인간이 사물을 구분하듯 컴퓨터가 데이터를 나눈다. 딥러닝이 머신러닝과 다른 점은 사전지식을 사용하지 않

[표 3-2] 머신러닝 기법의 분류

구분	지도 학습 (Supervised Learning)	비지도 학습 (Unsupervised Learning)	강화 학습 (Reinforcement Learning)
학습 방식	문제와 답(label)을 주고 모델을 학습한 후, 문제에 대한 답을 예측하는 방식	답(label)을 사전에 지정하지 않은 데이터로부터 특정 패턴을 찾아내는 방식	주어진 상태(state)에서 보상(reward)이 최대인 행동(action)을 찾아가는 방식
특징	- 학습 데이터 필수 - 목표값(label) 필수	- 학습 데이터 필수 - 목표값(label) 불필요	- 학습 데이터 불필요 - 상태, 행동, 보상에 대한 실험환경 필요
세부 유형	- 회귀(regression) - 분류(classification)	- 군집화(clustering) - 이상치 탐지	N/A
제조 분석 예시	- 공정기반 불량률 예측 - 납기준수 여부 분류	- 생산공정 군집화 - 장비 이상상황 감지	- 생산일정계획 수립 - 물류로봇 이동 경로

는다는 것이다. 일단 데이터를 넣어놓고 기계가 스스로 특성을 분류한다. 이때 무작정 데이터가 많아선 안 되며, 실제로 고양이 사진이 무엇인지를 알려주는 이른바 정답 데이터도 많아야 한다. 딥러닝의 강점은 사람이 소프트웨어를 작성할 때 모든 가능한 입력사항을 고려하여 설계함으로써 예측할 수 있는 것보다 더 많은 경우의 수, 즉 사람이 패턴이나 추정할 수 있는 범위를 훨씬 벗어난 다양한 관련성까지 파악할 수 있다는 점이다.

데이터가 많아지면 수많은 데이터를 처리할 인프라가 구축되어야 한다. 따라서 컴퓨터의 고성능화, 빅데이터의 대중화, 공개 소프트웨어 공유화 등이 인공지능의 발전을 견인차 역할을 하고 있다.

3장 연습문제

1. 로봇은 모든 엔지니어 분야가 조합된 융복합 기술의 집합체라는 것에 대하여 설명하시오.
2. 로봇의 발전 과정에 대하여 설명하시오.
3. 산업용 로봇의 종류에 대하여 설명하시오.
4. 로봇의 구성에 대하여 설명하시오.
5. 제어의 개념에 대하여 설명하시오.
6. 제어시스템의 구성에 대하여 설명하시오.
7. 제어시스템의 분류에 대하여 설명하시오.

8. PLC의 개념에 대하여 설명하시오.
9. PLC의 표준화 요소에 대하여 설명하시오.
10. PLC 선정방법에 대하여 설명하시오.
11. PLC의 구성에 대하여 설명하시오.
12. 자동화 핵심요소에 대하여 설명하시오.
13. IoT의 개념에 대하여 설명하시오.
14. IoT의 3대 기술에 대하여 설명하시오.
15. 센서의 개념에 대하여 설명하시오.
16. 센서의 특성에 대하여 설명하시오.
17. 센서의 종류에 대하여 설명하시오.
18. 정보인식시스템의 종류에 대하여 설명하시오.
19. 인터페이스의 개념에 대하여 설명하시오.
20. 인터페이스 방법에 대하여 설명하시오.
21. 인공지능의 개념에 대하여 설명하시오.
22. 머신러닝과 딥러닝에 대하여 설명하시오.
23. 머신러닝 기법의 분류에 대하여 설명하시오.

CHAPTER

4

소프트웨어

1. ERP의 개요

과거 산업사회에서의 기업은 생산 품목 수와 생산수량이 적고 수작업으로 생산을 하였기 때문에 업무관리에 있어서 크게 어려움은 없었다. 그러나 점차 산업사회의 발달로 인하여 생산 품목 수와 생산수량이 많아지고, 다품종소량생산이 확대됨으로써 업무관리의 복잡성이 증가하여 의사결정에 어려움이 많아졌다. 특히 최근에는 정보기술의 발달로 인하여 기업환경이 빠르게 변화하고 있어 기업은 경영활동에 있어서 의사결정을 신속하게 하지 않으면 안 되는 시점에 와 있다. 4차 산업혁명은 고객 개인화 맞춤 대량생산으로 변화함으로써 고객대응에 신속성이 요구되고 있다.

산업의 발달에 따라 기업들은 업무를 효율적으로 처리하기 위하여 업무기능 영역별로 전산화를 도입하였다. 예를 들어 가장 많이 도입된 것은 전자세금계산서 발행, 세무신고, 수주관리, 수지관리 등을 위해 가장 기본적인 기능을 가진 회계관리시스템이다. 기업의 규모가 커가면서 자재관리시스템, 인사관리시스템, 영업관리시스템 등 업무기능 영역별로 점진적으로 시스템을 만들어 왔다. 이와 같이 업무기능 영역별로 개별시스템을 만듦으로써 이들 시스템 간에 서로 통합이 되지 않아 정보의 공유가 이루어지지 않았다. 이로 인해 이중 작업을 하는 경우가 많고 시간적인 측면에서 비능률적인 요소가 많았다. 예를 들면 영업관리시스템에서 매출정보 또는 재고관리시스템에서 출고정보를 회계관리시스템에서 실시간으로 조회할 수 없어 전표를 넘겨받아 수작업으로 입력하는 이중 작업을 해야만 했다. 이러한 문제점을 해결하기 위하여 어느 한 업무기능 부문에서 데이터를 입력하면 회사의 전 기능 부문 또는 관련 있는 기능 부문에서 동시에 접속하거나 필요에 따라 접속하여 정보로 활용할 수 있도록 만든 것이 ERP(Enterprise Resource Planning: 전사적 자원관리)이다.

기업은 경영활동을 수행하기 위하여 설계개발, 조달, 생산, 판매, 인사, 회계, 원가, 물류 등과 같은 조직을 보유하고 있는데, ERP는 이처럼 전 부문에 걸쳐 있는 경영자원을 하나의 통합시스템으로 재구축하여 정보를 실시간 공유하고 변화에 능동적으로 대처하며 효율적인 자원을 배분하는 등 경영활동을 효율적으로 수행하기 위한 시스템이다.

2. ERP의 발전

2.1 MRP

MRP(Material Requirement Planning: 자재소요계획)는 MRP I이라고도 하며, 1960년대 초에 등장한 후 1970년대 컴퓨터의 발달로 인하여 기업들은 자원의 비능률적인 낭비와 소비를 줄이기 위하여 도입된 자재관리시스템이라 할 수 있다. MRP는 특히 기업에서 고민거리 중의 하나인 재고를 줄이기 위한 목적으로 자재소요량을 계획하고 관리하기 위한 단순한 정보시스템이다. MRP는 제품의 구성을 체계적으로 정리한 자재명세서(Bill of Material: BOM), 표준공정도(routing sheet), 기준생산일정계획(Master Production Schedule: MPS), 재고량 등의 정보를 기반으로 원자재, 반제품, 완제품 등에 대한 구체적인 자재조달계획과 생산일정을 계산하는 관리기법이다. 따라서 제품을 생산하기 위하여 필요로 하는 자재의 소요량을 합리적으로 관리하기 위한 자재소요계획 시스템이라 할 수 있다.

2.2 MRP II

기업의 생산량이 꾸준히 늘어 1980년대에 들어서면서 제조환경이 다품종소량생산으로 변화하여 기업은 자재관리뿐만 아니라 제조와 관련된 수주관리, 생산관리, 판매관리, 원가관리, 설계개발관리 등의 기능 부문에 대한 중요성이 더욱 커지게 되었다. 컴퓨터와 통신 네트워크의 발달로 인하여 생산 현장으로부터 발생되는 생산 진척정보와 실제 데이터의 수집으로 생산계획, 자원배분, 생산능력계획, 설비계획, 재고계획, 조달예산계획, 원가관리, 판매계획, 설계개발관리 등과 같이 관련 조직들의 정보 공유와 자원투입의 최적화가 가능해졌다. 이와 같이 제조 관련 부문의 전체적인 최적화를 통해 효율적으로 관리할 수 있도록 한 것이 MRP II(Manufacturing Resource Planning II: 제조자원계획)이다. MRP II는 스케줄링 알고리즘과 시뮬레이션 등 생산 활동분석의 기능이 강화되면서 지능적인 제조관리 기법으로 발전하게 되었다. 이것은 오늘날 스마트제조의 MES(Manufacturing Execution System)에 해당한다.

2.3 ERP

1990년대에 들어서면서 기업환경이 시장중심으로 변화하면서 기업은 생존을 위해 조직을 슬림화하고 프로세스 혁신을 주도적으로 도입하여 실시간 대응력을 높이는 것이 필요하였다. 기업의 생존은 제조 부문의 생산성만 높이면 될 줄 알고 MRP II에만 집중하여 제조와 관련이 없는 경영지원 부문은 간과하였으나 기업의 규모가 커지면서 업무의 비효율성이 문제점으로 드러나게 되었다. 여기에 하드웨어 비용이 하락하고 IT기술의 발전이 더해져 전체 조직의 효율성이 강조되면서 ERP(Enterprise Resource Planning)가 등장하게 되었다. ERP는 기존의 MRP II에 제조기능과 관련 없는 경영지원 기능을 통합한 정보시스템이다. MRP는 자재관리의 최적화를 통해 재고비용을 최소화하는 데 목적이 있고, MRP II는 제조 프로세스의 최적화 관리로 생산성 향상에 목적을 두었다면, ERP는 기업의 모든 자원배분을 최적화하여 기업 가치를 극대화하는 데 목적을 두고 있다.

2.4 ERP II

2000년대에 기업 활동이 e-비즈니스 환경으로 확대가 되면서 기존의 ERP를 기반으로 SCM(Supply Chain Management: 공급사슬관리)과 CRM(Customer Relationship Management: 고객관계관리)으로의 확대를 통해 기업의 효율성을 추구하고 전략적 의사결정지원을 할 수 있는 시스템으로 확장되고 있다.

3. 제조 프로세스와 소프트웨어 활용

스마트제조를 위한 활용 소프트웨어는 기업의 규모에 따라 조직의 구성이 다르기 때문에 다양하게 구성될 수 있다. 일반적인 조직의 경우에는 수주에서부터 출하까지 제조 프로세스는 설계·개발→생산→검사→출하의 단계로 구성된다. 그리고 제조 프로세스를 효율적으로 지원하기 위하여 회계, 인사, 영업, 마케팅 등 지원부서가 구성된다. 따라서 제조 프로세스에 따라 업무 영역별로 활용되는 소프트웨어의 범위를 나타내면 그림과 같다.

[그림 4-1] 제조 프로세스와 소프트웨어 활용 관계

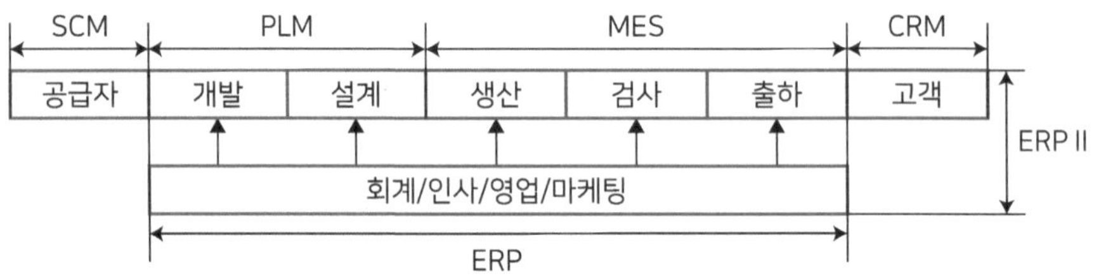

기업은 조직의 효율성을 높이고 가치를 창출하기 위하여 조직 전체를 관리할 수 있는 ERP 소프트웨어를 도입하는 것이 가장 바람직하다. 그러나 시스템 도입비용이 비싸 기업이 부담스러운 사항일 수 있다. ERP는 기초정보가 충실하고 정확해야 한다.

과거에 ERP를 도입하여 실패를 경험한 기업이 많다. 이러한 기업의 대부분이 기초정보가 부실하거나 정확하지 않아 실행 결과가 맞지 않는 경우가 많았기 때문이다. 그리고 기업의 실질적인 조직에 적합하게 구현되어야 하나 대부분이 패키지를 도입하여 조직이 이 패키지에 맞추어야 하는 결과가 결국 실패의 원인이었다. 또한 조직의 규모에 맞지 않게 패키지의 덩치가 너무 커서 사용하지 않는 기능들이 존재하거나 조직과 관계없는 기능들이 포함되어 있는 경우가 많았다. ERP, MES, PLM 등을 각각 개별적으로 도입함에 따라 소프트웨어 구축업체가 제각각 달라서 상호 연동이 되지 않는 경우가 종종 발생하여

[그림 4-2] 소프트웨어 도입순서

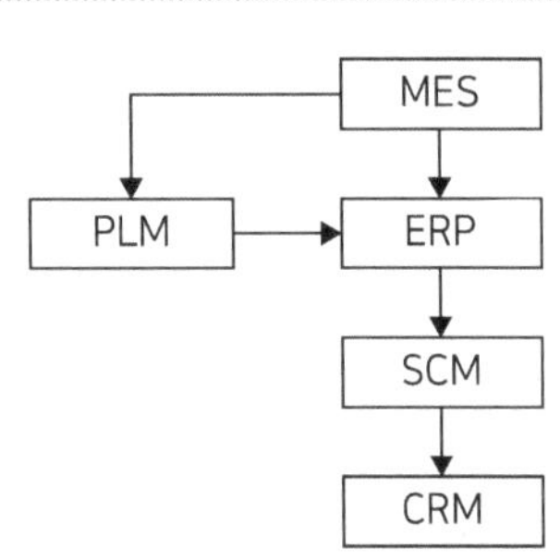

전체 시스템을 재구축하는 문제가 발생하기도 하였다. 따라서 스마트제조를 성공적으로 구현하기 위해서는 소프트웨어를 단계적으로 도입하는 것이 바람직하며 일반적인 도입 순서는 [그림 4-2]와 같다.

4. 소프트웨어 종류

4.1 MES: 제조실행시스템

ERP를 성공적으로 구축하기 위해서는 생산의 기초정보가 정확해야 한다. 생산의 기초정보는 고객에게 제품을 언제까지 납품할 수 있는가(납기), 고객에게 대응능력은 어느 정도 인가(유연성), 어느 정도의 원가가 소요될 것인가(원가), 불량이 어느 정도 인가(품질), 생산성은 어느 정도인가(생산성) 등을 결정하는 요인이다. 생산 기초정보의 정확성 또는 신뢰성은 예측을 가능하게 한다. 예를 들면 불량이 많이 발생하든지 아니면 적게 발생하든지 관계없이 발생정도가 일정하다면 손실문제는 발생하지만 예측은 가능하기 때문에 신뢰성은 있다고 할 수 있다. 만약 불량이 불규칙하게 발생한다면 예측을 할 수 없기 때문에 다양한 문제가 발생하게 된다. 그리고 생산에서 자재사용량, 표준시간, 부자재 사용량 등은 각각 재료비, 가공비, 경비의 원가계산에 사용되며, 이익을 포함하면 판매가를 결정하게 되므로 회계 또는 영업 관리에 영향을 준다. 이와 같이 MES는 다른 소프트웨어를 도입하는 기초정보로서의 역할을 한다.

기업의 제조 프로세스는 설계·개발로부터 출하까지의 범위를 말한다. 물론 설계가 없는 경우에는 이를 제외하면 된다. 설계·개발 부문은 PLM이라는 별도의 소프트웨어를 구성하고 있으므로 MES는 제조실행시스템보다는 생산실행시스템이라고 표현하는 것이 더 적합하다. MES를 구성하는 기능의 예는 다음과 같다.

(1) 기준정보관리

자재정보, BOM정보, 작업인력정보, 공정정보, 공정순서정보, 레시피정보, 검사기준정보, 설비정보, 자사정보, 협력사정보, 거래처정보, 규격정보, 불량정보, 표준정보, 제품정보, 시험설비정보, 소모품정보, 작업일정정보, 사업장정보, 생산형태정보, 품목기준정보 등

(2) 자재관리

자재구매관리, 자재주문관리, 자재입고관리, 자재재고관리, 창고불출관리, 자재운반관리, 공정투입관리, 칭량관리 등

(3) 생산관리

수주관리, 생산계획관리, 라인별 생산계획 조정관리, 작업지시관리, 투입실적관리, 생산실적관리, 완제품 재고관리, 완제품 창고관리, 출하관리, 작업일보관리, 계획대비 실적관리, 외주관리 등

(4) 공정관리

재공품관리, 라인이상관리, 생산효율관리, 생산조건관리, 기술문서관리 등

(5) 품질관리

수입검사관리, 공정검사관리, 완성검사관리, 출하검사관리, 로트추적관리, 통계적공정(SPC)관리, 품질이상관리 등

(6) 설비관리

설비가동관리, 설비 비가동관리, 설비제어관리, 설비보전관리, 치공구관리, 예비부품관리, 윤활관리, 진동관리, 돌발고장관리, 고장분석관리(MTTR, MTBF), 예방보전관리, 모니터링관리(가동상태, 알람), 설비보전이력관리 등

(7) 금형관리

금형타수관리, 금형이력관리, 금형위치관리, 금형자산관리, 금형보전관리, 금형조건관리, 예비품관리 등

[그림 4-3] MES 기능구성도(예)

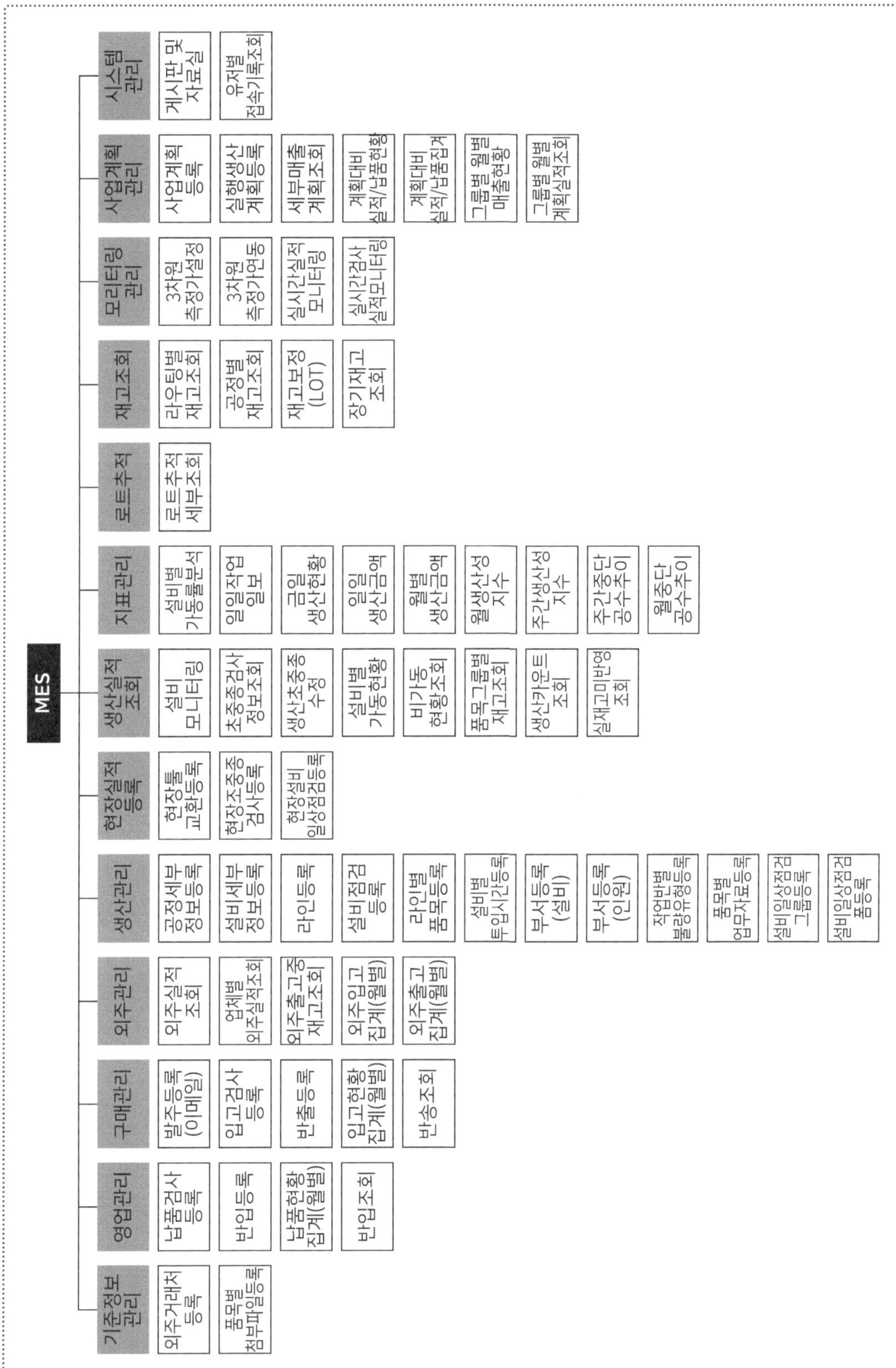

4.2 FEMS: 공장에너지관리시스템

공장에너지관리시스템(Factory Energy Management System: FEMS)은 생산활동 및 시설유지에 사용되는 에너지를 모니터링, 분석, 원격 제어하여 에너지를 효율적으로 사용하기 위한 에너지관리시스템이다. 이 시스템은 공장 내의 배전, 공조, 조명, 생산라인, 설비에 대한 에너지 사용 및 가동 상황을 모니터링 및 제어하는 것으로 에너지 사용 효율화와 설비, 장비 등의 종합 라이프 사이클 관리를 가능하게 한다. 이 시스템이 가장 필요로 하는 곳은 기계, 전자, 반도체, 자동차, 조선, 섬유, 석유화학 등 에너지를 기반으로 하는 제조업 생산시설이다.

공장에너지관리시스템은 기업의 제조활동과 밀접한 관련이 있는 것으로 생산량의 증감에 따라 에너지의 소비량도 비례해서 발생하므로 에너지 사용량의 효율성을 높이는 노력이 필요하다. 공장에너지관리는 지구온난화의 주범인 탄소배출량과 밀접한 관계가 있으므로 기업의 환경적인 목표를 달성하기 위해서는 에너지의 효율적인 관리는 매우 중요하다. 생산성을 높이기 위해서는 전력사용 피크 시간을 관리하는 것이 필요하다. 예를 들어 여름에 12시부터 2시까지가 전력사용량이 가장 많은 피크 시간이므로 전력공급이 원활하지 않아 불량발생의 원인이 되기도 하며 전력사용 단가도 높다. 이때에는 피크 시간을 피해 생산계획을 수립하거나 야간에 전력사용 단가가 낮을 때 생산하는 등의 조정이 필요하다. 이와 같은 활동은 에너지관리시스템을 통해 전력수요예측 실시간 모니터링하여 생산스케줄링을 자동제어 함으로써 가능하다. 스마트공장을 위한 공장에너지관리시스템의 구축은 생산스케줄 관리와 설비 제어 자동화를 지원하고 나아가 스마트 그리드 연계를 통한 에너지 통합관리시스템을 궁극적으로 목표로 한다. 따라서 FEMS는 MES와 깊은 관련성을 갖고 있기 때문에 MES를 구축할 때 FEMS도 함께 구축하는 것이 좋다. FEMS를 구성하는 기능의 예는 다음과 같다.

(1) 기준정보관리

설비유형관리, 설비그룹관리, 설비마스터관리, 설비별 에너지 인자관리, 에너지원관리, 에너지 분석유형관리, 에너지 단가관리, 계측기 정보관리 등

(2) 에너지 검침관리

검침리스트, 검침현황, 자동검침 설비리스트, 수동검침 설비리스트, 자동검침 계측기 ID(전력량계, 유량계 등) 등

(3) 에너지 설정

사용량/부하량 항목설정, 실시간 설정, 사용량/부하량 트리구성 등

(4) 에너지 분석

사용량 모니터링, 원단위 분석, 에너지 사용량 분석, 설비별/에너지원별 KPI관리, 에너지 효율분석, 포인트 추이, 사용량 추이, 작업지시별 에너지 사용량 분석 등

(5) 에너지 수요예측

실행계획/년간 예측정보, 중장기 수요예측, 에너지 소비패턴 분석, 생산스케쥴링관리, 에너지원별 수요예측, ERP/MES 인터페이스 등

(6) 예상 기준점관리

공정별 월 목표등록, 목표값 설정(피크치 제어, 최대전력수요제어) 등

(7) 제어설정

조건제어설정, 제어이력관리 등

[그림 4-4] FEMS 기능구성도(예)

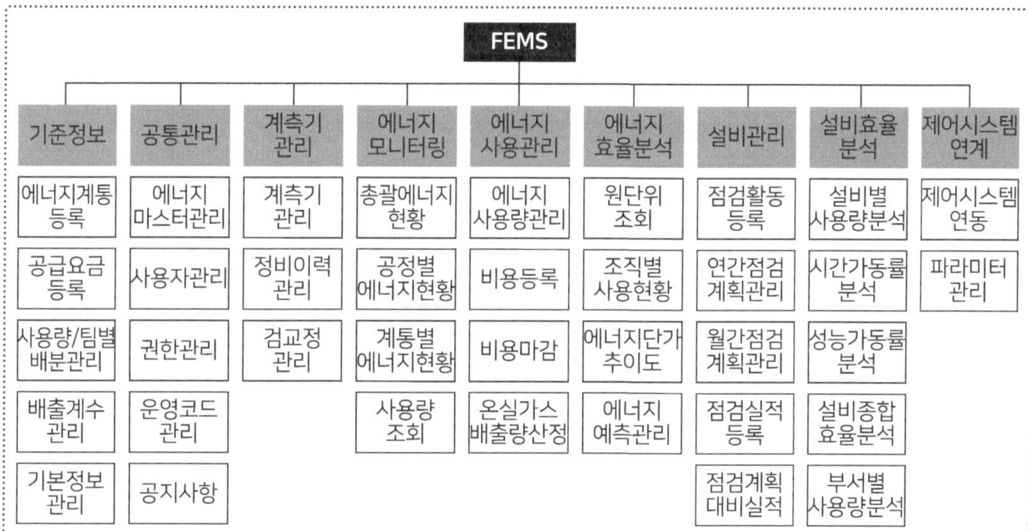

(8) 원격제어감시

에너지설비 인터페이스, 에너지설비 원격감시, 에너지설비 원격제어, 피크치제어(최대 전력수요제어), 전력제어, 조명제어 등

4.3 PLM: 제품주기관리시스템

산업이 고객중심으로 전환되고 IT기술의 발달에 따라 제품 라이프 사이클이 짧아지고 로트 사이즈가 최소화되며 제품 아이템의 수가 급증하므로 인하여 설계·개발 기간이 짧아지고 있는 실정이다. 또한 설계·개발의 효율성을 극대화하기 위해 2차원 또는 3차원 CAD를 활용하여 설계를 하는 경우가 늘어나고 있으나 이는 설계부분을 최적화하는 기법으로 제품의 전체 주기를 관리한다고는 할 수 없다.

설계·개발의 관리는 궁극적으로 기업의 수익을 향상시키는 관점에서 관리되어야 한다. 설계·개발은 제품의 품질, 원가, 납기를 결정한다. 제품의 원가는 설계단계에서 90% 이상이 결정된다. 납기는 제품이 모듈화 설계가 되면 조립단계가 많이 줄어들어 생산기간이 짧아진다. 그리고 제품의 품질은 1:10:100의 원리를 가지고 있다. 즉 설계에서 불량이 발견되었을 때 손실비용이 1이라면, 생산에서 발견되면 손실비용이 설계의 10배, 제품이 출하되어 고객에게서 발견되면 손실비용이 설계의 100배가 된다는 것이다. 미국과 유럽, 일본 등 선진국을 비롯해 중국, 브라질, 필리핀 등 개발도상국 등 우리의 주요 교역 대상국 28개국이 제조물책임법(Product Liability Law: PL법)을 시행하고 있고, 우리나라에서도 2000년 1월에 제정되어 2002년 7월 1일부터 시행하고 있다. 제조물책임법은 소비자가 제품을 구입 후 제품 결함과 사용법에 대한 설명 미비 등으로 생명이나 신체, 재산에 손해를 입은 경우 제조업자나 판매업자에게 책임을 지우는 제도를 말한다. 따라서 생산자는 설계·개발에서부터 제품이 폐기까지 모든 책임을 지고 관리하도록 되어 있다. 예를 들면 가정에서 사용한 가전제품을 생산자가 회수해서 가는 것을 들 수 있다.

이와 같이 설계·개발은 생산 활동에 제약을 주는 요인이다. 설계·개발은 생산 활동의 기본 근간이 되는 자재명세서를 생성해 낸다. 자재명세서는 제품정보와 부품구성으로 이루어진 제품의 기초데이터를 표시한 것으로서 부품이나 원재료가 어떻게 조립되는지를 나타내는 생산 활동에 있어서 가장 중요한 데이터라고 할 수 있다. 이 자재명세서는 제품원가를 계산하는 기초정보가 되기도 한다. 그리고 설계·개발은 현재 보유하고 있는 제조설비의 사양(스펙)을 고려하여야 한다. 만약 설계·개발이 현재 보유하고 있는 제조설비의 사양을 고려하지 않고 과잉설계가 된다면 설비구입 또는 외주처리 등의 문제가 발생할 것이다.

PLM(Product Lifecycle Management)은 제품에 관한 정보를 제품의 기획단계에서부터 설계·개발→생산→판매→폐기에 이르기까지 제품 라이프 사이클 전체를 관리하는 기법이다. 고객의 요구사항을 제품사양 데이터로 변환하여 설계·개발 및 생산 등 관련된 업무에 활용함으로써 고객니즈를 만족시키는 제품을 적정한 시기에 시장출시를 할 수 있도록 한다.

PLM과 유사한 용어인 PDM(Product Data Management: 제품데이터관리)을 사용하는 경우도 있다. PDM은 설계·개발팀 단위에서 도면이나 기술문서 등의 성과물을 관리하기 위한 것으로 설계 성과물 관리 기법이라고도 한다.

PLM의 기능발전을 독일 자동차 제조사의 업무적용 사례를 통해 살펴보면 다음과 같다.

[표 4-1] 독일 자동차 제조사가 업무 적용한 PLM 기능의 발전 단계

발전 단계	기간	업무 적용 기능 예
제1 단계	1975~1985년	2차원 CAD, CAM, CNC
제2 단계	1986~1995년	3차원 CAD, CAE 해석 및 시뮬레이션, 팀 데이터 관리(TDM)
제3 단계	1996~2003년	3D 파라메타 CAD, CAE 해석확대(유동해석), DMU, PDM, 가상현실, 로봇 시뮬레이션, 오프라인 프로그래밍, 전기전자 CAD, 지식관리
제4 단계	2004~2013년	3D 템플릿, CAD, PLM의 협업, 환경 설정된 DMU, 상황정보 설계, 해석데이터 관리, 디지털 공장
제5 단계	2014~2020	시스템공학, 기능위주 목업, PLM의 빅데이터와 데이터마이닝, 가상현실, 증강현실, 혼합현실, 디지털 트윈
제6 단계	2021~2025년	PLM의 스마트 엔지니어링, 지속가능한 기술과 생산, 실시간 디지털 제조실행 가능성, PLM의 인공지능

주) TDM: Team Data management
DMU: Data Management Unit
PDM: Product Data Management

제품의 설계·개발기간이 짧아지고 있고 신속한 시장의 출시를 위해서는 설계·개발의 동시병렬설계(Concurrent Engineering: CE), 2차원 또는 3차원 CAD 활용 설계, 설계·개발 데이터의 실시간 공유 및 제품의 전체 라이프 사이클의 최적 관리가 필요하므로, 이를 위한 관리도구가 PLM시스템이다. PLM을 구성하는 기능의 예는 다음과 같다.

(1) 기준정보관리

사용자 권한관리, 공정정보관리, 설비정보관리, 대시보드관리, 커뮤니티관리, 표준템플

릿관리, 표준화관리, 제품·부품·기술 프로젝트 체계(제품, 부품, 문서, 도면, 프로젝트) 등

(2) 상품기획관리

환경분석 자료관리, 내·외부 환경분석 관리, 상품기획관리 등

(3) 설계자동화관리

2차원 도면관리, 2차원 데이터관리, 3차원 도면관리, 3차원 모델관리, CAE솔루션관리, 디지털 Mock-up관리, 설계 자동화관리, 설계 최적화관리, 스마트 커넥티드 제품설계관리 등

(4) BOM 부품관리

제품정보관리, 부품정보관리, E-BOM관리, M-BOM관리, 소프트웨어 형상관리, 목적별 BOM관리, 변경이력관리 등

(5) 설계변경관리

설계변경관리(ECR: Engineering Change Request 요청관리, ECO: Engineering Change Order 처리관리, ECN: Engineering Change Notification 통지관리), 승인절차관리, 설계변경 이력관리, 설계변경내용 전달관리 등

(6) 기술문서 자료관리

기술문서관리, 기술문서 분류체계관리, 기술문서 승인관리, 기술문서 리비전관리, 기술자료 등록관리, 법규·특허·인증관리 등

(7) 프로젝트 관리

일정관리, 진척관리, WBS(Work Breakdown Structure)관리, 산출물관리, 리소스관리, 개발원가관리, 이슈관리, 리스크관리, 성과관리, 평가관리, 포트폴리오 관리 등

(8) 시작품 및 시험관리

시작품관리, 샘플관리, 시험데이터관리, 시험평가관리, 3차원 프린팅관리, 디지털 프로토타입관리, 공정·일정·진척관리 등

(9) 개발품질관리

목표성능관리, 부적합관리, 개선관리, D-FMEA(Design Failure Modes and Effective Analysis), P-FMEA(Process Failure Modes and Effective Analysis), 품질인증 절차활용, 고객클레임관리 등

(10) 공정 설계 및 개발 관리

조립사양서관리, 작업표준서관리, 금형·치공구·부자재관리, 설비·시설 스펙관리, 공정설계관리, CNC G코드관리, 공정 시뮬레이션, 적용시점관리 등

(11) 공장 및 라인 설계 관리

공장 레이아웃관리, 설비 레이아웃관리, 공장설계관리, 라인설계관리 등

[그림 4-5] PLM 기능구성도(예)

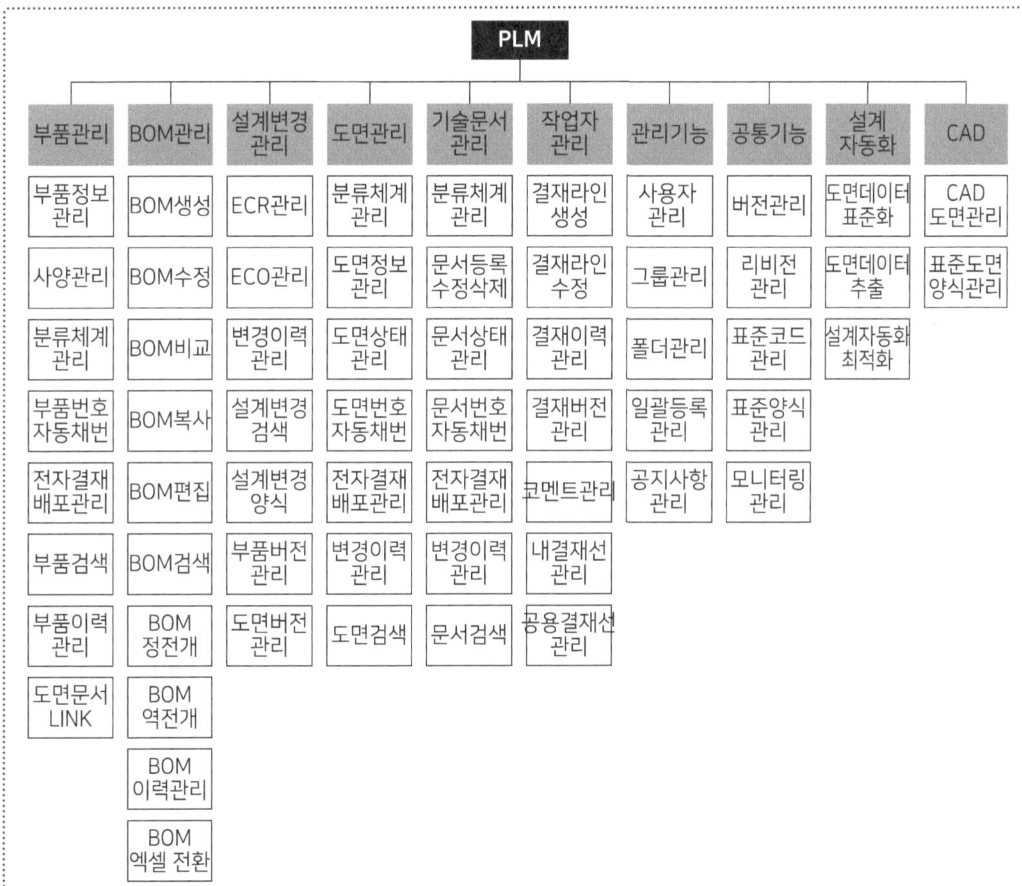

4.4 ERP: 전사적 자원관리시스템

ERP는 회사 내부적으로 보유하고 있는 총 자원을 효율적으로 관리하기 위한 것으로 MES와 PLM을 포함한다. ERP의 기능은 MES와 PLM의 기능에 다음의 기능을 포함한다. 기업의 규모에 따라 기능이 세분화되고 더 많은 지원부서가 있을 수 있으므로 필요한 기능은 추가할 수 있다.

(1) 영업관리

수요예측관리, 판매계획관리, 견적관리, 납기관리, 수주관리, L/C(Letter of Credit: 신용장)관리, 출하요청관리, 통관관리, 매출채권관리, B/L(Bill of Lading: 선하증권)관리, 판매경비관리, Nego관리, 영업실적관리 등

(2) 회계관리

예산관리, 채권채무관리, 전표관리, 미결관리, 결산관리, 부가세관리, 자금관리, 본지점관리, 자산관리, 매출관리, 매입관리, 공제관리, 세무신고 부속서류관리, 영세율관리, 세무신고관리 등

(3) 원가관리

원가기준정보관리, 표준원가관리, 실제원가관리, 차이분석관리 등

(4) 인사관리

인사기본정보관리, 근무이력관리, 급여관리, 상여관리, 공제관리, 소급관리, 연말정산관리, 퇴직정산관리, 일용직관리 등

[그림 4-6] ERP 기능구성도(예)

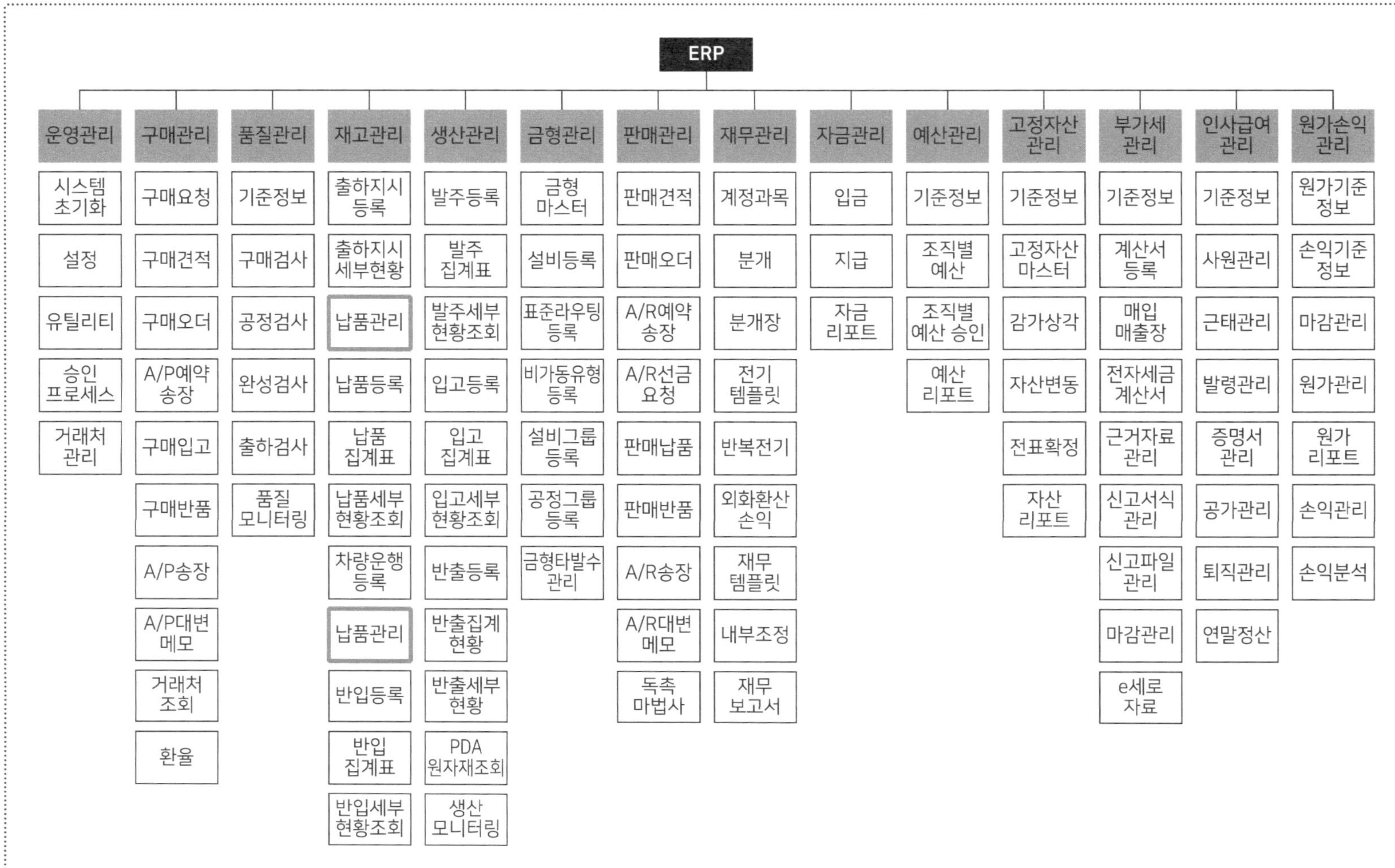

4.5 SCM: 공급사슬관리시스템

SCM은 고객중심의 기업환경 변화, 기업 정보기술의 변화, 고객서비스의 향상, 재고의 변화, 물류비 증가 등과 같이 환경의 불확실성에 대처하면서 기업의 경쟁력을 강화하는 기법이다. 과거에는 기업들 간의 거래에 있어서 모기업의 일방적인 요구에 납품업체가 따라갈 수밖에 없는 상황이었으므로, 납품에 있어서 품절이 나는 경우를 대비하기 위하여 재고를 비축하거나 이미 납품된 물품이 반품되어 오는 등 문제가 많이 발생하였다. SCM은 기업 간에 존재하는 불합리한 낭비요소를 제거하고, 최저비용으로 고객이 요구하는 서비스 수준을 맞추어 제공함으로써 기업의 가치를 극대화하는 활동이라 할 수 있다.

SCM은 고객만족을 위하여 원재료, 중간재, 제품의 생산, 최종 소비자까지 모든 제품과 정보의 흐름이 원활하고 효율적으로 수행할 수 있게 기업 간 또는 지역 간 경계를 극복하고 통합하여 일관되게 관리하고 전체를 최적화하는 것이다.

SCM을 위한 기반기술은 QR(Quick Response), ECR(Efficient Customer Response), 바코드, RFID(Radio Frequency Identification), POS(Point of Sale), EDI(Electronic Data Interchange), 전자메일, 전자자금결제 시스템 등을 들 수 있다. SCM을 구성하는 기능의 예는 다음과 같다.

(1) 기준정보관리

품목정보관리, 설비정보관리, 공정관리, 고객정보관리, 협력업체관리, 권한관리 등

(2) 발주관리

발주관리, 발주현황관리, 발주정보관리, 발주대비 입고현황관리 등

(3) 공급망 품질관리

이슈관리, 부적합이력관리, 시정·개선·조치관리, 고객사 품질정보 제공관리 등

(4) APS(Advanced Planning and Scheduling, 일정계획) 수립

생산시스템 형태관리, 생산계획관리, What if 분석관리 등

(5)사급발주관리

사급품목관리, 사급재고관리, 사급출고관리 등

(6) 수주관리

수요예측관리, 고객PO 조회관리, 주문관리 등

(7) 공급망 재고관리

재고정보관리, 재고정보 공유관리 등

(8) 매출관리

예상매출관리, 매출집계관리, 매출실적관리 등

(9) 협력사 개발관리

개발의뢰관리, 개발이력관리, 품질이력관리, 시정·개선·조치관리, 배포도면관리 등

(10) 공급망 개발관리

개발주문관리, 개발이력관리, 품질이력관리, 시정·개선·조치관리, 배포도면관리 등

[그림 4-7] SCM 기능구성도(예)

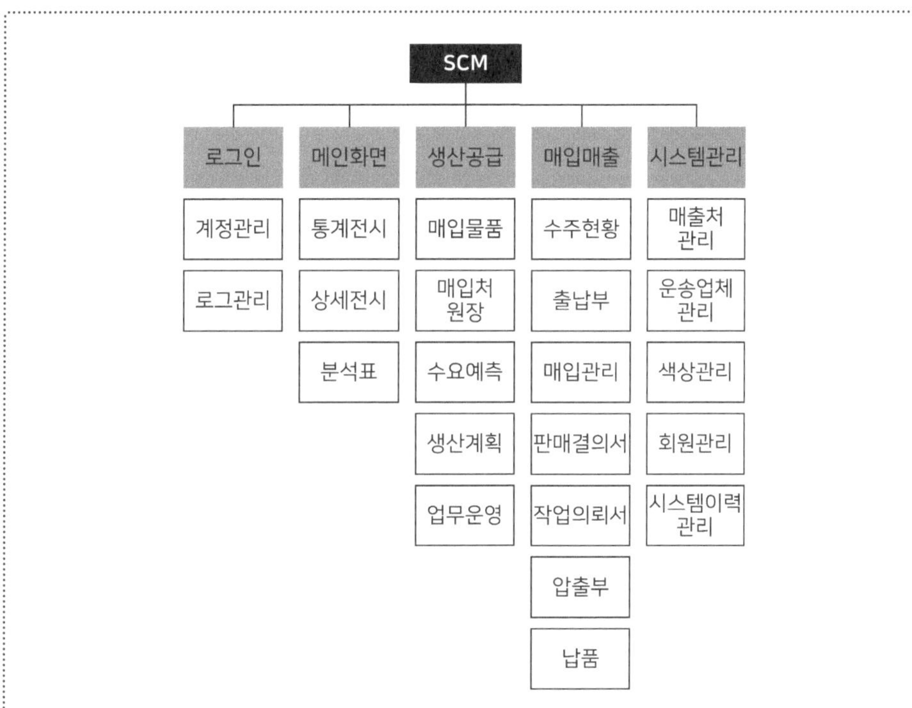

(11) 공급망 실적정보관리

생산지시관리, 생산 투입·시작·완료 관리, 자재입고관리, 자재투입관리, 생산실적관리, 품질관리, 완제품 출하관리 등

4.6 CRM: 고객관계관리시스템

CRM은 고객에 대한 정확한 이해를 바탕으로 고객이 원하는 상품과 서비스를 지속적으로 제공함으로써 고객을 오래 유지시키고 결과적으로 고객의 평생가치를 극대화하여 수익성을 높일 수 있는 고객관리시스템이다. CRM은 전사적으로 기업 내·외부에서 획득한 고객 데이터를 통합하고 분석한 결과를 필요로 하는 다양한 고객 접점부서로 분배하여 정보를 활용한다. 따라서 CRM은 데이터베이스, 고객서비스, 콜센터 관리 등 프런트 오피스(front office) 애플리케이션과 주문처리, 재고관리, 생산관리, 회계관리 등과 같은 백오피스(back office) 애플리케이션을 통합하는 것이다. CRM은 기업마다 마케팅 환경과 내부적인 업무의 특성이 다르기 때문에 기업에서 수행하고 있는 기능을 중심으로 구축하면 된다. CRM을 구성하는 기능의 예는 다음과 같다.

(1) 고객 분석

고객 세분화, 이탈고객 분석, 고객가치 분석 등

(2) 캠페인 관리

캠페인 계획부터 캠페인 효과분석까지 수행 등

(3) 고객 응대

콜센터, 영업자동화, 고객지원센터, 텔레마케팅 등

(4) 고객 정보

데이터 웨어하우스(Data Warehouse), 데이터 마이닝(Data Mining), 빅데이터(Big Data) 분석 등

(5) 컨설팅과 통합

고객 데이터 분석을 기반으로 전략 컨설팅 및 시스템 통합 등

4장 연습문제

1. ERP의 발전에 대하여 설명하시오.
2. 소프트웨어 도입순서에 대하여 설명하시오.
3. 제조실행시스템(MES)에 대하여 설명하시오.
4. 공장에너지관리시스템(FEMS)에 대하여 설명하시오.
5. 제품주기관리시스템(PLM)에 대하여 설명하시오.
6. 전사적 자원관리시스템(ERP)에 대하여 설명하시오.
7. 공급사슬관리시스템(SCM)에 대하여 설명하시오.
8. 고객관계관리시스템(CRM)에 대하여 설명하시오.

CHAPTER
5

가상물리시스템

1. 가상물리시스템의 개요

가상물리시스템(Cyber Physical System: CPS)은 서로 다른 특징 또는 구조를 갖는 시스템을 모든 수준(levels)과 정도(scales)에 있어서 통합할 수 있는 시스템을 말한다. 여기서 서로 다른 특징 이라는 것은 상호 이질적인 구조를 가진 것을 말한다.

컴퓨터 프로그램을 통해 디지털 환경으로 구현된 가상 시스템(Cyber System)과 실제 공장에서 사용되는 설비, 재료, 사람, 작업방법 등 제조환경이 물리적으로 작용하는 시스템 즉 물리적 시스템(Physical System)이 연동되는 것이다. 실제 공장의 물리적인 활동들이 네트워크 기술과 통신기술 등을 이용하여 가상 시스템에 실시간 반영되고, 이를 통하여 가상 시스템에서 논리적인 처리모형에 따라 계산을 수행하여 실시간 물리적인 시스템을 제어하며, 물리적인 시스템의 변화에 따른 모든 정보를 실시간으로 다시 가상 시스템에 전달하여 재해석을 통한 물리적인 시스템을 제어하게 되는 과정을 반복함으로써 실시간 최적화 제어를 수행한다.

가상물리시스템은 물리적, 생물학적, 공학적 등의 시스템으로서 내·외부와 통신이 되고 복잡한 연산을 수행할 수 있는 주로 분산된 내장형 시스템으로 작동된다. 이를 표준

[그림 5-1] 제조분야의 가상물리시스템 구축을 위한 5C 아키텍처

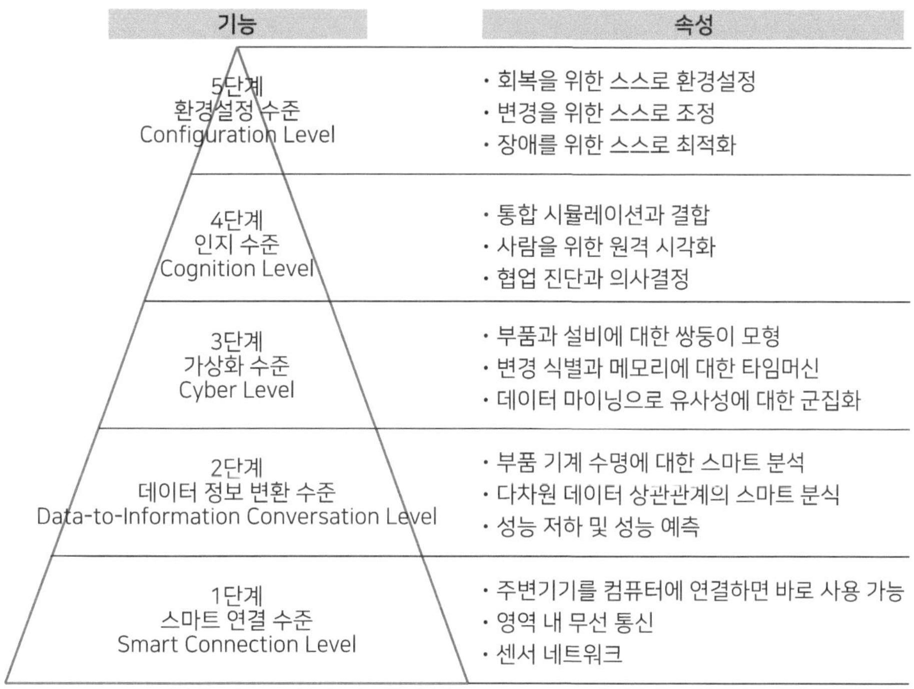

화하여 제조분야의 가상물리시스템을 구축하기 위한 접근방법을 5단계 생산체계로 구분하였다.

(1) 제1 단계: 스마트 연결 수준

이 단계는 스마트 연결 수준으로 설비를 제어하는 디바이스들이 설비의 현재 상태에 대한 정보를 스스로 수집하여 측정하고 스스로 연결이 가능한 수준을 말한다. 센서 등을 이용한 디바이스로 신뢰성이 높고 정확한 데이터를 얻을 수 있으며, 획득된 데이터는 데이터 상호간의 높은 연관성을 확보한다.

(2) 제2 단계: 데이터 정보 변환 수준

이 단계는 데이터 정보 변환 수준으로 다차원 데이터의 상관관계 분석과 이를 통한 예측할 수 있는 능력을 갖춘 수준을 말한다. 설비에 연결된 센서 또는 디바이스를 통해 자가 인지 능력을 가지며, 이를 활용하여 설비의 주요 관리항목에 대한 품질특성을 측정할 수 있다. 그리고 설비 또는 부속품에 대한 수명을 분석하여 성능의 저하 및 예측하기

위한 자가 인식 정보를 활용할 수 있다.

(3) 제3 단계: 가상화 수준

이 단계는 가상화 수준으로 실제 설비의 관리조건과 형태를 가상공간에 똑같이 구현하여 타임머신 방법론에 의해 설비의 성능패턴을 분석하여 유사성에 따른 군집화할 수 있어야 한다. 그리고 가상공간에 구현된 프로그램은 동등한 수준에서 설비의 성능을 스스로 비교하고 분석할 수 있는 능력을 갖추고 있어야 한다.

(4) 제4 단계: 인지 수준

이 단계는 인지 수준으로 가상공간에서 스스로 분석하고 평가하여 결과를 도해적으로 나타내어 설명하고 잠재적 문제를 알릴 수 있어야 한다.

(5) 제5 단계: 환경설정 수준

이 단계는 환경설정 수준으로 설비나 생산시스템이 위험이나 차이 발생 및 생산의 변화에 따라 우선순위를 스스로 조정하고 변경할 수 있는 복원력을 갖추고 있는 것을 말한다.

인간생활에서 사용되는 다양한 장비와 이를 제어하기 위한 소프트웨어, 액추에이터, 센서, 하드웨어, 임베디드 시스템 등을 포함한 각종 네트워크 시스템을 연결 짓는다면, 사물인터넷의 개념과 일맥상통한다고 볼 수 있다. 스마트 폰과 같은 각종 스마트 기기, 사물인터넷을 적용한 디바이스나 스크린 야구, 스크린 골프 등도 가상물리시스템(CPS)에 해당된다. 향후 전화망, 전력망, 에너지, 지하 수도관 및 하수관, 교통시스템, 공공기초시설 등에도 현재 일부 적용하고 있거나 적용할 수 있다.

2. 협의의 가상물리시스템

기업은 프레스, 사출기, CNC 등 많은 자동화된 설비를 사용하고 있는데, 이들 설비에 PLC가 설치되어 있는 경우 무인 자동화 설비가 물리적 시스템이라면 이 설비를 제어하는 PLC의 프로그램은 가상 시스템이라 할 수 있다. 설비를 제어하는 PLC는 가공되는 부품에 따른 설비의 관리조건, 수리와 고장 예측, 자재 장착과 탈착, 생산수량, 불량품, 관리도, 공정능력 등의 정보를 실시간 제공하고, 설비의 가동변화에 따른 PLC의 프로그램이 연동되어 자율적으로 제어한다. 따라서 PLC의 프로그램에 따라 자동화된 하드웨어 설비가 연동하여 제어되므로 이를 가상물리시스템이라고 할 수 있다.

기업이 일반적으로 도입하고 있는 자동화 설비시스템은 가공하고자 하는 설비의 조건과 부품의 가공조건을 고려하여 프로그램을 설정해 반복적으로 수행하는 것이 대부분이다. 그러나 실제 공장에서 생산하는 과정 중에 다양한 환경변화 즉 온도, 전기 공급, 자재 공급, 설비돌발고장, 금형파손, 생산일정 변경 등 많은 다양한 상황이 발생할 수 있는 경우가 많다. 따라서 자동화 시스템이 실시간 정보를 주고받으며 이와 같은 여러 가지 변수 등이 실시간 프로그램에 반영되고 이를 학습하여 자율적으로 제어하는 최적화된 시스템이 되도록 하는 것이 가상물리시스템이다.

예를 들면 스마트공장 구축에 있어서 가장 많이 도입하는 것이 자재 및 재고 관리의 바코드 시스템이다. 바코드 시스템은 센서에 의해 읽혀야 자재 및 재고 관리에 반영된다. 바코드 시스템을 관리자가 스캔하는 행위는 수작업과 같다. 그러나 자재 부족, 생산 지연 등이 발생했을 때 생산일정 관리에 반영하기 위해서는 관리자가 생산일정을 수작업으로 변경해야 한다. 여기서 바코드를 자동센서로 읽는 행위는 자동화 시스템으로 이루어지나 생산일정 변경작업은 실시간으로 이루어지지 않는다. 이때 바코드를 자동센서로 읽으면 동시에 이를 학습된 결과에 따라 자재부족에 따른 자율적인 생산일정 변경을 제어할 수 있도록 하여 가상물리시스템을 구축할 수 있다.

3. 광의의 가상물리시스템

완전하게 자동화된 무인 공장이 컴퓨터 프로그램에 의해 전체 공장이 최적화된 시스템으로 제어되는 것을 광의의 가상물리시스템이라 한다. 공장 전체가 보유하고 있는 다양한 설비, 자재와 제품 등이 물리적 시스템이라고 한다면, 이들 개개 설비별로 PLC의 프로그램을 통해 제어하고, 자재 및 제품의 공급 및 산출과 관련한 모든 활동들이 통신신호로 실시간 정보수집 관리되며, 각 설비와 자재 및 제품의 흐름 등이 네트워크를 통해 실시간 연동되어 통합 제어관리가 가능하도록 만든 컴퓨터 프로그램을 가상 시스템이라 할 수 있다. 이와 같이 실제 공장의 물리적 관리요인들을 컴퓨터 제어 프로그램에 의해 실시간 정보를 주고받는 것을 가상물리시스템이 된다.

제어 프로그램은 어떤 설비를 관리하고자 하는 조건과 어떤 부품을 가공한 결과에 대한 정보를 추출하고 분석하기 위한 프로그램 로직이나 수학적 모형을 미리 설정하여, 이 설정된 프로그램에 따라 운영되는 시스템이다. 기본적으로 설정된 수학적 모형이나 의사결정 모형 등이 설비가 가동되면서 주변 환경에 따른 다양한 요인들의 변화에 적응하고 학습하여 최적화된 시스템으로의 변화를 자율적으로 관리된다면 스마트공장이 추구하는 가상물리시스템이 된다.

4. 가상물리시스템 구현 기술

4.1 디지털 트윈 기술

가상물리시스템은 실제 공장에서 발생하는 현상을 가상의 공간에 실시간으로 반영되는 것을 말한다. 사물인터넷(IoT)은 가상 공장의 상태와 실제 공장의 상태를 연동하는 데 사용하는 기술이다. 실제 공장에서 발생하고 있는 현상을 컴퓨터로 구현된 가상 공장에 연동하여 표현하는 기술을 디지털 트윈(digital twin) 기술이라 한다.

디지털 트윈이란 미국 제너럴 일렉트릭(GE)이 주창한 개념으로 2000년대 들어 제조업에 도입되기 시작했으며, 컴퓨터에 현실 속 사물과 똑같이 쌍둥이를 만들어 현실에서 발생할 수 있는 상황을 컴퓨터로 시뮬레이션 함으로써 결과를 미리 예측하는 기술이다. 3차원 설계 프로그램을 사용하고 사물인터넷(IoT)을 통해 방대한 양의 정보를 수집할 수 있게 되면서 디지털 트윈의 정확도가 높아지고 있다. 디지털 트윈 기술을 활용하면 가상 세계에서 장비, 시스템 등의 상태를 모니터링하고 유지·보수 시점을 파악해 개선할 수 있

[그림 5-2] 디지털 트윈

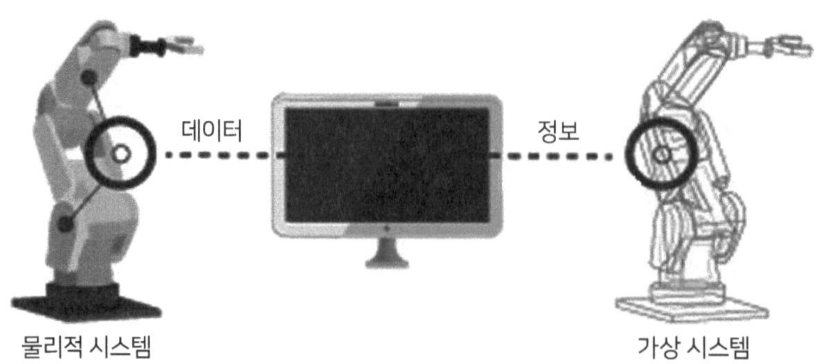

다. 가동 중 발생할 수 있는 다양한 상황을 예측해 안전을 검증하거나 돌발 사고를 예방해 사고 위험을 줄일 수도 있다. 또한 생산성 향상, 장비 최적화 등의 결과를 가져올 수 있고, 시제품 제작에 들어가는 비용과 시간을 대폭 절감할 수 있다.

4.2 디지털 트윈의 적용

새로운 공장을 짓거나 현재 공장을 증축 또는 개선이 필요한 경우에 공장 내에 설비, 창고, 사무실, 자재보관 장소 등이 최적의 동선이 되도록 설계하는 것이 필요하다. 공장 내 레이아웃의 효율적인 구성은 생산성을 향상시키는 데 중요한 요인이 된다. 따라서 효율적인 레이아웃을 구성하기 위해서는 시뮬레이션을 통해 최적화한 후 그 결과를 바탕으로 실제 배치하는 것이 필요하다. 시뮬레이션을 하지 않고 설비를 배치하는 경우 비효율적인 배치가 되었을 때 다시 수정 배치하는 것은 쉬운 일이 아니다.

효율적인 레이아웃 설계에 따라 배치가 되었다고 하더라도 설비 가동에 따른 설비고장과 예방관리, 생산품목 변경에 따른 설비조건관리와 설비변경(기종변경 또는 준비교체)관리, 자재부족, 작업실수 등에 대하여 사람이 관리하지 않으면 문제가 발생하게 된다. 문제가 발생하게 되면 설비를 멈추어 문제를 해결해야 한다. 따라서 실시간 데이터 수집 및 분석을 통해 현장의 변화요인을 사전에 예측하고 대응할 수 있도록 컴퓨터상의 가상공간에서 실물과 똑같은 쌍둥이 환경을 구현하여 실시간 시뮬레이션을 하게 되면 설비를 멈추게 한 후 문제를 해결하는 일은 발생하지 않는다.

시뮬레이션이란 컴퓨터상의 가상공간에서 실물과 똑같이 쌍둥이 설계를 하여 설비, 자재, 작업, 사람 등의 흐름이 환경적인 제약조건을 고려하여 최적화 방법을 찾는 활동을 말한다. 따라서 컴퓨터상의 가상공간에서 다양한 시뮬레이션을 통해 획득된 실험 최적안을 바탕으로 실제로 배치하거나 데이터 정보를 실시간 분석 및 관리하여 실제 현장에 실시간 적용 및 통제하는 활동을 디지털 트윈의 적용이라 할 수 있다.

[그림 5-3] 디지털 트윈 적용 전

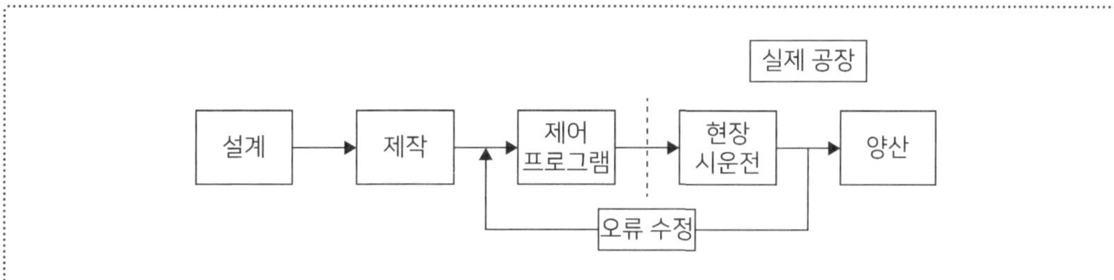

[그림 5-4] 디지털 트윈 적용 후

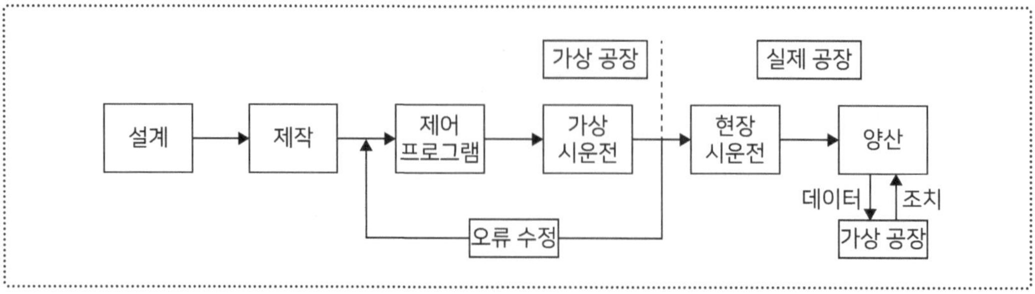

4.3 가상물리시스템의 최적화 모형

가상물리시스템은 자동화된 설비들이 상호간에 조화롭게 생산 활동을 할 수 있도록 한다. 그러나 생산 활동을 하고 있는 설비 중 하나만 고장이 발생하더라도 조화롭게 생산할 수 없는 상태가 된다. 즉 전체 설비를 정지해야 하는 결과를 가져 오게 된다. 따라서 자동화된 설비들에 대한 설비조건(예: 온도, 진동, RPM, 전류, 압력, 사이클타임 등)의 데이터를 실시간으로 수집 및 분석하여 설비고장을 예방함으로써 전체 설비가 조화롭게 생산할 수 있도록 만들어 준다.

자동화된 공정에서 불량이 발생하였을 때 실수방지(fool proof) 장치가 되어 있지 않은 경우에는 계속해서 불량을 만들어 낸다. 불량이 발생하였을 때 설비는 자동적으로 정지하는 것이 필요하다. 설비가 정지하게 되면 전체 설비가 조화롭게 생산할 수 없게 된다. 불량의 원인은 다양하기 때문에 원인을 추적하여 개선하는 것은 쉬운 일이 아니다. 따라서 공정에서 다양한 데이터를 수집 및 분석함으로써 불량발생을 근본적으로 방지할 수 있고, 전체 설비가 조화롭게 생산할 수 있도록 만들어 준다.

자동화된 공정에 자재 품절이 발생하였을 때 설비는 정지한다. 자재 정보를 생산 활동에 실시간 반영함으로써 자재 수요를 예측하여 자재 품절을 근본적으로 방지할 수 있고, 자재 공급에 따른 스케줄링을 체계적으로 수립할 수 있으며, 생산 활동을 원활하게 할 수 있다.

이와 같이 설비고장, 불량발생, 자재부족 등의 원인을 정확히 분석하고 개선하는 것이 중요하다. 그러기 위해서는 원인을 파악하고 개선할 수 있도록 관련 데이터의 수집은 더욱 중요하다. 공정에서 나오는 데이터의 종류는 다양하게 많다. 모든 데이터가 다 중요한 것은 아니다. 발생 원인에 영향을 미치는 데이터를 어떻게 선정하느냐가 중요한데, 이를 관리항목이라 한다.

데이터는 정상적인 조건에서는 일정한 패턴을 가진다. 그러나 어떤 특정한 사건이 발생하는 경우에는 데이터의 발생이 패턴을 벗어나 불규칙한 형태를 나타낸다. 이때 사건이 일어날 것을 사전에 알려주는 것을 신호(signal)라 한다. 일반적으로 관리도라는 것을 그려보면 알 수 있다.

가상 시스템에서 발생 원인에 영향을 미치는 데이터를 집중 수집 및 분석을 하여 물리적 시스템인 실제 현장에 적용하는 것이 필요하다. 발생 원인에 영향을 미치지 않는 데이터를 가상 시스템에서 수집 및 분석하여 물리적 시스템에 적용한다면 원인이 해결되지 않는다. 따라서 가상 시스템은 물리적 시스템의 관리항목을 정확히 반영하여 데이터를 수집 및 분석함으로써 최적화된 의사결정을 제공하는 것이 중요하다. 가상 시스템에서의 최적화된 의사결정은 설비를 제어할 논리적인 프로그램을 구현하게 하고, 물리적 시스템인 실제 현장을 제어한다. 가상 시스템이 물리적 시스템으로부터 발생된 데이터를 통해 자동으로 학습하여 진화를 한다면, 공정의 변화에 따른 학습과 진화 과정에 따라 매번 수정 변경하는 일이 없이 자율적으로 최적화된 의사결정이 가능한 가상물리시스템이 될 것이다.

최적화된 의사결정을 위한 데이터 분석기술은 통계, 시뮬레이션, 수요예측, 일정계획, 최적화, 머신러닝, 딥러닝, 패턴인식, 인공지능, AR/VR 등의 기술을 다양하게 사용한다.

4.4 가상물리시스템의 구현

실제 공장에서 발생하고 있는 현상을 컴퓨터로 구현된 가상 공장에 연동하여 쌍둥이로 표현하는 것이 디지털 트윈 기술이다. 이 기술을 활용하여 실제 생산라인과 동일하게 컴퓨터 상에 구현한 것이 가상 생산라인이다. 가상 생산라인은 가상공간에서 실제 생산라인의 데이터를 수집 및 분석하고 시뮬레이션을 통해 공정을 최적화한 결과를 실제 생산라인에 명령하여 동일하게 적용될 수 있도록 한 것이다.

생산활동은 생산관리 목표를 달성하기 위하여 4M1E(사람, 설비, 자재, 작업방법, 환경)를 낭비가 발생하지 않도록 가장 효율적으로 구성하여야 한다. 그리고 4M1E의 관리조건들은 환경변화에 따라 실시간 변경 적용되어야 한다.

가상물리시스템은 사물인터넷(IoT)으로 연결된 자동화된 설비들로 구성되어 있고, 설비들은 자율 제어를 통해 움직이도록 되어 있다. 설비는 생산라인을 구성하는 중요한 요소이며, 설비의 능력에 따라 생산량에 영향을 준다. 생산라인은 병목공정의 설비 생산량에 따라 전체 생산량이 결정되므로 병목공정의 설비를 기준으로 생산라인을 최적화하는 것이 필요하다.

또한 생산라인을 구성하고 있는 설비 중 어느 하나라도 고장이 발생하면 생산라인 전체가 멈추는 결과를 가져온다. 생산라인은 설비의 실제 가동상태를 실시간 모니터링을 통해 설비의 자동진단, 설비의 이상상태, 설비보전관리의 정보를 관리함으로써 사전에 문제발생을 예측하고 조치할 수 있도록 하여 생산 중단이 발생하지 않도록 한다. 설비는 설비보전관리를 통해 설비의 신뢰성을 확보하는 데 있다. 설비는 돌발고장 등과 같이 불규칙하게 발생하는 것이 문제이다. 물론 설비가 고장없이 오래 사용하는 것도 중요하다. 그러나 설비고장이 발생하더라도 예측을 할 수 있으면 예방할 수 있다.

따라서 가상 생산라인은 실제 생산라인에서 발생하는 모든 공정정보를 수집 및 분석하고, 모니터링을 통해 생산라인(또는 공정) 최적화와 설비관리를 함으로써 실제 생산라인을 제어할 수 있도록 설계되어야 한다.

가상 생산라인 분야는 3D 모델로 화면 구성, 시뮬레이션 분석을 통한 의사결정, 과거 문제 상황을 재현하여 문제 규명, 가상 생산라인과 실제 생산라인의 동기화 등이 구현되어야 한다.

공정 최적화 분야는 실시간 데이터 수집, 제어 데이터 연계 분석, 공정 지연요소/병목 공정 분석, 설비동작 분석/검증, 다중 패턴 원인분석 등이 구현되어야 한다.

설비관리 분야는 동작 레시피 관리, 설비동작 관리, 설비운전 패턴관리, 실시간 자동진단, 설비이상 이력관리, 이상원인 추적관리, 보전이력 관리 등이 구현되어야 한다.

5. 공정 최적화 프로세스

생산활동의 가장 근본적인 목표는 생산성을 향상하는 것이다. 생산라인은 낭비가 없는 최적화된 공정들로 구성되어야 한다. 생산라인은 고객의 요구조건에 따라 유연하게 대응할 수 있어야 한다. 제품생산은 투입부터 완성까지 걸리는 시간이 최소화되어야만 고객이 요구하는 수량이 1개라도 만들어서 납기를 지킬 수 있다. 고객이 요구하는 제품이 갈수록 다양화되고 수량은 소량화되고 있으며, 가격은 대량생산으로 판매될 때와 같이 저렴하게 판매되기를 기대한다. 가상물리시스템은 이것을 가능하게 한다.

가상물리시스템의 구현은 한 번에 이루어질 수는 없다. 특히 생산설비의 경우에는 한번 구입하면 쉽게 바꾸지를 못한다. 그렇기 때문에 생산공정을 구성하는 전체의 능력(capacity)을 고려하여 최적의 설비를 구입하는 것이 필요하다. 그러나 설비의 구입은 투자비가 크기 때문에 구입을 결정하기가 쉽지 않다. 따라서 기존에 보유하고 있는 설비를

[그림 5-5] 공정 최적화 프로세스

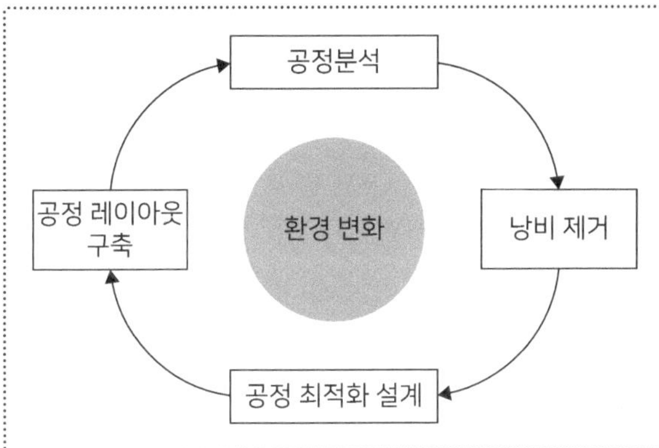

효율적으로 활용할 수 있는 방법을 찾는 것이 더 바람직하다. 기업이 보유하고 있는 설비와 생산현장의 상황은 주어진 제약조건이기 때문에 현재 조건하에서 최적의 생산조건을 만드는 것이 가장 중요하다. 이것을 공정 최적화라고 하는데, 공정 최적화는 사전에 공정을 분석하여 시뮬레이션을 통해 최적화 결과를 도출한 후 생산현장의 제약조건을 고려한 공정배치를 설계하여야 한다. 이를 공정 최적화 설계라고 한다. 공정 최적화 설계에 따라 현장의 공정을 배치하면 공정 최적화가 이루어진다. 이러한 과정을 컴퓨터로 구현하는 것이 가상 시스템이며, 컴퓨터로 시뮬레이션을 통해 실제 현장에 공정을 배치한 것을 가상물리시스템이라 할 수 있다. 따라서 가상물리시스템을 구축하기 위해서는 단계적으로 접근하는 것이 좋다.

5.1 1단계: 공정 분석

현재까지는 생산공정을 구성하는 방법에 있어서 어떤 제품을 얼마만큼 생산하는가에 따라 다르게 적용해 왔었다. 하나의 제품을 연속해서 대량으로 생산하는 경우에는 제품별 생산방식(공정순서별로 배치하여 생산하는 방식)으로, 가끔 생산하거나 생산수량이 소량인 경우에는 기능별 생산방식(동일한 기능끼리 배치하여 생산하는 방식)으로 구성하는 것이 가장 효율적인 방법이었다. 그러나 고객의 욕구가 다양해지는 등 기업환경의 변화에 따라 기업은 고객대응력을 높여야 하기 때문에 생산제품의 수량에 따라 라인을 구성하는 것은 크게 의미가 없어졌다.

가상물리시스템은 고객의 요구에 따라 실시간으로 대응할 수 있는 공정 최적화 시스템이다. 고객이 요구하는 수량(수량이 1개 일지라도)에 관계없이 제품에 따라 자율적으로 공정을 구성하여 생산할 수 있는 제품별 생산방식으로 배치하는 시스템이다. 즉 어떤 제품을 생산할 것인가에 따라 공정별 작업시간(표준시간)과 설비가 결정되므로, 이것을 컴퓨터에서 분석하고 가장 최적화된 생산방법을 설계하여 이에 따라 실제 공정을 배치한다. 따라서 생산하는 제품의 종류는 공정을 배치하는 데 중요한 요인이 되므로 어떤 제품을 생산하는지에 대한 분석이 필요하다. 그리고 제품별로 생산하는 데 소요되는 작업시간을 공정별로 모두 분석해야 한다.

5.2 2단계: 낭비 제거

제품별 생산방식은 공정순서대로 물건을 1개씩 흘리면서 생산하는 흐름생산방식을 말한다. 흐름생산이라는 것은 공정과 공정 사이에 공정재고가 없이 생산되는 것을 말한다. 이 공정재고는 생산 리드타임을 길게 만드는 원인이기도 하다. 공정재고가 발생하는 원인은 다양하다. 예를 들면 공정 간의 작업시간 차이가 발생하는 경우, 공정 간의 거리가 떨어져 있는 경우 등이 있다. 생산 리드타임을 짧게 하고 공정을 최적화하려면 효율적인 공정배치를 저해하는 다양한 요인을 제거하여야 한다. 이를 낭비라고 한다. 만약 이러한 낭비요인을 제거하지 못한다면 낭비요인을 포함하여 공정을 배치할 수밖에 없다. 예를 들어 인접한 A와 B공정이 있다고 할 때, A공정이 1개 만드는 데 15초 소요되고, B공정에서는 1개 만드는 데 30초 소요된다면 A공정과 B공정 사이에는 공정재고가 계속 쌓일 것이다. 이를 해소하기 위해서는 B공정을 하나 더 증설하든지 또는 B 공정시간에 맞추어 A 공정시간을 조절하는 것이 필요하다. 이때 A 공정시간과 B 공정시간의 차이로 발생하는 공정재고는 낭비라고 할 수 있다.

일정계획(Advanced Planning and Scheduling: APS)시스템은 낭비 발생이 최소화되게 자원 배분을 최적화할 수 있도록 실시간 가공경로 최적 설계를 하여 공정과 공정 사이의 거리를 최소화시키고 작업시간을 일치되게 조정함으로써 흐름생산이 되도록 해준다. 대부분의 가상물리시스템으로 구현되는 공정은 제품별 생산을 하기 위한 라인으로 구성되어 있는 경우가 대부분이다. 따라서 제품별 생산을 위해 공정 최적화 배치를 저해하는 요인을 모두 파악하여 제거하여야 한다.

5.3 3단계: 공정 최적화 설계

설비는 한번 설치하면 쉽게 옮길 수 없다. 그리고 설비가 필요하다고 해서 무작정 구입할 수도 없다. 따라서 현재 보유하고 있는 설비를 최대한 활용할 수 있도록 하는 것이 필요하다.

공정분석에서 파악된 제품의 종류와 작업시간을 바탕으로 낭비가 최소화될 수 있도록 공정을 배치하는 것이 필요하다. 이를 공정 최적화 설계라고 한다.

가상물리시스템이 운영되는 공정은 제품별 생산을 위해 라인으로 구성되어 있다. 제품별 생산은 흐름생산을 이루어야 하므로 투입공정부터 완성공정까지 공정별 작업시간이 동일해야 한다. 그러나 현실적으로 공정별 작업시간은 모두 차이가 있다. 결국은 병목공정을 파악하여 이 공정의 작업시간에 맞추어 다른 공정의 작업시간을 모두 일치시켜야 한다.

또한 앞의 예에서 살펴보았듯이 A공정이 1개 만드는 데 15초 소요되고 B공정이 1개 만드는 데 30초 소요된다면, A공정의 설비가 공용설비라면 다른 제품 중 15초가 소요되는 제품과 함께 교대로 생산할 수도 있다. 이것은 복잡하지만 컴퓨터가 생산 스케줄링을 처리한다면 가능하다. 가상물리시스템은 일정계획(APS)시스템을 통해 이러한 의사결정을 실시간으로 처리하여 공정을 생산제품에 따라 효율적으로 배치할 수 있도록 가상공간에서 처리하고 실제 공정에 적용할 수 있게 해준다.

공정은 생산 리드타임이 가장 짧게 되도록 설계되어야 한다. 생산 리드타임은 공정재고와 병목공정에 의해 결정되므로, 개별 공정들의 작업시간 차이가 최소가 되도록 공정을 설계하는 것이 필요하다. 개별 공정의 작업시간 차이가 최소가 되면 생산성은 증가한다.

그리고 공정과 공정 사이의 거리는 최소가 되도록 설계하여야 한다. 공정 간의 거리가 떨어져 있으면 떨어져 있는 거리만큼 공정재고가 발생하고, 이동 거리로 인한 자재의 운반시간이 발생한다. 결국 공정 간의 떨어진 거리는 흐름생산의 여부를 결정짓는다.

따라서 제품별로 공정물류가 효율적으로 구성될 수 있도록 보유하고 있는 설비가 최대한 활용되게 공정을 설계하고 배치할 수 있도록 최적화하여야 한다.

그리고 신규로 라인을 구성할 경우에도 공정의 능력(capacity)을 설계하고 이에 맞추어 라인을 설계할 수 있다. 예를 들어 필요로 하는 생산량이 결정되면, 이를 토대로 사이클타임이 결정된다. 사이클타임에 적합한 능력을 가진 설비를 구입할 수 있어 과잉설비로 인해 발생되는 비용절감이 가능하다. 그리고 사이클타임에 맞춰 흐름생산을 할 수 있게 공정을 설계함으로써 라인화를 할 수 있어 최적화된 공정을 구현할 수 있다. 가상물리시스템은 컴퓨터를 활용하여 이러한 일을 실시간으로 구현할 수 있게 만들어 준다.

5.4 4단계: 공정 레이아웃 구축

가상 시스템에서 다양한 시뮬레이션을 통해 최적화된 공정설계가 완료되면, 이것을 토대로 생산현장의 공정을 배치한다. 이를 물리적 시스템이라 한다. 공정 최적화 배치는 생산제품의 종류에 따라 달라질 수 있다. 생산제품의 종류에 따라 사용되는 설비와 작업시간이 다르기 때문이다. 생산제품에 따라 매번 공정을 최적화하기 위해 설비를 재배치할 수는 없다. 일본의 후지제록스는 설비를 밀고 다닐 수 있게 설비에 바퀴를 달아 매번 생산제품의 변경에 따라 최적의 공정배치를 할 수 있도록 한 사례가 있다. 그러나 설비에 따라 이동이 불가능한 경우가 많기 때문에 한번 배치를 하면 옮길 수 없는 경우가 대부분이다. 그러므로 생산제품의 종류를 분석하여 현재 주어진 조건에서 가장 최적화된 공정을 배치하는 것이 중요하다.

이와 같이 생산현장에 배치된 공정은 생산제품의 종류에 따라 활용되는 공정 또는 활용되지 않는 공정이 있다. 또한 생산제품의 종류에 관계없이 공용으로 활용되는 공정이 있다. 전체의 공정이 효율적으로 활용되기 위해서는 각 공정이 가지고 있는 능력의 분석을 통한 생산 스케줄링 최적화가 필요하다. 따라서 생산제품에 따라 각 공정의 능력을 최대한 활용할 수 있도록 물류흐름이 최소화되게 생산 스케줄링을 설계하는 것이 필요하다. 가상물리시스템은 일정계획(APS)시스템을 통해 가상 시스템에서 생산 스케줄링을 설계하여 물리적 시스템에 통신을 통해 제어함으로써 실제 생산활동이 스케줄링에 따라 움직일 수 있도록 한 것이다.

가상물리시스템이 적용되는 공정은 투입부터 완성까지 하나의 라인으로 구성되는 경우가 많다. 하나의 라인이라면 하나의 제품을 생산하는 전용라인으로 생각할 수 있으나 유사한 제품을 생산할 수 있는 라인으로 구성하는 경우가 많다. 공정 중 하나가 필요없는 경우에는 건너뛰게 만들고, 제품의 모양이 다를 경우에는 치공구가 자동 변경되게 만든다.

기업은 제한된 자원으로 최대한 활용하는 것이 중요하다. 그러므로 생산되는 제품의 종류에 따라 공정의 최적화 설계를 통해 실시간 배치된다면 가장 좋을 것이다. 그러나 현실적으로 그렇지 못하기 때문에 최적화된 공정 레이아웃을 구축하기 위해서는 관련된 내용을 이해하는 것이 우선이다.

이 책에서 제외된 부분은 소프트웨어 구현에 관한 내용이다. 공정 최적화 설계가 끝난 후 공정 레이아웃 구축은 물리적 시스템을 구현하는 것이다. 공정 최적화 설계가 된 것을 그대로 소프트웨어로 구현하면 가상 시스템이 되고, 공정 레이아웃이 구축된 모습을 그대로 컴퓨터로 구현하면 디지털 트윈이 되며, 이를 실제 현장에 적용하면 가상물리시스템이 된다. 소프트웨어로 구현하는 것은 컴퓨터 전공자에게 맡기면 되기 때문에 이 책에서는 생략했다.

5장 연습문제

1. 가상물리시스템의 개념에 대하여 설명하시오.
2. 가상물리시스템을 구축하기 위한 5단계에 대하여 설명하시오.
3. 협의의 가상물리시스템에 대하여 예를 들어 설명하시오.
4. 광의의 가상물리시스템에 대하여 예를 들어 설명하시오.
5. 가상물리시스템을 구현하기 위한 디지털 트윈 기술에 대하여 설명하시오.
6. 공정 최적화 프로세스에 대하여 설명하시오.

3부 제품개발 및 생산계획

CHAPTER
6

제품개발 및 설계관리

1. 제품개발 및 설계의 개요

제품이란 고객이 원하는 제품을 생산활동을 통해 만들어진 최종 산출물을 말한다. 그리고 제품은 기업의 수익 창출의 핵심적인 요소로서 시장에서 경쟁력 확보와 생존을 결정짓기도 한다. 고객으로부터 환영받는 제품은 매출 증가, 수익증가, 브랜드 인지도 상승 등으로 인하여 기업이 시장에서 경쟁우위를 가지고 성장발전 할 수 있다. 그러나 고객으로부터 외면받는 제품은 매출 감소, 수익감소, 부채증가, 브랜드 인지도 감소, 장기 재고 발생 등으로 인해 기업의 생존에 위협을 주기도 한다. 고객들로부터 환영을 받는 제품이란 고객의 욕구를 충족시키는 가치를 제공하기 때문이다. 경쟁우위는 기업이 구매자들을 위해 비용을 초과해서 창출해 낼 수 있는 가치에서 생기게 된다. 가치는 구매자들이 기꺼이 지불하고자 하는 것으로 우월한 가치는 동등한 혜택을 경쟁자들보다 더 낮은 가격으로 제공하거나, 혹은 더 높은 가격을 상쇄하는 어떤 독특한 혜택을 제공할 때 생성된다.

제품개발의 성공은 고객가치 제공을 통해 고객욕구를 충족시키면서 얼마나 저비용으로 제품화를 신속하게 수행하는가에 달려 있다. 기업의 경쟁력은 생산관리 목표인 품질, 비용, 납기, 유연성, 환경 등을 얼마나 달성하는가에 달려 있기도 하지만 중요한 것은 이들 목표가 설계단계에서 이미 결정된다는 것이다. 설계단계에서 규격이 결정되어 내려오기 때문에 생산단계에서는 이 기준에 따라 생산활동이 이루어질 수밖에 없다. 만약 설계단계에서의 까다로운 설계는 생산활동을 어렵게 만들어 불량 증가, 생산시간 증가, 납기 지연, 원가 상승, 고객 이탈 등으로 이어질 수 있다. 반대로 설계단계에서 생산을 고려한 설계는 불량 감소, 생산시간 단축, 납기 준수, 원가 감소, 기업이미지 상승, 고객 증가 등으로 이어지기도 한다.

그리고 원가의 90% 이상이 설계단계에서 결정된다. 고객요구사항 반영의 정도에 대한 영향, 고객가치의 향상에 대한 영향 그리고 제품에 대한 투자금액, 변동원가에 미치는 영향은 제품개발 초기단계에서 가장 크고, 개발프로그램이 진행(설계-생산-출하 단계로 전개)됨에 따라 작아진다. 이는 개발 프로세스가 진행될수록 초기 의사결정 때보다 많은 제약조건이 따르기 때문이다. 설계단계에서 규격, 재료, 제조방법 등 설계 사양이 이미 결정되어 생산단계로 내려지기 때문에 생산단계에서의 원가절감은 설계 사양 범위 내에서 작업방법 개선, 구매비용 절감, 재고비용 절감 등 생산활동의 효율성을 높이는 데 한정될 수밖에 없다.

불량으로 인한 품질비용은 1:10:100의 법칙을 따른다. 설계단계에서 불량이 발견되어 개선하는 데 소비되는 비용이 1이라고 한다면, 생산단계에서 불량이 발견되어 개선하는 데 소요되는 비용은 설계단계의 10배가 발생하고, 제품을 출하하여 고객에게서 불량이 발견되어 클레임이 걸렸을 때 개선하기 위해 소요되는 비용은 설계단계의 100배가 발생한다는 것이다. 예를 들면 도요타자동차가 가속페달 결함으로 인하여 미국시장에서 리콜을 받았을 때 그 손실규모는 약 50억 달러(5조 6,600억 원)로 추정하였다. 이때 추정값에는 고객의 이탈로 인하여 미래에 판매상실로 인한 손실비용까지 모두 포함된 것을 말한다.

제조기업은 시간이 지날수록 제품의 제조비용과 품질은 경쟁기업 간에 거의 차이가 없어진다. 오늘날 극도로 경쟁이 심한 시장에서는 제조 능력보다는 탁월한 제품개발력이 전략적인 차별화 요인이 된다. 대부분의 고객지향적 기업들은 고객이 바라는 제품을 고객이 원하는 시기에 시장에 투입하기 위해서는 제품개발을 가속화하지 않을 수 없게 되었다. 따라서 제조기업은 보다 빨리 보다 많은 종류의 제품을 시장에 투입하는 동시에 소비자가 원하는 고품질과 저가격을 만족시켜야 하기 때문에 품질을 높이고 제조 생산성 향상을 위해 기간을 단축하지 않을 수 없다. 그리고 개발 중에 발생하는 오류를 수정할 수 있는 여유도 줄어들고 있다.

2. 신제품개발의 성공 요인

신제품개발을 통해 개발된 제품은 고객에게 가치가 제공되었을 때 매출액과 수익이 증가한다. 고객가치는 제품개발 과정에 있어서 고객의 요구사항이 잘 반영되었을 경우이다. 제품개발 과정은 평가하기가 쉽지 않다. 성공적인 제품개발이 되기 위해서는 제품개발 과정을 평가할 수 있어야 한다. 성공적인 제품개발을 평가하는 데에는 많은 요인들이 존재할 수 있으나 많이 활용되는 요인에는 개발기간, 개발능력, 개발비용, 제조원가, 제품품질이 있다.

개발기간이란 신제품개발을 얼마나 빨리 완료할 수 있는가를 말한다. 신속한 개발은 시장에 빠르게 출시함으로써 시장을 선점하고 시장점유율을 결정한다. 제품의 수명주기가 짧아지고 있기 때문에 개발기간의 단축은 시장의 흐름에 적응할 수 있게 만든다. 개발기간은 기술개발을 위해 회사가 갖추고 있는 인프라의 정도에 따라 달라진다.

개발능력이란 회사가 보유하고 있는 개발인력들이 계속적으로 더 좋은 제품을 개발할 수 있는가를 말한다. 기존에 제품을 개발한 사례들을 많이 보유하고 있으면서 이를 활용하여 더 나은 제품을 효과적이고 경제적으로 개발할 수 있는가의 여부는 기업이 가지고 있는 역량에 따라 달라진다.

개발비용이란 제품을 개발하는 데 소요되는 비용을 말한다. 개발비용은 투자비용으로 제조원가에 반영되므로 결국 기업수익에 영향을 미친다. 개발비용은 기업에서 다양한 혁신적인 기법의 적용 여부에 따라 달라진다.

제조원가란 재료비, 노무비, 경비의 합을 말한다. 이 비용들은 기업이 제품을 생산하기 위해 제조활동에 소요되는 모든 비용이다. 판매가격에서 제조원가를 제외하면 기업이윤을 결정짓는다. 제조원가의 절감은 생산활동을 쉽게 할 수 있도록 제품을 개발하는가의 여부에 따라 달라진다.

제품품질이란 생산활동을 통해 산출된 제품이 고객들로부터 얼마나 좋은 평가를 받는가를 말한다. 제품의 품질은 시장점유율과 제품의 가격으로 결정된다. 제품은 고객을 만족시키는지, 고객에게 가치를 줄 수 있는지, 제품을 신뢰할 수 있는지 등을 통해 최종적으로 고객에게 품질평가를 받는다. 따라서 제품품질은 제품개발 과정에 고객의 요구사항을 얼마나 잘 반영하였는가의 여부에 따라 달라진다.

3. 제품수명주기

고객에게 환영받는 신제품이라 할지라도 일정한 기간이 지나면 구형이 되고 시장에서 사라지게 된다. 제품이 시장에서 영원히 살아남는 제품은 없다. 이와같이 제품은 신제품으로 탄생해서 폐기될 때까지를 수명주기(Product Life Cycle: PLC)라 한다[그림 6-1].

우리는 제품의 수명이 얼마나 되는 것이 적정한가에 대한 의문을 항상 가지고 있다. 일반적인 제품의 신뢰성은 고장 없이 오랫동안 사용할 수 있어야 한다는 것이다. 그러나 패션제품의 경우에는 고장 나지 않더라도 유행에 따라 구형이 되어 사용하지 않기도 하고 때로는 버리기도 한다. 이와 같이 제품의 수명은 제품의 종류에 따라 다양하게 존재한다. 제품은 고장나지 않고 영원히 사용할 수 있는 제품은 없다. 동일한 제품이라고 하더라도 사용하는 방법에 따라 수명이 달라지기도 한다. 따라서 제품수명주기는 도입기, 성장기, 성숙기, 쇠퇴기로 구분한다.

도입기는 신제품을 개발하여 시장에 출시하는 시기이다. 신제품이 처음으로 시장에 출시한 경우에는 소비자들이 제품을 인지하지 못하거나 신뢰가 높지 않아 구입에 있어서 신중하게 생각하는 경우가 많으므로 수요량이 적고 매출 성장이 느리다. 또한 신제품 개발 과정이 포함되어 있으므로 출시할 때까지는 투자가 주로 발생하므로 손실이 발생한다. 도입기의 제품전략은 홍보를 통해 제품을 알리는 데 많은 노력을 하여야 하며, 신제품으로 인하여 시장에서 고가의 전략을 사용하기도 한다. 시장에 먼저 출시한 경우에는

[그림 6-1] 제품수명주기

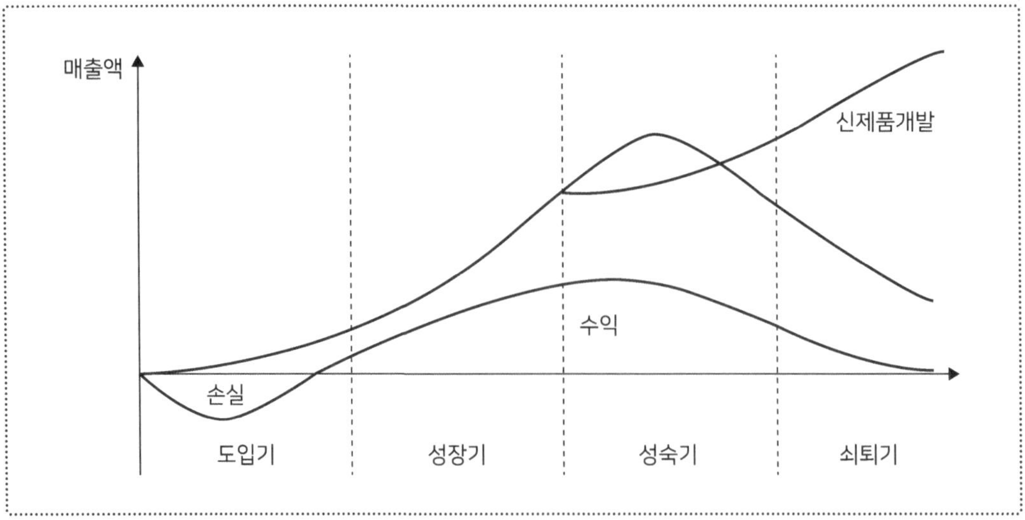

시장을 선점하는 효과도 있다.

성장기는 시장에서 인지도가 상승하여 매출이 급격히 증가하는 시기이다. 제품에 대한 브랜드가 알려지기 시작하여 소비자의 신뢰가 증가함으로써 수요가 급증하여 매출이 급성장한다. 수요의 증가로 인하여 생산량이 증가하므로 생산능력을 확대하는 전략이 필요하다. 성장기에는 수익이 급증하는 시기이다. 이로 인하여 후발 경쟁기업이 제품개발에 참여하기 시작한다. 따라서 대량생산을 통하여 단위당 생산비용을 줄이는 노력이 필요하다. 이는 성숙기의 가격경쟁에 대비한 원가절감이라 할 수 있다. 또한 품질향상을 통해 품질경쟁력을 갖추어야 한다.

성숙기는 후발 경쟁기업이 시장에 등장함으로써 매출이 둔화되는 시기이다. 제품의 신뢰성이 안정화되고 많은 소비자들에게 잘 알려져 있는 상태이다. 시장이 포화상태에 이르면서 수요가 둔화되어 매출과 수익의 성장도 둔화된다. 생산과 품질은 안정화되어 있고 개선활동과 생산능력을 최대한 가동하여 생산성을 높임으로써 원가절감을 확대한다. 따라서 시장에서 경쟁이 치열해지면서 확보된 시장점유율을 유지하기 위하여 저렴한 가격으로 경쟁하는 전략이 필요하다. 성숙기에는 쇠퇴기를 대비하여 제2의 신제품개발을 준비한다.

쇠퇴기는 소비가 급격히 줄어들면서 매출이 급감하는 시기이다. 최소한의 시장점유율을 유지하기 위한 할인정책과 시장에서 철수하기 위한 철수전략이 필요하다. 생산시설과 생산능력은 최소화하고 비용을 축소하여 철수에 대비한다. 성숙기에 개발된 신제품이 성장기에 들어서기 때문에 이에 집중한다. 제품수명주기에 따라 신제품을 지속적으로 개발하지 못하면 기업은 도태할 수밖에 없다.

4. 신제품개발 프로세스

4.1 아이디어 창출

신제품은 기존의 제품으로부터 파생되거나 개선을 통해 이루어지는 것이 많다. 신제품개발을 위한 아이디어는 기존의 제품을 사용해본 경험이 있는 소비자나 경쟁사 제품으로부터 얻기도 하고 때로는 기업 내부 연구인력들의 역량을 통해 얻기도 한다.

신제품개발에 있어서 아이디어를 얻는 데 가장 중요한 부분은 고객이다. 고객은 실제 기존의 제품을 사용해본 경험이 있는 소비자이거나, 제품을 사용해보지는 않았지만 관심을 가지고 잠재고객으로 분류할 수 있다. 전자는 기존의 제품을 사용해봄으로써 제품의 장단점을 충분히 알고 있고, 또한 기존의 제품을 사용함으로써 추가적으로 필요한 부분을 발견할 수도 있기 때문에 이를 신제품개발 아이디어로 많이 활용한다. 그리고 후자는 제품을 사용해보지는 않았지만 제품에 대한 관심도가 높기 때문에 기존제품이나 타사제품과의 비교를 통해 필요하거나 원하는 것이 무엇인지를 확인함으로써 아이디어를 얻을 수 있다.

신제품개발에 있어서 아이디어를 얻는 방법은 경쟁사 제품을 벤치마킹하는 것이다. 시장에서 도입기 또는 성장기에 있는 우수한 제품을 분해하고 각 부품들을 분석하는 과정을 통해 새로운 아이디어를 얻을 수 있다. 벤치마킹은 시장을 선도하는 기업보다는 추종하는 기업들로서 후발기업이 주로 쓰는 방법이다.

시장을 선도하는 기업은 벤치마킹할 수 있는 대상이 없다. 그리고 시장에 존재하지 않는 창의적인 제품은 고객에게 물어도 무엇이 필요한지를 모르는 경우가 대부분이다. 따라서 이러한 기업들은 연구개발 능력이 뛰어나기 때문에 기업의 신제품 개발정책에 따라 자사의 기존제품에 대한 미래의 발전방향을 전개함으로써 직원들로부터 창의적인 아이디어를 얻을 수 있다.

4.2 타당성 분석

고객으로부터 다양한 아이디어가 수집되었다면, 이들 중에서 시장에서 성공 가능성이 큰 아이디어를 선정하여야 한다. 아이디어 선정 방법에는 시장 분석, 경제성 분석, 기술성 분석이 있으며, 이를 타당성 분석이라고 한다.

시장 분석은 아이디어 제품에 대하여 소비자의 필요성, 시장수요의 정도, 시장에서의 가격수준 등의 반응을 조사 및 분석한다. 시장 분석 시 중요한 것은 타겟시장을 선정하는 것이다. 개발하고자 하는 제품의 직접적인 사용자가 누구인지를 또는 간접적으로 관계가 있는 고객이 누구인지를 선정하는 것이 필요하다. 왜냐하면 이들이 가장 관심이 있고 구매력이 높은 집단이 될 수가 있으며 가격을 결정하는 집단이 되기도 하기 때문이다. 그리고 시장에 언제 출시하는 것이 좋을지를 결정하는 것도 중요하다. 시장의 출시시기가 너무 빠르면 소비자에게 인지될 때까지 기다려야 하는 문제가 있고, 너무 늦으면 후발 주자가 되어 시장점유율을 높이는 데 어려움이 있을 수 있다. 시장출시는 경쟁사보다 빨리 출시하는 것이 시장을 선점하는 효과가 있기 때문에 적정한 출시시기를 검토하는 것도 시장 분석에서 중요하다.

경제성 분석은 아이디어 제품을 개발하고 생산하는 데 소요되는 비용, 투자비용, 판매가격과 이익, 손익분기점 분석 등을 통하여 경제성이 있는지를 분석한다. 수익이 없는 기업은 존속할 수가 없다. 판매가격은 시장에서 고객이 결정한다. 제품의 가치보다 가격이 비싸면 소비자는 구매하지 않을 것이고, 제품의 가격보다 가치가 높으면 소비자는 기꺼이 구매할 것이다. 따라서 판매가격에서 이익을 빼면 제조원가가 된다. 여기서 이익은 기업이 최소한의 유지발전 할 수 있는 정도의 이윤을 말한다. 이때 제조원가는 기업에서 제품을 생산하는데 달성해야 할 목표원가가 되므로 실제로 이 목표원가 이하로 제품을 만들 수 있는지를 확인하는 것이 좋다. 만약 제조원가가 목표원가보다 높으면 원가절감을 통해 목표원가를 달성할 수 있는지를 검토하여 목표원가에 맞추어 제조가 가능하면 제품개발을 결정한다. 그러나 목표원가 이하로 제조원가를 맞출 수 없다면 제품개발을 포기한다.

기술성 분석은 아이디어 제품을 생산할 수 있는 시설, 장비, 설비가 갖추어져 있는지와 작업자들이 작업을 할 수 있는 충분한 기술능력을 보유하고 있는지 등을 분석한다. 기존에 보유하고 있는 생산시설을 어느 정도 활용할 수 있는지와 추가 시설은 어느 정도까지 필요한지를 분석한다. 그리고 기업이 모든 것을 다 생산할 수 없으므로 협력기업의 능력을 활용하는 것도 필요하다. 생산전략에서는 협력기업의 생산시설도 자사 생산시설의 일부로 보기 때문에 포함하여 분석한다. 또한 협력기업이 보유하고 있는 기술능력도 포함된다. 자사가 보유하고 있는 기술인력으로 제품을 개발하고 생산할 수 있는지를 분석한다. 자체 인력으로 모두 개발할 수 없다면 일부 협력기업의 기술인력과 협업이 가능한지도 분석한다. 도요타자동차는 제품개발 시에 협력기업의 연구인력을 개발 과정에 참여시켜 함께 개발한다. 그리고 개발된 제품을 통해 발생된 수익의 일부는 협력기업의 수익으로 일정 기간 인정해 준다.

4.3 개념설계

타당성 분석을 통해 개발할 제품이 선정되었다면 개념설계를 통해 검증의 과정을 진행한다. 제품개념은 적용 기술, 작동 원리, 제품의 모양에 대한 개략적인 설명으로 어떻게 제품이 고객의 욕구를 만족시킬 것인가에 대한 개략적인 설명이다. 제품개념설계는 고객의 요구사항과 제품의 목표 사양을 근거로 하여 작성한다. 제품개념설계도에 따라 프로토타입(prototype)을 제작한다. 프로토타입이란 제품 전체에서 하나 이상의 관심 있는 영역을 유사하게 만드는 것으로 정의하고 있다. 따라서 개념설계를 통한 프로토타입은 한 제품에서 기술적으로 확인해야 할 필요성이 있는 부분을 중심으로 제작한다. 프로토타입 제작이 많다는 것은 하나의 제품에 대하여 기술적으로 확인해야 할 부분이 많다는 것을 말한다. 프로토타입은 여러 가지 방법으로 복수의 설계와 제작을 하는 것이 좋다.

개념설계는 고객 요구사항과 여러 가지 기준들을 근거로 각 개념의 강점과 약점을 비교하고 평가하는 단계이다. 프로토타입의 시험은 회사가 얼마나 많은 제품을 팔 수 있는지에 대한 예측이다. 이 예측은 경제성 분석에 사용되는 중요한 정보가 된다. 프로토타입 제작품은 시험을 통해 목표원가에 부합되는지를 평가한다. 목표원가를 달성할 수 없는 경우에는 다시 개념설계를 한다. 목표원가를 달성할 수 있는 경우에는 개발을 결정한다.

4.4 상세설계

상세설계의 목적은 기능시험제작을 하기 위한 설계이다. 상세설계에서는 하나의 제품을 구성하는 모든 요소들에 대한 설계정수값을 결정하고 설계정수의 허용차(tolerance)를 결정한다.

기능시험제작은 시스템 전체의 기능을 확인하기 위한 것으로 이것을 구성하는 부품도 기능을 우선한다. 따라서 기능 및 크기는 제품설계와 동일하게 특수한 치공구나 금형 등은 사용하지 않고 가공을 함으로써, 공기의 단축과 특수 치공구나 금형 제작을 위한 투자 위험을 피하는 설계를 한다. 시장의 변화 또는 경쟁기업과의 관계 등에 의해 갑자기 해당 개발제품을 중지할 경우에 투자비용을 최소화하기 위한 방안이다.

4.5 제품설계

제품설계는 상세설계의 기능시험제작 및 그 평가 결과에 준해서 최종제품을 완성시키기 위한 제품화 설계를 말한다. 또한 시제품 시험 제작을 위한 설계이다.

제품설계에서는 양산을 전제로 하여 디자인 설계에 중점을 두고 최종제품의 사양을 확정한다. 부품설계는 양산시에 채용할 공정에 가장 적합한 재료, 형상, 허용차 등을 채용한다.

제품설계를 통해 결정된 최종도면에 따라 실제 생산공정에서 시제품을 제작한다. 시제품 제작은 양산이기는 하지만 최초의 1로트를 시험 제작으로 취급하고 개발설계제품에 대한 최종 체크를 하게 된다. 시제품 제작은 생산 과정에 있어서 문제점이 없는지를 확인하고, 문제점이 발견되면 수정작업을 거친다. 그리고 최종적으로 양산도면이 출도되면 생산 부문에 양산의 결정이 내려진다.

5. 제품설계 기법

5.1 린제품개발

도요타자동차의 제품개발시스템은 도요타 생산시스템처럼 널리 알려져 있진 않지만 매우 강력한 시스템으로 알려져 있다. 도요타 생산시스템은 적시생산시스템(Just in Time: JIT)으로 잘 알려져 있고, 이것이 미국으로 넘어가서 린생산시스템(lean production system)으로 발전하게 되었다. 린생산은 보다 우수하고 빠르며, 보다 저렴하고, 보다 적은 면적, 재고량, 노동시간을 이루는 동시에 최대한 불필요한 생산활동을 제거하는 생산시스템을 말한다. 실제 제조현장에서 낭비를 제거하면서 많은 기업들은 제품개발이나 개발 프로세스가 더욱 중대한 제약조건이라는 사실을 알게 되었다. 따라서 린기업으로 거듭나기 위해서는 제품이나 프로세스를 개발하는 초기 단계에서부터 집중적으로 관리하는 것이 필요하다.

신제품개발은 시장에 누가 먼저 신속하게 출시하는가가 시장을 선점하고 시장점유율을 높일 수 있다. 예를 들면 삼성과 애플은 스마트폰을 서로 먼저 시장에 출시하기 위하여 경쟁한다. 때로는 먼저 출시를 했지만 스마트폰 기기의 문제로 인하여 리콜을 함으로써 시장점유율이 떨어지기도 한다. 이와 같이 신제품을 신속하게 출시하기 위하여 린제품개발시스템을 도입하고 있다.

린제품개발에서 가장 필요로 하는 것은 제품을 빠르게 시장에 출시할 수 있는 낭비가 없는 프로세스이다. 린제품개발은 고객지향적 기업들에게 가장 큰 경쟁우위의 가능성을 제공한다. 도요타자동차는 계속해서 경쟁업체보다 우수한 품질의 차를 보다 단기간에, 보다 적은 개발비용으로 개발하고, 보다 많은 이익을 낸다. 또한 소비자의 욕구를 만족시키는 고품질의 신형차를 계속해서 안정적으로 개발함으로써 경쟁업체보다 많은 차종을 매년 시장에 투입 및 출시하고 있다. 그리고 매출액 대비 연구개발비용의 비율이 동종업계에서 가장 낮으며, 린제품개발과 공통 아키텍처 전략, 표준화된 프로세스와 부품의 공용화를 통해 놀라운 수준의 비용우위를 확보하고 있다. 도요타자동차는 불확실한 환경속에서도 확실한 결과를 낼 수 있도록 편차를 최소화하고 프로세스의 성과를 최대화하는 연구를 통해 개발속도와 품질을 향상시키고 있다.

린제품개발에서 편차를 줄이기 위한 표준화는 다음과 같다.

설계의 표준화는 공통 아키텍처, 모듈화와 재사용 가능한 부품이나 공용부품을 통해 달성한다. 부품들을 반제품으로 모듈화하여 미리 만들어 놓고 고객의 요구에 따라 최종 조립할 수 있도록 하면 고객 대응력이 높아진다.

프로세스의 표준화는 표준적인 제조 프로세스에 근거하여 제품을 설계하고 레이아웃을 표준화함으로써 달성한다. 레이아웃은 제품의 변경에 따라 자유롭게 재배치 또는 프로세스가 손쉽게 변경될 수 있도록 유연성을 확보한다.

기술기능의 표준화는 인력에 대한 다기능 기술 습득으로 개발 프로젝트 간의 인원배치에 유연하게 대처함으로써 달성한다. 제품개발시스템을 구축하는 데 있어서 어려운 일은 특정 전문영역에서 탁월한 능력을 유지하면서 이들 기술자 간의 교류와 이동을 유연하게 하여 부문 간의 균형을 유지하는 것이다.

린제품개발은 제품개발 프로세스의 흐름을 평준화한다. 린제품개발은 마케팅, 개발, 설계, 구매, 생산기술, 생산, 영업, 부품 공급기업으로 이어지는 가치사슬 활동을 통합하려는 노력이 필요하다. 그리고 각 부문의 업무 부하를 표준화하여 택트타임(tact time)에 맞추어 업무가 진행되도록 부문 간의 프로세스를 동기화함으로써 업무 대기를 최소화하고 줄여나간다. 이때 낭비가 없는 프로세스를 달성하여 제품개발 속도가 빨라지게 되므로 궁극적으로는 제조리드타임이 단축된다.

5.2 동시공학

제품개발 프로세스는 아이디어 창출, 타당성 분석, 개념설계, 상세설계, 제품설계, 생산, 판매의 순서로 순차적으로 진행해 왔다. 이와 같이 순차적인 진행방법은 선행단계의 작업이 완료되어야 다음 단계를 시작할 수 있다. 각 부문 간의 독립적인 운영으로 의사소통이 되지 않아 문제가 발생하였을 때 문제의 원천이 되는 부문으로 되돌려져 처음부터 다시 시작함으로써 비용의 증가, 제품개발 기간의 증가, 제품출시 시기의 지연 등이 발생한다.

제품개발의 성공여부는 제품개발 프로세스 활동의 단계 중에서 초기 단계가 크게 좌우한다. 제품개발은 초기 단계에서 의사결정 할 때보다 프로세스가 진행될수록 의사결정에 제약을 많이 받는다. 제품개발 프로세스가 진행됨에 따라 사양이 구체화되어 설계도면이 확정되고, 투자가 이루어지게 되므로 이때의 변경은 훨씬 더 많은 시간과 비용을 소모하게 되며 개발기간에 악영향을 준다.

순차적인 제품개발의 문제점을 해결하기 위하여 동시공학(Concurrent Engineering: CE)의 방법을 적용한다. 제품개발과정에서부터 영업, 구매, 마케팅, 생산, 협력기업 등의 부서가 참여하여 부문 간의 벽을 허물고 협력함으로써 각 부문에서 발생할 수 있는 이슈에 대하여 사전검토를 통해 문제를 해결한다. 생산 부문에서는 개발제품을 생산하는 데

설비나 인력 등에는 문제가 없는지 또는 작업자들이 작업을 하는 데 까다롭지는 않은지를 통해 작업을 쉽게할 수 있는 설계를 제안할 수 있고, 구매 부문에서는 생산에 필요한 자재나 부품을 조달하는 데 어려움이 없는지 사전에 확인할 수 있으며, 영업 또는 마케팅 부문에서는 고객의 요구사항이 제대로 반영되었는지 또는 제품출시 시기의 적정성 등을 사전에 검토할 수 있다. 또한 협력기업의 연구진을 참여시킴으로써 개발 과정 및 일정에 대한 공유를 통해 협력기업이 사전 준비를 할 수 있도록 한다. 도요타자동차에서는 각 부문 간의 고립된 속에서 부품설계를 빨리 완료하는 것보다도 부품설계가 각 부문 간의 협력을 통해서 부품 간의 상호간섭이 일어나지 않도록 하는 데 중요성을 두고 있다. 그리고 도요타자동차는 제품개발에 협력기업의 연구진을 같이 참여시킨다. 협력기업의 기술력을 함께 향상시킴으로써 제품개발경쟁력을 높이고 있다.

5.3 모듈화 설계

기업은 한 종류의 제품만을 생산하지 않는다. 대부분의 기업은 고객의 다양한 욕구를 충족시키기 위해 여러 가지 종류의 제품을 생산하고 있다. 하나의 제품은 다양한 부품들로 구성되어 있다. 이때 구성부품이 제품 종류에 따라 모두 다르다면 고객이 주문할 때마다 해당하는 각각의 부품을 생산하는 과정을 거침으로써 관리가 복잡해지고 신속한 대응이 어렵다. 따라서 최소의 부품으로 여러 가지 종류의 제품을 만들 수 있다면 최소의 비용으로 생산할 수 있고 관리가 쉬우며 신속한 납기 대응력을 갖출 수 있다. 부품의 표준화는 제품의 종류와 규격을 표준에 따라 통일하는 것으로 부품기능의 다양성을 줄여 대량생산 및 효율적인 운영이 가능하도록 해준다.

모듈화 설계(modular design)는 다양한 제품에 공통으로 사용할 수 있도록 반제품화하여 필요에 따라 최종 조립을 통해 제품화할 수 있도록 설계하는 것이다. 이는 사전에 반제품을 많이 만들어 놓고 고객의 요구에 따라 조합하여 완제품을 만들거나 해당 제품이 고장 났을 때 쉽게 교환 또는 수리가 가능하도록 한다. 모듈화 제품은 이전에 적용했던 제품 또는 부품을 이용하기 때문에 품질이 안정되고 안정화된 부품의 재사용으로 제품개발과 금형개발 그리고 최종 생산 결과에 있어 편차를 대폭 줄어들게 함으로써 생산성이나 품질확보에 대단히 중요하다. 따라서 모듈화 설계는 표준화된 최소한의 모듈을 이용하여 생산할 때 생산성을 높이고, 낮은 수준의 재고로 운영이 가능하며, 새로운 제품개발 시에 개발기간 단축으로 제품을 신속하게 출시할 수 있다. 또한 모듈 간의 조합을 통하여 소비자에게 제공할 수 있는 제품 종류의 다양성을 높일 수 있다. 모듈화 설계는 린제품개발과 밀접한 관련이 있다. 도요타자동차는 시스템 내에서의 부품 호환성을 중요시하고 있으며 설계변경이 극도로 적은 중요한 이유이다.

5.4 가치공학

가치공학(Value Engineering: VE) 또는 가치분석(Value Analysis: VA)은 최소의 비용으로 제품이 가지고 있는 기능을 최대한 발휘할 수 있도록 하여 원가를 절감하는 기법이다. 가치공학은 제품을 개발 및 설계하는 부문에서 사용하고, 가치분석은 원자재를 공급하는 구매 부문에서 주로 사용하고 있으나 최근에는 용어와 사용 부문의 구분이 없다. 가치는 비용 대비 기능을 말한다.

$$\text{가치}(V) = \frac{\text{기능}(F)}{\text{비용}(C)}$$

가치를 높이기 위해서는 동일한 비용으로 기능을 높이는 방법, 동일한 기능을 가지면서 비용을 저렴하게 하는 방법, 비용을 낮추면서 기능을 높이는 방법, 비용을 높이면서 기능을 높이는 방법, 4가지가 있다. 일반적으로 동일한 비용으로 기능을 높이는 방법과 동일한 기능을 가지면서 비용을 저렴하게 하는 방법을 많이 활용한다. 그러나 비용을 낮추면서 기능을 높이는 방법이 가장 좋은 방법이라 할 수 있으나 쉬운 방법은 아니다. 또한 비용을 높이면서 기능을 함께 높이는 방법은 투자되는 비용보다 기능이 훨씬 높아질 수 있는 경우에 사용하는 것으로 가치가 고객에게 만족감을 줄 수 있을 때 가능하다. 그러나 가치공학 또는 가치분석은 원가를 절감하는 기법으로 많이 활용되고 있기 때문에 이 방법은 활용도가 떨어진다.

가치공학에서는 동일한 기능을 하는 보다 저렴한 대체품이 없는지, 두 개 이상의 부품을 하나의 부품으로 결합하여 비용을 낮추고 동일한 기능을 수행할 수 없는지, 표준부품을 사용할 수 없는지 등을 검토하여 제품개발 또는 설계단계에 반영함으로써 불필요한 기능을 줄이고 저렴한 제품을 개발할 수 있도록 한다.

5.5 컴퓨터 지원 설계

과거에는 종이(트래이싱지: tracing紙)에 펜을 이용하여 설계하였다. 신제품 또는 부품을 설계할 때마다 일일이 손으로 모두 그렸다. 또한 부품변경 또는 수정이 발생할 때마다 새롭게 그려야만 했다. 그리고 시간이 지남에 따라 설계도가 증가함으로써 분류 및 보관하는데 장소와 시간이 많이 소요되었다. 컴퓨터의 발달은 제품의 개발 및 설계 과정을 크게 변화시켰다.

컴퓨터 지원 설계(Computer Aided Design: CAD)는 컴퓨터 그래픽을 이용하여 제품을 설계하는 것을 말한다. CAD를 이용할 경우에는 부품의 변경 또는 수정 그리고 새로운 제품을 설계할 경우에도 기존의 설계도나 유사한 제품의 설계도 파일을 불러와 보다 쉽게 수정할 수 있다. 그리고 분류 및 보관관리가 용이하고, 보관장소 및 시간이 적게 소요되며, 관련 부문의 사람들과 파일 하나로 쉽게 정보를 공유하고 협력할 수 있다. 또한 3차원 그래픽이 구현되므로 다양한 각도에서 제품을 회전시키면서 살펴볼 수 있다.

CAD로 설계된 설계도는 컴퓨터로 운영되는 생산설비에서도 활용이 가능한데 이를 컴퓨터 지원 제조(Computer Aided Manufacturing: CAM)라 한다. CAM은 CAD에서 설계된 설계정보를 받아 설계 데이터를 제조에 필요한 데이터로 자동 변환하여 생산설비가 CAD로 설계된 대로 만들 수 있도록 통제하고 제어한다. 이와 같이 CAM은 설계와 생산을 통합시켜 준다. 기업에서 CAD/CAM의 활용은 제품개발 및 설계의 과정을 보다 효율적으로 운영할 수 있도록 해주고, 보다 빠르게 대응할 수 있도록 해주며, 제품개발 및 설계 기간을 단축할 수 있도록 도와준다.

5.6 품질기능전개

5.6.1 품질기능전개 개요

품질기능전개(Quality Function Deployment: QFD)는 고객의 욕구가 충족될 수 있는 제품을 만들어 내기 위해 고객의 요구사항을 효과적으로 설계에 반영시킬 수 있는 기법이다. 이 기법은 1966년 아카오 요지(赤尾洋二)에 의해 창안 되어, 1972년 미쓰비시 중공업의 고베 조선소에서 본격적으로 적용하였다. 그리고 1975년 도요타자동차에서 사용하기 시작하여 자동차산업뿐만 아니라 전기전자, 항공우주, 소프트웨어, 병원, 서비스 산업 등 다양한 분야에서 사용하고 있다. QFD의 매트릭스는 보다 중요한 사항들에 대해서는 유용할 수 있는 자원을 우선적으로 할당 받고 관리할 수 있도록 하는 것이 가능하였으며, 각 항목별로 상대적인 중요도를 보여준다. 그리고 이 매트릭스를 품질의 집(House of Quality: HOQ)이라고도 부른다.

도요타자동차의 경우에는 고객의 불만사항에 초점을 맞추어서 설계와 생산에 대한 문제점을 관리해서 차체에 대한 방청을 세계 최악의 상태에서 세계 최고의 상태로 개선시켰다. 이때 QFD를 활용하여 차체의 내구성과 관련하여 53개 항목으로 분류하여 관리하였다.

또한 도요타 차체에서는 1977년도에 QFD를 사용하지 않았을 때와 1984년 QFD를

[그림 6-2] QFD 도입 전·후의 개발비용 비교

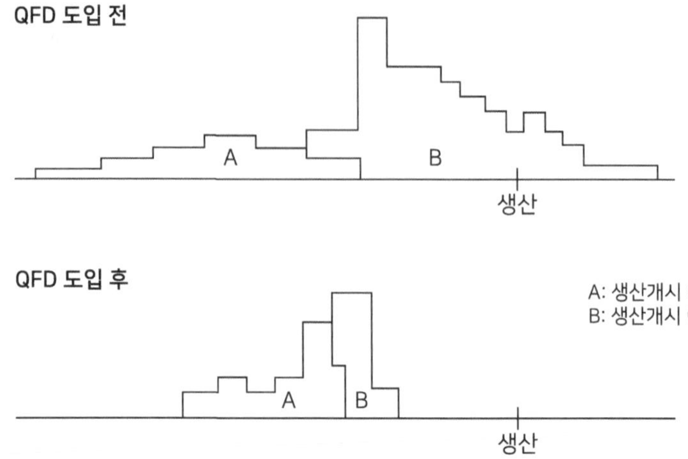

사용한 후의 생산비용을 비교해 보았는데 60% 이상 경비가 절감되었다는 것을 발견하였다[그림 6-2]. 그리고 QFD를 사용하여 전체적인 제품개발 사이클 기간을 1/3에서 1/2까지 단축되고, 제품의 품질 또한 향상된 것을 알 수 있었다.

[그림 6-3]에서 살펴보면 QFD를 사용한 회사는 개발초기에 설계변경이 90%이상 발생하고 양산개시 전에는 거의 설계변경이 완료되었다. 그러나 QFD를 사용하지 않은 회

[그림 6-3] QFD 적용 여부에 따른 설계변경 횟수 비교

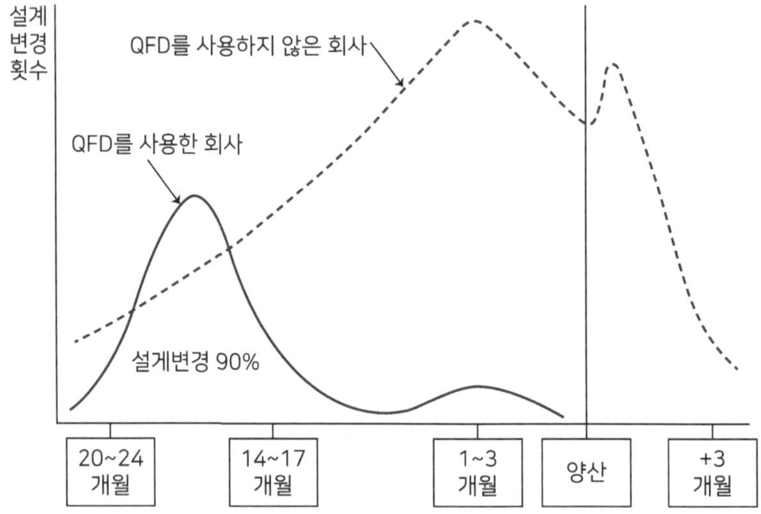

사는 개발초기에는 설계변경이 적게 일어나다가 개발완료시점에 가서 설계변경이 급격히 증가하고 있으며, 양산개시 후에도 몇 개월 동안 설계변경이 지속되고 있는 것을 알 수 있다.

여기에서 개발 초기단계보다 양산시작 전·후에 이루어지는 설계변경은 많은 시간과 노력의 낭비가 발생한다는 것이다. 그 이유는 개발 초기단계에 발생될 문제점을 사전에 방지하는 것보다 개발 완료단계에서 발생된 문제점을 해결하기 위해서는 훨씬 더 많은 자원을 필요로 하기 때문이다.

이러한 원인은 일반적으로 충분한 개발기간을 가지지 못하여 항상 개발에 쫓기고 있는 데서 발생한다. 그러다 보니 설계가 진행되는 중에도 설계변경이 수시로 일어나게 되고, 또한 금형수정을 수없이 하게 되어 양산시점에 가면 금형이 떡이 되었다라는 표현을 쓰게 되며, 따라서 금형을 다시 제작하는 등의 일이 비일비재하게 일어나고 있다. 이러한 현상은 체계적으로 제품개발을 하지 않은 데서 일어난다.

5.6.2 품질의 집

품질기능전개의 기본적인 운영 도구는 매트릭스이다. 매트릭스는 서로 다른 요소들의 몇 가지 서로 다른 리스트로 명확하고 간결하게 관련짓기 위해서 사용되는 도표이다. QFD의 매트릭스는 [그림 6-4]에서 보는 바와 같이 지붕의 형상을 하는 삼각형과 그 아래에 사각형 매트릭스를 합하여 집 모양을 하고 있다고 하여 품질의 집(House of Quality: HOQ)이라고도 부른다.

HOQ의 기본은 고객요구사항을 반영하여 제품을 설계해야 한다는 것에 중점을 두고 있으므로 기업의 전 부서가 상품이 처음 입안될 때부터 서로 밀접하게 일을 해야 한다. 즉 부서 내의 기능적인 기획 및 부서 간의 커뮤니케이션을 위한 방법을 제공하는 일종의 개념적 지도(map)이다.

HOQ의 기본적인 구조는 [그림 6-4]와 같다.

(1) 고객요구

고객이 원하는 것은 무엇인가? 이 품질의 집은 고객으로부터 시작된다. 고객의 목소리는 고객의 기대들이 반영된 고객의 속성이라는 용어로 표현되며, 이것은 고객이 제품과 제품특성을 묘사할 때 사용된다. 고객요구에는 이미 판매된 제품이나 향후에 판매할 제품에 대해 고객들이 요구하고 기대하는 사항들을 작성한다.

[그림 6-4] 품질의 집 구조

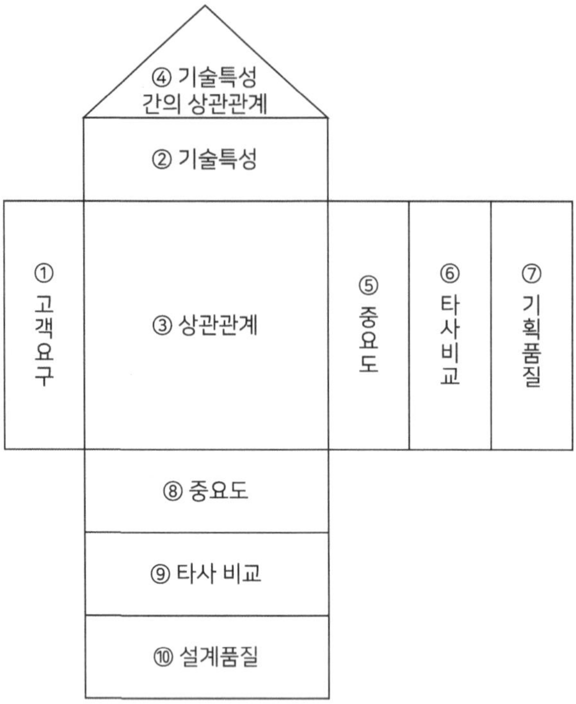

(2) 기술특성

일반적으로 기술특성은 고객의 요구사항을 사내 기술규격으로 전환하여 경쟁기업과의 경쟁요소로서 관리해야 할 항목이므로 품질특성이라고도 한다. 기술특성이란 것은 그 회사가 종래부터 가지고 있는 고유기술의 능력에 따라 기술되는 내용을 규정한 것이다. 그러므로 그 대상이 되는 제품이나 서비스가 어떤 품질요소로 성립되어 있느냐 하는 관점에서 파악하여 품질요소로 전개해 나가는 것이 이해가 쉽다. 즉 현상에서는 측정이 가능하지는 않지만 품질을 평가할 척도가 될 수 있는 요소를 말한다.

(3) 고객요구와 기술특성의 상관관계

고객요구와 기술특성의 관련성을 살펴본다. 여러 가지 고객요구가 다양한 기술특성으로 나타낼 수 있는데 이들 간의 상호관련성 및 중요도 그리고 상호작용들을 비교하는 것이다. 상호관련성을 평가하기 위한 기호와 뜻은 다음과 같다.

◎ : 강한 상관관계(9점 또는 5점)

○ : 보통 상관관계(3점)

△ : 약한 상관관계(1점)

(4) 기술특성 간의 상관관계

하나의 제품을 설계하고 제조하는 데는 동시에 달성할 수 없는 사항들이 많다. 이러한 사항을 해결하기 위하여 상관관계 매트릭스를 사용한다. 이 상관관계 매트릭스의 목적은 여러 가지의 기술특성 간의 상관관계를 평가하기 위한 것으로 품질의 집 지붕 모양을 하고 있다. 여기에서 사용되는 기호와 뜻은 다음과 같다.

◎ : 양의 상관관계가 크다

○ : 양의 상관관계가 보통이다

× : 음의 상관관계가 보통이다

××: 음의 상관관계가 크다

(5) 고객요구의 중요도

고객요구의 중요도는 고객에게서 또는 시장조사를 통해서 팀원들이 직접 조사 또는 경험한 것을 기초로 해서 작성한다. 즉 고객의 요구속성에 대해 상대적인 중요도를 측정한다. 그리고 각각의 값은 10점 이내의 점수로 표시한다.

(6) 고객요구의 타사 비교

고객요구의 타사 비교는 경쟁사와의 경쟁제품에 대한 고객들이 인식하는 정도에 대해 상대비교를 말한다. 고객요구에 대한 경쟁사의 상대비교를 통해 고객이 원하는 것이 정확히 무엇인지를 이해하고 해석할 수 있도록 한다.

(7) 기획품질

고객의 요구를 만족하는 새로운 제품개발을 위한 일은 대개는 본질적인 기술 분야에 속한다. 새로운 제품의 이미지가 충분히 명확하게 결정되었을 때 그것은 당연히 회사의 이미지 또는 브랜드로 변환된다. 따라서 수준향상율과 세일즈포인트를 표시하고 절대적 중요성과 고객요구 품질중요성을 산정한다.

고객요구 품질중요성은 타사와의 경쟁에서 우위를 점할 수 있는 항목을 선정하고 나아가 고객의 요구사항에 대응 및 회사의 방침을 결정할 수 있게 해준다.

[그림 6-5] 품질의 집 예

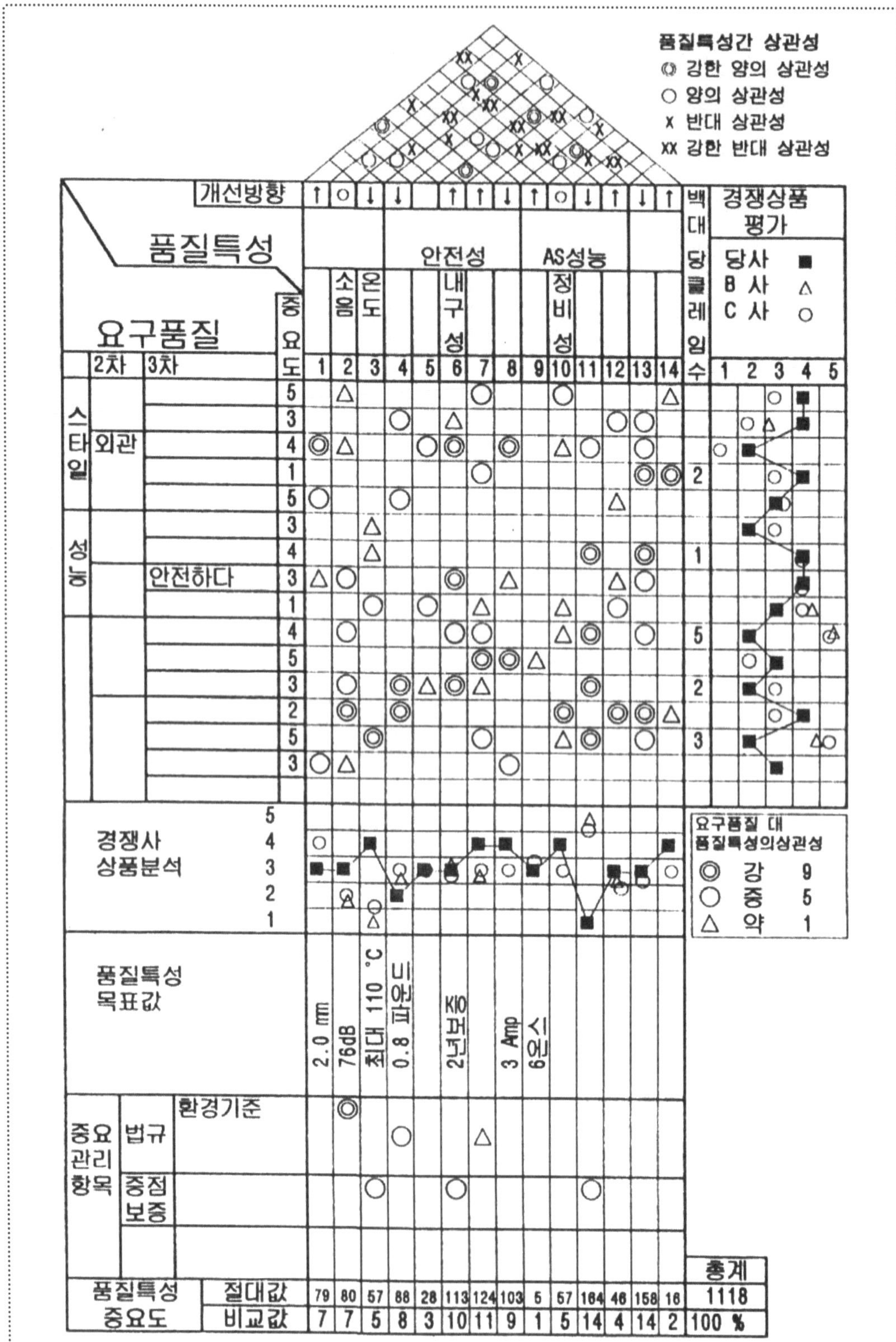
품질특성간 상관성
◎ 강한 양의 상관성
○ 양의 상관성
x 반대 상관성
xx 강한 반대 상관성
개선방향
품질특성
요구품질
중요도
2차
3차
소음
온도
안전성
내구성
AS성능
정비성
백대당클레임수
경쟁상품 평가
당사 ■
B 사 △
C 사 ○
스타일
외관
성능
안전하다
경쟁사 상품분석
요구품질 대 품질특성의상관성
◎ 강 9
○ 중 5
△ 약 1
품질특성 목표값
2.0 mm
76dB
최대 110 °C
0.8 파운드
2년보증
3 Amp
6인치
중요 관리 항목
법규
환경기준
중점 보증
품질특성 중요도
절대값
비교값
79 80 57 88 28 113 124 103 5 57 164 46 158 16
7 7 5 8 3 10 11 9 1 5 14 4 14 2
총계
1118
100 %

(8) 기술특성의 중요도

기술특성의 중요도는 고객들에게서 또는 시장조사를 통해서 팀원들이 직접 경험한 것을 기초로 해서, 그리고 각종 법규나 고객이 요구하는 조건을 고려하여 작성한다. 즉 고객의 요구속성을 변환한 기술특성에 대해 상대적인 중요도를 측정한다. 그리고 각각의 값은 10점 이내의 점수로 표시한다.

기술특성은 고객이 요구하는 수준과 벤치마킹을 통해 경쟁기업보다 동등하거나 그 이상의 기술적으로 달성해야 할 목표규격을 설정하여야 하므로 향후 생산활동에 있어서 품질요소로서 집중관리해야 할 항목이 되기 때문에 중요하다.

(9) 기술특성의 타사 비교

기술특성의 타사 비교는 경쟁사와의 경쟁제품에 대한 고객들이 인식하는 정도에 대해 기술수준을 상대 비교한 것을 말한다. 고객요구에 대한 경쟁사와의 기술과 상대비교를 통해 고객이 원하는 것이 정확히 무엇인지를 이해하고 해석할 수 있도록 한다.

(10) 설계품질

기술특성이 결정되고 나면 기술특성에 대한 설계상의 목표값을 정해야 한다. 이 목표값은 고객요구와 기대치를 수치화한 것이며 설계팀이 수행해야 할 설계목표를 설정한 것이다. 이 기술특성 목표값은 나중에 제품이 완성되었을 때 품질의 적합성 평가를 할 수 있는 기준이 된다. 그리고 목표값은 각각의 기술특성에 대한 목표로서 무조건 높은값을 설정해서 해결이 어렵도록 하는 것보다는 자사의 실정에 맞는 기술능력에 의거한 목표를 설정하여야 한다. 설계 목표값이 지나치게 높거나 까다로우면 작업시간이 길어지거나 불량이 많이 발생하게 되어 제조원가의 상승을 가져온다.

5.6.3 QFD의 전개

품질기능전개는 제품기획, 부품전개, 공정계획, 생산계획 순으로 전개한다.

(1) 제품기획 단계

제품기획 단계는 고객의 요구사항을 기술적인 특성으로 전환하여 설계 목표값을 설정하는 데 있다. 이때 고객요구사항에 대하여 경쟁사의 벤치마킹을 통해 고객의 욕구를 충족시키면서 경쟁사보다 우위를 누릴 수 있는 기술적인 특성을 찾아 이를 집중관리하고자 하는 데 있다. 작성요령은 이미 앞에서 설명하였다.

(2) 부품전개 단계

부품전개의 목적은 제품기획 단계에서 도출한 중요기술 특성과 관련된 서브시스템 또는 부품을 전개하여 이들 간의 매트릭스를 활용하여 각 부품이 해당 제품에 미치는 영향을 분석함으로써 제품기획 단계에서 선정된 중요 기술적 특성의 설계 목표값을 달성하기 위하여 어떤 부품을 집중적으로 관리할 것인가를 명확히 하는 데 있다.

부품전개 단계에서는 고객이 요구하는 중요 항목에 대응되는 기술적으로 중요한 설계목표에 해당하는 기능에 대한 서브시스템 또는 부품으로 전개한다. 그리고 기술특성의 목표값을 달성하기 위한 서브시스템 또는 부품의 기능, 특성, 목표값 등을 정리함으로써 하부단계에서 중점관리해야 할 항목을 명확히 한다.

(3) 공정계획 단계

공정계획 단계는 양산단계에서 최소의 코스트로 품질이 보증된 제품을 어떻게 만드느냐가 목적이 된다. 따라서 공정계획 단계에서는 부품전개 단계에서 선정한 주요 부품에 대하여 중점적으로 관리해야 할 공정을 도출하는 데 있다. 이 단계에서는 공정분석 등을 통해 특별한 재료나 구조에 대한 온도, 구조, 작동 공차 등의 설비 규격(SPEC)과 생산공정, 설계단계에서 확인된 구조와 공차크기 등을 전개한다. 그리고 이 단계에서는 우선 부품 구성요소의 시스템에 대하여 생산기술을 분석하고, 허용차를 통해 반복되는 목표와 품질보증 사이의 관계로서 이들 상호관계를 확인한다. 그리고 각 부품 구성요소들에 대한 공차배분을 포함해서 특징적인 지표로 나타낼 수 있는 관리항목들의 전개와 공정별 전개되는 항목들을 관리하기 위하여 최적의 제조방법을 선택한다. 요구품질은 설계전개, 시스템 전개, 부품전개로부터 생산기술 전개 및 설비 SPEC 전개 각각에 잘 부합되는 허용오차라고 할 수 있다.

(4) 생산계획 단계

고객의 요구에 적합한 제품을 경제적으로 생산하여 시장에 제공하기 위해서는 시장요구 상황의 파악부터 시작하여 기획, 설계, 생산준비, 제조, 판매, 서비스에 이르기까지의 일관성 있는 연결이 필요하다. 이를 위해서는 공정설계를 행하는 공정계획 단계에서도 경제적으로 만족하는 제조방법을 확립하는 것이 필요하다. 즉 설계품질을 최소의 코스트로 달성하는 제조방법을 적절히 선정하여 품질과 코스트와의 최적화를 도모하는 전개가 이루어져야 하며 이를 공법전개라고 한다.

공법전개는 다음과 같은 점을 비교 분석하여 실시한다.

- 과거의 유사제품과 공법 및 공정능력 비교
- 제조상 문제점 및 개선점 추출
- 공법별 코스트 비교
- 품질특성과 공법과의 관련성 정리

대규모적인 라인편성이나 대형설비의 개요는 개발구상 단계에서 전개하지만 일반설비에 대해서는 이 단계에서 검토한다. 공법전개는 품질, 코스트의 밸런스를 검토하여 가공방법과 설비를 선택하는 기법이다. 그리고 이 단계에서는 양산에서 제조와 검사 부문의 관리방법을 결정한다.

HOQ를 활용하여 QFD의 단계별 전개는 [그림 6-6]과 같다.

[그림 6-6] QFD 전개

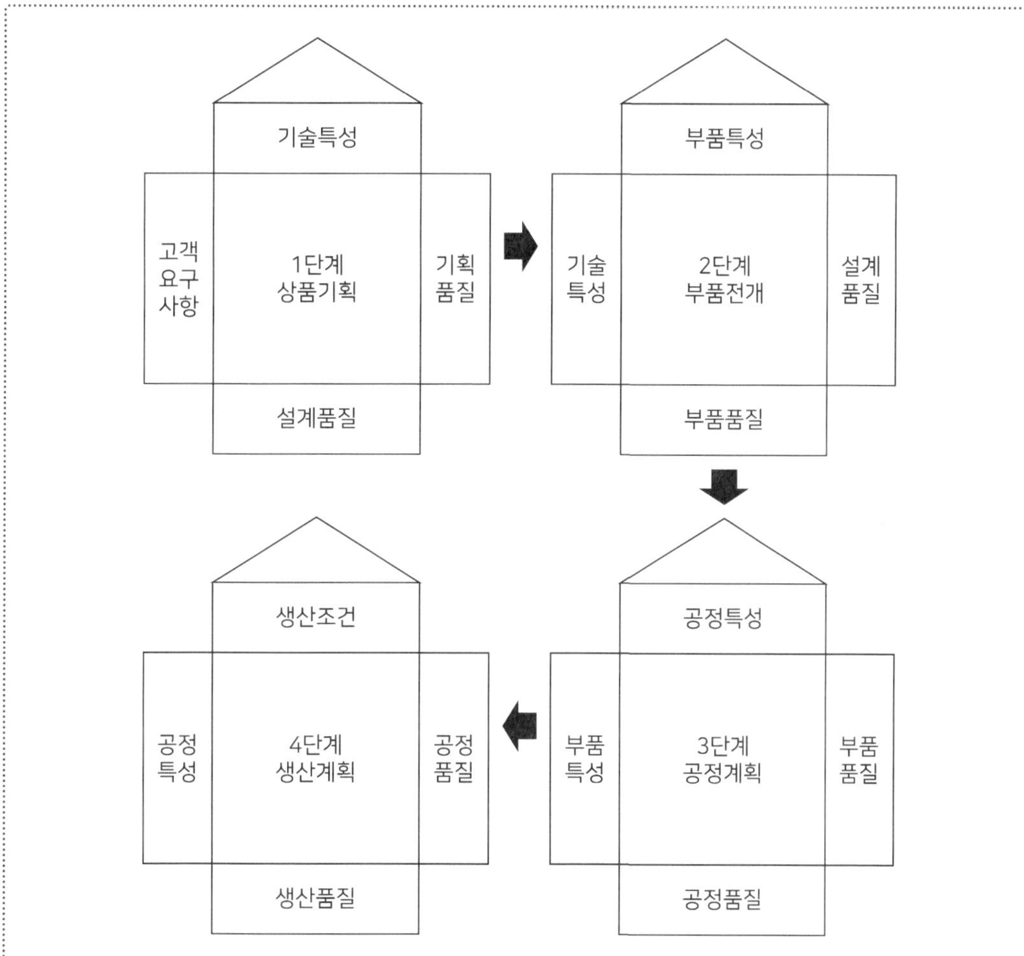

6장 연습문제

1. 설계의 중요성에 대하여 설명하시오.
2. 신제품개발의 성공요인에 대하여 설명하시오.
3. 제품수명주기에 대하여 설명하시오.
4. 신제품개발 프로세스에 대하여 설명하시오.
5. 타당성 분석의 구성요인에 대하여 설명하시오.
6. 린제품개발에 대하여 설명하시오.
7. 동시공학에 대하여 설명하시오.
8. 모듈화 설계에 대하여 설명하시오.
9. 가치공학에 대하여 설명하시오.
10. 컴퓨터 지원 설계에 대하여 설명하시오.
11. CAD와 CAM에 대하여 설명하시오.
12. 품질기능전개에 대하여 설명하시오.
13. 품질의 집 구조에 대하여 설명하시오.
14. 품질기능전개 4단계에 대하여 설명하시오.

CHAPTER

7

수요예측

1. 수요예측의 개요

수요예측이란 기업의 생산제품에 대하여 미래의 시장수요를 추정하는 것을 말한다. 미래 산업은 고객욕구의 다양성 증가와 더욱 짧아지는 제품의 라이프사이클 등으로 인해 시장의 미래 불확실성이 더욱 높아지고 있으므로 수요 변동요인을 고려하여 미래를 예측하는 것은 매우 어려운 일이다. 그러나 수요예측은 생산의사결정의 기초자료를 제공하기 때문에 매우 중요하다. 예를 들어 수요예측의 결과에 따라 시설투자, 생산시스템, 생산량, 고용, 해고 등에 영향을 미친다. 수요예측의 잘못으로 과잉 시설투자와 과잉 생산수량을 만듦으로써 과잉재고가 발생할 수도 있고, 반대로 부족하게 생산수량을 만듦으로써 재고부족으로 인하여 고객을 놓쳐 판매기회의 손실이 발생하기도 한다.

과거에는 수요예측을 예측자의 과거 경험이나 주관적 판단에 많이 의존하였으나 이후 수학적·통계적 기법이 개발됨으로써 수요예측의 신뢰도가 향상되었다. 더불어 최근에는 컴퓨터 성능의 발달로 인하여 빅데이터 처리가 가능하게 되어 수요예측의 신뢰도와 정확도가 더욱 높아졌다.

수요예측은 기간에 따라 장기수요예측, 중기수요예측, 단기수요예측으로 구분한다.

- 장기수요예측: 3년 이상의 미래를 예측하는 것을 말한다. 장기수요예측은 기업의 지속가능성을 판가름하는 의사결정으로서 전략적인 측면이 크다. 이는 기업의 시설투자, 설비투자, 공정, 기술, 신제품 변경 등의 계획과 관련 있다.
- 중기수요예측: 1~2년간의 미래를 예측하는 것을 말한다. 중기수요예측은 생산시스템, 외주활용, 고용, 해고 등의 의사결정을 하는 전략적인 계획과 관련 있다.
- 단기수요예측: 3개월 이상으로부터 1년 이내의 미래를 예측하는 것으로 반기, 분기, 월별 예측하는 것을 말한다. 단기수요예측은 재고, 생산능력, 생산자원 활용 등의 의사결정을 하는 전술적인 계획과 관련 있다.

최근에 시장환경은 1개월 내의 수요도 장담할 수 없는 경우가 많으므로 수요예측의 정확도는 기업에서 중요한 사항이 되었다. 완벽하게 예측한다는 것은 불가능하다. 예측에는 오차가 발생하므로 예측을 지속적인 관찰을 통해 예측모형이나 방법을 개선하여 오차를 줄여나가는 노력이 필요하다. 따라서 수요예측기법의 선정은 얼마만큼 수요를 정확하게 예측할 수 있을 것인가를 결정하므로 수요예측기법의 종류에 대하여 살펴본다.

2. 정성적 예측기법

2.1 정성적 예측기법이란

정성적 예측기법은 개인의 주관이나 판단 또는 여러 사람의 의견을 수렴하여 수요를 예측하는 방법으로 주로 과거의 자료가 충분하지 않은 경우나 신뢰할 수 없는 경우에 유용하다. 또한 어떤 상황에서는 예측을 위해 오로지 판단과 의견에 의존할 수밖에 없는 경우도 있다. 따라서 중장기 예측에 많이 이용된다.

2.2 정성적 예측기법의 종류

2.2.1 델파이법

다수의 전문가로 구성하여 이들을 대상으로 여러 차례 설문지의 배부를 통해 의견을 수렴함으로써 예측값을 얻는 방법이다. 이 전문가들은 동일한 분야의 전문가가 아니더라도 다양한 분야의 전문가들로 구성하여 다각적인 의견 수렴을 통해 해법을 찾는 것도 좋다. 왜냐하면 융합시대에 들어가면서 산업 간의 벽이 허물어지고 있어 다양한 의견수렴이 필요하다. 예를 들면 정보통신과 인공지능이 발전하면서 자동차 회사는 자동차를 기계산업으로 보는 것이 아니라 정보통신과 결합하여 인공지능화 등을 통해 스마트폰 산업으로 진출하고 있으며, 정보통신회사는 스마트폰에 들어가는 응용소프트웨어를 바탕으로 자동차의 정보통신 및 인공지능 등을 통한 자동차산업으로 진출하고 있다. 자동차는 전기자동차로 변화되면서 내연기관에서 필요한 부품의 절반 이하로도 자동차를 생산할 수 있어 이것이 가능해졌다.

델파이법은 설문지를 사용하기 때문에 개인의 신분을 비밀로 하는 익명성이 보장되므로 어느 특정인에 의해 영향을 받지 않고 참여자의 의견은 동등한 비중을 갖는다. 원격지에 있는 사람들도 참여가 쉽기 때문에 다양한 사람을 참여시킬 수 있다. 반면에 참여자의 규모나 설문지의 배부 수량 및 반복 횟수에 따라 많은 시간과 비용이 소요된다. 그리고 서면으로 작성된 설명이나 답변의 내용이 직접 설명하는 것처럼 모두 표현하지 못하는 경우가 있어 내용이 잘못 이해될 위험도 갖고 있다. 그러나 데이터가 전혀 없거나 예측의 불확실성이 클 때 델파이법을 사용하면 유용하다.

델파이법의 단계별 진행 과정은 다음과 같다.

① 다양한 분야의 전문가를 포함하여 전문가그룹을 구성한다.
② 설문지를 배포하여 참여자들의 답변을 종합하여 예측값(평균, 표준편차, 중앙값 등)을 구한다.
③ 결과를 요약하여 보완된 설문지를 다시 배포하여 답변을 받아 종합한다.
④ 참여자의 의견이 충분히 수렴될 때까지 일반적으로 3번을 3~6회 반복하고, 최종적으로 이루어진 답변을 종합하여 예측값으로 사용한다.

2.2.2 시장조사법

시장조사법은 신제품 개발 아이디어, 기존 제품의 선호도, 경쟁제품과의 선호도 비교 등을 하기 위하여 직접 고객들을 만나 인터뷰, 설문 등을 통하여 조사하는 방법이다. 조사를 통해서 수집된 자료는 통계분석을 통해 예측값을 구한다. 시장조사에서 조사 결과를 잘 반영할 수 있는 표본고객의 선정은 매우 중요하다. 표본고객의 잘못된 선정은 엉뚱한 예측 결과를 가져올 수 있다. 표본고객을 통해 수집된 자료에 대한 타당한 정보를 얻기 위해서는 설문조사를 설계하고 분석하여 올바르게 해석하기 위해서는 전문지식이 요구된다. 따라서 시장조사는 비교적 정확한 예측을 할 수 있으나 시간과 비용이 많이 소요된다.

2.2.3 유사자료조사법

유사자료조사법은 조사하고자 하는 대상에 대하여 기존에 동일한 자료가 없는 경우에 유사한 종류의 자료를 사용하여 예측하는 방법이다. 예를 들면 신제품을 개발할 경우에 기존 유사 제품(기존 생산제품, 보완제품, 대체제품, 경쟁제품 등)의 과거 자료를 분석하여 신제품에 대한 수요예측을 할 수 있다. 이 방법은 비용이 적게 드는 반면에 많은 유사 제품에 대한 자료를 수집해야 한다. 그리고 중장기 수요예측에 많이 사용한다.

2.2.4 판매원조사법

판매원조사법은 판매원이 직접 접촉하는 고객을 대상으로 조사하여 수요를 예측하는 방법이다. 판매원은 고객을 직접 접촉하기 때문에 정보의 획득이 쉽고 정확한 정보가 될 수 있다. 그러나 판매원은 전문적으로 조사에 대한 훈련이 되어 있지 않아 판매원의 입장에서 경험한 내용이기 때문에 고객의 실제 수요를 잘못 반영할 수 있다. 예를 들면 판매원의 판매목표 할당량을 달성하기 위해서는 수요예측치를 낮게 제시할 가능성이 있다.

2.2.5 패널동의법

패널동의법은 사내의 경험이 풍부한 다양한 부서와 계층의 사람들로 구성하여 자유로운 토론을 통해 의견을 수렴하여 예측하는 방법이다. 이 방법은 패널 구성원들이 직급의 상하관계가 존재할 경우에 상위 직급에 의해 토론이 지배될 수 있고 하위 직급은 반론을 하지 못하는 상황이 발생할 수 있으며, 부서 간의 이견에 따라 타협이나 절충이 이루어질 경우에는 예측의 정확도가 떨어질 수 있다. 반면에 회사 내부의 직원으로 구성되어 있어 신속한 회의 소집과 진행, 다양한 사람의 의견교환 등을 통해 신속하고 저렴하게 예측값을 구할 수 있다.

3. 정량적 예측기법

3.1 정량적 예측기법이란

정량적 예측기법은 과거에 수집되어있는 데이터를 활용하여 미래의 수요 크기, 성장추세 및 계절적 수요변화 등을 파악하여 수학적 모형을 기반으로 하는 통계적 기법을 통해 수요를 예측하는 방법이다. 예측하고자 하는 대상에 대하여 과거의 객관적 데이터를 이용하므로 객관적 기법이라고도 한다. 컴퓨터의 발달로 인하여 빅데이터 분석이 가능해짐에 따라 수요예측을 신속하고 수시로 할 수 있고 신뢰성과 정확성이 더욱 높아지고 있다.

정량적 예측기법은 시계열로 나타난다.

시계열분석법은 연도별, 반기별, 분기별, 월별, 주별, 일별 등의 일정한 시간간격으로 과거의 데이터를 수집하여 나타나는 추세나 경향을 분석하여 미래의 수요를 예측하는 방법이다. 이 기법은 과거의 데이터가 존재하여 비교적 변동이 안정되어 있을 때 사용되는 것으로 단기 또는 중기 예측에 적합하다. 시계열분석법의 구성요소는 다음과 같다.

- 추세변동(trend variation: T): 수요가 일정하게 점진적으로 증가하거나 감소하는 경향을 보인다. 수시로 작은 폭의 변동이 나타날 수 있지만 장기적으로 보면 일정하게 변화한다.
- 순환변동(cyclical variation: C): 1년 이상의 수요가 일정한 간격으로 상하를 반복하여 사이클을 그리며 나타나는 변동을 말한다.
- 계절변동(seasonal variation: S): 1년 주기로 계절에 따라 주기를 그리며 나타나는 변동을 말한다.
- 우연변동(random variation: R): 돌발적인 원인 또는 불분명한 원인 등 설명할 수 없는 원인으로 인하여 불규칙하게 나타나는 변동을 말한다. 이 변동은 예측 및 통제가 불가능하다.

시계열분석법은 각 요소의 변동으로 발생하는 경우도 있으나 대부분 복합적인 작용으로 일어나는 경우가 많다. 따라서 수요에 대한 각 요소 변동의 상호작용에 따라 가법모형(additive model)과 승법모형(multiplicative model)으로 구분한다.

- 가법모형: 실제 수요를 4가지 변동요소의 합으로 나타낸다. 이 경우 각 변동의 단위가 모두 달라 동일한 단위로 표시하는 데 한계가 있어 실제로 계산하기 어렵다.

$$Y = T + C + S + R$$

- 승법모형: 실제 수요를 4가지 변동요소의 곱으로 나타낸다. 이 경우 추세변동은 물량이나 금액으로 표시되며 순환변동, 계절변동, 우연변동은 추세변동의 비율로 표시된다. 따라서 이 모형을 더 많이 사용한다.

$$Y = T \times C \times S \times R$$

3.2 정량적 예측기법의 종류

3.2.1 단순이동평균법

단순이동평균법은 예측하고자 하는 기간의 직전에 일정 기간 동안 발생한 수요를 단순평균하여 예측값으로 사용하는 방법이다. 여기서 평균값을 구하는 것은 불규칙변동을 고르게 하기 위한 것으로 명확한 추세나 계절적 영향이 없는 경우에 유용하다. 단순이동평균법은 수요를 예측할 때마다 가장 최근에 발생한 실제 수요 데이터를 추가하고, 과거에 사용되었던 데이터 중에서 가장 오래된 실제 수요 데이터는 제거하여 평균을 다시 계산해서 예측값을 갱신한다. 단순이동평균법을 사용할 때 과거 데이터의 개수(n)는 시계열의 안정성에 따라 결정한다. 과거 데이터의 개수를 많이 반영하면 불규칙변동값이 분산(산포가 작아짐)되어 비교적 완만한 추세선을 나타내므로 불규칙변동요인을 즉각 반영하지 못하며, 과거 데이터의 개수를 적게 반영하면 불규칙변동 값의 변동 폭(산포)이 크게 나타나므로 실제 추세를 비교적 빠르게 반영한다. 따라서 과거 시계열 데이터의 변동이 적고 안정적이면 n을 크게 하고, 과거의 시계열 데이터가 변동이 커 평균값이 어떻게 변동할지 잘 모르는 경우에는 n을 작게 한다. 단순이동평균법의 공식은 다음과 같다.

$$F_t = \frac{Y_{t-1} + Y_{t-2} + \cdots + Y_{t-n}}{n}$$

F_t : 기간 t의 예측값

n : 이동평균기간

Y_{t-n} : 기간 $t-i$의 실제 수요, $i = 1, 2, 3, \cdots, n$

예를 들면 자동차의 판매를 1월 112대, 2월 108대, 3월 110대를 팔았다면 4월에 예상되는 판매수량은 $F_4 = \frac{Y_1 + Y_2 + Y_3}{3} = \frac{112 + 108 + 110}{3} = 110$대이다.

3.2.2 가중이동평균법

가중이동평균법은 예측하고자 하는 기간의 가장 가까운 기간의 실적값에 높은 가중치를 부여하고, 멀어지면 멀어질수록 점차로 낮은 가중치를 부여하는 방법이다. 이 가중치의 합은 1이 되어야 한다. 가중이동평균법은 가장 최근에 발생한 실적값이 수요변화 상황을 가장 많이 반영하는 것으로 보고, 현재로부터 과거로 멀어질수록 수요변동을 일으키는 환경이 현재 수요변화 상황을 많이 반영하지 못한다는 원리다. 가중이동평균법의 공식은 다음과 같다.

$$F_t = W_{t-1}Y_{t-1} + W_{t-2}Y_{t-2} + \cdots + W_{t-n}Y_{t-n}$$

F_t : 기간 t의 예측값

n : 가중이동평균기간

Y_{t-i} : 기간 $t-i$의 실제 수요, $i = 1, 2, 3, \cdots, n$

W_{t-i} : 기간 $t-i$의 가중치, $i = 1, 2, 3, \cdots, n$

$\sum_{i=1}^{n} W_{t-i} = 1$

단순이동평균의 예에서 1월, 2월, 3월 가중치가 각각 10%, 30%, 60%라고 하면 4월의 예상 판매수량은 $F_4 = W_3Y_3 + W_2Y_2 + W_1Y_1 = 0.6 \times 110 + 0.3 \times 108 + 0.1 \times 112 = 109.6$대, 즉 110대이다.

3.2.3 지수평활법

지수평활법은 최근 수요에 큰 비중의 가중치를 주고 과거 수요로 거슬러 올라가면서 점진적으로 지수함수와 같이 작은 비중의 가중치를 부여하는 방법이다. 이때 가중치를 평활상수(α)라고 하고 예측오차(실젯값−예측값)의 일정 비율을 나타내며 오차를 줄여 준다. 평활상수는 평활정도를 나타내는 것으로 예측값과 실젯값 차이에 얼마나 빠르게 반응하는가를 결정한다. 평활상수는 $0 \leq \alpha \leq 1$의 범위를 가진다. 평활상수가 0에 가까울수록 반응성이 작아지고, 반대로 1에 가까울수록 반응성이 커진다. 예를 들면 비교적 안정적으로 성장하는 제품은 실제수요와 예측수요의 차이가 크지 않으므로 평활상수를 낮게 주고, 수요변동이 심하거나 성장이 빠른 경우에는 실제수요와 예측수요의 차이가 커지므로 평활상수를 높게 준다. 일반적으로 평활상수는 0.01~0.4의 값을 적용하고, 불안정한 경우에는 0.5 이상을 적용한다. 평활상수를 결정하는 방법은 여러 가지 평활상수를 계산하여 그중에 예측오차가 가장 작을 때의 평활상수를 선택한다. 지수평활법의 공식은 다음과 같다.

$$F_t = F_{t-1} + \alpha(Y_{t-1} - F_{t-1}) = \alpha Y_{t-1} + (1-\alpha)F_{t-1}$$

F_t : 기간 t의 예측값

Y_{t-i} : 기간 $t-1$의 실제 수요

F_{t-i}: 기간 $t-1$의 예측치

$\alpha(0 \le \alpha \le 1)$: 평활상수

실제 수요기간을 여러 개 적용할 경우의 수식은 다음과 같다.

$$F_t = \alpha Y_{t-1} + \alpha(1-\alpha)Y_{t-2} + \alpha(1-\alpha)^2 Y_{t-3} + \cdots + \alpha(1-\alpha)^{t-2}Y_1 + (1-\alpha)^{t-1}F_1$$

F_1: 기간 1 이전 과거 데이터의 단순이동평균값 또는 가중이동평균값

단순이동평균의 예에서 평활상수 α=0.5, F_1=110이라고 하면 4월의 예상 판매수량은 다음과 같은 계산으로 103대가 된다.

$$\begin{aligned} F_4 &= \alpha Y_3 + \alpha(1-\alpha)Y_2 + \alpha(1-\alpha)^2 Y_1 + \alpha(1-\alpha)^3 F_1 \\ &= 0.5 \times 110 + 0.5 \times 0.5 \times 108 + 0.5 \times 0.5^2 \times 112 + 0.5 \times 0.5^3 \times 110 \\ &= 102.9 \end{aligned}$$

3.2.4 추세조정 지수평활법

추세조정 지수평활법은 단순 지수평활법에 추세변동을 고려한 추정값을 반영하는 방법이다. 만약 추세변동이 있는데도 불구하고 단순지수평활법을 사용하면 예측값은 실제 수요를 시차를 두고 쫓아가면서 보다 높거나 낮게 나타난다. 추세조정 지수평활법은 단순지수평활법에서 사용하던 평활상수(α) 외에 다른 평활상수(β)를 결정해야 하고, 초기 예측값과 추세 추정값은 과거 데이터나 경험에 의해 추정한다. 여기서 α와 β는 수요의 임의변동성이 얼마나 있는가와 추세요인이 어느 정도 안정적인가에 따라 결정되고 실젯값과 예측값의 오차를 줄여준다. 추세조정 지수평활법의 공식은 다음과 같다.

$$\begin{aligned} FIT_t &= F_t + T_t \\ F_t &= FIT_{t-1} + \alpha(Y_{t-1} - FIT_{t-1}) = \alpha Y_{t-1} + (1-\alpha)FIT_{t-1} \\ &= \alpha Y_{t-1} + (1-\alpha)(F_{t-1} + T_{t-1}) \\ T_t &= T_{t-1} + \alpha\beta(Y_{t-1} - FIT_{t-1}) = T_{t-1} + (F_t - FIT_{t-1})\beta \\ &= \beta(F_t - F_{t-1}) + (1-\beta)T_{t-1} \end{aligned}$$

FIT_i: 기간 t의 추세조정 예측값

F_t : 기간 t의 평균추정값

T_i : 기간 t의 추세추정값

Y_{t-1}: 기간 $t-1$의 실제 수요

F_{t-1}: 기간 $t-1$의 평균추정값

T_{t-1}: 기간 $t-1$의 추세추정값

$\alpha(0 \leq \alpha \leq 1)$, $\beta(0 \leq \beta \leq 1)$: 평활상수

단순이동평균의 예에서 α=0.1, β=0.2, F_3=112, T_3=4라고 하면 4월의 예상 판매수량은 다음과 같은 계산으로 120대이다.

$$F_4 \quad = 0.1 \times 110 + 0.9 \times (112 + 4) = 115.4$$

$$T_4 \quad = 0.2 \times (115.4 - 112) + 0.8 \times 4 = 3.9$$

$$FIT_4 = F_4 + T_4 = 115.4 + 3.9 = 119.3$$

3.2.5 선형회귀분석법

회귀분석(regression analysis)은 두 개의 변수 또는 그 이상의 변수들 간의 함수관계를 수학적인 방법을 통해 분석한다. 이들 변수는 과거에 알고 있는 수요에 영향을 주는 변수를 독립변수라고 하고, 독립변수로부터 영향을 받는 알려지지 않은 변수를 종속변수라고 한다. 독립변수가 1개일 때에는 단순회귀분석, 독립변수가 2개 이상일 때에는 다중회귀분석을 사용한다. 그리고 독립변수와 종속변수 사이에 선형관계에 있으면 선형회귀분석을 하고 비선형관계에 있을 때에는 비선형회귀분석을 한다. 독립변수와 종속변수의 관계는 상관성을 통해서 확인할 수 있는데, 상관성은 x축과 y축을 놓고 두 변수의 점(x,y)을 시계열로 찍었을 때 분포의 모양이 직선형태로 나타난다. 상관성의 정도를 나타내는 것을 상관계수(correlation coefficient)라고 한다. 상관분석의 공식은 다음과 같다.

$$r = \frac{n\left(\sum_{t=1}^{n} x_t y_t\right) - \sum_{t=1}^{n} x_t \sum_{t=1}^{n} y_t}{\sqrt{n\sum_{t=1}^{n} x_t^2 - \left(\sum_{t=1}^{n} x_t\right)^2}\sqrt{n\sum_{t=1}^{n} y_t^2 - \left(\sum_{t=1}^{n} y_t\right)^2}}$$

$0 \leq r \leq 1$

$r \leq 0.3$이면 약한 상관관계

$0.4 \leq r \leq 0.7$이면 보통 상관관계

$r \geq 0.8$이면 강한 상관관계

상관계수 r은 독립변수로 y값 변동의 비율에 대한 측정값이다. r이 크면 클수록 (x,y)

점들이 오차가 적고 직선에 가깝다는 것을 말한다.

단순선형회귀분석은 종속변수를 Y로, 독립변수를 X로 한 방정식은 다음과 같다.

$$\hat{y} = a + bx + e$$

$\hat{y}$: 종속변수 y의 예측값

a, b: 회귀계수

e : 예측오차(우연변동요인)

$$\hat{b} = \frac{n\sum_{t=1}^{n} x_t y_t - \sum_{t=1}^{n} x_t \sum_{t=1}^{n} y_t}{n\sum_{t=1}^{n} x_t^2 - \left(\sum_{t=1}^{n} x_t\right)^2}$$

$$\hat{a} = \frac{1}{n}\sum_{i=1}^{n} y_t - \frac{\hat{b}}{n}\sum_{i=1}^{n} x_t$$

예를 들어 자동차 구매문의 건수(x_i)와 판매수량(y_i)에 대한 [표 7-1]과 같이 각 변수에 대하여 계산값을 구한다.

[표 7-1] 자동차 구매문의 건수(x_i)와 판매수량(y_i)

기간(t)	구매문의 건수(x_i)	판매수량(y_i)	$x_i y_i$	x^2	y^2
1	20	70	1,400	400	4,900
2	14	42	588	196	1,764
3	23	79	1,817	529	6,241
4	11	54	594	121	2,916
5	16	66	1,056	256	4,356
합계	84	311	5,455	1,502	20,177

$$r = \frac{5 \times 5{,}455 - 84 \times 311}{\sqrt{5 \times 1{,}502 - 84^2}\sqrt{5 \times 20{,}177 - 311^2}} = 0.84$$

$$\hat{b} = \frac{5 \times 5{,}455 - 84 \times 311}{5 \times 1{,}502 - 84^2} = 2.54$$

$$\hat{a} = \frac{1}{5} \times 311 - \frac{2.54}{5} \times 84 = 19.5$$

$$\hat{y} = 19.5 + 2.54x$$

여기서 $\hat{y}$는 전(前)월의 구매문의 건수가 x일 경우 당월 판매수량의 추정값이다. 만약 6월에 구매문의 건수가 27건이 있었다면 7월에는 $\hat{y}_7 = 19.5 + 2.54 \times 27 = 88.1$대, 즉 89대이다.

3.2.6 예측오차

(1) 예측오차의 개요

기업에서는 정확한 수요예측이 매우 중요하다. 그러나 수요예측은 경영환경의 미래 불확실성하에서 이루어지는 것으로 정확하게 예측한다는 것은 어려운 일이다. 측정한 수요예측은 예측오차가 발생하므로 이 예측오차는 가급적이면 최소화하려는 노력이 필요하다. 따라서 예측오차의 최소화는 수요예측의 정확도를 측정하는 중요한 측정지표가 된다. 경영자는 예측오차의 측정을 통해 현재 사용 중인 예측기법의 적합성 여부를 판단할 수 있고, 올바른 예측기법을 선택할 수 있는 지침을 주기도 한다.

수요예측의 오차는 실제로 발생한 값과 예측된 값의 차이이다. 즉 예측오차 = 실젯값 − 예측값으로 계산한다.

$$e_t = Y_t - F_t$$

e_t : 기간 t의 수요예측오차
Y_t : 기간 t의 수요실젯값
F_t : 기간 t의 수요예측값

[그림 7-1] 정확도

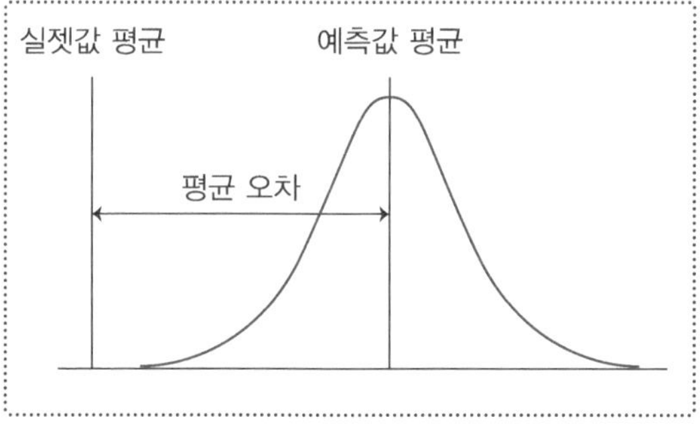

예측오차는 정확도(accuracy)와 정밀도(precision)로 구분한다. 정확도란 참값과의 차이를 나타내는 정도로써 과거 여러 번에 걸쳐 측정한 수요예측값들의 예측오차 평균이 실젯값 평균에 얼마나 근사치로서 나타나는가를 말한다[그림 7-1]. 즉 실젯값평균 − 예측값평균 = 0일 경우가 가장 정확하다고 할 수 있다.

정밀도란 반복성을 나타내는 것으로써 과거 여러 번에 걸쳐 측정한 수요예측값들의 예측오차 크기(산포)가 시계열로 일정하게 나타나는가를 말한다. 즉 수요예측을 실시할 때마다 실젯값과 예측값과의 차이(산포)가 시간이 흐름에 따라 일정하게 나타나는 경우를 말한다. 수요예측을 할 때마다 산포가 크거나 작게 나타나더라도 과거에 측정한 예측오차의 크기(산포)가 일정하게 반복해서 나타났다면 미래의 예측오차도 동일한 크기(산포)로 나타날 것이라고 예측할 수 있으므로 수요예측의 정확도가 높아질 수 있다. 수요예측값에서 과거에 나타난 예측오차의 크기만큼 빼주면 실젯값에 가까워질 수 있기 때문이다. 만약 과거에 측정한 예측오차의 크기(산포)가 일정하지 않게 나타났다면 미래의 예측오차가 어떠한 크기(산포)로 나타날 것인지를 알 수 없으므로 미래 예측이 어렵다[그림 7-2].

과거의 데이터를 기반으로 측정하는 예측지표는 절대평균오차(Mean Absolute Deviation: MAD), 평균제곱오차(Mean Squared Error: MSE), 누적예측오차(Cumulative

[그림 7-2] 반복성

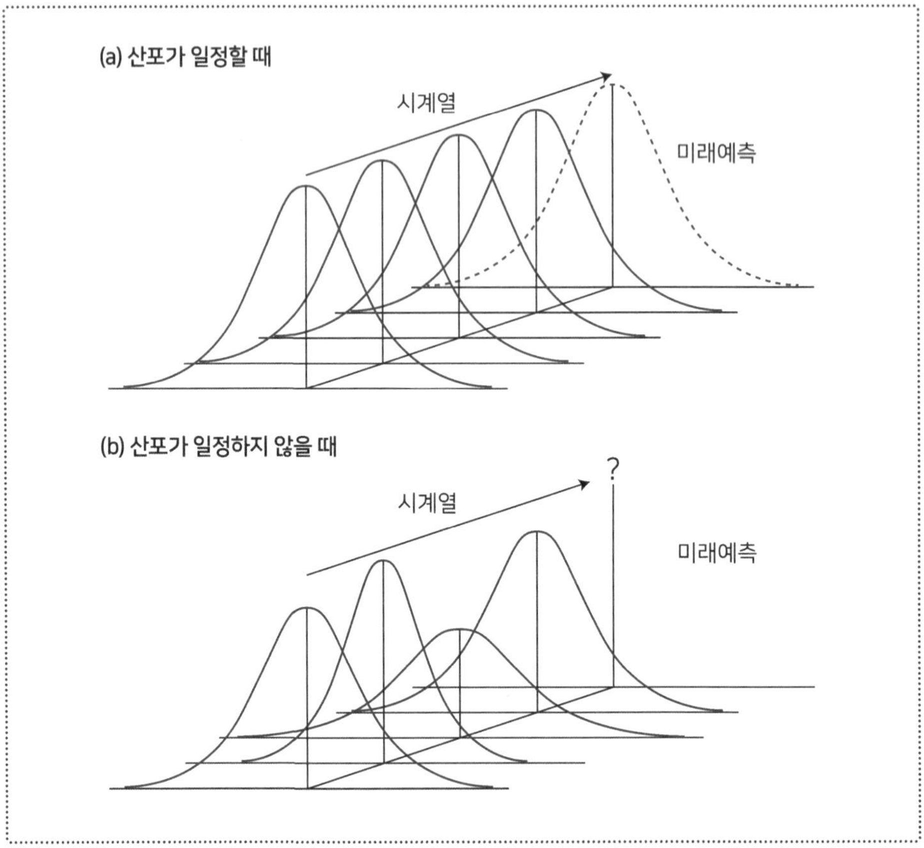

sum of Forcast Error: CFE), 추적지표(Tracking Signal: TS)으로 구분한다.

절대평균오차(MAD)는 여러 기간 동안의 실젯값과 예측값 차이의 절대값을 합하여 기간(n)으로 나누어 구한다. 오차의 크기가 작을수록 절대평균오차(MAD)의 크기(산포)가 작아진다.

$$\text{MAD} = \frac{\sum_{t=1}^{n} |e_t|}{n} = \frac{\sum_{t=1}^{n} |Y_t - F_t|}{n}$$

평균제곱오차(MSE)는 여러 기간 동안의 실젯값과 예측값의 차이인 예측오차의 크기(산포)를 제곱하여 모두 합한 후 기간(n)으로 나누어 구한다.

$$\text{MSE} = \frac{\sum_{t=1}^{n} e_t^2}{n} = \frac{\sum_{t=1}^{n} (Y_t - F_t)^2}{n}$$

누적예측오차(CFE)는 여러 기간 동안의 실젯값과 예측값의 차이인 예측오차를 합한 값이다. 누적예측오차(CFE)가 0에 가까울수록 예측 정확도가 높다.

$$\text{CFE} = \sum_{t=1}^{n} e_t = \sum_{t=1}^{n} (Y_t - F_t)$$

추적지표(TS)는 누적예측오차(CFE)를 절대평균오차(MAD)로 나눈 값이다. 즉 누적예측오차가 절대평균오차의 몇 배인가를 나타낸다. 예측값의 평균이 일정하게 유지하는지를 나타내는 척도이다.

$$\text{TS} = \frac{\text{CFE}}{\text{MAD}}$$

예를 들어 자동차의 판매량과 예측값을 통해 절대평균오차, 평균제곱오차, 누적예측오차, 추적지표를 계산하면 다음과 같다.

[표 7-2] 자동차 월간 판매량, 예측값, 오차의 사전계산표

월	판매량(Y_i)	예측값(F_i)	e_i	e_i^2	$\|e_i\|$
1	60	100	-40	1,600	40
2	80	100	-20	400	20
3	150	130	20	400	20
4	120	130	-10	100	10
5	100	120	-20	400	20
6	130	120	10	100	10
합계			-60	3,000	120

$$\text{절대평균오차 : MAD} = \frac{\sum_{t=1}^{n} |e_t|}{n} = \frac{120}{6} = 20$$

$$\text{평균제곱오차 : MSE} = \frac{\sum_{t=1}^{n} e_t^2}{n} = \frac{3{,}000}{6} = 500$$

$$\text{누적예측오차 : CFE} = \sum_{t=1}^{n} e_t = -60$$

$$\text{추적지표 : TS} = \frac{\text{CFE}}{\text{MAD}} = \frac{-60}{20} = -3$$

(2) 예측오차의 모니터링

예측의 정확도를 높이려면 예측오차를 관리해야 한다. 이때 추적지표(TS)를 이용한다. 추적지표는 예측기법이 실제 수요변화를 정확히 예측하고 있는가를 나타내는 지표이다. 그리고 예측오차의 평균이 일정하게 유지하는지를 나타내는 척도이다. 예측의 정확도가 높으면 높을수록 추적지표(TS) 값은 0에 가까운 값을 가지지만 예측오차가 크면 추적지표의 절대값도 커지므로 예측 정확도가 낮아진다. 예측오차는 시계열로 산포(오차의 크기)를 가지고 나타나는데 이를 변동이라 한다. 이 변동에는 어쩔 수 없이 발생하는 변동(우연변동)과 인위적인 잘못으로 인하여 발생하는 변동(이상변동)으로 구분할 수 있다. 따라서 예측오차를 관리하기 위해서는 관리도(control chart)를 활용한다.

관리도는 가운데 평균선(Center Line: CL)을 중심으로 상하 $\pm 3\sigma$ 범위에 평행선으로 구성된다. 이 평행선 중 상단의 위치에 있는 선($+3\sigma$)을 상(上) 관리한계선(Upper Control Limit: UCL), 하단의 위치에 있는 선(-3σ)을 하(下) 관리한계선(Lower Control Limit: LCL)

이라 한다. 실젯값을 관리도 상에 점을 찍었을 때 관리한계선 내에 있는 것을 우연변동, 관리한계선을 벗어난 것을 이상변동이라 한다(품질관리의 관리도편 참조). 우연변동은 관리상태에 있다고 하고, 다른 변동요인으로 설명할 수 없는 내재적인 변동으로 조정 또는 개선이 어려워 변동을 줄이기 어렵다. 이상변동은 인위적인 잘못으로 인해서 발생하는 변동으로 조정 또는 개선을 통해서 변동을 줄일 수 있다. 그리고 관리한계선 내에 우연변동만으로 구성되었다고 하더라도 점의 패턴이 발생할 경우에는 조정 또는 개선이 필요하다.

추적지표(TS)를 관리도로 관리하게 되면 시계열에 따라 추적지표의 값을 관리도 상에 점을 찍어 우연변동이 발생하는지 아니면 이상변동이 발생하는지 확인하고, 이상변동이 발생한 경우에는 수요예측에 사용된 요인 등을 확인하여 잘못된 부분을 조정 또는 개선한다. 우연변동은 패턴을 확인하고 이상이 없으면 오차의 크기(산포)를 살펴본다.

추적지표의 값은 양이나 음이 될 수 있다. 추적지표 값이 0인 것이 이상적인 경우이다. 그러므로 산포가 작으면 작을수록(평균=0에 가까울수록) 예측 정확도가 높아진다. 시계열로 추적지표 값을 나타냈을 때 산포가 일정하면 수요예측의 정밀도가 높아진다. 반대로 산포가 일정하지 않으면 수요예측의 정밀도가 낮아지므로 추적지표의 산포가 어떠한 크기로 나타날 것인지를 알 수 없다.

[그림 7-3] 평균=0, MAD=1인 표준정규분포

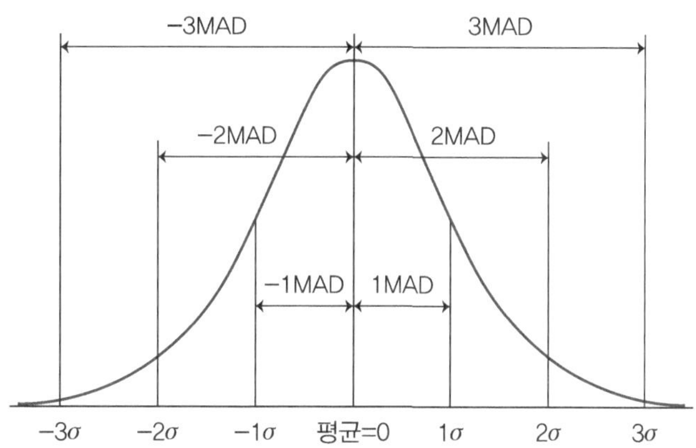

7장 연습문제

1. 수요예측에 대하여 설명하시오.
2. 정성적 예측기법의 종류에 대하여 설명하시오.
3. 시계열분석법의 구성요소에 대하여 설명하시오.
4. 정량적 예측기법의 종류에 대하여 설명하시오.
5. 예측오차에 대하여 설명하시오.
6. 정확도와 정밀도에 대하여 설명하시오.
7. 예측오차 모니터링에 대하여 설명하시오.
8. 추적지표에 대하여 설명하시오.

CHAPTER

8

총괄생산계획

1. 총괄생산계획

1.1 총괄생산계획의 개요

생산계획(production planning)의 목적은 기업에게 최소비용으로 시장수요를 충족시키는 실행 가능한 생산계획을 제공하는 것이다. 따라서 생산계획은 계획기간에 따라 장기생산계획(3~5년 이상), 중기생산계획(1~2년), 단기생산계획(1년)으로 구분한다. 여기서 단기생산계획을 총괄생산계획(3~12개월)이라 한다[표 8-1].

총괄생산계획(aggregate production planning)은 중기생산계획으로부터 영향을 받는다. 중기생산계획에 따라 단기생산계획 또는 총괄생산계획을 수립한다.

총괄생산계획은 향후 3~12개월간에 걸쳐서 변화하는 수요를 가장 경제적으로 충족시킬 수 있도록 월별로 기업의 전반적인 생산수준, 설비수준, 고용수준, 잔업수준, 외주수준, 재고수준 등의 생산자원을 분배하고 결정하는 단기생산계획이다. 이러한 총괄생산계획의 수행을 위해서는 이용 가능한 자원의 양을 결정하기 위한 생산능력계획이 추가로 필요하다. 따라서 총괄생산계획은 생산하고자 하는 제품에 대하여 개별 생산제품별로 모두 나타내는 상세한 계획이라기보다는 유사한 제품군끼리 묶어서 제품군별로 전체 생산

[표 8-1] 생산계획의 순서와 특성

계획의 순서	계획기간	계획의 성격
기업전략계획 ↓ 장기생산계획 ← 장기생산능력계획	장기(3~5년 이상)	전략계획
↓ 중기생산계획 ← 중기생산능력계획	중기(1~2년)	
↓ 단기(총괄)생산계획 ← 단기생산능력계획	단기(3~12개월)	전술계획
↓ 주생산일정계획 ← 주생산능력계획	주간	운영계획
↓ 일정계획 ← 일생산능력계획	일간	

량의 분배계획을 나타낸다. 제품군의 예를 들면 다음과 같다.

- 자전거: 산악용, 일반용, 경기용, 전기자전거용, 접이식용 등
- 전자제품: 냉장고, 에어컨, TV, 청소기, 세탁기, 전자렌지 등
- 필기구: 유성펜, 수성펜, 연필, 샤프 등

총괄생산계획은 기업이 현재 보유하고 있는 생산자원을 정규 작업시간 내에 최대한 활용하여 전반적으로 생산수준을 고르게 가져가려고 하는 경향이 있는데 이를 생산평활 또는 생산평준화라 한다. 총괄생산계획을 수립할 때 고려해야 할 요인은 다음과 같다.

- 고용수준: 생산활동에 활용할 수 있는 회사 전체 근로자 수
- 설비능력: 설비가 가지고 있는 가용한 생산능력
- 생산능력: 일정 기간 동안에 정규근무시간, 초과근무시간을 통해 생산할 수 있는 능력
- 재고수준: 일정 기간 동안에 수요를 충족하고 남은 전체 재고량
- 외주수준: 회사가 가지고 있는 설비능력과 생산능력을 일시적으로 초과될 경우에 외주처리하는 생산량과 외주기업의 생산능력

중기생산계획으로부터 총괄생산계획의 작성 예는 다음과 같다. [표 8-2]는 [표 8-3]의 D년도 2분기를 나타낸 것이다.

[표 8-2] 중기생산계획(예)

(단위: 개)

제품군	D 년도				D+1 년도			
	1분기	2분기	3분기	4분기	1분기	2분기	3분기	4분기
책상	2,000	2,110	2,200	2,100	2,000	2,300	2,500	2,800
장식장	1,500	1,580	1,800	1,700	1,700	1,800	2,000	2,300

[표 8-3] 제품군의 총괄생산계획(예)

(단위: 개)

제품군	제품	4월	5월	6월	계
책상	의자	170	160	180	510
	책상	300	250	280	830
	식탁	200	300	270	770
	계	670	710	730	2,110
장식장	장농	150	180	170	500
	서랍장	200	250	300	750
	장식장	100	120	110	330
	계	450	550	580	1,580

1.2 총괄생산계획의 목적

총괄생산계획의 기본 목적은 최소한의 비용으로 단위 기간 내에 요구되는 수요량에 맞추어 생산할 수 있도록 계획하는 데 있다. 최소한의 비용이란 현재 보유하고 있는 생산자원을 정규작업시간 내에 가동하여 목표로 하는 생산량을 만들어 내기 위해 소요되는 비용을 말한다. 총괄생산계획의 목적은 다음과 같다.

- 고객서비스 수준의 최대화: 고객이 요구하는 시기에 맞추어 납품하는 것은 중요한 경쟁요소이므로 고객서비스 수준을 높이기 위해서는 재고증가, 고용증가, 설비생산능력 증가 등이 필요할 수 있다.
- 설비이용의 최대화: 설비의 잦은 고장과 설비의 가용능력 이하로 가동할 때 가동률이 저하되고, 각 설비별 개별 능력을 최대한 가동할 경우에는 설비간의 생산 속도차이에 따른 공정재고가 발생하여 리드타임이 길어진다.
- 비용의 최소화: 수요량이 생산량에 의해 영향을 받지 않는 수준에서 생산에 소요되는 비용을 최소화하여 기업의 이윤을 극대화하는 것을 말한다.

- 재고의 최소화: 재고가 쌓이게 되면 재고유지비용이 증가한다.
- 생산량 변동의 최소화: 생산량이 자주 변동이 발생하거나 불규칙하면 자재를 일정하게 공급하기 어렵기 때문에 생산라인을 빈번하게 조정하여야 한다.
- 고용변동의 최소화: 신규 채용 등 잦은 고용변동은 정상적인 작업숙련에 도달하기까지 시간이 소요되므로 생산성이 떨어진다.

기업을 둘러쌓고 있는 환경변화(긴급수요, 생산제품변경, 생산제품취소 등)가 불규칙함으로써 발생하는 잔업시간 등 초과근무시간은 비용을 증가시키고, 초과근무를 하지 않기 위하여 재고를 보유하게 되면 재고유지비용을 증가시킨다. 고객이 요구하는 시기에 맞추어 신속하고 적시에 배달을 하기 위한 고객서비스 수준의 최대화는 생산 부문에서 꼭 필요한 수준 이상의 재고를 유지함으로써 달성될 수 있으며, 수요의 계절적 변동에 대응하기 위해서는 완제품 재고를 증가시킬 수밖에 없다. 또한 수요의 계절적 변동이 있는 경우에 이에 따라 고용비용을 최소화하기 위하여 고용수준에 변화를 준다면 고용의 안정과 서비스수준의 최대화를 기대할 수 없다. 따라서 총괄생산계획을 수립할 때 이러한 다양한 목적들 사이의 상충관계들을 잘 분석하여 최적의 균형점을 찾아야 한다.

1.3 총괄생산계획 목적의 상충관계 대응 방안

총괄생산계획의 목적에 있어서 가장 중요한 요소는 고객서비스 수준의 최대화이다. 기업은 고객이 없으면 존재가치가 없다. 따라서 적시생산시스템(Just In Time: JIT)인 고객이 원하는 시기에, 원하는 양을, 원하는 장소에 공급해 주는 것이 가장 경쟁력 있는 요소가 된다. 이것이 달성되지 못한 경우에는 나머지 5가지 목적을 모두 달성한다고 하여도 의미가 없다. 따라서 나머지 5가지 목적이 증가 또는 감소 되더라도 고객서비스 수준을 극대화하는 데 모든 노력을 기울여야 한다. 6가지 목적을 달성하기 위한 대응 방안을 설명하면 다음과 같다.

- 고객서비스 수준 극대화: JIT(또는 lean)생산시스템을 구축하여 고객대응력을 향상시킨다.
- 설비이용의 최대화: 설비고장 예측을 통해 작업시간 이외에 점검 또는 수리를 할 수 있도록 하여 생산성을 높일 수 있도록 한다. 그리고 설비의 능력을 최대한 발휘할 수 있도록 가동률을 높이고 각 설비 간의 능력을 균일하게 유지함으로써 공정재고 발생을 없앰으로써 리드타임을 줄인다.
- 비용의 최소화: 수요량의 변화(긴급수요, 생산제품변경, 생산제품취소 등)에 따라 생

산 대응능력을 높일 수 있는 JIT(또는 lean)생산시스템의 구축이 필요하다.

- 재고의 최소화: 제품별 생산을 통한 흐름생산 라인을 구축하여 수주부터 출하까지 리드타임을 단축하면 재고가 최소화된다.
- 생산량 변동의 최소화: 생산량의 변동에도 대응할 수 있는 유연생산시스템(Flexible Manufacturing System: FMS)의 구축이 필요하다.
- 고용변동의 최소화: 작업의 표준화와 단순화를 통해 신규 채용이 되더라도 간단한 교육 후 작업이 가능하도록 한다.

위에서 설명한 각 항목에 대한 상충관계는 생산시스템이 시장환경의 변화에 민첩하게 대응하지 못하는 데에서 발생한다. 컴퓨터의 발달은 이를 해소하는 데 기여한다. MES는 컴퓨터에서 실시간으로 모든 내용을 모니터링 관리할 수 있도록 해준다. 그러나 각 항목에 대한 상충관계의 대응 방안은 단순히 MES를 구축한다고 하여 달성할 수 있는 것은 아니다. MES의 구축과 더불어 효율적인 생산시스템의 구축이 이루어져야만 가능하다. 이러한 효율적인 생산시스템의 구축과 MES가 연계되었을 때 생산성이 높아진다.

기존의 총괄생산계획 수립은 수작업으로 이루어지기 때문에 수요예측을 하기에는 한계가 있다. MES는 빅데이터(big data) 관리를 하기 쉽게 만들어 준다. MES를 통해 수집된 빅데이터 분석은 보다 신속하고 정확한 수요예측을 가능하게 하여 총괄생산계획의 신뢰성을 높인다.

1.4 총괄생산계획의 전략

단기간에 기업이 보유하고 있는 생산자원을 축소하거나 확대한다는 것은 큰 제약이 따른다. 물리적인 생산능력(공장 및 설비)은 단기적으로 거의 고정되어 있고 마음대로 늘리거나 축소할 수 없다. 단기적인 생산능력을 높이기 위해 정규직 작업인력의 채용에도 제약이 있다. 자금흐름을 원활하게 하기 위하여 경영자는 재고를 제한할 수 있다.

시장환경의 불확실성에 따른 총괄수요가 항상 불규칙하게 변동하기 때문에 정확하게 총괄생산계획을 수립한다는 것은 어렵다. 따라서 기업에서 보유하고 있는 생산자원의 제약조건을 극복하고 총괄생산계획의 목적을 달성하기 위한 전략의 수립이 필요하다.

총괄생산계획의 전략에는 추종전략, 평준화전략, 혼합전략 등 3가지 전략이 있다. 기업은 처한 환경과 상황을 고려하여 수요변동을 충족시키기 위한 최상의 전략을 선택하면 된다. 총괄생산계획을 수립할 때 어떠한 전략을 사용할 것인가는 고객서비스 수준과 비용 측면을 종합적으로 고려하여 결정한다.

(1) 추종전략

추종전략(chase strategy)이란 수요가 발생한 시기에 맞추어 제품을 생산하기 위하여 수요의 증감에 따라 생산량을 변경하는 전략이다. 생산량의 변경은 생산량의 증감에 따른 생산능력 수준의 변경이 따른다. 생산능력의 수준을 변경하는 방법에는 해고 또는 채용을 통한 고용수준의 변경 방법과 고용수준을 변경하지 않고 초과근무, 단축근무, 외주생산 등을 이용하는 방법이 있다.

추종전략의 장점은 최소의 재고(안전재고)를 유지하면서 수요를 충족시키기 때문에 재고유지비용과 납기지연비용을 최소화할 수 있다. 그러나 고용수준 변경에 따른 비용과 생산능력 변경에 따른 비용이 발생한다는 단점이 있다. 고용수준 변경에 따른 비용은 채용에 따른 비용, 근무기간 동안 숙련도 향상에 따른 숙련자의 해고 손실비용이 발생한다. 생산능력 변경에 따른 비용은 단축근무로 인한 잠재적 소외와 생산성의 손실, 인력의 지속적인 동요 등으로 인한 낮은 품질비용이 발생하고, 초과근무로 인한 초과수당이 발생한다.

(2) 평준화전략

평준화전략(level strategy)이란 수요에 관계없이 단위기간 동안에 생산량을 균일하게 유지하려는 전략이다. 단위기간 내에서 부분적으로 수요보다 생산량이 초과하거나 부족한 경우가 발생하지만 전체 단위기간의 재고수준에는 변화가 없다. 생산능력이나 고용수준을 일정하게 유지하기 때문에 생산량은 일정하게 산출된다. 만약 고용수준이 부족할 경우에는 초과근무 또는 외주생산을 이용함으로써 생산량은 일정하게 유지한다. 고용수준을 일정하게 유지하는 경우에 계절적인 수요는 예상재고를 비축함으로써 달성 가능하다.

평준화전략의 장점은 안정적인 고용수준과 균일하게 생산하는 데 있다. 안정적인 고용수준은 고용의 불안감을 제거함으로써 이직 등을 줄여 숙련도가 향상되고 생산성과 품질을 높인다. 균일한 생산량은 생산자원을 최대한 활용하게 한다. 그러나 단점은 증가된 수요에 따른 재고부족은 재고투자의 증가를 가져오고, 초과근무와 주문적체에 따른 비용이 증가된다.

(3) 혼합전략

혼합전략(mixed strategy)이란 추종전략과 평준화전략을 혼합한 전략이다. 수요가 적을 때에는 생산량을 감소시켰다가 수요가 많아지면 최대 생산능력까지 생산량을 높이고, 수요가 생산능력을 초과할 경우에는 재고를 가지고 대응하는 전략이다. 기업은 처해 있는 상황에 따라 최소의 비용으로 보유하고 있는 생산자원을 최대한 활용할 수 있는 측면을 고려하여 전략을 선택하면 된다. 대부분의 기업은 혼합전략을 사용하고 있다.

1.5 총괄생산계획의 기법

총괄생산계획은 수요에 따른 현재 보유하고 있는 생산자원을 최대한으로 활용하여 최소의 비용으로 생산할 수 있도록 계획을 마련하는 데 있다.

총괄생산계획 기법의 유형은 다음과 같다.

- 대안평가법(cut and try method)
- 휴리스틱 기법(heuristic method)
  - 경영계수모형(management coefficient model)
  - 매개변수에 의한 생산계획모형(parametric production planning model)
  - 탐색결정규칙(search decision rule)
- 수리적 기법(mathematical method)
  - 선형계획법(linear programming method)
  - 선형결정규칙(linear decision rule)

이 기법들의 유형 중에서 선형계획법을 중심으로 설명하고 나머지는 간략히 소개한다.

1.5.1 대안평가법

총괄생산계획 기법 중에서 가장 간단한 방법으로 도표를 이용하여 예측수요와 현재 보유 중인 생산능력을 비교하는 기법이다. 대안평가법은 생산할 품목 수가 많지 않거나 제조공정이 복잡하지 않은 경우에 사용하는 것으로 총괄생산계획의 여러 가지 대안을 마련하여 이들 대안 중에 총비용이 최소가 되는 대안을 선택하는 시행착오법 또는 도표법이라고도 한다. 이 기법은 단순하고 이해하기 쉬운 것으로 전문적인 지식이 없어도 사용할 수 있는 장점이 있으나 여러 가지 계획안을 비교평가하여 최적안을 선택했을 때 최소비용을 보장하지 못한다는 것이 단점이다.

대안평가법의 전개순서는 다음과 같다.

① 예측된 수요량과 재고수준을 검토하여 생산소요량을 산정한다.
② 생산소요량과 각 전략대안의 예정생산량을 막대그래프와 누적그래프로 비교한다.
③ 계획안의 관련비용을 산정한다.
④ 계획안을 수정한다.
⑤ 총괄생산계획의 목표를 만족할 만한 계획안이 제시될 때까지 ②, ③, ④ 단계를 반복한다.

1.5.2 휴리스틱 기법

휴리스틱 기법은 총괄생산계획을 수립할 때 수리적 모형을 활용하지 않고 전문가의 직관과 경험에 의존하여 탐색하는 방법이다. 수리적 모형은 복잡한 계산 과정을 거쳐야 하므로 시간과 비용이 많이 소요되는 반면 휴리스틱 기법은 문제를 단순화하여 최적안을 도출하는 것으로 시간과 비용을 비교해 볼 때 경제성은 높으나 개인의 의견을 반영하는 최적안이 최적해라고 보장할 수는 없다.

1.5.3 수리적 기법

앞에서 설명한 대안평가법과 휴리스틱 기법은 시행착오를 통해 최적안을 도출하는 것이라면 수리적 기법은 수학적 모형을 기반으로 최적안을 도출하는 과학적인 방법이라 할 수 있다. 이 기법은 총괄생산계획을 수립할 때 비용에 영향을 주는 요인들을 추출하여 이를 바탕으로 수학적 모형을 만들어 최소의 비용을 발생시키는 최적의 생산계획안을 찾아내는 방법이다. 수리적 기법에는 수송계획법, 선형계획법, 목표계획법, 선형결정규칙 등이 있다. 이들 기법 중 선형계획법의 기본모형을 설명하고 나머지는 간략히 설명한다. 각 기법의 구체적인 내용은 경영과학을 참조하면 된다.

(1) 선형계획법

선형계획법은 총괄생산계획에 있어서 고용수준, 초과근무수준, 재고수준, 미납주문, 채용인원, 해고인원 등의 관계가 선형을 이룬다는 가정하에 총비용을 최소화하는 최적해를 구하는 기법이다. 이 기법은 여러 가지 제약조건을 모형 속에 쉽게 포함시킬 수 있다는 장점이 있다. 단점은 변수 사이의 모든 관계가 반드시 선형이어야 하고 의사결정 변수의 최적값이 분수로 나타날 수 있다는 것이다. 기본적인 모형은 다음과 같다.

목적함수: Minimize TC(총비용) $= \sum_{t=1}^{T}(C_R R_t + C_O O_t + C_S S_t + C_H H_t + C_F F_t + C_I I_t)$

정규노동력 $R_{t-1} + H_t - F_t = R_t,\ t = 1, 2, 3, \cdots, T$

R_0 = 현재의 정규고용수준

R_t = 계획기간 말에 요구되는 정규고용수준

$0 \leq H_t \leq$ 최대채용가능량, $t = 1, 2, 3, \cdots, T$

$0 \leq F_t \leq$ 최대해고가능량, $t = 1, 2, 3, \cdots, T$

산출량 $P_t = R_t + O_t + S_t,\ t = 1, 2, 3, \cdots, T$

$0 \leq O_t \leq aR_t,\ t = 1, 2, 3, \cdots, T$

$0 \leq S_t \leq$ 최대외주처리가능량, $t = 1, 2, 3, \cdots, T$

재고수준 $I_{t-1} + P_t - I_t = D_t,\ t = 1, 2, 3, \cdots, T$

최소요구재고량 $\leq I_t \leq$ 최대재고가능량, $t = 1, 2, 3, \cdots, T$

I_0 = 현재의 재고수준

I_T = 계획기간 말에 요구되는 재고수준

모든 결정변수 ≥ 0

R_t = 기간 t의 정규고용수준

O_t = 기간 t의 잔업량

H_t = 기간 t의 채용량

F_t = 기간 t의 해고량

S_t = 기간 t의 외주처리량

I_t = 기간 t의 말 재고량

P_t = 외주처리량을 포함한 기간 t의 총생산량

C_R = 단위당 정규임금

C_O = 단위당 잔업비용

C_S = 단위당 외주처리비용

C_H = 단위당 채용비용

C_F = 단위당 해고비용

C_I = 단위기간당 재고유지비용

D_t = 기간 t의 수요

a = 정규고용수준에 대한 최대잔업가능비율

(2) 수송계획법

수송계획법은 예측된 수요와 생산능력을 제약조건으로 하여 생산비용, 재고비용, 외주처리비용 등으로 구성된 총비용을 최소화하면서 수요와 공급을 일치시키는 기법이다. 생산비용, 재고비용, 외주처리비용 등의 함수관계가 선형을 이룬다는 가정하에 사용한다. 이 기법은 선형계획법을 이해하고 있다면 이해가 쉽고 활용이 간단하여 일정한 제약조건하에서 최적해를 구할 수 있는 장점이 있다. 그러나 단점은 생산량(조업도)의 변화에 따라 작업자의 고용 또는 해고비용과 재고부족으로 납기지연이 발생하였을 경우에 기회손실비용 또는 벌과금 등을 고려하지 못하며, 비용함수가 선형관계를 가정한다는 것이다.

선형계획법과 수송계획법은 요인들 간의 선형관계를 가정하고 있으나 비선형의 경우에도 여러 가지 수리계획법을 이용하여 최적안을 찾을 수 있다.

2. 주생산일정계획

주생산일정계획이란 총괄생산계획 수립 후 이를 기준으로 각 제품에 대하여 생산 시기와 수량을 주 단위로 구체적인 생산계획을 수립하는 것을 말한다. 이 계획은 제품단위당 표준공수를 생산량과 생산능력의 가용시간으로 환산하여 요구되는 총생산시간과 현재 보유하고 있는 총생산능력을 비교하여 이들 간의 균형을 유지하는 데 있다. 따라서 생산능력계획과 생산우선순위계획을 통해 생산량과 생산우선순위 등을 수요일정에 맞추어 할당하여 시장수요와 생산능력을 균형화시킨다. 주생산일정계획은 제품별 생산량, 생산시간, 생산완료일, 생산능력을 생산일정별로 나타내고 있어 이것들은 일정계획, 공수계획, 자재소요계획(MRP), 능력소요계획을 수립하는 데 중요한 요인이 된다.

주생산일정계획의 작성은 고객이 납기를 요구하는 일정 또는 총괄생산계획에서 설정된 일정 내에 완료하여야 하므로 생산능력을 고려하여 이 일정을 기준으로 역으로 환산하여 생산량을 주간별로 균형되게 배분한다.

주생산일정계획은 실행계획으로서 수요의 변화, 신규주문 발생, 주문변경 또는 취소, 생산능력 등의 변동이 발생했을 때는 신속히 수정되어야 한다. 그리고 생산자원 또는 생산능력이 낭비가 발생하지 않도록 효율적이고 균형되게 배분되어야 한다.

주생산일정계획은 재품의 생산량과 생산시기에 대한 계획으로 계획기간 동안에 제품별로 주별로 몇 개를 생산할 것인지를 결정하는 것이다. 총괄생산계획에서 책상 제품군에 대해 각 제품별 생산계획 수량에 따른 주생산일정계획의 작성 예는 [표 8-4]와 같다.

[표 8-4] 책상 제품군의 주생산일정계획(예)

(단위: 개)

제품	4월					5월				
	1주	2주	3주	4주	계	5주	6주	7주	8주	계
의자			170		170			160		160
책상		150		150	300	150			100	250
식탁	200				200		300			300

3. 일정계획

3.1 일정계획의 개요

일정계획이란 주생산일정계획의 주별, 제품별 계획을 기반으로 일별(더욱 세분화하면 시간대별)로 세분화한 것으로 고객이 원하는 납기를 준수하기 위하여 어떤 날짜에, 어떤 공정 또는 라인에서, 어떤 작업자가, 어떤 설비를 이용하여, 어떤 작업을 수행할 것인가를 계획하는 것이다. 이 계획은 주어진 기간에 정해진 생산자원을 생산활동에 효율적으로 최대한 활용하는 데 목적이 있다. 만약 잘못된 계획은 생산자원의 많은 낭비를 초래하여 생산비용의 증가로 인한 원가상승의 원인이 된다. 그리고 일정계획은 고객 납기 준수, 능률의 극대화, 설비가동률 극대화, 재고의 최소화 등과 같이 상충되는 요인들이 존재하므로 이들 사이에서 균형을 찾아내는 것이 필요하다. 예를 들어 재고수준을 최소로 할 경우에는 결품으로 인하여 생산활동에 차질을 가져올 수 있으므로 재고수준을 높이면 재고비용이 증가하게 된다. 생산관리자가 수작업으로 일정계획을 수립함으로써 원자재 및 구성품의 종류, 주문량, 주문시기, 재고, 생산능력, 생산분배 등 생산활동 요인을 모두 고려하는 데에는 시간이 많이 소요되고 어려움이 많았으나 이 요인들을 컴퓨터(일정계획관리: Advanced Planning and Scheduling: APS)로 처리함으로써 정확하고 신속하게 계획을 수립할 수 있다. 일정계획을 수립하는 방법은 다음과 같다.

3.2 작업순서의 결정

각 공정(설비)이나 작업장에 생산제품에 대한 작업배정은 고객이 요구한 납기, 적정재고 수준의 부족에 따른 보충, 수요예측에 따른 예측생산 등을 고려하여 각 공정(설비)이나 작업장에서 처리해야 할 작업의 우선순위에 따라 작업순서를 결정해야 한다. 작업순서의 결정은 공정(설비)이나 작업장의 생산성과 능률을 좌우하는 의사결정으로 중요하다. 작업순서를 결정하기 위한 우선순위규칙이 있는데 이를 설명하면 다음과 같다.

- 선착순(First Come First Service: FCFS): 공정(설비)이나 작업장에 먼저 도착한 순서에 따라 작업순서를 결정하는 방법이다.
- 최단처리시간(Shortest Processing Time: SPT): 공정(설비)이나 작업장에 도착한 작업 중 작업처리시간이 가장 짧은 순으로 작업순서를 결정하는 방법이다.
- 최소납기일(Earliest Due Date: EDD): 공정(설비)이나 작업장에 도착한 작업 중 납기일이 가장 빠른 순으로 작업순서를 결정하는 방법이다.
- 긴급률(Critical Ratio: CR): 공정(설비)이나 작업장에 도착한 작업 중 현재부터 납기일까지 남아있는 시간을 남아있는 작업시간으로 나누어 그 비율이 가장 작은 순으로 작업순서를 결정하는 방법이다.

3.3 간트차트

간트차트는 전체 생산자원에 대하여 단위기간 동안에 작업의 할당상태 또는 작업의 진행 상태를 한눈에 볼 수 있도록 도식적으로 나타낸 것이다. 가로축은 시간을 나타내고 세로축은 기계, 작업, 공정 등으로 표시할 수 있다. 각 기계의 작업 시작과 종료 시점을 수평막대로 표시한다. 막대의 크기는 기계의 능력을 고려하여 계획한 생산량의 소요시간(부하시간)을 나타낸다. 막대와 막대 사이는 유휴시간을 의미하고 이 시간에는 다음 작업을 위해 기종변경, 생산준비, 금형교체, 자재준비 등을 포함한다. 간트차트는 각 시작시간과 종료시간을 정확하게 나타내지 못하므로 정확한 작업시간을 계산하기가 어렵고,

[그림 8-1] 기계작업할당 간트차트(예)

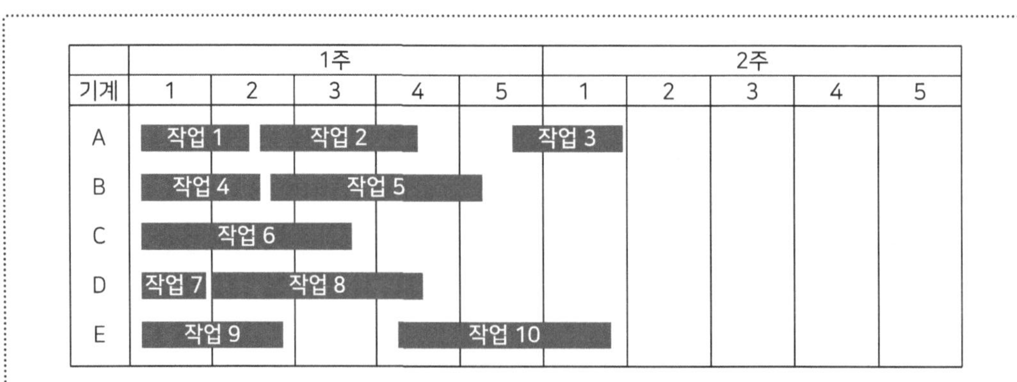

작업의 선후관계를 파악하는 데에는 한계가 있어 제시간에 완료하는 핵심되는 활동을 파악하기가 어렵다. 그러나 전체적으로 작업의 흐름을 한눈에 파악하는 데에는 유용하다. [그림 8-1]은 기계별로 작업을 할당한 예이다.

3.4 존슨의 규칙

존슨의 규칙은 2개의 공정(설비) 또는 작업장에서 수행되는 작업들의 총작업소요시간을 최소화하고자 할 때 사용한다. 이 규칙을 이용한 최적 작업순서의 결정은 다음 단계를 따른다.

단계 1: 각 공정(설비) 또는 작업장의 작업과 작업시간을 구한다.

단계 2: 각 공정(설비) 또는 작업장에서 가장 짧게 소요되는 작업을 각각 선정한다. 이때 1번 공정(설비) 또는 작업장에서 선정된 작업은 가장 왼쪽(시작점)에 배치하고, 2번 공정(설비) 또는 작업장에서 선정된 작업은 가장 오른쪽(종료점)에 배치한다.

단계 3: 단계 2에서 선정된 작업은 제외한다.

단계 4: 모든 작업이 배치될 때까지 단계 2와 단계 3을 반복한다. 이때 작업배치는 작업순서를 나타낸다.

단계 5: 단계 4에서 배치된 작업순서에 따라 공정(설비) 또는 작업장 1과 공정(설비) 또는 작업장 2를 중복된 시간이 발생하지 않게 각각 작업순서를 나열한다. 이때 각 작업은 작업소요시간 크기에 따라 막대의 크기를 결정한다. 공정(설비) 또는 작업장 2에서 가장 최종적으로 끝나는 시간이 총작업소요시간이 된다,

예를 들면 다음과 같다.

[표 8-5] 공정별 작업시간

작업	작업시간	
	공정 1	공정 2
A	5	5
B	4	2
C	1	6
D	2	4
E	6	3
F	3	7

① 공정 1과 공정 2에 따른 작업을 구분하고 작업소요시간을 구한다.

② 공정 1에서 가장 짧은 작업소요시간은 C 작업이고, 공정 2에서 가장 짧은 작업소요시간은 B 작업이다. 이때 C작업은 가장 왼쪽(시작점)에 배치하고, B작업은 가장 오른쪽(종료점)에 배치한다.

C					B

③ ②에서 선택한 작업을 제외하고 공정 1에서 가장 짧은 작업소요시간은 D 작업이고, 공정 2에서 가장 짧은 작업소요시간은 E 작업이다.

C	D			E	B

④ ③을 반복하면 작업순서는 다음과 같다.

C	D	F	A	E	B

⑤ ④에서 결정된 작업순서대로 공정 1과 공정 2의 작업순서를 배치하면 다음과 같다. 6개의 작업은 총 28시간이 걸린다. 공정 1은 21시에 작업을 종료한다. 공정 2는 공정 1의 C 작업이 종료된 후에 작업을 시작하므로 이 시간 동안에 대기하고 있다가 작업을 시작하므로 28시에 종료된다.

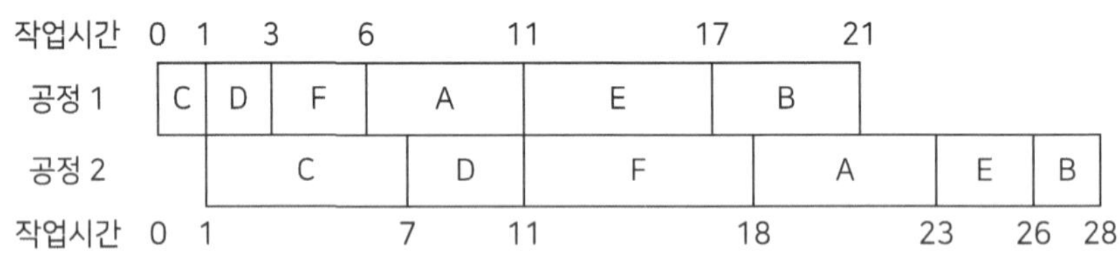

3.5 PERT/CPM

3.5.1 PERT/CPM의 개요

빌딩, 아파트, 다리, 항공기, 선박, 대형기계 등은 하나를 제작하는 데 많은 시간과 비용이 소요된다. 그리고 이러한 제품은 비반복적이고 1회성 성격을 가지고 있기 때문에 생산시스템의 유형으로 살펴보면 프로젝트 생산이라 한다. 이 제품들은 생산 과정에서 한번 불량이 발생하게 되면 재생산이 불가능하거나 손실비용이 큰 경우가 많으므로 사전에 충분한 계획을 통해 통제 관리를 하지 않으면 안 된다. 이와 같이 프로젝트 생산의 계획 및 통제를 효율적이고 체계적으로 할 수 있도록 해주는 것이 PERT(Program Evaluation and Review Technique)와 CPM(Critical Path Method)이다. PERT/CPM은 간트도표의 한계를 극복하기 위해 네트워크 모형으로 개발되었다. 그리고 이 기법은 시간의 추정 및 통제 활동이 가능하고 시간단축과 비용절감을 주목적으로 하고 있다. 따라서 일반적인 제조업에서도 일정계획을 수립하기 위하여 사용할 수 있다.

3.5.2 네트워크

네트워크란 각 활동 사이의 상호관계에 대한 연관성과 선후관계를 나타내는 다이어그램이다. 네트워크는 활동(activity)과 이벤트(event)로 구성되어 있고, 활동은 화살표(→)로 이벤트는 마디(O)로 나타낸다. 그리고 AOA(Activity-On-Arrow diagram)와 AON(Activity-On-Node diagram)으로 구분한다. AOA는 활동을 화살표 위에 표시하고, AON은 활동을 마디(노드)에 표시한다. 화살표는 활동의 선후관계를 명확히 하고 활동 간의 논리적인 연관관계를 나타낸다. 여기서는 AOA를 중심으로 설명한다. 네트워크 작성방법은 다음과 같다.

- 각 활동의 선행활동과 후행활동을 결정한다.
- 네트워크는 왼쪽에서 오른쪽으로 작성하고 역방향으로 갈 수는 없다.
- A, B, C, D, E, F는 활동 소요시간을 나타낸다.
- C는 가상활동(dummy activity)으로 활동 소요시간은 '0'이며 활동의 선후관계만 나타낸다.
- **ES(earliest start time)는 가장 빠른 착수시간**으로 특정 활동이 선행활동의 요구조건을 충족시키면서 가장 빨리 시작할 수 있는 시간이며, 선행활동의 최대의 EF와 같다. 첫 번째 활동의 ES는 선행활동이 없으므로 0으로 가정한다.

$$ES = \text{최대값}(EF_{\text{선행활동}})$$

- **EF(earliest finish time)는 가장 빠른 완료시간**으로 특정 활동이 선행활동의 요구조건을 충족시키면서 가장 빨리 완료될 수 있는 시간이다. 이 값은 가장 빠른 착수시간(ES)에 그 활동의 소요시간(t_i)을 더하여 구한다.

[그림 8-2] 네트워크(예)

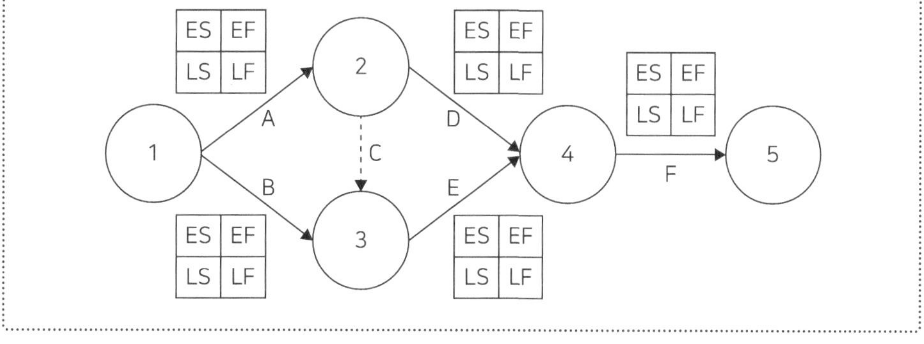

$$EF = ES + t_i$$

- **LS(latest start time)는 가장 늦은 착수시간**으로 전체 프로젝트를 지연시키지 않고 특정 활동이 가장 늦게 시작할 수 있는 시간이다. 이 시간보다 늦어지면 전체 프로젝트 일정에 영향을 주는 한계시간에 해당한다. 이 값은 가장 늦은 완료시간(LF)에서 그 활동의 소요시간(t_i)을 빼서 구한다.

$$LS = LF - t_i$$

- **LF(latest finish time)는 가장 늦은 완료시간**으로 전체 프로젝트를 지연시키지 않고 특정 활동이 가장 늦게 완료되는 시간이며, 후속활동의 최소의 LS와 같다. 또한 최종 활동의 LF는 최종활동에서 계산한 EF의 값과 같도록 설정한다.

$$LF = \text{최소값}(LS_{\text{후속활동}})$$

- **각 활동별로 ES, EF, LS, LF가 파악되면 각 활동의 총여유시간(total slack time: TS)을 구할 수 있다.** 총여유시간은 전체 프로젝트의 완성시간에 영향을 주지 않는 범위 내에서 여유를 누릴 수 있는 최대시간이다. 총여유시간을 누리려면 선행활동은 가장 빠른 착수시간(ES)에 시작해야 하고, 후속활동은 가장 늦은 착수시간(LS)에 시작해야 한다. 활동별 총여유시간은 다음과 같이 정의된다.

$$TS = LS - ES = LF - EF$$

3.5.3 활동 소요시간의 추정

프로젝트 생산은 비반복적이고 1회성이 크므로 활동 소요시간을 예측하기가 어렵다. 그래서 과거에 유사한 프로젝트 시간을 이용하여 활동 소요시간을 추정하기도 한다. PERT/CPM에서는 이러한 단점을 보완하기 위해 3가지 허용시간을 구하여 기대시간을 산출한다.

- 낙관시간치(optimistic time: *a*): 작업을 완료하는 데 소요되는 시간을 가장 낙관적인 입장에서 추정한 것으로 예상되는 소요시간 중에서 최단 시간을 말한다.
- 정상시간치(most likely time: *m*): 작업이 정상적으로 진행될 때 예상되는 소요시간으로 최빈값을 말한다.
- 비관시간치(pessimistic time: *b*): 작업을 진행하는 데 여러 가지 장애로 인하여 가장 늦게 진행될 때 걸리는 최장시간을 말한다.
- 기대시간치(expected time: *te*): 3가지 시간치를 가중평균한 시간을 말한다.

[그림 8-3] 추정시간과 분포의 관계

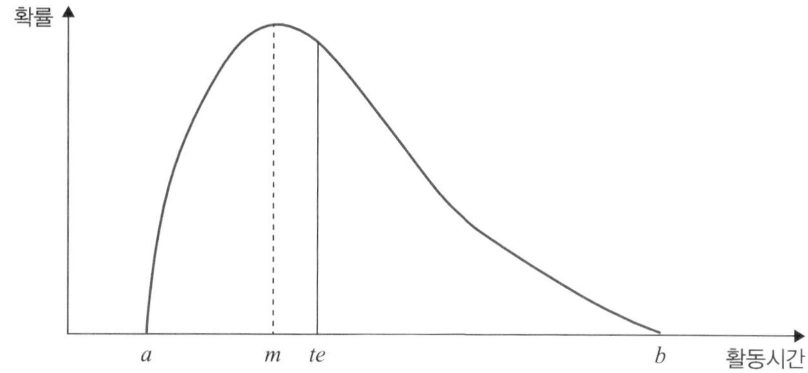

모든 활동의 추정 소요시간은 이들 3가지 시간으로 구성되어야 하고, 이들 3가지 시간은 베타분포를 가정하므로 3가지 시간의 기대시간치는 다음과 같이 구한다.

$$te = \frac{a + 4m + b}{6}$$

그러나 작업의 반복이나 경험이 있는 기업에서는 빈번히 발생할 확률이 높은 값을, 표준시간이 있는 제조업의 경우에는 표준시간을 기대시간치로 활용할 수 있다.

각 활동 추정시간치의 a와 b의 산포가 크면 정해진 시간에 완료할 확률이 작아지고, a와 b의 산포가 작아지면 정해진 시간에 완료할 확률이 높아진다. 활동의 산포는 분산으로 구할 수 있다.

$$\sigma^2 = \left(\frac{b - a}{6}\right)^2$$

[표 8-6]에서 기대시간에 완료할 확실성이 높은 활동은 6, 3, 5, 1, 4, 2 순이다. 활동 2가 가장 낮은 활동으로 기대시간 내에 완료할 수 있는 불확실성이 가장 크다.

프로젝트는 고객이 요구하는 납기에 맞추어서 완료해야 한다. 따라서 일정계획은 고객이 요구하는 납기일에 맞추어서 프로젝트가 어느 정도 완료 가능한지를 확률로 구할 수 있다. 다음은 엑셀에서 NORMSDIST(확률)(표준정규분포의 확률값 반환)을 활용하여 표준정규분포의 확률(p)값을 구하면 된다.

$$Z = \frac{TS - TE}{\sqrt{\sum \sigma_{cp}^2}}$$

[표 8-6] 활동의 추정시간, 기대시간, 분산(예)

활동	낙관시간(a)	정상시간(m)	비관시간(b)	기대시간(te)	분산(σ^2)
1	9	14	19	14	2.8
2	5	14	23	14	9
3	5	7	9	7	0.4
4	6	9	18	10	4
5	7	10	13	10	1
6	2	2	2	2	0

TS : 프로젝트 계획 완료시간

TE : 주공정의 총완료시간

$\sum\sigma_{cp}^2$: 주공정의 분산 합

3.5.4 PERT/CPM을 활용한 일정계획

기업에서 PERT/CPM을 사용하여 일정계획을 수립하려면 기대시간 또는 표준시간을 활용하면 된다. [표 8-6]의 기대시간을 활용하여 다음과 같이 PERT/CPM을 작성하였다.

[그림 8-4]에서 5~6번 활동에서의 ES는 1번, 2번, 3번, 5번을 거치는 프로세스 ES의 합(14+7+10=31)과 1번, 4번, 5번을 거치는 프로세스 ES의 합(14+10=24) 중에서 가장 많이 걸리는 시간(31)을 작성한다. 그리고 4~5번 활동에서의 LS는 5~6번 활동 LS(31)에서 4~5번 활동시간(10)을 뺀 값(21)을 작성한다. 이때 $LS-ES$(또는 $LF-EF$)=7은 여유시간이다. 즉 4~5번 활동은 빠르면 14시간 후에 시작할 수 있고, 늦어도 21시간 후에는 시작해야 5~6번 활동을 할 수 있다.

[그림 8-4]에서 주경로(critical path: 굵은 화살표)는 $LS-ES$=0과 $LF-EF$=0이 되는 경로를 말한다. 여기서는 ①→②→③→⑤→⑥이다. 따라서 이 활동의 일정계획은 총 소요시간은 33시간이 걸린다.

[그림 8-4]에서 주공정의 완료시간(TE)이 33시간으로 늦어도 40시간 내에 완료할 수 있는 기대확률은 다음과 같이 구한다.

이 공식을 사용하여 표준정규분포 $Z = \frac{40-33}{3.63} = 1.93$이므로 엑셀에서 NORMSDIST(확률)(표준정규분포의 확률값 반환)을 활용하여 확률값을 구하면 NORMSDIST(1.93) = 0.9732가 된다. 따라서 주공정을 40시간 이내로 완료할 수 있는 기대확률은 97.32%가 된다.

[그림 8-4] PERT/CPM 작성(예)

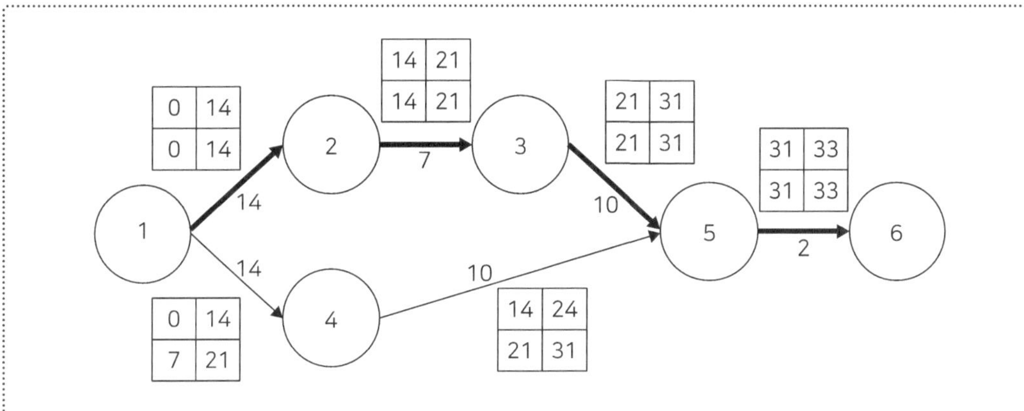

4. 생산능력계획

4.1 생산능력계획의 개요

생산능력(production capacity)은 단위기간 동안에 생산시스템이 가지고 있는 최대 생산능력을 말한다. 보통 생산능력은 작업능력과 설비능력으로 구분한다. 최대 작업능력은 조립생산 등 수작업이 주로 이루어지는 기업의 가용한 수작업 생산능력을 말하고, 최대 설비능력은 장치공업 등 설비를 중심으로 생산하는 기업의 가용한 설비 생산능력을 말한다. 이러한 생산능력은 그 기업에서 병목공정이 최대 생산능력을 결정한다. 만약 개별설비별로 생산능력이 다를 경우 개별설비별로 가지고 있는 능력을 최대한 가동시키면 공정재고가 발생하게 된다. 따라서 기업이 보유하고 있는 설비는 병목공정의 설비능력에 맞추어 다른 개별설비의 능력을 균형지게 만드는 것이 필요하다. 작업능력을 계획할 때에도 병목공정을 기준으로 각 공정 작업자의 작업시간을 평준화하여 라인화(투입부터 완성까지 흐름생산)하는 것이 필요하다.

생산능력을 구분하면 다음과 같다.

- 설계능력: 설계상에 표시된 성능 또는 능력으로 생산 가능한 최대능력이다. 설비는 도면이나 매뉴얼에 표시되고, 수작업 생산라인은 설계할 때 최대 생산량을 기준으로 도면에 표시된다.
- 유효능력: 정상적인 생산조건에서 생산 가능한 최대능력이다. 기종변경시간, 설비 정기점검시간, 휴식시간 등을 제외한 가용한 생산능력을 말한다.

- 실제능력: 설비고장, 불량발생, 자재부족 등의 발생을 제외한 순수하게 양품을 만들어 내는 생산능력이다. 이는 유효능력을 초과할 수 없다.

생산시스템을 설계할 때는 유효능력 또는 실제능력이 설계능력에 가까울수록 생산능력이 극대화될 수 있다. 실제능력은 설비고장, 불량발생, 재고부족이 발생하지 않도록 사전에 예방활동을 하면 유효능력에 근접할 수 있다. 유효능력은 기종변경시간을 단축하고 설비 정기점검시간을 작업시간 외에 수행함으로써 설계능력에 근접할 수 있다. 설계능력에 근접할 수 있도록 최대화하는 방법은 설계 도면 또는 매뉴얼에 표시된 최대능력으로 가동한다.

생산능력은 기업이 부가가치 활동을 얼마나 하는지를 나타내는 척도로서 경쟁력의 요인이 되기도 한다. 자동차를 생산하는 A사와 B사가 있다고 할 때 두 회사의 생산공장을 설계능력이 연간 100만 대를 생산하는 것으로 설계되었다면, 두 회사가 연간 최대로 생산했을 때 실제 생산량이 A사는 80만 대, B사는 70만 대를 생산한다고 할 때 A사가 더 경쟁력이 있다고 볼 수 있다. 왜냐하면 A사는 B사보다 생산로스가 적어 단위당 생산비용이 낮아지므로 자동차 가격경쟁력이 높아지기 때문이다. 이와 같이 생산능력은 생산시스템의 투입단위나 산출단위로 측정될 수 있다.

일반적으로 생산능력의 측정은 산출단위로 이루어지는 경우가 많다. 그러나 최근에 다품종화되고 한 개의 라인에서 혼류생산(여러 가지 제품생산)이 많아짐에 따라 산출단위로 측정하기는 쉬운 일이 아니다. 예를 들어 대형차종 10만 대, 중형차종 20만 대, 소형차종 30만 대 생산한다면 평균 생산능력이 20만 대라고 할 수 있는지 명확하지 않다. 따라서 다품종화되어감에 따라 산출단위를 정의하기에는 어려움이 있으므로 투입지표에 의한 생산능력을 측정하는 경우가 많다. 투입지표를 사용한 생산능력은 다음과 같이 구할 수 있다.

$$\text{생산능력} = \text{가용시간} \times \text{가동률} \times \text{효율}$$

$$\text{가동률} = \frac{\text{가용시간} - \text{비가동시간}}{\text{가용시간}} \times 100$$

$$\text{효율} = \frac{\text{표준시간}}{\text{가용시간}} \times 100$$

가용시간: 생산활동에 사용가능한 전체 생산시간, 즉 유효능력

가동률 : 자원이 실제 사용된 비율

효율 : 기준(표준)의 달성 비율

4.2 생산능력 전략

4.2.1 여유생산능력

생산능력의 결정문제는 장기적 수요변화, 경기변동 및 시장수요변동 등에 따른 생산시스템의 신설 또는 확장에 있어서 중요하다. 생산능력의 결정은 장기적인 이익을 극대화하기 위한 목적으로 기업의 생산자원을 최대한 활용할 수 있도록 하여야 한다. 생산능력은 기업의 판매정책, 고용정책, 재고정책, 공급능력, 생산원가, 경쟁력 등을 결정하는 중요한 요인이 된다. 만약 생산능력이 부족하면 고객대응력이 떨어져 고객을 상실하고 경쟁기업에 고객을 빼앗기는 결과를 초래한다. 반대로 생산능력이 과잉일 경우에는 재고가 증가하거나 가격이 하락하여 기업의 이익을 감소시킨다. 기업은 보유하고 있는 생산능력을 여러 가지 원인(설비고장, 불량, 기종교체, 결근 등)으로 인하여 100% 활용하지는 못한다. 다양한 원인의 발생으로 인한 생산중단 등을 대비하기 위하여 여유생산능력을 가지고 간다. 여유생산능력은 최대 생산능력을 100이라고 했을 때 평균가동률을 뺀 값이다.

$$\text{여유생산능력} = 100 - \text{평균가동률}$$

여유생산능력은 갑작스러운 수요의 증가, 설비고장, 불량, 공급량 차질에 따른 생산능력의 감소에 대비하여 항상 준비해 두고 있는 완충능력(buffer capacity)으로서 안전재고의 개념과 같다. 여유생산능력은 안전재고와 같이 긴급상황에 대비하기 위하여 사용하지 않고 남아있는 것으로서 이를 유지하는 데에는 비용이 발생한다.

기업은 비용을 최소화하려는 노력을 한다. 비용을 최소화하려면 생산이 안정화되어 있어야 하고 예측 가능해야 한다. 그러면 생산능력을 안정적으로 운영할 수 있으므로 여유생산능력을 최소화할 수 있다. 그러나 갈수록 수요의 다품종화와 불확실성이 높아지고 있다. 이에 따라 기업은 유연하게 대응할 수 있는 생산능력을 갖추어야 한다.

생산능력의 유연성은 수요의 증감에 따라 생산능력을 증감할 수 있고, 수요의 변화에 따라 제품변경을 빨리할 수 있는 능력을 가지는 것을 말한다. 이 같은 유연성은 어떠한 변화에도 적응할 수 있는 생산능력을 갖추었을 때 가능하다. 생산능력의 유연성은 유연한 생산시스템, 유연한 공정, 유연한 작업자, 유연한 외주이용 전략을 통해 달성할 수 있다.

(1) 유연한 생산시스템

다품종 또는 개별 맞춤형 생산이 늘어남에 따라 생산 유연성의 필요성이 높아진다. 기업은 단품을 생산하는 경우와 공정을 거쳐 가면서 생산하는 경우로 나눌 수 있다. 단품을 생산하는 경우는 유연한 공정을 참고하면 된다. 공정을 순서별로 거쳐 가면서 생산하는 경우는 일반적으로 라인화를 이루고 있다. 기존에 알려진 유연한 생산라인의 예는 셀(cell) 생산라인으로 '='라인 또는 'U'라인을 들 수 있다(13장 공정설계 참조). 셀 생산라인은 목표생산량에 따라 작업자 수와 라인의 길이를 조정한다. 라인이 짧으면 짧을수록 유연성이 높아진다. 다품종 또는 개인 맞춤형 생산으로 변화됨에 따라 기존에 사용하던 컨베이어를 없애고 하나의 장소에서 작업자들이 모여 생산하고 생산이 끝나면 다른 장소로 이동하여 생산하는 프로젝트형 생산 형태로 변화하고 있다.

제품변경 시마다 설비를 옮겨 다니면서 생산할 수 있도록 하거나, 설비를 옮길 수 없는 경우에는 무인운반로봇(AGV: Automated Guided Vehicle)을 활용하여 자재를 신속히 이동할 수 있도록 하는 것도 한 방법이다. 따라서 라인의 유연성은 각 설비의 기종변경시간(금형교환시간, 치공구 교환시간 등)에 영향을 받는다.

개별설비가 자율제어되는 무인화가 이루어지면서 생산계획에 따라 수시로 제품변경이 가능하게 되었다. 이로 인해 투입부터 완성까지 무인 자동화라인을 가능하게 하고 원격제어를 통해 제품변경을 손쉽게 할 수 있게 되었다. 무인 자동화라인은 각 공정의 작업시간이 동등하게 설정되어야 가능하다. 그리고 기종변경시간이 짧으면 짧을수록 생산시스템의 유연성이 높아진다.

(2) 유연한 공정

설비를 가지고 생산하는 기업은 설비의 기종변경시간이 제품변경의 유연성에 영향을 준다. 예를 들어 현재 A제품을 생산하고 있다면 B제품을 생산하기 위해 금형교환을 해야 하는데 이때 소요되는 시간이 1시간 소요된다면 그만큼 생산성이 떨어지므로 기업에서는 하나의 제품을 연속해서 생산하려고 하므로 결국 유연성이 떨어진다. 만약 금형교환을 3분 이내에서 할 수만 있다면 하나의 제품을 연속해서 생산하는 것보다 제품변경하는 것이 더 유리하다. 왜냐하면 연속해서 생산할 경우에는 필요 이상의 제품을 만들어 발생하는 재고관련비용이 기종변경으로 인해 발생하는 생산성이 저하되는 비용보다 크기 때문이다. 설비의 기종변경시간을 짧게하고 자율제어되도록 하고 이들 설비를 공정순서별로 배열하여 무인화하면 유연한 생산시스템이 된다.

(3) 유연한 작업자

유연한 생산시스템에서 셀(cell) 생산라인으로 '='라인 또는 'U'라인과 그리고 라인은 짧으면 짧을수록 유연성이 높아진다고 설명했다. 셀 생산라인의 특징은 목표생산량에 따라 작업자 수를 조정하는 데 있다. 예를 들어 기존에 8개 공정을 4명이 생산한다면 한 명당 2개 공정을 작업해야 하고, 2명이 작업한다면 한 명이 4개 공정을 작업해야 한다. 이때 작업자는 여러 공정의 작업방법을 알고 있어야 가능하므로 이를 다기능화라고 한다. 포드생산시스템에서는 작업자의 단순반복 작업을 통해 생산성을 높이는 데 있었다면 도요타생산시스템은 다기능화를 통해 생산의 유연성을 높여 생산성을 높이는 데 있었다.

설비의 자율제어가 가능해지면서 생산공정 또는 생산라인이 무인자동화되므로 작업자는 오퍼레이터로의 전환이 필요하다.

4.2.2 생산능력 확대 전략의 유형

장기 수요예측을 통해 생산능력을 결정한다는 것은 장기예측 자체가 불확실성이 높기 때문에 생산능력을 확대하거나 축소하는 의사결정을 내리기가 어렵다.

생산능력의 확대 문제는 생산전략의 한 영역으로 경쟁전략에 있어서 중요하다. 그리고 생산능력은 한번 확대하면 바꾸기가 쉽지 않으므로 신중하게 결정해야 한다. 생산능력의 확대 전략의 유형은 다음과 같다.

(1) 확장 선도 전략

확장 선도 전략은 수요가 현재 보유하고 있는 생산능력에 근접하게 도달하면 생산능력을 증설하여 향후의 수요증가에 선제적으로 대비하는 전략이다. 생산능력의 증설을 얼마만큼 할 것인가는 장기적으로 수요가 어느 정도 증가할 것인지에 대한 예측에 따라 전략적으로 결정한다. 수요가 생산능력을 초과하기 전에 생산능력을 증설하는 것이므로 이후 수요가 증설한 생산능력에 도달할 때까지는 여유생산능력으로 인한 비용이 발생

[그림 8-5] 확장 선도 전략

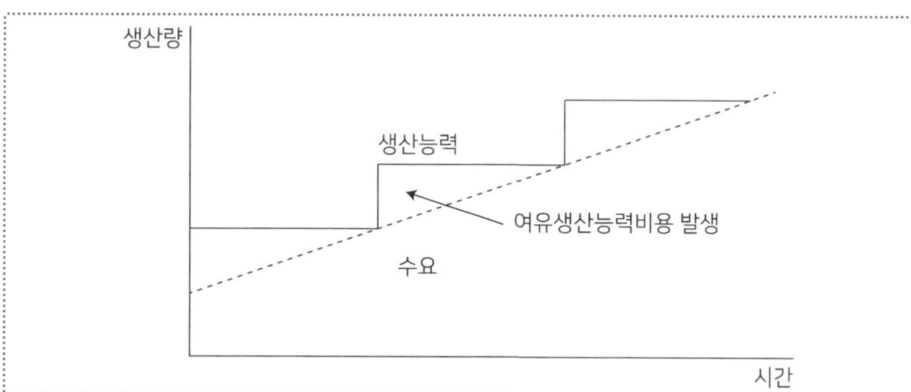

한다. 이 전략은 과잉생산능력을 유지하는 비용보다 재고부족(품절)으로 인한 손실이 더 높거나 여유생산능력 비용이 발생하더라도 원활한 제품의 공급을 통해 시장을 선도적으로 점유하기 위한 기업에 적합하다. 이는 예측한 수요의 수준만큼 실제로 수요가 발생하지 않는다면 과잉생산능력으로 인한 투자손실의 리스크가 발생하게 된다.

(2) 확장 추종 전략

확장 추종 전략은 수요가 생산능력에 도달하여도 바로 생산능력을 증설하지 않고 잔업, 임시고용, 외주생산 등을 통해 일정 기간 대응을 하다가 더 이상 대응이 어려워지면 생산능력을 증설하는데 현재 증가된 수요까지만 증설하는 전략이다. 일정 기간 동안에 잔업, 임시고용, 외주생산으로 대응하게 되면 증설할 때까지 단기대응비용이 발생한다. 그리고 기업은 재고부족으로 인한 손실비용은 감수해야 한다. 따라서 이 전략은 재고부족으로 인한 손실비용보다 여유생산능력으로 인한 유지비용이 더 높거나 시장수요가 증가하더라도 시장에서의 위치가 불안하여 보수적으로 대응하는 시장을 추종하는 기업일 경우에 적합하다. 이 전략은 시장에서 수요가 증가하는 것을 보고 증설하는 것으로 경쟁기업에서 동일한 전략을 구사할 경우에는 과잉생산능력으로 인한 가격하락과 경쟁이 더욱 치열해진다.

[그림 8-6] 확장 추종 전략

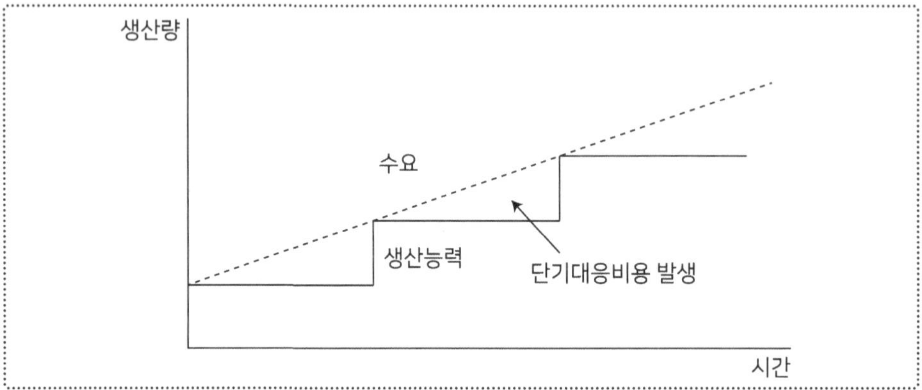

(3) 확장 혼합 전략

확장 혼합 전략은 확장 선도 전략과 확장 추종 전략을 절충한 형태의 생산능력 증설 전략이다. 이 전략은 어느 정도의 수요가 생산능력을 초과할 때까지는 잔업, 임시고용, 외주생산 등의 단기대응을 통해 생산능력을 충족시키다가 적절한 시기에 미래 수요를 반

[그림 8-7] 확장 혼합 전략

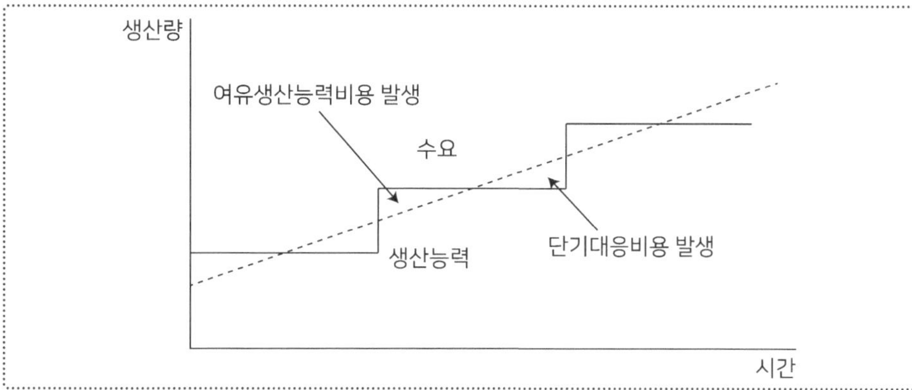

영하여 그 시점의 수요보다는 높은 수준으로 증설하고자 하는 기업에 적합하다.

4.2.3 생산능력계획기간

생산능력계획은 생산계획 기간을 설정하는 것과 동일한 방식으로 계획기간을 설정한다.

(1) 장기생산능력계획

장기생산능력계획은 장기생산계획을 달성하기 위하여 수요예측을 통해 향후 3~5년 이상의 미래를 대상으로 하여 소요능력을 계획하는 것이다. 장기적인 생산능력의 계획은 생산라인과 설비의 증설, 축소, 신설 등을 고려하여 수립한다.

(2) 중기생산능력계획

중기생산능력계획은 중기생산계획을 달성하기 위하여 수요예측을 통해 1~2년간의 미래를 대상으로 하여 소요능력을 계획하는 것이다. 중기적인 생산능력의 계획은 고용, 해고, 외주생산 등을 고려하여 수립한다.

(3) 단기생산능력계획

단기생산능력계획은 단기(총괄)생산계획을 달성하기 위하여 수요예측을 통해 1년 이내의 미래를 대상으로 하여 월별, 분기별 소요능력을 계획하는 것이다. 단기적인 생산능력의 계획은 재고운영, 생산라인 조정 등을 고려하여 수립한다.

(4) 주일정생산능력계획

주일정생산능력계획은 주생산일정계획을 달성하기 위하여 단기생산계획의 1개월 단위의 생산계획을 기반으로 주별 단위의 소요능력을 계획하는 것이다. 주별 단위 생산능력의 계획은 일정계획, 작업배정, 잔업, 임시고용, 가공 또는 조립 절차의 조정 등을 고려하여 수립한다.

(5) 일생산능력계획

일생산능력계획은 일정계획을 달성하기 위하여 주일정생산계획의 1주 단위의 생산계획을 기반으로 1일 단위의 소요능력을 계획하는 것이다. 일(시간) 단위의 생산능력계획은 작업우선순위(긴급수요, 샘플제작 등), 각 공정 또는 라인의 사이클타임, 리드타임, 제품별 생산수량, 재고 수량 등을 고려하여 수립한다.

8장 연습문제

1. 총괄생산계획에 대하여 설명하시오.
2. 총괄생산계획을 수립할 때 고려해야 할 요인에 대하여 설명하시오.
3. 총괄생산계획의 목적에 대하여 설명하시오.
4. 총괄생산계획의 전략에 대하여 설명하시오.
5. 총괄생산계획 기법의 유형에 대하여 설명하시오.
6. 주생산일정계획에 대하여 설명하시오.
7. 일정계획에 대하여 설명하시오.
8. 작업순서의 우선순위규칙에 대하여 설명하시오.
9. 존슨의 규칙에 대하여 설명하시오.
10. PERT/CPM에 대하여 설명하시오.
11. 간트차트와 PERT/CPM과의 차이에 대하여 설명하시오.
12. 추정시간치의 종류에 대하여 설명하시오.
13. 생산능력계획에 대하여 설명하시오.
14. 생산능력 전략에 대하여 설명하시오.
15. 생산능력 확대 전략의 유형에 대하여 설명하시오.

CHAPTER

9

자재관리

1. 자재관리

1.1 자재관리의 개요

자재(material)는 생산활동의 구성요소인 4M1E(Man, Machine, Material, Method, Environment) 중 하나로써 생산시스템에 투입되어 변형 과정을 통해 완제품으로 산출된다. 따라서 생산관리 활동에서 자재관리(material control)는 중요한 관리활동 중의 하나라고 볼 수 있다.

자재관리는 생산에서 필요로 하는 품질과 수량의 자재를 적기에 조달하여, 필요로 하는 부서에 공급하는 기능을 말한다. 자재관리의 수행업무를 살펴보면 자재계획관리, 구매관리, 조달관리, 검수관리, 창고관리, 재고관리, 폐품 및 불량품 처리관리, 자재의 표준화 관리 등이 있다.

자재관리를 기능별로 구분하면 자재계획관리, 구매관리, 검수관리, 재고관리, 창고관리로 나눌 수 있다.

[그림 9-1] 자재관리의 업무 구분 및 프로세스

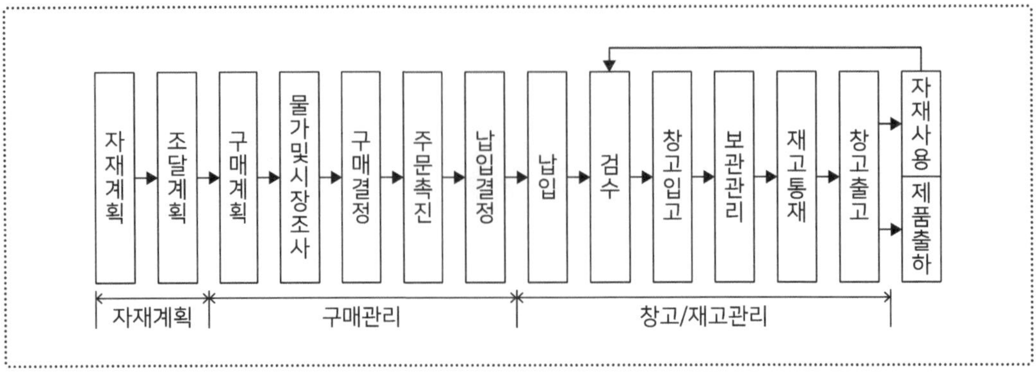

1.2 자재계획

자재계획의 근본적인 목적은 경영목적을 충족시키는 것이며 자재관리의 대상이 되는 자재를 선정, 조달, 저장, 사용 등을 결정하는 것이다. 그리고 자재계획은 필요로 하는 자재의 소요량을 필요시기에 필요한 장소에 공급하여 사용할 수 있도록 계획하는 일이다.

자재계획은 생산계획에 따라 결정된다. 자재계획은 생산계획에 따라 기존에 보유하고 있는 자재와 부족한 자재를 모두 포함하여 계획을 수립한다. 부족한 자재에 대해서는 조달계획을 수립한다.

생산에 직접적으로 필요로 하는 자재의 획득, 즉 조달의 기능을 넓은 의미로 구매라고 하는데 조달의 수단은 구매와 외주로 구분한다. 구매란 자사가 필요로 하는 자재를 이미 넓게 일반적으로 형성되고 있는 시장에서 일반 재료나 부품처럼 시판되고 있는 것을 조달하는 것을 말한다. 그리고 외주란 자사가 필요로 하는 기능을 지닌 특수한 작업이나 규격을 특정 기업에 제조 또는 가공위탁을 한 후에 만들어서 조달하는 것을 말한다.

1.3 구매관리

구매관리는 구매계획, 물가 및 시장조사, 구매절차, 주문촉진, 납입절차, 납입의 순서로 이루어진다.

구매계획은 생산계획에 따라 자재계획이 수립된 후 부족한 자재에 대해 조달계획이 수립되면 소요품목, 소요량, 소요시기에 맞추어 조달하기 위하여 구매계획을 수립한다.

물가 및 시장조사는 구매활동의 기초가 되는 것으로 필요한 자재를 저렴한 가격으로 필요한 시기에 공급할 수 있게 하기 위하여 항시 물가수집 및 시장 분석을 한다. 보통 상품의 판매가격은 국가의 경제정책에 따라 좌우되는 면이 크지만 각 회사는 다음과 같은 요인을 고려하여 구매를 결정한다.

- 회사를 둘러싼 경제기구: 완전경쟁, 불완전경쟁, 독과점, 단순독점 등
- 고객수요: 공급에 비해서 수요가 많으면 가격이 상승하고, 수요에 비해서 공급이 많으면 가격이 하락한다. 독점일 경우에는 가격을 설정하는 데로 결정되는 경우가 많다. 그러나 판매가격은 구매자의 지불이 가능한 범위를 파악한 후에 결정해야 한다.
- 제조원가: 제품을 만드는 원가는 판매가격을 결정하는 데 영향을 준다. 손익분기점분석 등을 활용하여 판매가격의 하한선을 정한다.
- 경쟁: 경쟁자가 판매가격을 결정하면 다른 경쟁자는 그것이 판매가격의 상한이 된다.
- 회사의 목표: 시장을 점유하기 위하여 경쟁사의 판매가격에 대폭적으로 밑도는 가격을 설정하는 경우가 있다. 반대로 시장에 출시한 최초의 초기 제품이나 고품질 또는 참신한 디자인을 강조하여 판매가격을 높이 설정하는 경우도 있다.
- 제약

  법규 — 통제가격 또는 재판매가격 유지제도

  기술 — 기술 평준화 또는 대중화에 따른 기술 독점기간의 단축

  사회 — 가격경쟁에 따른 윤리와 가격설정에 대한 책임
- 시장관습: 구매자가 통상적으로 구입하는 가격이 시장에서 관습적으로 일반화되어 있는 수준을 말한다.
- 판매업자: 도·소매업자의 마진, 판매 계열화의 강약, 유통단계의 수, 할인점 또는 판매점의 가격 등을 고려한다.
- 판매방법: 할부 판매가격, 구입량에 따른 차등 할인가격, 현금 또는 어음 등 지급조건에 따른 가격, 현금가격의 이원화 가격 등을 고려한다.

구매결정은 복수 견적, 공급자 선정, 발주 등의 순서를 따른다. 구매를 결정하기 위해서는 발주하고자 하는 부품 또는 제품에 대하여 복수의 공급자를 대상으로 규격, 수량, 납기일 등의 정보를 제공하여 견적을 요청한다. 제출된 견적을 비교하여 최적의 공급자를 선정한다. 공급자 선정시에 고려되는 기준은 가격, 품질, 인도시간이다. 구매가격은 자사의 재료비로 반영되기 때문에 가장 낮은 가격으로 공급하는 공급자를 찾는 것이 많은 이윤을 얻는 열쇠가 된다. 구매가격은 중요한 요소이긴 하지만 유일한 고려요소는 아니다. 공급자재의 품질이 낮으면 생산활동 중에 발견된 경우에는 불량으로 인한 품질비용

이 발생되거나 또는 소비자에게 넘어간 이후에 결함이 발견될 경우에는 미래 매출의 상실을 가져올 수 있기 때문에 품질을 중시하는 기업일 경우에는 품질요인이 기준이 된다. 그리고 인도시간은 짧은 리드타임과 적시인도로 적은 재고로서 고객서비스를 유지할 수 있기 때문에 기준이 될 수 있다. 따라서 공급자의 선정은 기업의 공급기업 선정기준에 따라 결정하면 된다. 그리고 발주는 선정된 공급자에게 주문서를 보내는 것을 말한다.

주문촉진은 지정된 납기일에 납품이 가능한지를 사전에 배달지연 또는 수량차이 등이 발생하지 않도록 진척사항을 확인하고 독촉하는 활동이다.

납입결정은 공급자가 구매자의 일괄납입 또는 분할납입 등 납품 요구조건에 맞추어 납입방법을 결정한다.

납입은 구매자가 원하는 납기일에 맞추어 지정장소에 납품하는 것을 말한다.

1.4 창고관리

창고관리는 검수, 창고입고, 보관관리, 재고통제, 창고출고의 순서로 이루어진다.

검수는 납입된 자재가 주문서에 기록된 내용에 따라 납입수량을 확인하고 품질기준에 따라 적합한지를 검사부서에서 검사하여 합격여부를 결정한다. 합격일 경우에는 지정된 보관장소에 적치하여 보관관리하고, 불합격일 경우에는 불합격품 처리 프로세스에 따라 처리한다.

보관은 물품의 생산과 소비의 거리를 조정하여 시간적 효용을 창조하는 기능을 말하며, 이 보관기능을 갖는 기본시설이 창고이다. 기업에서 로케이션관리는 창고 내 상품의 보관장소를 명확히 하여 필요한 제품을 필요로 할 때에 필요한 양만큼 꺼낼 수 있는 관리 시스템으로 중요하다. 따라서 보관의 원칙은 다음과 같다.

- 통로 대면 보관의 원칙: 창고 내 입고와 출고를 용이하게 하고 창고 내의 원활한 화물의 흐름과 활성화를 위하여 통로면에 보관하는 것으로, 이것은 창고 설계의 기본인 동시에 창고 내의 흐름을 원활히 하고 활성화하는 기본원칙이다.
- 높이 쌓기의 원칙: 창고 전체의 유효 보관이란 관점에서 입체 효율을 향상시키기 위해 평평하게 쌓는 것보다 팔래트 등을 사용하여 높이 쌓는 것이 용적 효율을 높일 수 있다. 선입선출 등 재고관리상의 제약조건이 강한 경우에는 랙 또는 층층대 등의 보관설비 이용을 고려하여야 한다.
- 선입선출의 원칙: 선입선출(First In First Out: FIFO)은 먼저 보관된 것을 먼저 꺼내는 것으로 일반적으로 상품의 라이프 사이클(life cycle)이 짧은 경우에 적용한다. 재고

관리상 선입선출은 형식의 변경이 적은 경우, 라이프 사이클이 길거나 감모나 파손이 적은 경우는 선입선출로써 얻어지는 이익을 비교해서 결정한다. 그러나 최근에는 제품의 라이프 사이클이 짧아지고 있기 때문에 모든 재고관리는 선입선출을 기본으로 한다.

- 회전 대응 보관의 원칙: 보관 화물의 장소를 회전 정도에 따라 정하는 원칙으로 입·출하 빈도에 따라 보관장소를 결정한다. 입·출하 빈도가 높은 경우에는 출입구 근처에 보관하고, 빈도가 낮은 경우에는 출입구와 먼 장소에 보관한다.
- 동일성과 유사성의 원칙: 동일 품목이 산재해 있는 경우 물품의 입출고 및 재고조사, 작업자의 재고파악이 어려워 결과적으로 작업 생산성의 저해요인이 된다. 따라서 동일 품목의 경우 같은 장소에 두거나 유사한 제품은 한곳에 인접시켜 보관하는 것이 효율적이다.
- 중량 특성의 원칙: 중량에 따른 보관장소의 고저를 결정하는 것이다. 중량물과 대형물은 하층에 보관하고, 경량물과 소형물은 상층부에 보관한다.
- 형상 특성의 원칙: 형상에 따라 특성에 맞게 보관하는 것으로 표준품은 랙에 보관하고 자동차부품 또는 타이어와 같이 비표준품은 특수 보관기나 설비를 사용한다.
- 위치표시의 원칙: 보관품의 장소, 선반 번호 등의 위치를 표시함으로써 입출고 작업의 단순화를 통한 업무 효율화를 증대할 수 있고 불필요한 실수를 줄일 수 있다.
- 명료성의 원칙: 시각에 따라 보관품을 용이하게 식별할 수 있도록 보관하는 것으로 창고 내 작업자의 시각을 통해 보관장소나 보관품 자체를 용이하게 찾을 수 있어야 한다.
- 네트워크 보관의 원칙: 출하물품의 다양성에 따라 관련품목을 연관성에 따라 정리하여 집중적으로 보관하는 방식이다.

재고통제는 구입된 물품이 생산활동에 투입되기까지 적정량의 재고를 최소의 투자로 유지하고, 보관비, 진부화와 열등품 리스크, 보험료 및 금리, 가격변동에 따른 리스크 등을 감소시키며, 투하된 물품의 올바른 평가를 할 수 있도록 하기 위하여 필요하다.

창고출고는 생산현장에서 생산활동에 필요한 자재를 적시에 필요한 양을 출하하는 것을 말한다. 그리고 완성품일 경우에는 고객의 요구에 따라 필요한 수량을 필요한 시기에 맞추어 필요한 장소에 공급하기 위하여 출하하는 것을 말한다.

1.5 로케이션관리

창고에서 보관관리는 재화를 물리적으로 저장하고 관리하여 고객의 주문에 따라 피킹(picking), 분류, 검품 및 출고, 배송하는 일련의 작업을 수행하는 핵심적인 물류활동이다. 창고에서 보관관리를 효율적으로 하기 위해서는 로케이션관리가 필요하다.

보관되는 물품의 흐름은 일방통행(One Way) 방식과 U자 회전(U-turn) 방식으로 나눈다.

일방통행방식은 창고의 입구와 출구가 반대 또는 옆 방향에 별도로 설치되어 있어 입고되는 물품이 입구를 통해 들어와서 출구를 통해 반출되는 방식이다[그림 9-2].

U자 회전(U-tern)방식은 창고의 입구와 출구가 동일하거나 또는 동일한 방향에 설치하여 입고되는 물품이 입구를 통해 들어와서 출구를 통해 반출되는 방식이다[그림 9-3].

[그림 9-2] 일방통행(One Way) 방식

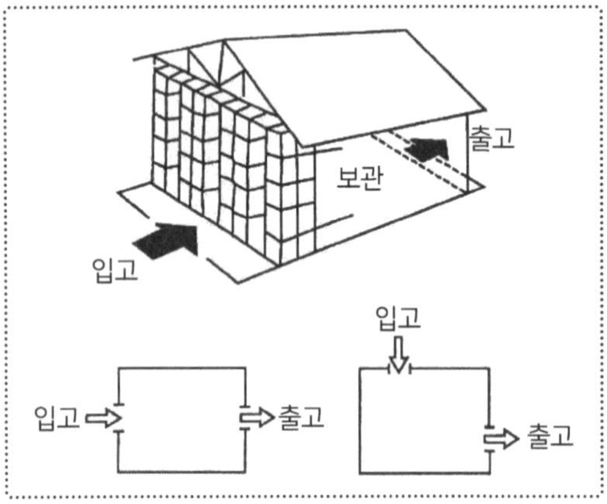

[그림 9-3] U자 회전(U-tern) 방식

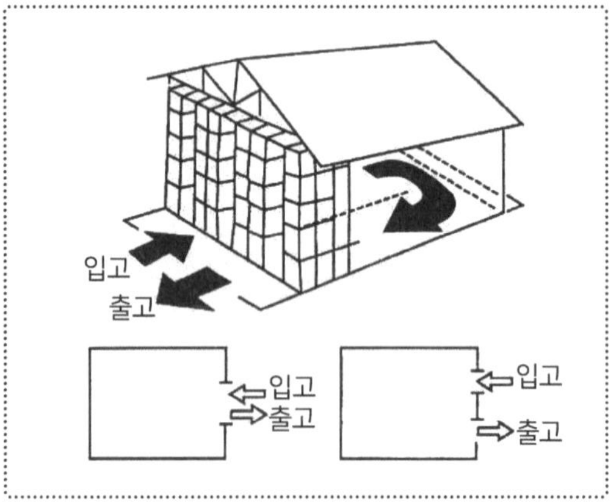

창고의 입구와 출구는 필요에 따라서 2개 이상 설치하는 경우도 있지만 보관관리 수준을 향상시키기 위해서는 입·출고의 수를 최소한으로 하는 것이 바람직하다.

창고의 공간 활용은 최대화되어야 하므로 랙, 선반, 메자닌(mezzanine: 건물의 층과 층 사이의 중간에 위치한 공간) 등을 사용하고, 통로 공간과 미사용 공간을 최소화해야 한다.

(1) 공간 활용의 최대화

창고의 레이아웃을 고려할 때에는 공간의 활용과 창고작업이 용이하도록 배치해야 한다.

- 입체적으로 쌓도록 한다.
- 통로면적을 가능한 줄인다.
- 적재효율을 향상시킨다.

[그림 9-4] 부품별 재고도표

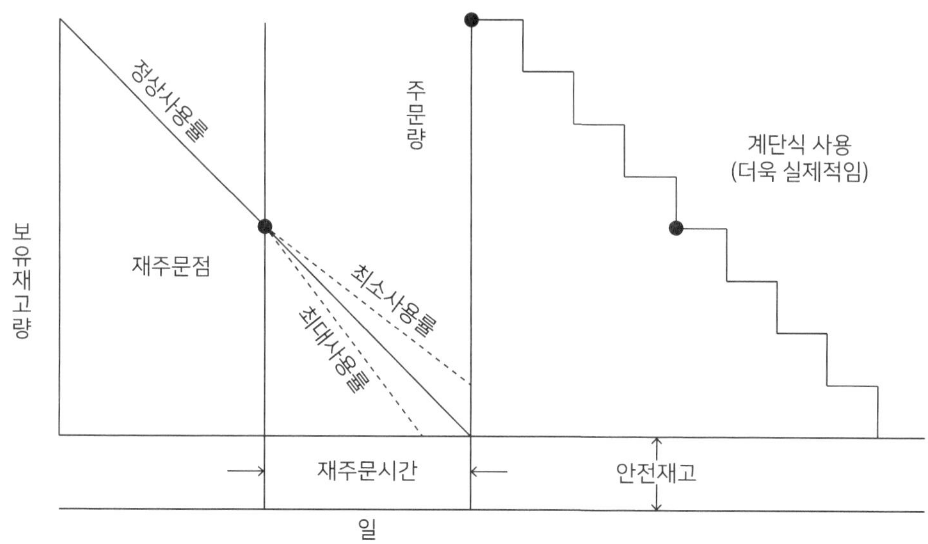

[그림 9-4]는 공간이 요구되는 재고의 50%만이 필요한 이유를 설명하고 있다. 주문된 물품이 도착한 날의 재고수준은 최대가 될 것이고, 도착하기 직전의 재고수준은 최소가 될 것이다. 여기서 평균 재고보유량은 50%이다. 그러므로 최대재고량에 대비하여 저장할 공간을 할당한다면 저장공간의 50% 정도만 채워질 것이다. 따라서 창고 공간을 효율적으로 이용하기 위해서는 약 50%의 자재를 저장하기 위한 공간만을 허용한다.

(2) 접근 용이성

생산성을 높이기 위해서는 입출고 빈도가 가장 높은 품목을 가장 피킹하기 쉬운 위치에 배치하여야 한다. 즉 이동 거리를 최대한 줄이기 위해서는 입출고 빈도가 가장 높은 품목을 재고분석을 통해 창고 입구와 가장 가까운 장소에 배치하고, 입출고 빈도가 가장 낮은 품목을 창고 입구와 가장 먼 장소에 배치한다. 이러한 분석을 ABC 재고분석이라 한다.

- A 품목의 입출고 빈도: 80%
- B 품목의 입출고 빈도: 15%
- C 품목의 입출고 빈도: 5%

창고 내에 물품을 적치하기 위해서는 소형물이냐 대형물이냐에 따라 보통 선반(소형물) 또는 랙(대형물)을 많이 사용한다. 그리고 선반 또는 랙을 사용할 때 임의위치(random location) 저장방법 또는 고정위치(fixed location) 저장방법을 사용한다.

임의위치 저장방법은 적재장소의 효율을 높이기 위하여 물품의 사용빈도가 낮은 경우에 적용하는 방식이다. 재고가 항시 있는 상태가 아니라 재고가 발생했을 때 임의위치에 저장했다가 재고가 소진되면 그 위치에 다른 물품의 재고를 적치하는 등 재고위치가 수시로 변경되는 것을 말한다.

임의위치 저장방법은 자재를 임의위치에 저장을 하고 저장한 위치를 기록한다. 그러므로 어떤 물품을 어디에 저장하였는지 추적하기 위한 위치파악 시스템이 필요하다. 따라서 위치파악을 위하여 번지제도를 사용한다.

[그림 9-5] 창고 랙과 선반 배치

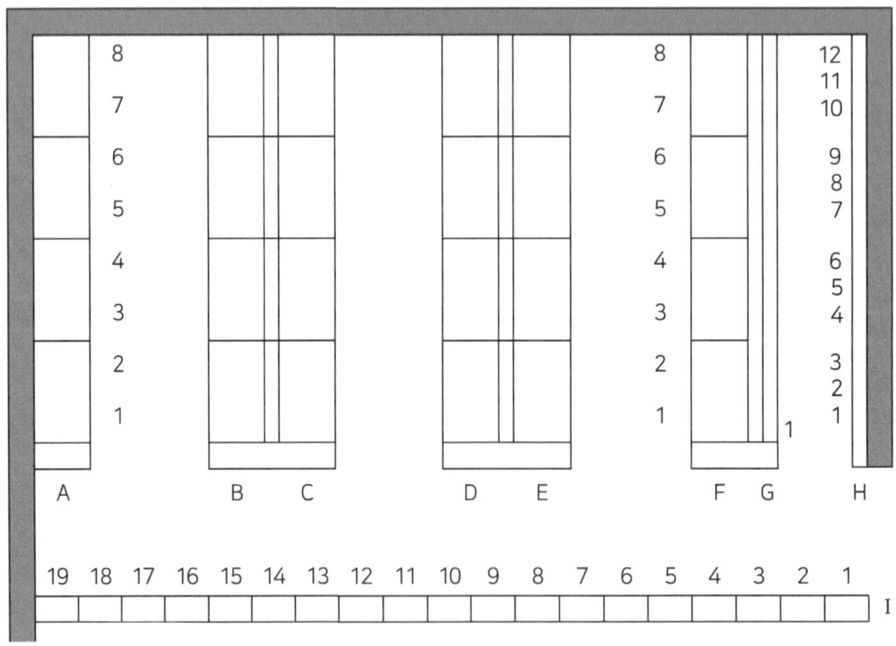

[그림 9-5]에서 A, B, C, D, E, F는 랙(팔레트 적치)의 장소를 표시하며, G, H, I는 선반의 장소를 표시한다.

각 랙에는 1~8까지 번호가 주어져 있는데 팔래트를 수평(동)으로 8개까지 적치할 수 있음을 나타낸다. 예를 들면 A랙에는 수평으로 1~8동까지 8개의 팔레트를 적치할 수 있고, 1동에는 창고의 높이와 물품의 크기에 따라 팔레트를 수직(번지)으로 적치할 수 있도록 랙이 구성된다. G, H, I 선반도 동일한 방식으로 번지체계를 구성하면 된다.

고정위치 저장방법은 물품의 사용빈도가 높아 항시 재고가 적치되어 있어야 하는 경우에 적용하는 방식이다. 따라서 지정된 동(수평)과 번지(수직)에 지정된 품목을 저장하는 방식이다. 도요타 생산방식의 3정(定) 활동과 같이 정위치, 정품, 정량으로 구성한다.

[그림 9-6] 랙 또는 선반의 번지제도

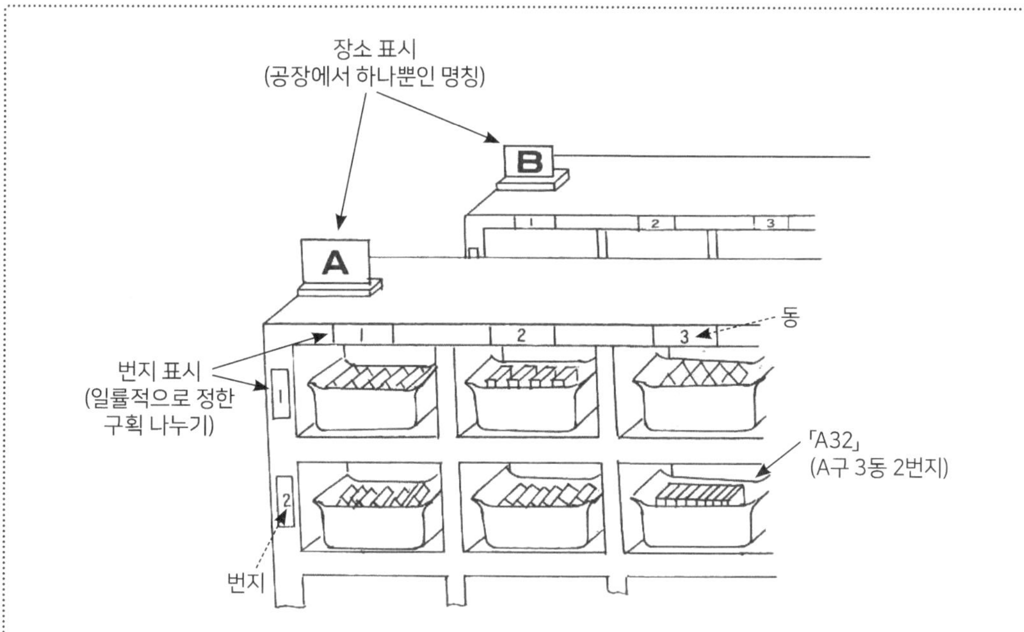

[그림 9-7] 고정위치 저장방법

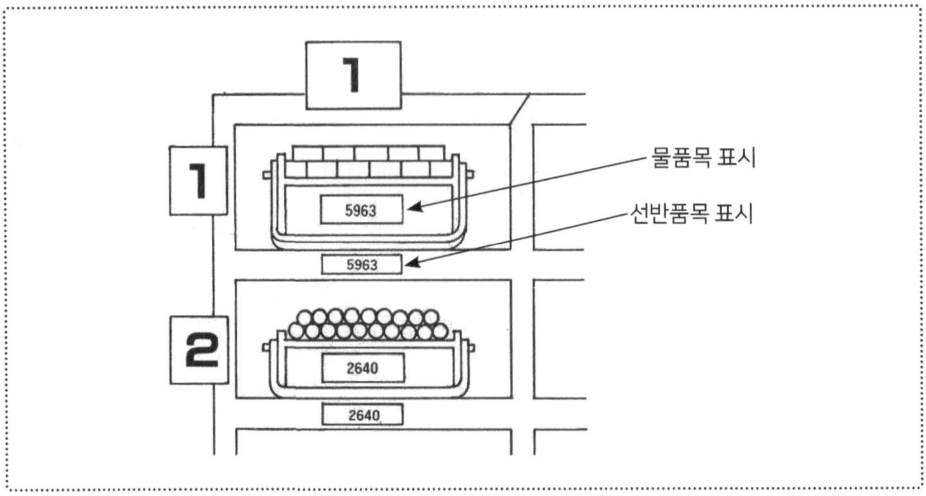

[그림 9-8] 고정위치 재고량 설정방법

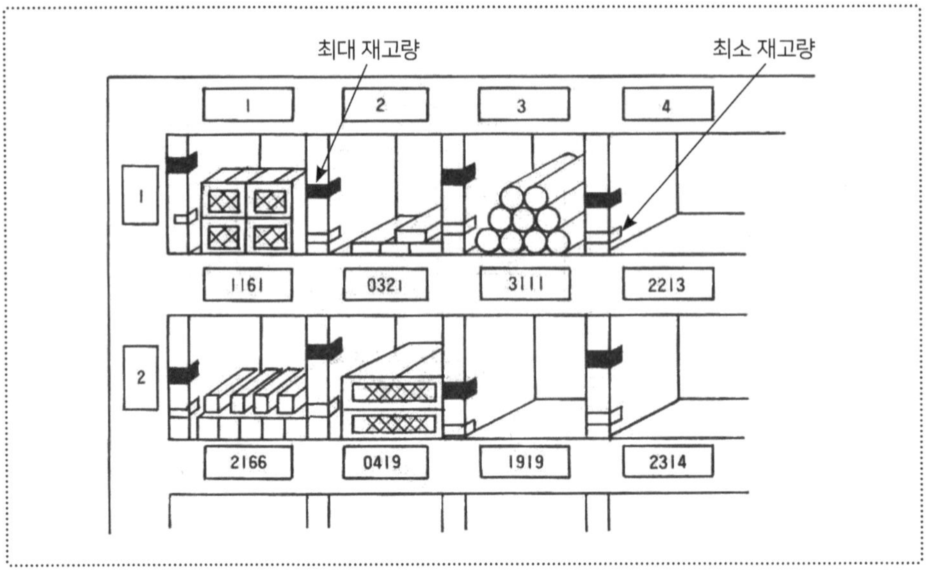

2. 재고관리

2.1 재고관리의 개요

포드자동차의 포드 생산시스템은 컨베이어 생산을 통한 대량생산으로 단위당 가격을 낮추는 효과를 가져왔다. 이때 컨베이어 생산은 동력을 활용하여 강제로 밀어내기식 생산방식으로 이루어져 있어 푸시 시스템(push system)이다. 푸시 시스템은 생산자원을 최대한 활용하여 생산량을 극대화하는 데 초점이 맞추어져 있어 고객의 요구와는 상관없이 생산자 중심의 생산활동으로 재고를 허용하는 생산방식이다.

그러나 도요타자동차의 도요타 생산시스템은 무재고 생산방식을 근간으로 하고 있다. 무재고 생산운영을 위하여 풀 시스템(pull system)과 저스트 인 타임(just in time: JIT) 시스템을 적용하고 있다.

풀 시스템(pull system)은 고객에게 물건을 판매한 양만큼 생산에 요청하여 생산하는 것을 말한다. 즉 후(後)공정에서 생산에 필요한 양을 전(前)공정에 가서 가지고 오는 것으로 끌어당기기 생산방식이다.

저스트 인 타임(just in time) 시스템은 필요한 시기에 필요한 양을 필요한 장소에 공급하는 것을 말한다. 즉 후(後)공정에서 필요하지 않는 것은 전(前)공정에서 생산하지 않는다는 것이다.

풀 시스템과 저스트 인 타임 시스템은 모두 고객(생산에서 후(後)공정은 전(前)공정의 고객)이 원하지 않는 것은 만들지 않는다는 사상을 갖고 있다고 할 수 있다. 따라서 소비자 중심의 생산활동으로 재고를 허용하지 않는 생산방식이다.

재고를 보유하고 싶은 기업은 없을 것이다. 원천적으로 고객이 요구하는 만큼 자재를 구입해서 생산한 후 납품하면 문제가 되지 않는다. 그러나 기업에서 생산활동을 함에 있어서 재고가 발생하지 않을 수 없다. 예를 들면 수입품일 경우에는 1회 구입량의 크기와 납기 문제, 협력기업에서 생산하여 조달할 경우의 납기 문제 등으로 인한 원자재 재고 확보, 그리고 모기업의 생산변동에 따른 납기 대응이 어려울 때 완제품 재고 확보가 필요하다. 따라서 기업은 재고관리가 필요하다.

재고(inventory)는 앞으로 발생될 수요를 만족시키기 위해 비축한 자재를 말한다. 재고는 입고되는 물자가 출고되는 물자를 초과할 때 발생한다.

재고관리는 고객이 수요를 만족시키고 생산자의 생산조건을 고려하여 필요한 수량의 제품을 보관하는 관리를 말한다. 재고관리의 의미는 단순히 물품의 재고통제를 위해 수량을 중심으로 관리하는 재고관리(inventory control)와 경영적 관점에서 재고수준이 높아지면 유동자산이 많아지고 유동비율도 높아지므로, 이는 유동자산을 효율적으로 이용하고 있지 못하다는 것을 의미하므로 넓은 의미로서의 재고관리(inventory management)로 나눈다.

유동비율은 단기적 지불능력을 나타내는 것으로 과다한 재고는 기업의 현금흐름을 악화시켜 기업의 존립을 위협한다. 지금까지 기업의 재무보고서에서는 자산 항목으로 재고가 많을수록 기업의 가치가 높은 것으로 잘못 분석하여 왔다. 그러나 재고자산은 높은 회전율을 통하여 투자수익률(Return on Investment: ROI)을 높이는 것이 필요하다. 세계적으로 선도하는 기업들은 재고를 자산 항목이 아니라 부채 항목으로 인식하여 관리하고 있다. 이러한 선도기업들은 무재고를 통한 경영효율화를 극대화하고 있다.

[표 9-1] 풀 시스템과 푸시 시스템 비교

구분	풀 시스템	푸시 시스템
생산시스템 명칭	도요타 생산시스템	포드 생산시스템
생산 효율화 방식	Just in Time	3S(표준화, 전문화, 단순화)
초점	소비자 중심	생산자 중심
생산 형태	다품종소량생산	소품종대량생산
생산방식	끌어당기기 생산	밀어내기식 생산
생산량	후(後)공정에 의해 결정	생산능력 최대 활용에 따른 결정
재고량	재고가 없거나 매우 낮음	재고가 많음
재고관리	최대-최소법	적정재고법
작업자 유형	다기능공	단능공
주 작업방식	무동력 작업대 생산	동력을 이용한 컨베이어 생산

2.2 재고의 종류

재고의 종류에는 원자재, 재공품, 완제품, 유지보수운영자재로 구분한다.

(1) 원자재

원자재(raw material)는 생산활동에 사용하기 위하여 외부로부터 구입하는 자재, 부품, 원료 등을 말한다. 원자재는 원료와 재료로 구분하는데, 원료는 가공을 통해 물성이 변화하는 것으로 형태나 질이 크게 변화하는 것을 말하고, 재료는 물성이 변화하지 않는 것으로 원래의 형태와 질을 가진 채로 가공되는 것을 말한다. 그러나 일반적으로 구분하지 않고 원자재 또는 원재료라고 한다. 원자재는 하나의 제품을 만들기 위해 존재하는 경우도 있으나 여러 제품에 공통적으로 사용되는 경우가 더 많다. 그러므로 완제품을 만들어 재고를 보유하는 것보다 원자재 상태로 재고를 보유하는 것이 더 유리하다.

(2) 재공품

재공품(work-in-process)은 생산활동 중에 발생하는 것으로 공정과 공정 사이에 일부 가공된 상태로 대기하여 놓여 있는 부품 또는 반제품을 말한다. 대부분의 재공품은 전(前)공정과 후(後)공정 사이의 작업시간(cycle time)에 차이가 발생하여 후(後)공정의 대기 발생을 해소하기 위해 놓아두는 재고이다. 재공품의 과다는 리드타임(lead time)을 증가시키는 원인이 되므로 재공품의 최소화가 필요하다. 공정과 공정 사이의 작업시간의 차이를 일치시키는 것은 불가능하므로 최소한의 재공품을 두는 것은 가능하다. 이를 완충재고(buffer)라고 하는데 흐름생산을 할 때 보통 1개를 두는 것이 일반적이다.

스마트공장을 구축하기 위하여 투입부터 완성까지의 라인을 자동화하게 되면 병목공정(bottle neck)의 작업시간(cycle time)에 맞추어 흐름생산이 되도록 전(全)공정이 동일한 작업시간(cycle time)으로 설계되므로 공정 간의 재공품은 발생하지 않는다.

(3) 완제품

완제품(finished goods)은 생산활동을 거쳐 최종적으로 완성된 것으로 고객에게 전달되는 최종제품을 말한다. 이 완제품은 모기업에 가서 부품 또는 반제품으로 사용될 수도 있고, 최종소비자에게 판매되는 상품일 수도 있다.

(4) 유지보수운영자재

유지보수운영자재(Maintenance, Repair and Operating supplies: MRO)는 생산활동에 사용되는 설비, 장비, 금형, 시설 등의 노후 또는 파손으로 인하여 수리를 위해 보유하고 있는 재고를 말한다. 이 자재는 재고로 보유하지 않았을 경우 수리 등이 지연되어 생산성을 저해할 수 있다.

2.3 재고의 기능

(1) 안전재고

안전재고(safety stock)는 완충재고(buffer stock)라고도 한다. 원자재, 재공품, 완제품 등에 대하여 운송의 지연, 생산 중단, 예기치 못한 고객수요의 증가 등 미래 수요의 불확실성에 대비하여 보유한 재고를 말한다.

(2) 적정재고

적정재고(optimum stock))는 가장 경제적으로 적기 수요 충족이라는 효과성을 동시에 만족시키기 위한 재고를 말한다. 그리고 적정재고량은 조달리드타임 기간 내에 사용할 수 있는 최소한의 양을 말한다. 적정재고는 고객서비스 수준의 유지와 운영비용(재고유지비용)의 최적화라는 상호 이질적인 목표가 존재한다. 따라서 상충(tradeoff)관계인 2가지 요소 사이에서 최적점을 찾아내는 것은 많은 기업에게 있어 당면한 주요 과제로 부상하고 있다. 따라서 도요타 생산시스템(JIT system)에서는 재고 '0'화를 강조하고 있고, 적정재고보다는 최대-최소(Max-Min)법을 사용한다.

(3) 예상재고

예상재고(anticipation stock)는 예비재고라고도 한다. 계절적인 수요나 파업 등에 대비하여 재고를 비축함으로써 변동폭을 줄이고 생산수요를 평활화하는 것을 말한다. 성수기 수요를 대비해 비수기 동안에 생산하여 비축해 두는 것이 이에 해당한다.

(4) 순환재고

순환재고(cycle stock)는 로트사이즈 재고(lot size stock)라고도 한다. 주문량 전체가 필요하지는 않지만 주문비용의 절감이나 할인혜택을 받기 위하여 많은 양을 일시에 주문해서 발생하는 재고를 말한다.

(5) 운송중재고

운송중재고(pipeline stock)는 주문은 이루어졌지만 아직 납품이 이루어지지 않고 운송 중에 있는 재고를 말한다. 이는 수입품과 같이 공급자와의 거리가 떨어져 있어 수송 중에 있으나 대금은 지불한 상태이므로 재고자산으로 취급한다.

2.4 재고비용의 종류

(1) 주문비용

원자재를 외부에서 구매나 주문을 할 때 소요되는 비용을 말한다. 주문량의 크기와는 관계없이 1회 주문을 할 때 발생하는 비용으로 사무처리비용, 통신비용, 거래처 및 가격조사비용, 입고품의 검사비용, 운송비용 등을 포함한다.

(2) 재고유지비용

재고를 보관하고 유지하는 데 소요되는 비용을 말한다. 재고로 묶여 있음으로써 발생되는 이자비용과 기회비용, 창고시설 사용료 및 유지관리비, 재고 취급비용, 보험료, 재고감손비용(도난, 파손, 진부화, 변질 등), 감가상각비, 세금 등이 있다.

(3) 재고품절비용

재고의 품절로 인하여 발생하는 비용을 말한다. 재고 품절로 인해 판매 기회를 놓침으로써 고객 신용도 하락으로 발생하는 이익의 상실과 신용의 상실로 인한 기회상실비용, 재고가 부족하여 조업중단으로 인한 손실비용, 품절 발생량을 메꾸기 위해 긴급하게 생산하거나 납기지연으로 발생하는 긴급추가비용 등이 있다. 이와 같이 재고품절비용은 객관적으로 측정하기가 어려우나 기업별로 다양한 측정방법을 개발하여 관리하기도 한다.

재고관리의 목적은 대고객서비스 수준을 만족시키면서 주문비용, 재고유지비용, 재고품절비용 등 재고비용을 최소화하는 데 있다.

2.5 재고 분석

2.5.1 재무제표 분석

기업 경영자는 재무적 성과 중에 재고관리의 중요성을 깨닫고 체계적인 재고 통제 방법을 도입하려고 많은 노력을 기울이고 있다. 특히 제품수명의 단축, 제품 다양성 확대, 생산의 빈번한 변경, 단위 제품생산수량의 최소화 등으로 인하여 재고부담이 날로 커져가고 있는 것이 사실이다.

재고자산을 필요 이상으로 많이 보유하고 있으면 그만큼 자금이 고정화되므로 유동성을 잃게 되고 지급능력이 저하된다.

재고자산에 대한 투자가 과다한지에 대한 판단을 하기 위해서는 재고자산의 증가 상태를 매출액, 유동자산, 당좌자산, 순운전자본 등의 증가 상태와 비교한다.

(1) 재고자산회전율

재고자산회전율은 재고자산의 활용도를 나타내는 것으로 재고자산이 매출을 통하여 일정 기간에 몇 번이나 당좌자산으로 전환하였는가 하는 재고자산의 회전속도를 나타내는 지표이다.

$$\text{재고자산회전율(회)} = \frac{\text{매출액}}{\text{재고자산}}$$

재고자산회전율이 낮아지면 그만큼 재고 보유기간이 길어진다는 것을 의미하므로, 따라서 보관유지비, 금리, 보험료, 파손, 진부화 등의 부담이 증가하여 결국 재무 유동성과 수익성이 낮아지게 된다.

재고자산회전율은 동업계 평균비율과 비교하여 낮고, 시계열로 비교하여 낮아지는 추세에 있다면 재고자산이 과다한 것으로 판단한다. 재고자산의 회전율은 업종별로 다소 차이는 있으나 일반적으로 8회전을 이상적인 기준으로 본다. 이것은 원자재, 재공품, 제품 등 원료의 구입부터 판매에 이르기까지 재고로 잠겨있는 기간을 약 45일로 본다. 재고회전율이 낮은 경우에는 재고를 구성하는 원자재, 반제품, 재공품, 제품 중 어떤 재고의 활동성이 낮은가를 분석할 필요가 있다.

(2) 유동비율과 당좌비율의 비교

유동비율과 당좌비율은 기업의 지급능력을 측정하는 지표이다. 유동비율은 재고자산이 포함되어 있으나 당좌비율은 재고자산이 포함되어 있지 않으므로 재고자산의 과다 여부를 판단하는 지표로 사용된다. 유동비율은 양호한 상태인데 비하여 당좌비율이 불량한 상태이거나, 기간비교를 통해 유동비율과 당좌비율의 차이가 커지는 경향이 있다면 재고자산이 과다하게 증가하고 있는 것으로 판단한다.

(3) 재고자산 대 순운전자본비율

이 비율이 동업계 평균비율과 비교하여 크면 재고자산이 과다하다고 판단한다. 재고자산에 대한 투자는 순운전자본의 범위 내에서 이루어져야 한다는 것을 의미한다.

$$
\begin{aligned}
\text{재고자산} &= \text{유동자산} - \text{당좌자산} \\
&= \text{유동자산} - \text{유동부채} \\
&= \text{순운전자본}
\end{aligned}
$$

재고자산 대 순운전자본의 관계는 1:1의 원칙으로 당좌비율 1:1과의 원칙과 동일하다.

2.5.2 ABC 분석

(1) ABC 분석

앞에서 설명하였듯이 재고는 재고자산으로 유동자산에 속하는 것으로 재고 과다 보유로 인하여 현금흐름을 저해함으로써 궁극적으로는 기업의 도산에 이르게까지 할 수 있다. 재무제표에서 재고는 자산의 증가를 나타내고 있으나 현금흐름의 부족으로 어음을 막지 못해 도산에 이르는 것을 흑자도산이라 한다. 따라서 기업에서 재고를 수량보다는 금액을 관리해야 하는 이유가 되기도 한다. 예를 들면 반도체 공정에서 사용되는 치구 1개의 가격이 3~4천만 원이라고 한다면 재고를 3개만 있어도 재고 금액이 1억 원을 넘는다.

그리고 재고를 파악하고, 발주하고, 물품을 받고, 물품을 출고시키고 하는 등의 재고관리에는 시간과 돈이 든다. 기업에서 시간과 비용이라는 자원에 한계가 있다면 재고관리에 사용할 수 있는 가용자원을 가장 효율적으로 활용할 수 있도록 재고를 관리하는 것이 필요하다. 재고 품목 중에 경중(輕重)을 따져 가장 중요한 품목을 집중관리하는 것이다. 따라서 재고는 물품의 가격이 높고 낮음에 따라 분류하는 방법이 ABC 분석이라 한다.

ABC 분석은 파레토 법칙을 이용하여 재고관리를 하는 것으로, 전체 재고 품목 중에서 20%의 재고 품목이 전체 재고금액의 80%를 차지하기 때문에 이를 집중해서 관리한다는 의미를 담고 있다.

ABC 분석에서는 재고 품목을 다음과 같이 3가지로 분류한다.

- A급 품목: 전체 품목 중 품목 단위당 가격이 상위 20%에 해당하는 품목
- B급 품목: 전체 품목 중 품목 단위당 가격이 상위 20~50%에 해당하는 품목
- C급 품목: 전체 품목 중 품목 단위당 가격이 하위 50%에 해당하는 품목

A급 품목은 물품 단위당 가격이 고가(高價)이기 때문에 재고금액의 중요성이 크므로

현장에서는 수량 통제활동을 통해 집중관리하는 것이 필요하다. 이는 재고관리 비용보다 재고비용이 높기 때문에 재고관리 부서에서 관리하도록 한다.

C급 품목은 물품 단위당 가격이 저가(低價)이므로 재고금액보다는 사용시기 관리가 더 중요하다. C급 품목의 품절로 인하여 생산이 멈춘다든지 하면 생산손실비용이 재고비용보다 더 크므로 생산활동이 멈추지 않는 범위에서 최소의 재고를 유지하도록 한다. 이때 재고비용이 재고관리 부서에서 재고를 통제하기 위해 소요되는 관리비용보다 낮기 때문에 해당 품목을 사용하는 생산 부서에서 관리하는 것이 더 효율적이다.

(2) Two-Bin 시스템

C급 품목을 효율적으로 관리하기 위하여 Two-Bin 시스템을 운영한다. Two-Bin 시스템은 이중구획제라고도 하며, 예를 들면 A와 B의 두 개의 저장 팔레트를 이용하여 A와 B에 물품을 가득 채운 후에 A에 담긴 물품을 모두 사용하여 빈 팔레트가 되면, B에 담긴 물품을 사용하는 동안 A 팔레트에 물품을 가득 채워놓는다. 또 B에 담긴 물품을 모두 사용하여 빈 팔레트가 되면, A에 담긴 물품을 사용하는 동안 B 팔레트에 물품을 가득 채워놓는 방식이다.

Two-Bin 시스템을 적용하기 위한 자재선정 분류기준은 다음과 같다.

- 가격이 저렴한 C급 자재
- 거리가 멀지 않은 협력업체로부터 공급되는 자재
- 부피가 적고 부패 등의 진부화 요인이 없는 자재
- 사용 빈도가 높아 자재의 순환이 비교적 잘되는 자재
- 외부에 유출되어도 제품 생산의 보안 유지에 문제가 없는 자재
- 조달리드타임이 길지 않은 자재
- 협력업체의 자체 검사로 품질의 불량 여부를 쉽게 판단할 수 있는 자재

Two-Bin 시스템을 적용하기 위한 업체 선정기준은 다음과 같다.

- 자재 조달기간에 대한 납기준수율이 높은 업체
- 자재 조달기간이 비교적 짧은 업체
- 납품하는 자재가 납품업체에서의 매출 비중이 높은 업체
- 불량률이 낮고 품질이 일정한 수준으로 유지되는 업체
- 노사분규 등 작업자의 문제가 없는 업체
- Two-Bin 시스템의 적용에 긍정적인 업체

Two-Bin 시스템의 기대효과는 다음과 같다.

- 자재관리 인원의 감소
- 재고 유지비용의 절감
- 결품 및 불량의 감소
- 현장 작업자의 편의성 증가
- 자재 수불 업무의 간소화
- 협력업체의 신뢰성 향상

(3) 최대-최소 시스템

ABC 분석에서 B급 품목은 A와 C급을 제외한 나머지로 가격이 A급보다는 낮으나 C급보다는 높으므로 재고관리 부서에서 최소의 여유수량을 갖도록 수량 통제를 통해 재고금액을 낮추는 것이 필요하다. B급 품목도 재고관리가 안정화되어 있거나 관리비용이 더 높을 경우에는 생산 부서에서 관리하는 것이 더 효율적이다.

생산 부서의 핵심활동은 생산활동에 있다. 그러므로 재고관리를 위해 인력을 추가로 배치해서는 안 된다. 따라서 생산 부서의 재고관리는 눈으로 보는 관리를 통해 재고를 한눈에 파악할 수 있도록 하여 재고의 부족이 발생되면 바로 주문에 들어갈 수 있도록 하는 것이 필요하다.

재고관리에서 눈으로 보는 관리란 최소-최대량을 표시하여 재고의 이상 유무를 바로 확인이 가능하도록 하는 시스템이다. 이를 최소-최대 시스템(min-max system) 또는 s-S(s는 재발주점을 표시하고, S는 목표재고수준을 표시한다) 시스템이라고도 한다. 이것은 미리 지정한 수준(재주문점) 이하로 떨어진 품목만 주문하는 주기적 조사시스템이다. 이 시스템의 장점은 너무 적은 수량을 주문하는 것을 방지하고 재고가 줄어들 수 있다.

최소-최대 시스템에서 최소위치 표시는 재주문점(ROP: Reorder Point)으로 최소한의 재고를 보유하고 있어야 할 재고수준, 즉 안전재고의 수준을 의미하고, 최대위치 표시는 이를 넘지 않도록 제한하는 재고수준, 즉 과잉재고를 방지하는 수준을 의미한다.

2.6 재고관리시스템

2.6.1 재고관리시스템의 개요

재고관리의 기본목적은 필요한 시기에 보유하고 있는 재고량으로 고객에 대한 서비스 수준을 최대로 하고, 이에 따르는 재고유지비용을 최소화하는 데 있다.

재고관리시스템의 목적은 시장수요의 변화에 적응하기 위하여 원자재, 부품, 완제품의 재고를 적정하게 유지관리하는 것이다.

물품의 수요는 그의 발생 형태에 따라 독립수요와 종속수요로 구분한다.

독립수요(independent demand)는 다른 품목의 수요에 의존하지 않고 완제품이나 예비 부품에 대한 수요와 같이 기업 외부의 시장 조건에 의하여 결정되는 수요를 말한다. 예를 들면 시장에서 판매되는 제품은 독립수요이다.

종속수요(dependent demand)는 최종 완제품의 생산에 소요되는 각종 원자재, 부품, 구성품의 수요를 말하며, 각 수요량은 최종 완제품의 수요량에 따라 결정된다. 예를 들면 자동차의 수요(생산수량)에 의해 타이어, 엔진, 핸들 등의 종속수요(자재 수량)가 결정된다.

(1) 단일기간 재고관리시스템

단일기간 재고관리시스템(single-period inventory system)은 재고기간이나 제품수명이 짧은 상품들의 발주량(생산량)이나 재고수준을 결정하는 것으로 1회성 수요(판매)로 끝나는 것을 말하며, 일명 신문 판매원 모형(news vendor model)이라고도 한다. 길거리 가판대에서 판매하는 신문을 살펴보면 가판대에 신문을 충분히 비치하지 않을 경우에는 신문을 사지 못하는 사람이 발생하여 더 팔 수 있는 기회를 상실할 수 있고, 충분히 신문을 비치해 놓았을 경우에는 당일 내에 다 팔지 못하면 폐기해야 한다. 이와 같이 신문 판매원은 과거의 판매 경험이나 데이터를 가지고 그날 판매할 주문량을 결정하지만 신문의 수요(판매량)를 정확히 예측한다는 것은 불가능하다.

단일기간 재고관리시스템의 유형을 살펴보면 다음과 같다.

- 부패성 상품: 우유, 채소, 과일, 생선, 혈액 등
- 유행성 상품: 패션의류, 패션신발, 패션가방, 보석, 스포츠 행사용 티셔츠 등
- 계절성 상품: 에어컨, 난방히터, 스키세트, 크리스마스 카드와 트리 등
- 시한성 상품: 열차, 항공기, 고속버스 좌석예약, 연휴일의 호텔, 예식장, 콘도 예약 등

• 유통기한 상품: 신문, 잡지, 통조림 등

일회성 상품들은 단일기간 중에 1회 발주하게 되는데, 발주량이 수요량보다 적을 때에는 재고부족으로 품절(기회손실비용)이 발생하며, 발주량이 수요량보다 많을 때에는 과잉재고로 유휴재고(재고유지비용)가 발생하게 된다. 따라서 과잉재고의 위험과 재고부족의 위험간의 상충관계가 발생하므로 이들 위험을 절충할 수 있는 최적 주문량을 결정하는 것이 필요하다. 간단한 방법은 재고가 바닥나는 것에 대해 얼마만큼 위험을 감수할 수 있는가에 있다. 위험을 감수한다는 것은 판매량이 불확실하기 때문에 수요가 발생하기 전에 미리 발주하는 것으로 확률적 재고모형을 따른다.

신문 판매원은 판매량을 경험한 결과 매일 100±20(평균±표준편차)부가 판매된다는 것을 알았다. 매일 10부를 갖다 놓으면 100부 미만으로 판매될 확률은 50%이고, 100부를 초과해서 판매될 확률도 50%이므로 품절 위험률이 50%가 된다. 신문 판매원은 100% 품절이 나지 않기를 바라고는 있으나, 그렇게 할 수 없으므로 품절이 나지 않을 확률을 80% 정도가 되기를 기대하고 20% 정도는 품절이 나더라도 감수하겠다고 생각하였다. 엑셀함수 NORMSINV(확률)(표준정규누적분포의 역함수 값 반환)을 활용하여 역함수 값을 구하면, NORMSINV(0.8) = 0.84162가 되고, 0.84162 × 20부 = 16.8324부 ≒ 17부가 된다.

재고부족비용과 재고과잉비용의 균형문제는 한계이익(Marginal Profit: MP)과 한계손실(Marginal Loss: ML)의 균형을 추구하는 한계분석으로 구할 수 있다. 한 단위를 추가 주문할 때마다 증가되는 한계이익이 그로 인해 발생하는 한계손실보다 크거나 같아야 한다.

$$\text{한계이익}(MP) \geq \text{한계손실}(ML)$$

한 단위를 추가로 주문해서 판매할 기대확률을 p라고 할 때 기대되는 한계이익은 $p(MP)$이며, 이건이 판매하지 못했을 때 기대되는 한계손실은 $(1-p)(ML)$이 된다. 여기서 $p(MP) \geq (1-p)(ML)$이므로 $\mathrm{p} \geq \frac{ML}{ML+MP}$이 된다.

한계이익(MP) = 단위당 재고부족비용(Shortage Cost: SC)

한계손실(ML) = 단위당 재고과잉비용(Excess Cost: EC)

$$\text{품절률}(p) = \frac{EC}{EC+SC}$$

따라서 서비스율 또는 서비스수준(Service Level: SL)을 $1-p$라고 하면

$$서비스율(1-p) = \frac{SC}{SC+EC}$$

신문 1부당 1,000원이라고 하면, 원가는 500원, 하루 평균 판매량은 100부가 된다. 판매가 되지 않았을 때에는 폐지로 판매하는데 비용은 100원을 받을 수 있다.

이 경우 품절률은 다음과 같다.

$$p \geq \frac{500 - 100}{(1{,}000-500) + (500-100)} = 0.444$$

이 경우 서비스율은 다음과 같다.

$$\text{SL} = (1-p) = \frac{SC}{SC+EC} = \frac{1{,}000 - 500}{(1{,}000-500) + (500-100)} = 0.556$$

따라서 한계이익과 한계손실의 적정판매량(S_O)은 NORMSINV(0.556) = 0.141이므로 추가 신문부수는 0.141 × 20 = 2.82부이므로 3부를 추가하여 매일 총103부를 가판대에 비치해 두면 된다.

(2) 연속기간 재고관리시스템

연속기간 재고관리시스템은 해당 품목이 품절이 나지 않도록 설계되어 있다. 대개 상품은 1년 동안 시스템적으로 주문량 또는 주문시기의 일정한 규칙에 의하여 몇 번이고 주문이 이루어진다.

고정주문량 시스템은 보유재고량이 정해진 수준에 도달하면 미리 정해진 주문량을 발주하게 된다. 따라서 잔여 재고가 재주문점 수준으로 떨어질 때까지 수시로 재고수준을 파악(계속실사)해야 하고, 재고를 보충하거나 반출할 때마다 잔여 재고량이 재주문점에 이르렀는지를 확인하기 위하여 기록을 지속적으로 갱신해야 하는 시스템이다.

고정기간 시스템은 미리 결정된 주기에 도달하면 주문을 발주하게 되는 것으로 재고조사 주기(정기실사)에만 재고량을 파악한다.

주문기간과 주문량을 일정한가 또는 일정하지 않은가에 따라 분류하면 정기정량 주문방식, 정기부정량 주문방식, 부정기정량 주문방식, 부정기부정량 주문방식으로 구분한다.

정기정량 주문방식은 생산이 지속적이고 안정되어있는 것으로 주문기간과 주문량이 일정하게 정해져 있는 경우를 말한다. 이 경우에는 주기적으로 정해진 양을 주문하는 형태이다.

정기부정량 주문방식은 주문기간은 일정하게 정해져 있으나 주문량은 주문 시마다 달라지는 경우를 말한다. 이 경우에는 주생산일정계획(MPS: Master Production Scheduling)에 따라 자재소요계획(MRP: Material Resource Planning)을 적용한다.

부정기정량 주문방식은 주문량은 정해져 있으나 주문기간은 재고가 소모되는 속도에 따라 달라지는 경우를 말한다. 이 경우에는 재고수준이 재주문점(ROP: Reorder Point)에 도달하면 정해진 양을 주문하는 형태이다.

부정기부정량 주문방식은 주문량과 주문기간이 모두 정해지지 않은 경우를 말한다. 이 경우에는 필요한 때에 필요한 양만큼 주문하는 것으로 저스트 인 타임(JIT) 시스템을 적용한다.

2.6.2 경제적 주문량 모형

경제적 주문량(Economic Order Quantity: EOQ) 모형은 가장 기본적인 재고모형이다[그림 9-9]. 이 모형은 주문비용과 재고유지비용을 합친 총비용이 최소화되는 주문량을 말한다. 이것은 1회 주문량을 구하는 모형으로 이때의 주문량의 크기를 경제적 로트크기(economic lot size)라고 한다. 이 EOQ 모형의 가정은 다음과 같다.

- 수요와 조달기간은 일정하다.
- 단위당 가격은 주문량에 관계없이 일정하다.
- 주문비용과 생산준비비용은 고정비로서 일정하다.

[그림 9-9] 경제적 주문량(EOQ) 모형

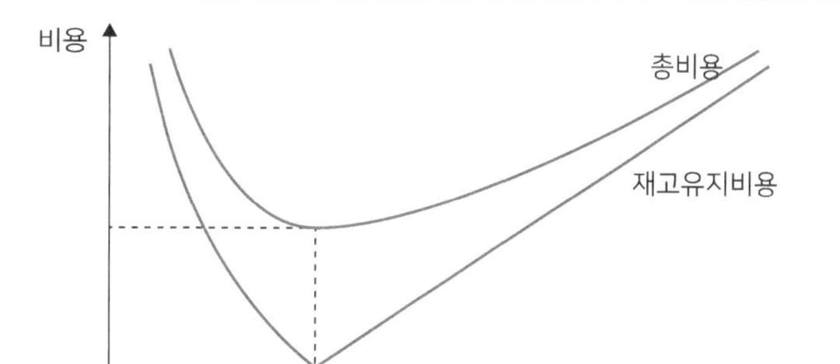

- 재고유지비용은 단위당 일정하며 주문량에 비례한다.
- 주문량은 일시에 전량이 입고된다.
- 모든 수요는 재고부족 없이 충족된다.

[그림 9-10] 경제적 주문량(EOQ)의 시간에 따른 재고수준의 기본 모형

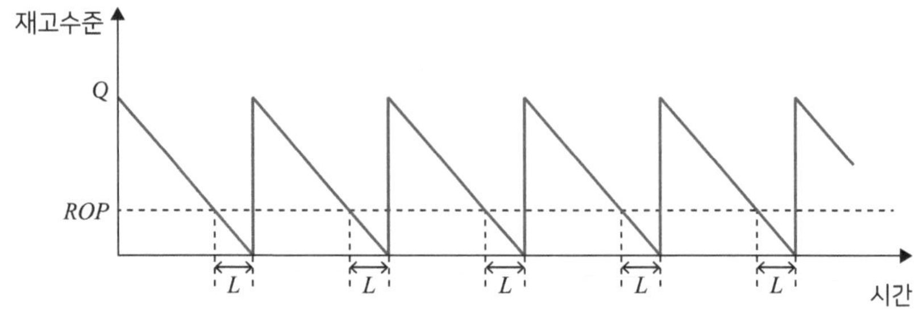

[그림 9-10]은 EOQ 모형의 가정을 따른다고 할 때 나타나는 모습이다. 여기서 재주문점(ROP)은 제품의 조달기간(L)에 의해 결정된다. 그러나 만약 조달기간(L) 내에 제품이 입고되지 않을 경우에는 품절이 발생한다. 이때를 대비하여 가지고 있는 재고를 안전재고라고 할 수 있다[그림 9-11].

[그림 9-11] 품절을 대비한 안전재고 수준 모형

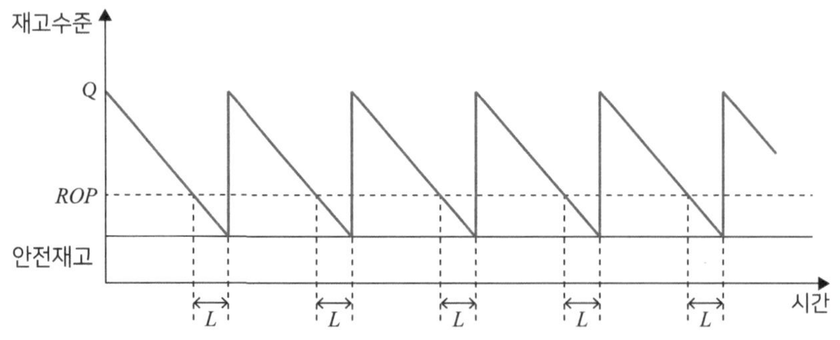

재고수준이 일정하게 감소하는 경우에 평균재고는 $\frac{Q}{2}$가 되고, H는 단위당 재고유지비용이라고 할 때 연간 총재고유지비용은 다음과 같다.

$$\text{연간 총재고유지비용} = \frac{Q}{2} \times H$$

연간 수요량을 D, 주문비용을 S, 1회 주문량을 Q라고 하면, 연간 주문횟수는 $\frac{D}{Q}$가 되며. 연간 주문비용은 다음과 같다.

$$\text{연간 주문비용} = \frac{D}{Q} \times S$$

따라서 연간 총재고최소비용(TC)은 다음과 같다.

$$\text{연간 총재고최소비용} = \text{연간 재고유지비용} + \text{연간 주문비용}$$

$$TC = \frac{Q}{2} \times H + \frac{D}{Q} \times S$$

경제적 주문량(EOQ) Q는 총비용(TC)을 Q에 관해 미분한 다음 이를 0으로 놓고 Q에 관해 풀면 된다.

$$\frac{dTC}{dQ} = \frac{H}{2} - \frac{DS}{Q^2} = 0$$

$$\frac{H}{2} = \frac{DS}{Q^2}$$

$$Q^2 H = 2DS$$

$$Q^2 = \frac{2DS}{H}$$

$$\therefore\ Q = \sqrt{\frac{2DS}{H}}$$

연간 최적주문횟수(N)은 다음과 같다.

$$N = \frac{D}{Q} = \sqrt{\frac{DH}{2S}}$$

최적주문주기(T)는 다음과 같다.

$$T = \frac{1}{N} = \frac{D}{Q} = \sqrt{\frac{2S}{DH}}$$

일간 수요를 d, 조달기간(일)을 L이라고 할 때 재주문점(ROP)은 다음과 같다.

$$ROP = d \times L$$

예를 들면 타이어 판매대리점에서 타이어의 경제적 주문량 모형을 이용하여 재고관리를 하고자 한다. 기업의 자료는 다음과 같이 주어졌을 때, 이 자료를 가지고 경제적 주문량(Q), 연간 총재고최소비용(TC), 연간 최적주문횟수(N), 최적주문주기(T), 재주문점(ROP)을 계산해 보자.

연간 수요(D) = 1,000개/년　　일간 수요(d) = $\frac{1,000}{365}$개/일

주문비용(S) = 1,000원/회　　연간 개당 재고유지비용(H) = 200원/개·년

조달기간(L) = 5일

$$Q = \sqrt{\frac{2DS}{H}} = \sqrt{\frac{2(1,000)(1,000)}{200}} = 100\text{개}$$

$$TC = \frac{DS}{Q} + \frac{QH}{2} = \frac{(1,000)(1,000)}{100} + \frac{(100)(200)}{2} = 10,000 + 10,000 = 20,000\text{원}$$

또는

$$TC = \sqrt{2DSH}\ 5\sqrt{2(1,000)(1,000)(200)} = 20,000\text{원}$$

$$N = \frac{D}{Q} = \frac{1,000}{100} = 10\text{회}$$

$$T = \frac{1}{N} = \frac{1}{10} = 36.5\text{일}$$

$$ROP = d \times L = \frac{1,000}{365} \times 5 = 14\text{개}$$

따라서 이 회사는 재고수준이 14개에 도달할 때마다 100개씩 주문하면 된다.

2.6.3 경제적 생산량 모형

경제적 주문량은 일정한 조달기간이 지나면 주문한 양이 일시에 모두 들어온다는 것이 전재가 되고 있다. 그러나 생산의 경우에는 1회 생산량이 일시에 생산되는 것이 아니라 일정한 생산기간 동안 연속해서 생산되어 나온다. 따라서 수요는 계속적으로 발생하고 생산기간 동안에는 생산과 수요가 동시에 발생한다. 이와 같은 상황에서 1회 생산량(1회 주문량)을 결정하는 모형을 경제적 생산량(Economic Production Quantity: EPQ) 모형이라고 한다. 이때 모형의 가정은 다음과 같다.

- 연간 재고유지비용과 생산준비비용이 정확히 측정된다.
- 연간 수요가 측정 가능하고 생산(소비)량은 시간에 비례한다.

- 재고 부족이 발생하지 않고 안전재고는 없다.
- 수량할인은 없다.
- 생산기간 동안의 생산량이 수요량을 초과한다.
- 초과 생산량은 재고로 처리된다.

EPQ 모형을 설명하기 위하여 변수를 정의하면 다음과 같다.

p = 1일 생산율
d = 1일 수요율
Q = 1회 생산량
S = 1회 생산준비비용
D = 연간 수요량
H = 연간 단위당 재고유지비용
t_p = 생산기간
L = 조달기간
$p \geq d$

[그림 9-12] 경제적 생산량 모형

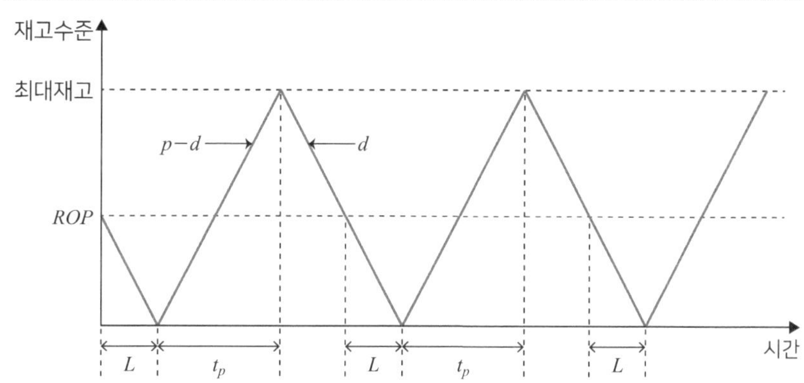

[그림 9-12]에서 살펴보면 생산기간 t_p 동안에는 재고가 $p-d$의 비율로 증가하여 생산이 종료되는 시점에서 $(p-d)t_p$로 최대가 되고, 비생산기간에는 d의 비율로 줄어들게 된다.

연간 총비용은 다음과 같다.

$$연간\ 총비용 = 연간\ 재고유지비용 + 연간\ 생산준비비용$$

연간 재고유지비용은 연간재고로 유지하는 양, 즉 평균재고에 연간 단위당 재고유지비용을 곱한 값이다. 생산기간 t_p는 1회 생산량(Q)을 1일 생산율(p)로 생산하는 기간이므로 평균재고를 구하면 다음과 같다.

$$t_p = \frac{Q}{p}$$

생산기간 동안 $p-d$의 비율로 증가하게 되므로 최대 재고수준은 다음과 같다.

$$최대\ 재고수준 = (p-d)t_p = (p-d)\frac{Q}{p}$$

평균 재고수준은 최대 재고수준의 $\frac{1}{2}$이므로 다음과 같다.

$$평균\ 재고수준 = \frac{(p-d)Q}{2p}$$

연간 생산준비횟수는 $\frac{Q}{D}$이고, 1회 생산준비비용은 S이므로 연간 생산유지비용은 다음과 같다.

$$연간\ 생산준비비용 = \frac{D}{Q} \times S$$

따라서 연간 재고유지비용은 다음과 같다.

$$연간\ 재고유지비용 = \frac{(p-d)QH}{2p}$$

그러므로 연간 총비용(TC)은 다음과 같다.

$$TC = \frac{DS}{Q} = \frac{(p-d)QH}{2p}$$

경제적 생산량(EPQ) Q는 총비용(TC)을 Q에 관해 미분한 다음 이를 0으로 놓고 Q에 관해 풀면 된다.

$$\frac{dTC}{dQ} = -\frac{DS}{Q^2} + \frac{(p-d)H}{2p} = 0$$

$$Q^2 = \frac{2pDS}{(p-d)H}$$

$$\therefore\ Q = \sqrt{\frac{2DS}{H} \times \left(\frac{p}{p-d}\right)}$$

연간 총비용(TC)의 최소값은 경제적 생산량 Q를 연간 총비용에 대입하여 풀면 다음과 같다.

$$TC = \sqrt{2DSH \times \left(\frac{p-d}{p}\right)}$$

예를 들면 경제적 주문량에서 사용된 자료 중에서 다음의 내용을 활용한다고 할 때

연간 수요(D) = 1,000개/년　　일간 수요(d) = $\frac{1,000}{365}$ ≒ 2.74개/일

주문비용(S) = 1,000원/회　　연간 개당 재고유지비용(H) = 200원/개·년

1일 생산율(p) = 20개/일　　1일 수요율(d) = 10개/일

경제적 생산량(Q), 연간 총최소비용(TC), 1회 생산주기(t_d), 1회 생산기간(t_p)을 계산해 보자.

$$Q = \sqrt{\frac{2DS}{H} \times \left(\frac{p}{p-d}\right)} = \sqrt{\frac{2(1,000)(1,000)}{200} \times \frac{20}{20-10}} = 141\text{개}$$

$$TC = \sqrt{2DSH \times \left(\frac{p-d}{p}\right)} = \sqrt{2(1,000)(1,000)(200) \times \frac{20-10}{20}} = 14,142\text{원}$$

$$t_d = \frac{Q}{d} = \frac{141}{2.74} ≒ 51.5\text{일}$$

$$t_p = \frac{Q}{p} = \frac{141}{20} = 7.05\text{일}$$

2.6.4 안전재고 수준의 결정

앞에서 설명한 EOQ 모형은 수요와 조달기간의 확실성을 전제로 하였기 때문에 안전재고는 없는 것으로 하였다. 현실적으로는 수요와 조달기간이 불확실하기 때문에 재고부족(품절)을 예방하기 위해서는 안전재고(safety stock)가 필요하다. 안전재고는 품절로 인한 손실과 재고유지비 및 발주비용의 합계가 최소가 되는 수준에서 결정되어야 한다. 일반적으로 안전재고는 조달기간 동안 사용할 수 있는 양으로 정의한다.

안전재고의 수준은 서비스수준(service level)에 의해 결정된다. 서비스수준은 고객의 수요를 바로 충족시켜 줄 수 있는 재고수준을 말한다. 따라서 품절확률은 100%에서 서비스수준을 뺀 값이다. 예를 들면 고객의 수요가 100개일 경우에 100개를 모두 재고로 가지고 있다면 서비스수준은 100%, 품절확률은 0%가 된다. 만약 95개를 가지고 있다면 서비스수준은 95%가 되고 품절확률은 5%가 된다. 이러한 방법으로 안전재고를 결정하는 것을 확률적 모형이라 한다.

(1) 고정주문량 모형

고정주문량 모형에서는 재고수준이 재주문점(*ROP*)에 도달하면 주문을 한다[그림 9-13]. 또한 재주문점은 0보다 크므로 품절이 발생할 수 있는 기간은 조달기간(*L*)뿐이다. 따라서 특정 서비스수준을 만족시키는 재주문점의 값을 결정하기 위해서는 조달기간 동안의 수요에 대한 확률분포를 알아야 한다. 여기서는 조달기간 중의 수요가 정규분포(normal distribution)를 따르는 것으로 가정한다[그림 9-14].

[그림 9-13] 안전재고를 고려한 고정주문량 모형

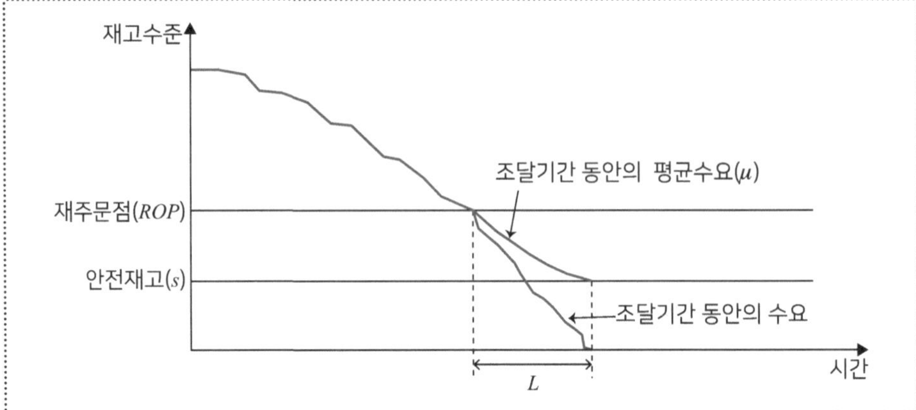

[그림 9-13] 안전재고를 고려한 고정주문량 모형에서 조달기간 동안의 수요에 대한 확률분포를 [그림 9-14]로 나타내고 있다. 여기서 재주문점은 조달기간 동안의 평균수요(μ)에 안전재고(s)를 더한 값이다. 재주문점을 기준으로 왼쪽 부분은 재주준점보다 같거나 작을 확률로 서비스수준을 나타내고, 재주문점을 기준으로 오른쪽 부분은 조달기간 동안의 수요가 재주문점보다 클 확률로 품절확률을 나타낸다. 이때 서비스수준을 충족시키기 위한 재주문점은 다음과 같이 계산된다.

[그림 9-14] 조달기간 동안의 수요와 확률분포

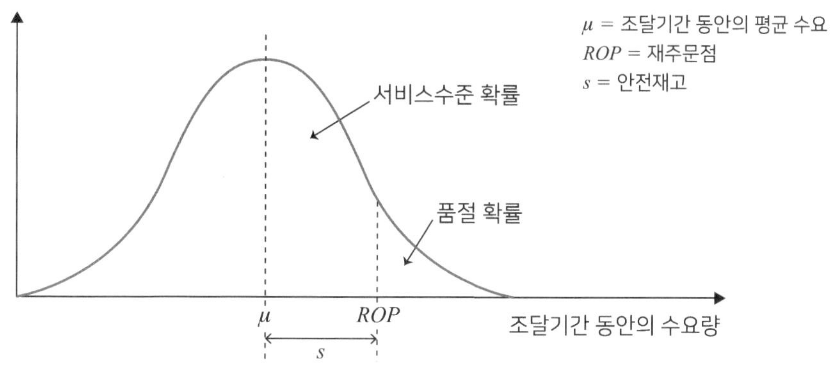

$$R = \mu + s, \quad Z = \frac{R-\mu}{\sigma}, \quad R = \mu + Z \times \sigma$$

R : 재주문점

μ : 조달기간 동안의 평균수요

σ : 조달기간 동안의 표준편차

s : 안전재고

재주문점과 서비스수준은 표준편차의 배수 Z값에 의해 조정되며, Z값을 크게 할수록 재주문점과 서비스수준은 높아진다.

예를 들면 어떤 상점에서 판매되는 제품의 1일 수요는 정규분포를 한다고 할 때 관련 자료는 다음과 같다.

1일 평균수요($\bar{d}$) = 200개/일
1일 수요의 표준편차(μ) = 150개
조달기간(L) = 4일
요구되는 서비스수준 = 95%
1회 주문비용(S) = 2,000원/회
연간 단위당 재고유지비용(H) = 200원/개·년
이 상점은 5일/1주, 50주/년으로 250일/년을 영업함

연간 평균수요($\bar{A}$) = 250 × 200 = 50,000개/년

$$1회\ 주문량(Q) = \sqrt{\frac{2\bar{D}S}{H}} = \sqrt{\frac{2(50,000)(2,000)}{200}} = 1,000개$$

$$조달기간\ 동안의\ 평균수요(\mu) = \bar{d} \times L = 200 \times 4 = 800개$$

$$조달기간\ 동안의\ 표준편차(\sigma) = \sqrt{4 \times 150^2} = 300개$$

$$서비스수준이\ 98\%일\ 때\ Z = \text{NORMSINV}(0.95) = 1.64$$

$$안전재고(s) = Z \times \sigma = 1.64 \times 300 = 492개$$

$$재주문점(ROP) = \mu + Z \times \sigma = 800 + 1.64 \times 300 = 1,292개$$

이 상점의 안전재고는 492개이며, 재고수준이 1,292개가 될 때마다 1,000개씩 주문하면 된다.

(2) 고정주문기간 모형

고정주문기간 모형은 매주 또는 매달 정기적으로 재고조사를 하고, 일정 조사기간마다 수요량이 다르므로 주문량도 달라진다. 그리고 이 모형은 고정주문량보다 안전재고가 더 많이 발생한다. 따라서 이 모형은 외부공급자가 제품의 전체 부품을 하청받아 정기적으로 납품하거나 혹은 운송비를 절약하기 위하여 여러 주문을 한 번에 모아 구입하는 경우에 유용하다.

[그림 9-15] 고정주문기간 모형

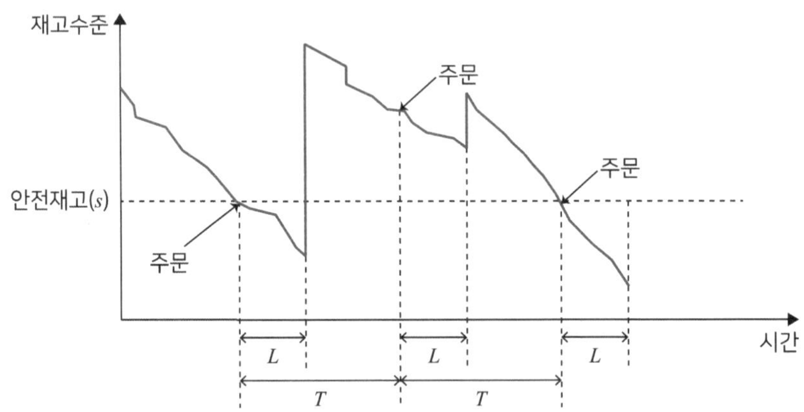

고정주문기간 모형에서는 재고수준을 연속적으로 검토하는 것이 아니기 때문에 주문주기(T)와 조달기간(L) 전체에 걸쳐 품절의 위험이 발생한다[그림 9-15]. 따라서 일정한

주문주기마다 정기적으로 재고수준을 검토하여 그때의 재고수준과 목표재고수준(M)과의 차이만큼 주문한다. 목표재고수준으로 다음 주문주기와 조달기간 동안의 수요를 충족시킨다. 목표재고수준은 주문주기와 조달기간을 합계한 기간 동안의 서비스수준에 의해 결정된다. 따라서 특정 서비스수준을 유지하기 위한 목표재고수준은 주문주기와 조달기간을 합계한 기간 동안의 평균수요에 안전재고를 더한 값으로 표시된다.

$$\text{목표재고수준}(M) = \mu_{T+L} + Z \times \sigma_{T+L} - I$$

μ_{T+L} : (주문주기 + 조달기간)기간 동안의 평균수요
$Z \times \sigma_{T+L}$: (주문주기 + 조달기간)기간 동안의 안전재고
I : 현재 재고수준

다음의 자료를 활용하여 주문주기(T)를 계산하면 다음과 같다.

1일 평균수요($\bar{d}$) = 200개/일
연간 평균수요($\bar{A}$) = 250 × 200 = 50,000개/년
조달기간(L) = 4일
요구되는 서비스수준 = 95%
1회 주문량(Q) $= \sqrt{\dfrac{2\bar{D}S}{H}} = \sqrt{\dfrac{2(50{,}000)(2{,}000)}{200}} = 1{,}000$개

$$T = \frac{Q}{\bar{D}} = \frac{1{,}000}{50{,}000} = \frac{1}{50}\text{년} \Rightarrow \frac{1}{50} \times 250\text{일} = 5\text{일}$$

목표재고수준(M)은 다음과 같다.

$$M = \mu' + Z \times \sigma'$$

$T + L = 5 + 4 = 9$일
$\mu_{T+L} = 9 \times 200 = 1{,}800$개
$\sigma_{T+L} = \sqrt{9 \times 150^2} = 450$개
$M = 1{,}800 + 1.64 \times 450 = 2{,}538$개
$s' = 1.64 \times 450 = 738$개

따라서 이 상점은 5일마다 재고수준을 검토하여 그때의 재고수준과 목표재고수준 2,538개와의 차이만큼 주문하면 된다. 그리고 이 경우 안전재고(s')는 738개가 된다.

3. 자재소요계획

3.1 자재소요계획의 개요

자재소요계획(Material Requirement Planning: MRP)은 독립수요 품목인 완제품의 생산수량 및 생산 일정을 토대로 완제품을 생산하는 데 필요한 원자재, 부품, 공정품 및 조립품 등의 정확한 소요량과 소요시기를 계산하여 주생산일정계획에 맞추기 위해 부품을 언제 확보할 것인가를 계획하고 재고를 효율적으로 관리하기 위한 정보시스템이다.

MRP 시스템의 성공요인은 실행계획, 컴퓨터의 지원, 정확한 자료, 경영층의 지원, 사용자의 지식을 들 수 있다.

MRP 시스템은 주생산일정계획(Master Production Schedule: MPS), 자재명세서(Bill of Material: BOM), 재고기록철(inventory records file), MRP 컴퓨터 프로그램, 출력보고서(output record)로 구성된다[그림 9-16].

주생산일정계획은 MRP의 투입요소로서 최종 완제품이 정확하게 언제 얼마만큼 생산

[그림 9-16] 자재소요계획의 기본구조

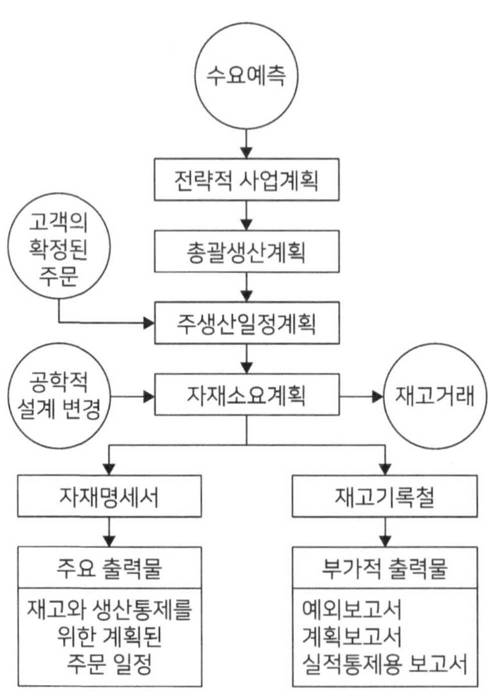

할 것인지를 나타낸다.

자재명세서는 MRP의 투입요소로서 최종 완제품을 구성하는 구성품(원자재, 부품, 중간조립품)간의 종속관계를 나타낸 것으로 제품을 조립하는 순서까지 포함한 제품구조에 대하여 기술한 것이다. 이것은 설계에서 설계의 최종도면으로부터 생성된다.

[그림 9-17] 의자 설계도

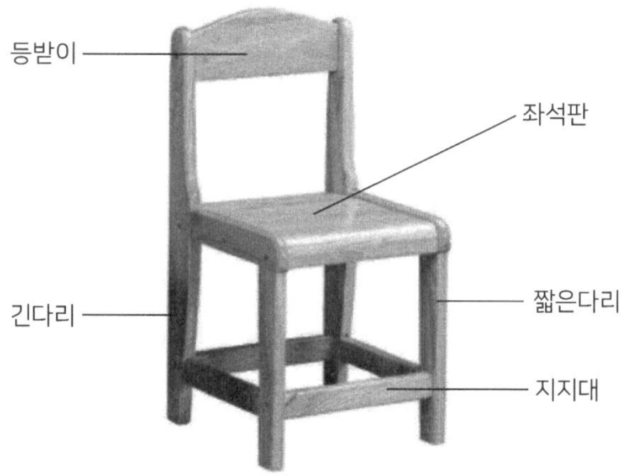

[그림 9-18] 의자 구성도

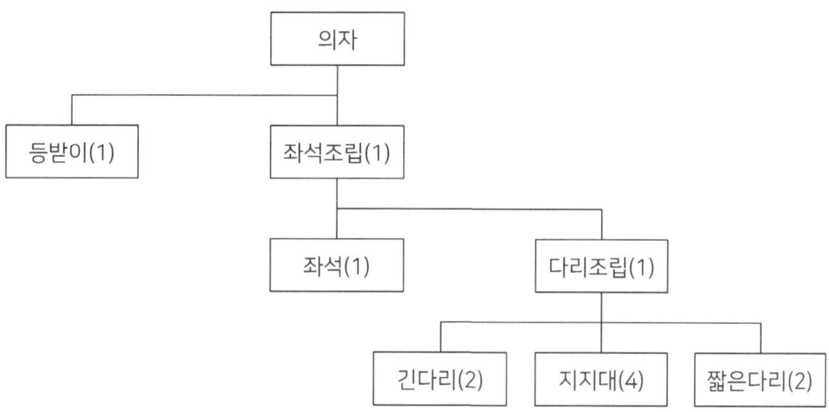

[그림 9-19] 의자 BOM 구성도

01 의자	1EA
02 등받이	1EA
02 좌석판 조립	1EA
03 좌석판	1EA
03 다리조립	1EA
04 긴다리	2EA
04 지지대	4EA
04 짧은다리	2EA

재고기록철은 MRP의 투입요소로서 각 제품과 구성품의 재고현황(보유재고량, 입출고량, 주문량, 조달기간, 안전재고수준 등)에 관한 기록자료이다.

출력보고서는 입력된 자료를 기초로 종속수요를 관리하는 데 필요한 자료를 출력한다.

- 주문일정계획서: 주문기간을 고려한 거래선, 주문시점, 주문품목, 주문량, 주문일 등이 포함된 주문품목명세서를 출력한다.
- 조정 주생산일정계획서: 주문수량, 납기, 주생산일정계획의 변경에 따른 생산수량 등과 생산능력계획의 조정에 따른 일정계획의 변경된 사항이 포함된 주생산일정계획서를 출력한다.
- 주문변경현황서: 납기를 지키지 않아 주문기간이 초과된 품목과 주생산일정계획의 변경에 따라 주문된 품목이 취소되거나 추가로 주문된 품목이 있을 때 현황서를 출력한다.
- 재고현황서: 현재 보유하고 있는 재고, 주문된 수량 등의 내용이 포함된 재고현황서를 출력한다.

3.2 자재소요계획의 기본원리

[그림 9-18]에서와 같이 총괄생산계획과 주생산일정계획으로부터 자재소요계획을 작성하게 된다.

(1) 총괄생산계획 작성

총괄생산계획은 3~12개월간 월별로 생산하고자 하는 제품에 대하여 유사한 제품군끼리 묶어서 수요예측을 하고 이를 바탕으로 공급계획을 수립하는 것이다. 총괄생산계획의 작성 예는 다음과 같다.

[표 9-2] 제품군의 총괄생산계획(예)

(단위: 개)

제품군	제품	4월	5월	6월	계
책상	의자	170	160	180	510
	책상	300	250	280	830
	식탁	200	300	270	770
	계	670	710	730	2,110
장식장	장농	150	180	170	500
	서랍장	200	250	300	750
	장식장	100	120	110	330
	계	450	550	580	1,580

(2) 주생산일정계획 작성

주생산일정계획은 재품의 생산량과 생산시기에 대한 계획으로 계획기간 동안에 제품별로 주별로 몇 개를 생산할 것인지를 결정하는 것이다. 총괄생산계획에서 책상 제품군에 대하여 각 제품별 생산계획 수량에 따른 주생산일정계획의 작성 예는 다음과 같다.

[표 9-3] 책상 제품군의 주생산일정계획(예)

(단위: 개)

제품	1주	2주	3주	4주	5주	6주	7주	8주
의자			170				160	
책상		150		150		150		100
식탁	200				100		200	

(3) 자재소요계획 작성

[표 9-3] 책상 제품군의 주생산일정계획 중에서 의자에 대한 자재소요계획을 작성한다. 작성순서는 다음과 같다.

① [표 9-3] 책상 제품군 중 의자에 대한 주생산일정계획을 [표 9-4]의 총소요량에 작성한다. 등받이는 의자 1개 조립할 경우에 1개가 소요되므로 주생산일정계획의 수량을 총소요량에 작성한다.

② 현재 재고보유량이 60개이고 1주차에 60개가 입고 예정되어 있을 때 주차별로 예상재고를 계산한다.

[표 9-4] 등받이에 대한 주별 예상재고량 계산

(단위: 개)

		1주	2주	3주	4주	5주	6주	7주	8주
품목: 등받이 조립수량: 1 리드타임: 1주 보유량: 60 안전재고: 0	총소요량			170				160	
	예정입고	60							
	예상재고	120	120	-50	-50	-50	-50	-210	-210
	순소요량								
	계획입고								
	계획발주								

③ 3주차에 계획입고 100개, 7주차에 계획입고 110개가 되었을 때 예상재고량을 계산한다. 3주차의 총소요량이 170개이므로 2주차까지 가지고 있던 120개의 예상재고량을 빼면 순소요량이 50개이다.

$$\text{순소요량} = \text{총소요량} - \text{2주차 예상 재고량} = 170 - 120 = 50$$

이때 계획입고 100개가 발생되면 순소요량을 제외하고 예상재고량은 50개가 된다.

$$\text{3주차 예상 재고량} = \text{3주차 계획입고} - \text{순소요량} = 100 - 50 = 50$$

④ 총소요량 발생에 따라 동일하게 계산한다. 7주차도 동일하게 계산한다.

[표 9-5] 3주차와 7주차에 계획입고 후 예상재고량 계산

(단위: 개)

		1주	2주	3주	4주	5주	6주	7주	8주
품목: 등받이 조립수량: 1 리드타임: 1주 보유량: 60 안전재고: 0	총소요량			170				160	
	예정입고	60							
	예상재고	120	120	50	50	50	50	0	0
	순소요량			50				110	
	계획입고			100				110	
	계획발주								

⑤ 리드타임을 고려하여 계획발주를 한다. 3주차에 계획입고 100개가 되기 위해서는 리드타임 1주를 고려하여 2주차에 계획발주 100개를 한다. 7주차도 동일하게 계산한다.

[표 9-6] 등받이의 계획표

(단위: 개)

		1주	2주	3주	4주	5주	6주	7주	8주
품목: 등받이	총소요량			170				160	
조립수량: 1	예정입고	60							
리드타임: 1주	예상재고	120	50	50	50	50	50	0	0
보유량: 60	순소요량			50				110	
안전재고: 0	계획입고			100				110	
	계획발주		100				110		

⑥ 의자의 부품인 등받이 외 좌석판, 긴다리, 지지대, 짧은다리에 대해서도 자재소요계획을 동일하게 전개한다.

9장 연습문제

1. 자재관리의 개념에 대하여 설명하시오.
2. 구매관리의 개념에 대하여 설명하시오.
3. 창고관리의 보관의 원칙에 대하여 설명하시오.
4. 로케이션관리에 대하여 설명하시오.
5. 재고관리의 개념에 대하여 설명하시오.
6. 풀 시스템과 푸시 시스템에 대하여 설명하시오.
7. 재고의 기능에 대하여 설명하시오.
8. 재고비용에 대하여 설명하시오.
9. 재고분석 방법에 대하여 설명하시오.
10. ABC분석에 대하여 설명하시오.
11. Two-Bin 시스템에 대하여 설명하시오.
12. 최대-최소 시스템에 대하여 설명하시오.
13. 독립수요와 종속수요에 대하여 설명하시오.

14. 주문기간과 주문량에 따라 주문하는 방식에 대하여 설명하시오.
15. 경제적 주문량(Economic Order Quantity: EOQ) 모형의 가정에 대하여 설명하시오.
16. 경제적 주문량과 경제적 생산량에 대하여 설명하시오.
17. 안전재고 수준의 결정에 대하여 설명하시오.
18. 자재소요계획의 개념에 대하여 설명하시오.
19. MRP 시스템의 성공요인에 대하여 설명하시오.

4부 공정 및 작업관리

CHAPTER

10

생산성분석

1. 생산성

제조업에서 불필요한 일을 없애고 효율을 좋게 하여 생산하니 과거보다 제품 또는 부품을 많이 생산하였다고 하는데 이를 생산성이 올랐다고 말한다. 예를 들면 어떤 라인에서 10명이 하루에 100개의 제품을 만들었으나 개선의 결과 10명이 하루에 120개를 만들었다면 생산성이 향상되었다고 말한다.

우리는 기업에서 일의 능률을 높이자라는 말을 자주 쓰곤 한다. 이때 능률을 높이자는 것은 주어진 상황에서 지금보다 많이 생산하자는 내용으로 이는 효율과 같은 의미라 할 수 있다.

따라서 효율성 또는 생산성은 어떤 기준과 비교하여 평가하는 측정지표로 많이 사용된다. 생산성은 일반적으로 다음과 같이 나타낸다.

$$\text{생산성} = \frac{\text{산출량}}{\text{투입량}}$$

최근에는 생산성을 말할 때 부가가치 생산성이라는 말을 많이 쓴다. 부가가치란 생산물의 가액, 즉 산출액 중에서 이전되어 온 가치를 제외한 차액을 말하는 것으로, 과거에

축적된 부를 잠식함이 없이 자유로이 처분할 수 있는 새롭게 창출된 가치를 말한다.

$$\text{부가가치(노동) 생산성} = \frac{\text{부가가치액}}{\text{종업원 수}}$$

부가가치율은 주로 원재료와 비부가가치 항목에 의해 결정되므로 부가가치율을 높이기 위해서는 기술혁신, 경영합리화 등을 통하여 비부가가치 항목에 해당하는 부분을 절감하고 고부가가치제품의 개발에 힘쓰야 한다. 비부가가치 항목이란 가치를 발생 시키지 못하는 불필요한 것으로 낭비(loss)를 발생 시키는 것을 말한다.

2. 낭비를 없애는 3가지 제조방법

도요타생산방식인 신생산방식(New Production System은 Just in Time: JIT를 말함)은 현장에서 발생하는 낭비를 철저하게 제거하기 위하여 3가지 제조방법을 실행하고 있다[그림 10-1]. 즉 낭비가 없는 제조방법, 낭비가 있으면 보아서 알 수 있는 제조방법, 낭비를 즉시 고치는 제조방법을 말한다.

[그림 10-1] 낭비를 철저히 제거하는 3가지 제조방법

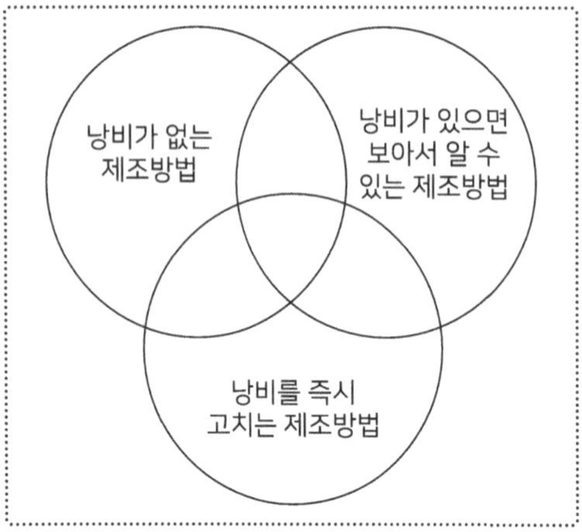

(1) 낭비가 없는 제조방법

기업은 애초에 낭비가 없는 공장을 설립하려고 노력한다. 그러나 공장 설립초기에 낭비가 발생할 수 있는 구조로 되어 있다면 공장을 계속 운영되는 한 낭비는 지속적으로 발생하게 될 것이다. 특히 장치공업일 경우에는 중간에 더욱 고치기가 어렵다. 예를 들면 외부의 손님에게 공장을 보여줄 목적으로 비효율적인 설비배치를 하는 경우가 종종 있다. 그러나 공장은 경쟁력을 갖추는 것이 중요하므로 효율적인 설비배치 구조를 갖추는 것이 원가를 절감하고 생산성을 높이는 결과를 가지고 온다.

낭비가 없는 제조방법을 갖추기 위해서는 고객의 요구에 맞춰 어느 공정에서라도 시간당 생산량과 생산품목의 종류가 평준화될 수 있도록 유연생산시스템을 갖춘다. 그리고 투입부터 산출까지 라인밸런스(line balance)를 균형지게 하여 공정재고 발생 또는 지연을 방지할 수 있는 생산시스템을 갖춘다.

(2) 낭비가 있으면 보아서 알 수 있는 제조방법

기업은 애초에 낭비가 없는 공장을 설립하려고 노력한다고 하더라도 시간이 흐를수록 낭비가 발생할 수 있는 구조로 바뀔 수밖에 없다. 앞에서 과잉생산과 재고의 낭비에서 언급하였듯이 재고는 현장의 모든 문제를 가린다. 예를 들면 재고가 없으면 설비고장이나 불량으로 인하여 고객의 수요를 맞출 수가 없으므로 회사 전체가 비상사태가 되고 고장이나 불량을 해결하기 위해 모두 노력한다. 그러나 재고가 있으면 고장이나 불량을 감추고 그 원인을 해결하려는 노력을 소홀히 함으로써 계속적으로 동일한 고장이나 불량이 반복해서 발생한다.

따라서 현장의 이상과 정상을 구분할 수 있도록 표준을 설정하고 표준작업과 눈으로 보는 관리를 마련해야 한다. 설비자동화를 통한 생산을 할 경우에도 불량이 났을 경우에 자동으로 멈추고 경보를 통해 알려주는 시스템을 구축하는 것이 필요하다. 또한 생산현황을 실시간으로 볼 수 있는 시스템 구축으로 실시간 감시를 통해 이상 징후나 발생될 경우에 바로 알 수 있도록 하는 것이 필요하다.

(3) 낭비를 즉시 고치는 제조방법

낭비가 발견되어 고칠 필요성을 느꼈다면 즉시 고치야만 한다. 표준과 눈으로 보는 관리를 통하여 정상과 비교하여 이상이 발생된 경우에는 개선을 할 수 있는 구조를 갖춘다. 그러기 위해서는 특정한 집단에서 개선하기보다는 누구든지 개선을 할 수 있도록 하는 개선시스템을 마련하는 것이 필요하다.

3. 생산성을 저해하는 로스 분류

(1) 소유공수에 포함되는 로스의 종류

① 제품설계에 의한 로스: 제조가 곤란한 것과 같은 제품 설계의 미숙에 의한 무효작업(공수)의 발생

② 제조방식에 의한 로스(방법효율): 제조가 곤란한 것과 같은 방법 설계의 미숙에 의한 무효작업(공수)의 발생

③ 제조수행에 의한 로스(가동률)

- 관리 로스: 작업설계, 통제미흡에 의한 지연, 대기의 발생
- 퍼포먼스 로스: 작업능률, 노력부족에 의한 손실

- 표준작업방법의 무시
- 작업페이스의 저하
- 작업자 책임의 불량
- 미소한 작업 중단

※ ①과 ②는 분리하지 않고 제품 제조방식에 의한 로스(유효율)로 종합하는 경우도 있다.

(2) 제품설계에 의한 로스

목적에 대한 필요기능으로 보아 불필요 또는 부적절한 내용을 제품설계에 포함시킴으로써 발생되는 로스이다. 예를 들면 다음과 같은 공수로스이다.

- 가공이나 조립이 어려운 형상, 치수, 구조나 재질
- 필요 이상으로 엄격한 공차나 완성정밀도
- 기타 가공공정이 많이 걸리는 제조방법을 전제로 한 설계 등에 의한 여분의 수고(무효작업)

이를 해결하기 위해서는 VE(Value Engineering) 또는 VA(Value Analysis)를 활용하여 이 로스를 줄일 수 있다.

(3) 제조방식에 의한 로스

공정, 설비, 작업방법의 설계가 불충분하기 때문에 생기는 공수로스이다. 예를 들면 다음과 같은 공수로스이다.

- 기술적 측면에 있어서 제조조건의 부적정한 설정
- 물리적 측면에 있어서 기계의 부적절한 선정, 레이아웃의 불충분 등
- 작업적 측면으로는 공정순서 설계의 불충분, 작업순서 계획의 불충분, 조작업편성의 불충분 등에 의한 불필요 수고(무효작업)

이를 해결하기 위해서는 설비나 라인 레이아웃의 합리화, 라인편성이나 작업방법의 개선 등을 통하여 이 로스를 줄일 수 있다.

(4) 제조수행에 의한 로스

이 로스는 설정된 방법(표준작업, 표준시간)을 실시한다는 동태적·일상적인 면에서의 로스로서 통상 관리로스와 퍼포먼스로스로 나누어진다.

① 관리로스는 예측하지 못한 사태에 의해 생산이 중단되므로 생기는 로스를 말하며, 일반적으로 작업자의 지연, 대기라는 형태로 나타난다. 예를 들면 다음과 같다.

- 기계고장에 의한 작업대기
- 계획적인 생산중단에 의한 작업대기
- 재료단절에 의한 작업자의 대기 등

② 퍼포먼스로스는 작업자의 능력과 의욕 등의 부족으로 나타나는 로스를 말하며, 작업자의 부주의에 의한 불량, 페이스다운, 미소한 작업 중단의 발생 등의 형태로 나타난다. 예를 들면 예를 들면 다음과 같다.

- 작업미스에 의한 가공불량, 조립불량이나 수정 또는 수리
- 재료, 부품의 조립을 잊어버리거나 그 후의 조립
- 의욕부족에 의한 작업 페이스의 감퇴
- 작업 도중에 잠깐 잠깐의 휴식 등

이를 해결하기 위해서는 작업관리 또는 공수관리를 통하여 이 로스를 줄일 수 있다.

4. 생산성의 측정과 관리

4.1 생산성의 관리

제조관리를 위한 측정에는 종합노동효율이라는 지표를 쓰며, 관리를 위한 생산성 측정의 2가지 방법은 다음과 같다.

$$종합노동효율 = 유효율 \times 실시효율$$

유효율 = 가치효율 × 방법효율
= 표준시간의 절감에 의한 공수절감율 추이에 따라 관리

실시효율 = 종합능률
= 가동률 × 작업능률
= 각각의 측정치를 사용한 관리

가동률은 관리자의 계획이나 예기치 못한 사고에 대한 대응력으로 향상되며, 작업능률은 관리감독자의 작업자에 대한 교육훈련 또는 동기부여 등으로 향상된다.

4.2 생산성의 측정

(1) 가동률의 측정

$$\text{가동률} = \frac{\text{실동공수}}{\text{취업공수}} = \frac{\text{취업공수} - \text{가동로스}}{\text{취업공수}}$$

실제의 측정은 작업일지나 타임체크기를 이용하여 취업공수와 가동로스를 실적으로 집계한다.

(2) 작업능률의 측정

$$\text{작업능률} = \frac{\text{표준생산량공수}}{\text{실동공수}} = \frac{\text{표준시간} \times \text{양품 수}}{\text{취업공수} - \text{가동로스}}$$

실제의 측정은 가동률의 측정에 사용한 실적 수집데이터에 양품 수와 표준시간이 필요하다. 즉 퍼포먼스로스는 실적시간과 바르게 설정된 표준시간과의 비교에 의해서만 측정가능하다. 표준시간은 이를 위해 있다고 해도 과언이 아니다.

[그림 10-2] 취업공수에 관한 로스의 분류

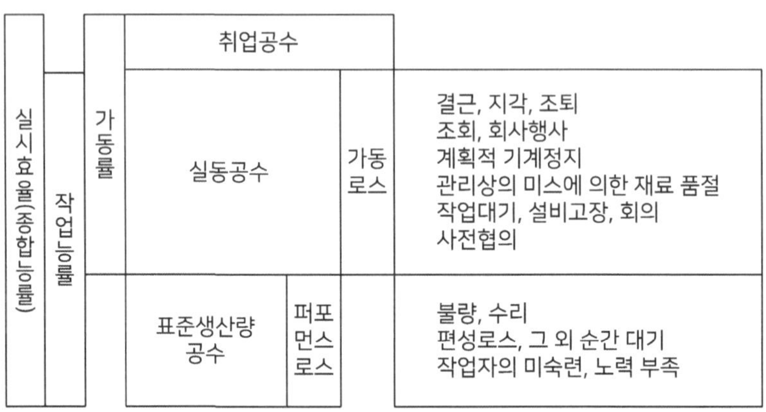

5. 낭비란 무엇인가

도요타생산방식인 신생산방식에서는 제조방법을 개선하여 현장에서 발생하는 낭비를 철저하게 제거하여 원가를 낮추려고 한다. 여기서 낭비의 제거는 낭비를 부가가치 있는 일로 바꾸는 것을 말한다.

[그림 10-3] 일과 낭비

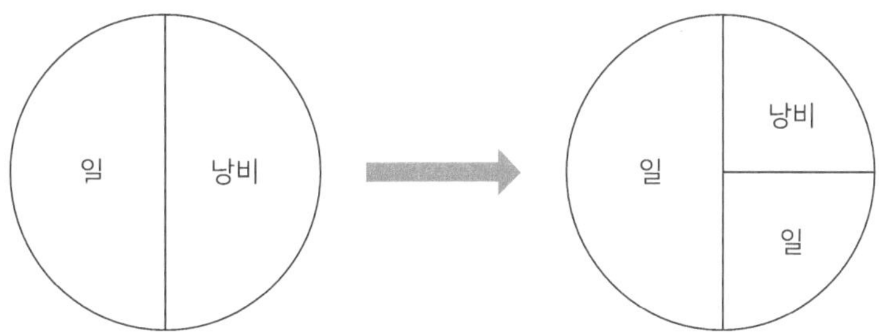

작업자가 열심히 일해도 그 결과로서 제품의 가치를 높이는 데 모두 사용되는 것은 아니다. 작업자가 일하는 것은 다음과 같이 분류할 수 있다.

- 부가가치를 높이는 작업: 이것은 제품을 만드는 본연의 일로써 자재를 가공함으로써 가치를 높여가는 일을 말한다.
- 부가가치를 높이지 않는 작업: 현재의 작업조건 하에서는 해야만 하는 작업이지만 그 작업 자체는 아무런 가치도 낳지 않는다. 가능하면 없애든지 줄여야만 하는 작업으로 일종의 낭비라 할 수 있다.
- 낭비 작업: 일을 진행하는 가운데 전혀 불필요한 것으로 제품의 원가를 높일 뿐 아니라 반드시 없애야 하는 것이다.

[그림 10-4] 작업의 구분

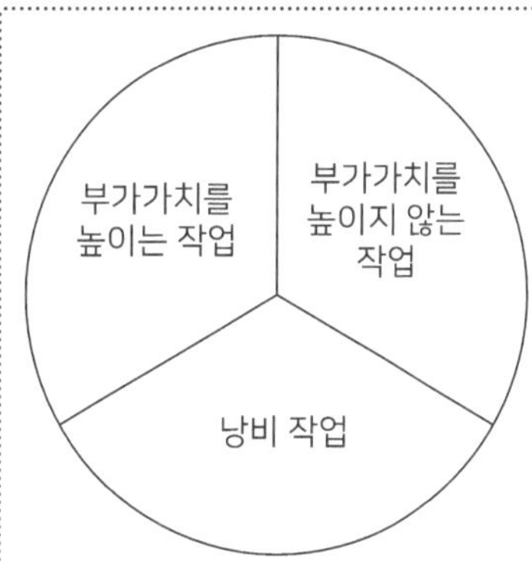

따라서 공수절감은 불필요한 작업을 줄여 부가가치를 높이는 작업으로 바꾸어 나가 생산성을 높인다.

6. 도요타의 7가지 낭비

도요타는 철저한 낭비 배제를 추구하고 있으며 그 낭비에는 7가지 종류가 있다.

6.1 과잉생산의 낭비

기업은 고객이 요구하는 필요한 양을, 필요한 시기에, 필요한 장소에 공급을 하는 것이 필요하며 이를 적시생산시스템(Just in Time: JIT)이라고 한다. 따라서 과잉생산이란 필요한 때보다 너무 빨리 만들거나 필요량보다 많이 만듦으로써 발생하는 현상을 말한다. 이는 언젠가 팔릴 가능성이 있을 것이라는 지나친 예측생산이나 불량을 우려해 여분의 생산을 하기 때문에 발생한다. 또한 공정 간의 불균형(unbalance)으로 인하여 뒷공정에서 처리하는 시간보다 앞공정에서 처리하는 시간이 짧아 이들 공정사이에 공정품이 많이 쌓일 때도 발생한다. 단지 수주를 받은 것에 한해서는 생산능력상의 문제로 인한 사전에 선행생산을 하는 것은 예외이다.

과잉생산을 하는 이유는 다음과 같다.

- 기계나 사람을 근무시간이라 놀릴 수 없다.
- 고가의 기계이므로 가동률을 높여야 단위당 비용을 줄이고 감가상각을 할 수 있다.
- 기계가 잘 고장이 나거나 불량이 다발적으로 발생할 것을 우려한다.
- 각 공정 및 라인의 생산량 증대만을 추구한다.
- 고객의 단납기에 대응하기 위하여 재고를 확보한다.

이러한 원인은 대부분이 관리자의 불안한 심리적인 것에서 발생한다. 즉 고객주문의 시기에 맞추어 주문량을 맞추지 못할 것이라는 심리적인 압박감 때문에 재고생산으로 품절을 대응하겠다는 발상에서 나타나는 현상이다. 따라서 과잉생산의 낭비는 나머지 6가지 낭비를 발생 시키는 원인이 되기도 한다.

6.2 대기의 낭비

대기의 낭비란 공정 간의 불균형으로 인하여 앞공정에서 처리하는 시간이 뒷공정에서 처리하는 시간보다 길어 앞공정에서 가공품이 넘어 올 때까지 뒷공정의 작업자가 대기하는 것을 말한다. 또한 자동화된 기계가 자동으로 가공하고 있는데 작업자는 이를 지켜보고 감시하는 것을 말한다.

6.3 운반의 낭비

운반의 낭비란 과잉생산으로 인하여 필요수량을 제외한 나머지는 창고에 가져다 놓기 위해 운반을 하거나 필요이상의 운반거리, 물건의 임시 들고 놓기, 다시 쌓기, 부적절한 운반방법 등에 의해 생기는 낭비를 말한다. 또한 작업자가 공정에서 일을 할 때 집고 놓는 작업도 운반의 낭비이다.

6.4 가공 자체의 낭비

가공 자체의 낭비란 부품을 가공할 때 정밀성이 떨어져 버어(burr)제거를 하거나 다음 공정까지의 거리가 멀어 부품을 이송하는데 긁힘 등의 불량을 방지하기 위해 부품을 임시로 비닐포장을 하는 등의 불필요한 작업을 하는 것을 말한다.

6.5 재고의 낭비

앞에서 과잉생산을 했을 경우에 고객이 주문한 양을 제외한 나머지는 모두 재고가 된다. 또한 공정 간의 불균형으로 인하여 발생하는 것도 재고라고 할 수 있다. 재고는 이를 보관하기 위하여 장소가 필요하고, 운반을 해야 하며, 집고 놓는 활동과 이를 관리하기 위한 자재관리자가 필요하는 등 부가적으로 발생하는 낭비는 눈덩이처럼 커진다. 따라서 재고는 관리자의 안심재고라고도 한다.

6.6 동작의 낭비

동작의 낭비란 부가가치를 일으키지 않는 작업은 모두 동작의 낭비라 할 수 있다. 예를 들면 과잉생산으로 인하여 재고를 창고에 운반하거나 창고에서 부품을 가져오는 행위, 물건을 이 공정에서 저 공정으로 가지고 가는 행위, 필요한 물건을 찾는 행위 등은 모두 동작의 낭비이다. 즉 사람이 단순히 움직이고는 있을 뿐 일을 하는 것이 아니다.

6.7 불량을 만드는 낭비

공정에서 작업자가 표준을 지키지 않아 실수로 생산되는 것, 기계의 오작동으로 발생하는 것, 자동화 기계가 현재 생산 중인 부품이 불량임에도 불구하고 정지하지 않고 계속해서 불량을 생산하는 것 등을 말한다. 또한 과잉생산으로 인하여 재고로 오랫동안 보유하는 경우 진부화로 인하여 가치가 떨어지거나 불용이 되는 것을 말한다.

7. 3정 5S

7.1 5S의 개요

우리는 정리해라, 정돈해라, 청소해라, 청결하게 해라는 말을 많이 듣고 산다. 사람이 사는 곳이면 언제나 어지럽혀지고, 지저분해지는 것은 당연한 이치다. 그러나 이를 얼마나 관심을 가지고 정리·정돈하고 청소를 하느냐에 따라 주변 환경이 얼마나 깨끗해지는지에 대해서는 많은 경험을 했을 것이다. 예를 들어 업무를 마친 후에 주변을 정리·정돈하고 청소를 한 후 퇴근하여 다음날 아침에 출근했을 때 기분이 좋아지는 것은 사실이다. 또한 아침 출근 전에 미화원이 사무실을 깨끗하게 청소를 해 놓았을 경우에 기분이 상쾌해짐을 느꼈을 것이다. 이때에는 어떤 일을 하더라도 깔끔하게 처리할 수 있을 것이라는 의욕이 일어난다. 그러나 정리·정돈과 청소는 하루라도 등한시 했을 때에는 지저분한 상태로 원위치 된다는 것을 너무도 잘 알고 있다. 따라서 정리·정돈과 청소는 끊임없이 반복해야 하는 것이기에 귀찮다고 쉽게 포기할 수 있으므로 주의해야 한다.

작업현장에서의 정리·정돈 및 청결은 작업능률, 생산성 향상, 안전 및 종업원의 사기를 높이는 중요한 사항이다. 현장의 모든 환경이 깨끗하게 청소되어 있고, 공구, 치구, 자재 등이 정리·정돈 잘 되어 있다면 다음 일을 처리하는데 정확하고 신속하게 행할 수 있어 작업을 손쉽게 진행할 수 있고, 안전사고도 미연에 방지되므로 작업자의 사기앙양과 능률향상이 이루어지므로 궁극적으로는 생산관리의 목표인 Q(Quality), C(Cost), D(Delivery), S(Safety), M(Morale)을 달성할 수 있다.

5S 활동은 눈으로 보는 관리의 기본이 되며, 낭비를 발견하고 철저히 제거할 수 있도록 하여 적시생산시스템(Just In Time)을 달성할 수 있도록 하는 기반이 된다.

5S는 정리(Seiri), 정돈(Seiton), 청소(Seisoh), 청결(Seiketsu), 마음가짐 또는 습관화(Shitsuke)의 첫 글자를 따서 만든 말이다. 5S 활동은 쓰는 사람들마다 3정 5S 활동, 5행 활동, 5요소 활동 등 다양하게 쓰고 있다.

- 정리(Seiri): 필요한 것과 불필요한 것을 구분하여 불필요한 것은 과감히 버리는 것을 말한다.
- 정돈(Seiton): 필요한 것을 쉽게 찾아 사용할 수 있도록 각종 물품의 보관수량과 보관장소를 정해 놓고 표시해 두는 것을 말한다.
- 청소(Seisoh): 작업장의 바닥, 벽, 설비, 비품 등 모든 것의 구석구석을 닦아 먼지, 이물 등을 제거하여 더러움이 없는 환경을 조성하는 것을 말한다.

- 청결(Seiketsu): 먼지, 쓰레기 등 더러움이 없이 깨끗하고 언제나 눈으로 보아 문제점이 발견되었을 때 이것을 한 눈에 발견할 수 있는 상태로 유지하는 것을 말한다.
- 마음가짐 또는 습관화(Shitsuke): 회사의 규율이나 규칙, 작업방법 등을 정해진 대로 준수하는 것이 몸에 익어 무의식 상태에서도 지킬 수 있는 것을 말한다.

5S 활동을 성공적으로 실행하기 위해서는 좋아졌다는 것을 직원들의 깨달음이 없으면 안 된다. 그러기 위해서는 시각적으로 변화 상태를 직접 볼 수 있도록 하는 것이 중요하다.

따라서 5S 활동은 개선 전·후를 비교할 수 있도록 사진촬영을 하는 것이다. 사진촬영의 핵심포인트는 정점촬영, 촬영일, 컬러화 등이다. 그리고 사진촬영은 정점촬영법으로 동일한 거리에서 동일한 위치와 동일한 방향으로 촬영하는 것을 말한다.

- 정점촬영: 개선 전·후를 같은 장소에서 촬영
- 촬영일: 촬영한 날짜를 사진에 표시
- 컬러화: 색별정돈의 경우 컬러사진이 유효

7.2 정리 활동

일반적으로 정리라고 하면 현장에 흐트러져 있는 잡다한 물건들을 한쪽에 가지런히 놓거나 쌓아 올리는 행위로 인식하는데, 이는 정렬이지 정리는 아니다. 정리란 필요한 것과 불필요한 것을 구분하여 불필요한 것은 과감히 버리는 것을 말한다. 다시 말하면 정리란 버리는 기술을 말한다. 왜냐하면 불필요하다고 하더라도 돈을 주고 샀기 때문에 아까운 마음이 들어 버리지 못하기 때문이다. 따라서 정리 활동이란 회사 내의 불필요한 물건으로 인하여 발생하는 공간의 낭비 및 자금의 낭비를 제거하고 불필요한 물건의 방치에 따른 환경의 불결 및 작업 비효율을 제거하는 것을 말한다. 정리 활동에는 가용품, 불급품, 불용품 등 3가지로 구분한다,

- 가용품: 현재 생산 활동에서 매일 사용하는 물품을 말한다.
- 불급품: 사용은 하지만 사용빈도가 적거나 현재의 보관 장소에 놓여 있어서는 안 되는 물품을 말한다.
- 불용품: 1년 이상 거의 사용하지 않는 것으로 쓸모가 없어서 폐기하거나 매각해야 할 물품을 말한다.

[표 10-1] 정리 활동의 구분기준

사용빈도	분류	처리방법
1년에 한 번도 사용하지 않는 것	사용하지 않는 것	버린다.
6개월에서 1년 사이에 한 번 정도 밖에 사용하지 않는 것	좀처럼 사용하지 않는 것	먼 곳에 둔다.
1개월에 한 번 정도 사용하는 것	가끔 사용하는 것	한 곳에 모아둔다.
1주일에 한 번 이상 사용하는 것	자주 사용하는 것	작업범위 내에 두거나 몸에 지닌다.

[그림 10-5] 정리 활동의 추진절차

단계	내용
필요품과 불필요품의 구분원칙 수립	① 가용품, 불급품, 불용품의 구분 지침 작성 - 현장라인, 생산부서, 자재관리 창고 지침 - 면책 지역 결정 ② 지침 배포 및 설명회 개최
↓	
불급품 및 불용품의 파악 및 구분	① 불용품 및 불급품의 현황 파악 - 대상: 자재, 제품, 기계설비, 금형, 치공구, 비품 등 - 파악내용: 품명, 수량, 단가, 점유면적, 발생사유 등 ② 붉은 표찰 부착
↓	
불급품 및 불용품의 현황 등록	① 불용품 및 불급품 파악내용 List up하여 등록 - 불용품은 면책 지역으로 이동 - 불급품은 기존에 있던 장소에 전시 ② 불용품 및 불급품 현황 종합 보고
↓	
불급품 및 불용품의 처리	① 불용품 및 불급품 처리대책 수립(처분방법, 일정 등) ② 관련 부문 회의 개최 및 처분방법 확정 ③ 처분
↓	
처분 여부 사후관리	① 현장 순회 및 처분 확인

정리 활동을 할 때에는 무엇을 정리대상으로 할 것인가를 분명히 정하고 실행한다.

- 무엇 때문에 정리하는가?: 정리목적을 분명히 한다.
- 어디에 정리하는가?: 보관할 장소를 분명히 정한다.
- 어떻게 정리하는가?: 정리 및 정비방법을 분명히 정한다.
- 언제 정리하는가?: 근무시간, 근무종료 후, 정기적으로 할 것인가를 분명히 정한다.
- 누가 정리하는가?: 상사, 스텝, 팀이 할 것인가를 분명히 정한다.

정리가 안 되었을 경우에 현장에서 발생하는 낭비는 다음과 같다.

[표 10-2] 불용품, 불급품 및 잉여재고에 의한 낭비

구분	실태	비고
장소의 낭비	• 공장이 점점 좁아진다. • 공장 내 생산현장 등 중요한 장소가 점점 좁아진다.	경비 증가 생산 감소
보관용구의 낭비	• 선반, 캐비넷, 대기실이 필요이상으로 소요된다. • 파레트, 운반용구 등이 과다 사용된다.	경비 증가
불량 또는 이물혼입의 낭비	• 비슷한 것을 혼돈 사용하여 불량발생, 부식, 변질, 먼지 투입	경비 증가 생산 감소
금리의 낭비	• 불급, 잉여, 불필요품, 사장품 등은 이익이 아닌 이자만 늘어나게 된다.	금리 증가 경비 증가
관리시간의 낭비	• 재고관리의 인적, 물적 낭비	경비 증가 인건비 증가
개선지연 불가	• 부품 또는 반제품의 재고, 불급품 또는 치공구의 과다로 문제가 보이지 않는다. • 제품불량, 기계고장, 납기지연, 교체시간지연 등의 문제가 없는 것처럼 되어 개선활동이 이루어지지 않는다.	생산성 저하 안전사고 위험

[표 10-3] 누락발생에 의한 낭비

구분	실태	비고
설비증설의 낭비	• 부대설비 또는 수단(가스, 물, 기름 등)의 능력부족이라고 보고 증설하는 낭비	경비 증가
치공구 과다	• 부대설비 또는 수단의 증가에 따라 치공구 또는 부품의 증설 낭비	경비 증가
사용량 증가	• 누락분만큼 사용량이 늘어난다.	경비 증가
고장에 의한 불량발생의 낭비	• 수단의 부족으로 피크생산시 불량발생 또는 문제점 발생	수리경비 증가
금리의 낭비	• 수단의 증가는 금리 증가 초래	경비 증가 금리 증가

7.3 정돈 활동

정리 활동이 끝난 후 불용품을 버리거나 매각을 하고 나면 그 장소는 빈자리로서 넓은 공간이 생긴 것을 발견할 수 있다. 그 동안 불용품으로 인하여 필요한 물품을 두고 싶어도 두지를 못하여 엉뚱한 장소에 놓아두어야 하는 낭비가 발생하는 경우가 많았다. 따라서 정돈 활동이란 필요한 물건을 필요할 때 바로 찾아 사용할 수 있도록 하기 위하여 각종 물품의 보관용기, 보관수량 및 보관장소를 시각적 관리를 통해 명확히 지정해 두는 것을 말한다. 단순히 보기 좋게 물건을 줄지어 놓는 것은 정돈이 아니고 진열이다.

정돈 활동에 있어서 가장 핵심적인 요인은 3정(定)이다. 5S 활동을 3정 5S 활동이라고도 하는 이유가 이 때문이다.

[그림 10-6] 3정(定)의 구조

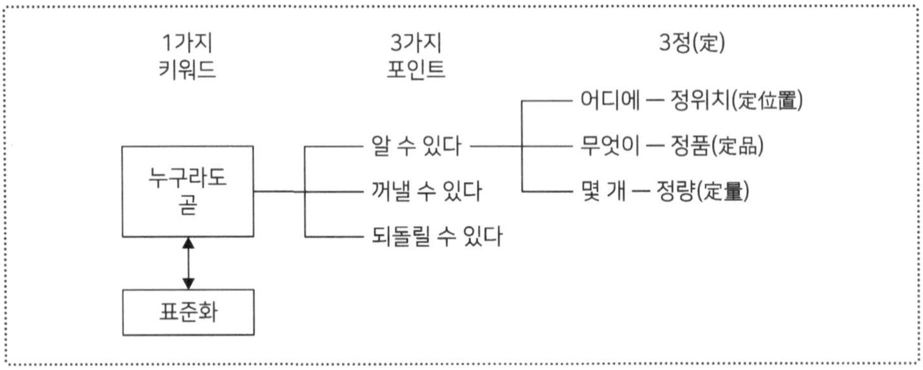

- 정위치: 지정된 장소를 표시하는 것으로 동 표시 또는 번지 표시를 한다.
- 정품: 지정된 품목을 표시하는 것으로 선반품목표시 또는 물품품목표시를 한다.
- 정량: 지정된 수량을 표시하는 것으로 최대량과 최소량 표시를 한다.

정돈 활동을 통해서 얻을 수 있는 효과는 준비작업시간의 단축, 재료 또는 부품 대기시간의 단축, 현장의 배치개선으로 가공시간 및 사이클타임 단축 등이 있다. 정돈 활동의 착안사항은 다음과 같다.

- 필요한 물건이 금방 발견되고 바로 잡을 수 있게 되어 있다.
- 작업순서에 맞는 물건을 안전하게 넣을 수 있도록 용기가 고안 되어 있다.
- 물건을 한 번에 일괄해서 운반 또는 이동할 수 있도록 되어 있다.

- 작업순서에 따라 쉽게 작업할 수 있게 손동작의 범위 내에 배치되어 있다.
- 볼 수 있도록 표시되어 있고 사용방법과 순서를 알 수 있도록 되어 있다.

[그림 10-7] 정돈 활동의 추진절차

단계	내용
필요품의 적정보관수량 결정	① 대상 제품의 선정 ② 필요품별 규격과 필요량 파악 ③ 작업자별, 구역별 보관물품과 적정 보관수량 설정
필요품의 보관수량 조정과 확정	① 현장 확인을 통해 보관수량의 조정 및 확정
필요품의 보관방법과 놓는 방법 결정	① 필요품과 보관방법 결정 - 보관장소의 지정 - 보관방법의 결정 ② 놓는 방법의 결정
물품 현황판 부착	① 보관장소와 보관물품에 부착 - 표지판 내용: 품명, 규격, 수량, 책임자 등
표준화 유지 및 사후관리	① 정기적인 지도 및 점검 실시

정돈 활동을 잘하기 위한 3가지 원칙은 다음과 같다.

- 표시를 하여 알아보기 쉽게 한다.
  - 무엇을 놓을 장소인가?: 장소 표시
  - 무엇이 놓여져 있는가?: 물건 표시
  - 얼마나 남았는가?: 재고 표시
  - 규격은 어느 것인가?: 동종의 타규격 구분
- 넣기 쉽고 꺼내기 쉽게 한다.
  - 먼저 들어간 것이 먼저 나오게 한다: 선입선출

– 원하는 물건을 즉시 꺼낼 수 있게 한다: 중량, 부피를 감안하여 재고위치 설정
– 규격과 수량의 착오를 방지한다: 견본 비치, 제자리 두기

• 꺼낸 물건은 즉시 쓸 수 있게 한다.
  – 녹 또는 부식이 없다.
  – 먼지 또는 이물질이 없다.
  – 변색 또는 변질이 없다.
  – 흠 또는 파손이 없다.
  – 수량에 이상이 없다.

[표 10-4] 품목별 정돈 미흡으로 인한 낭비

구분	실태	비고
시간의 낭비	• 찾는 낭비가 발생, 가지러 가거나 오는 시간의 과다 발생 • 몇 번씩 한 가지 공구나 부품을 가지러 왕복한다.	경비 증가 생산 저하
재고의 낭비	• 여분의 물건을 쌓아두고 찾지 못하여 다시 구입한다. • 사용 후 바로 돌려놓지 않아 없다고 다시 구입한다. • 꼭 필요한 부속품의 준비부족으로 수리 또는 교체시간을 과다하게 소요한다.	경비 증가 금리 증가
불량 또는 고장의 낭비	• 다른 부속품을 끼워 불만이 발생한다. • 틀린 치공구로 인한 고장발생과 시간을 낭비한다. • 엉뚱한 치구, 금형설치로 불량발생, 시간 및 자재를 낭비한다.	경비 증가 불량발생 손실
장소의 낭비	• 불필요품이 장소를 차지하고 있어 물건 놓을 장소가 부족하다. • 현장이 비좁아 수리, 교체, 준비작업에 방해가 된다.	경비 증가

7.4 청소 활동

정리 활동을 통해서 불용품을 제거하고 나면 많은 여유 공간이 생기게 된다. 그동안 불용품 및 불급품 등이 오랫동안 쌓여 있음으로 해서 먼지나 지저분한 쓰레기 등이 많이 방치되어 있는 경우가 많다. 정리·정돈 활동을 통해서 필요한 가용품과 불급품을 제자리에 두고 쓸 수 있도록 하고, 또한 새로운 마음으로 일을 하기 위해서는 대청소가 필요하다.

따라서 청소 활동이란 정리 활동을 통하여 불필요한 것을 제거한 후 필요한 것을 제자리에 두고 사용하기 위하여 작업장의 바닥, 벽, 설비, 비품 등 구석구석을 닦아 먼지, 이물질, 기름때 등을 제거하여 더러움이 없는 환경을 조성하는 것을 말한다. 청소 활동에는 2가지 종류가 있다.

첫째, 환경 청소이다. 공장 내에 불필요한 물건을 제거하고 더러운 곳이나 방치된 쓰레기 등을 깨끗하게 함으로써 항상 상쾌한 마음으로 일에 임할 수 있도록 한다. 예를 들어 백화점이나 공항의 바닥이 윤이 날 정도로 깨끗하여 사람들이 함부로 침이나 쓰레기 등을 버리지 못하게 만든다. 버리면 무엇인가 잘못한 죄인이 되는 느낌이 든다.

그리고 확보된 여유 공간에 필요한 물건을 적재적소에 둘 수 있도록 해주고 또한 필요시에 쉽게 찾아 쓸 수 있도록 한다.

둘째, 설비 청소이다. 설비는 사용하면 할수록 마모 또는 고장이 일어날 수밖에 없다. 예를 들어 어린아이가 병이 날 때에는 열이 난다거나 아픈 부위에 진통이 일어나는 등의 증상이 나타나게 된다. 이때 어린아이는 보채거나 아프다고 할 때 부모는 아이의 이마에 손을 갖다 얹어 열이 있나를 확인하면서 어디가 아픈지를 물어 본다. 이와 마찬가지로 설비도 고장이 날 때에는 고장이 나는 부위에 발열, 진동, 이상음, 흔들림 등의 증상이 나타난다. 이러한 증상은 사람이 설비를 살펴보지 않으면 발견할 수 없다. 따라서 설비를 깨끗하게 청소하면서 설비의 이상 유무를 점검하고 필요 시에는 조치를 취한다.

[그림 10-8] 청소 활동의 추진절차

단계	내용
청소구역의 지정	① Layout에 구역별 담당자 표기하여 게시한다. - 개인별, 팀별, 라인별로 담당구역 지정 - 설비점검 책임자 지정 - 책임자 관리 표지판 부착
↓	
청소방법의 표준화	① 작업자 개개인에게 지침 배포 및 숙지하고 모두가 참여하여 일상적으로 실시함 - 일일 청소시간 표준화 - 환경 청소방법 및 설비 청소점검 지침 작성
↓	
5S활동 주제 팀활동 실시	① 팀활동을 통해 토의할 때 해결기법 복잡하지 않게 한다. ② 간단한 주제도 해결되면 실적으로 포함한다.

[표 10-5] 청소 미흡으로 인한 낭비

구분	실태	비고
찾는 낭비	• 다음 가공할 재료를 놓아둔 곳을 몰라 찾는다. • 도구를 정리해 두었는데 찾을 수 없다.	경비 증가 생산 저하
운반의 낭비	• 각 공정에 재료가 많이 쌓여 있음으로 해서 생산기간이 길어진다. • 각 공정에 재료가 많이 쌓여 있음으로 해서 물건을 찾기 어렵다. • 각 공정에 재료가 많이 쌓여 있음으로 해서 통로가 좁아진다.	경비 증가 생산 저하
만성적인 낭비	• 대부분 작업현장의 큰 문제만 해결하고 작은 문제를 소홀히 함으로써 만성로스가 발생한다.	경비 증가
의욕저하 낭비	• 운반이나 보행이 많아 체력을 많이 쓴다. • 있어야 할 곳에 물건이 없어 찾는 불안함 • 운반이나 보행 중에 다른 물건과 부딪히지 않을까 신경을 쓴다. • 안전화의 바닥에 이물질이 끼어 불쾌감을 느낌 • 자신의 재료나 도구를 다른 사람이 제멋대로 사용함으로써 말다툼 발생	경비 증가 생산 저하

7.5 청결 활동

청결 활동은 앞의 3S(정리, 정돈, 청소) 활동을 지속적으로 유지하고 관리하는 것을 말한다. 다시 말하면 먼지, 쓰레기, 기름때 등이 없고 이와 같은 문제가 발생했을 때에는 한 눈에 바로 발견할 수 있도록 하여 조치를 취할 수 있도록 함으로써 청결상태를 지속적으로 유지하는 것을 말한다.

예를 들어 3S를 지키기 어려운 것 중 하나는 어떤 물건을 사용한 후 제자리에 돌려놓는 것이 잘 안 되어 발생한다. 필요할 때에는 찾아서 사용하는데 사용 후에는 필요치 않아 아무데나 방치하기 때문이다. 왜냐하면 돌려놓는 장소가 필요 이상으로 거리가 멀어 귀찮은 마음이 들기 때문이다. 이것은 다음에 사용할 사람이 찾으러 다니는 낭비를 발생케 한다. 따라서 눈으로 보는 관리의 연구가 필요하다. 눈으로 보는 관리의 기본은 현장에서 현물을 보고 현실을 파악할 수 있도록 하는 구조를 가진 것을 말한다.

- 멀리서도 잘 알 수 있다.
- 누구나 사용 가능하고 사용하면 편리해질 수 있다.
- 누구나 지킬 수 있고 곧바로 고칠 수 있다.
- 이상과 정상을 구분할 수 있다.
- 관리하고자 하는 현물에 표시되어 있다.

눈으로 보는 관리의 대표적인 것은 정돈 활동의 3정(定)이라 할 수 있다.

[표 10-6] 눈으로 보는 관리와 귀로 듣는 관리

관리도구	내용
1. 백색 작업복	더러움이 눈에 띄는 작업복
2. 붉은 표찰	누구라도 불용품·불급품임을 한 눈으로 아는 정리
3. 표시 간판	눈으로 보는 정돈
4. 구획선	안전통로, 작업구획선, 치장구획선, 문 개폐선
5. 색별 정돈	기계별, 제품기종별 치구, 금형, 치장, 운반구 등의 지적색상 통일, 오일의 색별 관리, 서류의 사전정돈 등
6. 형적 정돈	공구, 계측기의 반환위치, 기능적 보관
7. Red Line	최대/최소 재고량 표기, 불량치장선
8. 설비 표시등	기계의 가동상태 알림
9. 조립 표시등	생산계획/실적현황, 부품요구(결품) 알림
10. 부품공급 부저	부품부족을 경보
11. Time Mark	조립라인의 Tact를 작업자에게 눈으로 보게 함
12. Tact 부저	조립라인의 Tact를 작업자에게 귀로 듣게 함
13. 간판(정보용)	인수간판, 생산간판, 신호, 외주, 공정 간, 임시, 특수간판
14. 생산관리판	계획대비 실시 진척 정도
15. 표준작업표	사람보행도, 표준재공수, Tact Time의 표기
16. 불량 전시대	불량 현품과 발생빈도의 막대그래프
17. 불량품 상자	적색 Box로 양품과 구분
18. 불량발생 부저	가공, 검사공정에 Fool Proof나 자동화와 병용
19. 생산성과	생산량, 생산성 그래프
20. 간트차트	수주생산, 소 LOT생산용 진척관리

7.6 마음가짐(습관화)

마음가짐(습관화)이란 회사의 규율이나 규칙, 작업방법 등을 정해진 대로 준수하는 것이 몸에 습관화되어 있어 무의식 상태에서도 지킬 수 있는 것을 말한다. 마음가짐의 의미는 스스로의 마음을 다스리는 정신 상태를 말하는 것으로 하고자 하는 마음을 가진 사람과 그렇지 않은 마음을 가진 사람들 간에는 차이가 크다. 스스로의 마음을 다스릴 수 있는 사람은 어떤 일을 하더라도 책임감을 가지고 잘 수행한다.

7.7 생산로스와 5S와의 관련성

5S 활동을 단순히 환경적으로 깨끗하게 할 뿐 생산성과의 관련성이 없는 것으로 잘못 생각하는 경우가 많다. 그러나 5S 활동은 낭비를 발견하고 철저히 제거하여 근본적으

로 생산성을 향상하는 가장 기본적인 활동이라 할 수 있다.

[표 10-7] 생산로스와 5S의 관련성

생산로스 종류	사람의 로스	5S의 관련성
가동로스	물건 찾기	불필요품이 있다. 물건을 두는 곳이 정해져 있지 않다. 정해져 있어도 지키지 않는다.
	물건을 가지러 가기 위해 현장을 이탈한다.	필요한 것은 언제든지 곧 꺼낼 수 있도록 되어 있지 않다.
	파레트를 구하러 간다.	정해진 곳에 파레트를 두지 않는다.
방법로스	작업준비 중에 지그 또는 공구의 손질	바로 쓸 수 있는 상태로 준비되어 있지 않다.
	만들어진 제품에 기름이나 먼지 등이 묻었는지에 대한 검사	설비의 더러움이나 기름이 새는 것을 방치
퍼포먼스로스	할 마음이 나지 않는다.	지저분한 현장 지저분한 설비 지저분한 작업복 어두운 조명

8. 작업교체시간 단축

8.1 작업교체시간의 개요

기업에서 생산하고 있는 제품의 라이프 사이클이 과거와는 달리 점차 짧아지고 있고, 미래 수요예측의 불확실성이 높아짐에 따라 고객은 재고를 보유하지 않으려 하는 경향이 많으며 단납기 요구와 소량다회 납입의 요구가 늘어나고 있다. 따라서 중소기업은 모기업의 소량다회 단납기 요구에 재고로 대응하는 경우가 많다. 왜냐하면 중소기업의 생산라인이 모기업의 생산라인과 동기화가 되어 있지 않기 때문이다. 모기업과 중소기업의 생산라인 간에 동기화가 되지 않은 이유 중의 하나는 중소기업에서 프레스나 사출로 생산하는 부품으로 인한 경우가 많다.

작업교체라고 하면 흔히 프레스 공장의 프레스 금형교체작업을 떠 올리거나, 아니면 사출 공장의 사출 금형교체작업을 떠 올린다. 이는 생산 활동 중에서 비효율적인 생산 활동으로 준비교체 소요시간이 많이 걸리기 때문이다. 그러나 조립라인에서 생산하는 기종을 변경하는 행위도 작업교체 또는 기종교체라고 한다. 단지 조립라인에서의 기종교체는 금형교체작업과는 달리 상대적으로 시간이 많이 소요되지 않고 눈에 크게 드러나지 않아 개선이 잘 안 되는 경향이 있다.

작업교체는 현재 생산 중인 부품을 종료한 시점으로부터 다음에 생산할 부품을 생산을 시작하여 양품이 처음 나올 때까지의 간격을 말하며, 이때 소요된 시간을 작업교체시간이라고 한다.

8.2 작업교체비용과 재고비용

과거에는 작업교체를 당연하게 생각하여 이 시간을 개선하려는 노력을 하지 않고, 작업교체시간을 감안하여 일정량의 적정재고를 보유하려고 하였다. 이것은 재고비용과 작업교체비용의 합이 최소가 되는 지점에서 총비용을 결정하는 경제적 발주량(EOQ: Economic Order Quantity) 모형을 이용하였다.

[그림 10-9] 경제적 Lot 사이즈

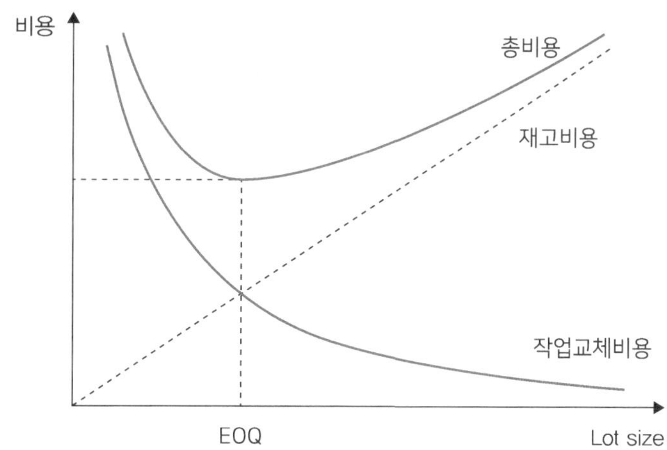

그러나 최근 제품 수명주기가 짧아짐에 따라 적시생산시스템에서는 무재고를 요구하고 있기 때문에 EOQ 모형의 적용은 모순이 된다는 것을 알았다. 따라서 재고를 최소화해야 하는 문제를 해결하기 위해 작업교체시간을 고정된 것으로 생각하지 않고 1회 생산 Lot 사이즈를 줄여 1개 흘리기 생산을 할 수 있도록 작업교체시간을 줄이는 활동을 하고 있다. 작업교체시간이 줄어들면 들수록 1회 생산 Lot 사이즈가 줄어들어 굳이 재고를 두고 생산할 필요가 없이 필요시에 바로 생산을 할 수 있기 때문에 경제적이라고 할 수 있다.

작업교체는 기계를 정지해야 가능한 작업으로 낭비라고 할 수 있으므로 최대한 빠른 시간 내에 수행되어야 한다.

8.3 QDC(Quick Die Change) 작업교체

8.3.1 '0' 작업교체

중소기업에서 모기업과 생산라인을 동기화시키지 못해 단납기를 재고로 대응하는 이유는 금형교체작업시간이 길기 때문이다. 예를 들면 도요타자동차에서도 작업교체에 소요되는 시간이 45~54년에는 대략 2~3시간 걸렸다. 만약 하루 8시간 부품을 생산해야 하는데 2~3시간을 금형교체작업에 소비한다면, 이 소요시간만큼 생산을 하지 못하는 일이 발생하게 된다. 따라서 중소기업에서는 작업교체시간의 로스를 최소화하기 위하여 작업교체 횟수를 줄여, 언젠가는 납품이 될 것이라는 기대를 가지고 고객이 요구한 수량을 초과하여 대량생산을 하게 된다. 이는 과잉생산의 낭비를 발생 시키는 결과를 초래한다.

중소기업이 작업교체시간을 단축하는 것은 고객의 요구에 신속히 대응할 수 있는 체제가 마련되고 재고가 줄어드는 결과를 가져온다. 또한 나아가 진부화로 인한 불량감소 등으로 원가가 절감된다. 따라서 작업교체시간의 단축은 얼마나 금형을 신속하게 교환(QDC: quick die change)을 할 수 있느냐에 달려 있다. 예를 들면 도요다자동차는 55~64년에는 15분으로 단축되었고, 70년 이후에는 3분까지 단축되었다. 이것은 작업교체시간이 2~3시간 소요되면 재고가 2~3시간만큼 있어야 하고, 15분 소요되면 15분만큼, 3분 소요되면 3분만큼 재고가 있어야 납기에 대응이 된다는 것을 의미한다. 결국에는 작업교체시간이 단축되면 그만큼 재고가 줄어든다는 것을 말한다.

작업교체를 9분 이내에 할 수 있으면 싱글작업교체, 3분 이내에 할 수 있으면 '0'작업교체라고 한다.

8.3.2 작업교체시간 단축 발상법

어떤 기업이든 하나의 제품만 생산하는 경우는 드물다. 대부분의 기업들은 여러 가지 제품을 생산해야 하므로 이들 제품을 필요에 따라 번갈아 가면서 생산하지 않으면 안 된다. 이때 필수적으로 발생하는 것이 작업교체 활동이다. 작업교체 활동은 제품의 종류를 바꾸는 작업으로 이 활동을 하는 동안에는 생산 활동이 이루어지지 않아 비부가가치 활동이 발생하여 생산성을 저하시키는 결과를 초래하므로 낭비 활동이라고 할 수 있다. 낭비 활동을 철저히 제거하면 상대적으로 부가가치 있는 생산 활동이 늘어나 생산성이 증가된다.

작업교체시간을 단축하기 위해서는 작업교체 활동을 없애는 것이 좋으나 현실적으로 여러 가지 제품을 생산하기 위해서는 작업교체 활동은 있어야 하므로 최소화하려는 노력이 필요하다.

[그림 10-10] 작업교체시간 단축 발상법

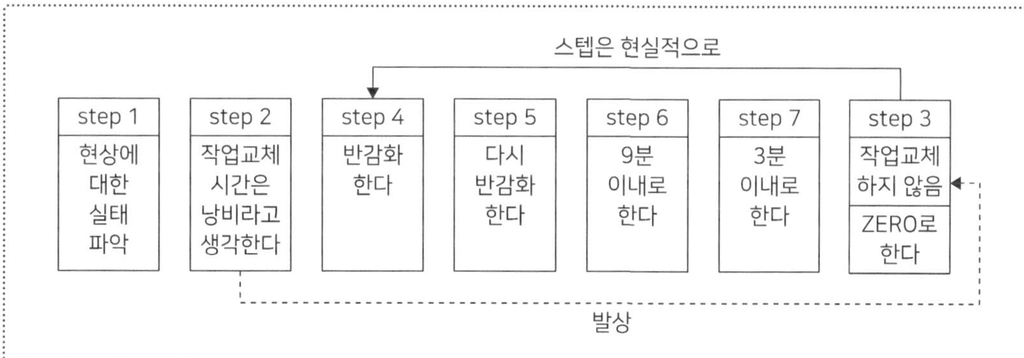

8.3.3 작업교체의 구분

작업교체에는 내 작업교체와 외 작업교체로 구분한다[그림 10-11].

- 내 작업교체: 기계가 멈춘 상태에서만 할 수 있는 작업
- 외 작업교체: 기계를 가동하고 있는 중에도 할 수 있는 작업

내 작업교체는 현재의 제품 가공이 끝난 후 다음 제품을 가공하여 양품이 나올 때까지의 작업을 말한다. 이 작업은 기계를 멈추지 않으면 교체를 할 수 없으므로 이 작업 내용 중 외 작업교체로 변경할 수 있는 것을 찾아 전환함으로써 기계정지시간을 단축할 수 있다. 또한 내 작업교체를 외 작업교체로 변경할 수 없는 부분에 대해서는 표준화를 함으로써 시간을 단축할 수 있다.

외 작업교체는 작업교체 전에 준비해야 하는 제반활동과 작업교체 후에 마무리해야 하는 제반활동을 말한다. 이 작업은 기계를 멈추지 않고도 작업할 수 있으므로 내 작업교체를 빠르게 수행할 수 있도록 사전에 금형, 공구 및 자재 등을 준비하는 것이 필요하

[그림 10-11] 작업교체의 구분

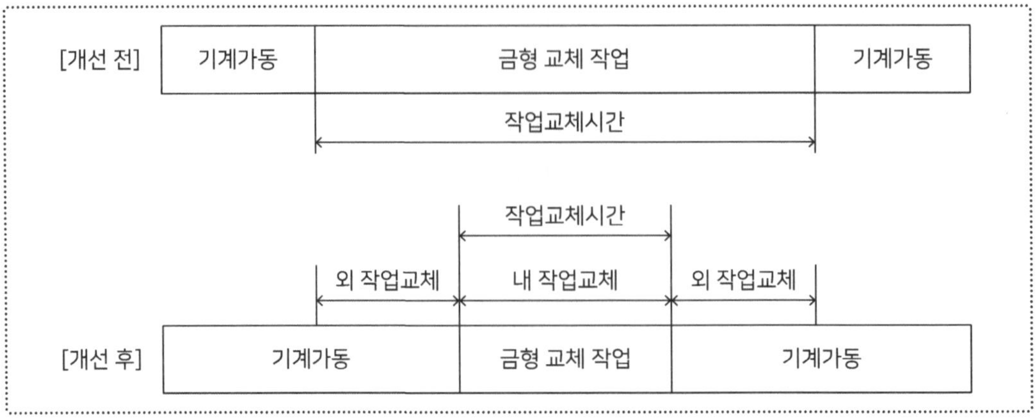

며, 이 작업은 필히 표준화시켜 표준대로 작업교체를 할 수 있도록 숙달시킨다. 또한 작업교체 후 마무리작업도 정리정돈을 표준이 설정된 대로 원위치 하고, 이를 지킬 수 있도록 훈련이 필요하다.

8.3.4 작업교체 개선 5단계

작업교체에는 내 작업교체, 외 작업교체 그리고 낭비작업으로 구성되어 있다. 낭비작업은 치공구를 찾거나 크레인을 대기하는 등의 작업교체와 직접적으로 관계하지 않는 작업이 많이 있다. 이 낭비작업은 표준화와 개선을 통하여 제거한다[그림 10-12].

① 현상파악 단계: 현재 실시하고 있는 작업교체 순서를 파악하고 조사한다.
② 내외분리 단계: 조사된 작업교체 내용을 내 작업교체와 외 작업교체로 구분한다.
③ 낭비제거 단계: 구분된 내·외 작업교체 내용 중 필요하지 않은 작업을 찾아 제거한다.
④ 내 작업교체의 외 작업교체로 전환: 내 작업교체 중 외 작업교체로 할 수 있는 것을 선별하여 외 작업교체로 전환한다.
⑤ 자동화 단계: 내 작업교체 중에서 자동화를 할 수 있는 항목을 찾아 자동화한다.

[그림 10-12] 작업교체 개선 5단계

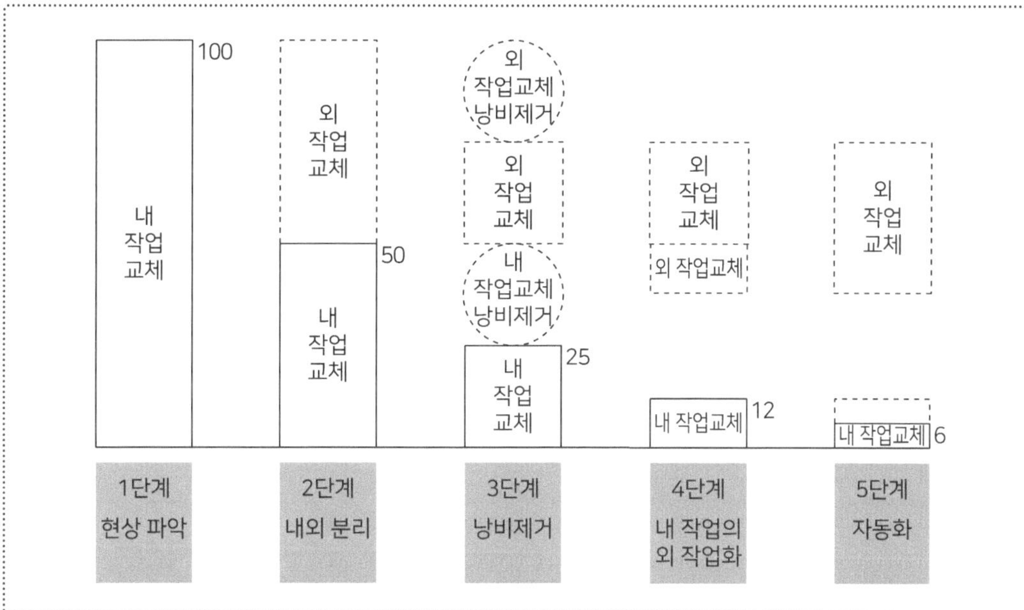

8.3.5 작업교체의 분류

작업교체는 준비작업, 교환작업 그리고 조정작업 3단계로 이루어진다[그림 10-13].

① 준비작업: 사용 중인 금형과 사용할 금형을 교환하기 위해 필요한 금형, 치공구 등을 사전에 준비하는 작업을 말한다.

② 교환작업: 기계를 멈추고 사용 중인 금형과 사용할 금형을 교체하는 작업을 말한다.

③ 조정작업: 사용할 금형으로 교체한 후 정확한 위치에 제대로 설치하기 위하여 조정하는 작업을 말한다.

[그림 10-13] 작업교체의 낭비

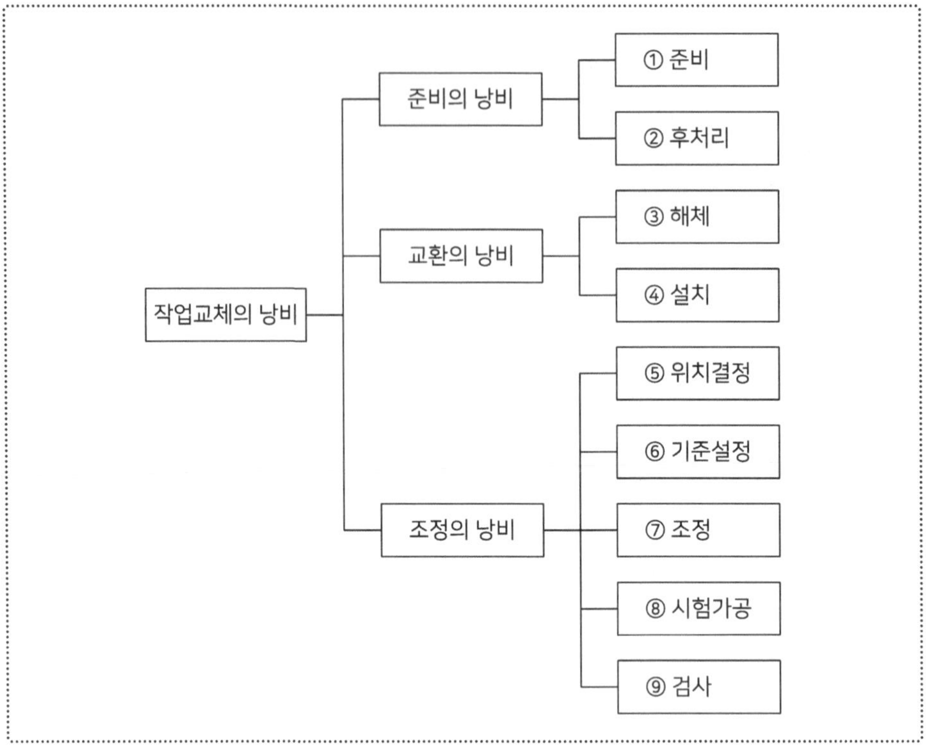

8.3.6 작업교체 개선의 정석

(1) 정석 1: 준비할 수 있는 것은 미리 준비하라.

작업교체를 하는 도중에 공구를 찾거나 꺼내 보고, 금형을 운반하는 등의 낭비스러운 동작을 모두 생략하기 위해 필요한 금형, 치공구를 기계 옆에 미리 준비해 둔다. 만약 작업교체 전 또는 중간에 바닥의 청소나 칩 제거 등은 작업교체가 종료된 후 기계가 가동이 되었을 때 한다.

(2) 정석 2: 손은 움직여도 좋으나 발은 움직이지 마라.

작업교체 도중에 금형이나 치공구 등을 찾고 운반하기 위해 걸어 다니는 동작이 많이 발생한다. 기계의 옆에서 3보 이상 걷지 않도록 사전에 준비해 두는 것이 좋다. 만약 프레스나 사출기계와 같이 앞뒤를 걸어 다니는 것이 필요할 때에는 2인이 1조가 되어 각각 기계의 앞뒤를 맡아 조작업을 하는 것이 좋다. 2인1조로 조작업을 하면 시간은 $\frac{1}{2}$ 가까이 줄어든다. 전용화, 예를 들면 스위치의 근접화, 작업의 병렬화를 하면 좋다.

(3) 정석 3: 볼트는 풀어 내지 마라.

볼트가 가지고 있는 나사산의 수에 따라 체결하는 데 시간이 많이 걸린다. 볼트를 풀기만 하는 동작과 최후의 1회전이 체결력을 결정한다. 볼트를 푸는 것은 그것에 체결되어 있는 금형을 분리해 내기 위한 것이기 때문에 금형을 분리할 수 있을 정도로만 풀면 된다. 따라서 볼트를 완전히 분리시킬 때까지 또는 최후의 1회전을 체결하기 전까지의 공회전은 모두 낭비이므로 제거한다. 예를 들면 오뚜기형 구멍, C형 와셔, 소너트 등으로 하면 좋다.

(4) 정석 4: 볼트를 철저하게 없애라.

볼트의 기능은 체결력과 대강의 위치결정에 있다. 금형이나 치구를 세팅하는 데 볼트를 사용하고 있으나 볼트, 와서, 너트의 교환이 너무 많다. 볼트를 사용하지 않고 체결하는 방법을 연구하는 것이다. 예를 들면 나비너트, T자 볼트, 원터치클램프, 오토클램프, 카세트 방식 등이 좋은 예이다.

(5) 정석 5: 형(形)이나 치구의 기준은 움직이지 마라.

형이나 치구의 기준은 움직이지 않는 것이 좋다. 모든 것이 기준을 중심으로 맞추어지기 때문에 기준이 흔들리면 조정작업 등이 많이 발생하므로 기준은 고정시키는 것이 좋다. 형의 기준에는 금형의 중심, 다이 높이, 세팅부의 위치와 높이가 있다.

위치의 조정을 하지 않고 한 번에 맞추기 위해서는 중심핀, 스페이스 블록 등이 효과적이다. 높이를 조정하는 작업을 없애기 위해서는 작업대 높이의 통일, 스페이스 블록, 받침부를 통일하는 것이 좋다.

(6) 정석 6: 조정은 낭비이므로 베이스부는 움직이지 마라.

조정은 좋은 의미로 들릴지는 모르나 내용으로는 정확한 기준이 설정되어 있지 않기 때문에 발생하는 것으로 수정하며 바로 고쳐 잡는 것이다.

체결 높이를 예를 들면 높이를 100mm로 통일했다고 한다면, 현실적으로 금형의 체결부가 60, 80, 100이라고 할 때, 금형 전체를 새롭게 제작하면 비용이 많이 들므로, 현재 금형은 움직이지 않고 작은 스페이스를 40과 20을 준비하여 60에는 40을, 80에는 20을 사용하여 높이를 100으로 맞춘다.

(7) 정석 7: 눈금을 보고하는 조정작업은 모두 블록게이지화 하라.

조정의 낭비는 주로 눈금을 맞추려고 하는 데서 발생한다. 스케일, 마이크로 미터, 버니어 켈리퍼스 등을 사용해서 치수를 측정하려고 하는 경우가 많다. 예를 들면 가공을 할 때 작업물을 시험 가공해 봐서 치수를 측정해 보고 아직 크다고 판단되면 다시 가공을 한다. 이러한 방법을 2~3회 반복하는 것이다. 이러한 때에는 작업물마다 블록게이지를 만들어 스토퍼 기준에 부딪쳐서 한 번만 측정한다.

(8) 정석 8: 끼워 맞추는 기준(스토퍼)이나 가이드를 설정하라.

센터를 맞추기 위해 나무망치로 두들겨 보거나, 위치결정을 위해 몇 회의 호이스트 조작을 반복하는 낭비가 많이 발생한다. 센터 맞추기나 위치결정을 위해 발생하는 조정작업의 낭비를 제거하는 것으로는 스토퍼, 가이드, V자형 끼워 넣는 치구 플레이트, 끼워 맞추기식 블록게이지나 치구, 모델 가공품을 만들어 두는 것도 좋다.

10장 연습문제

1. 능률의 개념에 대하여 설명하시오.
2. 낭비를 없애는 3가지 제조방법에 대하여 설명하시오.
3. 생산성을 저해하는 로스에 대하여 설명하시오.
4. 생산성을 측정하는 가동률과 작업능률에 대하여 설명하시오.
5. 낭비의 개념에 대하여 설명하시오.
6. 작업의 구분 3가지에 대하여 설명하시오.
7. 도요타의 7가지 낭비에 대하여 설명하시오.
8. 3정 5S 5가지 요소에 대하여 설명하시오.
9. 정점촬영에 대하여 설명하시오.
10. 정리활동의 3가지 구분요소에 대하여 설명하시오.
11. 정리활동의 구분기준에 대하여 설명하시오.
12. 정돈활동에서 3정의 개념을 설명하시오.
13. 청소활동의 2가지 영역에 대하여 설명하시오.
14. 작업교체시간의 개념에 대하여 설명하시오.
15. 작업교체비용과 재고비용과의 관계에 대하여 설명하시오.

16. QDC작업교체의 개념에 대하여 설명하시오.
17. '0'작업교체에 대하여 설명하시오.
18. 작업교체시간 단축 발상법에 대하여 설명하시오.
19. 작업교체의 구분 2가지에 대하여 설명하시오.
20. 작업교체의 분류 3가지에 대하여 설명하시오.
21. 작업교체의 낭비에 대하여 설명하시오.
22. 작업교체 개선의 정석에 대하여 설명하시오.

CHAPTER 11

공정분석

1. 공정분석

1.1 공정분석의 목적

공정분석이란 공정이라는 분석단위로 대상물(재료, 반제품, 제품, 부자재 등)이 어떠한 경로로 처리되는 순서에 따라 가공, 운반, 검사, 정체, 저장의 5가지로 분류하고 각 공정의 조건(가공조건, 경과시간, 이동 거리 등)과 함께 분석하는 현상분석기법의 하나이다.

공정분석의 목적은 ① 생산기간의 단축, ② 재공품의 절감, ③ 생산공정의 개선, ④ 레이아웃 개선, ⑤ 공정관리 시스템의 개선 등에 기여하는 데 있다.

1.2 공정 분할

1.2.1 공정의 정의

한 명의 작업자, 하나의 설비 또는 하나의 작업영역에서 어떤 작업(목적)을 달성하기 위해 분담하고 있는 작업범위를 말한다.

- 공정분석상 업무를 어떻게 파악하여 하나의 공정으로 판단할 것인지가 문제다.
- 공정을 파악하는 방법으로 작업단위(work unit) 구성개념의 3차원 수준에서 판단한다.
- 업무를 공정단위로 분할할 때에는 분석목적이나 개선목표 등에 따라 달라진다.

[표 11-1] 작업단위의 구성개념

차원	작업 단위	설명	비고
1	동작	작업에 있어서 가장 작은 단위의 구분으로서, 요소동작 또는 단위동작이라 한다.	• 재료에 손을 뻗는다. • 재료를 붙잡는다. • 재료를 운반한다.
2	작업	몇 개의 동작이 조합되어 구성된 1개의 작업으로 구분되는 것으로서, 스톱워치에 의한 시간연구는 일반적으로 이 단위를 측정한다.	• 재료를 기계에 장착한다. • 재료를 깍는다. • 재료를 떼어 낸다
3	공정	정해진 직업영역에서 하나의 종합된 작업으로 공정이라 하고 이 단위로 측정평가용 표준시간을 설정한다.	• 선반으로 홀 가공을 한다. • 케비넷을 조립한다. • 열처리를 한다.

주) 위 작업단위 구성개념은 M.E. Mundel에 의한 것으로 8단계 수준까지 있지만 여기서는 3단계까지만 표시함

[표 11-2] 공정분할의 크기

No	분할 크기	분할내용	사례
1	보통 (일반적) 분할	• 1명의 작업자가 정해진 작업장소에서 어떤 일(목적)을 달성하기 위해 분담하고 있는 작업범위를 말한다. • 연합작업일 경우에는 2인 이상일 수 있다. • 정해진 작업장소 내에서의 운반이나 보행은 포함시킨다.	작업자 1명이 1대의 설비를 사용하여 외경선삭을 할 때, 재료 장착, 외경 절삭, 재료 떼어내기의 반복작업을 하나의 공정으로 분석한다.
2	개략적인 분할	• No 1의 2개 이상의 공정을 1개의 공정으로 결합하여 분석하는 것을 말한다. • 일반적인 공정개선의 경우에는 이 분할을 사용하지 않는다. • 기본 레이아웃 검토시 커다란 구분으로 배치를 생각할 때 사용한다.	기계가공, 열처리, 조립 등의 내용으로 구분하는 것으로 No 1의 몇 개의 공정 프로세스를 포함한다.
3	세밀한 분할	• No 1의 1개의 공정을 몇 개로 분할하여 각각을 한 공정으로 나누어 분석한다. • 조립작업 공정분석 등에 자주 적용한다.	본체 a에 b, c, d 부품을 1인의 작업자가 1개의 작업장소에서 조립을 하는 경우에는 다음과 같이 3개의 공정으로 구분하여 분석한다. • a에 b를 조립한다. • c와 d를 조립한다. • a에 c와 d를 조립한 것을 조립한다. 주) 이 경우의 분석단위는 요소작업과 일치한다.

1.2.2 공정의 분류

(1) 가공공정

제조의 목적을 직접적으로 달성하는 공정으로 대상물을 변질, 변형, 변색, 조립, 분해로 이루어지며 대상물이 목적에 접근할 수 있도록 하는 유일한 상태이다.

(2) 운반공정

제품이나 부품을 하나의 작업영역에서 다른 작업영역으로 이동시키기 위해 발생하는 적재, 이동, 하역 등을 하고 있는 상태이다. 가공작업을 위해 가까운 작업대에서 재료를 가져오거나 제품을 놓는 활동은 가공의 일부로 생각하여 독립된 운반으로 설정하지 않는다.

(3) 검사공정

검사에는 양(量)의 검사와 질(質)의 검사가 있다. 양(量)의 검사는 수량 또는 중량을 측정하는 것을 말한다. 그리고 질(質)의 검사는 설정된 품질표준에 대하여 가공부품의 가공정도를 확인하는 것 또는 가공부품을 품질에 따라 등급을 분류하는 것을 말한다.

(4) 정체공정

정체에는 체류와 저장이 있다. 체류는 제품이나 부품이 다음 가공 또는 조립을 위해 일시적으로 대기하고 있는 상태를 말하며, 저장은 계획적으로 보관하는 것으로 다음 가공조립을 위해 허가 없이 옮기는 것이 금지되어 있는 상태를 말한다.

1.2.3 공정분석기호

[표 11-3] 공정분석기호

공정	기호 명칭	기호	의미
가공	가공	○	원료, 재료, 부품 또는 제품의 형상, 품질에 변화를 주는 과정을 나타낸다.
운반	운반	○ 또는 ⇨	원료, 재료, 부품 또는 제품의 위치에 변화를 주는 과정을 나타낸다.(운반기호의 지름은 가공기호 지름의 1/2~1/3로 한다)
검사	수량검사	□	원료, 재료, 부품 또는 제품의 양이나 개수를 측정하여 그 결과를 기준과 비교하여 차이를 파악하는 과정을 나타낸다.
	품질검사	◇	원료, 재료, 부품 또는 제품의 품질특성을 시험하고 그 결과를 기준과 비교하여 로트나 제품의 합격 또는 불합격을 판정하는 과정을 나타낸다.
정체	저장	▽	원료, 재료, 부품 또는 제품을 계획에 따라 쌓아두는 과정을 나타낸다.
	체류	D	원료, 재료, 부품 또는 제품이 계획의 차질로 인하여 체류되어 있는 상태를 나타낸다.
보조기호	관리 구분	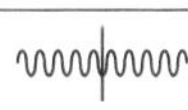	관리구분 또는 책임구분을 나타낸다.
	담당 구분	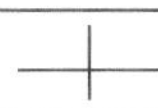	담당자 또는 작업자의 책임구분을 나타낸다.
	생략	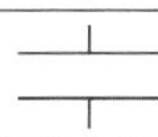	공정계열의 일부 생략을 나타낸다.
	폐기	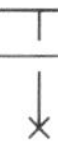	원재료, 부품 또는 제품의 일부를 폐기하는 경우를 나타낸다.

주) 분석 기호는 KSA 3002에 의한 것이며, ASME에서는 가공(○), 운반(⇨), 검사(□,◇), 정체(D), 저장(▽)으로 분류한다.

1.2.4 복합기호

[표 11-4] 복합기호 예

복합기호	의미
	품질검사를 주로 하면서 수량검사도 한다.
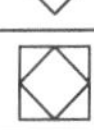	수량검사를 주로 하면서 품질검사도 한다.
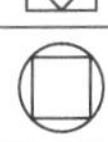	가공을 주로 하면서 수량검사도 한다.
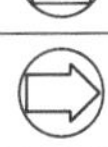	가공을 주로 하면서 운반도 한다.

1.3 공정분석 실시방법

1.3.1 공정분석 순서

(1) 예비분석(생산형태, 제품특징의 파악, 조사방법의 재확인)

① 공정분석의 목적과 대상물을 확인한다.

② 현물견본, 설계도, 부품표, 취급설명서, 순서표 등으로 대상제품을 연구한다.

③ 공정배치도를 보면서 직장 또는 공정관리 담당자의 설명을 듣고 공정의 개요를 파악한다.

(2) 기본분석

① 공정의 순서에 따라 물품의 움직임을 추적하여 각 공정마다 작업상황을 관찰한다.

② 담당작업자나 책임자로부터 직접 작업방법에 대해 설명을 듣고 작업내용을 이해한 후 분석표에 5가지의 분석기호로 구분하고 작업내용 및 가공조건을 조사하여 기록한다.

(3) 조사결과 검토

① 분석표를 정리하고 현품이나 설계도에 따라 가공방법을 재검토 한다.

② 생산실적으로 생산수량, 작업시간, 불량률을 자료 조사한다.

(4) 총괄표 작성

① 분석표를 종합하여 각 공정별로 공정표, 시간, 거리를 정리하고 개선안을 비교 검토한다.

[표 11-5] 공정분석 총괄표

공정 구분		공정 수		시간		거리
○		8		23h		
⇨	H	7	18회			183m
	C	5	6회			462m
□	□	2		1h		
	◇	4		2h		
▽	▽	2				
	D	18			76h	
계		46		26h	76h	645m

주) H: 손으로 운반, C :컨베이어로 운반

1.3.2 공정분석 내용

(1) 제품, 재료, 단위 완성품에 대하여

① 기능

② 구조, 재질, 치수, 정도, 열처리나 표면처리

③ 여러 가지 관점에서의 변동 유무와 정도

④ 생산량의 실적과 계획

⑤ 기타 제품이나 재료의 특성

(2) 공정계열과 내용에 대하여

제조 과정을 가공, 운반, 정체, 검사의 각 공정으로 분류 및 분할하여 다음과 같은 자료를 수집한다.

① 공정의 순서, 분류, 명칭, 작업자의 분담 구분

② 가공공정에 대해 내용, 사용기계, 치공구, 부재료, 시간, 장소, 가공로트의 크기, 가공조건(회전 수, 스피드, 가공순서 등)

③ 운반에 대해 어디서, 어디까지, 누가, 어떤 방법으로, 거리, 소요시간, 운반로트의 크기, 용기운반의 시기

④ 저장 또는 정체에 대해 어디에, 얼마만큼, 어떤 형태로, 정체시간, 관리자는

⑤ 검사에 대해 누가, 어디서, 무엇을, 내용, 사용 장치, 소요시간

[표 11-6] 공정별 조사항목

공정	주체(누가)	객체(무엇을)	시간(언제)	공간(어디서)	방법(어떻게)
가공 ○	- 작업자(부서, 역량, 인원수) - 기계설비(명칭, 기계번호, 성능, 대수)	작업로트 사이즈, 재료	가공시간	가공장소	- 가공장소 - 치공구 - 가공조건 - 내용
운반 ⇨	- 운반작업자(부서명, 인원수) - 운반설비(명칭, 대수)	1회 운반량	운반시간 타이밍	운반장소 운반거리	- 운반방법 - 운반공구 - 용기
검사 □ ◇	작업자(부서명, 역량, 인원수)	검사수(전수인가, 샘플링인가)	검사시간	검사장소	- 검사방법 - 검사용구
정체, 저장 D, ▽	보관책임자	정체수량	정체시간	정체장소	- 보관방법 - 용기

1.3.3 공정분석 요점

① 현상을 반드시 관찰할 것

② 공정마다 작업조건을 빠짐없이 조사할 것

③ 공정의 목적에 맞는 기호로 분석할 것

④ 로트의 크기를 조사할 것

1.4 공정분석 종류

1.4.1 세밀공정분석

생산방법(공정 또는 공정순서)의 개선이나 흐름작업을 편성하기 위하여 자료를 만드는 경우에 세밀한 조사항목까지 조사하는 분석방법을 말한다.

(1) 가공공정분석

가공공정분석은 단일제품의 제작공정을 가장 세밀하게 분석할 때 쓰이는 기본적인 분석으로 중요한 것은 가공조건을 추가하여 작성한다.

(2) 조립공정분석

조립공정분석은 제품을 조립하는 전체 프로세스를 분석할 때 쓰이는 기본적인 분석으로 화학, 약품, 직물 등을 포함한다.

[그림 11-1] 세밀 가공공정분석표

가공공정분석표 ☑현 □개

부품개략도

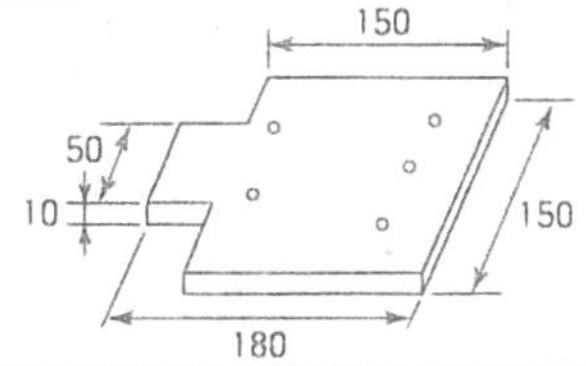

부품명	플레이트	정리	현상	
재료명	A1, AC	○	11	
품 번	11-245	□	3	
		⇨	15	
분석월일	01. 4. 1	D	18	
분석자	KTS	▽	2	

상 태	수 량 (개)	거 리	시 간	공정기호	공정내용 설명	비 고	
						작업자	참 고
상자 · 선반	$\frac{600}{150\times4}$	–	3일	▽1	1층 공무		
상 자	600	20m	–	⇨1	리프트사용 2층으로	공무 (W)	리프트 5m
작업대	$\frac{600}{150\times4}$	–	5분	D1	2층 공무		작업전표작성
상 자	600	30m	–	⇨2	제1부품 태핑머신으로	공무 (W)	
작업대	$\frac{600}{150\times4}$	–	0.5일	D2	제1부품		
		–	$\frac{250분}{0.42\times600}$	○1	탭설치, 태핑머신 (1.4φ, 1.7φ, 2.3φ)	제1 (W)	
상 자	600	3m	–	⇨3	드릴링 머신으로		
작업대	$\frac{600}{150\times4}$	–	0.5일	D3			
		–	$\frac{360분}{0.6\times600}$	○2	모떼기 · 드릴링머신	제1 (W)	
상 자	600	10m	–	⇨4			
		–	$\frac{70분}{0.12\times600}$	○3	브러싱, 브러싱머신		
작업대	$\frac{600}{150\times4}$	–	5분	D4	제1부품		전표작성
상 자	600	30m	–	⇨5	검사로	제1 (W)	
작업대	$\frac{600}{150\times4}$	–	1.0일	D5	검사장		
		–	12분	□1	나사검사, 샘플링(2개/600개) (1.4φ, 1.7φ, 2.3φ, 18개소)	검사원	
작업대	$\frac{600}{150\times4}$	–	1.0일	D6			

[그림 11-2] 세밀 조립공정분석표

조립공정분석표 ☑현 □개

형 식	A형	생산로트	480개		
제품명	향(香)상자	1일생산수	–	분석월일	78-1-30
성 능	EX-10	피치타임	–	분석자	Y

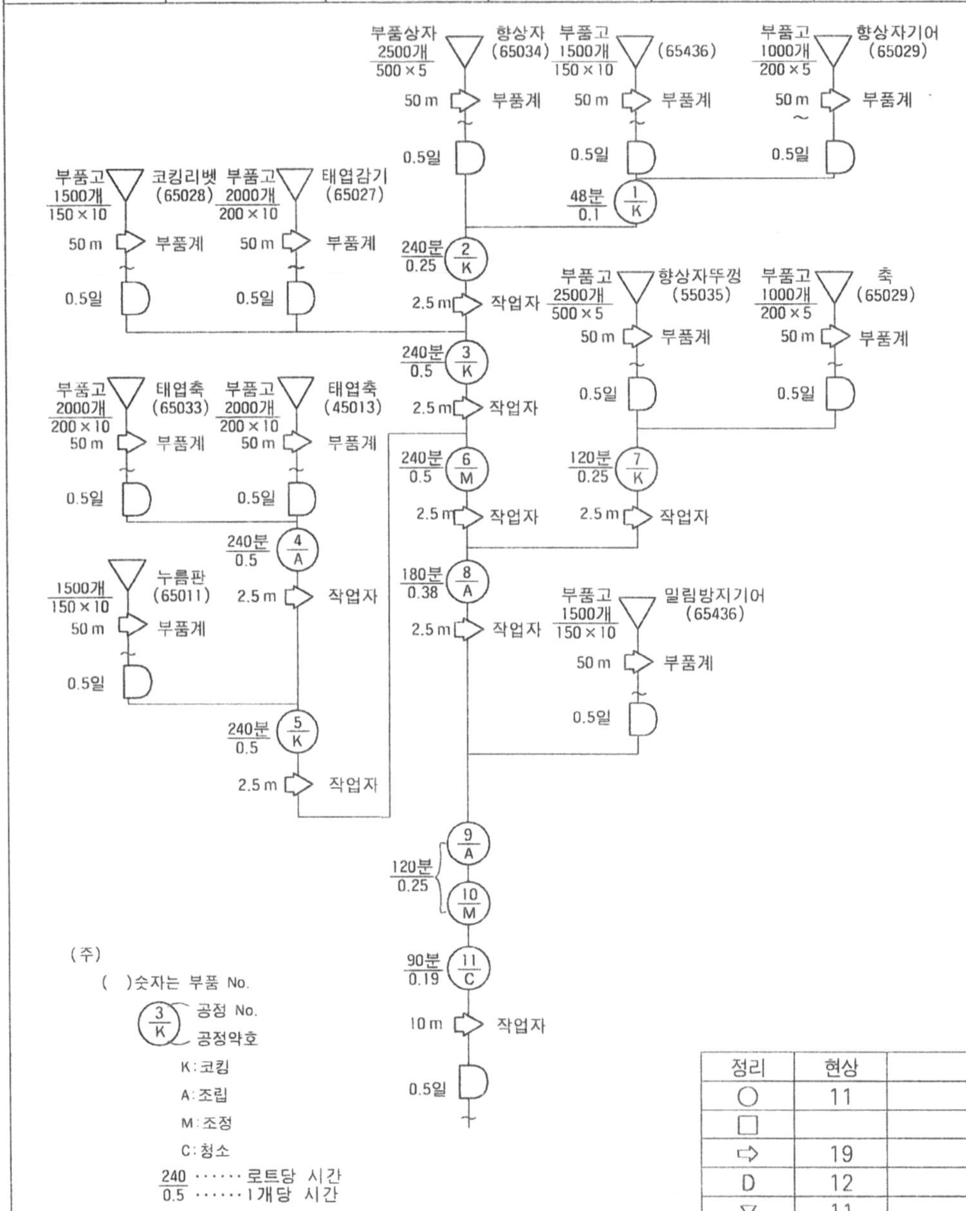

정리	현상	
○	11	
□		
⇨	19	
D	12	
▽	11	

1.4.2 단순공정분석

단순공정분석의 이용목적은 다음과 같을 때 사용한다.

① 물건 흐름의 개념을 파악한다.
② 문제공정을 탐색한다.
③ 개선할 수 있는 공정을 탐색한다.

[그림 11-3] 가공공정분석표

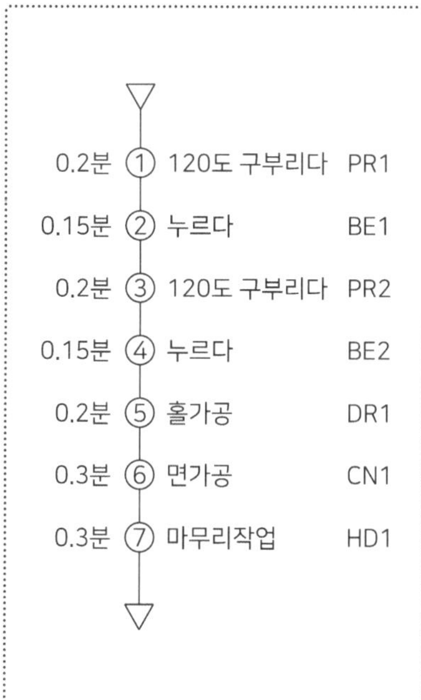

[그림 11-4] 조립공정분석표

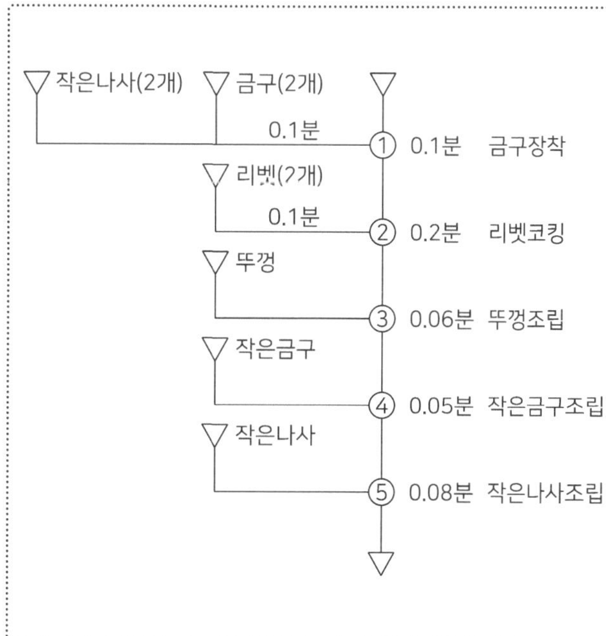

1.5 공정개선의 원칙

1.5.1 공정수 감축

① 부가가치가 발생하지 않는 공정을 줄인다.
② 그 작업은 무엇을 위해 하는가라는 목적 추구
③ 제품설계(형상, 정밀도, 공차, 표면처리, 도장, 표준화)의 변경
④ 재료사양(재질, 형상, 치수, 재료절단, 앞 공정의 가공도, 내외작업 구분)의 변경
⑤ 포장사양(포장상자의 표준화, 치수, 형상)의 변경

1.5.2 공정조합의 변경

① 결합: 분리되어 있는 것을 하나로 합친다.

② 분리: 결합과 반대로 분해하고 분업화한다.

③ 교체: 전후공정의 순서 교체

④ 병행: 동시(병행)작업으로 변경

1.5.3 제품, 설비, 작업내용의 최적화

① 각 공정에서 최적 가공조건의 선정

② 각 공정에서 최적(저렴하게, 고기능, 자동화 등)의 설비

③ 각 공정 작업내용의 단순화(여자 또는 미숙련자도 쉽게할 수 있도록)

1.5.4 운반량과 횟수의 감소

① 운반량 감소: 절삭 여유분 감소, 프레스 스크랩 감소 등

② 운반횟수 감소: 1회 분량의 증가, 싣고 내리는 횟수의 감소, 임시보관, 중계 폐지 등

③ 포장방식 개선: 취급이 용이한 포장방법, 용기 및 대차의 개선 등

④ 운반거리와 경로의 합리화: 직선화, 원활화, 공정조합 변경, 레이아웃 변경, 손으로 전달방식, 슈트방식 등

⑤ 운반방식의 시스템화: 시간제 운반, 풀(pool) 운반, 순회운반 방식의 검토

⑥ 운반시간, 싣고 내리는 시간 단축, 타이밍화

⑦ 운반설비 대형화, 고속화, 다능화, 조합의 검토

1.5.5 검사공정 위치 최적화에 따른 품질향상과 검사공정 감소

① 검사공정을 늘려도 제품의 품질은 향상되지 않는다.

② 작업방법

③ 도구불비

④ 작업자의 숙련지식 부족

⑤ 작업자의 부주의

⑥ 검사공정을 어디에, 어떤 방법으로, 어떻게 피드백 할 것인가?

1.5.6 정체의 양과 횟수 및 시간의 감소

① 여력분석을 하여 공정능력의 균형화

② 기준일정을 만들어 일정관리의 정밀도 향상

③ 재고관리의 정밀도 향상

④ 운반시스템의 개선

⑤ 흐름작업으로의 변경

2. 작업분석

2.1 작업분석의 목적

① 작업 세분화를 통한 낭비 여부 조사

작업의 세분화를 통하여 미세한 작은 낭비까지 발견한다.

② 현상에 대한 정량적인 분석으로 현재의 작업방법을 정확히 파악한다.

낭비를 제거하여 보다 효율적인 작업을 하기 위해서는 현재의 작업을 보다 구체적으로 관찰하고 이해한다.

③ 작업에 포함되어 있는 낭비를 추방하고 개선을 위한 첫 단계를 마련한다.

요소작업 및 그 주변(치공구, 설비, 가공조건, 부품 정밀도 등)의 개선측면에서 첫 단계를 마련한다.

2.2 작업분석 정밀도

현장에는 많은 숙련자가 있지만 각각의 작업이 어떤 요소작업으로 구성되어 있는지를 세부적으로 파악하고 설명할 수 있는 사람은 드물다. 작업자는 단지 주어진 작업을 수행하는 데에만 집중할 뿐 세부적으로 어떤 요소작업으로 구성되어 있는지를 깊이 생각을 해보지 않았을 것으로 생각된다. 작업개선과 낭비추방을 추진하기 위해서는 작업의 내용, 구성요소, 작업의 구분을 충분히 이해하고 그 조합에 낭비가 포함되어 있는지의 유무를 파악하는 것이 필요하다.

요소작업이란 작업분할시 하나의 정밀도 단위로서 보통 스톱워치로 관측할 수 있는 (5/100분 정도) 최소단위이다. 예를 들면 재료를 잡는다, 부품 A면을 도장한다는 등의 어떤 목적을 지닌 최소의 작업단위이다.

[표 11-7] 작업의 정밀도 구분

<table>
<tr><th>분석 구분</th><th colspan="2">동작분석</th><th colspan="2">작업분석</th></tr>
<tr><td>정밀도</td><td>미세동작</td><td>동작</td><td>요소작업</td><td>단위작업</td></tr>
<tr><td rowspan="2">측정방법</td><td rowspan="2">고속 촬영</td><td rowspan="2">• 서블릭 분석
• PTS상세법
MTM-1
DWF</td><td colspan="2">직접시간분석
Time Study</td></tr>
<tr><td>• PTS간이법
BWF
MTM-2
MTM-3</td><td></td></tr>
</table>

[그림 11-5] 작업 정밀도의 예

단위작업	요소작업
드릴 머신으로 절삭	• 재료를 잡는다. • 재료를 드릴 머신의 가이드에 장착한다. • 스위치를 넣고 다음공정으로 이동한다.
버니어켈리퍼스로 환봉 검사	• 환봉에 가져간다. • 측정한다. • 제자리에 돌려놓는다.
재료 운반	• 재료를 상자에 싣는다. • 목적지로 운반한다. • 재료를 상자에서 내린다. • 상자를 원위치 시킨다.
부품 도장	• 도장 분사기를 제품에 가져간다. • 부품 A면을 도장한다. • 부품 B면을 도장한다. • 도장 분사기를 원위치시킨다.
부품 조립	• 부품을 지그에 고정한다. • 드라이버로 나사를 체결한다. • 다음 공정으로 보낸다.

2.3 작업분석 체계

[그림 11-6] 작업분석 체계

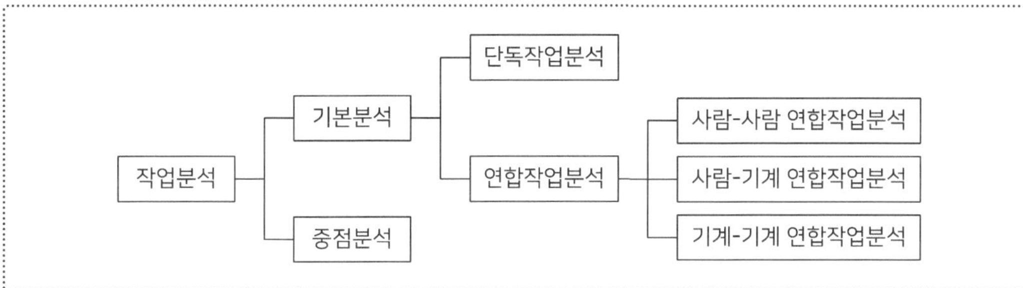

2.4 작업분석 추진방법

2.4.1 작업의 구분방법

하나의 단위작업을 구성하고 있는 일련의 동작들을 적당한 크기의 단위로 분할하는 것을 요소작업으로 구분한다고 한다. 일반적으로 요소작업은 단위작업보다 작고, 동작보다는 큰 작업을 말한다. 하나의 단위작업을 요소작업으로 구분하는 기준은 다음과 같다.

① 작업을 요소작업으로 분할하는 크기의 단위는 되도록 작은 것이 좋으나 관측 가능한 크기여야 할 것
3/100분~5/100분 이내

② 주목적 요소와 부수적 요소로 나눌 것
주목적 요소: 쓴다, 깎는다, 조립한다, 분해한다 등
부수적 요소: 부품을 집는다, 재료를 놓는다, 기계 옆까지 걷는다, 절분을 턴다, 기종 교체작업 등

③ 조작업과 연합작업에 있어서는 분석대상이 단독으로 하고 있는 요소작업은 나눌 것

④ 작업자요소와 기계요소를 나눌 것
기계를 가지고 작업을 하는 경우에는 기계작업시간과 사람작업시간을 나눈다.

⑤ 되도록 요소작업의 목적이 다른 것들은 나눌 것
가공, 이동, 검사, 대기 등은 구분한다.

⑥ 규칙적 요소와 불규칙적 요소로 나눌 것

규칙적 요소: 1작업 또는 1사이클마다 발생하는 요소이다.

부품을 기계에 부착, 부품을 기계에서 제거

불규칙적 요소: 작업에 필요는 하나 규칙적 또는 기본적인 요소작업의 사이클 간격에 비해서 규칙성이 없는 간격으로 발생하는 요소이다.

측정기로 치수 측정, 바이트의 절분 제거, 바이트에 오일 분사

2.4.2 작업 조사방법

(1) 예비조사

우선 관측대상이 되는 작업에 대하여 충분히 예비조사를 한다.

① 대상 작업이 정상으로 규정된 대로 행해지고 있는가를 조사한다.
② 재료가 규정된 것과 일치하는지를 조사한다.
③ 기계설비나 공구류가 규정된 것을 사용하고 있는가를 조사한다.
④ 작업장 배치가 규정된 상태에 있는가를 조사한다.
⑤ 기타 조건들이 규정된 상태에서 작업이 행해지고 있는가를 조사한다.

(2) 실제관측

위와 같이 조사를 하고난 후에는 구체적인 요소에 대하여 관찰한다.

① 단위작업을 분할하고 이를 관측용지의 작업란에 요소작업을 작업순서에 따라 기입한다.
② 관측용지에 기입된 요소작업의 순서가 맞는지를 확인한다.
③ 작업 대상인 부품이나 작업장 배치를 스케치한다. 되도록이면 상세히 기입한다.

(3) 분석기호

[표 11-8] 분석기호

분석 기호	명칭	내용
○	가공	재료·부품을 작업 목적에 따라서 물리적 또는 화학적 변화를 하는 것이다.
□ ◇	검사	재료·부품을 어떤 방법으로 측정하고 그 결과를 기준과 비교해서 적합 또는 부적합을 판정한다.
⇨	이동	재료·부품을 어느 위치에서 다른 위치로 이동하는 것이다.
D	정체	재료·부품을 가공 또는 검사하지 않는 대기상태를 말한다.

2.4.3 작업시간 측정방법

작업을 분석함에 있어서 현재의 단위작업을 요소작업으로 구분하고, 요소작업마다 시간을 측정한다. 시간측정은 시간분석방법 중 스톱워치법을 쓴다.

(1) 스톱워치에 의한 작업관측

① 스톱워치: 1/100분 또는 1/60분 눈금(표준시간 설정시에는 1/1000분 눈금 사용)

② 관측판

③ 관측횟수: 5~10회 정도 연속관측

④ 용구: 필기구(연필 등)

⑤ 기타: 버니어 캘리퍼스, 마이크로미터, 자, 계산기 등

(2) 관측 위치와 자세의 포인트

① 작업이 잘 보이는 위치에 설 것

② 작업에 방해가 되지 않는 위치에 설 것

③ 작업동작 구분과 시계와 눈이 직선이 되도록 설 것

④ 스톱워치는 바닥 등에 떨어뜨리지 않도록 주의 할 것

(3) 관측 시의 요점

① 작업자에게 관측목적을 충분히 설명하고 좋은 결과가 얻어지도록 협력을 구할 것

② 작업 상태 및 내용이 정상인가 확인할 것

③ 작업내용이 충분히 이해될 때까지 여러 차례 사이클을 관찰한 후 관측할 것
④ 관측 시에 측정하기 쉬운 작업구분으로 분할 할 것
⑤ 관측 시 요소작업단위로 시간을 읽고 기록할 것
⑥ 요소작업마다 시간의 대표치를 결정할 것
⑦ 협력적인 작업자와 숙련작업자를 선택할 것
⑧ 이상치 발생 시 그 사유를 기록할 것

(4) 관측 시간 작성방법

① 관측은 미리 스톱워치를 작동시켜 둔 다음 시작할 것
② 작업은 반복해서 연속적으로 관측할 것
③ 측정한 시간은 측정란에 기록할 것
④ 개별란에는 관측 후 정리단계에서 기록할 것
⑤ 분 단위가 앞의 작업과 같은 경우에는 분 단위를 생략해도 좋다.
전 작업의 관측 시간: 272
현 작업의 관측 시간: 291 → 91로 써도 된다.
⑥ 작업의 1사이클에 대한 최초와 최종에는 분 단위를 기록한다. 또한 관측 중에 사고가 발생했을 경우 다음 작업의 시간치에도 분 단위를 기록한다. 불규칙적인 작업이 발생한 경우에는 그때마다 작업명을 비고란에 기록할 것
예를 들어 △973은 스냅게이지로 측정한 후 불규칙적 작업인 숫돌 드레싱이 있어 끝마친 시간이 973이라는 것을 나타낸다.
⑦ 관측 시 관측자의 부주의 등으로 기록할 시간을 누락시켰을 경우에는 측정란에 M(Mistake의 M)으로 기록할 것
⑧ 규칙적인 작업이 생략되었을 때에는 ↓를 기록할 것
⑨ 작업이 세밀한 반복동작으로 그 횟수를 알아둘 필요가 있을 경우에는 측정란을 이용하여 그 횟수를 기록할 것
⑩ 어떤 사정으로 인하여 사이클 도중에 사고가 발생하여 기록상 혼란이 생겼을 경우에는 잠시 기다렸다가 다음 관측을 시작하고, 이때 해당 사이클 측정 내용을 사용하지 못하더라도 작업이 종료되는 시간부터 관측을 실시하여 기록할 것
이 때에는 사이클 시간만이라도 관측할 수 있다.

[표 11-9] 샤프트 연삭작업의 연속관측 사례

요소작업	구분	1	2	3	4	5	평균	비고
1 샤프트를 잡고 양 센터의 에어를 분다.	개별	8	6	4	7	7	6.4	
	측정	91	371	674	985	1,222		
2 샤프트를 연삭기에 셋팅한다.	개별	3	4	4	4	4	3.8	
	측정	94	75	78	89	26		
3 스위치를 넣고 기계를 작동시킨다.	개별	9	8	9	9	8	8.6	
	측정	103	83	87	98	34		
4 그라인더를 샤프트에 접근시킨다.	개별	4	4	3	4	3	3.6	
	측정	7	87	90	1,002	37		
5 1차 외경을 연삭한다.	개별	165	179	171	178	169	172.4	
	측징	272	566	861	1,180	1,406		
6 그라인더를 샤프트에서 떼고 스위치를 끊는다.	개별	19	20	18	21	20	19.6	
	측정	91	86	79	1,201	26		
7 스냅게이지로 측정한다.	개별	8	7	9	10	8	8.4	
	측정	99	93	88	11	34		
8 스위치를 넣고 숫돌을 접근시킨다.	개별	4	4	4		3	3.8	
	측정	303	97	92	⬇	37		
9 2차 외경을 연삭한다.	개별		33	42	26	51	38.0	
	측정	36	639	918	⬇	88		
10 그라인더를 샤프트에서 떼고 스위치를 끊는다.	개별	18			19	8	15.0	
	측정	54	M	37	⬇	1,508		
11 스냅게이지로 측정한다.	개별	7		9		8	8.0	
	측정	61	666	46	⬇	16		
12 샤프트를 기계에서 떼어내 작업대에 놓는다.	개별	4	4	5	4	5	4.4	
	측정	365	670	978	1,215	1,521		
13 그라인더를 드레싱 수정한다.	개별			27			5.4	
	측정			△973				
사이클 시간	계	282	305	308	237	306	297.4	

(5) 관측 결과의 정리방법

관측 기록 결과에 대해서는 기억에 남아 있을 때 바로 정리하는 것이 좋다.

① 관측 중에 개선착안 사항은 가능하면 상세하게 기록하여 작업을 개선할 때 활용할 수 있도록 할 것
② 개별시간을 산출할 것, 이때 이상치가 있는지를 확인하고 이상치는 제거할 것
③ 개별시간에 대한 평균치를 산출할 것

2.5 작업개선

2.5.1 개선추진의 기본 사고방식

작업자는 작업에 대한 문제점을 인지하고 있거나 개선 아이디어를 가지고 있는 경우가 많으나 개선 추진방법을 충분히 이해하지 못하여 개선을 하지 못하고 있는 경우가 종종 있다. 따라서 개선해야 할 테마나 우수한 아이디어가 사장되지 않고 활용하기 위해서는 개선 추진방법을 충분히 익히는 것이 좋다.

작업분석의 결과를 개선으로 연결시키기 위해서는 각 작업별로 목적, 원인 및 기능 측면에서 분석하면 개선착안이 쉽다. 그러나 이런 일은 분석시에 머리 속에는 있지만 기록을 하지 않는 경우가 많다. 따라서 개선착안 사항에 대해서는 정리하여 발전시켜 타인에게 설명할 수 있도록 기록을 해 두는 것이 좋다.

2.5.2 분석 방법

① 작업 확인
- 내용, 방법, 시간, 이동 거리

② 작업별로 목적을 생각하여 기록한다.
- 무슨 목적으로 그 작업을 하고 있는가?
- 1~3차 목적까지 기록한다.

  기입 사례: ~을 위해 ~을 한다.

③ 작업별로 원인을 생각하여 기록한다.
- 그 작업을 실시해야만 하는가?
- 목적을 검토한다.

  기입 사례: ~ 때문에 발생한다.

④ 작업별로 기능을 생각하여 기록한다.

- 그 작업은 어떤 기능을 하는가?
  기업 사례: ~의 기능을 한다.

⑤ 개선착안을 기록한다.

- 내용은 배제와 관련된 것을 많이 내어 놓는다.
  기업 사례: ~가 없으면 안 되는가?

2.5.3 개선 목표

개선해야 할 내용을 발견하고 아이디어를 내어 개선착안 사항이 마련된 경우에는 개선을 실시해야 한다. 이때 고려해야 할 사항은 개선효과가 있는지를 살펴보아야 한다. 개선효과를 기대할 수 없거나 미미한 경우에는 개선테마가 매력적이라고 할지라도 다른 개선테마를 우선적으로 생각해야 한다. 효과적인 개선활동 을 추진하려면 생산관리의 목표인 품질향상(quality), 원가절감(cost), 신속한 납기(delivery), 안전(safety), 편안한 작업환경(environment) 측면에서 성과가 좋아져야 한다.

① 안전하게: 작업자가 안정적으로 일을 할 수 있도록
② 편안하게: 작업자의 피로경감
③ 좋게: 제품의 품질향상
④ 빠르게: 작업시간단축
⑤ 값싸게: 가능한 한 적은 비용으로

2.5.4 개선 접근 방법

문제를 해결하는 방법에는 다양한 기법들이 있다. 이들 기법을 요약해 보면 E, C, R, S로 압축할 수 있는데 이를 개선의 4원칙이라 한다.

(1) E(Eliminate): 제거를 생각할 것

현재 하고 있는 작업을 하지 않아도 되는가를 물어 불필요한 일은 하지 않도록 한다. 이것은 개선활동에서 가장 중요한 요소로서 개선효과가 가장 크기 때문에 모든 개선활동에 선행되어야 한다. 예를 들면 작업자의 불필요한 움직임을 제거한다.

(2) C(Combine): 결합을 생각할 것

현재 하고 있는 작업을 제거하지 못한다면 결합하여 작업을 한 번에 할 수 없는지를 생각한다. 현재 하고 있는 작업이 최선이라는 고정관념이나 편견에 사로잡히지 말고 적극적으로 검토하여 가능한 한 간단한 방법으로 재조합을 해본다. 예를 들면 2개의 공정을 한 사람이 담당한다. 또는 핸드폰에 카메라의 기능을 넣는다.

(3) R(Rearrange): 재배치를 생각할 것

현재 하고 있는 작업의 순서를 바꾸거나 교체하여 실행하면 작업이 용이해지고 쉬워질 수 있는지를 검토하는 것이다.

(4) S(Simplify): 간소화를 생각할 것

작업을 간소화 또는 단순화하는 것은 중요한 요점이다. 작업별로 간단하게, 편안하게, 거리를 짧게, 무게를 가볍게 할 수 없는가를 검토하는 것이다.

3. 연합작업분석

3.1 연합작업분석의 목적

연합작업분석이란 작업자와 기계 또는 2인 이상의 복수 작업자에 의하여 수행되는 작업에 대해서 분석하는 것으로써 최적 작업조를 편성하거나 적정 기계 소요대수를 결정하는 것이다.

따라서 연합작업분석은 사람과 사람, 사람과 기계의 업무에 대해서 업무량의 불균형을 명확히 하여, 사람의 대기시간 또는 기계의 비가동부분을 파악하면 개선의 착안을 얻기 쉽다.

3.2 연합작업분석 사용목적

① 사람-기계에 따라 수행되는 작업활동의 설계 또는 개선을 함으로써 이동활동 효율을 높이고자 하는 경우

② 조작업의 편성 또는 개선을 함으로써 이동활동 효율을 높이고자 하는 경우

③ 기계 소요대수를 검토하는 경우

④ 효과적인 기계화 또는 자동화를 도모하고자 하는 경우

⑤ 기계정지시간을 단축하고자 하는 경우

⑥ 금형교체나 준비교체 작업의 합리적인 조합을 검토하는 경우

3.3 연합작업분석에 사용되는 기호

연합작업분석은 사람-사람 또는 사람-기계를 동시에 분석하는 것이므로 복잡하게 보일 수 있으므로 기호를 사용하여 구분하면 눈으로 쉽게 구분할 수 있다.

[표 11-10] 연합작업분석 기호

기호	사람		기계	
	명칭	설명	명칭	설명
	단독작업	기계와 타작업자와는 시간적으로 무관계한 작업	자동	작업자와는 관계없는 자동 기계작업
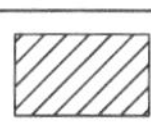	연합작업	기계와 타작업자와 함께 작업하고 어느 쪽인가는 시간을 제약하고 있는 작업	손취급	작업준비, 설치, 제거, 수동 등 작업자의 활동으로 시간제약을 받는 작업
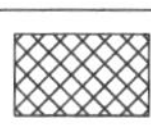	대기	기계와 다른 작업자가 작업하기 때문에 생기는 작업자의 대기	휴지	작업자가 작업하기 때문에 생기는 기계의 정지 또는 공전

3.4 사람-사람의 연합작업분석

여러 명의 작업자가 공동으로 실시하는 작업으로 조편성 작업을 말한다. 예를 들면 대형 조립을 5명이 함께 한다든지 또는 프레스나 사출 금형준비교체를 기계를 중심으로 맞은편에 서서 2명이 작업하는 것을 말한다. 조작업을 하지만 항상 연합작업을 하는 것은 아니며 간혹 단독작업을 수행하는 경우도 있다.

3.4.1 분석 방법

조편성 작업에 대한 분석 요령도 기본적으로 단독작업과 동일하지만, 작업시간 측정은 대상작업의 작업자가 여러 명이기 때문에 혼자서 측정하는 것은 불가능하다. 관측은 일반적으로 맨투맨 방식으로 작업자 1명에 관측자 1명이 관측하는 방법을 쓴다.

3.5 사람-기계의 연합작업분석

1명의 작업자 또는 여러 명의 작업자가 기계를 활용하여 조작업을 하는 것을 말한다. 예를 들면 기계가공용 기계 10대를 사용하여 소재로부터 완성에 이르기까지 1라인을 순차적으로 가동시키기 위해 1명이 담당하는 작업 또는 가열로를 사용하여 재료를 정제하는 작업에서 7명의 작업자가 가열로의 사이클에 맞추어 공동 또는 단독으로 작업하는 것을 말한다. 따라서 사람과 기계의 조작업에서는 작업의 밸런스뿐만 아니라 기계의 가공대기, 피크작업 등을 명확히 확인해야 한다.

3.5.1 분석 방법

사람이 여러 가지 기계를 사용하거나 여러 사람이 기계를 조작하여 생산활동을 하는 작업으로 사람이 하는 작업분석과 기계 사이클 내용분석을 단독작업분석 요령과 같이 분석하는 것이다. 기계 사이클 관측에는 작업자의 작업내용으로 판단할 수 있는 것(예를 들면 스위치를 누른 후 가공이 시작되는 것) 또는 자동가공 종료시와 같이 별도로 측정 또는 자료를 이용하여 계산해 구하는 것 등이 있다.

3.6 연합작업의 개선 착안점

① 사람의 대기시간 비율을 감소시킨다.
② 기계의 정지시간 비율을 감소시킨다.
③ 사람과 사람 또는 사람과 기계의 연합작업을 적게하거나 없앤다.
④ 사람과 사람의 연합작업은 지그 또는 기계 사용으로 단독작업으로 바꾼다.

4. 동작분석

4.1 동작분석의 목적

직접적인 동작분석의 목적은 ① 현재 동작계열을 개선하기 위하여 ② 새로운 동작계열을 디자인하기 위하여 ③ 동작개선의식(motion mind)을 체득하기 위하여 등으로 요약할 수 있다.

4.1.1 동작계열의 개선

현재 작업방법의 동작계열을 개선할 경우에 작업을 구성하고 있는 동작을 보다 구체적이고 정량적으로 세분화하여 개선 착상의 기초로 삼기 위해 동작분석을 한다.

4.1.2 동작계열의 설계

신제품개발이나 모델변경 등을 하는 경우에 새로운 작업방법을 도입해야 할 때가 많다. 이 새로운 작업방법 도입에는 동작분석 기법을 사용하여 새롭게 동작계열을 만들어 내는 것이 좋다. 수작업이 많고 반복성이 높은 작업에 적용하면 좋다.

4.1.3 동작개선의식의 체득

동작개선의식이란

① 사람의 작업방법에 있어서 낭비가 발견되면 마음 한쪽에 남아 못 견디는 감각
② 낭비를 발생 시키고 있는 작업방법을 어떻게 바꾸는 것이 좋은지를 즉시 생각해 낼 수 있는 능력
③ 올바른 개선순서에 따라 사고 과정이 자동적으로 전개하는 습관을 말하며, 기본적인 태도인 분석적인 관찰력과 효율적인 관찰력을 동작분석을 통해 키울 수 있다.

[그림 11-7] 동작개선의식(motion mind) 체계

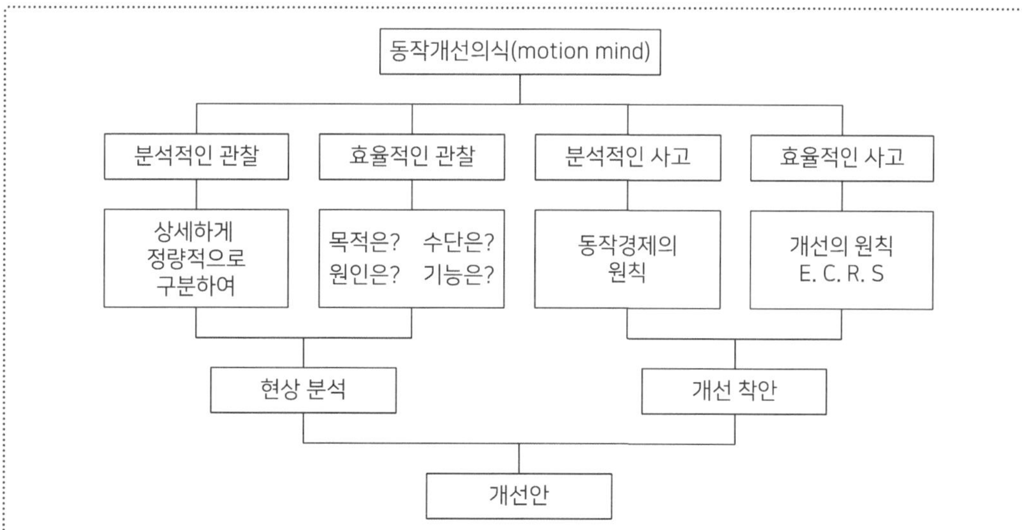

분석적인 관찰력이란 상세하고 정량적으로 구분해서 현상을 분석하는 것이고, 효율적인 관찰력이란 왜라는 의문을 제기하며 목적, 수단, 원인, 기능 등에 대한 현상을 분석하는 것을 말한다.

4.2 동작분석의 기법과 개요

4.2.1 동작의 대상과 정밀도

<table>
<tr><td>분석 구분</td><td colspan="2">동작분석</td><td colspan="2">작업분석</td></tr>
<tr><td>정밀도</td><td>미세동작</td><td>동작</td><td>요소작업</td><td>단위작업</td></tr>
<tr><td rowspan="2">측정방법</td><td rowspan="2">고속 촬영</td><td rowspan="2">• 서블릭 분석
• PTS상세법
MTM-1
DWF</td><td colspan="2">직접시간분석
Time Study</td></tr>
<tr><td>• PTS간이법
BWF
MTM-2
MTM-3</td><td></td></tr>
</table>

4.2.2 동작분석 기법

동작분석 기법은 동작이라는 최소단위로 분할하는 분석법으로 육안 관찰로는 더 이상 세밀하게 분석할 수는 없다. 동작분석 기법에는 길브레스가 제창한 서블릭 분석법과 WF(Work Factor), MTM(Method Time Measurement) 등의 작업측정 기법을 이용하는 PTS(Predetermined Time Standards)법 2가지가 있다.

(1) 서블릭 분석법

서블릭 분석법은 길브레스가 고안한 17개 동작기호를 사용하여 작업동작을 관측 가능한 최소단위로 분할하는 방법이다.

① 동작의 분할

동작구분은 동작 목적에 따라 분할하는데 동작시간이 필요한 경우에는 동작의 성격 구분을 해야 한다. 미세한 작업동작의 분할은 17개 서블릭 기호로 실시한다. 서블릭 기호를 사용할 때에는 약간의 간단한 규칙을 따라야 한다.

② 서블릭 분석법의 특징

서블릭 분석법의 장점으로는 17개 동작기호에 따라 작업의 동작을 세분화할 수 있으며, 각각의 동작 특성에 따라 철저하게 개선을 실시할 수 있다. 또한 이 개선의 태도는 동작개선의식을 체득하는 데 효과적이다.

서블릭 분석법의 단점으로는 서블릭 분석은 동작시간을 측정할 수 없다. 그리고 개선효과를 파악하기 위하여 다른 것과 비교하는 것은 가능하나 표준시간 설정 등이 필요할 때에는 PTS법을 활용하는 것이 좋다.

(2) PTS법

PTS법은 표준시간을 설정하기 위해 개발된 기법이다. PTS법의 대표적인 것으로는 WF와 MTM이 있으며, 모든 동작시간을 결정할 때에는 이미 결정되어 있는 동작분석의 규칙에 따라 세분화하여 시간치로 환산할 수 있으며 동작 개선에 이용이 가능하다.

① 동작의 분할

WF나 MTM은 길브레스의 동작연구에 기반을 두고 있으며 동작분할은 그 목적과 성격별로 규칙에 따라 분할한다. 동작분할에 있어서 세분화는 서블릭분석과 일치하며 단지 상세법에 있어서는 세부적으로 분할하는 경우가 많다. 예를 들면

서블릭분석: 조립(#)
WF분석: 조립(Ass'y): 정렬(Aln)-직립(Up)-인덱스(Ind)-삽입(Ins)-장착(St)

② PTS법의 특징

PTS법의 장점으로는 동작을 구분할 수 있는 최소한의 단위로 아주 작게 분할하고, 분할된 동작의 변화는 시간의 변화를 통해 파악할 수 있다. 그리고 동작시간의 변동요인을 명확하게 파악할 수 있다. 또한 시간정밀도가 높기 때문에 표준시간 설정으로 직결시킬 수 있다.

PTS법의 단점으로는 상세한 분석 규칙을 습득하지 않으면 분석할 수 없으며, 동작을 아주 작게 분할하는 것이기 때문에 분석시간이 오래 걸린다.

(3) 기타 분석법

동작연구에서 주목해야 할 분석기법으로는 필름분석 또는 VTR(Video Tape Recorder)분석이다. 이 분석방법은 분석시점에 촬영된 자료를 반복해서 볼 수 있는 장점이 있다. 물론 앞에서 설명한 요소동작분석 또는 미세동작분석도 필름이나 VTR을 활용해서 분석을 할 수 있기 때문에 서로 이질적인 연구방법은 아니다.

[그림 11-8] 필름분석 및 VTR분석 순서

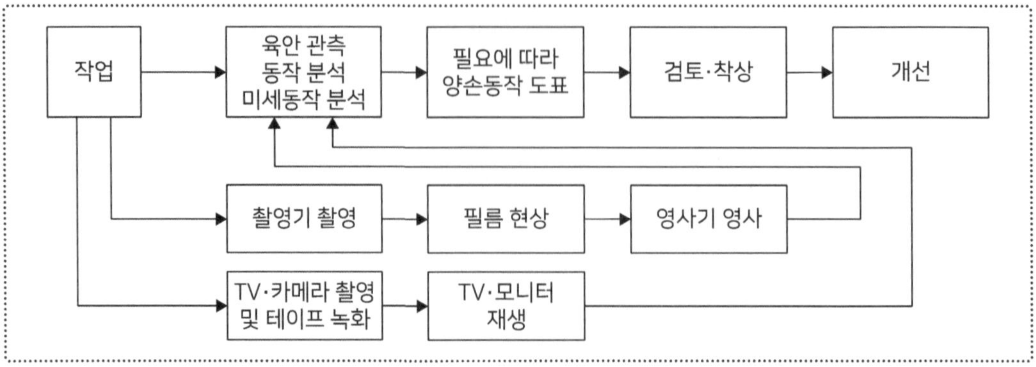

(4) 동작분석기법 선택상의 주의점

① 사람의 동작을 주로 하는 작업

사람의 동작에 대한 분석기법이기 때문에 사람의 동작이 많은 작업을 개선할 경우에 적용하는 것이 좋다.

② 반복성이 높은 작업

동작개선은 아주 작은 동작요소를 중심으로 하는 것이기 때문에 개선효과가 작은 경우가 많다. 따라서 반복효과가 크지 않으면 분석과 개선에 소요되는 비용이 높아 비효율적일 수 있다.

③ 사이클타임이 짧은 작업

아주 작게 분할된 동작을 정확하게 파악하고 개선하는 데에는 동작분석만큼 좋은 기

[그림 10-9] 사이클타임과 분석기법의 관계

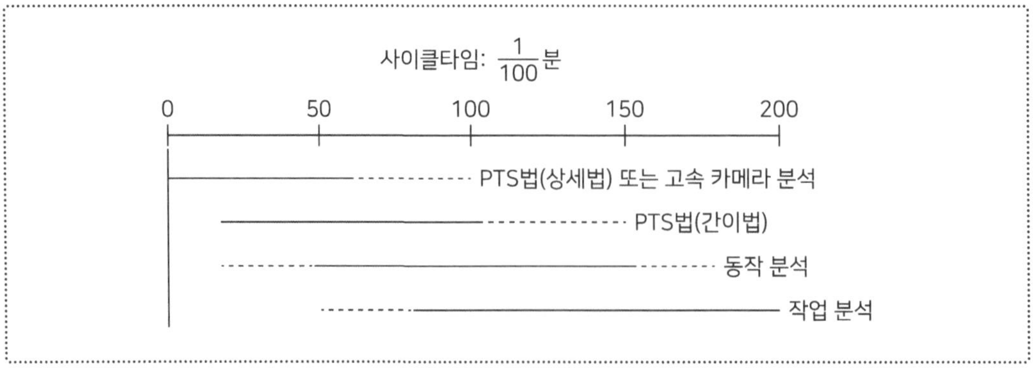

법은 없다. 특히 동작시간을 측정해야만 하는 경우에는 PTS법이 필요하다. 사이클타임 분석에 사용되는 기법은 다음 기준에 따라 적용하는 것이 좋다.

④ 중요한 작업

중요한 작업의 경우에는 필름분석법을 통해 아주 정밀하게 측정하는 경우가 많다. 예를 들면 중요설비의 보전작업이나 수리작업 등과 같이 조업정지의 손실이 대단히 커서 작업시간을 단축시켜야 하는 경우를 말한다.

4.3 서블릭 분석

4.3.1 서블릭 분석 목적

서블릭 기호는 길브레스에 의해 고안 된 것으로 사람이 작업하는 동작을 관측 가능한 최소단위로 분해한 것이다. 서블릭 분석은 제품 공정분석 또는 작업자의 공정분석을 실시하기 위해 레이아웃, 작업방법, 작업자의 동작 등을 어느 정도 개략적으로 분석 검토를 하고, 그 작업자의 동작을 철저하고 세부적으로 분석하여 개선을 검토하기 위해 실시하는 것이다.

4.3.2 서블릭 분석 기호

[그림 11-10] 서블릭 분석 기호

번호	명칭	문자 기호	서블릭 기호		구체적 사례	색 분류
			기호	설명		
1	찾는다	Sh		물품을 찾는 눈 모양	스패너가 어디에 있는지 찾는다	Black
2	고른다	St		고르는 물품을 가리키는 형태	몇 개 중에서 1개의 스패너를 고른다	Gray
3	빈손	TE		빈 접시 형태	스패너에 손을 얹는다	Olive green
4	집는다	G		물품을 잡는 손의 형태	스패너를 잡는다	Lake red
5	운반한다	TL		접시에 물건을 얹은 형태	스패너를 볼트 있는 곳으로 가지고 간다	Green
6	위치결정	P		물품을 손가락 끝에 놓은 형태	볼트의 머리 위치에 맞춘다	Blue
7	조립	A	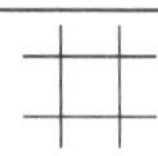	물폼을 조립시킨 형태	볼트의 머리에 스패너를 끼운다	Violet
8	사용	U		Use의 U	스패너를 사용하여 볼트를 죈다	Purple
9	분리한다	DA	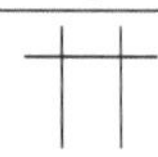	조합에서 1개 떼어낸 형태	스패너를 몰트에서 이탈시킨다.	Light Violet
10	놓는다	RL	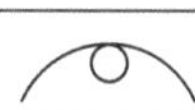	접시를 거꾸로 한 형태	스패너를 놓는다	Carmine red
11	조사한다	I		렌즈의 형태	조여 붙인 상태를 조사한다	Burnt ochre
12	준비한다	PP		볼링핀 형태	사용하기 쉽도록 스패너의 자루를 고쳐 잡는다	Sky blue
13	확보한다	H	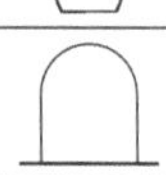	자석에 물품을 흡착시킨 형태	오른손으로 볼트를 죄고 있는 동안 왼손으로 제품을 유지한다	Gold ochre
14	피할 수 없는 지연	UD	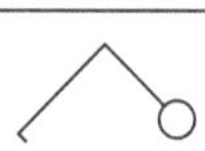	사람 발이 걸려 넘어진 형태	왼손이 미 가공품을 운반하는 동안 오른손이 대기한다	Yellow ochre
15	휴식	R	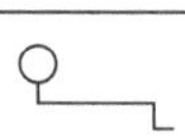	사람이 의자에 앉아 있는 형태	지쳤기 때문에 손을 쥔다	Orange
16	피할 수 있는 지연	AD	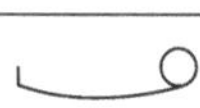	사람이 누워 있는 형태	완성품을 쓰다듬는다	Lemon yellow
17	생각한다	Pn		머리에 손을 대고 생각하는 형태	도면을 보면서 다음 순서를 생각한다	Brown

5. 동작경제의 원칙

5.1 동작경제의 원칙 개요

길브레스는 작업능률에 영향을 미치는 제요소를 몇 개의 항목으로 나누어 이 항목들을 하나하나 검토하고 그 항목에 해당되는 실제로 예를 들고 일반화하여 동작의 경제성과 능률에 관한 제법칙을 만들었다. 그 후 바니스는 다른 연구자의 연구 결과도 추가하여 재편성함으로써 동작경제의 원칙을 완성하였다. 바니스에 의하면 이 원칙은 더 정확히 말해서 동작의 경제성과 피로를 경감하는 제원칙이라 할 수 있으며 더욱 많은 연구가 필요하다고 말했다.

동작경제의 원칙은 다음과 같이 3가지로 나누어 생각할 수 있다.

① 신체 사용에 관한 동작경제의 원칙
② 작업장 배치에 관한 동작경제의 원칙
③ 도구와 설비의 설계에 관한 동작경제의 원칙

5.2 신체 사용에 관한 동작경제의 원칙

① 양손 동작은 동시에 시작하고 동시에 끝낸다.
② 양손 동작은 서로 반대방향으로 대칭으로 움직인다.
③ 양손은 휴식시간을 제외하고는 동시에 쉬지 않도록 한다.
④ 손과 몸의 동작은 가능한 한 최소의 움직임이 되도록 한다.
⑤ 중력과 관성을 최대한 이용하고 사람의 근육을 이용하는 것은 최소화 한다.
⑥ 지그재그 동작이나 급격한 방향전환은 피한다.
⑦ 작업은 리듬을 자연스럽게 타듯이 할 수 있도록 배치한다.
⑧ 눈은 한 곳에 고정시키지 않고 양 눈은 같은 방향을 보도록 한다.

5.3 작업장 배치에 관한 동작경제의 원칙

① 공구나 재료는 전면 또는 정상 작업구역 내에 가까이 둔다.
② 공구나 재료는 작업순서에 맞게 배치하여 둔다.
③ 돈이 들지 않는 동력을 이용한다.
④ 작업자의 신체조건에 적합한 작업대 높이를 설치한다.

⑤ 조명 또는 통풍 등 작업하기 좋은 환경을 조성한다.

5.4 도구와 설비의 설계에 관한 동작경제의 원칙

① 손동작을 가급적 줄이고 발을 효과적으로 활용할 수 있도록 한다.

② 가능하면 2개 이상의 기능이 있는 도구를 사용한다.

③ 재료나 부품은 집기 쉽게 한다.

④ 레버나 핸들 등은 효율이 최대화될 수 있도록 위치와 모양으로 설치한다.

[그림 11-11] 작업범위

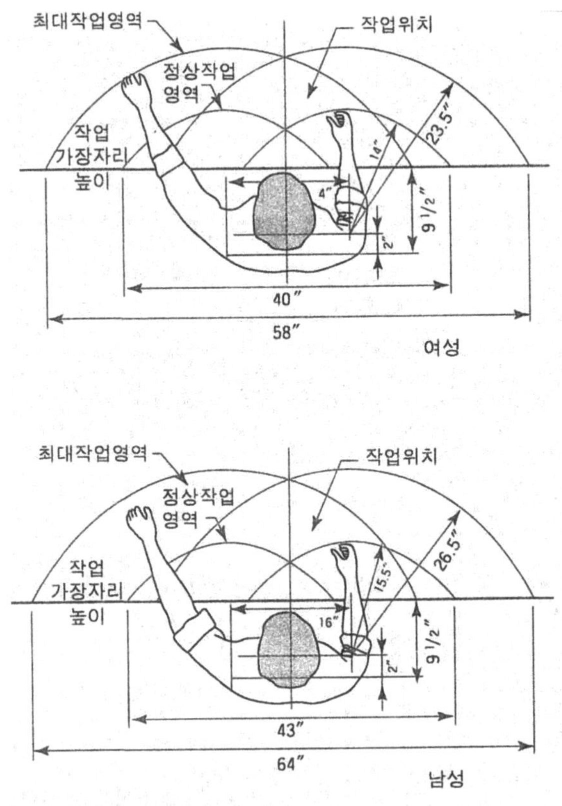

11장 연습문제

1. 공정분석의 목적에 대하여 설명하시오.
2. 공정의 정의에 대하여 설명하시오.
3. 작업단위의 구성개념에 대하여 설명하시오.
4. 공정분할의 크기에 대하여 설명하시오.
5. 공정의 분류에 대하여 설명하시오.
6. 공정분석 순서에 대하여 설명하시오.
7. 단순공정분석과 세밀공정분석에 대하여 설명하시오.
8. 공정개선의 원칙에 대하여 설명하시오.
9. 작업분석의 목적에 대하여 설명하시오.
10. 작업분석 정밀도에 대하여 설명하시오.
11. 작업의 구분방법에 대하여 설명하시오.
12. 작업의 조사방법에 대하여 설명하시오.
13. 스톱워치를 이용한 작업관측에 대하여 설명하시오.
14. 작업개선의 기본 사고방식에 대하여 설명하시오.
15. 작업분석 방법에 대하여 설명하시오.
16. 작업의 개선 접근방법에 대하여 설명하시오.
17. 연합작업분석에 대하여 설명하시오.
18. 동작분석의 목적에 대하여 설명하시오.
19. 동작개선의식 체계에 대하여 설명하시오.
20. PTS법의 특징에 대하여 설명하시오.
21. 동작분석기법 선택상의 주의점에 대하여 설명하시오.
22. 사이클타임과 분석기법의 관계에 대하여 설명하시오.
23. 서블릭분석의 목적에 대하여 설명하시오.
24. 동작경제의 원칙에 대하여 설명하시오.

CHAPTER

12

표준시간분석

1. 생산 리드타임 단축

1.1 리드타임의 개요

고객은 필요한 제품을 필요한 시기에, 필요한 양을, 필요한 장소에 공급받기를 기대한다. 아무리 좋은 제품이라 할지라도 필요한 시기를 지나서 공급받으면 필요로 했던 제품이 필요가 없어질 수도 있고, 또한 필요한 시기보다 이르게 공급을 받으면 회사에서 재고로 보관해야 하는 경우가 발생한다. 따라서 도요타생산시스템을 적시생산시스템(Just in Time)이라고 하는 이유가 고객이 원하는 시기에 맞추어 적시에 생산함으로써 재고가 발생하지 않도록 하는 데 있다.

생산관리에서 생산일정 스케줄링 기법으로 포워드 스케줄링(forward scheduling)과 백워드 스케줄링(backward scheduling) 2가지 방법이 있다.

포워드 스케줄링은 생산 착수일을 기준으로 하여 각 공정의 소요시간을 합산하여 완료일을 추정해가는 방법이다. 이 방법은 생산 착수일이 기준이 되므로 생산완료 시점이 납기일보다 훨씬 이전에 종료되어 납기일까지 완성품 재고가 발생하는 문제가 생긴다.

백워드 스케줄링은 조립품의 완성일을 설정하여 최종 공정으로부터 거꾸로 계산하여 각 공정에 생산 소요시간을 할당하여 생산 착수일을 정하는 것을 말한다. 따라서 이 방법은 생산완료 시점이 기준이 되므로 고객으로부터 주문을 받았다고 하더라도 납기일에 맞추어 생산 투입일정을 결정하므로, 즉 납기일에 맞추어 생산이 진행되어 완성품 재고가 발생하지 않는다. 결국 도요타생산시스템의 적시생산시스템은 백워드 스케줄링이라 할 수 있다.

리드타임(lead time)이란 고객주문을 받은 시점으로부터 고객에게 납품이 완료된 시점까지를 말한다. 리드타임에는 여러 가지 종류가 있다.

- 개발 리드타임: 개발을 시작해서 마칠 때까지의 소요시간을 말한다.
- 설계 리드타임: 설계를 시작해서 마칠 때까지의 소요시간을 말한다.
- 조립 리드타임: 조립을 시작해서 마칠 때까지의 소요시간을 말한다.
- 생산 리드타임: 재료를 투입해서 완성 때까지의 소요시간을 말한다.
- 구매 리드타임: 구매주문시점으로부터 입고될 때까지의 소요시간을 말한다.
- 조달리드타임: 조달주문시점으로부터 입고될 때까지의 소요시간을 말한다.
- 출하 리드타임: 투입으로부터 출하될 때까지의 소요시간을 말한다.
- 제조리드타임: 고객주문을 받은 시점으로부터 고객에게 납품이 완료된 시점까지를 말한다. 여기에는 개발, 설계, 구매, 조달, 출하 등 해당 리드타임이 발생 시에는 모두 포함한다.

[그림 12-1] 리드타임

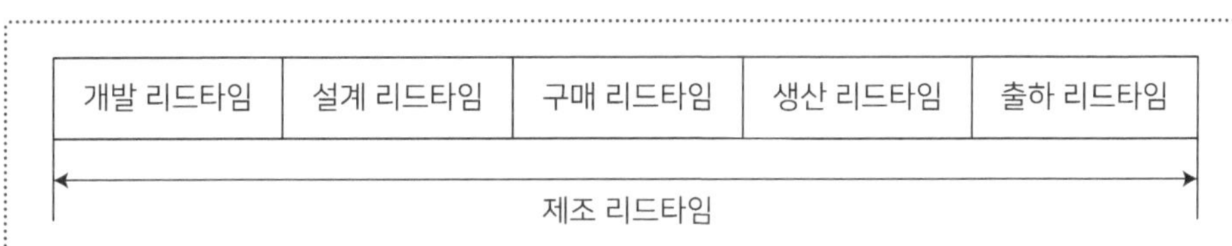

1.2 리드타임, 사이클타임, 피치타임, 택트타임의 구분

사이클타임(cycle time)이라는 용어는 대부분 설비를 가지고 생산하는 공장에서 많이 사용되고 있는데, 예를 들면 프레스 공정에서 물건을 1개 찍어내는 시간을 말한다. 즉 프레스 공정은 자재의 loading → pressing → 제품의 unloading이라는 프로세스를 반복하여 제품이 1개 생산되는데 이를 사이클타임이라 한다.

$$사이클타임 = \frac{가동시간}{일\ 생산수량}$$

설비는 자체적으로 능력을 갖추고 있는데 최대로 가동할 수 있는 능력을 설비능력이라 한다. 설비능력이 최대로 발휘할 때 설비가동률이 100%이다. 그리고 설비는 자체적으로 가지고 있는 능력 이상으로는 가동할 수 없다. 따라서 일 생산수량은 설비의 최대 가동여부에 따라 달라질 수 있다. 설비를 제작할 때 설비고유의 최대 가동능력을 설정하게 되어 있는데 이를 설비 사이클타임이라 한다. 사이클타임은 설비의 사이클타임보다 작을 수는 없다. 예를 들면 설비고유의 사이클타임이 10초라고 한다면 생산 활동의 사이클타임은 10초와 같거나(설비능력이 100%발휘한 경우) 10초보다 크다(설비능력이 100%이하로 떨어진다).

기업에서 보유하고 있는 전체 설비를 보면 개별 설비마다 능력에 차이가 있음에도 불구하고 개별 설비의 능력을 최대한 가동시키려고 한다. 이 때 개별 설비마다 사이클타임의 차이에 따라 과잉생산으로 인한 재고가 많이 발생하게 된다.

피치타임(pitch time)은 주로 컨베이어를 가지고 생산하는 조립공장에서 많이 사용한다. 예를 들면 자동차 공장에서 컨베이어 위에 자동차가 일정한 간격으로 나열(컨베이어에 일정한 간격으로 피치 마크를 표시한 경우도 있음)되어 있는데 공정작업자는 자신이 맡은 영역에 일정한 피치 마크(pitch mark)간격으로 자동차가 도착하면 주어진 조립작업을 반복적으로 수행하는 시간을 피치타임이라 한다.

$$피치타임 = \frac{가동시간}{일\ 생산수량}$$

대부분의 컨베이어 조립작업은 사람이 하는 작업으로 사람의 조립작업 수행능력에 따라 시간이 좌우되므로 크게 제한적인 요인은 없으나 1인 작업자가 할 수 있는 최소한의 작업시간 이상에서 피치타임이 결정된다. 그러나 컨베이어 작업은 여러 명의 작업자가 붙어서 작업을 하는 것으로 컨베이어 속도는 이들 작업자들 중 가장 시간이 많이 걸리는 작업자의 시간(neck time)에 맞추어 결정된다. 예를 들어 5명의 작업자가 있다면 1번 작업자가 조립하는 작업시간이 25초, 2번은 20초, 3번은 30초, 4번은 25초, 5번은 20초 걸린다고 한다면 3번 작업자의 30초에 맞추어 컨베이어가 돌아간다. 결국에는 제품이 30초에 한 개씩 생산된다.

이와 같이 사이클타임과 피치타임은 가동시간과 일 생산수량에 의해 결정된다. 일 생산수량은 개별 설비 또는 개별 작업자의 작업능력에 따라 결정되는 경우가 많다. 그러나 중요한 것은 설비를 이용하든 사람을 이용하든 궁극적으로 고객(후공정 포함)이 필요로 하는 수량을 재고발생 없이 우리의 능력으로 만들 수 있는가이다. 적시생산시스템에서는 이를 택트타임(tact time)이라고 한다.

$$\text{택트타임} = \frac{\text{일 가동시간}}{\text{일 필요수량}}$$

택트타임이란 고객이 요구하는 필요수량을 한 개씩 만드는 데 걸리는 시간을 말한다. 만약 설비를 가지고 생산하는 공장에서는 택트타임이 설비가 가지고 있는 능력인 사이클 타임보다 작을 경우에는 생산이 불가능(고객요구수량을 납기에 맞출 수 없음)하므로 설비를 증설하는 수밖에 없다. 또한 컨베이어 생산에서도 최대한의 작업분할을 했음에도 불구하고 한명의 작업자가 수행하는 작업시간(neck time)보다 작을 경우에는 동일한 컨베이어를 증설할 수밖에 없다. 따라서 택트타임은 고객이 요구하는 필요수량에 핵심을 두고 있다고 볼 수 있다.

사이클타임과 피치타임도 시간이 흐르면서 일 생산수량을 일 필요수량으로 변경하여 사용하게 되어 현재에는 크게 구분 없이 사용하고 있다.

리드타임(lead time)은 고객주문을 받은 시점으로부터 고객에게 납품이 완료된 시점까지를 말하며, 이미 앞에서 리드타임에 대한 내용을 상세하게 설명하였다. 리드타임은 생산에 있어서 사이클타임, 피치타임 또는 택트타임의 영향을 받는다.

1.3 생산 리드타임 단축

생산 리드타임은 자재를 투입하여 완제품이 나오는 데까지 걸리는 시간으로 공정에 정체되어 있는 재고를 가공 또는 조립에 필요한 시간을 모두 합산한 것을 말한다. 여기서 주의할 것은 지금 1개를 투입하면 선입선출(FIFO: first in first out)로 가공이 진행되므로 후공정에 정체되어 있는 재공품을 모두 가공 또는 조립한 후 지금 투입한 것이 나오는 데까지 걸리는 시간을 말한다.

$$\text{생산 리드타임} = \text{가공(조립)시간} + \text{검사시간} + \text{운반시간} + \text{정체시간}$$

① 가공(조립)시간: 설비를 가지고 가공하거나 조립라인에서 조립하는 시간의 합계이다. 이는 부가가치 생산에 해당한다.

② 검사시간: 검사공정의 검사시간의 합계이다. 단, 공정에서 작업자가 자주검사를 하는 검사시간은 가공(조립)시간에 포함한다. 이는 부가가치 없는 작업으로 무검사 제도의 도입으로 검사공정을 없애는 것이 필요하다. 검사공정을 제거하는 순서는 전수검사

에서 샘플링검사로, 샘플링검사에서 무검사로 전환하는 순서로 진행한다.

③ 운반시간: 설비 또는 조립 공정에 있어서 앞뒤 공정 간의 운반시간의 합계이다. 이는 부가가치가 없는 작업이지만 없어서는 안 되는 작업이므로 운반거리를 최소화하여 시간을 줄이는 것이 필요하다.

2. 흐름생산

2.1 흐름생산의 개요

물(水)은 근본적으로 높은 데서 낮은 데로 흐른다. 만약 물이 흐르지 않고 고여 있을 경우에는 썩는다. 마찬가지로, 기업에서 생산하고 있는 물건(物: 제품)도 흐르지 않고 머물러 있다면 공정재고가 되어 시간이 흐름에 따라 진부화(陳腐化: 시간이 지나 가치가 떨어진 상태)되어 버린다. 왜냐하면 과거와는 달리 시장의 변화가 빨라 고객의 요구가 짧아지고 있기 때문이다.

대부분의 기업에서 운영되고 있는 라인을 살펴보면 컨베이어로 흘리면서 작업자가 공정별로 붙어 작업을 하고 있는 경우를 두고 흐름생산을 하고 있다고 말하고 있으나 실질적으로 흐름생산 상태가 아닌 경우가 많다. 공정별로 사람이 붙어 작업을 하고 있다고 하더라도 흐름생산이 될 수도 있고 안 될 수도 있다. 그러므로 흐름생산이 성립되기 위해서는 다음과 같은 조건이 구비되어야 한다.

- 두 공정(사람) 이상의 분업작업이 성립되어 있어야 하며
- 분업작업을 하는 공정(작업자) 간에 직접 연결되어 있어 공정(작업자) 사이에 재공이 모여 있을 장소가 없어야 하며
- 항상 연속으로 작업이 될 수 있는 일의 양이 충분해야 하며
- 물(物)의 흐름이 같은 방향으로 되어 있어야 한다.

도요타생산방식(JIT: Just in Time)의 근본사상은 고객이 필요로 하는 양을, 필요로 하는 시기에, 필요로 하는 장소에 공급하는 것으로 후공정에서 끌어당기기 방식(pull system: 후공정 인수방식)이다. 즉 고객이 필요로 하지 않는 것은 생산하지 않는다. 따라서 고객이 1개를 원한다고 하더라도 만들어 주어야 하기 때문에 1개 흘리기 사고가 중요하다.

- 부품에서 완제품까지 1개씩 운반, 조립 및 가공하는 것이 원칙이다.
- 생산은 1개씩 흘리고 운영은 후공정이 1개씩 가져가는 방식이다.
- 공정별로 1개씩만 있어도 공정 간에 연결이 가능하다.
- 1개씩 흘리는 경우에 흐름이 원활하지 못하면 후공정에서 물건이 올 때까지 기다리는 낭비가 발견되는 구조가 되어야 한다.

이와 같이 1개씩 흘리기 생산, 즉 흐름생산이 정착되기 위해서는 생산의 정보가 작업자들 간에 공유되고 있어야 하며, 특히 투입과 산출에서의 정보가 공유되어 공정의 흐름을 잘 이해하고 있어야 한다. 그러기 위해서는 투입과 산출은 1인이 담당하는 것이 좋으므로 라인의 형태를 Cell(U자 또는 =자) 형태로 배치한다. 그리고 투입 작업자의 역할은 페이스메이커(pace maker)로 일정한 시간 간격(tact time)에 맞춰 1개씩 작업하여 다음 공정으로 보낸다.

2.2 Lot 생산과 1개 흐름생산

2.2.1 Lot 생산

우리는 여름에 집중호우가 올 때 하천이 범람하여 집에 물이 잠기는 것을 본 일이 있다. 이와 같이 집중호우는 평소와는 달리 한 번에 많은 양의 비를 내리는 것으로 하천에서 이를 처리할 수 있는 능력이 부족하여 문제를 일으킨 것을 말한다.

기업에서 개별설비의 능력을 중요하게 생각하여 설비를 놀지 않게 하기 위해서 고객요구 수요에 관계없이 개별설비를 최대한 가동한다. 그러다 보니 모아서(Lot) 생산을 할 수 밖에 없다. 따라서 로트생산을 함에 있어서 발생하는 문제점은 다음과 같다.

- 대부분의 개별설비별로 처리할 수 있는 능력에는 차이가 있다. 이러한 차이는 공정과 공정 사이에 재공을 발생 시킨다.
- 불량이 발생한 경우 발견이 어려워 후공정에서 사용할 때 발견함으로써 대량 불량발생이 높다.
- 단순 반복 작업으로 인하여 집중력 저하가 발생하여 실수를 범하기 쉽다.
- 최근에 고객의 욕구가 다양화됨에 따른 다품종 소량생산 체제로의 변화가 어렵다.
- 최종공정에서 제품화되었을 때 비로소 팔 수 있는 것이므로 최종공정까지 도달하는 시간이 많이 걸린다. 즉 생산속도가 느리다.

2.2.2 1개 흐름생산

예를 들어 화재가 발생하여 주변에 있던 10명이 불을 끄려고 하는데 물이 있는 곳이 조금 떨어진 곳에 있다고 하자. 이때 불을 끄는 방법은 10명이 들 수 있는 큰 통을 가지고 한 번에 물을 떠서 나르는 방법과 1명이 들 수 있는 통을 가지고 10명이 일렬로 줄을 지어서서 릴레이식으로 전달하는 방법이 있다고 한다면 어느 쪽이 더 효율적일까? 당연히 후자의 방법이 더 효율적이다.

- 개별설비의 시간을 균일하게 맞춤으로써 공정 간의 처리시간이 동일하여 공정과 공정 사이에 재공이 발생하지 않는다.
- 재공이 없어짐으로써 공정 간의 거리를 좁힐 수 있어 생산하는 장소의 면적이 절감된다.
- 1개씩 흘러가지만 연속성이 있어 최종공정까지 도달하는 속도가 빠르다. 즉 생산속도가 빠르다.
- 1개씩 생산하기 때문에 후공정에서 불량이 발생된 경우 바로 앞공정으로 피드백함으로써 불량을 최소화할 수 있다.
- 1개씩 생산하기 때문에 앞공정에서 불량발생, 기계고장 또는 생산지연이 되었을 경우 후공정에서 작업대기하는 등의 낭비를 쉽게 발견할 수 있다. 따라서 신속하게 개선을 할 수 있다.
- 고객 수요에 맞춰 제품이 서로 다른 혼류생산이 가능하다.

2.3 생산방식의 결정

우리는 1개 흐름생산이 가장 생산성이 높고 합리적이라고 앞에서 설명하였다. 그러나 1개 흐름생산 방식을 고집하는 것은 아니다. 여기서 1개 흐름생산 방식은 우리가 추구하고자 하는 가장 효율적인 생산방식을 설명하기 위한 것이다. 현재 자동차나 전자제품 등을 생산하는 대기업에서는 1개의 라인에서 여러 가지 제품을 혼합해서 만드는 1개씩 흘리는 혼류생산을 하고 있다.

프레스 공장이나 사출 공장에서는 금형을 한번 설치하면 동일한 공정 또는 부품을 반복해서 생산하기 때문에 1개 흐름생산이 불가능하다고 생각할 수 있다. 프레스 공정의 경우에 프레스와 프레스를 공정순서로 배치하여 트랜스퍼(앞 공정 프레스에서 1개를 작업한 후 뒤 공정으로 1개를 옮겨주는 이송장치)를 활용하여 생산하는 것도 흐름생산에 해당한다. 프레스 공장이나 사출 공장의 경우에는 단품을 찍어내는 경우도 있으나 대부분 몇 개의 공정을 거치는 경우가 많으므로 이를 공정순서로 나열하여 생산하면 될 것이다. 공정에서 처리하는 생산수량을 최소화(최소의 로트수량 즉 1개에 가까운 수량)하려는 사고가 중요하다. 로트수량이 커지는 이유는 금형교체작업시간에 좌우되기 때문이다. 금형교체작업시간을 줄이면 로트수량을 줄일 수 있다.

2.3.1 P-Q분석

일반적으로 생산방식은 생산되는 제품의 수(product)와 생산량(quantity)에 따라서 결정된다. 이를 P-Q분석이라 한다[그림 12-2].

[그림 12-2] P-Q분석

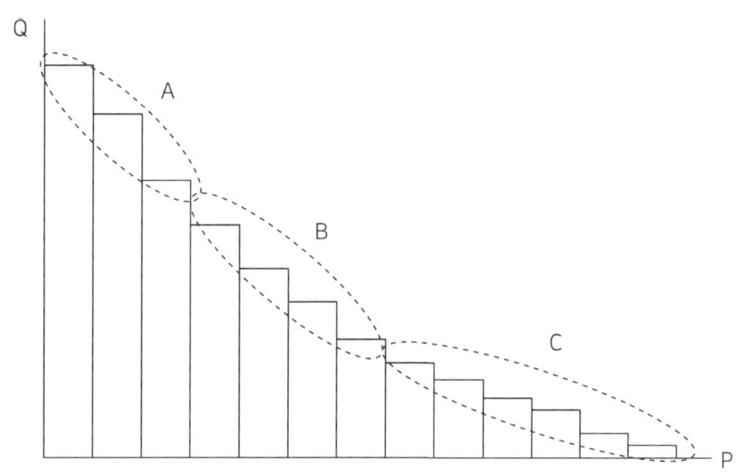

기업에서 생산하는 제품의 수와 생산량을 조사하면 그림과 같이 나타나는 것이 일반적이다. 이를 생산량에 따라 3가지로 분류할 수 있는데 소품종 대량생산(A), 중품종 중량생산(B), 다품종 소량생산(C)으로 구분할 수 있다.

(1) 소품종 대량생산(A-Type)

이 생산형태는 제품의 수는 몇 가지되지 않으나 생산량이 절대적으로 많은 경우에 해당한다. 이러한 경우에는 연속해서 생산해야 하므로 공정순으로 배치하여 라인화를 이루는 것이 일반적이다. 따라서 대부분의 설비는 전용설비로 구성한다.

[그림 12-3] 제품별 설비배치

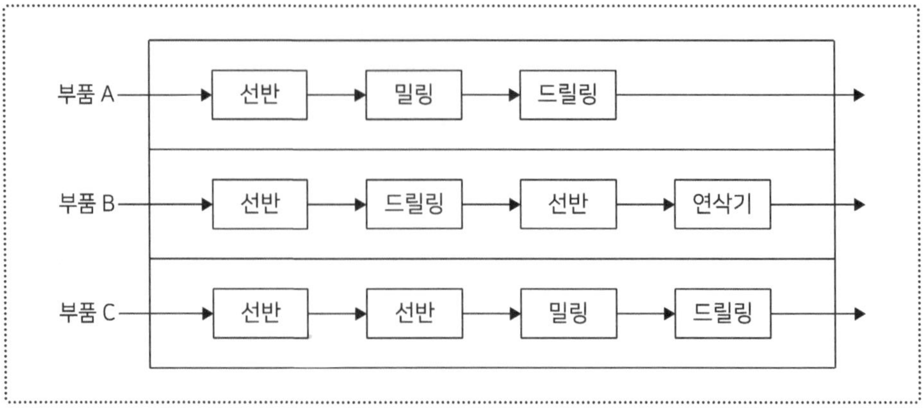

(2) 다품종 소량생산(C-Type)

이 생산형태는 제품의 수는 많으나 각 제품별로 생산되는 수량이 극히 적은 경우에 해당한다. 이러한 경우에는 공정순으로 배치하여 라인화하는 것은 비효율적이어서 기능별로 설비를 배치하여 로트생산을 하는 것이 효율적이다.

[그림 12-4] 기종별 설비배치

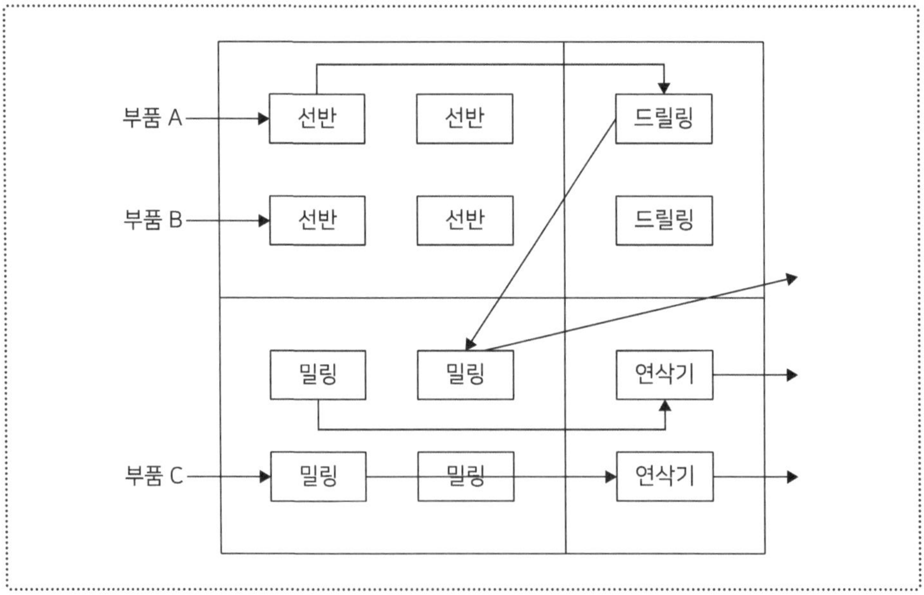

(3) 중품종 중량생산(B-Type)

이 생산형태는 앞의 2가지 형태의 중간 형태로 공정별 배치와 기능별 배치를 혼합한 것을 말한다. 이는 하나의 설비를 한 라인에 전용으로 사용하기 보다는 다른 라인과 공용으로 사용하기 위하여 설비를 중간에 놓고 사용한다. 그러나 최근에는 이러한 생산형태도 소품종 대량생산과 같이 라인화로 많이 변화시키고 있다. 따라서 대부분의 설비는 범용설비로 구성한다.

이와 같이 3가지 생산형태는 일반적으로 분류하는 방법이다. 이외에도 석유생산 공정과 같은 단일품종 대량생산하는 연속생산 형태와 선박, 비행기 또는 주택 등 1개의 제품을 오랜 기간 동안 생산하는 프로젝트 생산 형태 등이 있다.

2.3.2 생산방식의 변화

과거에는 생산관리 기법으로 기업에서 생산하는 제품의 수와 생산량에 따라 최적의 생산형태를 따르는 경우가 많았다. 이는 오랜 시간동안 환경이 크게 변하지 않았고 고객 주문량 이상으로 만들어 재고로 쌓아 두어도 언젠가는 팔렸기 때문에 이러한 생산방식을 따르더라도 크게 문제가 되지 않았다.

그러나 최근에는 환경변화가 급변하고 고객의 욕구가 다양해져 단납기를 요구하고 있으며 제품의 라이프 사이클이 짧아지고 있기 때문에 기존의 생산방식으로는 대응이 되지 않으므로 새로운 생산방식의 도입이 필요하다. 고객이 요구한 때에 맞추어 요구하는 수량을 요구하는 장소에 적시에 납품을 할 수 있는 생산체제가 필요하다. 즉 재고가 발생하지 않는 구조를 가진 생산시스템이 필요하며 이를 적시생산시스템(JIT: Just in Time)이라 한다.

적시생산시스템은 재고를 발생 시키지 않는다고 하여 재고가 전혀 없는 것은 아니며, 재고 '0'화(재고를 0에 가깝게 최소화)하는 것을 말한다. 그러기 위해서는 고객이 요구하는 수량만큼 후공정에서 앞공정으로 가서 가져오는 1개씩 흘리기 방식인 흐름생산방식으로 변화하지 않으면 안 된다. 여기서 주의할 것은 흐름생산을 하라고 해서 무조건적으로 흐름생산을 구축해야 한다는 것은 아니고 기업에 적합한 생산형태를 구축하되 가급적 흐름생산 형태에 가깝도록 구축하려는 노력이 필요하며, 궁극적으로는 흐름생산 형태를 만드는 것이 중요하다는 것이다.

왜냐하면 1개 흐름생산이 가장 생산성이 높고 합리적이기 때문이다.

2.4 흐름생산 구축

2.4.1 흐름생산의 8가지 요인

제품을 생산하는 데 가장 생산성이 높고 합리적으로 생산할 수 있는 흐름생산 체제를 갖추기 위해서는 8가지 요인이 충족되어야 한다.

① 1개씩 흘리기
② 다능공화
③ 공정순으로 설비배치
④ 입식작업
⑤ 동기화
⑥ 설비의 소형화
⑦ 다공정 담당
⑧ Cell 라인

[그림 12-5] 흐름생산 8가지 요인

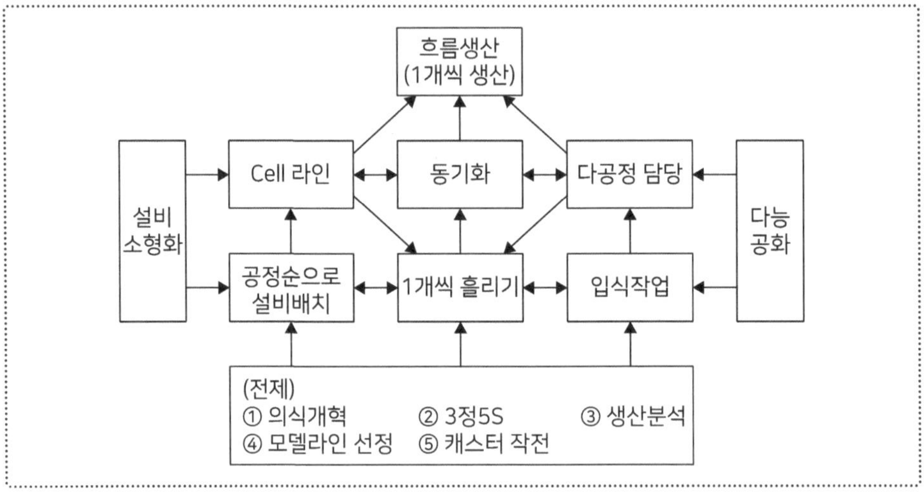

2.4.2 흐름생산의 단계별 접근방법

흐름생산은 생산에서 발생하는 낭비를 철저히 배제하고 생산성을 극대화할 수 있는 방법이다. 흐름생산을 성공적으로 달성하기 위해서는 [그림 12-6]과 같이 단계별로 접근하여야 한다.

① 현재 생산라인에서 1개씩 흘리는 생산을 해본다. 그러면 이에 따른 문제가 드러나게 되므로 이를 개선한다.

[그림 12-6] 흐름생산 단계별 접근방법

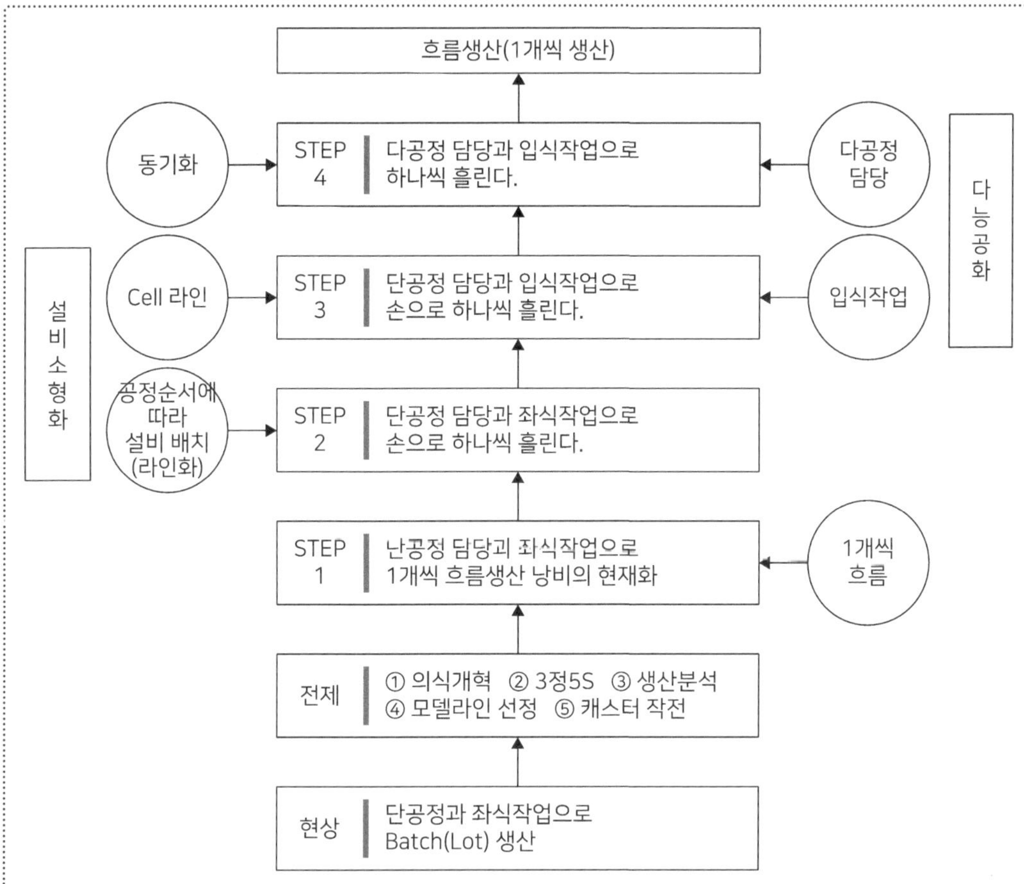

② 공정순서에 따라 설비를 배치하고 1개씩 흘리는 생산을 실시한다. 이때 나타난 문제와 1개씩 흘리는 데 필요한 개선을 실시한다.

③ U자 라인으로 설비를 배치하고 작업자를 서서 작업하도록 하여 1개씩 흘리는 생산을 실시한다. 이때 공정 간 작업시간을 평준화할 수 있도록 공정 간 시간의 차이 발생에 대한 개선을 실시한다.

④ 공정 간 도움작업을 통한 작업시간의 평준화를 실현하고 앞뒤로 연결되는 타 라인과 동기화될 수 있도록 한다. 즉 타 라인과 1개당 평균생산시간을 동일하게 한다.

2.4.3 흐름생산의 필수 조건

(1) 표준재공

한 개씩 흘리기 생산에서 중요한 것은 공정과 공정 사이에 흐름이 끊어지면 안 된다. 즉 대기하는 공정이 발생하면 안 된다. 공정 간에 1개씩 생산하는 시간이 똑같을 수는 없다. 공정 간에 시간의 차이는 발생하기 마련이므로 이 차이를 없는 것처럼 이어주는 역할을 하는 것을 버퍼(buffer: 공정 간의 시간차이를 흡수해 주는 완충의 역할을 하는 것)라고 하고, 버퍼의 역할을 하는 재공을 표준재공이라고 한다. 표준재공은 일반적으로 1개를 두는 것을 말하며, 이는 재고로 취급하지 않는다.

(2) 리드타임

최근 급격한 기술발전과 함께 시장환경의 잦은 변화, 시장요구의 다양화, 제조원가의 상승 등은 가속화되고 있다. 흐름생산이 가능한지의 여부는 리드타임의 단축수준에 의해 결정된다. 리드타임이 단축되면 보다 단납기로 고객에게 대응할 수 있으므로 제품재고 최소화 및 판매량 증가로 이어지게 된다. 따라서 리드타임 단축은 각 공정에서 정체를 발생 시키는 여분의 물자, 설비, 인원, 정보를 찾아내어 제거할 수 있도록 함으로써 부가가치를 높일 수 있다.

(3) 눈으로 보는 관리

흐름생산체제를 구축하여 흐름생산을 실시해 나간다고 하더라도 잠시 방심하거나 관리를 게을리 할 경우 흐름이 깨진다. 따라서 현장 내에 누구나 이상상태를 눈으로 보아 알 수 있도록 하여 즉각적인 조치를 취할 수 있도록 눈으로 보는 관리체제를 구축하는 것이 필요하다.

눈으로 보는 관리 장치의 예를 들면 이상발생 표시등(ANDON), 표준작업표 게시, 페이스메이커(pace maker), 간판, 로케이션 표시, 물품적치장 표시, 색별표시, 형적관리, 택트타임 표시, 물방개차, 시간당 생산량 관리표, 마샬링(marshalling) 등이 있다.

(4) 마샬링

마샬링(marshalling)은 공정에서 사용하는 자재를 일정한 시간단위(30분, 1시간 등)로 작업자가 사용하기 편리하도록 자재를 공급하는 방법이다. 마샬링의 운영방법은 다음과 같다.

- 각 작업자별 공정번호를 부여한다.
- 각 라인별, 모델별로 사용되는 자재목록을 작성한다.
- 자재공급시간 간격을 설정하여 일정한 단위(30분 또는 1시간 단위 등)로 추진한다.
- 정해진 자재공급시간단위당 사용량에 맞는 자재의 용기를 설정한다. 용기의 크기, 용기의 형태, 용기의 수량, 용기의 표시 등
- 적치장 또는 선반의 로케이션(location)을 설정한다.
- 각 로케이션별 보관용품 결정과 자재별 최대량과 최소량을 설정한다.
- 자재운반자가 자재를 피킹(picking)하여 운반이 용이하도록 운반용구를 준비한다.
- 자재공급자가 최단시간 내에 자재를 피킹하여 공급할 수 있도록 경로를 설정한다.

이와 같이 운영했을 때 마샬링의 효과는 다음과 같다.

- 라인 옆에 생산에 필요한 자재를 일정 시간단위당 공급하기 때문에 공정재고가 줄어든다.
- 작업자 바로 옆에 필요한 양만 공급함으로써 동작의 낭비와 품질이 향상된다.
- 일정 시간단위당 필요한 자재를 공급하기 때문에 기종변경 시에 자재공급의 문제는 해결된다.
- 자재 적치장의 재고가 줄어 재고관리가 용이하며 눈으로 보는 관리가 된다.

2.4.4 공정 간의 흐름생산

(1) 납품방법의 흐름화

모기업은 협력기업으로부터 부품을 공급받아 생산한다. 모기업은 생산일정에 따라 협력기업으로부터 바로 부품을 공급받아 생산하기를 기대하며 재고를 보유하지 않으려고 한다. 그러기 위해서는 납품의 양을 줄이고 납품의 횟수를 늘리려고 한다. 협력회사 측면에서는 수송비용의 증가를 가져온다. 그러나 협력회사가 이 비용을 줄이기 위해서는 모기업 생산라인과 동기화하는 것이 필요하다.

납품을 효율적으로 하기 위한 방법을 적재방법, 납품횟수, 수송경로에 대하여 살펴보자.

1) 적재방법

소량다품종화 영향을 적재방법으로 흡수하려는 것을 말한다. 흐름은 종래에 동일품으로 적재하던 것을 여러 가지 품종을 섞어 싣는 혼재로 하고, 나아가 라인이 흐르는 순

[그림 12-7] 적재방법

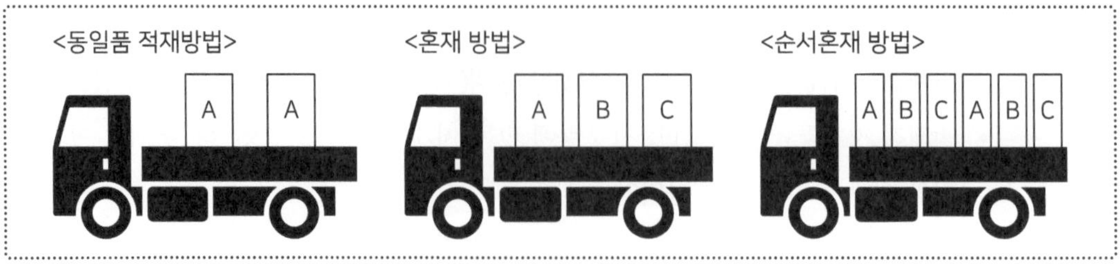

번에 맞추어 순서혼재를 이행한다.

2) 납품횟수

다품종화는 단번에 재고증가를 가져온다. 그래서 재고를 적극적으로 줄이고 리드타임을 단축하기 위해 납품횟수를 늘려 대응한다. 1일 1회, 1일 8회, 1일 32회 등이 있다.

3) 수송경로

납입횟수가 증가할수록 원가가 올라간다. 따라서 수송경로 측면에서 단독납품, 공동납품, 복합납품 등을 검토한다.

(2) 납품 적치장의 흐름화

적시생산시스템에서의 납품은 한 번에 많은 양의 납품을 하여 납품횟수를 줄이는 것이 아니라 한 번의 납품량을 줄이고 납품횟수를 늘리는 것이다. 예를 들어 한 달에 20일을 근무한다고 하면, 100개를 월1회 납품하는 방법과 100개를 매일 1회 5개씩 납품을 20일 동안 하는 방법이 있다. 2가지 방법 모두 한 달 동안 납품량은 같다고 하더라도 흐름화의 관점에서 볼 때 납입능력은 후자가 20배나 높다고 할 수 있다. 이렇게 납품된 것은 적치장에 쌓게 되는데 낭비가 없는 흐름화 적치방법은 다음과 같다.

1) 포인트 1: 납품사원에 의한 자주관리

납품 적치장은 모기업이 납품회사에게 일정한 크기의 장소를 제공하여 납품회사가 관리하는 곳으로 납품업자가 납품장소까지 가져와서 적치장에 적치하고 정리·정돈하는 등 자주관리한다.

2) 포인트 2: 색별정돈

어떤 물품이 사용되는 공정과의 관련성을 한 눈에 알 수 있게 색별정돈을 한다. 이것은 각 라인별로 색을 정하고 그 색깔에 맞추어 부품이나 재료 보관 장소를 색깔로 구분

[그림 12-8] 수송경로

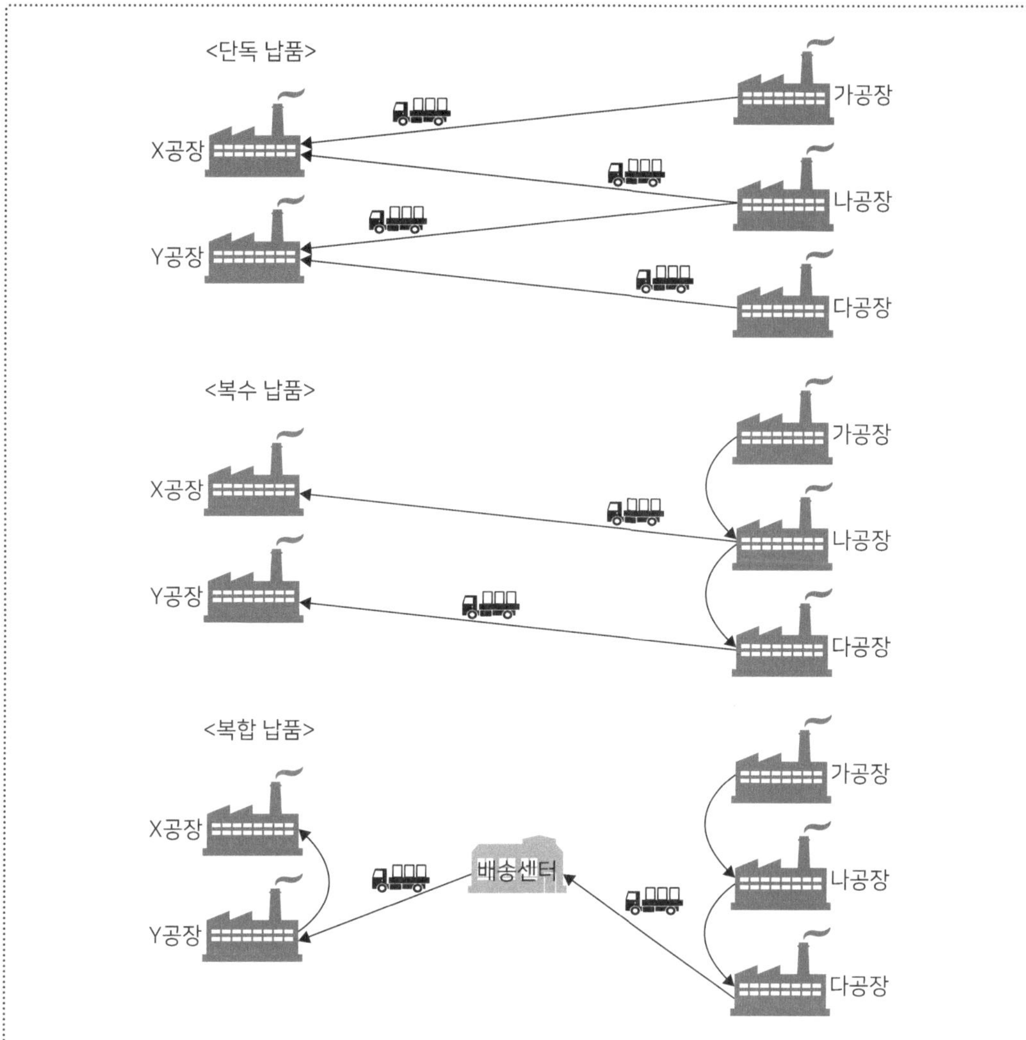

한다. 이와 같이 라인별 색깔로 구분하여 정돈함으로써 라인의 자재공급자가 부품착오를 일으키지 않고 원활하게 부품이나 재료를 라인에 공급할 수 있다.

3) 포인트 3: 제품별 적치장

물품을 보관하는 방법에는 부품의 기능에 맞추어 동일한 종류의 물품을 모아두는 기능별 보관방법과 제품에 쓰이는 일련의 부품을 제품단위로 두는 제품별 보관방법이 있다. 반복 생산되는 제품에 쓰이는 부품의 보관은 제품별 보관이 낭비가 적고 물품의 흐름이 원활하다.

4) 포인트 4: 선입선출(FIFO)

일반적으로 적치장은 투입구와 추출구가 동일하게 설계되어 나중에 적치한 것을 먼저 가지고 가는 LIFO(Last In First Out)시스템으로 되어 있는 경우가 많다. 그러나 적치장은 먼저 적치된 것을 먼저 가지고 가는 FIFO(First In First Out)시스템으로 투입구와 추출구가 서로 반대편에 설계되는 것이 좋다.

5) 포인트 5: 눈으로 보는 포장

눈으로 보는 포장은 물품 적치장의 흐름을 원활하게 하기 위해 공급하는 물품의 포장을 한눈에 알 수 있도록 하는 것을 말한다. 이것은 부품의 적치가 쉬워지고 원활하게 됨과 동시에 이품조립 불량이 없어지고 자연히 전수검사가 되므로 결품으로 인한 불량도 없어진다.

3. 평준화 생산

3.1 평준화 생산의 개요

고객이 언제, 어디서, 얼마나 주문을 할 것인지에 대해서는 아무도 모른다. 고객이 한 번에 많은 양을 구입해 가기도 하고, 어떤 때는 소량을 구입해 가기도 하며, 때에 따라서는 고객이 구입을 하지 않거나 구입하기로 했다가 취소하기도 한다. 예를 들어 실제 소비자에게 판매하는 최종 제품을 만드는 회사는 소비자 개인별 취향의 다양성과 소량주문 및 짧은 납기에 대응하기 위하여 라인을 운영한다. 이에 따라 모기업은 생산계획을 부품을 납품하는 협력사(1차, 2차, 3차 등)에게 전달하게 되는데 협력기업은 모기업의 생산계획에 따라 생산 동기화를 실현해야 한다. 그러나 대부분의 기업들은 재고를 가지고 대응하는 것이 일반적이다. 왜냐하면 협력기업은 금형교체작업시간의 과다로 인하여 생산성 저하를 우려하여 하나의 제품을 대량생산을 하게 되고, 이에 따라 모기업이 필요로 하는 부품과 양을 필요로 하는 시기에 납품을 하지 못하는 경우가 발생하기 때문이다. 재고는 그 자체에 재료비와 인건비가 이미 들어가 있는 상태이며, 또한 이를 유지 관리하는 데 많은 비용이 든다. 대로트 생산으로 인한 문제점은 다음과 같다.

- 공정의 전후에 정체를 일으켜 생산 리드타임을 길게 한다.
- 생산할 때와 하지 않을 때는 생산의 변동이 크고, 부하(負荷)의 피크에 맞춘 생산능력을 갖추어야 하며 손실이 크다. 특히 이러한 경향은 앞 공정으로 가면 갈수록 커진다.

• 한 종류의 제품을 대로트로 생산하면 재고가 쌓이게 된다. 이로 인해 보관 장소는 재고의 피크에 맞추어 수용능력을 갖추어야 한다. 그리고 한 종류의 제품 대로트 생산으로 인하여 필요로 하는 시기에 맞추어 생산해야 할 제품을 만들지 못해 결품이 발생한다.

기업은 고객이 필요로 하는 제품을, 필요로 하는 양을, 필요로 하는 시기에 맞추어 필요로 하는 장소에 공급해야 한다. 이때 기업은 재고가 없게 되고, 고객이 필요한 시기에 언제나 공급할 수 있는 체제가 되어 고객만족을 실현하여 매출증대로 이어질 수 있다. 그러기 위해서는 금형교체작업시간의 최소화가 필수적이며, 이는 생산라인의 기종교체가 언제라도 가능하게 하여 모기업의 불규칙적이고 단납기 소량 주문에도 하루에 여러 가지 제품을 소량으로 규칙적으로 반복해서 생산을 가능하게 한다. 이를 평준화 생산이라 한다.

[그림 12-9] 평준화 생산

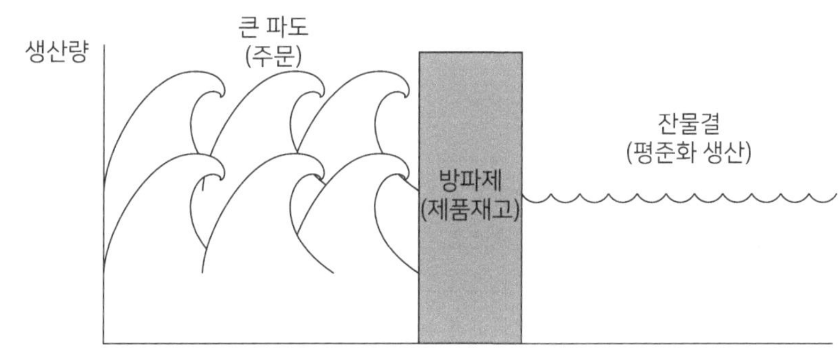

평준화 생산은

① 생산로트를 가능하면 작게 하여 특정 시간대에 특정 종류의 물건만 만드는 것을 피하고 어느 시간대라도 전품종을 모두 생산한다.
② 모든 제품은 팔리는 양으로 결정된 택트타임을 지켜 생산한다.

이를 통해 과잉생산을 방지하고 생산의 바람직한 타이밍을 만들어 낸다.

3.2 평균화 생산과 평준화 생산

로트 생산에 길들여 있는 기업에서 처음부터 평준화 생산은 어렵다. 로트를 잘게 나누어 생산하는 연습이 필요하다. 따라서 로트 생산에서 평균화 생산을 먼저 실시한 후 평준화 생산을 실행한다.

3.2.1 로트 생산

어떤 기업에서 주문을 받은 월 생산수량이 제품A가 2,000대, 제품B가 1,600대, 제품C가 400대이다(월 20일 가동). 이때 제품은 A-B-C 순서로 로트 생산하는 경우로 [표 12-1]과 같다.

[표 12-1] 로트 생산계획

제품	월 필요 생산수량	1주					2주					3주					4주				
		1	2	3	4	5	6	7	8	9	10	11	12	13	14	15	16	17	18	19	20
A	2,000	200	200	200	200	200	200	200	200	200	200										
B	1,600											200	200	200	200	200	200	200	200		
C	400																			200	200

3.2.2 평균화 생산

평균화 생산은 제품 A-B-C를 매일 균일하게 생산하는 것을 말한다. [표 12-2]는 1일 생산량을 1회 생산하는 것을 표시한 것이다.

[표 12-2] 평균화 생산계획

제품	월 필요 생산수량	1주					2주					3주					4주				
		1	2	3	4	5	6	7	8	9	10	11	12	13	14	15	16	17	18	19	20
A	2,000	100	100	100	100	100	100	100	100	100	100	100	100	100	100	100	100	100	100	100	100
B	1,600	80	80	80	80	80	80	80	80	80	80	80	80	80	80	80	80	80	80	80	80
C	400	20	20	20	20	20	20	20	20	20	20	20	20	20	20	20	20	20	20	20	20

3.2.3 평준화 생산

평준화 생산은 하루에 제품 A-B-C로 일정한 양으로 평균화해서 생산하는 것을 하루에 제품을 A-B-C-A-B-C 등의 순서로 다 사이클 생산하는 것을 말한다. [표 12-3]은 1일 생산량을 4회 반복하여 생산하는 것을 표시한 것이다.

[표 12-3] 평준화 생산계획

제품	월 필요 생산수량	1주																			
		1				2				3				4				5			
A	2,000	25	25	25	25	25	25	25	25	25	25	25	25	25	25	25	25	25	25	25	25
B	1,600	20	20	20	20	20	20	20	20	20	20	20	20	20	20	20	20	20	20	20	20
C	400	5	5	5	5	5	5	5	5	5	5	5	5	5	5	5	5	5	5	5	5

3.3 여력 평준화

여력이란 어떤 일에 주력하고 아직 남아 있는 힘을 말한다. 즉 주어진 근무시간 동안 설비나 사람을 최대한 가동할 수 있는 가용능력에서 필요한 수량을 생산하고 남은 여유 시간을 말한다. 따라서 여력은 부하와 능력의 관계를 나타낸 것으로 다음과 같다.

$$\text{여력} = \frac{\text{능력} - \text{부하}}{\text{능력}}$$

예를 들어 2대의 기계를 한 달 20일 운영한다면 부하시간이 280분일 때

$$\text{능력} = 8\text{시간} \times 20\text{일} \times 2\text{대} = 320\text{시간}$$

$$\text{여력} = \frac{320 - 280}{320} = 12.5\%$$

따라서 여력은 12.5%의 여유가 있다고 할 수 있다.

이처럼 설비나 사람에 대한 항상 부하와 능력을 분석하여 여력을 파악할 필요가 있다. 왜냐하면 고객의 주문량이 피크에 해당하는 경우 기업이 갖고 있는 능력으로 해결할 수 있는지의 여부를 결정하기 때문이다. 그리고 비피크인 경우에는 발생한 여력이 소멸되기 때문에 피크 시에 능력을 초과한 부하를 비피크 시에 분산하여 생산함으로써 가용능력을 최대한 활용할 수 있다. 이와 같이 피크와 비피크의 불균형은 생산량의 저하를 발생 시키고, 고객의 납기 타이밍을 맞출 수 없다. 또한 피크 때를 대비하기 위하여 재고를

많이 가져갈 수밖에 없다.

따라서 피크 시에 초과된 부하를 비피크 시에 분산하여 균형지게 생산하는 것을 평준화 생산이라 한다.

3.4 평준화와 택트타임

어떤 제품이라도 팔리는 수량에 맞추어 택트타임으로 생산을 하면 생산의 산포를 줄일 수 있고 과잉생산을 방지할 수 있다.

앞의 사례에서 어떤 기업에서 주문을 받은 월 생산수량이 제품A가 2,000대, 제품B가 1,600대, 제품C가 400대이다(월 20일 가동, 1일 8시간 가동). 각각의 택트타임을 구하면 [표 12-4]와 같다.

[표 12-4] 택트타임 평준화

제품	월 생산수량	일 생산수량	택트타임
A	2,000	100	4.8분
B	1,600	80	6분
C	400	20	24분
계	4,000	200	2.4분

로트 생산을 할 경우에는 제품A는 4.8분에 제품 1개를 만들고, 제품B는 6분, 제품C는 24분에 제품 1개씩 만든다. 그러나 평준화 생산을 하면 제품 1개씩 만드는 데 2.4분이 걸린다.

제품A,B,C를 각각 택트타임 로트 생산을 도시하면 다음과 같다.

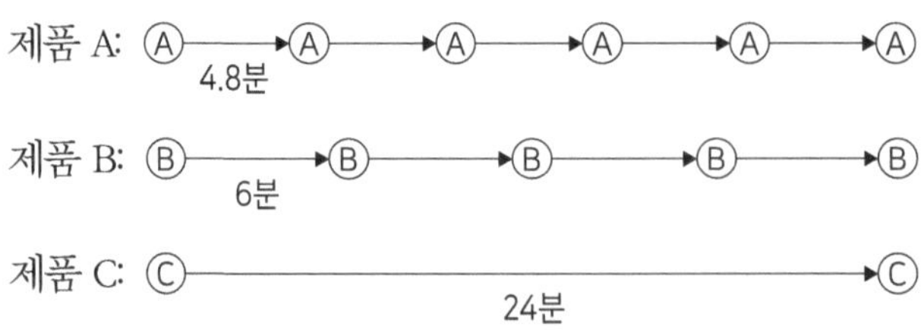

제품 A, B, C에 대해 동일제품을 2개 이상 반복하지 않고 택트타임 평준화 생산을 도

시하면 다음과 같다.

3.5 평준화 생산의 이점과 유의점

평준화 생산의 이점은 다음과 같다.

① 어떤 공정이라도 택트타임을 지켜 생산하기 때문에 과잉생산과 이로 인한 손실이 제거되며 고객의 납기 타이밍에 대응할 수 있다.
② 재고는 고객의 납기 타이밍에 대응하기 위한 필요 최소한의 재고량으로 가져가게 되어 대로트 생산할 때보다 재고가 훨씬 적다.
③ 전(全) 공정에서 여분의 설비와 인력을 보유할 필요가 없다.
④ 후공정 인수방식 운영이 가능하므로 칸반(kanban)의 사용이 가능하다.

이상과 같이 평준화 생산의 이점은 있으나 평준화 생산을 성공적으로 실행하기 위해서는 유의할 사항이 있다.

① 공정 간에 작업배분을 보다 쉽게 하기 위해 고립공정을 피한다.
② 평준화 생산의 조건을 정비한다. 즉 공수가 많이 드는 제품만 계속해서 생산하지 않는다. 공수가 많이 드는 제품 다음에는 공수가 적게 드는 제품을 생산하고, 그 다음에는 공수가 중간 정도 소요되는 제품을 생산한다.
③ 평준화 생산을 용이하게 하기 위해서는 범용설비를 갖추는 것이 필요하다.

3.6 평준화 생산과 공정관리

모든 생산 제품은 고객의 요구에 의해 결정된 택트타임에 따라 평준화 생산을 하는 것이기 때문에 실제로 생산계획의 단계에서는 예측에 의한 계획을 세우지만 실제 생산은 수주에 근거하여 이루어지는 경우가 대부분이다.

공정관리는 공정편성, 일정편성, 지시 및 진척관리 등 4가지 기능을 가지고 있으며 평준화 생산을 위한 공정관리는 다음과 같다.

① 공정편성: 평준화 생산을 가능하게 하기 위한 전용설비를 치공구, 기계장치를 범용화

할 수 있도록 내재화를 실시한다. 그리고 Cell라인 레이아웃을 기본으로 한다.

② 일정편성: 택트타임에 근거한 표준작업을 편성한다. 그리고 수요변동에 대응한 칸반의 매수의 조정하고 생산의 순서계획을 철저히 세운다.

③ 지시: 칸반에 의한 인수정보와 생산지시정보를 통한 후공정 인수방식을 운영한다.

④ 진척: 눈으로 보는 관리에 의한 자주적 진척관리를 한다(안돈, 생산관리판, 칸반매수, 칸반포스트, 중간완성품, 표준작업 등).

4. 표준시간

4.1 표준시간의 개요

표준시간이란 정상적인 속도로 정해진 1단위의 작업을 수행하는 데 걸리는 시간을 말하며, 여기에는 필요한 각종 여유시간이 포함되어 있는 것을 말한다. 보다 구체적으로 설명하면 다음과 같다.

① 정해진 환경조건에서
② 정해진 설비와 치공구를 사용하여
③ 정해진 작업방법에 따라
④ 그 작업에 대한 적성을 가지고
⑤ 그 작업을 수행하는 데 기대되는 보통정도의 숙련도를 지닌 작업자가
⑥ 정신적으로나 육체적으로 무리를 하지 않고 양호한 노력으로 1단위의 작업을 완수하는 데 필요한 시간(공수)이며
⑦ 그 시간에는 필요한 여유가 포함되어 있는 시간을 말한다.

따라서 표준시간은 먼저 그 기업의 작업수준과 표준작업방법을 설정한 후 기업의 관리수준에 따라 표준시간을 결정하는 것이 필요하다. 표준시간은 기업의 관리자들이 원가산출 또는 생산성관리 등 필요성에 따라 관리 목적을 달성하기 위해 결정하는 시간이다.

4.2 표준작업조건과 표준작업방법

4.2.1 표준작업과 작업표준

(1) 작업표준

작업표준이란 단위작업에 대하여 개개의 표준을 의미하며 단위작업을 하기 위한 가장 경제적인 방법으로 현재로서는 가장 좋은 방법이다. 예를 들면 열처리시 재질에 대한 처리온도, 시간, 냉각액의 종류, 기계가공시 커터, 바이트 형식, 형상, 재질, 치수, 절삭조건, 절삭유 등은 필요한 품질을 만들어 내기 위해 작업상 경제적인 조건을 정한 것이 작업표준이다.

(2) 표준작업

표준작업이란 작업표준을 모아서 작업자별, 공정별로 생산의 필요한 작업을 표준화한 것을 말하며, 택트타임, 작업순서, 표준재공이라는 표준작업의 3요소가 포함되어 있어야 한다.

① 모든 낭비를 제거하고
② 물품의 흐름을 좁고 빠르게 하여
③ 필요한 것을 필요한 양만큼 필요한 시기에 만들어
④ 사람, 기계, 물품을 가장 효율적으로 조합해서
⑤ 경제적으로 작업하기 위해 작업방법을 표준화한 것이다.

4.2.2 표준작업조건

작업을 수행하는 자가 정신적으로나 육체적으로 무리를 하지 않고 양호한 노력으로 1단위의 작업을 완수할 수 있도록 환경조건을 마련해 주는 것이 중요하다. 표준작업조건은 [표 12-5]와 같다.

[표 12-5] 표준작업조건

<table>
<tr><th colspan="2">구분</th><th>작업장 표준</th></tr>
<tr><td rowspan="2">작업장 조명</td><td>전반조명</td><td>100~300LUX</td></tr>
<tr><td>국부조명</td><td>300~1,000LUX</td></tr>
<tr><td rowspan="2">온도</td><td>육체작업</td><td>15~17℃</td></tr>
<tr><td>정신작업</td><td>17~22℃</td></tr>
<tr><td colspan="2">습도</td><td>60~70%</td></tr>
<tr><td colspan="2">소음</td><td>45~65dB</td></tr>
<tr><td colspan="2">진동</td><td>0.02~0.2mm</td></tr>
<tr><td rowspan="2">통로</td><td>대통로(기계운반)</td><td>2~2.5m</td></tr>
<tr><td>중통로(부품/제품운반)</td><td>1.5~1.8m</td></tr>
</table>

<table>
<tr><th colspan="3">구분</th><th>작업장 표준</th></tr>
<tr><td rowspan="2">통로</td><td colspan="2">소통로(작업자 통행)</td><td>0.9~1.2m</td></tr>
<tr><td colspan="2">작업대 간격</td><td>0.6~0.9m</td></tr>
<tr><td rowspan="4">기계 간격</td><td colspan="2">고속프레스</td><td>4~4.5m</td></tr>
<tr><td colspan="2">대형 일반프레스</td><td>3~3.5m</td></tr>
<tr><td colspan="2">소형 일반프레스</td><td>2~2.5m</td></tr>
<tr><td colspan="2">일반 공작기계</td><td>2~3m</td></tr>
<tr><td rowspan="4">환기</td><td colspan="2">제조공정</td><td>5회/시간</td></tr>
<tr><td colspan="2">표면처리공정</td><td>10~15회/시간</td></tr>
<tr><td rowspan="2">조립</td><td>납땜공정</td><td>5~10회/시간</td></tr>
<tr><td>일반조립</td><td>3~5회/시간</td></tr>
</table>

4.2.3 표준작업방법

작업의 목적은 보다 좋은 제품을 보다 저렴하게, 보다 빠르게 만드는 데 있다. 이것을 행하기 위해서는 사람, 설비, 자재라는 생산의 3요소가 필요하다. 작업 목적을 달성하기 위한 수단과 방법에는 여러 가지가 있다. 따라서 작업 목적을 달성하기 위해서는 사람, 설비, 자재를 효율적으로 활용하여야 하므로 여기에 맞도록 설정된 것을 표준작업방법이라 한다.

(1) 작업환경조건

① 열, 한냉, 조명, 색, 가스, 먼지, 소음, 진동, 온기 등의 상태

② 건물의 구조, 바닥의 상태, 레이아웃

③ 제조시스템의 내용(흐름생산 또는 로트생산, 제품별생산 또는 기능별생산, 택트타임이 긴가 짧은가, 작업자세와 작업위치 제한의 유무, 기타 위험의 유무 등)

(2) 사용 설비

설비명, 설비공정능력, 현재능력, 대상제품 또는 부품, 설비도면, 사용조건 등

(3) 사용 치공구

사용 치공구 약도, 사용공구명, 기계가공의 경우 재료명, 재료약도, 재료치수, 가공내용 등

(4) 작업방법

작업측정이 쉽도록 측정방법에 맞추어 설정

4.3 표준시간의 구성과 계산

4.3.1 표준시간의 구성

표준시간은 정미시간과 여유시간으로 구성된다[그림 12-10]. 정미시간이란 작업에 있어서 본래의 목적에 해당하는 작업을 수행하는 데 걸리는 시간을 말하며, 지연, 정지, 고장, 조정, 교체, 휴식 등 본래의 작업 목적 이외에 소요되는 시간을 제외한 시간을 말한다. 여유시간이란 작업수행에 있어서 필수 불가결하게 발생하는 시간으로, 생리여유, 피로여유, 지연여유, 직장여유 등 정상적으로 작업을 수행할 수 있도록 하는 보완적으로 부가되는 시간을 말한다.

[그림 12-10] 표준시간의 구성

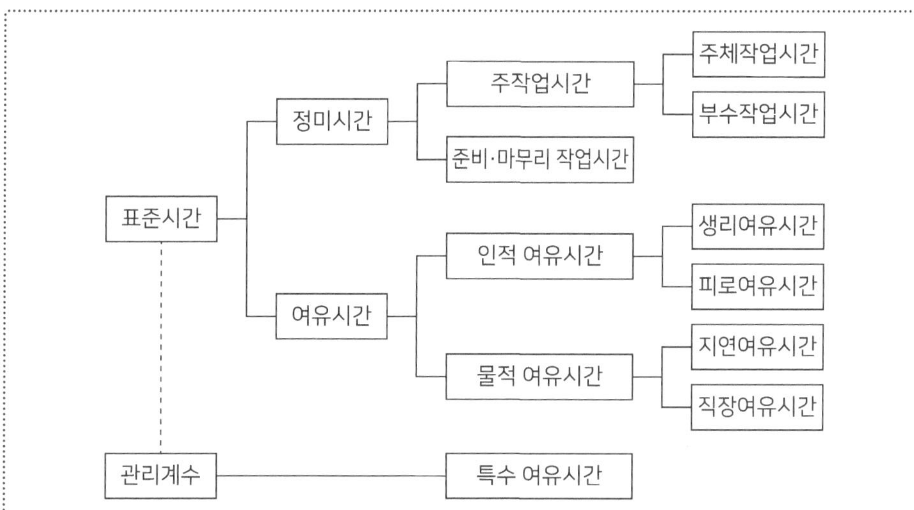

[표 12-6] 표준시간 구성용어

명칭	설명	예
준비 및 마무리 작업	1로트마다 1회 발생하는 준비 또는 마무리 작업	- 작업교체, 작업준비 중 공구 교환 - 연마, 도면의 판독 - 정리 또는 기타 준비 및 마무리
주체작업	작업의 목적 자체가 진행 중인 작업	- 가공, 조립, 변형, 변질, 절삭 기타
부수작업	주체작업과 같은 사이클로 발생하며, 주체작업에 부수적인 작업	- 작업을 위해 부착 또는 제거 등의 수작업 - 기계조작 - 측정, 검사
생리여유	작업 중에 나타나는 생리적인 요구에 의한 행위의 보상	- 화장실 용무, 물마시기, 땀 닦기 등
피로여유	작업에 따른 신체적·정신적 피로를 회복하기 위해 나타나는 휴식, 작업속도 감소 등에 의한 지연의 보상	- 회복을 위한 휴식 - 회복을 위한 작업속도 감소
지연여유	작업 도중 불규칙적 또는 우발적으로 발생하는 것으로, 발생빈도가 일정하지 않아 정규작업에 포함시키기 곤란한 작업의 보상	- 바이트에 얽혀있는 절삭분의 제거 - 작업 중 급한 연락, 협의, 기타
직장여유	관리목적에 의해 정해진 현장 특유의 간접 작업의 보상	- 시간내의 조회, 종례, 체조 - 일과 전·후의 정리, 정돈, 청소, 기타
특수여유	습숙여유, 기계간섭여유, 조작업여유 등	

4.3.2 표준시간의 계산

(1) 표준시간 외경법

앞에서 설명한 바와 같이 표준시간을 산출하는 데 많은 요소를 고려해야 하므로 표준시간 산출이 까다롭기 때문에 일반적으로 여유시간을 정미시간에 대한 비율로 산정하는 경우가 많다. 따라서 표준시간에 대한 외경법 산출식은 다음과 같다.

$$\text{표준시간} = \text{정미시간} + \text{여유시간} = \text{정미시간} \times (1 + \text{여유율})$$

$$\text{여유율} = \frac{\sum\text{일정 기간의 여유시간}}{\sum\text{일정 기간의 정미시간}} \times 100$$

(2) 표준시간 내경법

표준시간 내경법은 표준시간 중에서 정미시간이 차지하는 비율 즉 1-여유율로 나눈 것으로 말한다. 따라서 표준시간에 대한 내경법 산출식은 다음과 같다.

$$\text{표준시간} = \text{정미시간} + \text{여유시간} = \text{정미시간} \times \frac{1}{1 - \text{여유율}}$$

$$\text{여유율} = \frac{\sum\text{일정 기간의 여유시간}}{\sum\text{일정 기간의 정미시간} + \sum\text{일정 기간의 여유시간}}$$

4.4 표준시간의 조건

4.4.1 일관성

경영관리에 있어서 표준시간은 원가산출과 생산성 측정의 기준이 되므로 일관성이 있어야 한다. 표준시간은 동일한 작업에 대하여 어떤 곳에 적용을 하든지 또는 언제 적용을 하든지 간에 적용함에 있어서 차이가 발생해서는 안 된다. 표준시간의 정의에서 살펴보았듯이 작업환경, 작업조건, 작업방법, 작업자 능력, 작업 속도 등에 대한 기준을 제시하고 있다. 표준시간은 어떤 작업 목적을 달성하기 위하여 정상적인 조건에서 최적의 작업방법을 수행할 때의 시간이기 때문에 적용할 때마다 달라져서는 안 된다. 만약 표준시간이 적용할 때마다 달라진다면 관리자나 작업자들 사이에 불신이 싹터 철저히 관리를 할 수 없으며, 원가산출 및 생산성 측정 등을 객관적일 수 없을 것이다. 따라서 공장 간, 부서 간, 현장 간에 일관성 있게 적용할 수 있는 표준시간의 설정은 공정한 평가를 위해 필수적이다.

4.4.2 신뢰성

생산성을 측정할 때 하루에 평균 몇 개 생산을 했으니 작업시간을 생산수량으로 나누어 평균 1개당 생산시간이 얼마라는 실적기준으로 표준시간을 결정하는 경우가 있다. 이렇게 표준시간을 결정할 경우 작업자의 작업 수행속도에 의존하게 되어 측정할 때마다 시간에 편차가 발생할 수박에 없다. 이때 경영관리에 있어서 원가산출과 생산성 측정은 신뢰성을 잃게 된다. 예를 들면 작업자의 퍼포먼스를 관리할 경우 생산계획, 공수계획, 인력배치, 퍼포먼스 측정, 작업자에 대한 개선 지도 등에 있어서 실적시간을 기준으로 표준시간을 설정하여 측정하다면 불합리하다. 표준시간의 정의에서 살펴보았듯이 작업환경, 작업조건, 작업방법, 작업자 능력, 작업 속도 등에 대한 기준을 제시하고 있다. 현행 작업이 이 기준과의 차이를 발견할 수 있도록 하여 개선 관리를 할 수 있게 해 준다. 따라서 표준시간은 과학적인 분석기법에 따라 분석함으로써 관리자나 작업자가 객관적으로 납득할 수 있도록 하는 것이 신뢰성을 높이는 일이다.

4.4.3 보편성

표준시간은 어떤 나라든, 어떤 기업이든, 또는 어떤 사람이 측정하든 객관적이고 보편타당성을 가지고 설정되어야 한다. 예를 들면 어떤 특정 기업에서 관리자에 의해 설정된 표준시간이 동일한 작업을 하는 다른 기업에서는 맞지 않아 적용하지 못하는 경우에는 표준화된 시간이라 할 수 없다. 표준시간을 설정하는 데에는 사회통념상으로 인정된 일반적인 수준과 관계없이 결정되거나 특별한 것이 존재해서도 안 된다. 일반적으로 널리 알려지고 활용되고 있는 PTS법(predetermined time standard method)과 레이팅 기법을 이용하여 설정한 표준시간은 객관적이고 신뢰할 수 있기 때문에 기업간에 비교하거나 회사 내의 각 공장 또는 각 부서의 수준을 비교할 수 있고, 이를 통한 작업자나 관리자의 불만이 발생할 수 없다. 또한 새로운 제품의 도입이나 설비의 도입 등으로 인하여 제조방법이 바뀌어도 비교할 수 있으며, 과거의 실적과도 비교할 수 있다. 이와 같이 일반적으로 알려진 기법을 활용하여 측정한 표준시간은 어디에서든 동일하게 적용할 수 있는 것일 때 보편성이 있다고 할 수 있다.

4.5 표준시간의 용도

표준시간은 모든 경영활동에 있어서 기준이 되는 것으로 비교하거나 성과를 측정하는 데 가장 중요한 것이다. 일반적으로 사용되고 있는 주요 내용은 관리용과 계획용으로 나눌 수 있다.

4.5.1 관리용

① 작업능률 저하에 따른 로스시간, 비가동 로스시간을 발견하여 제거하는 데 활용한다.
② 각종 작업방법의 우열을 측정해서 작업방법, 치공구, 설비 등을 개선하는 데 활용한다.
③ 설계 및 제조방법의 개선 정도를 평가하는 데 활용한다.
④ 작업자 훈련의 기초 척도로 사용하고 평가하는 데 활용한다.
⑤ 작업자 및 감독자의 성과측정을 하고 평가하는 데 활용한다.
⑥ 컨베이어 작업 등의 균형된 작업배분을 하는 데 활용한다.

4.5.2 계획용

① 생산계획의 자료로서 활용한다(제조능력).
② 일정계획의 자료로서 활용한다(제조일정).
③ 인원계획, 잔업계획, 설비계획의 자료로서 활용한다.
④ 표준원가 설정 및 원가견적의 자료로서 활용한다.
⑤ 외주 단가 결정의 자료로서 활용한다.

4.6 정미시간 측정법

4.6.1 정미시간 측정법 종류

(1) 관측법

① 직접시간 연구법: 스톱워치법

② 워크샘플링법

③ 필름분석법

(2) 합성법

① PTS법(predetermined time standard method)

② 표준시간 자료법

(3) 통계적 방법

① 실적 자료법

② 경험 견적법

4.6.2 정미시간 측정법의 특성비교

[표 12-7] 정미시간 측정법의 특성비교

구분	관측법			합성법		통계적 방법	
	직접시간 연구법	워크샘플링법	필름분석법	PTS법	표준시간 자료법	실적자료법	경험견적법
설정이 필요한 기간	관측원의 수에 따라 다르지만 일반적으로 장기간 소요	다품종소량화에 따라 장기간 소요	다품종소량화에 따라 장기간 소요	일반적으로 장기간 소요	비교적 단기간 소요	비교적 단기간 소요	단기로 가능
설정에 필요한 공수(경제성)	다품종소량화에 따라 발생 시점에 맞춰 관측 필요	관측자의 공수는 비교적 적지만 피관측자는 결과 보고 필요	공수가 크게 소요	공수가 크게 소요	고수가 비교적 적게 소요	실적자료 수집공수가 크게 소요	공수가 비교적 적게 소요
정밀도	비교적 높다	다품종소량화에 의해 정밀도 저하(동일 샘플 수에 대하여)	비교적 높다	높다	취합단위로 변화	데이터 수집기간에 따라	고저는 개인에 의존 개인산포가 크다
납득성	비교적 높다	샘플링의 정밀도에 따라 차이	비교적 높다	높다	비교적 높다	높다	높다
기타	목적에 따라 레이팅 필요	목적에 따라 레이팅 필요	코스트가 크고, 레이팅이 필요함. 재현성이 있음	훈련이 필요	객관성 및 일관성이 높다		
적용범위 - 반복생산	○	○	○	○	○		
적용범위 - 비반복생산	○	○			○	○	○

5. PTS법(predetermined time standard method)

5.1 MTM-1

5.1.1 MTM-1의 의의

MTM(Method Time Measurement)법은 인간이 행하는 모든 작업에 대해 기본동작으로 분석하고, 각 기본동작의 성질과 조건에 적합한 미리 정해진 시간을 적용하여 구하는 방법이다. 이 기법은 동작에 시간을 부여하는 것이 아니고 작업방법에 시간을 부여하는 것이 특징이다. 따라서 method time measurement이라고 하는 이유는 미리 정해진 표준시간을 반드시 작업방법(method)을 고려하여 시간을 적용하기 때문이다.

5.1.2 MTM-1의 시간단위

초당 16프레임으로 촬영한 필름을 분석하여 구하는 것이다.

1TMU(Time Measurement Unit) = 0.00001시간 = 0.0006분 = 0.036초

1초 = 27.8TMU

1분 = 1,666.7TMU

1시간 = 100,000TMU

5.1.3 MTM-1의 기본동작

(1) 손을 뻗는다(Reach: R)

1) 정의

목적물 또는 어떤 구역에 손 또는 손가락을 이동하는 것을 주목적으로 행하는 동작이다.

2) 시간 결정 요인

- 손이나 손가락을 뻗는 거리(cm단위로 측정하며 2cm 이하일 때는 f로 표시하고 2cm의 시간 사용)
- 목적물의 조건(Case A, B, C, D, E)
- 동작의 Type(Type Ⅰ, Ⅱ, Ⅲ)

3) 기본동작

① Case A: R_A

- 고정되어 있는 목적물 또는 다른 손에 쥐고 있는 목적물에 뻗는 경우
- 한 손에 가지고 있는 목적물을 다른 손으로 조정하고자 할 때 거리가 7cm 이하일 경우에는 Case A를 적용하고, 7cm 이상일 경우에는 Case B를 적용한다.
- 손 뻗침 동작이 90° 이상 변화하고 직경의 곡률이 30cm 이하일 경우를 방향의 변경이라 한다. 이때 R_ACD로 표시하고, Case B의 시간을 적용한다. 이때 CD는 Case C와 Case D에 해당한다.

② Case B: R_B

작업을 반복할 때마다 위치가 조금씩 변화하는 단일목적물에 손을 뻗는 경우로서 주의 깊은 조정과 방향 조절이 필요하다.

③ Case C: R_C

난잡하게 놓여 있는 목적물 중에 하나를 잡기 위해 손을 뻗는 경우로서 주의 깊은 조정과 방향 조절 모두 필요하다.

④ Case D: R_D

단면의 직경이 3cm 이하의 목적물 또는 정확히 잡을 필요가 있는 목적물에 손을 뻗는 경우로서 주의 깊은 조정과 방향 조절 모두 필요하다.

⑤ Case E: R_E

손을 신체의 자연스러운 위치로 되돌리거나 다음 동작을 위해 해당하는 위치로 손을 뻗는 경우로서 주의 깊은 조정 또는 방향 조절은 필요하지 않다.

⑥ Type Ⅰ: R_A

손을 뻗는 시작점과 종착점에서 손이 움직이지 않는다. 이 경우에는 Data Card의 시간을 그대로 적용한다.

예: 왼손에 오른손을 30cm 뻗는다.

R30A = 9.5TMU

⑦ Type Ⅱ: mR_A 또는 R_Am

손을 뻗는 시작점과 종착점 중에서 어느 한쪽에서 손이 움직이고 있는 경우이다. 이 경우 Case A와 B는 Data Card의 시간을 그대로 적용하고, Case C, D, E는 다음과 같이 구한다.

mR_C = R_C − (R_B − mR_B)로 계산한다(이때 R_Cm은 일어나지 않음).

mR_D = R_D − (R_B − mR_B)로 계산한다(이때 R_Dm은 일어나지 않음).

mR_E = R_E − (R_B − mR_B)로 계산한다(이때 R_Em은 일어나지 않음).

예: 제품을 떨어뜨리면서 손을 멈추지 않고 부품에 손을 30cm 뻗는다. 이 경우 Case B의 Type Ⅰ과 Type Ⅱ의 차이를 Type Ⅰ의 시간에서 뺀다.

mR30C = 14.1 − (12.8 − 9.9) = 11.2TMU

⑧ Type Ⅲ: mR_Am

손을 뻗는 시작점과 종착점에서 손이 이동 중인 경우이다. 이때 시간은 Data Card에 없으므로 다음과 같이 구한다.

mR_Am = mR_A − (R_A − mR_A)

mR_Bm = mR_B − (R_B − mR_B)

$mR\_Em = R\_E - 2(R\_B - mR\_B)$

mR_Cm과 mR_Dm은 일어나지 않는다.

예: 제품을 떨어뜨리면서 손을 멈추지 않고 10cm 뻗어서 계수기의 스위치를 누르고 부품에 손을 뻗는다.

$mR10Am = 4.9 - (6.1 - 4.9) = 3.7TMU$

(2) 움직인다(Move: M)

1) 정의

손 또는 손가락으로 목적물을 어떤 구역(장소)으로 이동하는 것을 주목적으로 행하는 동작이다.

2) 시간 결정 요인

- 손이나 손가락의 이동 거리
- 운반하는 목적지의 상태(Case A, B, C)
- 동작의 Type(Type Ⅰ, Ⅱ, Ⅲ)
- 중량저항

3) 기본동작

① Case A: M_A

목적물을 종착점까지 운반하는 경우로서 조정은 필요하지 않다.

② Case B: M_B

목적물을 정해지지 않은 위치에 운반하는 경우로서 다소 주의 깊은 조정이나 방향성이 필요하다.

③ Case C: M_C

목적물을 지정된 정확한 위치까지 운반하는 경우로서 주의 깊은 조정과 방향 조절이 필요하다.

④ Type Ⅰ: M_B

운반의 시작점과 종착점에서 손이 움직이지 않는다. 이 경우에는 Data Card의 시간을 그대로 적용한다.

예: 렌치를 작업대 위에 놓기 위하여 20cm 운반한다.

$M20B = 10.5TMU$

⑤ Type II: mM_B 또는 M_Bm

운반의 시작점과 종착점 중에 어느 한쪽에서 손이 움직이고 있는 경우이다. 이 경우 Type II의 Case B의 시간은 Data Card에서 읽고, Case A와 C는 다음과 같이 구한다.

mM_A = M_A − (M_B − mM_B)로 계산한다(M_Am도 동일).

mM_C = M_C − (M_B − mM_B)로 계산한다(M_Cm은 일어나지 않는다).

예: 가공한 부품을 상자까지 30cm 운반하여 손을 멈추지 않고 떨어뜨리면서 손을 뺀는다.

M30Bm = 9.8TMU

예: 부품을 운반하면서 스위치를 누르고 손을 멈추지 않고 다시 조립 위치까지 20cm 운반한다.

mM20C = 11.7 − (10.5 − 7.1) = 8.3TMU

⑥ Type III: mM_Bm

운반의 시작점과 종착점에서 손이 움직이고 있다. 이 경우에는 다음과 같이 구한다.

mM_Bm = M_B − 2(M_B − mM_B) = mM_B − (M_B − mM_B)

mM_Am과 mM_Cm은 일어나지 않는다.

예: 부품에 손을 뻗어 손을 멈추지 않고 부품을 10cm 밀어서 작업대 밑으로 떨어뜨린다.

mM10Bm = 4.3 − (6.8 − 4.3) = 1.8TMU

⑦ 중량저항

중량을 수반하는 운반에는 정적요소와 동적요소가 있다.

정적요소(static component)는 손가락이 물품을 잡은 후에 일어나는 것으로 손과 팔의 근육이 목적물을 잡고 힘을 주는 데까지 소요되는 시간이다. 이 시간은 Data Card의 상수에 해당한다.

동적요소(dynamic component)는 중량, 거리, 조정의 정도에 따라 변하는 것으로 목적물을 움직이는 시간이다. 이 시간은 Data Card의 계수에 해당한다.

⑧ 유효중량

- Data Card의 시간은 한 손에 해당하며, 양손을 사용할 경우 운반물 중량 $\frac{1}{2}$을 적용한다.
- 분석용지에는 좌우 양손의 동작 난에 각각 기입한다.
- 운반하는 방향에 대한 시간은 고려하지 않는다.

- 남녀의 성별은 중량 'M' 외에는 고려하지 않는다.
- 목적물을 미끄러트려 운반하는 경우 유효중량은 마찰계수(friction coefficient)에 의하여 결정된다.

[표 12-8] 중량 보정용 마찰계수

마찰면의 재질	마찰계수	
	범위	평균
나무-나무	0.3-0.5	0.4
나무-금속	0.2-0.6	0.4
금속-금속		0.3

⑨ 시간 계산 보간법

- Data Card에 시간이 있는 경우

  예: 12kg의 제품을 양손으로 적당한 위치로 30cm 운반한다.

  M30B12/2 = 13.3 × 1.12 + 4.3 = 19.2TMU
- 80cm 내에 Data Card에 시간이 없는 경우 1cm당 시간의 증가값을 산출하여 계산한다.

  예: $R37B = (R35B) + \frac{2}{5}(R40B - R35B) = 14.2 + \frac{2}{5}(15.6 - 14.2) = 14.8TMU$
- 80cm를 초과하는 경우 Data Card에 없는 시간은 80cm와 75cm와의 시간차이값에서 1cm당 증가시간값을 산출하여 80cm의 시간값에 더한다.

  예: $M83A = M80A + \frac{3}{5}(M80A - M75A) = 28.3 + \frac{3}{5}(28.3 - 26.7) = 29.3TMU$

(3) 돌린다(Turn: T)

1) 정의

앞 팔의 길이 방향을 축으로 하는 손, 손가락 및 앞 팔의 회전운동에 의하여 빈손 또는 물건을 쥐고 있는 손을 회전하는 동작이다.

2) 시간 결정 요인

- 회전각도
- 목적물의 중량 또는 저항

3) 기본동작

① 회전각도

- 손, 손목 또는 앞 팔의 회전각도를 표시한다.
- 30° 이하는 30°를 적용하고, 30° 이상에 대해서는 15° 간격으로 시간을 적용한다.

② 중량 또는 저항

- S(0~1kg), M(1.1~5kg), L(5.1~16kg) 3단계로 구분하여 kg로 측정한다.
- 아무것도 가지지 않고 회전하는 경우에는 중량기호를 붙이지 않고 S의 시간을 적용한다.

  예: 8kg의 물건을 가지고 손을 90° 회전한다.

  T90L = 16.2TMU

(4) 회전한다(Cranking motion: C)

1) 정의

목적물을 원운동 시키기 위하여 팔꿈치를 중심으로 하여 손과 앞 팔을 회전하는 동작이다. 매우 큰 저항으로 인하여 몸통이 팔과 함께 회전을 시키는 경우에는 Cranking이 아니다.

2) 시간 결정 요인

- 직경과 목적물의 저항
- Type: 연속 Cranking, 단속 Cranking

3) 기본동작

① 직경

- 회전 직경은 cm로 측정한다.
- 타원형일 경우 긴 쪽 직경과 짧은 쪽 직경의 평균을 적용한다.

② 저항

- 저항은 kg로 측정한다.
- 저항이 1kg 이하일 경우에는 Data Card의 시간을 적용한다.
- 저항이 1kg 초과할 경우에는 Data Card '움직인다(M)'의 중량을 보정하여 적용한다.

③ 연속 Cranking

- 1회 Crank 운동을 멈추지 않고 연속해서 하는 경우이다.
- 분석기호 예를 5C30·6이라고 하면,

  (5: 회전 수, C: 연속 Cranking, 30: 직경(cm), 6: 저항(kg))
- 계산식을 TMU = [(N·T + 5.2) R] + K라고 하면,

  (N: 회전 수, T: Cranking시간, R: 저항계수, K: 저항상수, R과 K는 운반중량에 의해 보정)

  예: 14kg의 저항으로 직경 40cm를 연속으로 8회 회전한다.

  8C40·14 = (8 × 15.9 + 5.2) × 1.31 + 10.4 = 185.2TMU

④ 단속 Cranking

- Crank 운동을 1회마다 정지 또는 1회에 미달하는 경우이다.
- 분석기호 예를 5IC30·6이라고 하넌,

  (5: 회전 수, IC: 단속 Cranking, 30: 직경(cm), 6: 저항(kg))
- 계산식을 TMU = [(T + 5.2)R + K]N이라고 하면,

  (N: 회전 수, T: Cranking시간, R: 저항계수, K: 저항상수, R과 K는 운반중량에 의해 보정)

  예: 6kg의 저항으로 직경 26cm를 단속으로 4회 회전한다.

  4IC26·6 = [(14.5 + 5.2) × 1.12 + 4.3] × 4 = 105.5TMU

  예: 1kg의 저항으로 직경 8cm를 연속으로 4회 반 회전한다.

  $4\cdot\frac{1}{2}C\cdot 8 = 4.5 \times 10.7 + 5.2 = 53.4$TMU

(5) 힘을 가한다(Apply Pressure: AP)

1) 정의

저항에 대하여 가해지는 부가적인 힘을 말하며, AP는 손이 닿는 것으로 나타나기 때문에 쉽게 알 수 있는데 어느 정도의 힘이 필요한가는 구분하기 힘들다.

2) 시간 결정 요인

- 압력
- 다른 동작이 추가 발생

3) 기본동작

① Case A: APA

조립할 때 흔히 나타나는 현상으로 손이나 손가락의 근육에 힘이 들어가는 상태로 고쳐잡는 행동은 없음

예: 도어의 벨 보턴을 누른다(10.6TMU).

1단계: 도어의 벨에 손가락을 접촉하여 힘을 준다(3.4TMU).

2단계: 도어의 벨을 누른 상태(4.2TMU)

3단계: 도어의 벨에서 손가락을 떼어 내면서 힘을 뺀다(3.0TMU).

② Case B: APB

밸브나 너트를 조이는 등과 같이 손이나 손가락의 근육에 힘을 가한 후 추가적으로 고쳐잡는 행동을 하는 상태임. 손가락으로 대상물을 누를 때 손톱 색깔이 빨간 상태이면 APA, 하얗게 변화면 APB이다.

예: APB = APA + G2 = 10.6 + 5.6 = 16.2TMU

(6) 잡는다(Grasp: G)

1) 정의

한 개 또는 둘 이상의 목적물을 손 또는 손가락으로 정위치 시켜 잡는 동작이다.

2) 시간 결정 요인

- 목적물의 놓여 있는 상태
- 목적물의 크기

3) 기본동작

① Case A: G1A

찝음형 잡음 중에서 목적물을 용이하게 잡는 것으로 보통 2cm 이하의 손가락을 구부리는 동작이다.

예: 볼펜을 잡는다, 문고리를 잡는다.

② Case B: G1B

찝음형 잡음 중에서 극히 작거나 평면에 놓여 있는 얇은 목적물을 잡는 동작이다.

예: 핀을 잡는다. 동전을 잡는다. 플라스틱 30cm 자를 잡는다.

③ Case C: G1C

접음형 잡음 중에서 원통형으로 된 목적물을 밑과 한쪽에 장해가 있는 경우의 잡는 동작이다.

- G1C1: 직경 12mm를 초과하는 원통형 목적물
- G1C2: 직경 6~12mm까지의 원통형 목적물
- G1C3: 직경 6mm 미만의 원통형 목적물

④ Case D: G2

고쳐 잡는 동작으로 운반 중에 미리 고쳐 쥐는 동작의 형태로 나타나며 운반과 동시 동작으로 시간은 부여하지 않는다.

예: 필기하기 위하여 연필을 고쳐 잡는다.

⑤ Case E: G3

옮겨 잡는 동작으로 한쪽 손에서 다른 한쪽 손으로 목적물을 옮겨 잡는 동작이다.

⑥ Case F: G4

부품들이 쌓여 있는 부품 통에서 목적물 한 개를 잡는 동작이다.

- G4A: 25mm × 25mm × 25mm를 초과하는 목적물
- G4B: 6mm × 6mm × 3mm ~ 25mm × 25mm × 25mm의 목적물
- G4C: 6mm × 6mm × 3mm 미만의 목적물

다음의 경우에는 예외로 한다.

- 목적물을 몇 개를 동시에 잡아도 괜찮은 경우
- 목적물이 크고 잡을 때 장애가 없는 경우

⑦ Case G: G5

접촉 잡음 형태로 손 또는 손가락의 접촉을 통해서 목적물을 조정하는 동작이다. 시간은 0을 부여한다.

(7) 정치한다(Position: P)

1) 정의

하나의 목적물을 상대의 목적물에 축 또는 모양을 맞추거나 끼워 넣기 위해 정위치시키는 동작이다. P는 2cm 이하의 끼워넣기를 포함한다.

2) 시간 결정 요인

- 맞춤의 정밀도(1, 2, 3)
- 대칭성(대칭, 반대칭, 비대칭)
- 취급 난이도

3) 기본동작

① Case A: P1

힘을 필요로 하지 않는 맞춤으로 목적물의 위치 맞춤만으로 자동으로 들어가는 경우이다.

② Case B: P2

약간의 힘을 요하는 맞춤의 정도이다.

③ Case C: P3

큰 힘을 요하는 맞춤의 정도이다.

Case A, B, C의 판단은 다음으로 결정한다.

- 맞출 때 힘이 들어갔는지를 판단이 어려운 경우에는 P1으로 분석한다.
- 눈에 띄게 힘이 많이 들어가는 경우에는 P3로 분석한다.
- 기타의 경우에는 모두 P2로 분석한다.

④ Case D: P2S(Symmetrical: 대칭)

맞춤하는 목적물의 축을 중심으로 어떤 방향으로 하여도 상대 목적물과 조립할 수 있는 경우이다.

예: 둥근 구멍에 사각봉을 조립한다.

⑤ Case E: P2SS(Semi Symmetrical: 반대칭)

맞춤하는 목적물의 축을 중심으로 상대 목적물과 조립할 수 있는 방향이 2가지 이상 있는 경우이다.

예: 사각형의 구멍에 사각봉을 조립한다.

⑥ Case F: P2NS(Non Symmetrical: 비대칭)

맞춤하는 목적물의 축을 중심으로 상대 목적물과 조립할 수 있는 방향이 하나밖에 없는 경우이다.

예: 열쇠 구멍에 열쇠를 꽂는다.

⑦ Case G: P2SE(Easy to handle: 취급용이)

잡고 있는 목적물을 그대로 정치할 수 있는 경우이다.

다음과 같은 경우에 해당한다.

- 조립하는 목적물의 끝이 단단한 경우
- 무른 목적물이라도 맞출 때 헐거운 경우
- 맞추고자 하는 목적물이 잡고 있는 곳에서 10cm 이하인 경우
- 일반적으로 조립하는 데 G2가 필요하지 않는 경우

⑧ Case H: P2SD(Difficult to handle: 취급곤란)

잡고 있는 목적물을 정치할 때 조정이 필요한 경우이다.

다음과 같은 경우에 해당한다.

- 보통 물체가 무른 경우
- 잡기 힘든 물체인 경우
- 맞춤 위치에서 10cm 이상 떨어진 위를 잡고 있는 경우
- 일반적으로 조립하는 데 G2가 필요한 경우

(8) 놓는다(Release: RL)

1) 정의

손 또는 손가락으로 행하고 있는 목적물을 놓는 동작이다.

2) 시간 결정 요인

- 놓는 위치의 조정

3) 기본동작

① Case A: RL1

목적물을 놓기 위하여 2cm 이하의 다음 동작위치로 가져가는 경우이다.

② Case B: RL2

접촉 또는 잡음 상태를 종료 또는 놓는 동작이다.

(9) 분리한다(Disengage: D)

1) 정의

하나의 목적물로부터 다른 물체가 접촉하고 있는 것을 떼어 놓기 위하여 행하는 동

작이다. 저항이 없어지면서 반동이 생기는 것이 특징이다. 분리하기 위해서는 목적물의 저항이 발생한다. 저항이 없는 경우에는 운반(M)으로, 분리(D)이후 2cm이하의 작은 움직임은 D동작으로 처리한다.

2) 시간 결정 요인

- 맞춤 정도(1, 2, 3)
- 취급의 난이도(용이, 곤란)

3) 기본동작

① Case A: D1

반동은 거의 없는 상태로 분리하는 데 가벼운 흔들림이 발생한다.

② Case B: D2

단단히 결합되어 있는 상태로 분리하는 데 약간의 힘을 필요로 하며, 분리할 때 10~13cm의 반동이 발생한다. 이때 발생할 때마다 G2를 더한다.

③ Case C: D3

매우 단단히 결합되어 있는 상태로 분리하는 데 상당한 힘을 필요로 하며, 분리할 때 13~30cm의 반동이 발생한다. 이때 발생할 때마다 APB를 더한다.

④ Case D: D1E(취급용이)

목적물을 분리하는 데 조정이 적고 한 번에 분리할 수 있다.

⑤ Case E: D1D(취급곤란)

목적물을 분리하는 데 한 번에 분리하기 어려워 추가적인 조정이 필요하거나 다른 물체의 방해를 받아 곤란한 상태이다.

(10) 눈의 이동시간(Eye Travel time: ET)

1) 정의

현재 보고 있는 점으로부터 다른 점으로 눈을 이동하는 데 필요한 시간이다.

2) 시간 결정 요인

- 눈과 목적물 사이의 거리
- 목적물의 첫 번째 점에서 두 번째 점으로 시선 이동범위
- 목적물의 첫 번째 점과 두 번째 점 사이를 볼 때 시선 각도

3) 기본동작

① Case A: 정상시야 이내의 범위

- 시간 적용하지 않음

$$\frac{T}{D} \leq \frac{10}{40}$$

T : 목적물의 시선 이동 범위(cm)

D : 눈과 목적물 사이의 거리(cm)

② Case B: 정상시야를 초과하는 범위

- $ET = 15.2 \times \frac{T}{D} = 0.285 \times$ 각도(최대 70°까지 적용) = 20TMU
- 눈의 이동시간은 1회당 20TMU를 최대로 하고, 그 이상은 적용하지 않는다.

(11) 눈의 초점 맞추기(Eye Focus time: EF)

1) 정의

목적물에 눈의 초점을 맞추는 데 소요되는 시간이다.

2) 시간 결정 요인

- 다음의 목적물 확인

3) 기본동작

- 1회당 7.3TMU를 적용한다.

(12) 발의 동작(Foot Motion: FM)

1) 정의

발끝을 기준으로 움직이는 발의 이동 거리이다.

2) 시간 결정 요인

- 이동 거리

3) 기본동작

① Case A: FM

- 그 거리는 발가락 끝으로 측정됨
- 10cm를 넘지 않으므로 거리는 생각하지 않고 8.5TMU를 적용한다.

② Case B: FMP(발로 힘껏 민다)

- FM에 APA를 가한 것을 말한다.

(13) 다리 동작(Leg Motion: LM)

1) 정의

무릎을 기준으로 하지를 앞뒤로 움직이는 동작과 허리를 기준으로 다리를 움직이는 동작이다.

2) 시간 결정 요인

- 움직이는 거리(무릎, 허리)

3) 기본동작

① Case A: 무릎기준

- 무릎기준은 현재 위치한 발끝에서부터 움직이는 거리를 잰다.
- 15cm 이하

② Case B: 허리기준

- 허리기준은 현재 위치한 무릎에서부터 움직이는 거리를 잰다.
- 16cm 이상
- LM = 7.1 + 0.5(X − 15), X: 이동 거리

(14) 옆으로 이동(Side Step: SS)

1) 정의

신체를 옆으로 1보 옮기는 동작이다. 동작거리는 몸통 중심의 움직임을 잰다.

2) 시간 결정 요인

- 보행 길이(몸통, 다리)

3) 기본동작

① Case A: 30cm 이하

- 30cm 이하의 경우에는 다른 동작의 보조 동작으로 처리한다.

② Case B: SS-C1

- 옆으로 움직인 한쪽 다리가 바닥에 닿음과 동시에 손이 움직이는 경우

- 31cm 이상
- SS-C1 = 17.0 + 0.2(X − 30), X: 이동 거리

③ Case C: SS-C2

- 나중에 나머지 한쪽 다리를 끌어 붙이는 경우, 이때 손은 움직이지 않음
- 31cm 이상
- SS-C2 = 34.1 + 0.4(X − 30), X: 이동 거리

(15) 신체의 전환(Turn Body: TB)

1) 정의

한쪽 발 또는 양쪽 발을 새로운 장소로 45°~90° 신체의 방향을 전환하는 동작이다. 45° 미만의 경우는 다른 동작의 보조동작으로 처리한다.

2) 시간 결정 요인

- 방향 전환(각도)

3) 기본동작

① Case A: 45° 미만

- 45° 미만의 경우에는 다른 동작의 보조 동작으로 처리한다.

② Case B: TBC 1

- 몸통 회전을 통해 한쪽 다리가 바닥에 닿음과 동시에 손이 움직이는 경우
- 45°~90°

③ Case C: TBC 2

- 몸통 회전을 통해 나중에 나머지 한쪽 다리를 끌어 붙이는 경우, 이때 손은 움직이지 않음
- 45°~90°

(16) 허리를 굽힌 후 일어선다(Bend & Arise: AB)

1) 정의

손이 무릎 밑까지 내려가도록 신체를 전방으로 굽힌 후 일어서는 동작이다.

2) 시간 결정 요인

- 손이 무릎 또는 무릎 아래까지 내려간다.
- 허리 굽힘 동작(굽힘, 굽혔다가 일어섬)

3) 기본동작

① Case A: B

- 허리를 굽히는 동작

② Case B: AB

- 허리를 굽혔다 펴는 동작

(17) 무릎을 굽힌 후 편다(Stoop & Arise: AS)

1) 정의

손이 무릎 밑까지 내려가도록 무릎을 굽혀 신체를 전방으로 굽힌 후 무릎을 펴면서 신체가 일어서는 동작이다.

2) 시간 결정 요인

- 손이 무릎 또는 무릎 아래까지 내려간다.
- 무릅 굽힘 동작(굽힘, 굽혔다가 폄)

3) 기본동작

① Case A: S

- 무릅을 굽히는 동작

② Case B: AS

- 무릎을 굽혔다 펴는 동작

(18) 한쪽 무릎을 꿇는다(Kneel on the Knee: KOK)

1) 정의

한쪽 무릎을 세운 상태에서 한쪽 무릎을 바닥에 대는 동작이다.

2) 시간 결정 요인

- 한쪽 무릎이 바닥에 닿는 동작

(19) 한쪽 무릎을 편다(Arise from Kneel on One Knee: AKOK)

1) 정의

한쪽 무릎을 세운 상태에서 바닥에 대고 앉은 한쪽 무릎을 펴고 일어서는 동작이다.

2) 시간 결정 요인

- 한쪽 무릎을 펴는 동작

(20) 양쪽 무릎을 꿇는다(Kneel on Both Knees: KBK)

1) 정의

한쪽 무릎을 바닥에 댄 후 다른 한쪽 무릎을 바닥에 대는 동작이다.

2) 시간 결정 요인

- 양쪽 무릎 순차적으로 굽힘

(21) 양쪽 무릎을 편다(Arise from Kneel on Both Knees: AKBK)

1) 정의

양쪽 무릎이 바닥에 댄 상태에서 한쪽 무릎을 바닥에서 떼고, 다른 한쪽 무릎을 떼어 내 일어서는 동작이다.

2) 시간 결정 요인

- 양쪽 무릎 순차적으로 편다.

(22) 앉다(Sit: SIT)

1) 정의

의자에 앉는 동작이다.

2) 시간 결정 요인

- 다른 준비동작은 포함되지 않았으므로 동작에 따라 별도 시간 부여

(23) 일어선다(Stand: STD)

1) 정의

의자에 앉은 상태에서 일어서는 동작이다.

2) **시간 결정 요인**

- 다른 준비동작은 포함되지 않았으므로 동작에 따라 별도 시간 부여

(24) 보행한다(Walking: W)

1) **정의**

보통 걸음으로 1보 이상 다리를 움직여 걷는 동작이다. 1보는 86cm로 15TMU로 정한다.

2) **시간 결정 요인**

- 보행(거리, 걸음 수, 중량)

3) **기본동작**

① Case A: W_M

- 보행을 거리(m)로 측정할 경우

② Case B: W_P

- 장해가 없는 경우 보행을 걸음 수로 측정할 경우

③ Case C: W_PO

- 장해가 있는 경우 보행을 걸음 수로 측정할 경우

[표 12-9] 하중별 1보당 보폭과 시간

하중	보폭	시간(TMU)
0~2kg(0~5lbs)	86cm	15
2~15.8kg(5~35lbs)	76cm	15
15.8~22.5kg(35~50lbs)	61cm	15
22.5kg~(50lbs~)	61cm	17

5.1.4 MTM-1 분석 예

작업자가 작업대 위의 펜을 집어 와서 작업일보에 체크표시 2회를 하고 펜을 펜홀더에 갖다 놓는다. 이때 왼손은 작업일보에 접촉했다가 체크 후에 손을 뗀다.

[표 12-10] MTM-1 분석표

왼손 동작 내용	F	왼손 분석	TMU	오른손 분석	F	오른손 동작 내용
작업일보에 손을 놓음		R30B	12.8	R30B		펜에 손을 뻗음
작업일보에 손을 댐		G5	2.0	G1A		펜을 잡음
			15.1	M30C		펜을 작업일보로 움직임
			11.2	P1SD		작업일보에 놓음
			4.0	MfC	2	체크 2회
			15.1	M30C		펜을 홀더로 움직임
			16.2	P2SE		홀더에 정치
작업일보에서 손을 뗌			2.0	RL1		펜을 놓음
합계			78.4	약 2.82초		

[표 12-11] MTM-1 시간표

[1TMU＝0.00001hr＝0.0006mn＝0.036sec, 1sec＝27.8TMU]

R(Reach)						거리	M(Move)				중량보정		
Bm	Am	E	D · C	B	A	Cm	A	B	C	Bm	중량저항	상수	계수
1.6	1.6	2.0	2.0	2.0	2.0	2	2.0	2.0	2.0	1.7			
2.4	3.0	3.2	5.1	3.4	3.4	4	3.1	4.0	4.5	2.8	1kg	0	1
3.1	3.9	4.4	6.5	4.5	4.5	6	4.1	5.0	5.8	3.1			
3.7	4.8	5.5	7.5	5.5	5.5	8	5.1	5.9	6.9	3.7	2	1.6	1.04
4.3	4.9	6.8	8.4	6.3	6.1	10	6.0	6.8	7.9	4.3			
4.8	5.2	7.3	9.1	7.4	6.4	12	6.9	7.7	8.8	4.9	4	2.8	1.07
5.4	5.5	7.8	9.7	8.2	6.8	14	7.7	8.5	9.8	5.4			
5.9	5.8	8.2	10.3	8.8	7.1	16	8.3	9.2	10.5	6.0	6	4.3	1.12
6.5	6.1	8.7	10.8	9.4	7.5	18	9.0	9.8	11.1	6.5			
7.1	6.5	9.2	11.4	10.0	7.8	20	9.6	10.5	11.7	7.1	8	5.8	1.17
7.7	6.5	9.7	11.9	10.5	8.1	22	10.2	11.2	12.4	7.6			
8.2	7.1	10.2	12.5	11.1	8.5	24	10.8	11.8	13.0	8.2	10	7.3	1.22
8.8	7.4	10.7	13.0	11.7	8.8	26	11.5	12.3	13.7	8.7			
9.4	7.7	11.2	13.6	12.2	9.2	28	12.1	12.8	14.4	9.3	12	8.9	1.26
9.9	8.0	11.7	14.1	12.8	9.5	30	12.7	13.3	15.1	9.8			
11.4	8.8	12.9	15.5	14.2	10.4	35	14.3	14.5	16.8	11.2	14	10.4	1.31
12.8	9.6	14.1	16.8	15.6	11.3	40	15.8	15.6	18.5	12.6			
14.2	10.4	15.3	18.2	17.0	12.1	45	17.4	16.8	20.1	14.0	16	11.9	1.36
15.7	11.2	16.5	19.6	18.4	13.0	50	19.0	18.0	21.8	15.4			
17.1	12.0	17.8	20.9	19.8	13.9	55	20.5	19.2	23.5	16.8	18	13.4	1.41
18.5	12.8	19.0	22.3	21.2	14.7	60	22.1	20.4	25.2	18.2			
19.9	13.5	20.2	23.6	22.6	15.6	65	23.6	21.6	28.9	19.5	20	14.9	1.46
21.4	14.3	21.4	25.0	24.1	16.5	70	25.2	22.8	28.6	20.9			
22.8	15.1	22.6	26.4	25.5	17.3	75	26.7	24.0	30.3	22.5	22	16.4	1.50
24.2	15.9	23.9	27.7	26.9	18.2	80	28.3	25.2	32.0	23.7			

[표 12-11] MTM-1 시간표 <계속>

G(잡음)	목적물 치수
G1A 2.0	
G1B 3.5	
G1C1 7.3	13mm φ 이상
G1C2 8.7	6~12mm φ
G1C3 10.8	5mm ~ 이하
G2, G3 5.6	
G4A 7.3	26×26×26mm 이상
G4B 9.1	6×6×3~25*25*25
G4C 12.9	5×5×2mm 이하
G5 0	
RL(놓음)	RL1 2.0 RL2 0

C(크랭크)			
회전직경 cm	Type III 크랭킹	회전직경 cm	Type III 크랭킹
2		22	13.9
4	9.2	24	14.2
6	10.0	26	14.5
8	10.7	28	14.8
10	11.3	30	15.0
12	11.9	35	15.5
14	12.4	40	15.9
16	12.8	45	16.3
18	13.2	50	16.7
20	13.6		

P (組立)			
P 1 SE	5.6	P 1 SD	11.2
P 1 SSE	9.1	P 1 SSD	14.7
P 1 NSE	10.4	P 1 NSD	16.0
P 2 SE	16.2	P 2 SD	21.8
P 2 SSE	19.7	P 2 SSD	25.3
P 2 NSE	21.0	P 2 NSD	26.6
P 3 SE	43.0	P 3 SD	48.6
P 3 SSE	46.5	P 3 SSD	52.1
P 3 NSE	47.8	P 3 NSD	53.4

D(分解)	
D1E 4.0	D1D 5.7
D2E 7.5	D2D 11.8
D3E 22.9	D3D 34.7

APA	APB
10.6	16.2

여유 mm	0 ~ 0.5 ~ 1.5 ~ 6 ~ 12
점 조립	P3SE P2SE P1SE M-C

- ET = 0.285×(이동視角)

  $= 15.2 \times \frac{T}{D}$ TMU

- EF = 7.3 TMU

T 돌림	중량 \ 각도		30°	45°	60°	75°	90°	105°	120°	135°	150°	165°	180°
	0~1kg	S	2.8	3.5	4.1	4.8	5.4	6.1	6.8	7.4	8.1	8.7	9.4
	1.1~5	M	4.4	5.5	6.5	7.5	8.5	9.6	10.6	11.6	12.6	13.7	14.8
	5.1~16	L	8.4	10.5	12.3	14.4	16.2	18.3	20.4	22.2	24.3	26.1	28.2

[표 12-11] MTM-1 시간표 <계속>

발, 다리, 몸통의 동작	
FM 8.5 FMP 19.1 LM－15cm 이하 7.1 16cm 이상 7.1＋0.5(χ －15)	KBK 69.4 AKBK 76.7
SS－C1 30cm 이하 31cm 이상 17.0+0.2(χ －30) SS－C2 34.1+0.4(χ －30)	SIT 34.7 STD 43.4 TBC 1 18.6 TBC 2 37.2
B, S, KOK 29.0 AB, AS, AKBK 31.9	W－M 17.4/m W－P 15.0 W－PO 17.0
(χ =동작거리 Cm)	

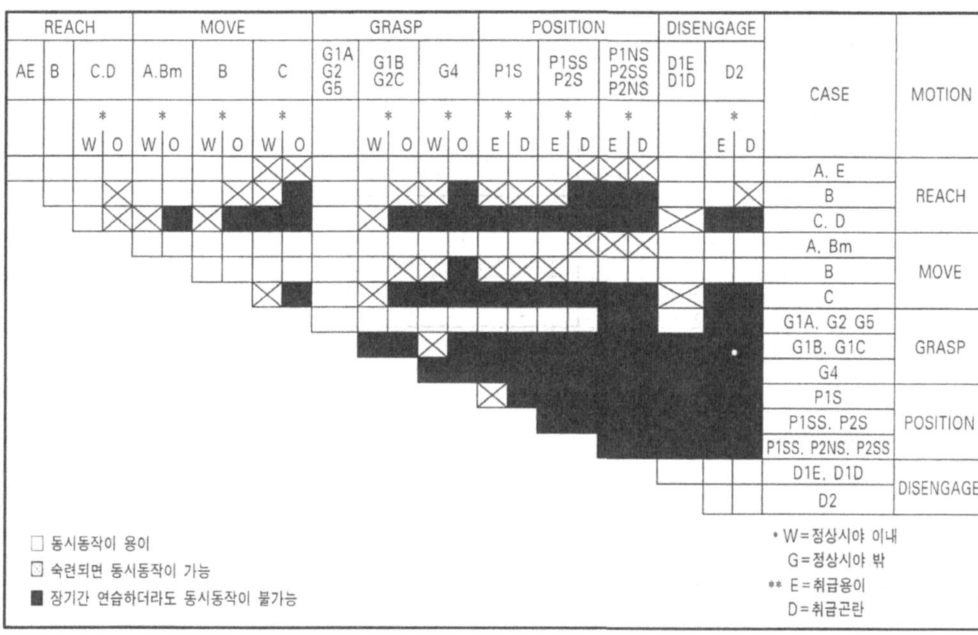

5.2 MTM-2

5.2.1 MTM-2의 의의

MTM-2는 MTM이사회의 요구에 의해 1964년 10월부터 1965년 5월까지 국제상임위원회에 의해 개발되었다. MTM-2는 MTM-1 데이터를 합성한 시스템으로서 MTM-1 데이터의 범용 제2차 레벨의 데이터이다. MTM-2는 MTM-1을 기초로 한 것으로서 개개의 MTM-1기초동작과 MTM-1 기본동작의 조합으로 구성되어 있다. 그러나 동작을 분석할 때 MTM-1 또는 MTM-3 등과 혼용하여 사용해서는 안 된다.

5.2.2 MTM-2의 개발에 있어서 요구사항

MTM-1의 데이터를 조합하여 아래의 조건을 만족해야 한다.

- 분석자 간 또는 적용대상 간의 일관성이 있어야 함
- 사용이 용이해야 함
- 공통의 술어를 사용해야 함
- 해석이 용이해야 함
- 작업방법의 기술이 가능해야 함
- 다른 MTM 데이터와 조합이 가능해야 함
- MTM-1을 기초로 하여 사용함
- 단시간에 분석가능하고 결과의 정밀도가 명확함

5.2.3 데이터의 구성

(1) 기술적 간략화

간단한 Decision Model로 분석에서 선택되어야 할 요인 수를 최소화하였다. 그리고 변동요인을 용이하게 판단할 수 있도록 하여 관측 가능하게 하였다.

(2) 통계적 간략화

정밀도를 훼손하지 않는 범위 내에서 데이터 카드의 데이터 량을 최소화하기 위해 확률론을 채택하였다.

① 결합한다. 예: Reach(R), Grasp(G), Release(RL) → Get(G)
② 평균화한다. 예: APA와 APB → AP(Apply Pressure)로 평균화
③ 치환한다. 예: Turn(T) → Get(손을 뻗는다), Put(이동)
④ 배제한다. 예: Sit(SIT)와 Stand(STD) → AB(Bend & Arise)로 분석

5.2.4 동작의 Sequence

14,000건 이상의 동작을 분석해 본 결과 다음 2가지 기본적인 동작이 가장 많이 발생하였다.

① Release(RL), Reach(R), Grasp(G) → Get(G)
② Move(M) 또는 Move(M), Position(P) → Put(P)

5.2.5 정밀도

1분 이상이 걸리는 사이클타임 분석에 있어서 95%의 신뢰성, ±5%의 상대오차, 그러나 분석속도는 2배 이상 빠르다는 것이 확인되었다.

5.2.6 MTM-2의 기본동작

(1) 잡다(Get: G)

1) 정의

목적물에 손 또는 손가락을 뻗어 잡고, 그 후에 놓는 것을 주목적으로 하는 동작이다.

2) 시간 결정 요인

- Get의 Case(접촉, 쉬운 잡음, 복잡한 잡음)
- 목적물을 잡기 위한 이동 거리
- 목적물의 중량 또는 저항

3) 기본동작

① Case A: GA

- 쥐는 동작 없이 단순히 목적물에 접촉만 하는 동작

  예: 20cm 거리에 있는 물체에 손을 갖다 댄다.

  GA30

② Case B: GB

- 단순히 손가락을 오므려서 목적물을 쥐는 동작
- 일반적으로 쉽게 잡을 수 있는 크기(대, 중, 소)

③ Case C: GC

- 아주 작은 목적물을 쥐는 동작
- 평면에 밀착되어 있는 목적물을 쥐는 동작
- 다른 물건들과 뒤섞여 있는 물품 속에서 목적물을 쥐는 동작

[표 12-12] 코드와 거리

코드	이동 거리(cm)	
	초과	이하
5	0	5.0
15	5.0	15.0
30	15.0	30.0
45	30.0	45.0
80	45.0	

(2) 중량물을 잡다(Get Weight: GW)

1) 정의

목적물이 중량이 있을 경우에 이를 집어 들어 올리기 위하여 손이나 팔의 근육 사용을 필요로 하는 동작이다.

2) 시간 결정 요인

- 목적물의 중량
- 목적물을 잡는 손의 형태(양손, 한손)

3) 기본동작

- 한손에 2Kg 이하는 GW가 필요 없다.
- 2Kg 초과 시 2Kg을 포함하여 1Kg당 1TMU를 부가한다.
- Kg의 소수자리는 올림 처리하여 정수로 계산한다.
- 양손일 때에는 한손의 로 한다.
- 목적물을 미끄러지게 하는 동작을 한손으로 했을 때는 그 무게의 40%, 두손으로

했을 때는 20%를 적용한다.

- GW의 최대값은 GW20이며, 이 이상을 한손으로 운반하는 경우에는 작업방법을 개선해 주어야 한다.

(3) 두다(Put: P)

1) 정의

목적물을 손 또는 손가락으로 목적지까지 이동하는 것을 주목적으로 하는 동작이다.

2) 시간 결정 요인

- PUT의 Case(동작 수정 횟수)
- 이동 거리
- 목적물의 중량 또는 저항

3) 기본동작

① Case A: PA

- 최초 잡음 상태 그대로 동작을 고치지 않는 경우

② Case B: PB

- 최초 잡음 상태에서 동작을 1회 고치는 경우

③ Case C: PC

- 최초 잡음 상태에서 동작을 2회 이상 고치는 경우
- 취급의 어려움이나 꽉 조인 결합인 경우
- 사용된 기구가 비대칭일 경우 작업위치가 불편할 때 발생한다.

(4) 중량물을 두다(Put Weight: PW)

1) 정의

움직이는 목적물의 중량에 의해 영향을 받는 두다(P)에 부가하여 계산한다. PW는 이동할 때 한손에 2Kg을 초과하는 중량이 걸릴 때 적용한다.

2) 시간 결정 요인

- 목적물의 중량

3) 기본동작

- 목적물이 2kg 미만은 시간을 부여하지 않는다.
- 목적물이 2~5kg일 경우에는 PW5 = 1TMU를 부여한다.
- 목적물이 5~10kg일 경우에는 PW10 = 2TMU를 부여한다.
- 5Kg단위로 1TMU를 부가한다.
- 중량계산 방식은 GW와 동일하고 소수자리는 올림으로 처리하여 계산한다.

(5) 고쳐쥐다(Regrasp: R)

1) 정의

손에 쥐고 있는 목적물을 다시 고쳐 잡는 동작이다.

2) 시간 결정 요인

- 고쳐 잡는 횟수

3) 기본동작

- 3회 이하는 1R
- 6회 이하는 2R
- 9회 이하는 3R
- A(Apply Pressure)하는 동안에 발생하는 R(Regrasp)동작은 A동작에 포함되어 있으므로 R은 시간을 부여하지 않는다.

(6) 힘을 가한다(Apply Presure: A)

1) 정의

손 또는 손가락으로 목적물에 근육의 힘을 가하는 동작이다.

2) 시간 결정 요인

- 목적물의 저항
- 목적물의 이동 거리

3) 기본동작

- 목적물의 움직임이 6mm 미만일 경우에 해당한다.
- 6mm 이상일 경우에는 P로 분석한다.

(7) 눈의 움직임(Eye Action: E)

1) 정의

목적물의 특성을 용이하게 인식하거나 다른 목적물로 시선을 이동시키는 것을 주목적으로 하는 동작이다.

2) 시간 결정 요인

- 목적물까지 거리
- 목적물의 직경

3) 기본동작

- 초점을 맞추는데 1회의 범위는 40cm 떨어진 거리에 직경 10cm의 영역을 말한다.

(8) 발동작(Foot Motion: F)

1) 정의

몸을 이동하지 않는 단순한 발 또는 다리의 동작이다.

2) 시간 결정 요인

- 발끝 움직임 거리

3) 기본동작

- 무릎, 발목 또는 발끝을 30cm 이내의 움직임을 말한다.

(9) 걸음(Step: S)

1) 정의

몸을 이동시키는 것을 주목적으로 하는 동작이다.

2) 시간 결정 요인

- 보행(거리, 걸음 수)
- 몸통 회전 각도(90°, 180°)

3) 기본동작

- 30cm를 초과하는 다리 동작
- 보행 걸음 수
- 몸통을 90° 돌리는 것은 1Step으로 분석한다.

- 몸통을 180° 돌리는 것은 2Step으로 분석한다.

(10) 굽히고 일어선다(Bend & Arise: B)

1) 정의

상체를 굽혔다가 펴는 동작이다.

2) 시간 결정 요인

- 무릎이 바닥에 닿음(한쪽, 양쪽)

3) 기본동작

- 손이 무릎 또는 무릎 아래까지 내려간다.
- 양 무릎이 땅에 닿을 경우에는 2B로 분석한다.
- 상체를 구부릴 때는 항상 B로 표시하고, 일어날 때는 B를 표시하지 않고 데시(-)로 표시한다.

(11) 회전(Crank: C)

1) 정의

손 또는 손가락으로 목적물을 반 회전 이상의 원운동을 시키는 것을 주목적으로 하는 동작이다.

2) 시간 결정 요인

- 회전 수
- 목적물의 중량 또는 저항

3) 기본동작

- 수직 또는 원형 동작 모두 적용
- $\frac{1}{2}$이상 회전에 적용한다. $\frac{1}{2}$ 미만 회전 수는 Put(P)를 적용한다.
- 1회전당 15TMU를 적용하고, 최종 1회전을 초과하여 다음 1회전 미만일 경우에는 올림으로 처리하여 정수로 사용한다.
- 중량 또는 저항은 연속적인 회전 또는 단속적인 회전에 GW와 PW를 적용한다.

구분	GW	PW
연속회전	1회 사용	매회 사용
단속회전	매회 사용	매회 사용

5.2.7 MTM-2 분석 예

작업자가 작업대 위의 펜을 집어 와서 작업일보에 체크표시 2회를 하고 펜을 펜홀더에 갖다 놓는다. 이때 왼손은 작업일보에 접촉했다가 체크 후에 손을 뗀다.

[표 12-13] MTM-2 분석표

왼손 동작 내용	F	왼손 분석	TMU	오른손 분석	F	오른손 동작 내용
작업일보를 손으로 잡음		GA30	14	GB30		펜을 잡음
			30	PC30		작업일보에 갖다 댐
			6	PA5	2	체크 2회
			30	PC30		홀더로 펜을 가져다 둠
합계			80	약 2.9초		

[표 12-14] MTM-2 시간표

RANGE	Code	GA	GB	GC	PA	PB	PC
Up to 5cm	−5	3	7	14	3	10	21
Over 5−15	−15	6	10	19	6	15	26
Over 15−30	−30	9	14	23	11	19	30
Over 30−45	−45	13	18	27	15	24	36
Over 45cm	−80	17	23	32	20	30	41
	GW1-per 1kg PW1-per 5kg						
	A	R	E	C	S	F	B
	14	6	7	15	18	9	61

5.3 MTM-3

5.3.1 MTM-3의 동작요소

① 취급한다(Handle: H)
② 이동한다(Transport: T)
③ 걸음동작(Step: SF)
④ 허리를 굽히고 일어난다(Bend & Arise: B)

MTM-2에서 사용되는 Eye Action(E), Apply Pressure(A), Get Weight(GW), Put Weight(PW) 등을 MTM-3에서는 이러한 요소나 중량에 대해 독립적으로 분리하지 않고 발생하는 비율에 따라 Handle(H)와 Transport(T)로 구분하여 시간치를 부여한다.

5.3.2 MTM-3 제한요소

다음과 같은 작업에서는 MTM-3로 분석하는 것은 부적당하다.

① 눈금을 읽는 것과 같은 10회를 초과하는 눈의 연속동작
② 10회를 초과하는 반복성이 높은 신체 부위의 동작

이상과 같은 동작은 MTM-2나 MTM-1으로 분석해야 한다.

5.3.3 MTM-3의 기본동작

(1) 취급한다(Handle: H)

1) 정의

손 또는 손가락으로 목적물을 잡아 새로운 장소에 놓는 것을 목적으로 하는 동작의 시퀀스(sequence)이다.

2) 시간 결정 요인

- 수정동작(Case A, Case B)
- 이동 거리
- 목적물을 잡기 위해 손을 뻗는 거리가 길면 T(Transport)로 분석

3) 기본동작

- 수정동작이 필요 없는 경우는 Case A, 수정동작이 필요한 경우에는 Case B를 적용한다.
- 단순히 목적물을 붙잡고 있거나 놓여 있는 경우에는 H로 분석하지 않는다.
- 손으로 목적물을 잡고 힘을 가하는 경우에는 H로 분석한다.
- 목적물을 이동한 후 놓지 않고 다시 이동시킨 경우에는 T(Transport)로 분석한다.
- 목적물을 25mm 삽입하는 시간은 H에 포함되어 있다.
- 양손 동작에서 오른손은 목적물을 잡고 있고, 왼손은 다른 동작을 할 경우에 오른손은 H로 분석한다.
- 양손 동작에서 목적물을 놓는데 수정이 필요없는 경우 신체동작 + HA15를 적용한다.
- 양손 동작에서 1개의 목적물을 놓는데 수정이 필요한 경우 신체동작 + HB15를 적용한다.
- 양손 동작에서 2개의 목적물을 놓는데 수정이 필요한 경우 신체동작에 양손 각각 HB15를 적용한다.

(2) 이동한다(Transport: T)

1) 정의

손 또는 손가락으로 목적물을 새로운 위치에 놓는 것을 목적으로 하는 동작이다.

2) 시간 결정 요인

- 수정동작(Case A, Case B)
- 이동 거리(15cm 이하, 15cm 초과)

3) 기본동작

- 수정동작은 무의식적인 정지, 망설임, 최종지점에서 동작의 방향전환을 말한다.
- 수정동작이 필요 없는 경우는 Case A, 수정동작이 필요한 경우에는 Case B를 적용한다.
- 동작거리 15cm 이하는 15를 기호화하여 표시, 15cm 초과할 경우에는 80을 기호화하여 표시한다.
- 이동 거리는 단순히 목적물을 이동한 거리를 말한다.
- 목적물을 25mm 삽입하는 시간은 T에 포함되어 있다.

- 양손 동작에서 목적물을 놓는데 수정이 필요없는 경우 신체동작 + TA15를 적용한다.
- 양손 동작에서 1개의 목적물을 놓는데 수정이 필요한 경우 신체동작 + TB15를 적용한다.
- 양손 동작에서 2개의 목적물을 놓는데 수정이 필요한 경우 신체동작에 양손 각각 TB15를 적용한다.

(3) 걸음동작(Step: SF)

1) 정의

발 또는 다리를 어떤 방향으로 이동하는 것을 목적으로 하는 동작이다. 몸이 이동한 경우에는 발이 바닥에 접촉한 횟수이다.

2) 시간 결정 요인

- 발이 바닥에 접촉한 횟수

3) 기본동작

- 신체를 이동하기 위해 일정 방향으로 보행 동작
- 무릎이나 허리를 지지점으로 한 다리의 회전 동작

(4) 허리를 굽히고 일어난다(Bend & Arise: B)

1) 정의

몸을 전방으로 구부린 후 원래와 같은 상태로 일어서는 동작이다.

2) 시간 결정 요인

- 무릎이 바닥에 닿음(한쪽, 양쪽)

3) 기본동작

- 손이 무릎 또는 무릎 아래까지 내려간다.
- 양 무릎이 땅에 닿을 경우에는 2B로 분석한다.

(5) 힘을 가한다(Apply Pressure: A)

1) 정의

MTM-1 또는 MTM-2에 몇 회인가 힘을 가한다(Apply Pressure: A)로 분석하는 경우,

MTM-3에서는 그 전에 발생한 H 또는 T 중에 최초 1회의 힘을 가한다는 것이 포함되어 있다.

2) 시간 결정 요인

- 힘을 가하는 횟수(최초, 2회 이상)

3) 기본동작

- 최초 또는 새로운 방향으로 힘을 가하는 경우 T15 추가
- 2회 이상 힘을 가하는 경우에는 최초 1회를 제외하고 힘을 가할 때마다 TA15 추가
- 지속적으로 힘을 가하는 경우에는 H 또는 T만 적용한다.

5.3.4 MTM-3 분석 예

작업자가 작업대 위의 펜을 집어 와서 작업일보에 체크표시 2회를 하고 펜을 펜홀더에 갖다 놓는다. 이때 왼손은 작업일보에 접촉했다가 체크 후에 손을 뗀다.

[표 12-15] MTM-3 분석표

왼손 동작 내용	F	왼손 분석	TMU	오른손 분석	F	오른손 동작 내용
작업일보에 접촉 후 뗀다		HA80	48	HB80		펜을 잡아 작업일보에
			14	TA15	2	체크 2회
			29	TB80		홀더로 펜을 갖다 놓음
합계			91	약 3.3초		

[표 12-16] MTM-3 시간표

CODE	HA	HB	TA	TB
-15	18	34	7	21
-80	34	48	16	29
SF 18 B 61				

SIMULTANEOUS MOTIONS

<table>
<tr><td>MOTION</td><td colspan="3">H 및 T</td></tr>
<tr><td rowspan="3">H 및 T</td><td>CASE</td><td>A</td><td>B</td></tr>
<tr><td>A</td><td></td><td>☒</td></tr>
<tr><td>B</td><td>☒</td><td>■</td></tr>
</table>

EASY ☐ PRACTICE ☒ DIFFICULT ■

5.4 RWF

5.4.1 WF법(Work Factor Method)의 의의

사람이 작업을 하는 데 있어서 동작을 8개의 기본요소로 분해하여 각 요소마다 동작을 수행할 때 동작의 곤란도에 따라 Work Factor 수를 결정하여 타임 테이블에서 해당하는 정미시간을 계산하는 방법이다.

WF법의 종류에는 DWF(Detailed Work Factor Method), SWF(Simplified Work Factor Method), RWF(Ready Work Factor Method), AWF(Abbreviated Work Factor Method), BWF(Brief Work Factor Method) 등이 있다. 본 도서에서는 WF법 중 RWF법을 많이 쓰고 있고 대중화되어 있으므로 이를 중심으로 설명한다.

5.4.2 RWF의 시간단위

단위 = RU(Ready Work Factor Time Unit)를 사용

1RU = 0.001분

5.4.3 RWF 적용시 4대 변수

① 사용 신체 부위: 손과 손가락 동작, 팔동작, 몸동작, 발동작, 다리동작, 머리동작

② 이동 거리

③ 중량 또는 저항(Weight: W)

④ 인위적 조절: 조절(Steer: S), 주위(Precaution: P), 방향전환(Change of Direction: U), 명확한 정지(Definite Stop: D)

5.4.4 이동 거리 측정점

① 팔과 손목: 손가락 마디의 관절

② 발: 발가락

③ 다리: 발 뒷꿈치, 무릎

④ 몸통: 어깨

5.4.5 RWF의 기본동작

(1) 이동(Reach or Move: R 또는 M)

어떤 신체 부위가 위치를 바꾸기 위해 또는 이동시키거나 이동 중에 유용한 작업을 하기 위해 행해지는 동작이다.

팔을 뻗는 동작 - Reach: R 운반하는 동작 - Move: M

예: 두 손으로 5.5Kg의 제품을 포장상자까지 옮긴다. D-4(W^2SD): 15RU

(2) 쥐기(Grasp: Gr)

하나 또는 둘 이상의 목적물에 접촉해서 이것을 그 사람의 컨트롤에 의해서 집는 동작이다. 손 또는 손가락을 목적물에 가까이 접근한 후 손가락으로 집는 동작을 시작하려는 시점에서 목표물을 완전히 쥔 시점에서 끝난다.

예: 두 손으로 각기 50mm x 75mm의 브라켓을 난잡하게 모아 놓은 것들 중에서 잡는다(비가시). 3-B-S: 6RU

(3) 놓기(Release: R)

신체 부위로부터 목적물을 분리하는 동작이다. 쥐기 동작의 반대 동작이다.

예: 지름 25mm의 파이프를 바이스에 장착한 후 푼다. 1-: 2RU

(4) 위치시키기(Preposition: PP)

다음 동작을 위해(특히 결합) 사용하기 좋은 자세로 하기 위해서 회전하거나 바꿔 쥐는 동작이다.

예: 난잡하게 쌓인 곳에서 두 손에 한 개씩 집어낸 ∅4 × 10mm의 리벳을 구멍에 삽입하기 위하여 전치한다. 2-50%-S: 5RU

(5) 결합(Assemble: Asy)

조립은 목적물을 상호 결합시키는 동작이다. 조립은 대상물을 조립하기 위해 이동 동작을 한 이후에 시작해서 놓거나 분해하는 동작 이전에 끝난다.

예: 지름 2mm의 핀 2개를 46cm 떨어진 지름 2.5mm의 구멍 2개에 조립한다.

CT-0.9-3: 9RU, gd 7×20%: 1RU, DB(9+1)+5: 15RU, 총25RU

[표 12-17] RWF 시간표

중량	Work Factor				
	0	1	2	3	4
손	-0.5	-1.0	-1.5	-2.5	〉2.5
팔	-1.0	-2	-3	-5	〉5
발	-1.5	-4	〉4	중량한계(Kg)	
다리	-2.5	-8	〉8		
몸통	-3.5	-16	〉16		

단위 시간(단위 : RU)							
이동거리	-100mm	A	2	3	4	5	6
	-250mm	B	4	5	6	7	8
	-500mm	C	5	7	9	11	13
	-750mm	D	7	9	11	13	15
	-1000mm	E	9	11	13	15	17

잡기	복잡한 잡기의 경우 : 동시동작 할증(+2RU) 연속, 가중, 미끄러운 경우 : 할증(+1RU) 중량 1.5Kg 초과할 경우 : 시간치의 2배				
단 순	찝음형	감아집형	평균 동작 수		
기교적	-	-	2	3	4
복 잡	주요치수(mm)		〉6		-6
	직경(mm)		〉6	-6	-
	두께(mm)		〉1.2	-1.2	-
단위 시간(단위 : RU)					
가 시	1	2	3	5	8
비가시			4	6	

고쳐쥐기	한 손			양 손	
주요치수(mm)	〉10-100	-250	-10	-250	〉250
단위 시간(단위 : RU)					
발생비율(%) 25	1			2	
50	2	3		4	
75	3	4	5	5	6
100	4	5	6	7	8
동시	+50%			-	-
단위 시간(단위 : RU)					
놓기	찝음형	감아집형	-	-	-
	1	2	-	-	-

기계 조립		폐쇄형			개방형		
끼워 맞춤 비율	목적물치수(mm)	-0.4	-0.9	〉0.9	-0.4	-0.9	〉0.9
단위 시간(단위 : RU)							
( )는 Align 시간	〉10	2	3(1)	7(1)	2	3(1)	7(1)
	-10	5(3)	6(4)	10(4)	3(1)	4(2)	8(2)
	-3	9(7)	9(7)	13(7)	6(4)	6(4)	10(4)

면 조립	공차(mm)	폐쇄형	개방형
( )는 Align 시간	〉10	3	3
	-10	6(3)	5(2)
	-3	12(9)	8(5)

Align 시간 할증(%)	거리(mm)	-20	-40	-80	-120	-160	-320	〉320
2Asy+5RU	파악 거리	-	-	10	20	30	50	70
	목표간 거리	-	20	30	50	70	2Asy	2Asy+5
	일시적 비가시	-	20	30	50	70	150	-
	완전 비가시	30	50	70	150	250	500	-
	동시동작 할증	(Align시간 + Align의 할증시간) x 0.5						

Index	기계적 조립	면 조립
단위 시간 : RU	3	4

중량 할증(%)	중량(Kg)	-1	-2	-3	-5	〉5
조립시간에 대한 할증 비율		-	30	50	70	100

Seat	돌려 조임 : 이동 적용		단계적 조립 : 조립 적용
사용	이동으로 분석 또는 계산, 실측, 견적에 의함		
분해	이동 적용		힘을 뺀다 : 1RU
정신반응	초점맞춤	2RU	75 x 75mm 면
	검사	3RU	1 검사점 당(문자:6개, 숫자:3개, 특성:4가지)
	반응	2RU	단순반응, 선택반응, 기억, 회상, 계산
신체의 방향 전환	머리 회전 -45°(4RU), -90°(6RU), 1WF마다(+1RU) 방향 변경 -90°(한발:10RU), -90°(양발:20RU), -180°(26RU)		

보행		직전/직후의 회전 120° 미만	직전/직후의 회전 120° 이상
	보통의 보행	(12+8)RU x 걸음 수	(22+8)RU x 걸음 수
	곤란한 보행	(12+10)RU x 걸음 수	(22+10)RU x 걸음 수
	계단의 승강	1계단 마다 보통(10RU), 곤란(13RU)	
	기립 : 13RU, 착석 : 9RU		

(6) 분해(Disassemble: Dsy)

결합되어 있는 목적물을 분해하는 동작으로 조립의 반대 동작이다. 목적물을 분해하는 것에는 하나의 확실한 동작이 필요할 때만 존재한다.

예: 지름 50mm의 샤프트를 구멍에서 분해해서 작업대의 위까지 30cm 옮긴다.
Dsy 0-100(A-0): 1RU, M 1-500(C-1): 7RU, 총9RU

(7) 사용(Use: USE)

기계·장치·기구·공구·도구 등 기타를 사용할 때 소요되는 시간이다. 경우에 따라서는 신체를 도구로 사용할 때도 있다.

예: 구멍 뚫기를 끝낸 다음에 레바를 올린다(-500), C-1: 7RU

(8) 정신작용(Mental Process: MP)

눈·귀·뇌 또는 신경계통을 사용하여 행하는 동작·검사·글자읽기·계산 등을 포함한다.

예: 전선의 한쪽 끝을 터미널로 접촉시키고, 다음에 미터기에 시선을 이동해서 전압이걸리고 있는가를 본다(전선과 터미널의 융통성 30cm).
큰 터미널에 접촉시키기 위해 전선을 옮긴다(30cm). C-2: 9RU, 미터기에 초점맞추기 F0: 2RU, 미터기를 검사 I: 3RU, 총14RU

5.5 MODAPTS

5.5.1 MODAPTS법의 의의

MODAPTS는 MODular Arrangement of Predetermined Time Standards의 약자로서, 시간치는 동작에 사용되는 신체 부위 및 작업동작의 난이도에 따라 시간의 차이를 나타낸다. 이 기법은 일정 조건하에서 동일한 신체동작의 경우 누가 하더라도 동일한 시간 내에 측정을 수행할 수 있다. MODAPTS로 하는 시간분석은 21개의 기본코드로 구성된 이동동작과 종국동작의 조합으로 분석하며, 측정시간은 MOD수의 합으로 구한다.

5.5.2 MODAPTS의 특징

MODAPTS는 다른 PTS법에 비해 많은 장점을 가지고 있다.

① MODAPTS의 측정시간은 신체 부위에 따라 동작시간의 차이를 나타낸다.
② MODAPTS의 동작시간은 손가락의 움직임에 소요되는 시간을 최소단위로 하여 다른 동작시간이 몇 배에 해당하는지를 계산하는 정수배 시간치로 나타낸다.
③ MODAPTS에서는 동작기호번호와 시간을 일치시켜 동작을 숫자시간으로 나타낸다.
④ MODAPTS에서는 기본동작인 MGMP의 사이클에 대하여 영문 동작기호를 생략하고 숫자로만 나타내기도 한다.
⑤ MODAPTS는 시간을 나타내는 최소의 개수로 동일한 종류의 숫자를 표시한다.
⑥ MODAPTS는 각 나라에서 사용하는 언어로 표시할 수 있다.
⑦ MODAPTS의 분석은 신체 사용부위, 개략적인 동작거리와 중량을 알면 분석이 가능하다.
⑧ MODAPTS는 동작기호와 시간이 일치하므로 동작개선에 대한 생각이 쉽고 평가도 용이하여 작업개선에 이용하기 쉽다.
⑨ MODAPTS는 분석이 간단하고 실용성이 높다.
⑩ MODAPTS는 시각적으로 내용을 이해하기 쉽게 동작 전체를 표시하는 기본도를 사용한다. 21개의 동작과 8종류의 시간(0, 1, 2, 3, 4, 5, 17, 30)을 사용한다.

5.5.3 MODAPTS의 시간단위

정상작업 속도: 1MOD = 0.129초 = 0.0025분 = 0.0000358시간

숙련자 속도: 1MOD = 0.1초

5.5.4 MODAPTS의 분석 표시방법

이동동작(Movement Activity): M

종국동작(Terminal Activity): P

MODAPTS의 기본분석에 있어서 시작은 항상 이동동작 M으로 시작하고 종료는 종국동작 P로 끝난다. 그리고 기본분석에 있어서는 숫자로만 표시하여 나타내기도 한다.

예를 들면 M3G1M3P0 = 3130으로 표시할 수 있으며, 시간은 3 + 1 + 3 + 0 = 7MOD가 된다.

5.5.5 MODAPTS의 기본동작

(1) 손가락의 동작(M1)

손가락만으로 행하는 동작이다. 약 2.5cm 움직이는 것으로 1회 움직일 때마다 1MOD가 발생한다.

(2) 손의 동작(M2)

손목을 사용하여 손과 손바닥을 함께 움직이는 동작으로 손목의 회전도 이에 속한다. 약 5cm 움직이는 것으로 1회 움직일 때마다 2MOD가 발생한다.

(3) 앞 팔의 동작(M3)

손과 손가락을 사용하기 위해 앞 팔을 움직이는 동작이다. 약 15cm 움직이는 것으로 1회 움직일 때마다 3MOD가 발생한다.

(4) 윗 팔의 동작(M4)

손과 손가락을 사용하기 위해 윗 팔을 움직이는 동작이다. 약 30cm 움직이는 것으로 1회 움직일 때마다 4MOD가 발생한다.

(5) 어깨의 동작(M5)

손과 손가락을 사용하기 위해 어깨를 움직이는 동작이다. 어깨를 움직이기 위해서는 몸통이 함께 움직인다. 약 45cm 움직이는 것으로 1회 움직일 때마다 5MOD가 발생한다.

(6) 닿기(G0)

손가락 끝 또는 손바닥이 목적물에 닿는 동작이다. 손이나 손가락 끝으로 닿는 것은 이동동작이 종료되는 시점에 자연스럽게 발생하는 동작이므로 시간이 주어지지 않으므로 0MOD로 한다.

(7) 쉬운 쥐기(G1)

손가락을 합치는 것과 같이 간단한 쥐기 동작이다. 1회 움직일 때마다 1MOD가 발생한다.

(8) 어려운 쥐기(G3)

손가락을 합치는 것만으로 행할 수 없고 주의력을 기울여 몇 번의 손가락 동작을 필요하거나 난잡하게 쌓여 있는 것 중에 1개를 선택하여 집는 동작이다. 선택시간이 포함되어 있으므로 3MOD가 발생한다.

(9) 놓기(P0)

의식해서 눈으로 보지 않고도 목적물을 목적지에 놓을 수 있는 동작이다. 시간은 0MOD이다.

(10) 간단한 놓기(P2)

눈으로 보면서 1회의 수정동작을 통하여 물건을 놓는 동작이다. 수정이 있는가 또는 없는가, 허둥대는 것이 있는가 또는 없는가를 가지고 판단하며 시간은 2MOD가 발생한다.

(11) 어려운 놓기(P5)

눈으로 보면서 2회 이상의 위치 수정이 필요한 복잡한 놓기 동작이다. 조작이 곤란하거나 목적물을 정확하게 꼭 맞추지 않으면 안 되는 경우이며 시간은 5MOD이다.

(12) 중량(L1)

물건을 운반하는 경우에 물건의 중량에 따라 시간의 차이를 두는 것으로 시간치는 2Kg미만일 때 0MOD, 2Kg~6Kg미만은 L1, 6Kg~10Kg미만 L1 × 2로 나타낸다.

(13) 눈의 동작(E2)

눈의 이동 또는 눈의 초점 맞춤이 일어나는 동작이다. 눈의 이동 거리는 약 30° 20cm 정도이며 2MOD이다. 작업자가 무엇인가를 주의 깊게 검사하기, 글자나 숫자를 읽기, 다음 동작을 행하기 전에 시선을 이동 또는 초점을 맞추기 등의 동작으로 다른 신체의 동작이 정지하고 있을 때만 인정된다.

(14) 고쳐잡기(R2)

물건을 다시 고쳐잡을 때 일어나는 동작이다. 이는 다른 동작이 행해지지 않을 때만 인정되며 1회 움직일 때마다 2MOD가 발생한다.

(15) 판단(D3)

동작과 동작 사이에 순간적인 판단을 하는 동작이다. 검사를 할 때 양, 불량 판단, 라인에서 생산 중에 불량을 찾아내는 동작으로 시간은 불량 1개를 찾아낼 때마다 D3를 적용한다. 이 동작은 다른 동작을 수반하지 않고 단독으로 수행될 때 인정된다.

(16) 페달작업(F3)

발꿈치를 바닥에 댄 채 페달을 밟거나 풀어 줄 때의 발목동작이다. 시간은 밟거나 풀어 주는 동작 각각을 3MOD로 계산하고 왕복일 경우에는 F3 x 2로 한다. 발꿈치가 떨어진 경우에는 다리동작으로 W5로 분석한다.

(17) 힘을 가하기(A4)

입핀을 누르는 것과 같이 동작시에 컨트롤하거나, 제한을 가하거나 또한 저항을 극복하기 위하여 목적물에 근육의 힘을 사용하는 동작이다. 이는 다른 동작을 하지 않는 상태에서만 인정된다.

(18) CRANK(C4)

목적물을 원운동 시키기 위해 손 또는 팔을 회전시키는 동작이다. 1회 회전할 때 마다 4MOD가 발생한다. $\frac{1}{2}$회전 이상일 경우에는 CRANK동작으로, $\frac{1}{2}$회전 이하일 경우에는 이동동작으로 분석한다.

(19) 걷기(W5)

앞 또는 뒤로 걷거나, 횡으로 움직이기나 방향을 전환하기 위해 발을 바닥에서 떨어져 걷는 동작이다. 1회 걸을 때마다 5MOD가 발생한다.

(20) 신체를 굽혔다 일어서기(B17)

몸을 앞으로 굽혔다가 원상태로 몸을 일으키는 왕복동작이다. 이 동작에는 바닥에 앉거나 무릎을 땅에 대고 앉는 동작도 해당된다. 1회 왕복동작을 할 때마다 17MOD가 발생한다.

(21) 앉았다 일어서기(S30)

의자에 앉았다 일어서거나 앉은 상태에서 일어섰다가 앉는 왕복동작이다. 1회 왕복

[그림 12-11] MODAPTS 기본도

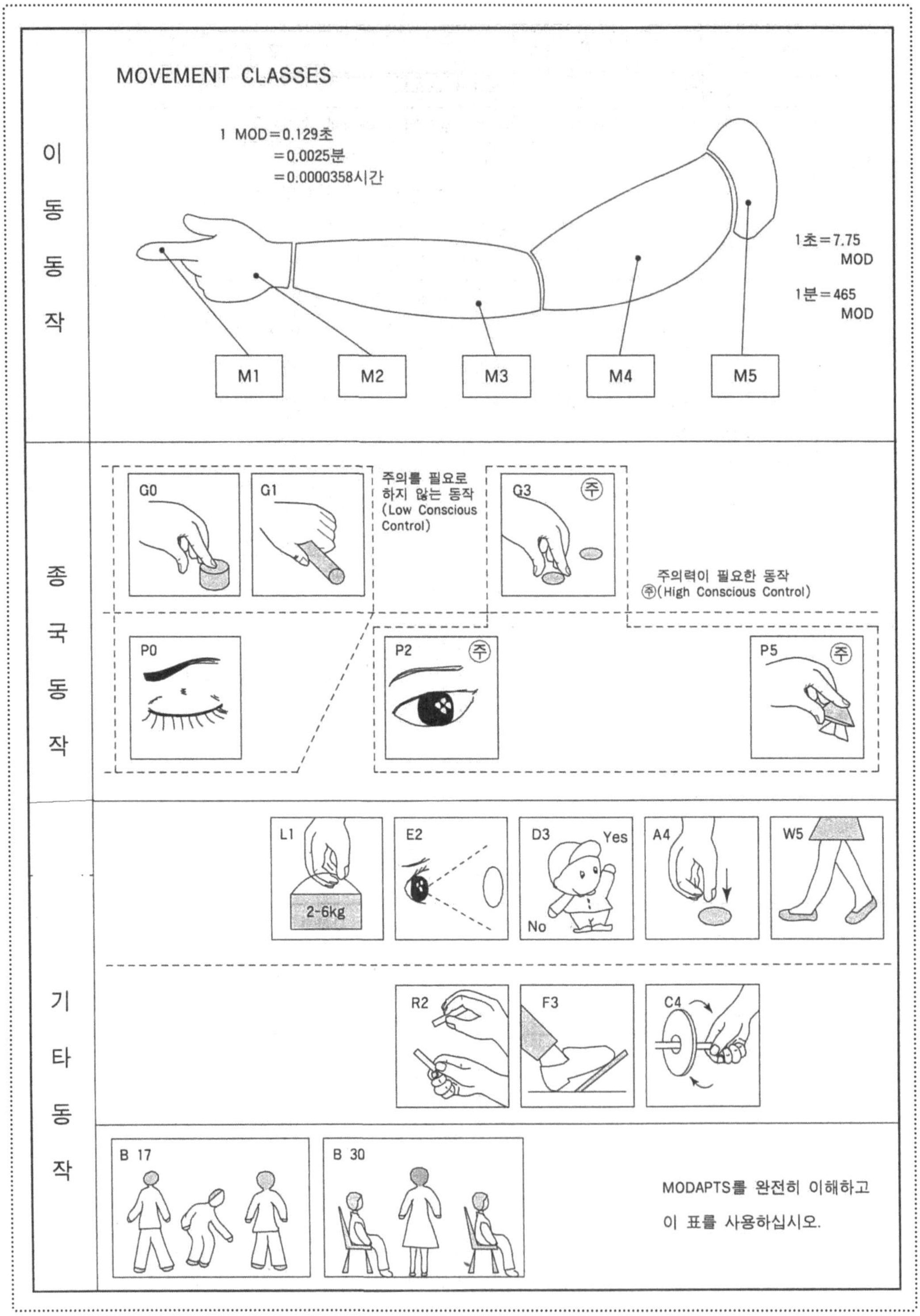

동작을 할 때마다 30MOD가 발생한다.

5.6 MOST

5.6.1 MOST법의 의의

기존의 작업측정 방법들은 대부분 분석하는 데 많은 시간을 소모하고 있다. 작업시간의 측정은 개선을 하는 데에 활용되어야 하므로, 분석자가 관심을 가져야 하는 것은 보다 나은 작업방법을 찾는 것에 중점을 두어야 한다. MOST(Maynard Operation Sequence Technique)는 이러한 것을 가능하게 한다. MOST는 일을 측정하는 시스템이다. 그러므로 MOST는 대상물의 이동에 중점을 두는 것으로 일관성과 반복성을 가진 어떤 패턴을 이룬다.

예를 들면 손을 뻗는다(Reach), 잡는다(Grasp), 운반한다(Move), 위치결정(Position)으로 이루어진 동작이라면, 이 패턴은 대상물을 이동하고 있는 시퀀스로서 배열을 이루어지고 있다는 것을 알 수 있다. 이러한 사고가 이동분석에 대한 표준가이드를 만들게 되었고, 다른 여러 가지 서브 시퀀스 모델을 만들게 된 기초로서의 역할을 하게 되었다.

5.6.2 MOST 시스템의 분류

MOST 기법과 시스템의 패밀리는 Basic MOST의 기반으로 이루어져 있다[그림 12-12]. 어떤 특정의 작업측정 요구를 충족시키기 위하여 1980년대에 Mini MOST와 Maxi MOST가 패밀리로 추가되었다. 이는 작업측정의 기법을 높은 수준으로 실무에 적용하는 것이 필요하며, 응용시스템은 일반적인 제조업, 섬유, 조선 및 사무작업 등을 대상으로 개발되었다. MOST Computer System은 MOST 패밀리의 하나로서 최종적인 시간표준의 개발에 작업영역 설정에서부터 작업측정 프로세스로 이끌어 갈 수 있도록 만들어졌다.

5.6.3 MOST의 시간단위

MOST에서 사용하는 시간은 MTM시스템과 관계가 있으므로 그 시간을 기초로 한다. 시간단위는 TMU(Time Measurement Units)이다.

1TMU = 0.00001시간 = 0.0006분 = 0.036초

1시간 = 100,000TMU

[그림 12-12] MOST System Family

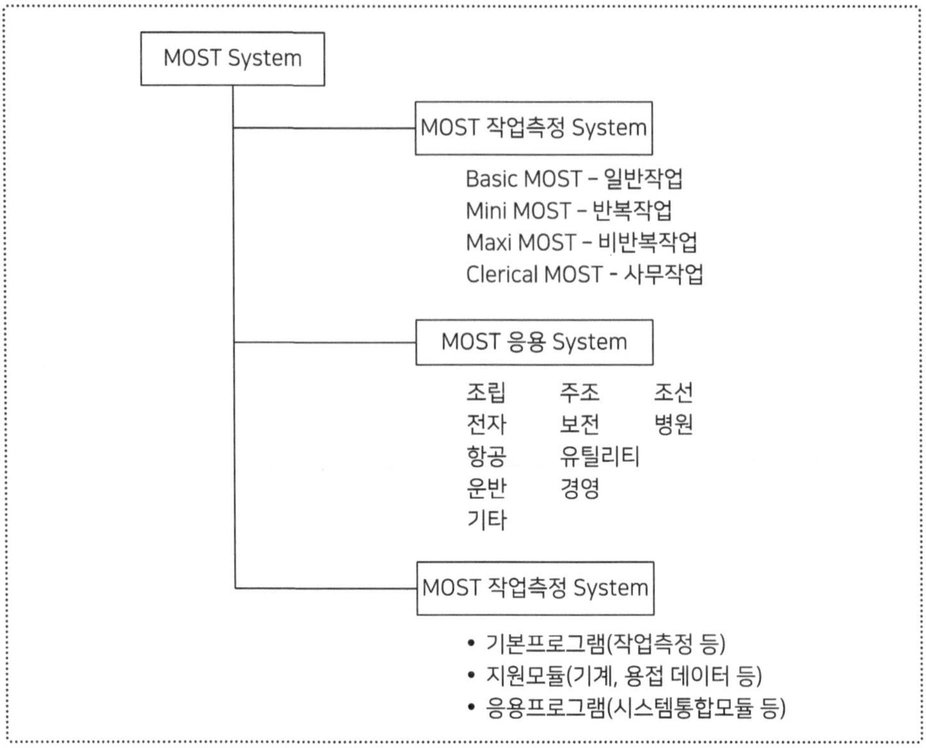

1분 = 1,667TMU

1초 = 27.8TMU

각각의 시퀀스 모델 시간은 분석기호의 인덱스를 합산하여, 이것의 10배를 한다. 예를 들면 시퀀스 모델 시간의 합이 (6+6+1+1+0+3+0)=17TMU이라면 17TMU × 10 = 170TMU가 되며, 0.1분에 해당한다.

MOST에서 설정되는 시간은 평균의 경험을 가진 작업자의 작업속도를 반영한 것으로 평균 퍼포먼스 수준 또는 정상 페이스라고 한다. 이 값은 퍼포먼스 수준 100%에 해당한다.

5.6.4 Basic MOST 시퀀스 모델

(1) 보통 이동 시퀀스

1) 정의

보통 이동 시퀀스는 어떤 대상물을 공간에서 이동할 때 적용하는 것으로, 그 대상물을 공중에서 제한이 없는 경로로 이동하는 경우이다.

2) 시퀀스 모델

A	B	G	A	B	P	A
Get			Put			Return

3) 기본동작

- A(Action Distance: 동작거리): 공중에서 이동 및 손가락, 손 및 발로 물건을 나르거나 아래쪽으로 옮기는 동작을 포함한다.
- B(Body Motion: 신체동작): 몸의 상·하 이동 또는 몸의 이동 때문에 방해 혹은 손상을 받는 데 대한 필요한 동작이다.
- G(Gain Control: 잡음조정): 모든 수작업 동작(손가락, 손, 발)을 분석한다. 대상물을 어떤 장소에서 다른 장소로 이동하기 전에 완전히 컨트롤하기 위한 것으로 1회 또는 몇 회의 짧은 이동동작이 포함되어 있다.
- P(Placement: 위치결정): 어떤 대상물을 축 맞춤, 방향 수정 또는 삽입하는 동작, 대상물을 손에서 떼기 전의 조정동작이다.

4) 보통 이동 시퀀스 분석 예

수중의 와셔를 끄집어내어 12cm 범위 내에 있는 6개의 볼트에 위치를 정하여 놓는다.

$$A_1\ B_0\ G_3\ (A_1\ B_0\ P_1)\ A_0\ (6) = \{1+0+3+(1+0+1)\times 6+0\}\times 10 = 160\text{TMU}$$

잡는다(Get)	A_1	와서에 손을 뻗는다.
	B_0	몸의 이동 없음
	G_3	와서를 잡는다.
모은다(Put)	A_1	한 개의 와서를 꺼낸다.
	B_0	몸의 이동 없음
	P_1	위치를 정한다.
되돌아감(Return)	A_0	되돌아감 없음

(2) 제한 이동 시퀀스

1) 정의

제한된 경로를 따라서 신체 부위가 이동하는 것이다. 이것은 어떤 대상물의 이동이 적어도 하나의 방향으로 제약된다든가 혹은 다른 대상물 위를 움직이는 경우이다.

2) 시퀀스 모델

제한 이동 시퀀스의 동작은

- 떨어진 장소에 있는 대상물에 한 손 또는 양손을 뻗는다. 이 경우 손을 직접 또는 몸을 사용하여야 한다.
- 대상물을 신체 부위의 컨트롤에 의해서 잡는다.
- 제한된 경로를 따라서 대상물을 이동한다.
- 그 도중에 일어나는 프로세스 시간
- 제한된 이동으로 대상물을 축 맞춤한다거나 프로세스 시간의 끝마침
- 작업지역으로 돌아간다.

A B G M X I A

3) 기본동작

- M(제한이동): 이 동작은 신체 부위가 어떤 경로를 따른 이동의 모두 또는 대상물에 관한 제한된 경로에 따른 동작의 모두를 포함한다.
- X(공정시간): 이 동작은 프로세스 또는 기계, 그리고 신체 부위 이외의 것에서 제약된 작업의 시간에 대하여 발생한다.
- I(축 맞춤): 이 동작은 제한된 이동에 이어서 발생하는 신체 부위의 활동에 관계하는 것 또는 대상물의 축 맞춤을 하기 위한 공정시간의 마지막에 발생한다.

4) 제한 이동 시퀀스 분석 예

선반 앞의 위치에 작업자가 옆으로 2보 다가가서 크랭크를 2회 움직여 눈금에 공구를 세팅한다.

$$A_3\ B_0\ G_1\ M_6\ X_0\ I_6\ A_0 = (3+0+1+6+0+6+0)\times 10 = 160\text{TMU}$$

(3) 공구사용 시퀀스

1) 정의

공구사용 시퀀스 모델은 자주 사용하는 범용적인 수공구의 사용에 대하여 분석을 간

단히 하기 위해 개발된 것이다. 어떤 작업이든 제한 이동 또는 보통 이동과 제한 이동의 조합으로 이루어지는 것이 많다. 예를 들면 드라이버와 같은 수공구를 손의 양쪽을 사용해서 조이거나 느슨하게 하는 경우, 손가락, 손목, 팔이 신체의 일부로 하여 조인다거나 푸는 동작을 조합하는 경우와 같이 작업이 이루어진다. 드라이버를 들어 올려 위치를 결정한다(보통 이동), 그리고 나사를 힘껏 조인다(제한 이동)와 같이 어떠한 작업도 보통 이동 또는 제한 이동으로 분해할 수 있다. 그리고 정신작용이 있을 경우에도 사용한다.

2) 시퀀스 모델

공구사용은 5개의 주요 행위 중에서 일어나는 서브 활동으로 결정된 시퀀스이다.

1. 목적물 또는 공구를 잡는다.
2. 작업하는 장소에 목적물 또는 공구위치를 정한다.
3. 공구사용
4. 목적물 또는 공구를 놓는다.
5. 작업장소로 되돌아간다.

A B G	A B P		A B P	A
대상물 또는 공구를 잡는다	대상물 또는 공구의 위치를 결정한다	(공구 사용)	대상물 또는 공구를 놓는다	되돌아온다

(공구 사용)은 공구사용 동작 중의 하나를 넣기 위한 것으로, 이 동작은 공구사용의 최종목적에 관련되어 있다.

3) 기본동작

- F(조인다): 하나의 대상물은 다른 하나와의 기계적으로 조립하는 것으로 손, 손가락 또는 수공구를 사용하는 동작이다.
- L(푼다): 하나의 대상물을 분리하거나 나누거나 벗기는 동작이다.
- C(자른다): 하나의 대상물을 날카로운 것으로 자르거나 나누는 동작이다.
- S(표면처리): 대상물의 표면에서 바람직하지 않은 것을 벗기거나 빈틈없이 마무리하며, 힘을 가하고 코팅하는 마무리 동작이다.
- M(측정한다): 표준이 되는 도구와 비교하여 대상물의 물적 성격을 결정하는 동작이다.
- R(기록한다): 정보의 기록을 위한 연필, 펜, 분필 등으로 기록하는 동작이다.
- T(생각한다): 정보를 얻기 위해서 읽거나 대상물을 조사하기 위한 눈의 동작 및

정신 행위이다.

4) 공구사용 시퀀스 분석 예

손이 닿는 곳에 위치한 부품상자로부터 너트를 잡아 볼트에 끼운다. 그리고 7회의 손가락 동작으로 돌려 조인다.

$$A_1\ B_0\ G_1\ A_1\ B_0\ P_3\ F_{10}\ A_1\ B_0\ P_1\ A_0 = (1+0+1+1+0+3+10)\times 10 = 160\text{TMU}$$

(4) 수동 크레인에 의한 운반 시퀀스

1) 정의

수동으로 움직이는 크레인을 사용한 대상물의 이동이다. 이 수동 시퀀스 모델은 어떤 크레인에도 모두 적용할 수 있으며, 긴 거리를 이동하는 경우에 사용하는 것이다. 이것은 보통 이동 시퀀스 모델과 같이 모든 신체 부위 작업은 사이클에서 사이클로 반복되고 있는 몇 개의 관계로 구성되어 있다.

2) 시퀀스 모델

1. 작업자가 크레인 쪽으로 걷는다 - (A)
2. 빈 크레인을 대상물 쪽으로 가져 간다 - (T)
3. 대상물에 후크를 걸어 주변을 정리한다 - (K, F)
4. 대상물을 수직으로 들어 올린다 - (V)
5. 대상물을 매단 채 이동해서 장소를 바꾼다 - (L)
6. 수직으로 내린다 - (V)
7. 대상물을 고정구나 컨테이너 등에 위치를 결정한다 - (P)
8. 빈 크레인을 정위치로 되돌린다 - (T)
9. 작업자가 원위치로 되돌아간다 - (A)

A T K F V L V P T A

3) 기본동작

- A(동작거리): 이것은 보통 이동에서 정의한 대로, 작업자가 크레인으로 또는 크레인에서 걸어가는 거리(보행 수)이다.
- T(빈 크레인 이동): 이것은 빈 크레인을 잡고 대상물이 있는 어떤 장소로 수평 이동하는 동작이다. 고리(Hook)의 수직 이동은 내부시간에 포함되어 있다.
- K(고리를 건다 또는 뗀다): 이것은 고리가 매달린 부분과 연결하기도 하고 떼어내

기도 하는 동작이다. 이 동작은 공중의 크레인이 운반물이 있는 곳에 놓였을 때에 시작하여 대상물이 크레인의 고리에 물려졌을 때에 종료된다.

- F(대상물의 해방): 이것은 대상물을 주변 조건에서 해방하는 데 필요한 조건이다(예: 콘테이너, 고정구). 그리고 그 대상물을 가지고 느린 속도로 5~8cm 움직이는 동작이다. 이 동작은 다음의 수직 이동을 하는 데 아무런 지장이 없도록 하는 행위의 모든 활동을 포함한다.
- V(수직이동): 이것은 대상물의 해방(F)과 부하운반(L)의 동작에 이어서 빠른 속도로 대상물을 올리거나 내리는 동작이다.
- L(부하운반): 이것은 크레인으로 대상물의 수평 이동을 하는 동작이다. 작업자가 밀기도 하고 당기기도 하여 어떤 장소에서 다른 장소로 크레인을 이동하는 것을 말한다.
- P(위치설정): 이것은 대상물을 내리는 동작이며, 느린 속도로 5~8cm 내리는 동작으로 대상물을 요구장소에 대는 것을 말한다. 위치결정에는 다음 6가지가 있다.
  1. 축 맞춤 없음: 대상물을 간단히 내리는 것을 말한다.
  2. 한 손으로 축 맞춤: 최후의 5~8cm를 대상물을 내리는 사이에 작업자가 한 손을 뻗어서 위치를 결정하기 위해 방향을 정하는 것을 말한다.
  3. 양손으로 축 맞춤: 작업자가 양손을 사용하여 위치를 정하기 위하여 대상물의 방향을 정하기도 하고 제어하는 것을 말한다.
  4. 축 맞춤 및 1회의 조정으로 위치결정: 대상물의 위치를 결정하기 위하여 작업자가 대상물의 방향을 1회 조정이 필요한 것을 말한다.
  5. 축 맞춤 및 몇 회의 조정으로 위치결정: 대상물의 위치를 결정하기 위하여 작업자가 대상물의 방향 결정 및 몇 회의 조정이 필요한 것을 말한다.
  6. 축 맞춤 및 몇 회의 조정으로 위치결정(취급 주의 및 힘을 가하는 것이 필요한 경우): 취급에 주의를 기울이거나 힘을 가해야 하는 대상물의 위치를 결정하기 위해 작업자가 대상물의 방향 결정 및 몇 회의 방향 조정을 한다.

4) 수동 크레인 시퀀스 분석 예

기계 작업자가 3m 걸어서 크레인 위치에 가서, 수동으로 30Kg의 고정구를 달아서 2m 떨어진 곳에 위치시킨다. 그 고정구는 팔레트 위에 놓여 있고 1개의 Hook를 걸고 그것을 잡아서 4.5m 운반하여 팔레트보다 1m 높은 작업대 위에 놓는다. 고정구는 거기에서 10cm 내려서 작업대 위에 놓는다. 작업자는 빈 크레인을 1m 움직여 놓고 작업자는 작업대로 돌아온다.

$A_6\ T_{16}\ K_{24}\ F_3\ V_{16}\ L_{24}\ V_3\ P_3\ T_{10}\ A_3 = (6+16+24+3+16+24+3+3+10+3)\times10 = 1080TMU$

(5) 동력 크레인에 의한 운반 시퀀스

1) 정의

대상물을 동력화된 크레인으로 운반하는 것이다.

2) 시퀀스 모델

A T K T P T A

3) 기본동작

- A(동작거리): 작업자가 크레인의 컨트롤 판넬로, 혹은 거기에서 이동하는 수평거리의 시간치는 보통 이동의 시간치와는 다르다.
- T(이동): 화물을 싣거나 화물을 싣지 않은 상태에서 이동하는 동작이다. 이 동작은 데이터 카드의 이동(T) 활동으로서 제공되고 있고, 특수한 상태에 대해서는 검증을 해야 한다.

동력 크레인의 기본 시간 데이터는 다음과 같다.

- 종이동: low 스피드 = 400TMU/m, High 스피드 = 50TMU/m
- 수직이동: low 스피드 = 1,200TMU/m, High 스피드 = 300TMU/m
- 횡 이동 = 500TMU/m
- 제어상자의 보턴을 눌러서 방향 변경 = 40TMU
- 횡 이동의 빈도 = 10%

4) 동력 크레인 시퀀스 분석 예

작업자가 동력 크레인으로 27m 걸어간다. 패널을 조작하여 크레인을 7.5m 떨어진 곳에 이동한다. 부품을 1회의 후크와 스링으로 부착하여 0.6m 이동하여 2회의 방향 변경하여 놓는다. 작업자는 그 후 크레인을 3m 떨어진 곳에 두고 제자리로 돌아간다.

$$A_6\ T_{16}\ K_{24}\ T_{10}\ P_{16}\ T_{16}\ A_1 = (6+16+24+10+16+16+1)\times100 = 8{,}900TMU$$

(6) 트럭에 의한 운반 시퀀스

1) 정의

트럭 시퀀스는 차륜을 사용한 운반 장치로서 재료를 수평 방향으로 이동하는 것이다.

- 승용 트럭: 포크리프트, 하이 스택커 등을 말한다.
- 보행 트럭: 핸드 트럭(2륜, 4륜), 낮은 팔레트 리프트, 스택커블 트럭 등을 말한다.

2) 시퀀스 모델

재료 운반은 다음과 같은 동작으로 구성되어 있다.

1. 트럭 있는 곳으로 작업자가 걸어간다 - 동작거리(A)
2. 작업자가 앉거나 타고 시동을 건다 - 시동 및 주차(S)
3. 트럭을 운전하거나 재료를 운반한다 - 이동(T)
4. 재료를 포크 또는 부착기구로 잡거나 싣는다 - 싣는다(L)
5. 재료를 다른 장소로 옮긴다 - 이동(T)
6. 재료를 내린다 - (L)
7. 트럭을 주차장까지 운전한다 - 이동(T)
8. 작업자가 원래의 장소 혹은 다른 장소로 돌아간다 - 이동 거리(A)

A S T L T L T A

3) 기본동작

- A(동작거리): 트럭으로 또는 트럭에서 작업자가 걸어가는 거리를 말하며 보통 이동과는 다르다.
- S(시동 및 주차): 작업자가 트럭을 움직이기 위한 준비 및 주차에 관한 동작이다. 트럭에 올라타는 경우에는 트럭에 올라타기, 엔진 시동을 걸거나 끄기, 핸드 브레이크를 풀거나 조이기 등을 말한다. 걸어서 운반하는 트럭의 경우에는 시동 걸기, 몸을 굽힘, 핸들 조작 등 핸들을 취급하는 것을 말한다.
- T(이동): 빈 트럭이나 물건을 싣고 이동하는 데 사용한다.
- L(화물을 싣거나 내림): 재료를 놓은 곳에서 잡는다든가 정해진 장소에서 재료위치를 정하는 것을 말한다.

4) 트럭 시퀀스 분석 예

작업자가 포크리프트 있는 곳으로 36m 걸어가서, 좌석에 올라타고 엔진을 시동건다. 4m 운전을 해서 팔레트를 마루에서 들어 23m 운반하여 팔레트 랙에 위치시킨다. 포크리프트는 9m 떨어진 곳에 주차하고 작업자는 18m 걸어서 원래의 위치로 돌아간다.

$$A_6\ S_6\ T_1\ L_6\ T_6\ L_{10}\ T_3\ A_3 = (6+6+1+6+6+10+3+3)\times 100 = 4{,}100\text{TMU}$$

[표 12-18] 보통 이동 시퀀스 시간표

m≫	ABGABPA	보통 이동 시퀀스		
인덱스 x 10	A 동작거리	B 몸통 동작	G 잡음 제어	P 놓음
0	≤ 5cm			잡고 있음 가벼운 던짐
1	손을 뻗으면 닿는 범위 내		가벼운 대상물 가벼운 대상물(동시)	곁에 놓음 헐거운 맞춤
3	1~2보	굽힘과 허리폄 (50% 발생)	비동시, 장애, 무거움/부피큼, 엉킴, 비가시, 모아쥠, 분해	조정 가벼운 누름 2회 놓음
6	3~4보	굽힘과 허리폄		주의, 정확, 강한 누름, 비가시, 장애, 중간의 이동
10	5~7보	앉음 또는 일어남		
16	8~10보	문을 통과 오르거나 내림 서고 구부림 구부리고 앉음		

값은 이하를 표시

[표 12-19] 제한 이동 시퀀스 시간표

m≫	ABGMXIA	제한 이동 시퀀스				
인덱스	M		X			I
	제한 이동		프로세스 시간			축 맞춤
x 10	민다/당김/돌림	크랭크(회전수)	초	분	시	대상물
1	≤30cm 보턴/스위치/노브	-	.5	.01	.0001	1점
3	〉30cm 저항, 힘주어 끼우거나 뺌, 고도의 컨트롤 2단계≤30cm	1	1.5	.02	.0004	2점≤10cm
6	2단계〉30cm(1~2보)	3	2.5	.04	.0007	2점〈10cm
10	3~4단계(3~5보)	6	4.5	.07	.0012	
16	3~4단계(6~9보)	11	7.0	.11	.0019	정확히

값은 이하를 표시

[표 12-20] 공구사용 시퀀스 시간표 (1)

<table>
<tr><td>m≫</td><td colspan="10">ABGABP ABPA 공구사용 시퀀스</td></tr>
<tr><td rowspan="4">인덱스 x 10</td><td colspan="10">조이거나 푼다(F/L)</td></tr>
<tr><td>손가락 동작</td><td colspan="4">손목 동작</td><td colspan="4">팔 동작</td><td>공구 동작</td></tr>
<tr><td>돌린다</td><td>돌림</td><td>스트로크</td><td>크랭크</td><td>두드림</td><td>돌림</td><td>스트로크</td><td>크랭크</td><td>때림</td><td>나사 직경</td></tr>
<tr><td>손가락, 드라이버</td><td>손, 나사, 드라이버, 라체트, T렌치</td><td>렌치, 육각 렌치</td><td>렌치, 육각 렌치, 라체트</td><td>햄머</td><td>라체트</td><td>렌치, 육각 렌치</td><td>렌치, 육각 렌치, 라체트</td><td>햄머</td><td>동력 렌치</td></tr>
<tr><td>1</td><td>1</td><td>-</td><td>-</td><td>-</td><td>1</td><td>-</td><td>-</td><td>-</td><td>-</td><td>-</td></tr>
<tr><td>3</td><td>2</td><td>1</td><td>1</td><td>1</td><td>3</td><td>1</td><td>1</td><td>-</td><td>1</td><td>6mm</td></tr>
<tr><td>6</td><td>3</td><td>3</td><td>2</td><td>3</td><td>6</td><td>2</td><td>-</td><td>1</td><td>3</td><td>25mm</td></tr>
<tr><td>10</td><td>8</td><td>5</td><td>3</td><td>5</td><td>10</td><td>4</td><td>2</td><td>2</td><td>5</td><td></td></tr>
<tr><td>16</td><td>16</td><td>9</td><td>5</td><td>8</td><td>16</td><td>6</td><td>3</td><td>3</td><td>8</td><td></td></tr>
<tr><td>24</td><td>25</td><td>13</td><td>8</td><td>11</td><td>23</td><td>9</td><td>4</td><td>5</td><td>12</td><td></td></tr>
<tr><td>32</td><td>35</td><td>17</td><td>10</td><td>15</td><td>30</td><td>12</td><td>6</td><td>6</td><td>16</td><td></td></tr>
<tr><td>42</td><td>47</td><td>23</td><td>13</td><td>20</td><td>39</td><td>15</td><td>8</td><td>8</td><td>21</td><td></td></tr>
<tr><td>54</td><td>61</td><td>29</td><td>17</td><td>25</td><td>50</td><td>20</td><td>10</td><td>11</td><td>27</td><td></td></tr>
</table>

값은 이하를 표시

[표 12-21] 공구사용 시퀀스 시간표 (2)

<table>
<tr><td>m
≫</td><td colspan="2">ABGABP ABPA</td><td colspan="12">공구사용 시퀀스</td></tr>
<tr><td rowspan="4">인덱스 x 10</td><td colspan="4">C(지름)</td><td colspan="3">S(표면처리)</td><td>M(측정)</td><td colspan="3">R(기록)</td><td colspan="3">T(생각)</td></tr>
<tr><td>고음</td><td>잘라냄</td><td>자름</td><td>깎음</td><td>에어</td><td>브러쉬</td><td>닦음</td><td>측정</td><td colspan="2">필기</td><td>마크</td><td>검사</td><td colspan="2">읽기</td></tr>
<tr><td colspan="2">프리미어</td><td>가위</td><td>칼</td><td>노즐</td><td>브러쉬</td><td>천</td><td>측정기구</td><td colspan="2">연필</td><td>마카</td><td>눈,
손가락</td><td colspan="2">눈</td></tr>
<tr><td></td><td>전선</td><td>자름</td><td>슬라이스</td><td>0.1 m^2</td><td>0.1m^2</td><td>0.1 m^2</td><td>cm, m</td><td>문자</td><td>단어</td><td>문자</td><td>점</td><td>문자
단어</td><td>책의
단어</td></tr>
<tr><td>1</td><td>찝음</td><td></td><td>1</td><td>-</td><td>-</td><td>-</td><td>-</td><td></td><td>1</td><td>-</td><td>체크
마크</td><td>1</td><td>1</td><td></td></tr>
<tr><td>3</td><td></td><td>무름</td><td>2</td><td>1</td><td>-</td><td>-</td><td>1/2</td><td></td><td>2</td><td>-</td><td>1
선그림</td><td>3</td><td>3</td><td></td></tr>
<tr><td rowspan="2">6</td><td rowspan="2">꼬음,
고리
만듦</td><td rowspan="2">보통</td><td rowspan="2">4</td><td rowspan="2"></td><td rowspan="2">1
분사
구멍</td><td rowspan="2">1
작은
대상물</td><td rowspan="2">-</td><td rowspan="2"></td><td rowspan="2">4</td><td rowspan="2">1</td><td rowspan="2">2</td><td rowspan="2">5
열을
감지</td><td>6</td><td>15</td></tr>
<tr><td colspan="2">자의 값
날짜/시간</td></tr>
<tr><td rowspan="2">10</td><td rowspan="2"></td><td rowspan="2">단단함</td><td rowspan="2">7</td><td rowspan="2">3</td><td rowspan="2">-</td><td rowspan="2">-</td><td rowspan="2">1</td><td rowspan="2">프로파일
게이지</td><td rowspan="2">6</td><td rowspan="2">-</td><td rowspan="2">3</td><td rowspan="2">9
결점
감지</td><td>12</td><td>24</td></tr>
<tr><td colspan="2">버니어 자</td></tr>
<tr><td rowspan="2">16</td><td rowspan="2">분할핀</td><td rowspan="2"></td><td rowspan="2">11</td><td rowspan="2">4</td><td rowspan="2">3</td><td rowspan="2">2</td><td rowspan="2">2</td><td rowspan="2">고정자,
캘리퍼스
≤30cm</td><td rowspan="2">9</td><td rowspan="2">2
날짜
확인</td><td rowspan="2">5</td><td rowspan="2"></td><td></td><td>38</td></tr>
<tr><td colspan="2">표의 값</td></tr>
<tr><td>24</td><td></td><td></td><td>15</td><td>6</td><td>4</td><td>3</td><td>-</td><td>필러 게이지</td><td>13</td><td>3</td><td>7</td><td></td><td></td><td>54</td></tr>
<tr><td>32</td><td></td><td></td><td>20</td><td>9</td><td>7</td><td>5</td><td>5</td><td>줄자≤
2mm
깊이
마이크로미터(10cm)</td><td>18</td><td>4</td><td>10</td><td></td><td></td><td>72</td></tr>
<tr><td>42</td><td></td><td></td><td>27</td><td>11</td><td>10</td><td>7</td><td>7</td><td>외경마이크로미터
(10cm)</td><td>23</td><td>5</td><td>13</td><td></td><td></td><td>94</td></tr>
<tr><td>54</td><td></td><td></td><td>33</td><td></td><td></td><td></td><td></td><td>내경마이크로미터
(10cm)</td><td>29</td><td>7</td><td>16</td><td></td><td></td><td>119</td></tr>
</table>

값은 이하를 표시

[표 12-22] 수동 이동 크레인 시퀀스 시간표

m≫	ATKFVLVPTA			수동 이동 크레인 시퀀스			
	A	T/L		K	F	V	P
인덱스 x 10	동작 거리 (보수)	2t까지 이동(m) 공이동	2t까지 이동(m) 적재 이동	걸어 올림 & 벗김	대상물의 해방	수직이동 (cm)	위치 맞춤
3	2	-	-		방향 수정 없음	20	방향 수정 없음
6	4	-	-		1회 방향 수정	40	편수 축 맞춤
10	7	1.5	1.5		2회 방향 수정	75	양수 축 맞춤
16	10	4	3.5		1회 또는 그 이상의 방향 수정으로 취급주의, 힘을 가함	115	1회 조정으로 축과 위치결정
24	15	6	5.5	싱글 또는 이중훅		150	수 회의 조정에 의한 축 맞춤과 위치결정
32	20	9	8	묶어올림 (sling)			수 회의 조정에 의한 축 맞춤과 위치결정에 힘을 가함
42	26	12	10				
54	33	15	13				

값은 그 이하를 표시

[표 12-23] 동력 이동 크레인 시퀀스 시간표

m 〉	동력 이동 크레인 시퀀스 ATKTPTA 10~20 Ton 승수 : 100			
인덱스 x 100	A	T	K	P
	동작거리	이동	후크를 걸거나 뗀다	위치결정
	m	m	확보용구의 종류	난이도
1	7			
3	19			방향 수정 없거나 1회
6	39		싱글 후크 또는 전자석	
10	67	0.6(2ft)		
16	110	8		2회의 방향 수정
24	154	16	1후크 + 스링 or 체인	수회의 방향 수정
32	205	25	2후크 + 스링 or 체인	

값은 그 이하를 표시

[표 12-24] 트럭 이동 시퀀스 시간표

m)	ASTLTLTA		트럭 이동 시퀀스					
인덱스 x 100	A	S	T					L
			이동거리					쌓거나 내린다
	동작거리 (m)	시동 및 주차	승용		보행			
			포크 리프트	하이 스택커	스택커	low 리프트 팔래트 트럭	핸드 트럭	
1	7		8	6	3	4	7	
3	19	보행트럭	20	15	8	10	15	기계적
6	39	승용트럭	40	30	15	20	30	바닥
10	67		60	50	25	30	50	팔레트 랙
16	110		100	75	35	50	80	
24	154		140	110	55			

값은 그 이하를 표시

6. 여유시간 측정법

6.1 여유의 개요

여유란 작업수행에 있어서 필요불가결한 지연에 대한 보상이다. 여기서 지연이란 단순한 지연이 아니라 당해 직제 또는 기업에서 배제하지 못하고 표준에 포함해야 할 지연을 말한다.

특수여유는 표준시간의 사용목적에 따라서 표준시간에 포함하는 경우도 있고 그렇지 않은 경우도 있다. 또한 직장여유에 대해서도 이를 특수여유로 분류하여 표준시간에 포함하지 않는 기업이 많으며, 문헌에서도 표준시간에 포함하고 있는 여유를 생리여유

[그림 12-13] 여유의 구성

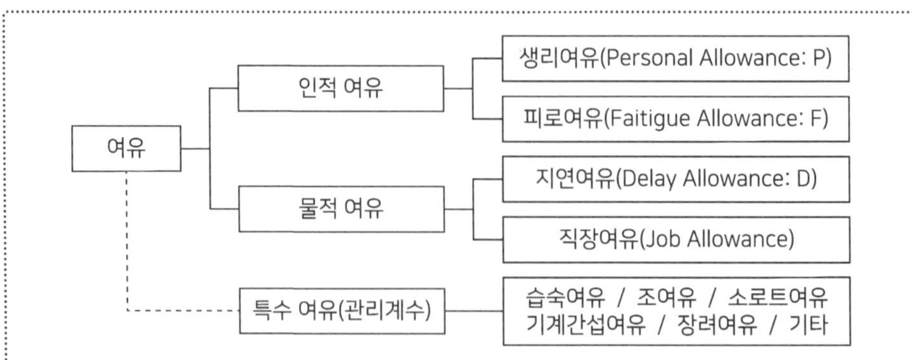

(P), 피로여유(F), 지연여유(D)를 사용하고 있다.

6.2 여유의 내용

(1) 생리여유(P)

생리여유는 개개인의 생리적인 필요에 의해 작업의 중단을 보상하는 시간으로 땀 닦기, 용변, 물 마시기 등을 말한다. 생리여유는 개개인의 신체조건에 따라 다르게 나타나나 작업환경 등을 적정화하면 인간에게 필요한 생리적이 지연은 거의 일정해 질 수 있으므로 공장 전체측면에서 일률적으로 설정하는 것이 보통이다. 예를 들면 보통 기업이 2시간마다 10분씩 휴식을 취하는 것도 같은 맥락이라 할 수 있다.

(2) 피로여유(F)

피로여유는 작업환경과 작업조건의 정도에 따라 육체적·정신적 피로가 일어나는 작업의 중단·주저·속도의 저하를 보상하는 시간이다. 작업환경은 열, 한냉, 조명, 가스, 먼지, 소음, 진동, 습기 등이며, 작업조건은 작업영역, 작업자세, 작업시의 부하, 작업의 복잡성 등이 있다.

(3) 지연여유(D)

지연여유는 불규칙적으로 발생하기 때문에 정규작업에는 포함되지 않는 작업에 대한 보상이다. 예를 들면 절삭할 때 생기는 가루를 비정기적으로 쓸어 내는 작업, 부드러운 조립물(전선, 가늘고 긴 고무, 긴 코일 같이 감긴 용수철 등)이 엉키는 것을 가끔 고치는 작업, 도장 시에 스프레이의 막힌 구멍을 뚫는 작업 등은 피할 수 없는 지연 등을 말한다.

(4) 직장여유

직장여유는 관리상의 필요성에 의해 작업중단에 대한 보상이다. 예를 들면 업무시간 내에 행하는 안전체조, 조례, 시업 또는 종업시의 정리정돈 활동, 몸차림 또는 몸치장 등을 말한다.

(5) 특수여유

특수여유는 앞의 (1)~(4) 이외에 필요하다고 생각되는 여유의 전체를 말하는 것으로 표준시간의 사용목적에 따른 여유시간과는 다르다. 일반적으로 특수여유는 낭비로서 개선해야 할 내용으로서 표준시간에 포함시키지 않는 경향이 많다.

[표 12-25] 포인트법 기준

요인	수준			
	1	2	3	4
1. 온도	5	10	15	20
2. 공기 공급	5	10	20	30
3. 습도	5	10	15	20
4. 소음	5	10	15	20
5. 조명	5	10	20	30
6. 작업연속기간	20	40	60	80
7. 사이클 반복성	20	40	60	80
8. 육체적 요구조건	20	40	60	80
9. 정신적 요구조건	10	20	30	50
10. 자세	10	20	30	40

[표 12-26] 피로여유율

범위	%	분	범위	%	분	범위	%	분
0~156	1	5	220~226	11	48	290~296	21	83
157~163	2	10	227~233	12	51	297~303	22	86
164~170	3	14	234~240	13	55	304~310	23	90
171~177	4	18	241~247	14	59	311~317	24	93
178~184	5	23	248~254	15	63	318~324	25	96
185~191	6	27	255~261	16	66	325~331	26	99
192~198	7	31	262~268	17	70	332~338	27	102
199~205	8	36	269~275	18	73	339~345	28	105
206~212	9	40	276~282	19	77	346~340	29	108
213~210	10	44	283~289	20	80	350~	30	111

[표 12-27] 수준 선택 기준

<table>
<tr><th colspan="2">구분</th><th>수준 1</th><th>수준 2</th><th>수준 3</th><th>수준 4</th></tr>
<tr><td colspan="2">온도</td><td>4~27°C</td><td>28~32°C</td><td>4°C미만 또는
33~35°C</td><td>2°C미만 또는
35°C 초과</td></tr>
<tr><td colspan="2">공기 공급</td><td>냉방시설 또는 환풍기가 있어 신선한 공기가 공급됨</td><td>냉방시설과 환풍기가 없이 자연환풍이 되는 정도임</td><td>작업 중에 먼지가 발생하며, 연기는 한계 상태임</td><td>연기, 유해가스, 먼지가 지독한 상태임
단, 건강상태 양호 및 피로는 없음</td></tr>
<tr><td colspan="2">습도</td><td>40~50%
(21~25°C)</td><td>30% 미만 또는 60~85%</td><td>온도가 높고 80% 이상</td><td>증기실이나 비오는 날의 바깥공기와 같은 상태</td></tr>
<tr><td colspan="2">소음</td><td>30~60db음악을 쉽게 들을 수 있음</td><td>30db미만 도서관, 60~90db 음악이 잘 안들림</td><td>90db 프레스 소음, 100db 보일러공장 소음</td><td>고주파수의 소음이 연속적 또는 간헐적으로 발생함</td></tr>
<tr><td colspan="2">조명</td><td>20~50ft/cd, 검사작업은 50~100ft/cd</td><td>특수조명이 필요한 경우에 작업부분에 조명</td><td>특정작업 부문에 연속적으로 특별한 조명, 밝은 곳에서 어두운 곳으로 이동하는 작업</td><td>조명이 없는 데서 작업, 손가락이나 발로 감각적으로 작업하며 눈은 사용하지 않음</td></tr>
<tr><td colspan="2">작업연속기간</td><td>1분 이내 작업완료</td><td>15분 이내 작업완료</td><td>1시간 이내 작업완료</td><td>1시간 초과작업</td></tr>
<tr><td colspan="2">사이클 반복성</td><td>작업자마다 작업 패턴이 다르고, 매일 작업 패턴이 바뀜</td><td>작업패턴은 정해져 있으나 사이클마다 작업이 바뀜</td><td>1일 10회는 반복을 함</td><td>1일 10회 이상 반복을 함, 기계와 같은 페이스로 작업</td></tr>
<tr><td rowspan="6">육체적 요구 조건</td><td rowspan="2">취급중량 (파운드)</td><td colspan="4">취급시간(%)</td></tr>
<tr><td>15 이하</td><td>16~40</td><td>41~70</td><td>70 초과</td></tr>
<tr><td>5이하</td><td></td><td></td><td>1</td><td>1</td></tr>
<tr><td>6~25</td><td></td><td></td><td>1</td><td>2</td></tr>
<tr><td>26~60</td><td></td><td>1</td><td>2</td><td>3</td></tr>
<tr><td>60초과</td><td>1</td><td>2</td><td>3</td><td>4</td></tr>
<tr><td colspan="2">정신적 요구조건</td><td>자동화가 되어 있어 그다지 긴장을 하지 않음</td><td>가끔 정신적 주의가 필요하나 1사이클 중 기계 대기시간이 있음</td><td>안전 또는 품질 때문에 정신적 주의가 필요함, 반복작업으로 항상 주의를 요함</td><td>정신적으로 집중을 요하는 복잡한 작업</td></tr>
<tr><td colspan="2">자세</td><td>앉은 채로 또는 앉았다, 일어섰다, 걸었다 함, 한 가지 자세를 5분 이상 계속하지 않음, 팔과 머리는 정상적인 상태임</td><td>선 채로 또는 일어섰다, 걸었다 함, 앉는 것은 쉴 때뿐임, 1분 미만의 시간으로 팔과 다리는 비정사적인 상태임</td><td>구부린 채로 또는 선 채로 작업하고 있으며, 팔과 다리는 벌리고 있음</td><td>장시간 신체의 위치가 고정되거나 발돋움한 채로 작업함, 몸을 움직이지 않을 때도 주의를 요함</td></tr>
</table>

7. 워크샘플링법

7.1 워크샘플링의 개요

워크샘플링(Work Sampling)이란 통계적 이론에 따른 샘플링 조사로서 분류된 각 작업의 총시간에 대한 비율을 분석하는 측정법이다.

7.2 워크샘플링의 위치

워크샘플링은 가동분석을 할 때 쓰는 기법이며, 그 위치는 [그림 12-14]와 같다.

[그림 12-14] 워크샘플링의 위치

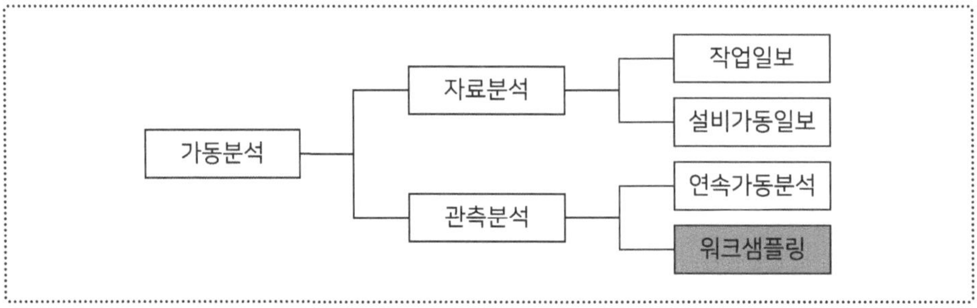

7.3 워크샘플링의 용도

(1) 설비 또는 인원의 가동내용을 파악한다.

① 여력(餘力)을 파악한다.

② 작업자의 작업분담을 개선하여 가동률을 향상한다.

③ 작업자와 사무원의 업무 불균형을 시정한다.

④ 설비의 증설 또는 인원의 증원에 대한 가부를 검토한다.

(2) 표준시간 설정의 기초자료로 활용한다.

관측기간 중에 각 작업 단위별로 생산량을 확인하여 각 작업단위의 시간을 구한다. 작업시간의 산포가 큰 작업에 대해 평균값을 표준시간으로 할 경우에 효과적이다.

(3) 여유율 결정의 기초자료로 사용한다.

작업의 지연요인이 발생이 불규칙적이고, 종류가 많으며, 내용도 다양하기 때문에 개별적인 시간치를 측정하기가 어렵다. 따라서 전체에 대한 백분율로 곱하여 산출하는 방법을 흔히 쓴다.

7.4 워크샘플링이 효과적인 작업

① 작업영역이 넓고 가동 빈도가 높은 작업에 대한 현상분석
② 반복성이 적은 작업에 대한 현상분석

7.5 워크샘플링을 위한 통계적 이론

워크샘플링은 통계에서 샘플링이라는 확률의 개념에 기초를 두고 있는 것으로 작업에 대하여 샘플링 기법을 적용한 것이다. 샘플링은 모집단으로부터 무작위로 취한 샘플이 모집단과 같은 성질을 갖는다. 샘플 수가 크면 클수록 모집단의 특성에 거의 일치한다. 샘플링은 무작위로 하는 것이므로 치우침이 발생하지 않도록 추출되는 기회는 동일해야 한다. 그리고 샘플 수를 늘리면 시간과 비용이 증가하므로 경제성과 신뢰도를 고려하여 샘플 수를 결정해야 한다.

무작위로 샘플링을 하게 되면 통상 발생하는 확률은 정규분포를 따른다. 정규분포는 평균을 중심으로 $\pm 1\sigma$(표준편차)의 범위의 면적은 68.27%, $\pm 2\sigma$의 범위의 면적은 95.45%, $\pm 3\sigma$의 범위의 면적은 99.73%가 된다. 이 면적은 데이터의 신뢰도를 나타내며, 면적을 벗어난 범위는 오차범위로서 데이터가 틀릴 확률을 의미한다[그림 12-15].

[그림 12-15] 정규분포의 면적

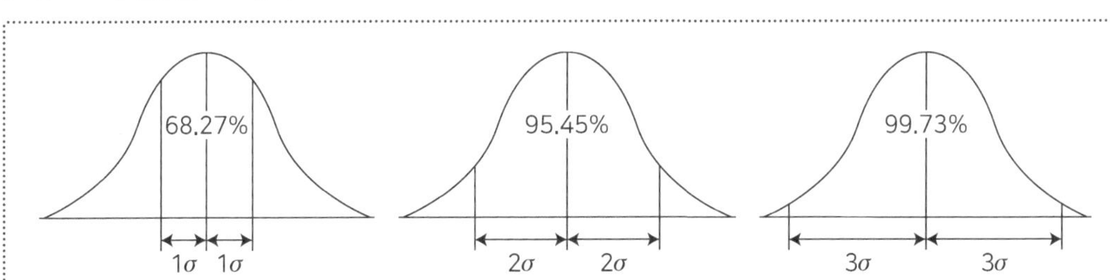

이항분포는 2가지의 사상(작업과 비작업)이 일정비율(비작업 비율을 p로 하면 작업 비율은 $1-p$가 된다)로 발생할 때 작업 또는 비작업의 확률분포는 이항분포를 나타낸다. [그림 12-16]에서 살펴보면 n=30개로 일정할 때 비작업율(p)=0.5인 경우 작업율($1-p$)=0.5로 정규분포와 근사하게 된다.

[그림 12-16] 이항분포

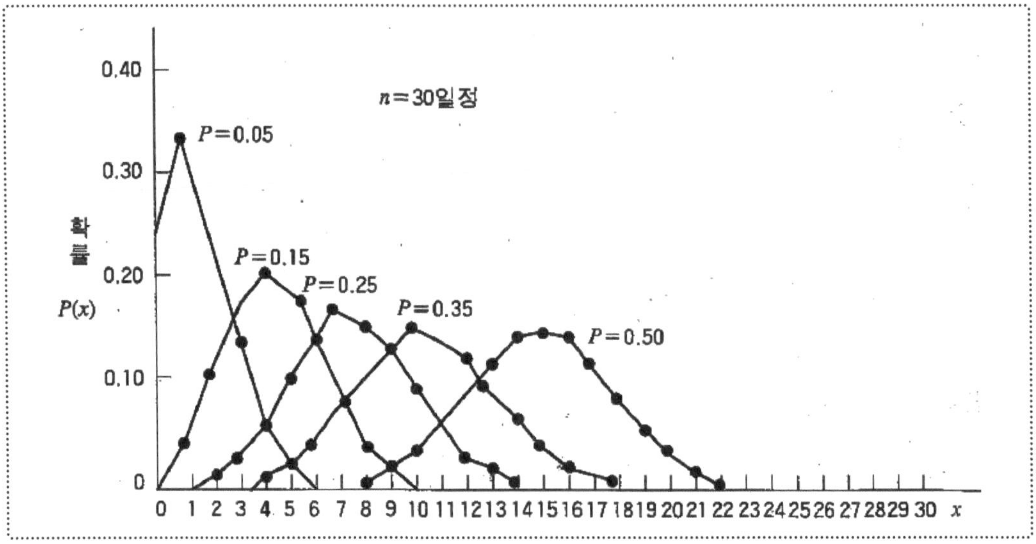

7.6 워크샘플링의 관측횟수

7.6.1 워크샘플링의 분포성질

워크샘플링의 경우 매회 관측결과의 출현확률이 이항분포를 형성한다.

이항분포의 표준편차(σ)는

$$\sigma = \sqrt{\frac{p(1-p)}{N}}$$

p : 대상 사상의 출현확률

N: 샘플의 크기

7.6.2 절대오차와 상대오차

① 절대오차(E): 길이 또는 중량 등을 나타낼 때 참값$\pm\alpha$cm(또는 kg)와 같이 표기하는 경우가 있는데 이것은 참값으로부터 $\pm\alpha$만큼의 범위(tolerance)를 주는 것을 말하는데 이를 오차의 범위를 말하는 것으로 절대오차라고 한다.

② 상대오차(S): 참값$\pm\alpha$%와 같이 백분율로 표기하는 경우가 있는데 참값으로부터 $\pm$ α%오차가 생겼을 때 오차 절대값을 참값으로 나눈 비율로 나타낸 것으로 상대오차(정밀도)라고 한다.

7.6.3 관측횟수

$$E = SP = T\sigma$$

$$SP = Z\sqrt{\frac{p(1-p)}{N}} = 2\sigma(95\%\ \text{신뢰도})$$

P : 대상 사상의 출현 확률

$$N = \frac{Z^2(1-P)}{S^2P}$$

N : 샘플의 크기(관측횟수)

Z : 신뢰도에 따른 T의 값

[표 12-28] 신뢰도 95%에서 주어진 정밀도와 P값에 대한 관측횟수를 구하는 표

작업 또는 지연이 차지하는 합계시간 중 백분률(%)	±1	±2	±3	±4	±5	±6	±7	±8	±9	±10
1	3,960,000	990,000	440,000	247,500	158,400	110,000	80,000	61,900	48,900	39,600
2	1,960,000	490,000	217,800	122,500	78,400	54,400	40,000	30,600	24,200	19,600
3	1,293,300	323,300	143,700	80,800	51,700	35,900	26,400	20,200	16,000	12,900
4	960,000	240,000	106,700	60,000	38,400	26,700	19,600	15,000	11,900	9,600
5	760,000	190,000	84,400	47,500	30,400	21,100	15,500	11,900	2,390	7,600
6	626,700	156,700	69,600	39,200	25,100	17,400	12,800	9,790	7,740	6,270
7	531,400	132,900	59,000	33,200	21,300	14,800	10,800	8,300	6,560	5,310
8	460,000	115,000	51,100	28,800	18,400	12,800	9,380	7,190	5,680	4,600
9	404,400	101,100	44,900	25,300	16,200	11,200	8,250	6,320	5,000	4,040
10	360,000	90,000	40,000	22,500	14,400	10,000	7,310	5,630	4,450	3,600
11	323,600	80,900	36,000	20,200	12,900	8,990	6,600	5,060	4,000	3,240
12	293,300	73,300	32,600	18,300	11,700	8,150	5,980	4,580	3,620	2,930
13	267,700	66,900	29,700	16,700	10,700	7,440	5,460	4,180	3,310	2,680
14	245,700	61,400	27,300	15,400	9,830	6,830	5,010	3,840	3,040	2,460
15	226,700	56,700	25,200	14,200	9,070	6,300	4,620	3,540	2,800	2,270
16	210,000	52,500	23,300	13,100	8,400	5,830	4,280	3,280	2,590	2,100
17	195,300	48,800	21,700	12,200	7,810	5,420	3,980	3,050	2,410	1,950
18	182,200	45,600	20,200	11,400	7,290	5,060	3,720	2,850	2,250	1,820
19	170,500	42,600	18,900	10,700	6,820	4,740	3,480	2,660	2,110	1,710
20	160,000	40,000	17,800	10,000	6,400	4,440	3,260	2,500	1,980	1,600
21	150,500	37,600	16,700	9,400	6,020	4,180	3,070	2,350	1,860	1,510
22	141,800	35,500	15,800	8,860	5,670	3,940	2,890	2,220	1,750	1,420
23	133,900	33,500	14,900	8,370	5,360	3,720	2,730	2,090	1,650	1,340
24	126,700	31,700	14,100	7,920	5,070	3,520	2,580	1,980	1,560	1,270
25	120,000	30,000	13,300	7,500	4,800	3,330	2,450	1,880	1,480	1,200
26	113,800	28,500	12,600	7,120	4,550	3,160	2,320	1,780	1,410	1,140
27	108,100	27,000	12,000	6,760	4,330	3,000	2,210	1,690	1,340	1,080
28	102,900	25,700	11,400	6,480	4,110	2,860	2,100	1,610	1,270	1,030
29	97,900	24,500	10,900	6,120	3,920	2,720	2,000	1,530	1,210	980
30	93,300	23,300	19,400	5,830	3,720	2,590	1,900	1,460	1,150	935
31	89,000	22,300	9,890	5,570	3,560	2,470	1,820	1,390	1,100	890
32	85,000	21,300	9,440	5,310	3,400	2,360	1,730	1,330	1,050	850
33	81,200	20,300	9,000	5,080	3,250	2,260	1,660	1,270	1,000	810
34	77,600	19,400	8,630	4,850	3,110	2,160	1,580	1,210	960	775
35	74,300	18,600	8,250	4,640	2,970	2,060	1,520	1,160	915	745
36	71,100	17,800	7,900	4,440	2,840	1,980	1,450	1,110	880	710
37	68,100	17,000	7,570	4,260	2,720	1,890	1,400	1,060	810	680
38	65,300	16,300	7,250	4,000	2,510	1,810	1,330	1,020	805	655
39	62,600	15,600	6,950	3,910	2,500	1,740	1,280	980	775	625
40	60,000	15,000	6,670	3,750	2,400	1,670	1,220	940	740	600
41	57,600	14,400	6,400	3,600	2,300	1,600	1,170	900	710	575
42	55,200	13,800	6,140	3,450	2,210	1,530	1,130	865	680	550
43	53,000	13,300	5,890	3,310	2,120	1,170	1,080	830	655	530
44	50,900	12,700	5,660	3,180	2,040	1,110	1,040	795	630	510
45	48,900	12,200	5,130	3,060	1,960	1,360	1,000	765	605	490
46	47,000	11,700	5,220	2,940	1,880	1,300	960	735	580	470
47	45,100	11,300	5,010	2,820	1,800	1,250	920	705	555	450
48	43,300	10,800	4,810	2,710	1,730	1,200	885	675	535	435
49	41,600	10,400	4,630	2,600	1,670	1,160	850	650	515	415
50	40,000	10,000	4,440	2,500	1,600	1,110	815	625	495	400

[표 12-28] 신뢰도 95%에서 주어진 정밀도와 P값에 대한 관측횟수를 구하는 표 <계속>

작업 또는 지연이 차지하는 합계시간 중 백분률(%)	±1	±2	±3	±4	±5	±6	±7	±8	±9	±10
51	38,430	9,610	4,270	2,400	1,540	1,070	785	600	475	385
52	36,920	9,230	4,100	2,310	1,480	1,030	755	575	455	370
53	35,470	8,870	3,860	2,220	1,420	985	725	555	435	355
54	34,070	8,520	3,790	2,130	1,360	945	695	530	420	340
55	32,730	8,180	3,640	2,050	1,310	910	670	510	405	325
56	31,430	7,860	3,490	1,960	1,260	870	640	490	390	315
57	30,180	7,550	3,350	1,880	1,210	840	615	470	375	300
58	28,970	7,240	3,220	1,810	1,160	805	590	450	360	290
59	27,800	6,950	3,090	1,740	1,110	770	565	435	345	280
60	26,670	6,670	2,960	1,670	1,070	740	545	415	330	265
61	25,570	6,300	2,840	1,600	1,020	710	520	400	315	255
62	24,520	6,130	2,720	1,530	980	680	500	385	305	215
63	23,490	5,870	2,610	1,470	940	650	480	365	290	235
64	22,500	5,630	2,500	1,410	900	625	460	350	285	225
65	21,540	5,390	2,390	1,350	860	600	440	335	265	215
66	20,610	5,150	2,290	1,290	825	570	420	320	255	205
67	19,700	4,925	2,190	1,230	790	545	400	305	245	195
68	18,820	4,705	2,090	1,180	750	520	385	295	230	190
69	17,970	4,490	2,000	1,120	720	500	365	280	220	180
70	17,140	4,285	1,900	1,070	685	475	350	265	210	170
71	16,340	4,085	1,815	1,020	655	455	385	255	200	165
72	15,560	3,890	1,730	970	620	430	315	245	190	155
73	14,790	3,700	1,640	925	590	410	300	230	180	145
74	14,050	3,510	1,560	880	560	390	285	220	175	140
75	13,330	3,330	1,480	835	535	370	270	210	165	135
76	12,630	3,160	1,400	790	505	350	255	195	155	125
77	11,950	2,990	1,330	745	480	330	245	185	145	120
78	11,280	2,820	1,253	705	450	315	230	175	140	110
79	10,630	2,860	1,180	665	425	295	215	165	130	105
80	10,000	2,500	1,110	625	400	275	205	155	125	100
81	9,380	2,345	1,040	585	375	260	190	145	115	94
82	8,780	2,195	975	550	350	245	180	135	110	88
83	8,190	2,050	910	510	325	225	165	130	100	82
84	7,620	1,905	845	475	305	210	155	120	94	76
85	7,060	1,765	785	440	280	195	145	110	87	71
86	6,510	1,630	725	405	260	180	130	100	80	65
87	5,980	1,405	665	375	240	165	120	93	74	60
88	5,450	1,360	605	340	220	150	110	85	67	55
89	4,940	1,235	550	310	200	135	100	77	61	49
90	4,440	1,110	495	280	175	125	90	69	55	14
91	3,960	990	440	250	160	110	80	62	49	40
92	3,480	870	385	220	140	96	70	54	43	35
93	3,010	750	335	190	120	83	61	47	37	30
94	2,550	640	285	160	100	71	52	40	31	26
95	2,110	525	234	130	85	59	43	33	26	21
96	1,670	420	185	105	67	41	34	26	21	17
97	1,240	310	140	78	50	31	25	19	15	12
98	815	205	91	51	33	24	17	13	10	8
99	405	100	45	25	16	11	8	6	5	4

또한 그래프를 통해 관측횟수를 구하는 방법은 [그림 12-17]과 같다.

① 측정하는 요소에 대한 *P*값(%)의 평균을 구한다.

② 희망하는 정밀도 *S*를 구한다.

③ *S*와 *P*를 곱하여 *E*(절대오차)를 구한다.

④ *E*값과 *P*값을 잇는 직선의 연장선을 관측횟수의 선에 일치시킬 때 맞다은 점이 관측횟수를 나타낸다.

[그림 12-17] 신뢰도 95%에서 주어진 정확도 *P*값으로 구한 관측횟수

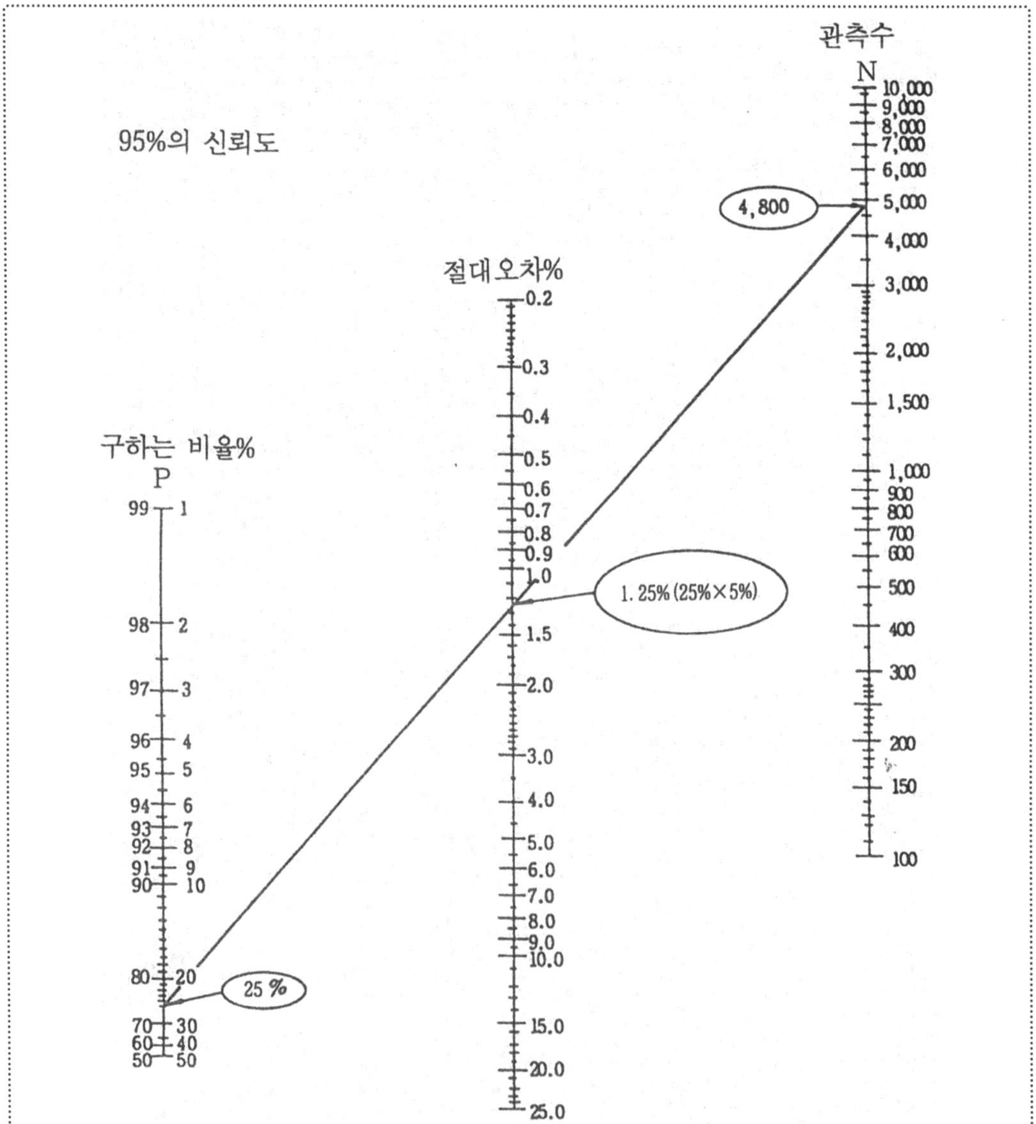

[표 12-29] 개략적인 관측횟수 기준

워크샘플링의 목적	관측횟수
일반목적(문제의 소재를 확인하는 것 등)	100
특정의 관리목적(대기의 원인을 분석하는 것 등)	600
특정의 활동분석(준비작업 또는 지연의 비율을 구하는 것 등)	2,000
사람 또는 기계의 가동률	4,000
표준시간, 여유율, 가동률 등을 높은 정밀도로 구할 때	10,000 이상

7.6.4 1일 관측횟수 결정

1일간의 관측빈도는 필요 관측횟수와 조사기간에 제약을 받는다. 예를 들면 3,600개의 샘플을 20일 동안 취해야만 할 경우 1일당 180개의 관측횟수를 수행해야 한다. 이때 하루에 관측해야 할 관측횟수가 1명이 하루에 관측 가능한 관측횟수보다 많을 경우에는 관측이 어려울 수 있으므로 관측자 수를 늘리거나 관측일수를 늘려야 한다.

$$\text{일 관측횟수} = \frac{3{,}600\text{개}}{20\text{일}} = 180\text{개/일}$$

7.6.5 관측 시각의 선정

1일당 관측횟수가 결정된 다음에는 관측자가 관측 기록할 실제시각을 선정해야 한다. 통계적으로 타당성을 갖기 위해서는 매일 관측하는 것을 상호 독립적이고 모든 시각이 균등하게 선정되도록 해야 한다. 관측 시각을 랜덤하게 선정하기 위해 난수표를 사용

[표 12-30] 난수표 예

950622	220985	742942	783807	907093
989408	037183	133869	326689	485453
194660	687432	674192	695066	899093
785915	610163	414101	171067	096124
978142	269577	163214	211559	168942
326355	358421	268787	947187	069133
356141	679380	666478	595132	347104

한다[표 12-30]. 그리고 순회의 출발점과 순회의 경로를 랜덤하게 선정한다.

난수표에서 임의의 숫자로부터 시작하여 가로 또는 세로로 순차적으로 숫자를 선정하고 이 숫자를 3개씩 묶어 관측 시각으로 환산한다.

예를 들면

950 9:30 (60 × 0.50 = 30)

622 6:13 (60 × 0.22 = 13.2)

220 2:12 (60 × 0.20 = 12)

취업시간이 9:00~18:00(점심시간 13:00~14:00)라면

0 → 9시 5 → 14시

1 → 10시 6 → 15시

2 → 11시 7 → 16시

3 → 12시 8 → 17시

4 → 13시 9 → 18시(버린다)

으로 정하면 된다.

[표 12-31] 난수표

56970	10799	52098	04184	54967	72938	50834	23777	08392
83125	85077	60490	44369	66130	72936	69848	59973	08144
55503	21383	02464	26141	68779	66388	75242	82690	74099
47019	06683	33203	29603	54553	25971	69573	83854	24715
84828	61152	79526	29554	84580	37859	28504	61980	34997
08021	31331	79227	05748	51276	57143	31926	00915	45821
36458	28285	30424	98420	72925	40729	22337	48293	86847
05752	96045	36847	87729	81679	59126	59437	33225	31280
26768	02513	58454	56958	20575	76746	40878	06846	32828
42613	72456	43030	58085	06766	60227	96414	32671	45587
95457	12176	65482	25596	02678	54592	63607	82096	21913
95276	67524	63564	95958	39750	64379	46059	51666	10433
66954	53574	64776	92345	95110	59448	77249	54044	67942
17457	44151	14113	02462	02798	54977	48340	66738	60184
03704	23322	83214	59337	01695	60666	97410	55064	17427
21538	16997	33210	60337	27976	70661	08250	69509	60264
57178	16730	08310	70348	11317	71623	55510	64750	87759
31048	40058	94953	55866	96283	40620	52087	80817	74533
69799	83300	16498	80733	96422	58078	99643	39847	96884
90595	65017	59231	17772	67831	33317	00520	90401	41700
33570	34761	08039	78784	09977	29398	93896	78227	90110
15340	82760	57477	13898	48431	72936	78160	87240	52710
64079	07733	36512	56186	99098	48850	72527	08486	10951
63491	84886	67118	62063	74958	20946	28147	39338	32109
92003	76568	41034	28260	79708	00770	88643	21188	01850
52360	46658	66511	04172	73085	11795	52594	13287	82531
74622	12142	68355	65635	21828	39539	18988	53609	04001
04157	50070	61343	64315	70836	82857	35335	87900	36194
86003	60070	66241	32836	27573	11479	94114	81641	00496
41208	80187	20351	09630	84668	42486	71303	19512	50277
06433	80674	24520	18222	10610	05794	37515	48619	62866
39298	47829	72648	37414	75755	04717	29899	78817	03509
89884	59651	67533	68123	17730	95862	08034	19473	63971
61512	32155	51906	61662	64430	16688	37275	51262	11569
99653	47635	12506	88535	36553	23757	34209	55803	96275
95913	11085	13772	76638	48423	25018	99041	77529	81360
55804	44004	13122	44115	01601	50541	00147	77685	58788
35334	82410	91601	40617	72876	33967	73830	15405	96554
57729	88646	76487	11622	96297	24160	09903	14047	22917
86648	89317	63677	70119	94739	25875	38829	68377	43918
30574	06039	07967	32422	76791	30725	53711	93385	13421
81307	13114	83580	79974	45929	85113	72268	09858	52104
02410	96385	79067	54939	21410	86980	91772	93307	34116
18969	87444	52233	62319	08598	09066	95288	04794	01534
87863	80514	66860	62297	80198	19347	73234	86265	49096
08397	10538	15438	62311	72844	60203	46412	65943	79232
28520	45247	58729	10854	99058	18260	38765	90038	94209
44285	09452	15867	70418	57012	72122	36634	97283	95943
86299	22510	33571	23309	57040	29285	67870	21913	72958
84842	05748	90894	61658	15001	94005	36308	41161	37341

[표 12-32] 랜덤 시간표를 활용하는 경우에는 각 숫자는 8시간 근무에서 업무 시작시간부터 경과시간으로 보면 된다.

예를 들면

9:00 업무가 시작된다고 한다면

0:05 → 8.00 + 0.05 = 8:05

7:25 → 8:00 + 7.25 = 15:25

랜덤 시간표의 각 그룹은 각각 25개 시간을 포함하고 있다. 샘플의 크기를 25보다 작게 하고자 할 때에는 ( )의 번호가 큰 것부터 차례로 버린다. 만약 샘플을 25개보다 증가시킬 때는 2개 이상의 그룹을 사용한다. 선정된 시간이 휴식시간 내에 있거나 순회 소요시간보다 시간이 적게 되었을 때는 버린다.

[표 12-32] 랜덤 시간표

	1		2		3		4		5		6		7
(19)	0:05		0:20		0:10		0:15		0:05	(23)	0:10		0:15
	0:20	(18)	0:50	(16)	0:35		0:25	(18)	0:25		0:25	(21)	0:20
	0:55	(24)	1:20		0:55	(16)	1:20		0:45	(21)	0:30	(16)	0:35
(22)	1:10	(21)	1:45	(24)	1:00		1:40		1:05		0:40	(15)	0:50
(20)	1:20		1:55		1:10	(22)	1:55	(21)	1:50		1:10		1:00
(24)	1:35		2:00		1:45		2:00	(20)	2:10		1:20		1:25
	2:30		2:30	(19)	2:00		2:30		2:20		1:30	(23)	1:40
	3:05		2:40		2:05	(15)	2:50		2:30		2:25	(22)	1:50
(16)	3:10		3:10	(21)	2:45		3:10	(19)	2:35		2:35		1:55
(25)	3:15	(23)	3:30		2:50	(18)	3:30	(17)	2:50		2:40		2:45
	3:25	(22)	3:40	(22)	3:00		3:45	(23)	3:00	(24)	2:55	(25)	3:05
(21)	3:45		3:50		3:20		3:50	(16)	3:10	(19)	3:05		3:50
	4:00		4:05		3:30		4:30		3:40		3:15	(19)	4:00
	4:10	(16)	4:15	(20)	4:40	(20)	4:40	(24)	3:45	(17)	3:25		4:25
(18)	4:35	(17)	4:20		4:45		5:10	(15)	4:30	(15)	3:30	(18)	4:45
	4:55	(19)	4:25		4:55		5:20		5:00		3:40	(20)	5:00
	5:00		4:30		5:00	(17)	5:30		5:45	(16)	3:50		5:10
(15)	5:05	(15)	4:35	(18)	5:55	(25)	5:45	(22)	5:50		4:00	(24)	5:15
(17)	5:35		5:20	(25)	6:00	(19)	5:50		5:55		4:15		6:20
	5:55		5:35		6:05	(21)	6:15		6:00		4:25		6:25
(23)	6:20		6:15	(23)	6:35		6:20		6:35	(18)	4:35		6:50
	6:45	(20)	6:40	(15)	6:40	(24)	6:25		6:45	(22)	5:40		6:55
	6:50	(25)	6:45		7:10		6:50	(25)	7:00	(25)	6:45		7:15
	7:10		7:10		7:25		7:30		7:45		6:55		7:40
	7:25		7:25	(17)	7:50	(23)	7:55		7:55	(20)	7:35	(17)	7:45

	8		9		10		11		12		13		14
(17)	0:05		0:25		0:05	(25)	0:05	(22)	0:10	(25)	0:10		0:10
(18)	0:20		0:30		0:15	(18)	0:15		0:20		0:15	(17)	0:15
(15)	1:05		0:40		0:40		0:20		0:30		1:10		0:20
	1:25	(24)	0:45		1:30		0:25		1:30		1:25	(22)	0:25
	1:30		1:00		1:45		0:55	(19)	1:45	(21)	1:30	(24)	0:50
	2:05	(18)	1:10	(21)	2:20		1:20		1:50		1:40	(18)	1:25
	2:25	(17)	1:25		2:25		1:35		2:25		1:45		1:35
(24)	2:40		1:40	(22)	3:10		1:55	(25)	2:35	(16)	2:05	(23)	2:10
(16)	3:00		2:15	(20)	3:40	(17)	2:10	(17)	3:05		2:40	(20)	2:15
	3:20		2:20	(15)	3:50		2:30		3:10	(19)	2:45		2:40
	4:25		2:30		4:15		2:45		3:50		2:55		2:55
	4:45	(15)	2:40	(24)	4:20	(21)	2:50		3:55	(22)	3:40		3:35
	4:50		2:45		4:30	(22)	2:55		4:05		3:45	(21)	3:40
(25)	4:55	(21)	3:05	(25)	4:40	(15)	3:00		4:10	(18)	3:50		4:35
	5:05	(16)	3:30		4:55	(16)	3:30		4:50	(24)	4:05	(16)	4:45
	5:15		3:35		5:00		3:35	(21)	5:10	(20)	4:25	(19)	5:05
	5:50		4:00		5:15	(23)	3:45	(16)	5:25		4:55		5:10
	5:55		4:15	(19)	5:20		4:05	(15)	5:30		5:15		5:50
(22)	6:00	(23)	4:50		5:25		5:00	(24)	6:00		5:45		6:05
(20)	6:10	(20)	5:45	(23)	6:05	(19)	5:40		6:05	(15)	6:20		6:20
(19)	6:20	(22)	5:50	(17)	6:45	(24)	5:50		6:15		6:25		7:05
	6:35		6:25	(18)	7:15		5:55		6:30	(17)	6:30		7:10
(23)	7:10	(19)	6:50		7:25		7:20	(18)	6:50		6:35		7:20
	7:15	(25)	7:05		7:35		7:40	(23)	6:55	(23)	7:35	(25)	7:50
(21)	7:30		7:30	(16)	7:55	(20)	7:50	(20)	7:25		7:50	(17)	7:55

8. 가동분석

8.1 가동분석의 개요

가동분석은 사람이나 설비의 가동상태를 분석하거나 비가동상태를 분석하여, 비가동 상태에 해당하는 비가동요소를 분석함으로써 이를 개선방안을 마련하여 개선하는 데 있다.

8.2 가동분석의 사전 준비

(1) 워크유니트 구성용지 작성 목적

① 워크샘플링 조사에 의해 분류된 각 작업의 총시간에 대한 비율을 조사한다.

② 요소작업에 대하여 명확한 정의를 내려 조사 및 분석에 혼란을 없애고 일관성과 신뢰성을 유지한다.

③ 워크샘플링 조사 목적에 맞게 요소작업으로 구분한다.

(2) 구성용지의 설계 포인트

① A4 용지를 활용한다.

② 작업에 있어서 정규요소와 비정규요소를 구분하여 공정에서 발생하고 있는 요소작업을 작성하고 각 요소작업에 대한 정의를 작성한다. 이때 정의는 요소작업에 대한 명확한 구분을 하기 위한 것이다.

(3) 구성용지의 작성 포인트

① 공정에서 발생하고 있는 요소작업을 관측할 수 있도록 요소작업을 작성한다.

② 요소작업에 대한 정의는 구체적이고 작업의 시작과 종료를 명확히 작성한다.

③ 대구분, 중구분, 요소작업으로 구분하여 각 중구분마다 실제 조사시에 추가적으로 발생하는 요소작업을 작성할 수 있도록 여유공간을 마련해 둔다.

(4) 구성용지의 활용 포인트

① 조사자는 관측 전에 작업내용을 충분히 이해한다.

② 관측 중에 구분할 수 없는 작업이 발생할 경우에 어떻게 작업구분을 할 것인지를 확인한다.

[표 12-33] 워크유니트 구성 예

대구분	중구분	요소작업	정의
작업	주체작업	용접	스위치를 ON한 후부터 빼낼 때까지
	부수작업	검사	외관검사, 치수 검사
		적치	용접 완료품을 쌓는 작업
		착탈	부품, 용접품 착탈 작업
		이적	행거간 제품 운반
비작업	지연여유	운반	지개차 등으로 걸어다니며 운반
		설비고장	정비
		청소	공정 및 설비 청소
		대기	작업을 하기 위해 멈추어 있는 상태
		조정	J/C 셋팅 및 설비조정
	기타 여유	이탈	공정에 작업자가 없는 상태
		잡담	작업 중단 상태에서 대화
		휴식	비정상적인 휴식
		이동	빈 대차 운반 및 타설비로 이동

8.3 가동분석의 조사 실시

(1) 워크샘플링 분석표 작성 목적

작업과 비작업 요소에 대한 요소작업별로 발생빈도를 사람과 시간대별로 가동 또는 비가동 상황을 파악하기 위한 것이다.

(2) 분석표의 설계 포인트

① 어떤 기계로 어떤 제품을 생산하고 있는가에 대한 작업자의 활동내용과 관측 시간을 선정한다.

② 조사시에 개선이 필요한 경우 현재 상황과 개선안 작성란에 개선전·후에 따른 분석 상황을 표시할 수 있도록 마련한다.

③ 사전조사를 통해 빠트린 내용을 조사시에 발견했을 때 추가로 작성할 수 있도록 충분한 공란을 마련한다.

④ 사전조사를 통해 조사된 요소작업을 작성한다.

(3) 분석표의 작성 포인트

① 분석표가 여러 장일 경우에는 순서가 섞이지 않도록 페이지를 작성한다.

② 조사에서 관측된 내용을 정확하게 작성한다.

③ 발생빈도에 따라 문제점을 정량화한다.

④ 관측 시간과 경로는 타당성을 확보하기 위해 난수표로 결정한다.

⑤ 요소작업 분할 크기와 샘플수를 결정한다.

(4) 분석표의 활용 포인트

① 요소작업별로 발생빈도에 의한 문제점을 결정한다.

② 작업과 비작업 요소로 구분하여 표준시간을 설정한다.

[표 12-34] 워크샘플링 작성 예

대상 : 밀링현장　　　　5월 3일 관측자 : □ □ □

요소작업	8 : 05	8 : 17	8 : 39	8 : 42	8 : 51	9 :	16 : 17	16 : 24	계	%
재료삽입/탈착		///	//	/	/		/		25	8.9
핸들의조작				//	/	/	/		28	10.0
절삭칩의 제거				//		//	/	///	28	10.0
절삭중의 감시		///	卌	///	卌 /	卌	///		104	37.1
계측			//	/	/		/	/	25	8.9
재료를 대차로운반		//			/	/	//		11	3.9
작업의 사전협의	卌					/	/		17	6.1
이동	//							/	12	4.3
여유	///	/	/					卌	30	10.8
계	10	10	10	10	10	10	10	10	280	100

8.4 가동분석의 데이터 정리

(1) 워크샘플링 데이터 정리 목적

워크샘플링 조사를 통해 수집된 데이터를 집계정리하여 각 요소작업별로 발생률을 구하기 위한 것이다.

(2) 데이터 정리의 설계 포인트

① 관측수를 기록하는 란이 부족한 경우 비고란과 정밀도란의 삭제가 가능하다.

② 데이터 정리에서 가장 중요한 것은 각 요소작업별로 발생비율이기 때문에 발생률란을 강조할 필요가 있다.

(3) 데이터 정리의 작성 포인트

① 사전조사 시에 작성된 워크유니트의 요소작업을 순서대로 작성한다.

② 워크샘플링 분석표에 작성된 요소작업별 발생 수를 숫자로 정리한다.

③ 요소작업별 발생률 = 요소작업별 샘플 수 / 총 샘플 수 × 100%로 계산하여 작성한다.

④ 합계란에 작업 및 비작업 샘플 수와 작업 및 비작업 비율을 작성한다.

[표 12-35] 워크샘플링 데이터 정리 예

No	대구분	중구분	요소작업명		관측 수 1	2	3	4	5	계	비율 (%)	정도 (%)	비고
1	정규 요소	주체 요소	1	용접	3	10	2	4	3	22	18.3		
			2	검사	2	0	9	1	0	3	2.5		
			3	조정	5	0	0	0	0	5	4.18		
		부수 요소	4	착탈	2	10	8	8	3	31	25.8		
			5	적치	2	2	1	4	1	10	8.3		가동률 81.6%
			6	이적									
2	비정규요소	여유 요소	7	이탈	1	6	0	6	3	16	13.3		
			8	이동	2	1	2	0	3	8	6.7		
			9	휴식	0	0	3	1	3	7	5.8		
			10	잡담	1	0	1	0	2	4	3.3		
			11	청소	0	0	0	0	0	0	0		
		지연 요소	12	운반	1	1	0	2	0	4	3.3		
			13	대기	1	0	3	2	1	7	5.6		
			14	설비고장	0	0	0	0	0	0	0		비가동률 38.4%
합계					20	30	20	30	20	120	100	95	

(4) 데이터 정리의 활용 포인트

O-F(Object-Factor)의 요소작업별 개선 검토 분석의 기초 데이터로 활용한다.

8.5 가동분석의 요소작업별 개선 검토(O-F분석)

(1) 요소작업별 개선 검토 목적

① 워크샘플링을 통해 조사된 요소작업별 작업 및 비작업 요인 발생률을 파악한다.

② 주작업 이외의 작업요소에 대한 작업 개선을 검토하기 위한 것이다.

③ 작업효율을 향상시키기 위한 것이다. 즉 작업의 목적, 원인 및 방법을 검토하여 개선 방향 및 개선착상을 통하여 주체작업의 비율을 향상하기 위한 것이다.

(2) 요소작업별 개선 검토의 설계 포인트

① 개선을 검토하고 분석하는 과정 중에 추가로 발생하는 내용을 작성하기 위해 원인란과 개선착안란에 여유 공간을 둔다.

② 1차원인과 2차원인 등으로 구분할 수 있도록 층별하여 작성할 수 있도록 한다.

(3) 요소작업별 개선 검토의 작성 포인트

① 목적 및 원인을 분석할 때 원점을 지향하여 실시한다.

② 개선유무에 관계없이 다양한 아이디어를 도출한다.

③ 개선 착안이 실현 가능성을 가늠하게 만들어 준다.

④ 방법란에는 도표나 그림을 삽입하면 더욱 좋다.

(4) 요소작업별 개선 검토의 활용 포인트

① 개선활동을 할 수 있도록 방향성을 제공한다.

② 개선의 우선순위를 결정한다.

③ 개선 목표 설정과 테마 설정에 활용한다.

[표 12-36] 워크샘플링 요소작업별 개선검토표 예 (목적원인계열에 의한 개선 검토)

구분	구분	No	요소작업명	발생비율 샘플 수	목적(What)	원인(Why)	방법(How, Where)	개선 착상	개선 후 발생률	감소율
여유	지연요소	1	불량품 정리	(98) 7.2%	불량품을 다음 공정으로 흘려보내지 않는다.	불량품, 미재봉 제품이 혼재되어 있다.	손 앞에 한 벌을 개어 놓는다.	• 불량상자를 설치하여 슈트 식으로 한다. • 접어서 포개지 않는다. • 제품 속에 전표를 넣는다. • 투명테이프로 붙인다.	(1/3) 33	
		2	재료 정비	(64) 5.0%	재료를 잡기 쉽게 하기 위해	재료가 흐트러져 엉켜 있다. 재료놓임대 불량. 검사대가 미끄럽다.	두 손으로 소매 부분을 잡고 늘어뜨린다.	• 작업대를 넓게 해서 재료길이를 만든다. • 두 번째 대차 준비할 때 충분히 푼다.	(12) 32	
		3	재료 꺼내기	(39) 2.5%	검사를 쉽게 하기 위해	재료가 엉켜 흐트러져 있다.	재료를 붙여서 끌어올린다.	• 미리 충분히 푼다. 작업대를 넓게 하여 재료 길이를 만든다.	(1/2) 20	
		4	불량처리 상담	(37) 2.5%	불량배제→재료기준 확인: 판정의 정확성을 기한다.	판정 미숙, 한도견본이 가까이 있다. 재봉자국이 안감 속으로 들어가 있어서 판정이 어렵다.	순환보급원이 반장에게 불량개소를 보이고 지시를 듣는다.	• 교육·교육의 출처, 한도견본의 정비(손가까이에), 모아서 상담한다.	(0) 0	
		5	불량판정 지연	(16) 1.2%	불량배제→판정의 정확성을 기한다.	판정미숙, 한도견본이 없다. 판정하기 어렵다.	불량개소를 보면서 생각한다.	• 교육·교육의 출처, 한도견본의 정비(손가까이에), 모아서 상담한다. • 따로 모아서 반장이 판정한다.	(1/2) 8	
		6	양품다시 간 추리기	(16) 1.2%	주름방지, 정리하기 쉽게	양품이 흐트러져 있다.	두손으로 1장씩 세는 것처럼	• 검사 후 행거차에 건다.	(0) 0	
		7	결속끈 모으기	(10) 0.8%	1세트 묶기 위해, 흐트러짐 방지	순환보급원이 끈의 보충을 잊기 때문에	끈이 있는 장소까지 걸어가서 가져온다.	• 끈 주머니를 대옆에 붙인다. 끈을 사용 안 한다.	(0) 0	
		8	실밥 떼어내기	(12) 0.9%	품질 향상 → 불량품을 다음 공정으로 보내지 않는다.	실밥이 묻어 있다.	손끝으로 떼어낸다.	• 전 공정에서 완전처리 하도록 철저히 의뢰	(1) 12	
		9	남은 실 잘라내기	(20) 1.5%	품질향상 → 불량품을 다음 공정으로 보내지 않는다.	전 공정에서 남은 실을 잘라내는 것을 잊는다.	재봉자국으로부터 2~3mm 남기고 가위로 자른다.	• 전 공정에서 완전처리하도록 철저히 의뢰	(1) 2	
		10	로트대체 연락	(8) 2.4%	로트의 혼입 방지	로트구분 불명확, 로트에 혼입이 있음	순환보급원이 로트 전표를 보이면서	• 로트를 구분하는 표찰을 만든다.	(0) 0	
	휴식요소	11	휴식	(36) 2.5%					(1) 36	
		12	머리·복장 고치기	(15) 1.2%		땀이난다. 머리카락이 흘러내린다. 바지가 흘러내린다.		• 작업복 스타일을 바꾼다.	(1) 15	
		13	생리적 현상	(11) 0.9%					(1) 11	

8.6 가동분석의 R-F분석

(1) R-F분석의 목적

워크샘플링을 통해 분석된 비가동요인, 문제, 불량 등의 발생요인과 원인을 추적하여 해결방법을 마련하는 것이다.

(2) R-F분석의 설계 포인트

생산의 4대 로스를 중심으로 R(현상)과 F(요인, 원인)을 충분히 작성할 수 있도록 공간을 마련한다.

(3) R-F분석의 작성 포인트

① 불량발생 요인부서와 부품 또는 제품의 특성 등에 대하여 상세히 작성한다.
② F1은 불량의 직접적인 원인과 물리적인 원인을 작성한다.
③ F2는 불량의 직접적인 원인과 물리적인 원인을 일으킨 조건들을 작성한다.
④ F3은 F2의 조건과 4M(사람, 재료, 설비와 치공구, 작업방법)과의 관련분석을 실시하여 그 원인을 작성한다.
⑤ 하나의 현상에 대해 다수개의 원인을 발굴한다.
⑥ F란에 작성할 때 동사를 사용하여 구체적으로 작성한다. 또한 스케치나 사진을 첨부하면 더욱 좋다.

(4) R-F분석의 활용 포인트

① F에 분석된 내용과 개선방안에 대하여 관련부서에 통보하고 재발방지가 될 수 있도록 한다.
② F의 영향 정도에 따라 개선 우선순위를 결정한다.

[표 12-37] R-F분석 예

<table>
<tr><td colspan="4">R-F 분석용지</td><td>직업</td><td></td><td>작업</td><td></td><td>작성일</td><td>작성자</td></tr>
<tr><td>No</td><td colspan="3">R(현상)</td><td>f_1</td><td>f_2</td><td>f_3</td><td>f_4</td><td>f_5</td><td>f_6</td></tr>
<tr><td rowspan="3">1</td><td rowspan="3">가동 LOSS</td><td>제품</td><td>40.1</td><td rowspan="3">• 자리 이탈 많다
• 작업 대기시간이 길다.</td><td rowspan="3">• 제품 대기시간이 많다.
• 검사공정작업 지연</td><td rowspan="3">• 설비트러블에 의한 대기
• 품종별 언발란스로 미검사품 누적 정체 현상</td><td rowspan="3">• 신설비 설치후 작동상태 미비
• 라인 물량조절 불량</td><td rowspan="3">• 전공정 특정검사 자동화 조기 실현 필요
• 파레트(컨베이어) 부족</td><td rowspan="3">• Lay-out재정비</td></tr>
<tr><td>검사</td><td>53.1</td></tr>
<tr><td>포장</td><td>41.5</td></tr>
<tr><td>2</td><td colspan="3">편성 LOSS</td><td>• 공정간 정체 현상 많다.
• 공정편성이 불합리하다.</td><td>• Lay-out변경 후 문제 노출(변경미스)
• 각 공정간 의사소통, 업무협조 부진</td><td>• 1개 1라인에 3개씩 편성
• 공정작업분석 미비</td><td>• 공정편성의 고정관념
• 가동능력 편성로스 연계화 부진</td><td>• 전·후 공정간 동작분석 문제(업무의 차이)</td><td>• Lay-out재정비 후 편성효율 재검토 및 변경 필요</td></tr>
<tr><td>3</td><td colspan="3">방법 LOSS</td><td>• 제품 운반 이동 작업이 많다.
• 가동상태 확인이 많다.</td><td>• 작업분배의 불균형
• 네크공정의 작업불량 누적</td><td>• 기종별 불균형 발란스
• 설비고장시 생산지연
• 공정별 가공차가 크다.</td><td>• 설비편성 불합리</td><td>• 설비고장시 즉각적인 수리가 안된다.</td><td>• TPM측면에서 활동이 필요
• 가동로스 향상시 방법로스와 퍼포먼스로스 개선도 병행할 수 있음</td></tr>
<tr><td>4</td><td colspan="3">퍼포먼스 LOSS</td><td>• 각 공정간 의사소통 부족
• 작업의욕 부족
• 휴식과 대기분류가 불명확</td><td>• 각 공정의 편리를 위한 작업(비협조)
• 작업자 피로감 과중</td><td>• 관리자와 관리부서의 협조 부진
• 물량정체에 의한 일시적 작업량 up
• 제품 중량 무겁다.</td><td>• 관심부족
• 작업량 up에 의한 거부감</td><td>• 의욕부족
• 의욕상실</td><td>• 가동로스 향상시 방법로스와 퍼포먼스로스 개선도 병행할 수 있음</td></tr>
</table>

12장 연습문제

1. 리드타임의 개념에 대하여 설명하시오.
2. 리드타임의 종류에 대하여 설명하시오.
3. 리드타임, 사이클타임, 피치타임, 택트타임의 차이에 대하여 설명하시오.
4. 생산 리드타임에 대하여 설명하시오.
5. 흐름생산의 개념에 대하여 설명하시오.
6. 로트생산과 1개 흐름생산의 차이에 대하여 설명하시오.
7. 생산방식의 결정방법에 대하여 설명하시오.
8. 흐름생산의 8가지 요인에 대하여 설명하시오.
9. 흐름생산의 필수조건에 대하여 설명하시오.
10. 낭비가 없는 흐름화 적치방법에 대하여 설명하시오.
11. 평준화 생산의 개념에 대하여 설명하시오.
12. 평균화 생산과 평준화 생산의 차이에 대하여 설명하시오.
13. 표준시간의 개념에 대하여 설명하시오.
14. 표준작업과 작업표준의 차이에 대하여 설명하시오.
15. 표준시간의 구성에 대하여 설명하시오.
16. 표준시간의 조건에 대하여 설명하시오.
17. 여유의 개념에 대하여 설명하시오.
18. 여유의 종류에 대하여 설명하시오.
19. 워크샘플링법의 개념과 용도에 대하여 설명하시오.
20. 가동분석의 개념에 대하여 설명하시오.

CHAPTER

13

공정설계

1. 라인생산의 개요

기업에서 생산되는 제품이 한 번의 작업으로 완성품이 되는 경우는 드물다. 예를 들면 사출공장에서 사출기계로 어떤 부품을 성형하였을 때 부품에 버어(burr)가 발생하면 이를 제거하기 위하여 사상을 하고, 사상이 끝나면 양품인지 검사하여, 양품으로 선별된 부품에 대해서는 포장을 하는 등의 공정을 거치게 된다. 이와 같이 1개의 제품을 생산할 때 여러 공정을 거쳐 완성하게 되는데 이러한 공정을 이웃하게 붙여 놓은 것을 라인이라 한다.

생산방식을 결정하는 것은 기업에서 생산하고 있는 제품의 종류(product)와 양(quantity)에 따라 결정되며 이를 P-Q분석이라 한다.

① 소품종 대량생산 방식은 품종은 적지만 개별품목별로 Lot를 구성하는 생산수량이 많아 작업변경을 할 필요가 없기 때문에 전용라인을 구성하여 하나의 제품을 계속해서 생산해야 하므로 공정순서별로 나열하여 완성도를 높여가는 라인으로 구성하는 것이 좋으며 이를 제품별 생산이라 한다. 이때 설비는 전용설비로 구성된다.

② 다품종 소량생산 방식은 품종은 많지만 개별품목별로 Lot를 구성하는 생산수량이

적어 수시로 작업변경을 할 수밖에 없는 경우로서 범용라인을 구성하여 여러 가지 제품을 변경해 가면서 생산해야 하므로 동일한 설비별로 배치하는 것이 좋으며 이를 기능별 생산이라 한다. 이때 설비는 범용설비로 구성된다.

③ 중품종 중량생산 방식은 품종의 수와 생산수량이 소품종 대량생산방식과 다품종 소량생산방식의 중간 정도가 되므로 전용라인을 꾸려 제품별 생산을 하기에는 어려움이 있고, 그렇다고 범용라인으로 꾸려 기능별 생산을 하기에도 낭비가 많이 발생하는 문제가 있다. 따라서 전체적으로는 라인화를 하면서 설비는 공용으로 활용하는 방법으로 생산라인을 구축하는 것이 좋다.

이와 같이 제품의 종류와 생산량에 따라 3가지 생산방식 중 하나를 선택하여 사용하고 있으나 최근에는 갈수록 소량주문 및 단납기가 증가하고 있으므로 흐름생산 방식을 따르는 것이 좋다. 흐름생산은 라인화를 이루어 1개씩 흘리기 생산방식을 말한다.

2. 라인의 종류

라인은 배치하는 모양에 따라 다음과 같이 분류한다.

2.1 컨베이어 형

포드자동차는 컨베이어를 활용하여 작업의 3S인 표준화(standardization), 전문화(specialization), 단순화(simplification)를 통해 대량생산체제를 마련한 기업이다. 컨베이어 생산의 장점은 다음과 같다.

① 소품종 대량생산에 적합하다.

② 컨베이어는 강제 구동방식으로 이루어져 있어 일정한 투입주기를 준수하도록 구속력이 매우 강하다.

③ 공정과 공정 사이에 물건 운반을 컨베이어가 해줌으로써 사람이 운반하는 공수와 노동력을 줄여준다.

④ 작업의 분업화를 통해 난이도를 낮춤으로써 초보자의 숙련기간이 단축된다.

2.2 U형 또는 =형

도요타자동차에서 공정의 배치를 U자와 같이 하여 지어진 이름이다. U자형 배치는 설비를 가지고 라인을 구성할 때 사용하고 있고, =자형은 조립공정을 라인으로 구성할 때 사용하고 있다. U형 또는 =형의 장점은 다음과 같다.

① 다품종 소량생산에 적합하다.
② 한 작업자가 여러 공정을 담당할 수 있어 라인편성효율이 매우 높다.
③ 타 공정을 지원하거나 타 공정의 지원을 받을 수 있어 낭비를 줄일 수 있다.
④ 좁은 공간에도 배치가 가능하여 공간 활용률이 높다.
⑤ 첫 공정과 마지막 공정을 1인이 담당하여 투입에 대한 페이스메이커(pace maker) 역할을 하며, 투입과 완성에 대한 정보를 신속하게 알 수 있다. 즉 택트타임의 유지가 용이하고 생산고 달성이 확실하다.
⑥ 품종교체가 직선라인에 비해 용이하다.

2.3 I형

공정의 배치를 I형으로 하는 것으로 일자(직선)형 라인이라고 한다. I형의 장점은 다음과 같다.

① 전용라인으로 하지 않더라도 효율을 높일 수 있다.
② 생산의 3대악(불합리, 불필요, 불균형)으로 인한 손실을 최소화할 수 있다.
③ 설비 중심으로 하는 작업에 유리하다.

3. 공정 최적화 설계

생산라인은 물이 흐르는 것과 같이 흘러가야 한다. 생산라인에 문제가 발생하면 바로 발견할 수 있는 구조가 되어야 한다. U형 또는 =형 레이아웃을 통한 흐름생산은 입구와 출구를 한 사람이 담당함으로써 택트타임에 맞추어 1개 흘리기를 했을 때 문제가 발생하면 작업 언밸런스가 발생하여 공정작업자가 대기하는 등의 여러 가지 낭비를 바로 발견할 수 있는 구조다.

라인편성은 생산코스트를 낮추기 위하여 전체의 능률을 향상시키고 낭비를 철저하게 제거하여 필요한 생산량을 최소의 인원으로 1인당 생산성을 극대화되도록 하는 것을 목적으로 한다.

3.1 현상파악

목적	현재의 실태를 파악한다.
체크 포인트	(1) 불량원인 등 보이지 않는 것을 보이게 한다. (2) 보이는 것은 현장에 가서 확인한다(3현주의: 현장, 현물, 현상).
분석자료	(1) P-Q분석 (2) 가공경로분석 (3) 공정분석 (4) 흐름분석 (5) 설비능력분석

(1) P-Q분석

P-Q분석이란 기업에서 생산 중인 제품의 종류(product)와 생산수량(quantity)의 관계를 크기 순서로 나타낸 것이다[그림 13-1]. P-Q분석은 파레토의 원리에서 나온 것으로 가로는 제품을, 세로는 생산수량을 나타낸다. P-Q분석을 할 때에는 계절에 관계없이 연중 생산품목일 때에는 최근 3개월간의 생산실적을 수집하여 분석한다. 만약 계절품목일 경우에는 1년간 생산실적을 수집하여 분석한다.

[그림 13-1] P-Q분석

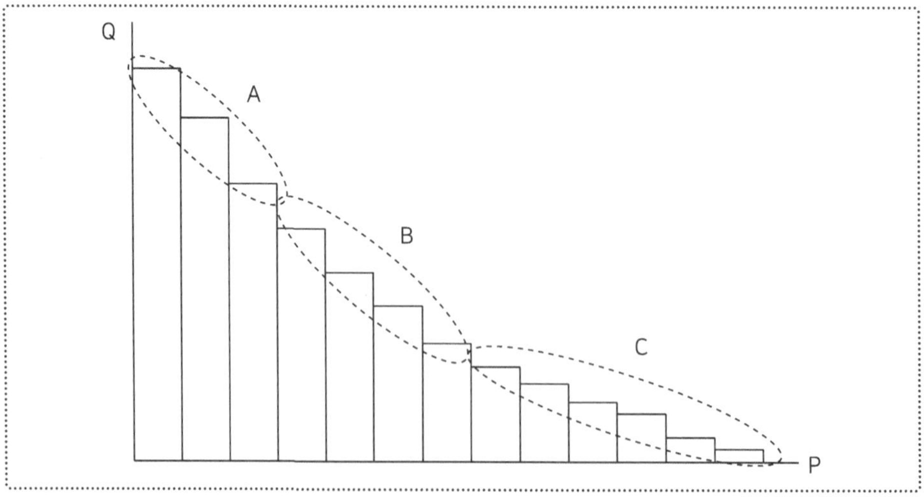

파레토 원리는 20 : 80의 법칙을 설명하는데 P-Q분석에 이 법칙을 접목하면 전체 생산 제품 중에 20%의 품목이 전체 생산량의 80%를 점하는 것을 말한다.

① A그룹은 전체 수량의 누적 점유율이 70~80% 정도 되는 품목
② B그룹은 전체 수량의 누적 점유율이 20~25% 정도 되는 품목
③ C그룹은 전체 수량의 누적 점유율이 5~10% 정도 되는 품목

(2) 가공경로분석

가공경로분석이란 다종류의 부품에 대하여 가공공정별로 거치는 가공경로를 한눈에 보기 쉽게 정리한 것을 말한다[그림 13-2]. 주로 설비를 사용하는 공정을 대상으로 하며, 도요타생산방식에서는 설비를 라인 전용화(in line화)가 요구되고 있다. 이는 설비가동률이 100%가 되는 경우에 가능하다(A-Type). 그러나 설비가동률이 여유가 있는 경우에는 하나의 설비를 가급적 전용화하기보다는 다품종을 가공할 수 있도록 공용화하여 가동률을 높이는 것이 필요하다(B-Type과 C-Type). 따라서 가공경로분석은 어떤 설비가 어떤 부품을 가공할 수 있는지를 한눈에 볼 수 있게 만들어 주기 때문에 하나의 설비에 대한 공용사용을 할 수 있도록 라인편성이 가능하다.

[그림 13-2] 부품별 가공경로 분석표

번호	부품명	개수	재료기호	1 L	2 VX	5 X	10 GR	20 Bo	50 S	100 B	200 K	500 G	1000 1000	2000 2000	불간섭수	합계작업시간	작업기준No.	비고	패밀리수
16	커버	1	B	4.5			3	3	1.5						81	12	–	그룹화	⑤
17	커버	1	B				6	1.5	1.5						80	9		신번호 81	
18	슬리브	1	A	22.5			3			7.5		1.5			611	34.5		* 그룹화	⑥
19	스페이서	1	A	7.5			1.5			1.5		1.5			611	12		* 신번호 611	
20	와셔	1	A	3											1	3	07001		⑦
21	레버·치구	2	A	10.5								4.5			501	15		*	
22	레버	1	A				7.5	20		20	10				330	57.5		* 그룹화	①
23	스토퍼	1	A	3					1.5		1.5	1.5			261	7.5		* 신번호 332	②
24	도그	1	A	9			1.5		1.5	1.5					161	13.5			③
25	블록	1	A		10.5		3	6		1	1.5				332	24		*	
26	코어	1	A	3		1.5	1.5		6		1.5				266	13.5			④
	소계			60	10.5	1.5	28.5	30.5	12	33.5	14.5	7.5				201.5			

패밀리 만들기

패밀리 번호 \ 기계	L	VM	M	GR	Bo	S	B	K	G	부품번호
F_1	○			○			○		○	18, 19, 20, 21 (18이 먼저)
F_2	○		○	○		○		○		23, 26
F_3	○	○		○	○	○	○	○		16, 17, 22, 24, 25

(3) 공정분석

공정분석이란 공정이라는 분석단위로 대상물(재료, 반제품, 제품, 부자재 등)이 어떠한 경로로 처리되는 순서에 따라 가공, 운반, 검사, 정체, 저장의 5가지로 분류하고 각 공정의 조건(가공조건, 경과시간, 이동 거리 등)과 함께 분석하는 현상분석기법의 하나이다[표 13-1].

공정분석의 목적은 ①생산기간의 단축 ② 재공품의 절감 ③ 생산공정의 개선 ④ 레이아웃의 개선 ⑤ 공정관리 시스템의 개선 등에 기여하는 데 있다.

공정분석기법에는 단순공정분석과 세밀공정분석, 2가지가 있다[그림 13-3][그림 13-4].

[표 13-1] 공정 분석 기호

공정	기호 명칭	기호	의미
가공	가공	○	원료, 재료, 부품 또는 제품의 형상, 품질에 변화를 주는 과정을 나타낸다.
운반	운반	○ 또는 ⇨	원료, 재료, 부품 또는 제품의 위치에 변화를 주는 과정을 나타낸다.(운반기호의 지름은 가공기호 지름의 1/2~1/3로 한다)
검사	수량검사	□	원료, 재료, 부품 또는 제품의 양이나 개수를 측정하여 그 결과를 기준과 비교하여 차이를 파악하는 과정을 나타낸다.
	품질검사	◇	원료, 재료, 부품 또는 제품의 품질특성을 시험하고 그 결과를 기준과 비교하여 로트나 제품의 합격 또는 불합격을 판정하는 과정을 나타낸다.
정체	저장	▽	원료, 재료, 부품 또는 제품을 계획에 따라 쌓아두는 과정을 나타낸다.
	체류	D	원료, 재료, 부품 또는 제품이 계획의 차질로 인하여 체류되어 있는 상태를 나타낸다.
보조기호	관리 구분	∿∿∿┼∿∿∿	관리구분 또는 책임구분을 나타낸다.
	담당 구분	─┼─	담당자 또는 작업자의 책임구분을 나타낸다.
	생략	═╪═	공정계열의 일부 생략을 나타낸다.
	폐기	↓(×)	원재료, 부품 또는 제품의 일부를 폐기하는 경우를 나타낸다.

주) 분석기호는 KSA 3002에 의한 것이며, ASME에서는 가공(○), 운반(⇨), 검사(□,◇), 정체(D), 저장(▽)으로 분류한다.

[그림 13-3] 단순 가공공정분석

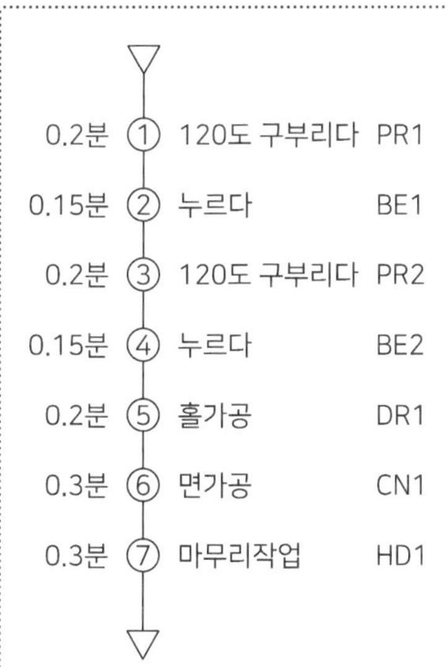

[그림 13-4] 단순 조립공정분석표

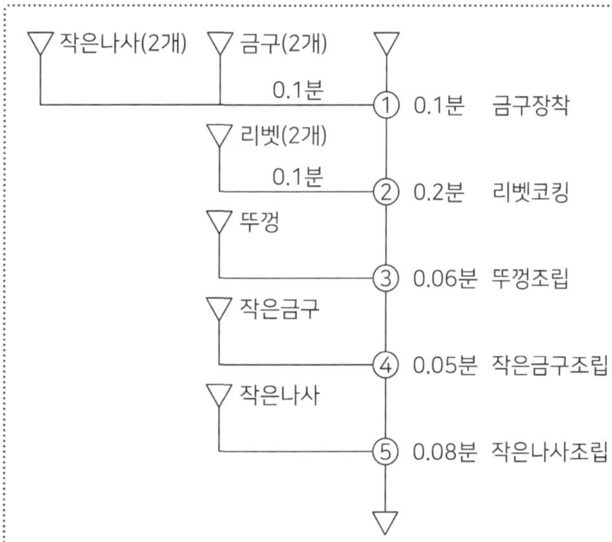

(4) 흐름분석

물은 높은 데서 낮은 데로 자연의 순리(물길)에 따라 흘러간다. 이와 마찬가지로 생산 현장의 물건 흐름이 서로 엉키거나 역주행을 하는 등이 발생하면 이품혼입 또는 공정누락 등의 문제가 발생한다.

흐름분석은 설비가 배치된 레이아웃도 위에 물건이 가공이나 조립되어 흘러가는 경로 또는 작업자가 작업을 위한 이동 경로 등을 그린 것을 말한다[그림 13-5]. 문제가 있는 흐름에는 다음과 같은 것들이 있다.

① 물건의 흐름이나 작업자의 이동 경로가 서로 뒤엉키고 있다.
② 작업자가 한 장소에 여러 번 반복해서 가고 있다.
③ 작업자가 물건을 운반하는 거리가 필요 이상으로 길다.
④ 물건의 흐름이 거꾸로 역주행을 하고 있다.
⑤ 작업자의 이동 거리가 필요 이상으로 길다.

[그림 13-5] 흐름분석

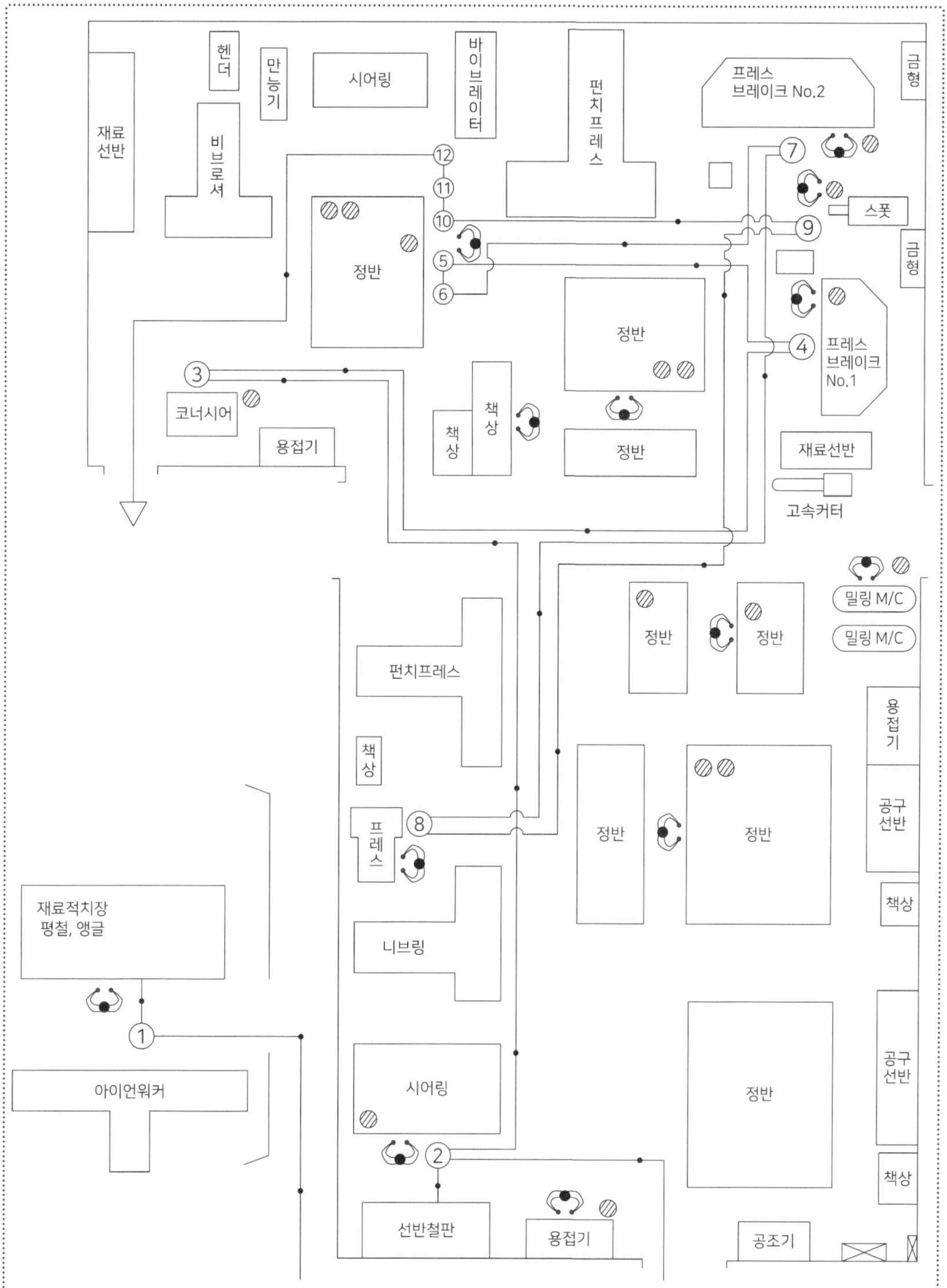

헨더
만능기
시어링
바이브레이터
펀치프레스
프레스 브레이크 No.2
금형
재료 선반
비브로셔
정반
스폿
금형
정반
프레스 브레이크 No.1
코너시어
용접기
책상
책상
정반
재료선반
고속커터
밀링 M/C
밀링 M/C
정반
정반
펀치프레스
용접기
책상
공구 선반
정반
정반
프레스
니브링
책상
재료적치장 평철, 앵글
아이언워커
시어링
정반
공구 선반
책상
선반철판
용접기
공조기

(5) 설비능력분석

설비능력은 설비가 생산할 수 있는 한계를 결정짓는 것으로 생산활동에 있어서 제약 조건이 된다. 따라서 설비의 가용능력과 여력을 파악하는 것은 생산활동에 있어서 설비 배치 의사결정에 영향을 준다. 설비능력분석은 제품의 생산경로 내에 있는 각 설비의 생산량의 균형을 이루기 위하여 각 설비의 생산능력을 분석하는 것이다[그림 13-6].

설비능력분석의 목적은 다음과 같다.

① 생산목표에 대해 사용설비의 능력을 명확히 한다.
② 생산경로 내에 있는 설비 중의 애로 공정을 발견한다.
③ 생산경로 내에 있는 설비 중 각 설비의 생산능력에 균형을 마련한다.

설비능력을 분석할 때 조사되어야 할 사항은 다음과 같다.

① 공칭능력: 제조처의 시방서나 매뉴얼에 기재된 능력이다. 대부분의 경우 원료의 질, 양, 크기, 온도, 압력, 전압, 전류 등이 전제가 되고 있으므로 그 조건이 만족되지 않는다면 능력은 공칭능력보다 저하된다. 또 경과년수에 따른 기능의 열화도 고려해

[그림 13-6] 설비 여력표

기계명	다축드릴링머신	다축드릴링머신	밀링머신	선반	양면절삭밀링	세척기
(일일생산량) 능력	2650	3110	2800	1750	2350	2910
(일일생산량) 부하	2000	3000	2000	2000	2000	3000
부하율(%)	75.5	96.5	71.4	114.3	85.1	103.1
여력	24.5	3.5	28.6	(−14.3)	14.9	(−3.1)

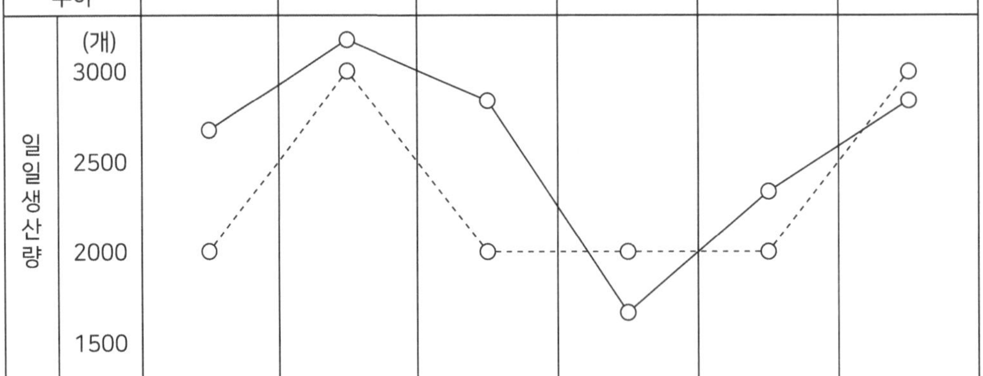

주) 여력인 부(−)인 것은 잔업 등을 한 것임.

야 한다.

② 설계능력(이론능력): 설계의 전제조건을 조사하고 현재의 조건과 비교하여 설비의 이론적인 능력을 조사한다.

③ 최대능력: 설비를 설계할 때 안전율을 고려하여 설계하므로 어느 정도까지 능력을 발휘할 수 있는지를 조사한다.

④ 경제능력: 생산량과 제반 비용(재료비, 연료동력비, 부자재비, 노무비, 수리비 등)과의 관계를 검토했을 때 가장 경제적인 능력이다.

⑤ 표준능력: 각종 조건을 표준화할 경우의 능력이다.

⑥ 실적능력: 과거의 실적으로 구한 능력이다. 실제 가동 중의 생산량을 조사한다.

3.2 낭비제거

목적	현상을 부정하면서 낭비제거를 실시한다.
체크 포인트	(1) 흐름선도를 활용하여 물품의 이동과 정보의 흐름에 대하여 조사한다. (2) 낭비의 원인에 대하여 검토한다.
분석자료	(1) TPS의 7대 낭비를 찾아낸다. (2) 공정별 낭비제거표 작성

(1) 현장의 7가지 낭비

생산현장에는 7가지 낭비가 항상 존재한다. 이러한 낭비를 흐름선도를 보고 물건의 이동, 사람의 동작, 정보의 흐름 등을 확인하여 낭비를 찾아낸다. 7가지의 낭비 중 과잉생산의 낭비가 나머지 6가지 낭비를 발생 시킨다. 낭비의 발생빈도에 따른 순위는 다음과 같다.

① 과잉생산의 낭비: 고객이 요구하는 필요수량 이상으로 생산하는 것을 말한다.

② 대기의 낭비: 공정과 공정 사이의 작업시간 불균형 또는 자재공급의 지연으로 인한 대기가 발생하는 것을 말한다.

③ 운반의 낭비: 공정과 공정 사이의 거리가 떨어져 있어 작업물을 운반하는 것을 말한다.

④ 가공 그 자체의 낭비: 버(Burr)를 제거하는 작업이나 필요 이상의 정밀하게 가공하는 것을 말한다.

⑤ 재고의 낭비: 고객이 요구하는 필요수량 이상으로 생산하여 여분의 작업물을 창고나

공정 간에 저장해 놓는 것을 말한다.

⑥ 동작의 낭비: 작업자의 작업범위를 벗어나 동작경제의 원칙을 지키지 않는 것을 말한다.

⑦ 불량을 만드는 낭비: 작업자의 실수나 표준을 지키지 않아 불량을 만드는 것을 말한다.

(2) 공정별 낭비제거표 작성

생산현장의 7가지 낭비뿐만 아니라 문제점은 다양하게 존재한다. 예를 들면 3불(不)은 불합리, 불필요, 불균형을 말하는 것으로, 불합리는 표준대로 작업하지 않는 것을 말하고, 불필요는 필요치 않음에도 불구하고 생산한다든지 필요 없는 일 또는 행동을 한다든지 하는 것을 말하며, 불균형은 불합리와 불필요의 원인이 되는 것으로 작업을 할 때 규칙적으로 리듬을 타고 해야 하나 불규칙적으로 작업을 하는 경우 등을 들 수 있다[그림 13-7].

[그림 13-7] 3불 관계

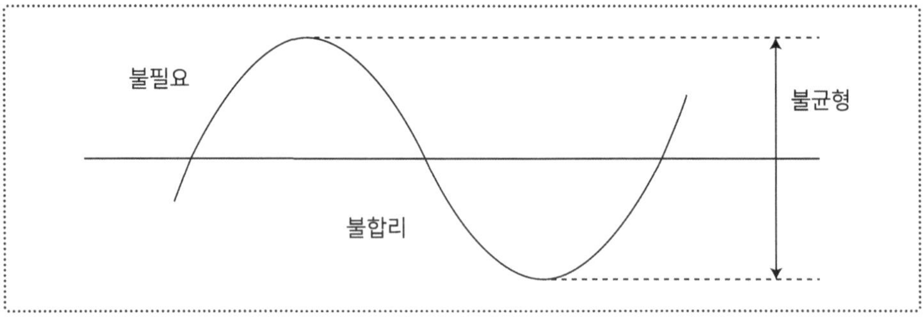

[표 13-2] 공정별 낭비제거표

공정순서	공정명	낭비 종류	중점순	원인계	낭비제거안
0	창고보관	재고의 낭비		지나친 구매	1.일납의 습관을 붙인다.
1	물건나열	재공의 낭비	2	부품스토어가 없다	2.주간계획표를 만든다. 3.부품스토어 설치 4.Picking용 대차
2	조립 I, 하우징+실드판	운반의 낭비 롯트생산	8	라인으로 되지 않음 작업자 전담	1.U라인 1개 가공 또는 소롯트 가공
3	연마기, 가이드 넣기	가이드의 움직임		구멍에 넣기 어렵다	2.자동진동기로 세트MT화
4	와셔, 가이드 넣기	가이드의 움직임		구멍에 넣기 어렵다	3.자동진동기로 세트MT화
5	하우징 넣기	크립의 낭비 위치 결정의 낭비 전환의 낭비		치구에 대해, 세밀한 낭비 발견 부족	4.공장에 공작실을 만든다 ①선반 ②드릴 ③프라이스 ④정반 ⑤용접 ⑥그라인더 ⑦사상기 준비
6	납땜	항상 정지 재공의 낭비	3	PT가 빠르다. 롯트 생산	1.CT에 맞추어 천천히 흘린다. 조립 I과 연결한다.
7	냉각	낙하 시 핀변형 (불량을 만드는 낭비)	7	롯트 생산	2.1개 가공 동기화 생산
8	외관조사	낙하 시 핀변형 (불량을 만드는 낭비)		롯트 생산	3.투입자가 검시
9	제품서열	재공의 낭비		공정분석	4.공정재편성
10	도료주형	수작업만	6	공작능력의 지연	5.주형의 자동가공
11	수지경화	100도 15Hr의 낭비		1일 단위의 생산	6.중온단시간의 실험
12	C측정	분업의 낭비		분업의 낭비	7.공정연결(동시측정검사기를 만든다)
13	내압검사	분업의 낭비		분업의 낭비	
14	조립II 실그 케이스부 취부	수리, 불량의 낭비	1	사이클타임이 짧다 생산고 본위로 되어 있다	1.U라인 1개 가공 2.입구와 출구를 1명이 담당
15	프레스	분업의 낭비	4	롯트 생산의 습관	3.라인 수를 많게 한다
16	납땜	워크를 한손으로 잡고 있는 낭비		치구의 불안정	4.치구개선(움직이지 않게) 5.납땜의 MT화
17	단자 수 절곡	절곡의 편차	5	R을 붙여서 구부림	6.직각절곡 프레스화
18	외관검사	수리의 낭비		지나친 분업	1.절곡작업자가 게이지검사
19	내전압검사	분업의 낭비		지나친 분업	2.공정연결
20	출하검사	분업의 낭비		지나친 분업	3.공정연결
21	포장	분업의 낭비		지나친 분업	4.공정연결

3.3 공정의 목적 추구

목적	공정의 목적을 추구한다.
체크 포인트	(1) 작업의 본래 목적을 확인한다. (2) '왜 그것을 해야만 하는가? 하지 않으면 안 되는가?'를 질문하며 근본적인 목적을 추구한다.
분석자료	(1) 5W1H 분석 (2) 5WHY 분석

(1) 5W1H 분석

현장에서 발생하는 문제점의 원인을 찾아내는 방법에는 여러 가지가 있다. 현장에서 발생하는 문제점은 근본적으로 해결하지 않으면 재발되는 현상이 발생한다. 여기서 근본적이라는 것은 재발되지 않도록 완전한 개선을 말한다. 우리는 문제점에 대한 단순하게 1차적인 원인을 찾아 해결함으로써 근본적인 원인을 해결한 것처럼 착각하는 경우가 많다.

우리는 동일한 현장에서 오랫동안 일을 하다보면 현재의 상태가 낭비가 없는 최선의 상태라고 착각하기 쉽다. 작업현장은 사람이 하는 일이라 항상 문제점이 발생하고 있으며, 문제가 해결되었다고 하더라도 생산제품의 변화에 따른 작업조건이 항상 변화하고 있으므로 또 다른 문제가 발생하게 된다.

현장의 문제점을 발견하고자 할 때에는 5W1H(Who, When, Where, What, Why, How) 방법을 사용하면 문제점을 구체화할 수 있다. 어떤 기계가 운전 중 갑자기 정지하였을 때를 예를 들어 보자.

① Who: 누가 담당했는가?: 작업자A가
② When: 언제 발생했는가?: 오늘 15시에
③ Where: 어디서 발생했는가?: B가공기계에서
④ What: 무엇이 발생했는가?: 운전 중 고장이 발생
⑤ Why: 왜 발생하였는가?: 축에 오버로드가 걸려서
⑥ How: 어떻게 발생하였는가?: 윤활유 공급이 원활하지 못해서 발생함

이와 같이 하였을 때 기계고장은 윤활유 공급이 원활하지 않아 고장난 것으로 착각하여 윤활유 공급을 해줌으로써 문제를 해결한다. 그러나 여기서는 문제발생의 원인을 파악하는 단계로 윤활유 공급이 원활하지 않은 것을 발견하는 데 목적을 두고 있다.

윤활유 공급이 원활하지 않는 데에는 어떤 원인이 주된 이유인지를 근본적으로 밝혀내어 개선해야만 한다. 이때 사용하는 것이 5Why 분석이다.

(2) 5Why 분석

5Why 분석은 왜를 5번 정도 반복하여 질문하면 대부분 근본적인 원인이 드러나게 내고 해결안을 찾아낼 수 있다. 윤활유 공급이 원활하지 못한 근본적인 원인을 찾는 예를 들어 보자.

① 1 Why: 왜 윤활유가 원활하게 공급되지 못했는가?
　→ 윤활유 공급 펌프의 축이 마모되어 꺼떡거려 그렇다.

② 2 Why: 왜 윤활유 펌프의 축이 마모되었는가?

→ 윤활유 필터가 나빠 윤활유 순환이 원활하게 되지 못해 마모되어서 그렇다.

③ 3 Why: 왜 윤활유 필터가 나쁜가?

→ 필터를 정기적으로 교환을 해주지 않아서 그렇다.

④ 4 Why: 왜 정기적으로 필터를 교환해 주지 않았는가?

→ 어느 정도 사용한 후 교환을 해 주어야 하는지 잘 몰라서 그렇다.

⑤ 5 Why: 왜 어느 정도 사용한 후 교환을 해 주어야 하는지를 모르는가?

→ 필터 교환의 표준이 마련되지 않아서 그렇다.

⑥ 결론: 윤활유 필터 교환에 대한 표준화를 마련한다.

3.4 착수점 발견

목적	착수점을 발견한다.
체크 포인트	(1) 라인편성의 착수점을 하나로 집약한다. (2) 우선 정체(재공품)공정을 라인편성의 착수점으로 선정한다. (3) 다음에는 대기공정을 라인편성의 착수점으로 선정한다.
분석자료	(1) Tact Time(TT) (2) 라인편성효율 (3) 공정별 여력조사

(1) 택트타임(Tact Time: TT)

택트타임은 고객이 요구하는 필요수량을 한 개씩 만드는 데 걸리는 시간을 말한다. 일반적으로 기업에서 사용되는 라인, 설비 또는 인원을 고정시켜 놓고 계산하는 경우가 많다. 도요타자동차에서 말하는 진정한 택트타임은 고객이 요구하는 필요수량에 맞추어 라인, 설비, 인원의 증감을 유연성 있게 운영할 수 있도록 한다. 즉 고객의 필요수량에 따라 택트타임을 결정하고 이에 맞추어 설비와 인원을 결정하는 것을 말한다. 단 기업에서 보유하고 있는 설비 수와 설비별 능력은 택트타임을 결정하는 데 제약조건은 된다.

$$\text{택트타임} = \frac{\text{일 가동시간}}{\text{일 필요수량}}$$

예를 들어 5명의 작업자가 있다면 1번 작업자가 조립하는 작업시간(HT: Handling Time)이 25초, 2번은 20초, 3번은 30초, 4번은 25초, 5번은 20초 걸린다고 한다면 3번 작업자의 30초(neck time)에 맞추어 컨베이어가 돌아간다. 설비를 가지고 생산하는 것도

[그림 13-8] 라인편성

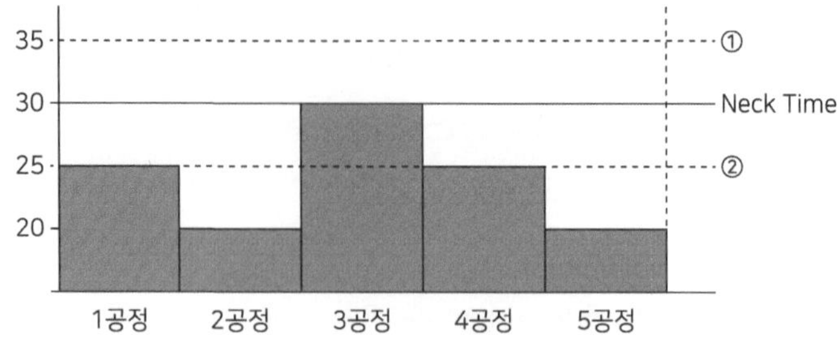

동일하다. 결국에는 제품이 30초에 한 개씩 생산된다. 이를 사이클타임 또는 피치타임이라 한다.

1일 가동시간을 8시간이라고 하면 현재 생산라인에서 1일 생산할 수 있는 수량은 960개다.

$$1일\ 생산수량 = \frac{480분}{30초} = \frac{28,800초}{30초} = 960개$$

만약 고객이 요구하는 일 필요수량이 960개라고 한다면 이 생산라인의 택트타임은 30초가 된다. 그러나 고객이 요구하는 일 필요수량이 1,152개라고 한다면 택트타임은 25초가 된다.

$$택트타임 = \frac{28,800초}{1,152개} = 25초$$

이때 현재 생산라인의 네크타임이 30초이므로 이대로 라인을 가동하면 고객이 요구하는 필요수량을 맞출 수 없다. 따라서 고객이 요구하는 필요수량을 맞추기 위하여 라인을 재편성해야 한다.

그리고 변경되는 택트타임으로 라인을 재편성하기 위해서는 몇 명의 작업자로 편성하는 것이 좋을지를 계산해야 한다.

$$N = \frac{\sum HT}{TT}$$

예를 들어 택트타임이 25초로 변경되었다면 4.8명, 즉 5명의 작업자가 필요하며 5명이 할 수 있는 생산라인으로 구성한다.

$$N = \frac{120초}{25초} = 4.8명$$

이것이 바로 수요에 따라 생산라인을 재구성하는 것으로, 언제나 수요에 따라 생산라인을 재구성할 수 있도록 유연성을 갖추는 것이 중요하다.

(2) 라인편성효율

생산방법은 흐름생산이 Lot생산보다 재고가 줄어들고 단납기가 가능하여 고객의 요구에 신속히 대응할 수 있어 경쟁력이 향상된다는 것을 여러 번 언급했다.

앞의 예에서 살펴보면 1일 가동시간을 8시간이라고 할 때 현재 생산라인에서 1일 생산할 수 있는 수량은 960개다. 이때 라인편성효율(Line of Balance: LOB)은 작업자가 작업하는 데 걸리는 시간의 합을 네크공정의 시간(Neck Time)에 공정수를 곱한 것으로 나눈 것을 말한다.

$$LOB = \frac{\sum HT}{\max HT \times N}$$

[그림 13-8]의 예를 가지고 현재 라인편성효율을 구하면 80%가 된다. 이는 비효율이 20% 발생한 것으로 공정 간의 작업시간이 언밸런스로 인하여 일부 공정에서는 여유시간이 발생하였기 때문이다.

$$LOB = \frac{120초}{30초 \times 5명} = 80\%$$

앞의 예에서 설명하였듯이 만약 고객이 요구하는 일 필요수량이 1,152개라고 한다면 택트타임은 25초가 된다. 이때 현재 생산라인의 네크타임이 30초이므로 이대로 라인을 가동하면 고객이 요구하는 필요수량을 맞출 수 없다. 따라서 고객이 요구하는 필요수량을 맞추기 위하여 라인을 재편성해야 한다. 즉 3번 작업자의 작업시간 중에 5초를 2번 작업자에게 넘겨준다. 그러면 생산라인의 네크타임이 25초로 변경된다. 이때 라인편성효율을 구하면 96%가 된다. 다시 말하면 생산라인의 비효율이 4%가 발생하는 것으로 변경 전 20%보다 낭비가 줄어드는 것을 볼 수 있다. 이것은 생산량이 변경 전 960개에서 변경 후에는 1,152개로 증가되어 20%의 생산성을 향상할 수 있다.

$$LOB = \frac{120초}{25초 \times 5명} = 96\%$$

(3) 공정별 여력조사

앞의 예는 수작업으로 이루어지는 조립공정을 예를 들은 것이다. 물론 설비를 가지고 생산하는 공정도 방법은 동일하다. 단지 생산에 필요한 설비의 사이클타임은 택트타임을 결정하는 데 제약조건이 되므로 이를 감안하여 택트타임을 설정해야 한다.

예를 들어 현재 택트타임이 30초인데 고객이 요구하는 필요수량이 1,152개라고 할 때 택트타임을 25초로 변경하여 적용하려고 한다면, 이때 생산라인의 어떤 설비의 사이클타임이 30초라고 한다면 택트타임을 25초로 변경할 수 없다. 따라서 고객이 요구하는 필요수량을 맞추기 위해서는 동일한 설비를 한 대 더 배치한다. 그러면 설비의 사이클타임은 15초로 줄어들어 처음에는 네크공정이었으나 변경 후에는 네크공정이 아닌 10초의 여력이 남는 공정으로 변한다. 물론 동일한 설비를 보유하고 있는 경우에는 가능하나 만약 설비를 보유하고 있지 않을 경우에는 설비를 새로 도입을 해야 하므로 이때에는 경제성을 검토해 보는 것이 필요하다.

따라서 회사가 보유하고 있는 설비에 대하여 보유하고 있는 능력이 어느 정도 되고 있는지와 능력의 과부족 정도는 어느 정도 되는지를 분석할 필요가 있다.

3.5 라인 이미지 설계

목적	라인의 이미지를 설계한다.
체크 포인트	(1) L자라인, U자라인, 직선라인, =자라인 중에 하나를 검토한다. (2) 스토어의 정품, 정위치, 정량을 검토한다. (3) 소로트 생산을 위한 작은 용기를 연구한다.
분석자료	(1) 부품별(용기,재공품) SPD(Stroke Per Day) (2) 최대 재공품 수량, 최소 재공품 수량, 평균 재공품 수량

라인의 레이아웃은 I형, L형, U형, =형 등 여러 가지 형태를 가질 수 있지만, 가장 중요한 것은 흐름생산을 할 수 있고 고객이 요구하는 필요수량을 만들기 위하여 언제나 유연하게 편성할 수 있는 라인으로 설계되어야 한다. 그리고 공장 전체의 레이아웃, 가공물, 설비 등의 제약조건을 고려하여 라인 이미지를 만든다[그림 13-9].

이렇게 라인의 이미지가 형성되면 스토어를 정하여 라인 가까이에 설치한다. 이때 스토어의 크기는 라인에 제공될 부품의 크기, 중량, 부피, 수량 등에 따라 고려되어야 한다. 스토어가 설치되면 최대 재공품 수량, 최소 재공품 수량, 평균 재공품 수량 등을 정한다.

그리고 소로트로 1개씩 흘리기 생산을 하는 것이 원칙이므로 용기는 가급적 작게 한다.

[그림 13-9] 라인 이미지 설계

번호	부품명	개수	1	2	5	10	20	50	100	200	500	1000	2000	불간섭수	합계 작업시간
			L	VX	X	GR	Bo	S	B	K	G	1000	2000		
16	커버	1	4.5			3	3	1.5						81	12
17	커버	1				6	1.5	1.5						80	9
18	슬리브	1	22.5			3			7.5		1.5			611	34.5
19	스페이서	1	7.5			1.5			1.5		1.5			611	12
20	와서	1	1											1	3
21	레버치구	2	10.5								4.5			501	15
22	레버	1				7.5	20		20	10				330	57.5
23	스토퍼	1	3					1.5		1.5	1.5			261	7.5
24	도그	1	9			1.5		1.5	1.5					161	13.5
25	블록	1		10.5		3	6		1	1.5				332	24
26	코어	1	1		1.5	1.5		6		1.5				266	13.5
	소계		61	10.5	1.5	28.5	30.5	12	33.5	14.5	7.5				201.5

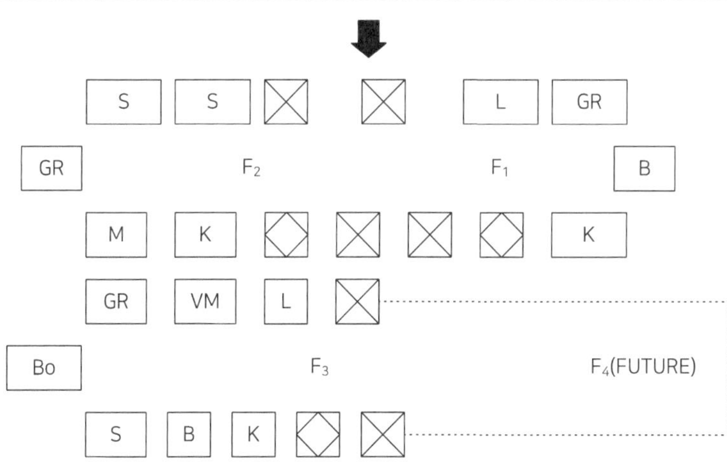

3.6 테스트 라인 구성

목적	테스트 라인을 만들어 시뮬레이션 해본다.
체크 포인트	(1) 가공경로분석에서 패밀리를 만들어 그대로 설비를 배치한다. (2) 전용 또는 공용라인을 정한다. (3) LINE이 완성되면 관리자가 솔선수범하여 시범운영 해본다.
분석자료	(1) 부품별 능력표 (2) 표준작업조합표 (3) 표준작업표 (4) 작업지도서

라인 이미지가 형성되면 이를 바탕으로 테스트 라인을 배치한다. 테스트 라인은 가공경로분석을 통하여 라인에 필요한 설비를 선정한 것을 기반으로 효율적인 라인을 구성한다. 테스트 라인을 구성하는 것은 실전과 같아야 하므로, 사람, 물건 및 설비의 활용에 있어서 효과적인 조합을 생각하여 낭비가 발생하지 않도록 하는 것이 중요하다. 따라서 테스트 라인을 체계적으로 배치하기 위하여 부품별 능력표, 표준작업조합표 및 표준작업표의 3가지를 만들어 사용한다. 테스트 라인이 구성되면 작업지도서를 작성하여 작업지도서 대로 작업을 실시한다.

(1) 부품별 능력표

부품별 능력표는 공정에서 부품의 가공능력을 파악하는 것으로 정확하게 부품의 공정별·설비별 가공 능력표라 할 수 있다[그림 13-10]. 우선 설비별로 작업순서를 구분하여 나열하고 각 작업별로 수작업 시간(HT: Handing Time)을 5회 측정하여 평균값을 작성한다. 그리고 설비의 자동가공시간(MT: Machine Time)과 절삭공구 등의 교환시간을 차례로 구해서 작성해 나간다.

① 공정순: 가공되는 순서를 기록한다.

② 공정명칭: 부품이 가공되는 공정의 명칭을 기록한다. 몇 번만에 Scrap 제거, 검사 등도 기록한다. 동일한 공정에 기계가 2대 이상 있는 경우에는 개개로 기록한다. 1대의 기계에서 부착하는 회수에 따라 2개 부착 또는 3개 부착 등으로 기록한다.

③ 기번: 설비의 번호 또는 기종명을 기록한다.

④ 기본시간

(a) 수작업시간: 기계로부터 가공물을 제거, 부착, 운반 등 작업자가 수작업으로 행

[그림 13-10] 부품별 능력표

작성일:

담당	부서장	부품별 능력표	품번		형식	PJY	소속	성명
			품명		개수	1		

공정순	공정 명칭	기번	기본시간 수작업시간 분	초	자동가공시간 분	초	완성시간 분	초	공구 교환개수	공구 교환시간	가공능력(2013)	비고
1	내면 절삭	M501		3		25		28	100	1′00″	2013	3″ 25″
2	구멍 뚫기	D438		3		21		24	1000	30″	2397	3″ 21″
3	구멍나사 가공	T265		3		11		14	1000	30″	4105	3″ 11″
4	나사지름 측정 품질검사			5				5			11520	5″
		합계		14								

하는 시간을 기입한다. 보행시간은 제외한다. 수작업시간은 5회 측정하여 평균값을 기록한다.

(b) 자동가공시간: 기계가 스스로 가공하는 시간을 기록한다. 자동가공시간은 기계의 사이클타임을 알고 있으면 이를 기록하고, 사이클타임을 모를 경우에는 2회 측정하여 평균값을 기록한다.

(c) 완성시간: 기계에서 1개의 부품을 완성하는 데 걸리는 시간을 기록한다.

완성시간 = 수작업시간 + 자동가공시간

⑤ 공구

(a) 교환개수: 절삭공구를 몇 개의 부품을 가공한 후 교환하는지를 기록한다.

(b) 교환시간: 절삭공구를 1회 교환하는 데 걸리는 시간을 기록한다.

⑥ 가공능력: 1일 가동시간을 1개당 완성시간을 나누어 계산한다. 소수점 이하는 버린다.

$$\text{가공능력} = \frac{\text{가동시간} - \text{공구교환시간의 합}}{\text{완성시간}}$$

⑦ 비고: 수작업시간(실선)과 자동가공시간(점선)의 관계를 나타낸다.

(a) 작업자가 가공할 부품을 기계에 부착(30″)하고 난 후 스위치를 눌러 자동가공(1′)

한다. 이때 완성시간은 1′30″이다.

(b) 작업자가 가공할 부품을 기계에 부착(30″)하고 난 후 스위치를 눌러 자동가공(1′) 한다. 자동가공을 시키고 난 후 탈착된 부품을 검사(10″)한다. 이때 완성시간은 1′ 30″이다.

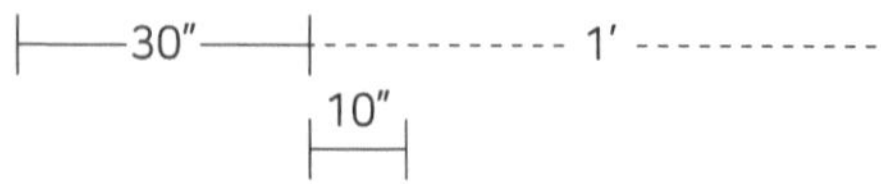

(c) 1대의 기계에서 가공할 부품을 자동으로 부착하여 자동가공(1′)을 하는 동안 작업자는 탈착된 부품을 검사(10″)한다. 이때 완성시간은 1′이다.

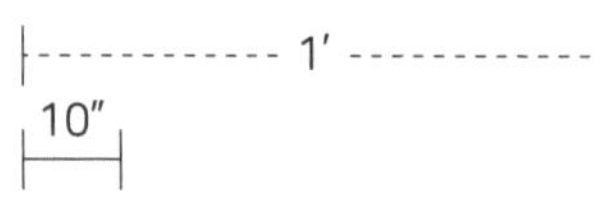

(2) 표준작업조합표

표준작업조합표는 설정된 택트타임대로 물건을 만들기 위해 사람, 물건, 기계의 낭비가 없도록 조합을 하여 대기의 발생을 방지하는 것이다[그림 13-11]. 여기서는 부품별 능력표에서 공정별로 분석된 수작업시간(HT)과 자동가공시간(MT)을 활용하여, 작업자의 보행시간을 포함한 부품 1개당 가공하는 1사이클의 순서를 그림으로 표시한 것이다. 자동가공시간(MT) 중 사람이 기계를 감시하면서 지켜보는 작업은 대기로 취급한다.

① 작업순서: 작업의 순서를 작성한다.
② 작업내용: 작업의 내용을 작성한다.
③ 시간: 부품별 능력표의 수작업시간과 자동가공시간을 작성한다.
④ 택트타임을 결정한다.
  (a) 일 필요수량을 결정한다. 예를 들면 960개/일 생산한다.
  (b) 일 가동시간을 결정한다. 예를 들면 8시간 가동한다.
  (c) 택트타임을 구한다. 예를 들면 택트타임은 30초이다.

$$\text{택트타임} = \frac{\text{가동시간}}{\text{일 필요수량}} = \frac{8\text{Hr} \times 60\text{Min} \times 60\text{Sec}}{960\text{개}} = 30\text{초}$$

⑤ 택트타임 선(빨간색)을 작성한다.
⑥ 작업시간: 수작업시간, 자동가공시간, 보행시간을 선으로 표시한다.

[그림 13-11] 표준작업조합표(기계가공)

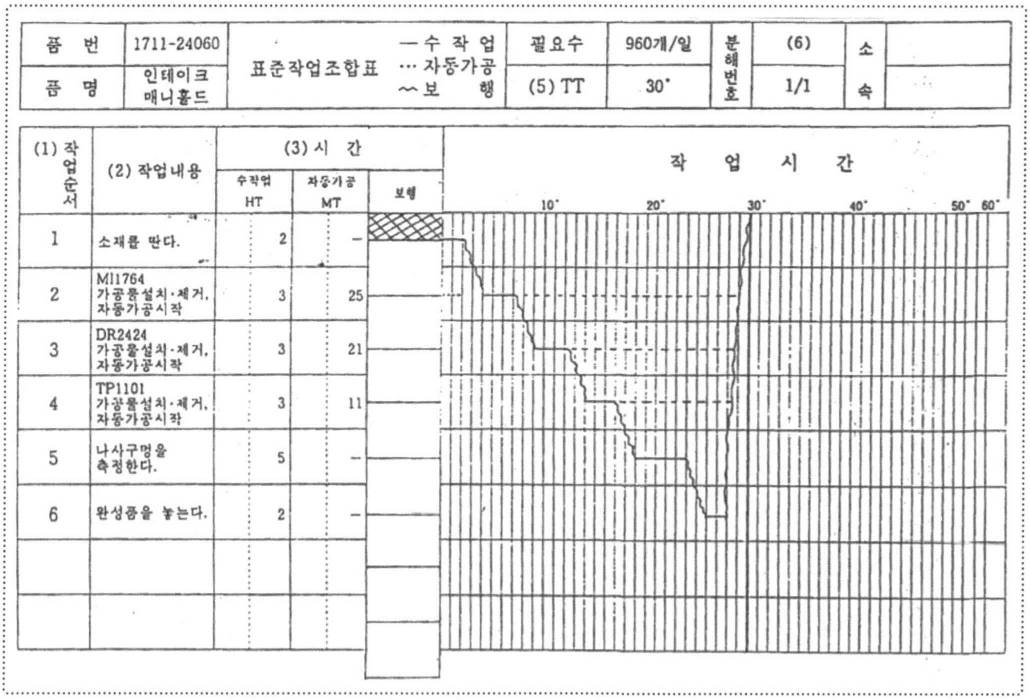

품번	1711-24060	표준작업조합표	— 수작업 ··· 자동가공 〰 보행	필요수	960개/일	분해번호	(6)	소속	
품명	인테이크 매니홀드			(5) TT	30"		1/1		

(1) 작업순서	(2) 작업내용	(3) 시간 수작업 HT	자동가공 MT	보행
1	소재를 딴다.	2	–	
2	MI1764 가공물설치·제거, 자동가공시작	3	25	
3	DR2424 가공물설치·제거, 자동가공시작	3	21	
4	TP1101 가공물설치·제거, 자동가공시작	3	11	
5	나사구멍을 측정한다.	5	–	
6	완성품을 놓는다.	2	–	

[그림 13-12] 표준작업조합표(조립)

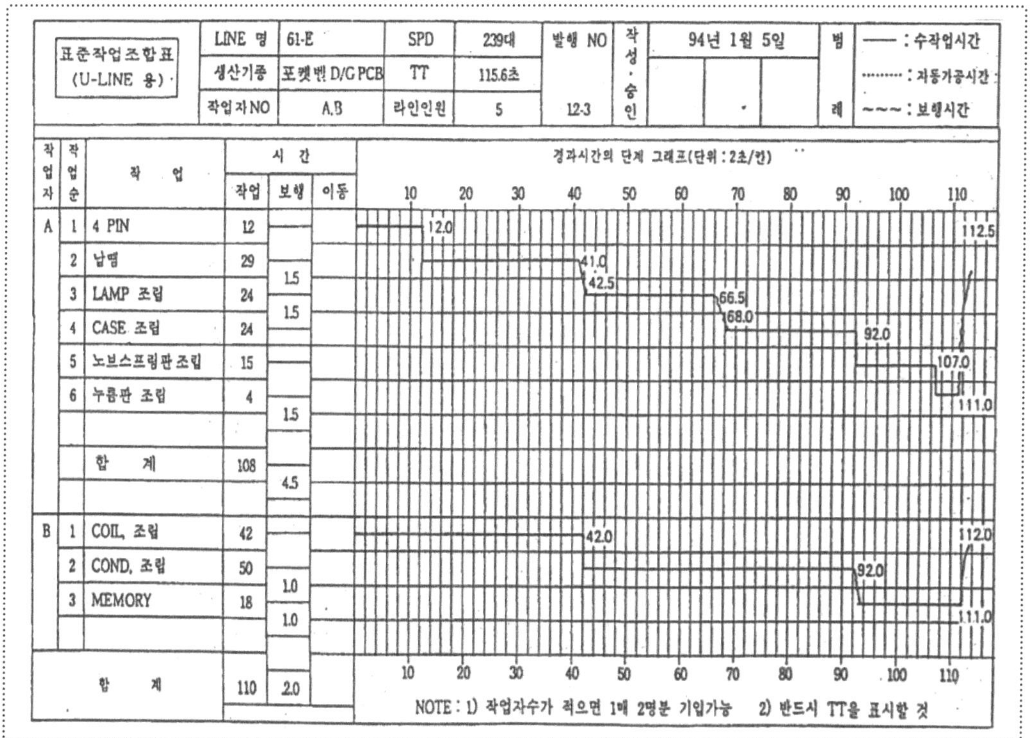

표준작업조합표 (U-LINE 용)	LINE 명	61-E	SPD	239대	발행 NO	작성·승인	94년 1월 5일	범례	—— : 수작업시간
	생산기종	포켓벨 D/G PCB	TT	115.6초					········ : 자동가공시간
	작업자NO	A,B	라인인원	5	12-3				~~~ : 보행시간

작업자	작업순	작업	시간 작업	보행	이동
A	1	4 PIN	12		
	2	납땜	29	1.5	
	3	LAMP 조립	24	1.5	
	4	CASE 조립	24		
	5	노브스프링판조립	15		
	6	누름판 조립	4	1.5	
		합 계	108	4.5	
B	1	COIL, 조립	42		
	2	COND, 조립	50	1.0	
	3	MEMORY	18	1.0	
합 계			110	2.0	

NOTE : 1) 작업자수가 적으면 1매 2명분 기입가능 2) 반드시 TT을 표시할 것

수작업시간: 실선(────────)

자동가공시간: 점선(-------------------)

보행시간: 파선(~~~~~~~~)

부품별 능력표에서 작업순서에 따라 수작업시간의 합계를 구해서 택트타임 이내가 되도록 1인당 담당할 공정을 정한다. 이때 각 수작업시간에 보행시간 2초를 더해준다. 그 이유는 기계와 기계를 붙여 놓는 것이 원칙이므로 기계 사이를 이동해야 하기 때문이다. 그리고 보행은 2초 이내가 아니면 공정담당은 성립되지 않는다.

표준작업조합표(가공)의 예를 들어 작성순서를 설명하면 다음과 같다.

(a) 작업순서 1: 수작업시간이 2초이므로 0~2초까지 실선을 긋는다.

(b) 작업순서 2: 작업순서 1에서 작업순서 2로 가는 보행 2초를 파선으로 그은 후 작업순서 2의 수작업시간 3초를 실선으로 긋는다. 그리고 자동가공시간은 25초이므로 실선이 끝난 시점부터 25초만큼 점선을 긋는다. 이때 작업순서 1과 작업순서 2의 작업시간에 대하여 누적합을 구하면 2초 + 2초 + 3초 + 25초 = 32초가 되며 마지막 자동가공시간 25초 중 2초가 택트타임 30초를 초과하므로 이 초과된 2초는 시작점부터 2초만큼 점선으로 긋는다. 이와 같이 다음 작업순서도 계속해서 작성한다.

⑦ 작업의 편성이 성립되는가를 조사한다.

작업순서 2의 자동가공시간 25초가 2초가 택트타임을 초과한 경우에 시작점에서 2초만큼 점선을 긋는다. 이때 점선이 수작업시간인 실선과 닿지 않으면 작업은 성립한다. 그러나 점선이 수작업시간인 실선과 닿으면 이 작업은 성립하지 않는다.

⑧ 1인당 할당된 작업순서의 작업이 끝나면 최초의 작업으로 돌아온다.

이때 돌아온 파선의 끝과 택트타임이 일치하면 적정한 작업편성이 된다. 만약 돌아온 파선의 끝이 택트타임에 못 미치면 작업자의 작업량이 적은 것을 나타내므로 다른 작업을 추가한다. 그러나 파선의 끝이 택트타임을 초과할 경우에는 그대로 두면 정해진 시간 내에 작업을 끝낼 수 없으므로 초과된 만큼 단축할 수 있도록 작업을 개선한다.

(3) 표준작업표

표준작업표는 표준작업조합표에 따라 실제 작업자가 작업을 하기 위하여 움직이는 동선을 작성한 그림이다[그림 13-13]. 표준작업표는 택트타임을 실천하기 위하여 낭비동작과 역보행이 없도록 보행에 중점을 두고 있다.

[그림 13-13] 표준작업표

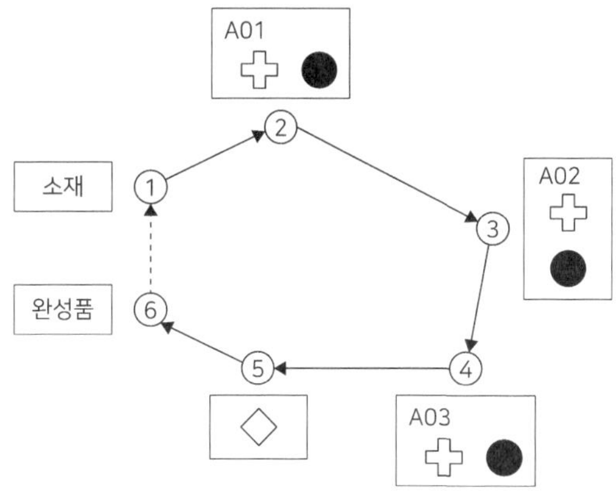

라인명	H/K기계가공	공정명	6인치 피니언 절삭
작업내용	수재 투입에서 완성품을 놓을 때까지		

품질 체크	안전주의	표준재공	표준재공수	TT	분해번호	사이클 타임
◇	✚	●	3	30″	1/1	30″

① 실제로 배치할 설비를 설비의 모양을 고려하여 최대한 가깝게 순서대로 배치한다. 이때 설비는 사람이 움직이는 동선을 최대한 작도록 왼쪽에서 오른쪽 방향으로 U자 형태로 배치한다. 만약 조립라인의 경우에는 =자 형태로 배치하면 된다.

② 품질체크가 필요한 설비에 ◇표를 기입한다.

③ 안전에 대한 주의가 필요한 설비에 표를 기입한다.

④ 표준재공이 필요한 설비에 ●표를 기입한다. 표준재공은 공정 간 작업시간의 차이를 극복하기 위하여 필요한 최소한의 수량을 말한다. 즉 공정 간 작업시간의 차이로 인하여 발생하는 설비 대기를 방지하기 위한 것이다.

⑤ 표준작업조합표에 나타난 작업순서에 따라 번호를 매기고 실선으로 긋는다. 그리고 최종 작업에서 최초작업으로 돌아오는 것은 점선으로 긋는다.

⑥ 분해번호는 조립인원 대비 작업인원의 비율을 나타낸다.

3.7 작업자에게 시켜본다

목적	작업자에게 시켜본다.
체크 포인트	(1) 목적과 의미를 설명한다. (2) 같이 해봄으로써 불합리한 점을 개선한다. (3) 성과가 오르면 부하의 이름으로 개선을 제안한다.
분석자료	(1) 개선 전·후 성과표 정리 (2) 개선제안서

4. 조립공정 최적화 설계

4.1 현상파악

제품 A는 공정 10개로 구성된 조립작업 A~J를 작업자 6명이 완성한다. 제품 A 조립공정의 효율적인 설계를 하고자 한다. [그림 13-14]에서 살펴보면 원은 작업, 원 아래의 숫자는 작업소요시간(초), 화살표는 작업의 선·후행작업에 따른 작업우선순위 관계를 나타낸다. 현재 작업자별 작업시간은 [표 13-3]과 같다.

[그림 13-14] 제품 A 조립작업 프로세스

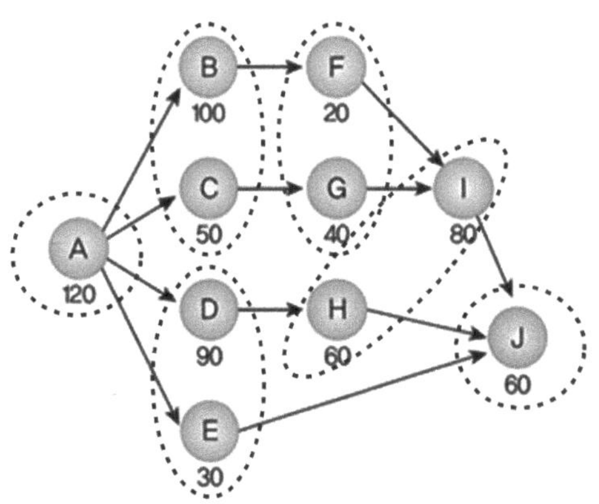

[표 13-3] 작업자별 작업시간 현황

작업자	작업	작업시간(초)
1	A	120
2	B, C	150
3	D, E	120
4	F, G	60
5	H, I	140
6	J	60

4.2 현상분석

위의 [표 13-3]에서 살펴보면 병목 작업은 작업 B와 C로 이루어진 2작업자로 150초이다. 그리고 현재 전체 작업시간을 6개 작업자로 나누어 각 작업자별 평균작업시간을 구하면 108.3초가 된다. 따라서 라인편성효율을 계산하면 72.2%가 된다. 즉 27.8%가 라인 언밸런스로 인한 비효율이 발생하고 있다. 이때 시간당 생산량은 24개를 생산할 수 있고, 인당 생산량은 4개가 된다.

- 총작업시간 = 650초
- 평균 작업시간 $= \frac{650}{6} = 108.3$초
- 병목 작업자의 시간 = 150초
- 라인편성효율 $= \frac{650}{150 \times 6} \times 100 = 72.2\%$
- 시간당 생산량 $= \frac{3{,}600}{150} = 24$개/시간
- 인당 생산량 $= \frac{24}{6} = 4$개

4.3 최적안 분석

4.3.1 병목 작업 분할 재편성

평균 작업시간은 108.3초이므로 각 작업자별 작업시간을 108.3초 미만으로 편성을 하면 작업자 수가 늘어나게 되므로 작업자의 작업시간을 108.3초 이상에서 결정해야 하는데, 각 작업자의 작업 분할 또는 결합 가능 여부를 고려하여 작업자별 작업시간을 결정한다. 여기서는 120초를 기준으로 작업을 재편성하였다.

[표 13-4]에서 살펴보면 네크 작업자는 작업 A로 이루어진 1작업자, 작업 B와 F로 이루어진 2작업자, 작업 D와 E로 이루어진 4작업자, 작업 H와 J로 이루어진 6작업자로 동일하게 120초이다. 따라서 라인편성효율을 계산하면 90.3%가 된다. 즉 9.7%가 라인 언밸런스로 인한 비효율이 발생하고 있다. 이때 시간당 생산량은 30개를 생산할 수 있고, 이로 인한 시간당 생산성 향상은 25%가 증가된다. 그리고 인당 생산량은 5개로 증가되고, 인당 생산성 향상도 25%가 된다.

- 총작업시간 = 650초

[그림 13-15] 병목 작업 분할에 따른 재편성

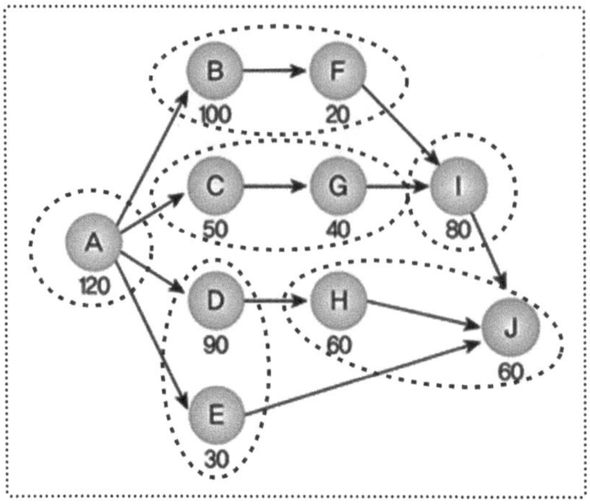

[표 13-4] 병목 작업 분할에 따른 재편성 작업시간 현황

작업자	작업	작업시간(초)
1	A	120
2	B, F	120
3	C, G	90
4	D, E	120
5	I	80
6	H, J	120

- 병목 작업 시간 = 120초
- 라인편성효율 $= \frac{650}{120 \times 6} \times 100 = 90.3\%$
- 시간당 생산량 $= \frac{3{,}600}{120} = 30$개/시간
- 시간당 생산성 향상 $= \frac{30 - 24}{24} \times 100 = 25\%$
- 인당 생산량 $= \frac{30}{6} = 5$개
- 인당 생산성 향상 $= \frac{5 - 4}{4} \times 100 = 25\%$

4.3.2 병목 작업시간 기준으로 재편성

각 작업의 분할 또는 결합 가능 여부를 고려하여 현재 병목 작업자의 작업시간 150초를 기준으로 작업을 재편성하였다.

[표 13-5]에서 살펴보면 5개 작업자로 편성되었으며, 이로 인해 작업 인원 1명이 감소되었다. 그리고 병목 작업자는 작업 A와 E로 이루어진 1작업자, 작업 B와 C로 이루어진 2작업자, 작업 D와 H로 이루어진 3작업자로 동일하게 150초이다. 따라서 라인편성효율을 계산하면 86.7%가 된다. 즉 13.3%가 라인 언밸런스로 인한 비효율이 발생하고 있다. 이때 시간당 생산량은 24개로 기존 라인과 동일하게 생산할 수 있으나, 이로 인한 시간당 생산성 향상은 0%가 된다. 그리고 인당 생산량은 4.8개로 증가되고, 인당 생산성 향상은 20%가 된다.

[그림 13-16] 병목 작업시간 기준에 따른 재편성

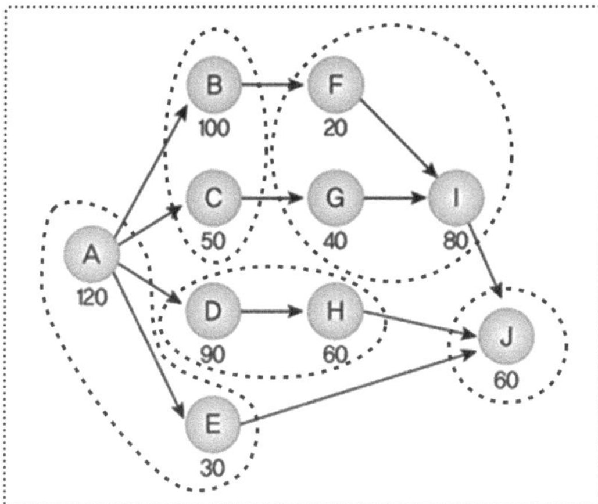

[표 13-5] 병목 작업시간 기준에 따른 재편성 작업시간 현황

작업자	작업	작업시간(초)
1	A, E	150
2	B, C	150
3	D, H	150
4	F, G, I	140
5	J	60

- 총 작업시간 = 650초
- 병목 작업 시간 = 150초
- 라인편성효율 $= \frac{650}{150 \times 5} \times 100 = 86.7\%$
- 시간당 생산량 $= \frac{3,600}{150} = 24$개/시간
- 시간당 생산성 향상 $= \frac{24 - 24}{24} \times 100 = 0\%$
- 인당 생산량$= \frac{24}{5} = 4.8$개
- 인당 생산성 향상 $= \frac{4.8 - 4}{4} \times 100 = 20\%$

4.4 최적 라인 이미지 설계

위에서 살펴본 결과 병목 작업 분할 재편성이 가장 효율적인 라인이 된다. 따라서 이것을 대상으로 최적 라인 이미지를 설계하면 [그림 13-17]과 같이 예를 들 수 있다. 최적 라인의 설계는 생산하는 제품, 설비, 작업의 구성, 공간의 제약조건 등에 따라 달라질 수 있으므로 이동 또는 운반 거리 최소화, 공간간의 재공 최소화, 흐름작업이 가능하도록 낭비가 없는 효율적인 배치에 대한 아이디어를 도출하는 것이 좋다.

[그림 13-17] 최적 라인 이미지 설계 예

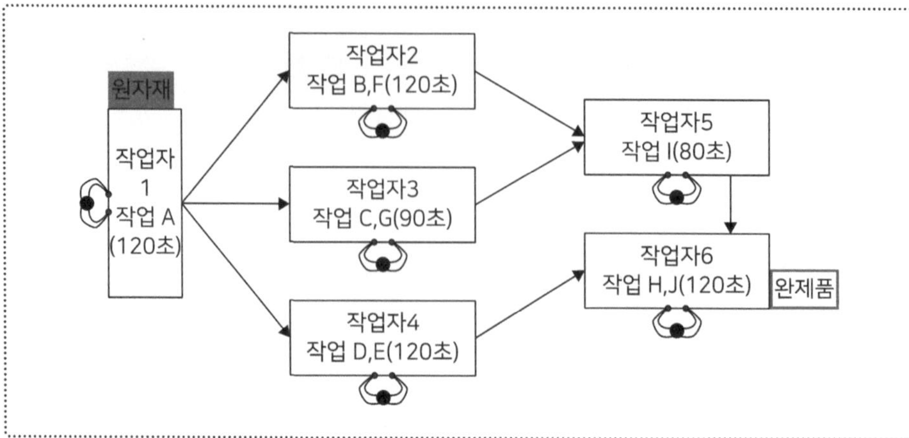

5. 설비 이동이 불가능한 공정 최적화 설계

앞에서 설명한 공정 최적화 설계는 가공공정 또는 조립공정의 경우에 낭비를 최소화하고 가장 효율적인 공정을 설계하는 데 초점을 두었다. 도요타생산시스템인 적시생산시스템(JIT: Just in Time)의 가장 핵심은 고객요구에 얼마나 유연하게 실시간으로 대응할 수 있는가에 있기 때문에 생산방식을 Cell(U 또는 =) 라인으로 구축한다. 이 Cell 라인은 조립공정의 경우에 고객의 요구수량에 따라 라인의 길이를 유연하게 변화할 수 있도록 하고, 작업인원 수의 변동이 가능하도록 하여 라인편성효율을 극대화할 수 있도록 라인을 배치한다. 또한 가공공정의 경우에도 고객의 요구수량에 따라 작업인원 수의 변동이 가능하도록 하여 라인편성효율을 극대화할 수 있도록 라인을 배치한다. 라인편성효율이 가장 좋은 라인은 1인 생산(일명 포장마차)라인으로 라인편성효율이 100%이므로 낭비가 전혀 없는 라인이라 할 수 있다.

그러나 가공설비는 한번 배치하면 쉽게 옮기지 못하는 경우가 대부분이다. 또한 조립공정도 컨베이어로 설치되어있는 경우에는 줄이거나 늘리거나 이동 등을 쉽게 할 수 없다. 이러한 경우에는 생산 스케줄링을 통해 수작업으로 가공경로를 결정하였다. 물론 로트생산이 이루어지며 모든 낭비의 발생은 감수하였다. 그러나 최근에 컴퓨터의 발달로 일정계획관리(Advanced Planning and Scheduling: APS)시스템은 낭비 발생이 최소화되게 자원 배분을 최적화할 수 있도록 실시간 가공경로 최적 설계를 도와준다.

가상물리시스템은 가상공간에서 시뮬레이션을 통해 최적화된 가공경로를 설계하여 물리적 시스템에 적용한다. 물리적 시스템은 자율제어되기 때문에 설비간에 정보를 주고 받으면서 설계된 가공경로에 따라 생산활동을 진행한다. 물론 여기서도 로트생산과 낭비는 발생하지만 최소화되게 한다. 그리고 공정에 문제가 발생하면 가공경로를 스스로 다시 최적화하는 과정을 수행한다. 가공경로를 최적화하는 방법으로는 다음과 같은 기법을 활용하면 된다.

(1) 공정 설계

생산하고자 하는 제품에 대하여 설계도를 분석하여 자재의 투입부터 완성까지 공정의 순서에 따라 물품의 움직임을 결정하고 공정도를 작성한다. 이때 가공, 운반, 검사, 정체, 저장으로 작업내용을 분류하고, 가공조건 등을 설정한다.

(2) 흐름 설계

물품의 공간적 이동상황에 대하여 이동경로가 최적화될 수 있도록 작업장, 설비, 보관장 등의 배치와 운반방법을 설정한다. 이때 운반방법은 운반 수량, 운반 설비, 운반 횟수, 사이클타임, 택트타임 등을 설정한다. 물론 공정과 공정 사이에 거리가 떨어져 있기 때문에 물품을 로트 단위로 운반할 수밖에 없으나 최소 단위로 운반하게 한다. 이 최소 단위는 공정과 공정 사이의 거리와 시간의 차이를 극복하기 위한 수량으로 버퍼(buffer)라고 한다.

(3) 설비능력 설계

현재 생산하고 있는 설비의 능력과 부하를 분석하여 여유능력을 가진 설비를 배치한다. 이때 물품의 공정계열에서 각 설비의 생산량의 균형을 이루고 가공경로와 공정 흐름이 이동 거리가 최소화되게 설비를 선정한다.

(4) 라인효율 설계

설비 이동이 불가하여 설비 또는 작업장 간의 거리가 떨어져 있는 상태이나 흐름생산을 따르기 위해서는 공정 간의 작업시간이 균형을 이루어야 한다. 이때 라인밸런스 효율이 극대화될 수 있도록 설계한다.

(5) 가공경로 설계

물품이 어떤 설비와 작업을 거쳐서 가공되는지에 대하여 공정순서에 따라 경로를 표시한다. 이때 흐름설계를 통한 이동경로 최적화와 설비능력설계에 따른 여유 설비의 배치 결과에 따라 최적 경로를 설정한다.

(6) 일정계획 설계

자재의 입고부터 완제품 출고까지 각 공정 또는 모든 공정을 통한 생산기간, 공정관리 시스템을 조사하고 공정의 일정(공정별 소요일수) 결과를 명확히 한다[그림 13-18]. 일정계획 기법으로는 간트차트와 PERT/CPM 기법을 주로 사용한다[그림 13-19][그림 13-20].

간트차트는 어떤 공정이 오래 걸리고 있는지에 대해서는 도시할 수 있지만, 1개 공정의 지연이 다른 공정에 얼마나 영향을 주는지에 대한 것은 각 공정의 일정 관련성이 명확하지 않기 때문에 전체 일정 지연상태를 정확하게 파악하기가 어렵다.

네트워크 기법은 네트워크 표시에 의한 표현방법으로, 일정상의 애로는 어느 한 공정이라도 작업 지연이 발생하면 전체 작업 일정에 영향을 주는 것으로 주경로(Critical Path)로 표시된다. 예를 들면 문틀 설치가 1주간 지연이 발생하면 집의 완성도 1주간 영향을 받게 된다. 각 공정 또는 전체 공정의 관련성이 명확하고 각 공정별 소요되는 시간을 정확하게 파악할 수 있으며, 일정에 문제가 발생하면 발견하는데 PERT/CPM기법이 편리하다.

[그림 13-18] 일정계획 설계 사례

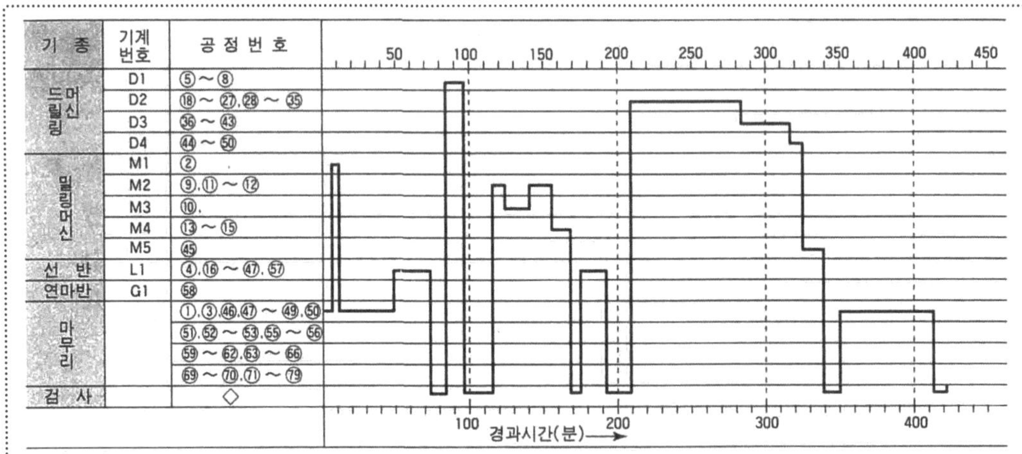

[그림 13-19] 간트차트 사례

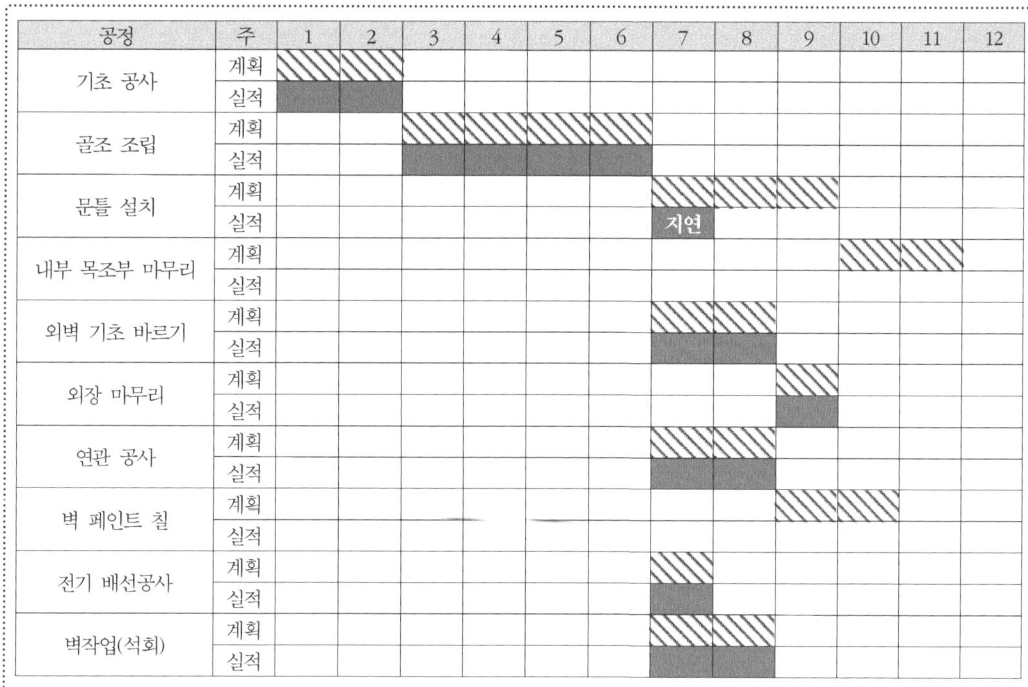

[그림 13-20] 네트워크 사례

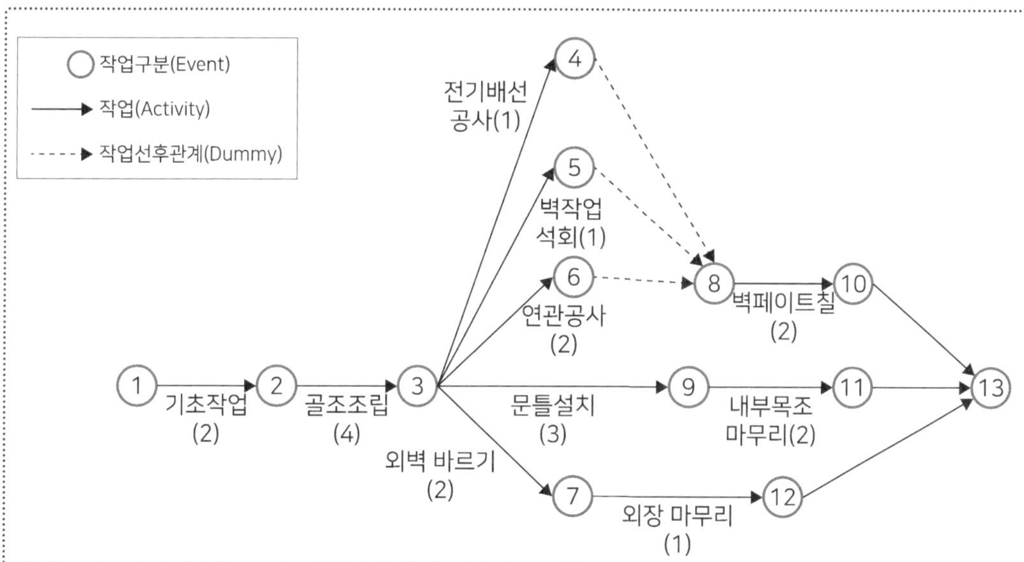

13장 연습문제

1. 라인생산의 개념에 대하여 설명하시오.
2. P-Q분석의 개념에 대하여 설명하시오.
3. 라인의 종류에 대하여 설명하시오.
4. 최적 라인 설계의 순서에 대하여 설명하시오.
5. 설비 이동이 불가능한 공정 최적화 설계에 대하여 설명하시오.

5부 품질 및 설비관리

CHAPTER

14

빅데이터와 품질관리

1. 빅데이터의 개요

빅데이터(Big Data)는 디지털 환경에서 모든 생성되는 데이터로 그 규모가 방대하고, 생성 주기도 짧으며, 형태도 수치뿐만 아니라 문자와 영상 데이터를 포함하는 대규모 데이터를 말한다.

데이터는 IT의 발달로 인하여 기하급수적으로 증가하고 있다. 1990년 이전에는 개별 기업들마다 자체적으로 컴퓨터를 활용하는 것으로 대부분의 데이터는 수치자료 중심으로 정형화되어 있었으나, 1990년 이후부터는 PC와 인터넷이 발달하면서 글로벌 디지털 데이터의 양으로 확대되었고, 2000년대에는 SNS의 발달로 인하여 비정형화된 데이터가 폭발적으로 증가하고 있다. 특히 스마트폰의 보급이 확대되면서 데이터의 양이 크게 증가하게 되어, 이를 처리할 수 있는 용량이 제타바이트(ZetaByte)를 다룰 때 이를 스마트 시대라고 불린다. 1제타바이트는 10^{21}을 나타내는 단

[표 14-1] 데이터 처리 단위

1킬로바이트(Kilo Byte: KB) = 10^3 = 1024Byte
1메가바이트(Mega Byte: MB) = 10^6 = 1024KB
1기가바이트(Giga Byte: GB) = 10^9 = 1024MB
1테라바이트(Tera Byte: TB) = 10^{12} = 1024GB
1페타바이트(Peta Byte: PB) = 10^{15} = 1024TB
1엑사바이트(Exa Byte: EB) = 10^{18} = 1024PB
1제타바이트(Zeta Byte: ZB) = 10^{21} = 1024EB
1요타바이트(Yota Byte: YB) = 10^{24} = 1024ZB

위를 의미한다. 보통 '0' 또는 '1'로 나타내는 비트(Bit)를 8개씩 묶어 바이트(Byte)라 하고, 정보를 표현하는 기본단위로 다루고 있다. 따라서 컴퓨터 처리 용량단위를 살펴보면 [표 14-1]과 같다.

빅데이터는 3V로서 나타내는데, 즉 데이터의 양(Volume), 데이터 처리 및 분석의 속도(Velocity), 데이터 형태의 다양성(Variety)을 말한다. 최근에는 정확성(Veracity)과 가치(Value)를 포함하여 5V로 나타내는 것으로 빅데이터의 개념을 확대하고 있다[그림 14-1].

[그림 14-1] 빅데이터의 개념

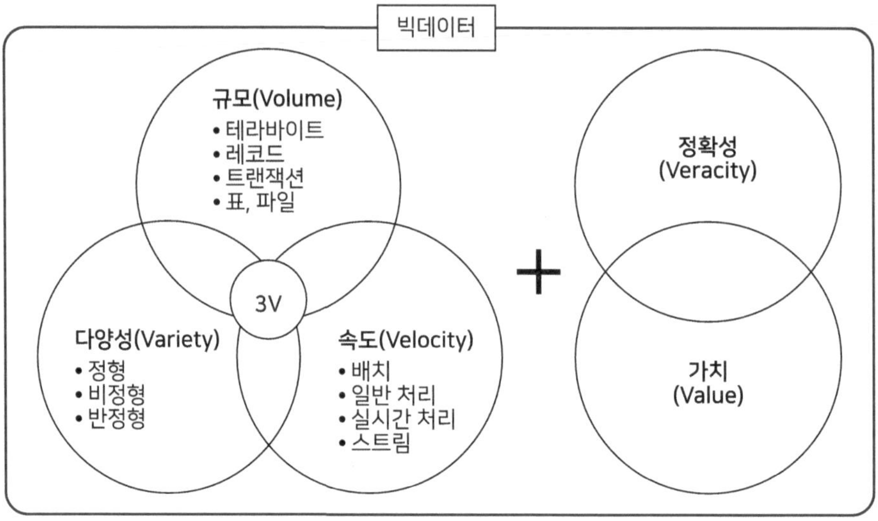

빅데이터는 단순히 대용량의 데이터를 의미하는 것이 아니다. 데이터가 많아지면 많아질수록 그만큼 쓰레기같이 쓸모가 없는 데이터도 많이 쌓이게 되므로 유용하고 필요로 하는 데이터만 수집·관리할 수 있도록 하는 것이 필요하다. 따라서 빅데이터는 대용량의 데이터를 활용·분석하여 가치있는 정보를 추출하고, 이 정보를 통해 해결방안을 마련하거나 미래의 변화를 예측하는 정보화 기술을 의미한다.

지금까지 대부분의 기업들이 실제로 데이터를 수집·분석하는 형태를 살펴보면 외부의 요구에 따라 의도적으로 구하거나 자연적으로 발생하여 쌓이는 데이터의 양에 비해 아주 적은 몇 퍼센트의 데이터만 수집·분석되고 있는 실정이다. 이는 데이터를 수집하는 데 시간과 비용이 많이 들기 때문에 최소한의 표본 추출을 통해 전체의 특성을 알아내는 통계적인 방법에 의존해 왔기 때문이다. 하지만 통계적 표본 추출은 표본이 적절하게 설계되지 않거나 추출이 편중되게 이루어질 수 있는 위험이 높고, 실제 조사 과정상의 문제로 결과가 왜곡될 위험이 크다. 통계에서 데이터가 많으면 많을수록 정보의 왜곡은 줄어든다.

품질관리의 예를 들면 지금까지 대부분의 기업들은 완제품에 대하여 전수조사를 하거나 표본조사를 시행해 왔다. 완제품의 품질검사는 불량이 발견되었을 때 전체 불량으로 처리되어 비용과 시간의 손실이 매우 크다. 기업에서 빅데이터를 활용하면 실시간 발생하는 품질 데이터의 수집이 기존의 데이터 수집을 통한 품질분석 기법에 더해지면서 좀 더 신뢰성있는 품질관리가 가능해진다. 실시간 데이터 관리는 공정에서 실시간 불량관리가 가능하게 만들므로 공정불량 발생 시 라인을 즉시 세울 수 있어, 불량 발생품의 수를 최소화 할 수 있으므로 비용과 시간의 손실을 최소화할 수 있다. 빅데이터 도입에 따른 효과는 품질비용에 있어서 10~20%의 절감과 설비 비가동시간의 30~50% 감소가 가능하며, 생산성 3~5%의 증가가 가능하다.

누구나 다 빅데이터를 이용해 일을 처리할 수 있는 것은 아니다. 작은 데이터도 수집·분석을 제대로 하지 못하는 기업들이 많다. 또한 데이터를 수집·분석한다고 하더라도 왜 분석하는지를 모르는 경우가 많다. 이러한 기업이 빅데이터를 수집·분석한다는 것은 무리이다. 그러나 지금까지 작은 데이터를 가지고 제대로 수집·분석하여 활용하고 있었다는 것은 데이터의 양이 많아지고 다양해지더라도 분석하는 방법에는 크게 차이가 없으므로 충분한 빅데이터 수집·분석 및 활용 역량을 갖추었다고 볼 수 있다.

여기서 주의해야 할 것은 빅데이터 자체가 목적이 아니다. 목적을 분명히 하여 실제로 알고 싶은 것을 정하고, 그것을 보다 정확하게 알기 위해서는 데이터를 통해 문제를 해결하는 데 빅데이터를 활용해야 한다. 그러나 빅데이터로 모든 문제를 해결하려고 할 필요는 없다.

빅데이터 분석 과정에서 가장 우선시되어야 하는 것은 데이터 분석을 통해 무엇을 알고 싶은가, 데이터를 어디서 수집해 올 것인가, 데이터를 어떻게 분석할 것인가를 분명히 하여 활용기준으로 삼는 것이다. 따라서 제조현장에서는 데이터를 관리해야 할 특성치를 결정하고, 데이터를 어떤 방법으로 수집할 것인지를 결정하며, 수집된 데이터의 분석방법을 결정한다.

2. 데이터의 관리 기법

2.1 층별

현장에서 제품의 품질에 영향을 주는 요인은 5M1E가 전체이다. 이 5M1E는 동일한 집단별로 분류하는 틀을 나타낸다. 동일한 집단 속에는 세부적으로 다양한 요인들이 존재한다. 따라서 층별은 집단을 구성하고 있는 많은 요인들을 어떤 특징에 따라 몇 개의 그룹으로 구분하는 것을 말한다. 예를 들면 불량이 발생했을 때 기계별·작업자별·재료별·시간별 등으로 구분해서 데이터를 수집하면 불량원인을 파악하는 데 구체적이고 많은 정보를 얻을 수 있다.

2.2 체크시트

층별에서 구분된 요인에 대하여 발생한 데이터를 정리하기 쉽도록 모으는 것이 필요하다. 이를 위해 간단히 체크만 함으로써 정보가 모아지도록 설계된 것이 체크시트(check sheet)이다. 체크시트를 활용해 발생 데이터를 표시했을 때 데이터가 어디에 집중되어 있는가를 한눈에 알 수 있게 해주고, 이는 곧 어디에 개선대책을 세워야 할 것인지도 알게 해준다. 예를 들면 불량항목 체크시트는 불량이 발생할 때마다 작업자가 해당하는 난에 체크를 표시함으로써 작업종료 후 어느 불량항목에서 불량이 얼마만큼 났는지를 확인할 수 있다.

2.3 파레토도

파레토도(pareto chart)는 많은 요인들 중에 가장 중요한 요인에 집중하기 위한 기법이다. 체크시트에서 체크가 종료된 후에 나온 결과값을 큰 것부터 작은 순으로 나열함과 동시에 누적 꺽은선 그래프로 그린 그림을 파레토도라고 한다. 이 그림에서 큰 것부터 작은 순으로 결과값을 누적했을 때 80%는 20%의 항목으로부터 발생한다는 원리이다. 즉 80-20의 법칙이라 한다. 예를 들어 제품 불량의 80%는 20%의 불량원인 항목으로부터 발생한다. 그리고 파레토도는 불량 발생금액으로도 분석할 수 있다. 이 80%에 해당하는 항목을 집중개선 함으로써 큰 성과를 얻을 수 있다.

2.4 특성요인도

특성요인도(cause and effect diagram)는 어떤 품질 특성치(결과)와 원인(요인)이 어떻게 관계하고 있고, 어떻게 영향을 주고 있는가를 알기 위해 작성하는 그림이다. 특성요인도는 생선뼈와 닮아서 피쉬본 다이어그램(fish bone diagram)이라고도 한다. 예를 들어 파레토도에서 제일 중요한 불량항목을 선정하여 이를 품질 특성치로 놓고 여기에 영향을 주는 원인들을 세부적으로 파헤쳐서 관계도를 그린다. 특성요인도에서 원인들을 분류하기 위해 일반적으로 대분류 항목으로 4M1E를 활용하기도 한다.

2.5 산점도

산점도(scatter diagram)는 짝을 이룬 2조의 연속형 변수 간의 관계를 보기 위해 2개의 특성치를 직교좌표(x,y)로 하여 이 좌표의 평면에 관측점을 찍어 만든 그래프이다. 짝을 이룬 2조의 특성치는 결과와 결과, 결과와 원인, 원인과 원인이 될 수 있다. 예를 들어 특성요인도에서 여러 가지 원인들이 발굴되면 이들 중에 상호 간의 관계를 살피는 데 사용한다. 산점도에서 나타나는 상관관계의 유형은 x값이 증가하면 y값이 증가하는 정(+)의 상관관계, x값이 증가하면 y값이 감소하는 부(−)의 상관관계, x값이 증가 또는 감소해도 y값의 변화에는 관계가 없는 무상관 등으로 구분한다. 여기서 상관관계의 정도는 상관분석을 통해 상관계수(r)를 구하여 판단한다.

2.6 히스토그램

계량값으로 구성된 데이터를 샘플링하여 측정값이 존재하는 범위를 몇 개의 구간(급)으로 나누어 각 구간을 밑변으로 하고, 그 구간에 속하는 측정값의 출현 도수(체크 수)에 비례하는 높이를 갖는 기둥(직사각형)으로 배열한 그림을 돗수분포표라고 한다. 이 돗수분포표의 각 기둥 상단 부분에 중심점을 연결하는 분포곡선을 그렸을 때 히스토그램(histogram)이라고 한다. 히스토그램은 중심값, 평균, 표준편차, 공정능력 등 많은 정보를 제공한다.

2.7 그래프

2.7.1 그래프란

그래프는 그림만 보아도 한눈에 내용을 알 수 있도록 표현한 것이다. 이것은 보다 빠르게 정보를 읽을 수 있고, 하나의 데이터로부터 많은 정보를 얻을 수 있으며, 필요한 조치를 정확하게 취할 수 있는 장점이 있다. 따라서 기업에서 경영자, 임직원, 현장에서 현재 상황을 실시간으로 파악할 수 있도록 할 때 모니터링용으로 활용된다. 그래프의 대표적인 종류에는 원그래프, 막대그래프, 추이그래프 등이 있다. 그래프를 선택할 때 사용목적에 적합한 그래프를 선택하는 것이 중요하다.

2.7.2 원그래프

원그래프는 전체를 100%로 했을 때 각 항목들의 상대적인 점유비율을 나타낼 때 사용한다. 원을 구성항목의 수에 맞추어 크기순으로 부채꼴로 구분하고, 구성항목 전체 수량을 100%로 하여 각 구성항목의 수량에 대한 비율을 구해 부채꼴의 면적으로 한다.

2.7.3 막대그래프

막대그래프는 숫자 또는 양을 막대의 길이로 표시하고 막대 간의 상대적 비교를 통해서 크거나 작고(大小), 많거나 적은(多少) 상태를 한눈에 파악할 수 있도록 한 그림이다.

2.7.4 추이그래프

추이그래프는 시계열로 데이터가 나타나는 경우에 시간이 흐름에 따라 데이터의 추세를 파악하거나 패턴을 한눈에 파악할 수 있도록 한 그림이다. 이 추이그래프를 런차트(run chart)라고도 한다. 이 런차트의 대표적인 그래프는 관리도라고 할 수 있다. 관리도는 뒤에서 상세하게 설명한다.

3. 데이터와 샘플링

모집단을 수집하고 분석하는 데 시간과 비용이 많이 들기 때문에 통계를 활용한다. 통계를 통해 분석한 결과가 모집단의 특성을 대표할 수 있어야 한다. 그러기 위해서는 통계적 표본 추출에 있어서 적절하게 설계되어야만 한다. 표본 데이터의 수가 많아 모집단에 가까울수록 정보의 왜곡현상이 줄어들고 모집단의 특성을 잘 설명할 수 있다.

최근에 IT기술의 발달로 인하여 빅데이터의 수집이 쉬워졌고, 빅데이터를 분석하는 데 크게 문제가 되지 않는다. 그러나 아무리 데이터가 충분히 확보된다고 하더라도 데이터를 바라보는 시각, 기본적인 통계에 대한 지식과 정확한 활용 등이 기반이 되지 않는다면 데이터가 가지고 있는 본래의 사실을 잘못 설명하는 우를 범할 수 있다.

[그림 14-2] 빅데이터 분석 역량

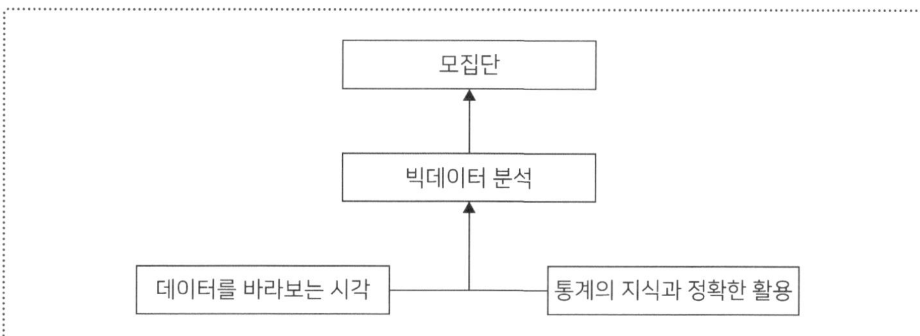

3.1 데이터의 분류

3.1.1 데이터 수에 따른 분류

① 다변량 데이터: 관측 또는 실험 대상이 되는 개체별로 두 개 이상의 변수가 관측되는 경우의 데이터를 말한다.

② 일변량 데이터: 개체별 한 개의 변수만 관측할 경우의 데이터이다.

3.1.2 데이터의 척도에 따른 분류

① 명목척도: 측정대상의 속성을 분류, 확인할 목적으로 숫자를 부여하는 것으로 측정

대상을 상호배타적인 집단으로 구분하는 데 이용된다. 이 척도는 4가지 척도 중에서 가장 적은 양의 정보를 제공한다. 예를 들면 남자-여자, 사용자-비사용자, 직업, 종교, 지역구분, 상표의 인지여부 등을 말한다.

② 서열척도: 측정대상의 속성을 평가하기 위하여 측정대상 간의 대소나 높고 낮음 등의 순위를 부여해 주는 척도이다. 이 척도는 어떤 속성에 따라 순위를 부여한 것으로 상대적인 서열만 나타내는 것이므로 그 값의 정도(크기)는 알 수 없다. 예를 들면 학년, 상품선호 순위, 계급, 상품품질등급 등을 말한다.

③ 등간척도: 측정대상의 속성에 수치를 부여하되 대상물이 갖고 있는 속성이 어느 정도 차이가 있는가를 비교하는 척도이다. 이 척도는 측정대상이 갖는 해당 속성의 양적인 정도의 차이를 설명해 주는 것으로 절대적인 원점은 존재하지 않는다. 다만 임의적인 원점은 존재한다. 예를 들면 온도, 학점, 선수들의 체급, IQ지수, 물가지수, 주가지수, 광고인지도지수, 상표선호도지수 등을 말한다.

④ 비율척도: 등간척도가 갖는 특성에 추가적으로 비율계산이 가능한 절대 0점이 존재하는 척도이다. 절대 0점의 위치에 대해서는 누구나 객관적으로 인정하고 있다. 이 척도는 어떠한 통계분석에도 적용 가능하다. 예를 들면 매출액, 구매확률, 무게, 나이, 소득금액 등을 말한다.

3.1.3 데이터의 속성에 따른 분류

(1) 수치형 데이터

① 계량치 데이터: 연속형 데이터 또는 측정형 데이터라고도 하며, 길이, 무게, 시간, 온도, 순도, 강도, 저항 등과 같이 측정해서 수집할 수 있는 것을 말한다.

② 계수치 데이터: 이산형 데이터라고도 하며, 불량개수, 결점수, 생산개수, 공해건수 등 셀 수 있는 것을 말한다.

(2) 범주형 데이터

① 명목 데이터: 이산형 데이터의 일종으로 성별 변수분석을 하는 경우 남자를 0, 여자를 1로 표시하거나 인종, 혈액형 등을 문자나 수치로 표현한 것을 말한다.

② 순서 데이터: 이산형 데이터의 일종으로 학년, 순위, 우열, 선호도 등을 수치로 표현한 것을 말한다.

3.2 샘플링 방법

3.2.1 모집단과 샘플

대통령 선거, 어떤 나라의 인구, 매장되어 있는 광물, 생산 제품 등 관심의 대상이 되는 전체 집합을 모집단(population)이라 한다. 관심의 대상이 되는 전체 집합에 속하는 수가 크지만 구체적이고 유한개인 경우의 모집단을 유한 모집단이라고 한다. 예를 들면 청년 실업률을 조사할 때 20세 이상 39세 미만 경제활동인구의 대상 수가 너무 크지만 헤아릴 수 있는 경우이다. 공정에서 생산되는 제품일 경우에는 어느 한 시점에 생산된 수량만을 고려할 때에는 유한 모집단이 된다. 또한 관심의 대상이 되는 전체 집합의 수를 셀 수 없을 정도로 많고 무한개인 경우의 모집단을 무한 모집단이라 한다. 예를 들면 공정에서 생산되는 제품이 장래에도 계속해서 생산된다는 입장에서 보면 생산량이 구체적으로 결정되지 않고 무한히 많다고 생각하므로 이를 무한 모집단이라고 한다.

관심의 대상이 되는 모집단 전체를 조사하는 방법을 전수조사라고 한다. 그러나 무한 모집단의 경우에는 모집단 전체를 조사한다는 것이 불가능하다. 또한 유한 모집단의 경우에도 그 대상인 모집단의 수가 너무 크면, 비용과 시간적인 측면에서 전수조사가 효율적이지 못한 경우가 있다. 이때에는 표본을 조사하는 편이 더 낫다. 이와 같이 표본을 조사하는 방법을 샘플링 조사라고 한다. 표본은 모집단으로부터 추출하는 방법으로 샘플링(sampling)이라 한다. 샘플링은 표본을 통해 정보를 얻는 데 충분한 경우에 사용한다. 좋은 샘플링 방법이란 샘플링한 데이터의 정보로 모집단 전체의 정보를 정확하게 알아 낼 수 있고 샘플링 비용을 최소로 들게 하는 것을 말한다. 그러나 일반적으로 모집단 전체를 전수조사하지 않고서는 모집단의 정보를 100% 정확하게 알 수 없다. 샘플링은 표본집단을 통해 모집단의 특성을 추정하는 것이 목적이므로 어느 정도 오차를 인정할 수 있는 경우에 사용한다. 오차는 목적하는 참값과 측정데이터와의 차이를 말한다. 오차에는 샘플 전체의 오차뿐만 아니라 샘플을 취하는 방법에서도 오차가 발생한다. 샘플링 오차를 제거하기 위해서는 매번 샘플링 할 때 마다 조건을 똑같이 만들기 위한 방법이 랜덤 샘플링(random sampling) 방법이다.

표본이 모집단을 대표하기 위해서는 모집단으로부터 골고루 추출할 필요가 있다. 모집단으로부터 골고루 표본을 추출한다는 것은 모집단을 구성하고 있는 각 구성요소가 표본에 포함될 확률을 동일하게 한다는 것이다. 이러한 표본 추출 방법을 랜덤 샘플링이라 한다. 이러한 방법으로 표본을 추출할 경우에는 표본 추출로부터 발생하는 샘플링 오차를 미리 정해진 추출 확률에 의해 객관적으로 평가할 수 있다. 또한 표본의 크기를 크게 하면 할수록 모집단의 특성에 가까워지므로 대표성이 높아지는 장점이 있다.

표본 추출을 위해서는 추출하고자 하는 모집단 구성의 최소단위를 정해야 한다. 예를 들면 파이프를 생산하는데 파이프 표면에 흠집의 수를 조사할 때 1m를 최소단위로 할 것인지를 정해야 한다. 이와 같이 표본으로서 취해지는 최소 단위를 샘플링 단위(sampling unit)라고 한다. 샘플링 단위를 정할 때에는 조사 대상물의 성질, 공정의 변화 상태 등의 기술적인 고려와 통계적인 고려가 필요하다. 샘플링 단위를 너무 작은 크기로 하면 산포가 커져서 특성의 대표적인 경향을 알기가 어렵고, 너무 큰 크기로 하면 산포가 지나치게 작아져서 모집단의 변화를 알기 어렵다.

3.2.2 단순 랜덤 샘플링(Simple Random Sampling)

일반적으로 샘플링 한다고 하는 것은 단순 랜덤 샘플링을 의미하는 것으로, 모집단 속에서 랜덤하게 추출한다고 하는 것은 골고루 뽑는 것을 의미한다. 이와 같이 모집단을 구성하는 요소들을 표본으로서 동일한 확률로 취하여지는 샘플링 방법을 단순 랜덤 샘플링이라 한다. 예를 들면 주사위는 6개의 숫자를 가진 모집단에서 1개의 표본을 단순 랜덤 샘플링 한다면 1부터 6까지의 각 숫자는 모두 동일한 확률 $\frac{1}{6}$로 실제 표본이 될 수 있음을 뜻한다.

[표 14-2] 단순 랜덤 샘플링

가능한 표본	1	2	3	4	5	6
표본이 될 확률	$\frac{1}{6}$	$\frac{1}{6}$	$\frac{1}{6}$	$\frac{1}{6}$	$\frac{1}{6}$	$\frac{1}{6}$

단순 랜덤 샘플링은 N개의 모집단에서 n개의 표본을 가능한 $\binom{N}{n}$개가 같은 확률로 각 표본들이 실제 선택될 수 있도록 뽑는 것을 말한다. 이 방법은 모집단의 구성요소에 일련번호를 각각 부여하고 추출의 편향(bias)을 방지하기 위해 난수(random number)를 사용하여 모집단의 구성요소 일련번호와 난수표의 번호가 일치하는 모집단 구성요소를 표본으로 선택한다. 난수표는 어느 지점에서 시작하여 어느 방향으로 가든 0에서 9까지 나올 확률($\frac{1}{10}$)이 같은 특징을 가지고 있다.

3.2.3 계통 샘플링(Systematic Sampling)

계통 샘플링은 어떤 물건이 일련의 배열로 되어있을 때 예측가능한 일정한 간격을 유지하며 샘플을 추출하는 방법이다. 연속생산을 하고 있는 제품 중에서 일정한 시간이나 일정한 개수 간격으로 표본을 선택하는 방식이다. 만약 표본의 간격이 10이라고 하면 모집단의 첫 10개 중에서 하나를 선택하고 그 후 매번 10번째 있는 것을 선택하는 방법이다. 예를 들어 1,000명의 모집단에서 200명을 표본으로 추출한다고 가정할 때, 이 경우 표본비율(표본의 크기 ÷ 모집단의 크기)이 $\frac{1}{5}$이므로 표본간격(모집단의 크기 ÷ 표본의 크기)은 5(=1,000÷200)가 된다. 이때 첫 5명 중에서 난수표를 이용하여 3번째 사람을 선택하였다면 그 다음은 8(=3+5)번째, 13(=8+5)번째 등으로 하여 998번째 사람을 200번째 표본으로 선택한다.

[그림 14-3] 계통 샘플링

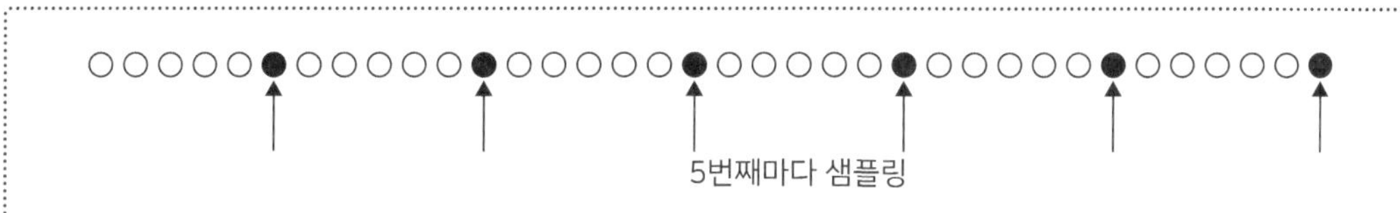

계통 샘플링의 특징을 살펴보면 다음과 같다.

① 시간적·공간적으로 층별 샘플링의 효과가 있다.
② 층간변동(σ_b^2)은 샘플링 정밀도에 거의 영향을 주지 않는다.
③ 표본 크기가 같으면 단순 랜덤 샘플링보다 정밀도가 높은 경우가 있다.
④ 제품생산에 주기성이 있으면 치우침이 발생하여 샘플링의 정밀도가 나빠진다.
⑤ 단순 랜덤 샘플링보다 표본채취의 용이성이 있다.

3.2.4 2단계 샘플링(Two-Stage Sampling)

모집단이 N개씩 동일하게 들어있는 M상자로 구성되어 있을 때, M상자 중 랜덤하게 m개의 상자를 샘플링하고, 각각의 상자로부터 n개씩 표본을 랜덤하게 채취하는 샘플링 방법을 말한다. 이 방법은 단순 랜덤 샘플링보다 샘플링 실시에 용이성을 갖추고 있다. 예를 들면 200개씩 들어있는 제품 박스가 100개 있을 경우, 먼저 100박스 중 단순 랜덤 샘플링을 통해 10개의 박스를 샘플링(1단계)한 후, 다시 이들 10개의 박스에서 각각 제품 10개씩 샘플링(2단계)을 하여 총 100개의 제품을 샘플링한다.

[그림 14-4] 2단계 샘플링

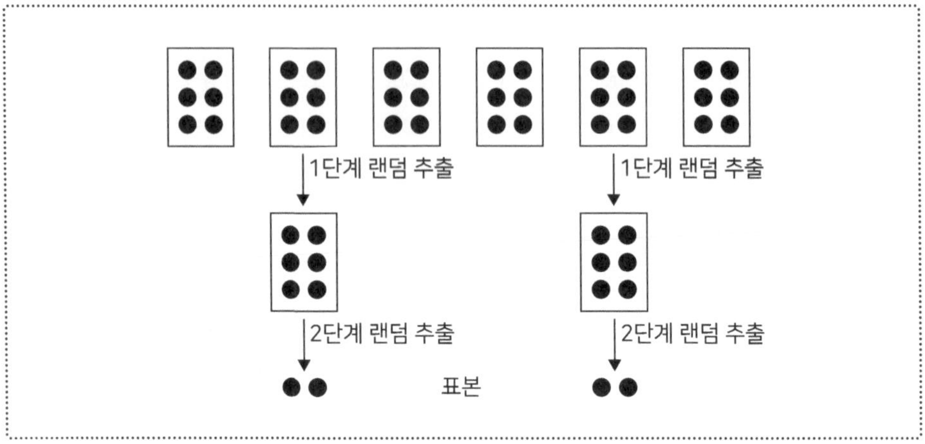

2단계 샘플링의 특징을 살펴보면 다음과 같다.

① 일반적으로 랜덤 샘플링보다 추정 정밀도가 떨어진다.
② 샘플링 비용이 저렴하다.
③ 샘플링 조작이 용이하다.
④ 샘플링 오차분산이 층내산포와 층간산포의 합성으로 이루어진다.

3.2.5 층별 샘플링(Stratified Sampling)

모집단을 인위적인 기준에 따라 여러 집단 또는 계층으로 중복되지 않게 분류하여 각 집단 또는 계층으로부터 일정한 수를 랜덤 샘플링하는 방법이다. 이 방법은 집단 또는 계층 간의 차이는 가능한 한 크게하고 집단 또는 계층 내는 균일하게 층별하는 것을 원칙으로 한다. 예를 들면 대학생들의 의견을 조사하기 위하여 학생들을 학년기준으로 구분하여 각 학년에서 일정한 수를 랜덤하게 추출하는 것이다. 층별 샘플링을 2단계 샘플링과 비교할 때, 모집단이 N개씩 동일하게 들어있는 M상자로 구성되어 있다면, M상자 중 랜덤하게 m개의 상자를 샘플링하는 것을 생략하고, M상자 각각의 상자로부터 직접 n개씩 표본을 랜덤하게 채취하는 샘플링 방법을 말한다. 예를 들면 200개씩 들어있는 제품 박스가 100개 있을 경우, 먼저 100박스 중 단순 랜덤 샘플링을 통해 10개의 박스를 샘플링(1단계)하는 것은 생략하고, 100개의 박스로부터 각각 제품 10개씩 샘플링하여 총 100개의 제품을 샘플링한다.

[그림 14-5] 층별 샘플링

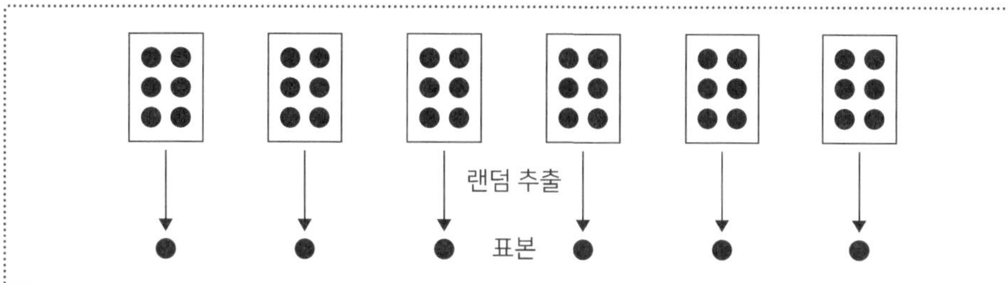

층별 샘플링의 특징을 살펴보면 다음과 같다.

① 랜덤 샘플링과 표본수가 동일해도 상대적으로 높은 정밀도를 얻을 수 있다.
② 층내는 균일하게 하고, 층간(σ_b^2)을 크게 하면 층별 될수록 정밀도는 높아진다.
③ 정밀도가 높고 샘플링 조작이 용이한 샘플링 방법이다.
④ 샘플링 오차의 분산($\sigma_{\bar{x}}^2$)은 층내산포(σ_w^2)에 의해 결정된다.

층별 샘플링의 종류는 다음과 같다.

① 층별 비례샘플링: 각 집단이나 계층의 크기가 일정하지 않을 때 각 집단이나 계층의 크기에 비례하여 표본을 취하는 방법이다.
② 네이만(Neyman) 샘플링: 각 집단이나 계층의 크기와 표준편차에 비례하여 샘플링하는 방법이다.
③ 데밍(Deming) 샘플링: 각 집단이나 계층으로부터 샘플링하는 비용까지도 고려하여 샘플링하는 방법이다.

3.2.6 집락 샘플링(Cluster Sampling)

집락 샘플링은 먼저 물리적인 유사성을 기준으로 모집단을 중복되지 않게 여러 집단으로 묶는다. 층별 샘플링의 집단 또는 계층은 인위적인 기준에 의한 분류이므로 각 집단 또는 계층은 동질성을 유지하고 있는 반면에 집락은 자연적으로 이루어진 집단 또는 계층을 이용하므로 집단 또는 계층 내의 동질성이 적고 오히려 모집단의 축소판의 성격을 가진다. 따라서 여러 집단 또는 계층 중에서 집단 또는 계층을 샘플링하고, 샘플링된 집단 또는 계층에 속하는 모든 구성요소가 표본이 된다. 예를 들면 어느 선거구에 10개의 투표구가 있다고 할 때, 10개의 투표구 중에서 몇 개의 투표구를 무작위로 선택하여 선택된 투표구에 속하는 유권자 모두를 표본으로 선택하여 조사하는 방법이다. 이 샘플링 방법이 효율적이려면 집단 또는 계층끼리 유사하여 적은 수의 집단 또는 계층을 선택하여도 전체를 잘 대표해야 하고, 동시에 집단 또는 계층 내에서는 다양한 요소가 있어야 한다. 따라서 집락 샘플링은 집락 간 분산은 적고 집락 내 분산이 클 때 유용한 방법이다.

[그림 14-6] 집락 샘플링

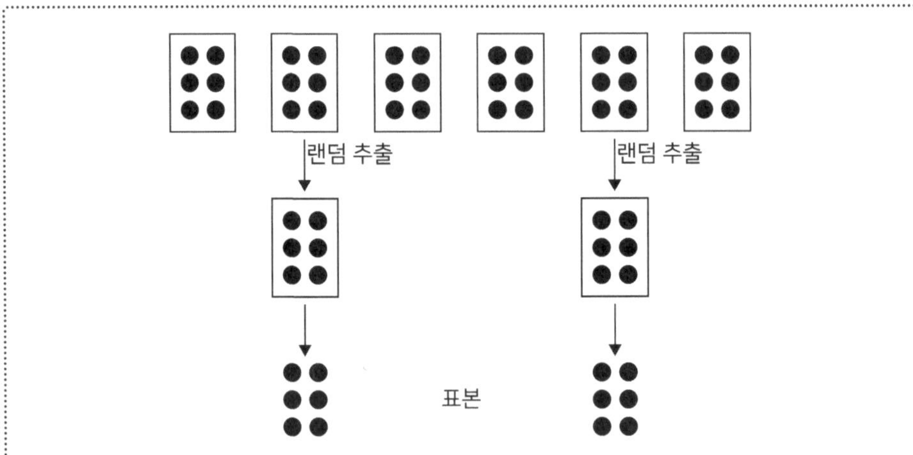

집락 샘플링의 특징을 살펴보면 다음과 같다.

① 집단 또는 계층 간이 균일하게 취락 군을 형성한다.
② 층간분산(σ_b^2)이 적어질수록 샘플링 정밀도가 높아진다.
③ 샘플링 오차의 분산($\sigma_{\bar{x}}^2$)은 층간산포(σ_b^2)에 의해 결정된다.

4. 기초통계

4.1 위치 통계량

2개 이상 측정값의 중심위치를 나타내는 데에는 산술평균, 중위수, 최빈수를 사용한다.

(1) 산술평균(mean: $\bar{x}$)

수집된 데이터를 모두 합계를 내어 수집된 데이터 수로 나눈다.

$$\bar{x} = \frac{\sum x_i}{n}$$

(2) 중위수(median: $\tilde{x}$)

수집된 데이터를 작은 것부터 큰 순서로 나열했을 때 중앙에 위치한 데이터를 말한다.

① 수집된 데이터가 홀수 개인 경우: 양쪽에 같은 개수만큼 제외하고 중앙에 남아 있는 1개의 데이터 값이다.

② 수집된 데이터가 짝수 개인 경우: 양쪽에 같은 개수만큼 제외하고 중앙에 남아 있는 데이터 2개의 값을 평균한 값이다.

$$\tilde{x} = \frac{x_i + x_{i+1}}{2}$$

(3) 최빈수(mode: Mo)

수집된 데이터 중에서 빈도수가 가장 많이 나타난 값이다.

4.2 산포 통계량

2개 이상 측정값의 산포를 나타내는 데에는 범위(R), 표준편차(s 또는 σ), 분산(s^2 또는 σ^2)을 사용한다.

(1) 범위(range: R)

수집된 데이터 값 중에서 제일 큰 값과 제일 작은 값의 차이를 나타낸 값이다.

$$R = x_{\max} - x_{\min}$$

(2) 분산(unbiased variance: s^2 또는 σ^2)

① 모집단일 경우 편차제곱합은 $SS = \Sigma(x_i - \bar{x})^2$이므로

$$\sigma^2 = \frac{SS}{N} = \frac{\Sigma(x_i - \bar{x})^2}{N} = \frac{\Sigma x_i^2 - \frac{(\Sigma x_i)^2}{N}}{N}$$

② 표본집단일 경우 편차제곱합은 $SS = \Sigma(x_i - \bar{x})^2$이므로

$$s^2 = \frac{SS}{n-1} = \frac{\Sigma(x_i - \bar{x})^2}{n-1} = \frac{\Sigma x_i^2 - \frac{(\Sigma x_i)^2}{n}}{n-1}$$

(3) 표준편차(standard deviation: s 또는 σ)

① 모집단일 경우

$$\sigma = \sqrt{\sigma^2}$$

② 표본집단일 경우

$$s = \sqrt{s^2}$$

[표 14-3] 통계 요약

모집단	통계용어	표본집단
N	수	n
$\mu = \frac{\Sigma x_i}{N}$	평균	$\bar{x} = \frac{\Sigma x_i}{n}$
$\sigma^2 = \frac{\Sigma(X_i - \mu)^2}{N}$	분산	$s^2 = \frac{\Sigma(x_i - \bar{x})^2}{n-1}$
$\sigma = \sqrt{\frac{\Sigma(X_i - \mu)^2}{N}}$	표준편차	$s = \sqrt{\frac{\Sigma(x_i - \bar{x})^2}{n-1}}$

5. 관리도

시간의 흐름에 따라 데이터의 흐름을 나타내는 것을 추세선(trend)이라고 한다. 추세선이 일정한 경향 또는 주기를 가지고 움직이는 것을 보고 미래를 예측하기도 한다. 빅데

이터는 더욱 이것을 가능하게 한다. 이와 같이 기업에서 생산되는 제품이나 설비조건의 데이터도 시간의 흐름에 따라 살펴보면 추세선으로 나타낼 수 있으며, 이를 통제하고 개선하기 위해서는 관리도(control chart)를 사용한다[그림 14-7].

[그림 14-7] 관리도의 개념

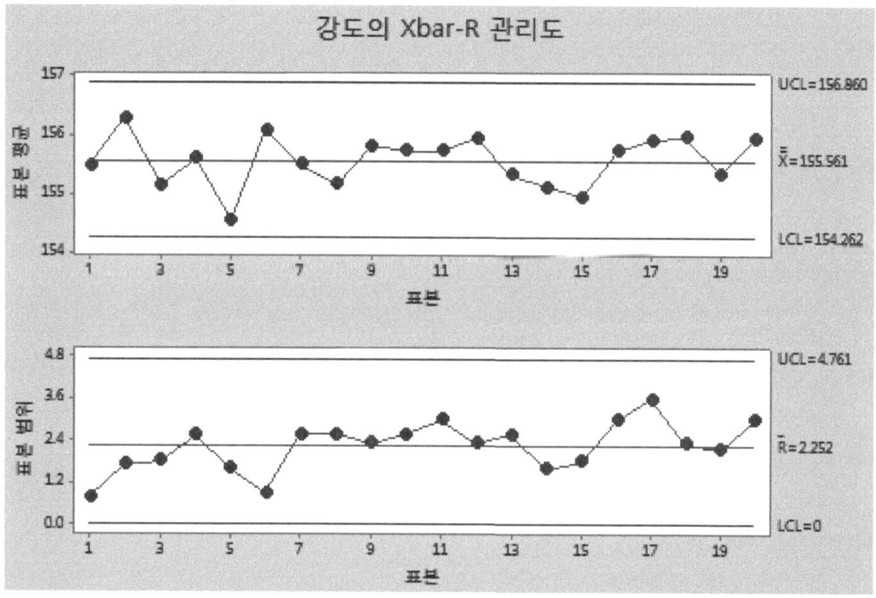

생산 공정에서 설계품질에 합치되는 제품을 만드는 것은 주요 목표 중의 하나이다. 제품을 생산하는 공정에서 생산되는 제품의 품질특성(관리특성)이 항상 균일하도록 반복해서 생산할 수 있다면 품질관리 측면에서 가장 바람직하다고 할 수 있다. 그러나 실제로 어떤 생산 공정에서도 이와 같이 완전한 균일한 제품만을 생산할 수는 없다. 즉 동일한 공정에서 생산되고 있는 제품이라 하더라도 품질특성은 시간의 흐름에 따라 기계나 공구의 마모에 의하여 또는 자재, 작업방법, 작업자 등의 복합적인 환경요인에 의하여 산포(품질변동)가 발생하게 된다.

설비의 경우에는 설비의 기준조건을 설정하여 그 기준에 항상 일치되게 운전되어야 한다. 그러나 설비가 시간이 흐름에 따라 기계나 공구의 마모, 작업자의 조작실수, 노후화, 부품수명, 진동, 환경 등의 복합적인 환경요인에 의하여 불안정한(이상) 상태가 발생하게 된다. 이와 같이 생산 공정이나 설비가 관리상태에 있는지, 아니면 제품의 산포나 설비의 이상상태가 있는지를 파악하기 위해서는 관리도를 사용한다.

5.1 변동의 원인

어떤 제조공정이든 그것이 아무리 잘 설계되고 잘 보전되더라도 공정 자체가 가지고 있는 고유하고 자연적인 변동은 존재한다. 이러한 교유하고 자연적인 변동은 작지만 피할 수 없는 여러 가지 원인들의 누적으로 나타난다. 이와 같이 공정이 고유하고 자연적인 변동을 발생 시키는 것을 우연원인(chance cause)이라고 하고, 우연원인으로만 구성된 공정을 관리상태에 있다고 한다. 우연원인은 숙련도 차이, 작업환경의 일상적인 차이, 원자재 간의 식별되지 않을 정도의 품질 차이, 동일한 설비에서의 미세한 성능 차이 등을 말하며, 이 원인들은 만성적으로 존재할 수 있으므로 공정능력을 향상시키기 위해서는 줄이려는 노력을 해야 한다.

반면 작업자의 실수, 부적절하게 관리된 설비, 작동상의 에러, 부적합한 원재료의 사용 등으로 발생하는 인위적인 변동을 이상원인(assignable cause)이라고 하고, 이상원인이 존재하는 공정을 이상상태에 있다고 한다. 이상원인은 우연원인에 비교하여 상대적으로 크게 나타난다. 이상원인은 작업자의 부주의나 실수로 발생되는 차이, 작업자가 표준대로 작업하지 않아서 발생하는 차이, 불량자재의 사용으로 인한 차이, 설비의 이상이나 고장으로 인한 차이 등을 말하며, 이 원인들은 산발적으로 발생하여 품질변동을 일으키므로 공정을 안정시키기 위해서는 우선적으로 제거해야 할 대상이다.

5.2 관리도의 구조

관리도는 슈하트(Shewhart)에 의해 만들어 졌으며, 품질의 산포(변동)가 우연원인에 의한 것인지 또는 이상원인에 의한 것인지를 판별하고, 다시 말하면 공정이 안정상태(또는 관리상태)에 있는지의 여부를 판별하고 공정을 안정상태로 유지함으로써 제품의 품질을 균일화하기 위한 기법이다. 관리도는 공정에서 규칙적인 간격으로 3~7개씩의 샘플링된 데이터를 평균($\bar{x}$)과 범위(R) 또는 표본의 표준편차(s)를 계산하여 타점한 그래프이다. 여기서 타점된 점들을 한 곳으로 모아보면 정규분포를 이룬다. 관리도는 관리한계선을 가지고 있는데, 그 관리한계선의 폭은 중심선으로부터 $\pm3\sigma$ 한계선, 즉 (평균)$\pm$ 3$\times$(표준편차)로 표시한다. 관리도에서 평균($\bar{x}$)은 중심선(Center Line: CL), $+3\sigma$ 한계선은 관리상한선(Upper Control Limit: UCL), -3σ 한계선은 관리하한선(Lower Control Limit: LCL)으로 나타낸다. 관리한계는 공정의 현실을 감안한 기준으로 우연변동의 범위를 말하며, 이를 벗어나는 경우 이상원인 발생의 판단 기준이 된다. $\pm3\sigma$ 관리한계는 99.73%를 나타내며, $\pm3\sigma$ 관리한계를 벗어날 확률이 0.27%임을 의미한다. 이와 같이 관

[그림 14-8] 관리도 구조

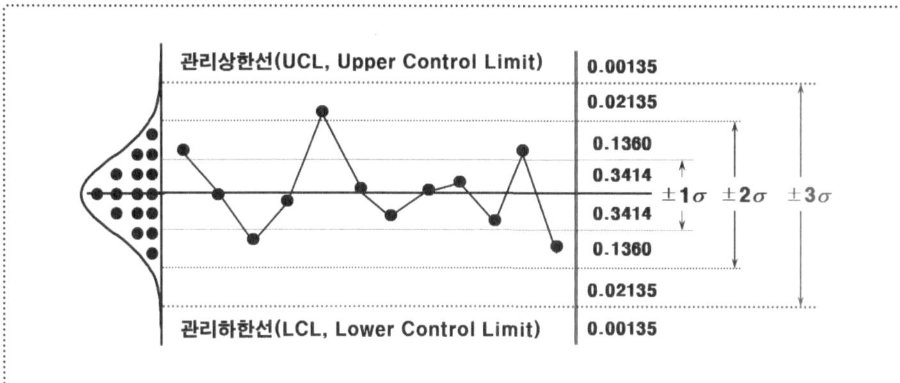

리 상한 또는 하한을 벗어나는 타점이 발생할 경우에는 통계적으로 관리상태에 있다고 할 수 없다. 이와 같은 현상이 발생할 때에는 공정을 정지하거나 조정하고 원인을 규명하기 위한 조사를 실시한다.

관리 한계와 구분되는 '규격 한계'는 고객이나 규제 등의 요구에 의해 설정되는 것으로 제품이나 서비스의 양/불량을 판단하는 기준이며 관리 한계와는 무관하다.

5.3 관리도의 해석 및 판정

관리도의 판정 기준을 적용하기 위하여 중심선으로부터 $\pm 1\sigma$ 간격으로 $\pm 3\sigma$까지 6개의 영역으로 나눈다. 중심선으로부터 대칭적이고 순차적으로 A, B, C, C, B, A로 정한다. 타점된 점들의 형태에 따라 이상상태를 판정하는 8가지 기준은 다음과 같다. 공정관리자는 관리도에서 나타나는 점의 움직임을 관찰하여 나타나는 패턴에 대해 주의를 기울이고, 이상원인의 징후라고 생각하여 조치를 취할 필요성이 있다. 다음의 기준은 $\bar{x}$관리도와 x관리도에 적용한다. 이들의 기준은 정규분포를 가정하고 있다.

① 1개의 점이 중심선에서 $\pm 3\sigma$를 벗어남
② 9개의 연속된 점이 중심선에서 같은 쪽에 있음
③ 6개의 연속된 점이 모두 상승 또는 하락
④ 14개의 연속된 점이 교대로 상승과 하락
⑤ 3개의 점 중에서 2개의 점이 중심선으로부터 $\pm 2\sigma$를 벗어남
⑥ 5개의 점 중에서 4개의 점이 중심선으로부터 $\pm 1\sigma$를 벗어남
⑦ 15개의 연속된 점이 중심선으로부터 $\pm 1\sigma$ 내에 있음

⑧ 8개의 연속된 점이 중심선으로부터 $\pm 1\sigma$를 벗어남

[그림 14-9] 이상원인에 대한 판정 기준

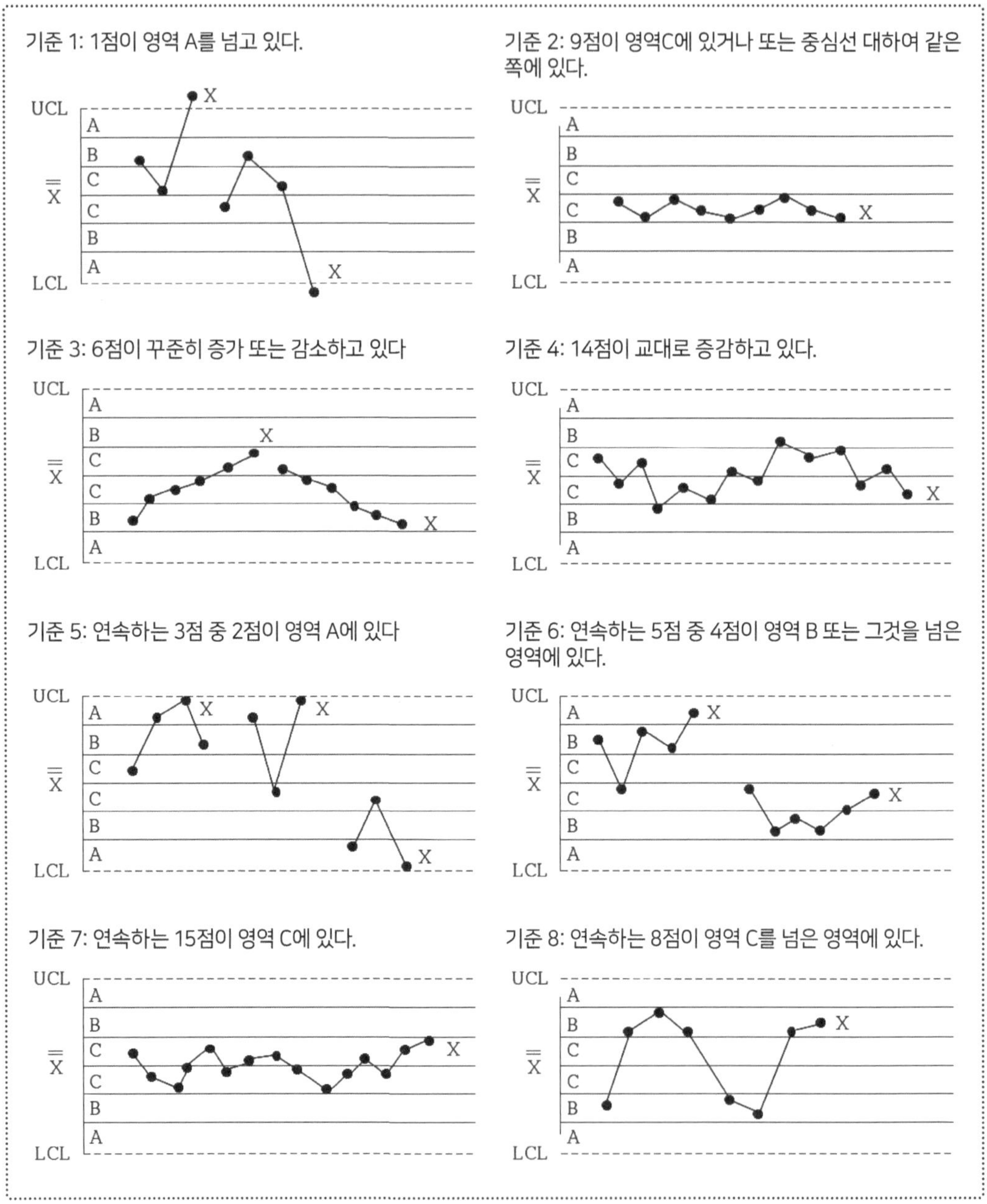

5.4 관리도의 종류

5.4.1 계량값 관리도

(1) $\bar{x}-R$ 관리도

$\bar{x}$관리도는 공정의 평균을 관리할 때 사용하고, R관리도는 공정의 산포를 관리할 때 사용한다. 데이터는 n=3~7정도(보통 n=5를 사용함)의 표본을 k=20~25개 군을 수집한다. $\bar{x}$관리도는 군간변동을 나타내며, 공정의 안정성을 나타낸다. R관리도는 군내변동을 나타내며, 공정의 일관성과 균질성의 척도가 된다.

μ와 σ를 알고 있는 경우	μ와 σ를 알 수 없는 경우
$\text{UCL} = \mu + 3\dfrac{\sigma}{\sqrt{n}}$	$\text{UCL} = \bar{\bar{x}} + 3\dfrac{\bar{R}}{\sqrt{n}\,d_2}$
$\text{CL} = \mu$	$\text{CL} = \bar{\bar{x}}$
$\text{LCL} = \mu - 3\dfrac{\sigma}{\sqrt{n}}$	$\text{LCL} = \bar{\bar{x}} - 3\dfrac{\bar{R}}{\sqrt{n}\,d_2}$

$$\hat{\mu} = \bar{\bar{x}} = \frac{\Sigma\bar{x}}{k},\ \hat{\sigma} = \frac{\bar{R}}{d_2}(n=5\text{일 때 } d_2=2.326),\ \bar{R} = \frac{\Sigma R}{k},\ R = x_{\max} - x_{\min}$$

(2) $x-R_s$ 관리도

x관리도는 데이터를 수집하는 시점에 1개의 데이터만 얻을 수 있거나, 하나의 데이터를 수집하여 측정을 하는데 시간이나 비용이 반복해서 데이터를 수집하는 것을 고려할 수 없을 만큼 큰 상황인 경우에 사용한다. $\bar{x}$관리도는 공정에서 일정한 간격으로 생산이 완료된 후, 그 완료된 생산품 중 표본을 추출하는 방식으로 실시간 데이터 수집방식은 아니다. 빅데이터는 공정에서 생산이 완료됨과 동시에 생산품을 자동으로 측정하여 데이터를 실시간 수집하게 되므로 x관리도를 사용하는 것이 적합하다. x관리도는 개개의 데이터를 모두 측정하여 실시간으로 나타내므로 이상발생 시 바로 발견할 수 있어 신속한 조치를 취할 수 있다.

μ와 σ를 알고 있는 경우	μ와 σ를 알 수 없는 경우
$\text{UCL} = \mu + 3\sigma$	$\text{UCL} = \bar{x} + 3\dfrac{\overline{R_s}}{d_2}$
$\text{CL} = \mu$	$\text{CL} = \bar{x}$

$$\text{LCL} = \mu - 3\sigma \qquad\qquad \text{LCL} = \bar{x} - 3\frac{\overline{R_s}}{d_2}$$

$$\hat{\mu} = \bar{x} = \frac{\Sigma x_i}{n},\ \hat{\sigma} = \frac{\overline{R_s}}{d_2}\ (n=2\text{일 때 } d_2=1.128)$$

$$\overline{R_s} = \frac{\Sigma R_i}{n-1}\ (R_s = \text{인접한 두 측정치 간의 차이, 즉 이동범위를 나타냄: } R_1 = x_2 - x_1)$$

(3) $\tilde{x}-R$ 관리도

$\tilde{x}$관리도는 중위수 관리도라고 하며, $\bar{x}-R$의 $\bar{x}$ 대신에 $\tilde{x}$를 사용한다. 중위수는 표본평균보다 이상점에 덜 민감하여 로버스트 추정량(robust estimator)으로 고려된다. 그러나 데이터가 갖고 있는 고유의 값보다 순위를 사용하게 되므로 정보의 손실이 크다. 중위수 관리도는 $\bar{x}$관리도보다 이상상태에 대하여 늦게 반응하기 때문에 주의를 기울여야 한다.

5.2.2 계수값 관리도

(1) 불량률(p) 관리도(부적합품률 관리도)

불량률은 표본에서 전체 품목의 수에 대한 불량품 수의 비율로 계산된다. 불량률 관리도는 계수값 관리도 중에서 가장 많이 사용된다. 불량률 관리도는

① 공정관리를 위하여 공정평균 불량률의 변화를 탐지하거나
② 공정평균 불량률을 추정하고 싶을 때
③ $\bar{x}-R$ 관리도를 적용하기 위한 예비적인 조사 분석을 할 때
④ 샘플링 검사의 엄격도 조정을 위하여 이용한다.

불량률 관리도는 이항분포를 따른다.

$$\text{UCL} = \bar{p} + 3\sqrt{\frac{\bar{p}(1-\bar{p})}{n}}$$

$$\text{CL} = \bar{p}$$

$$\text{LCL} = \bar{p} - 3\sqrt{\frac{\bar{p}(1-\bar{p})}{n}}$$

(2) 불량품수(np) 관리도(부적합품수 관리도)

공정에서 불량품 수량을 관리하고자 할 때 사용한다. 각 군의 표본의 크기 n은 반드시 일정해야 한다. 불량품수 관리도는 이항분포를 따른다.

$$\text{UCL} = n\bar{p} + 3\sqrt{n\bar{p}(1-\bar{p})}$$
$$\text{CL} = n\bar{p}$$
$$\text{LCL} = n\bar{p} - 3\sqrt{n\bar{p}(1-\bar{p})}$$

(3) 결점수(c) 관리도(부적합수 관리도)

결점수 관리도는 일정한 단위 중에 결점이 몇 개 있는가를 나타낸다.

$$\text{UCL} = \bar{c} + 3\sqrt{\bar{c}}$$
$$\text{CL} = \bar{c}$$
$$\text{LCL} = \bar{c} - 3\sqrt{\bar{c}}$$

(4) 단위당 결점수(u) 관리도(딘위딩 부적합수 관리도)

$$\text{UCL} = \bar{u} + 3\sqrt{\frac{\bar{u}}{n}}$$
$$\text{CL} = \bar{u}$$
$$\text{LCL} = \bar{u} - 3\sqrt{\frac{\bar{u}}{n}}$$

6. 공정능력분석

어떤 공정에서나 품질특성이 설계값에 완전히 일치하는 제품을 동일하게 반복해서 생산해 낼 수는 없다. 따라서 제품의 품질변동은 공정 내에서 5M1E에 의하여 영향을 받는다. 5M1E는 사람(Man), 설비(Machine), 재료(Material), 작업방법(Method), 측정(Measurement), 환경(Environment)를 말하며, 이것은 불량을 발생 시키는 변수의 전체라고 할 수 있다. 품질특성은 어떤 범위 안에서 분포를 하게 되는데, 산포를 가진 확률변수로서 어떤 확률분포를 따르게 된다.

공정에서 생산되는 제품의 품질변동이 작으면 공정능력이 좋다고 하고, 품질변동이 크면 공정능력이 나쁘다고 한다. 따라서 공정능력이란 공정이 관리상태에 있을 때, 그 공정에서 생산되는 제품의 품질변동이 어느 정도인가를 나타내는 양을 말한다. 이를 계량값으로 표시한 것을 공정능력지수(Process Capability Index: C_p)라고 한다.

6.1 계량형 공정능력 분석

6.1.1 공정능력지수

(1) 양쪽규격이고 치우침이 없는 경우

규격상한(Upper Specification: S_U)과 규격하한(Lower Specification: S_L)이 있고, 품질 특성값의 분포가 양쪽 규격의 중앙에 치우침이 없이 되어 있을 경우에 사용한다.

σ를 알고 있는 경우

$$C_P = \frac{S_U - S_L}{6\sigma}$$

σ를 알 수 없는 경우

$$C_P = \frac{S_U - S_L}{6\sigma},\ S = \sqrt{\frac{\Sigma(x_i - \bar{x})^2}{n-1}}$$

(2) 한쪽 규격인 경우

품질특성값의 규격이 상한 또는 하한 중 한쪽만 있을 때 사용한다.

규격상한만 있는 경우

$$C_{PU} = \frac{S_U - \mu}{3\sigma}$$

규격하한만 있는 경우

$$C_{PL} = \frac{\mu - S_L}{3\sigma}$$

(3) 양쪽규격이고 치우침이 있는 경우

품질특성값의 분포가 양쪽 규격의 중앙에 위치하지 않고 한쪽으로 치우쳐 있을 때 사용한다.

$$C_{PK} = (1 - K)C_P \quad (0<K<1\text{인 경우})$$

$$= 0 \quad (K\geq 1\text{인 경우})$$

$$|K| = \frac{|M-\mu|}{\frac{S_U-S_L}{2}} \ (M=\text{규격의 중심값}=\frac{S_U+S_L}{2},\ K=\text{치우침도})$$

$$M<\mu\text{일 때 } C_{PK} = C_{PU} - \frac{S_U-\mu}{3\sigma}$$

$$M>\mu\text{일 때 } C_{PK} = C_{PL} - \frac{\mu-S_L}{3\sigma}$$

일반적으로 공정능력의 판정기준은 공정능력의 등급에 따라 분류한다[표 14-4].

[표 14-4] 공정능력 판정기준

공정능력 범위	공정능력 등급
$C_P \geq 1.67$	특급
$1.67 > C_P \geq 1.33$	A급
$1.33 > C_P \geq 1.00$	B급
$1.00 > C_P \geq 0.67$	C급
$0.67 > C_P$	D급

$$\text{여기서 공정능력지수}(C_P) = \frac{\text{규격공차}}{6\sigma} = \frac{S_U - S_L}{6\sigma}$$

$$= \frac{\text{규격공차}}{6 \times \sqrt{\sigma^2_{\text{사람}} + \sigma^2_{\text{방법}} + \sigma^2_{\text{측정}} + \sigma^2_{\text{설비}} + \sigma^2_{\text{재료}} + \sigma^2_{\text{환경}}}}$$

로 나타낼 수 있다. 사람, 방법, 측정 3가지는 사람으로 인해 발생하는 산포이므로 관리기술 부문이며, 설비, 재료, 환경 3가지는 기술적인 문제로 발생하는 산포이므로 고유기술 부문이다. 관리기술 부문은 교육훈련을 통해서 산포를 개선할 수 있고, 고유기술 부문은 기술력을 통해서 산포를 개선할 수 있다.

6.1.2 공정성능지수: 장기공정능력지수

공정능력지수(C_P)의 계산에서 사용되는 표준편차(σ)는 군내변동(within-group variation)만을 나타내는 산포이다. 그러나 품질특성값의 산포는 군간변동(between-group variation)에서도 나타날 수 있으므로, 군내변동과 군간변동을 포함한 표준편차(σ_T)는

$$\sigma_T = \sqrt{\sigma_w^2 + \sigma_b^2} \quad (\sigma_w\text{: 군내변동}, \sigma_b\text{: 군간변동})$$

이 된다. 따라서 공정성능지수(Process Performance Index: P_P)는

$$P_P = \frac{S_U - S_L}{6\sigma_T}$$

로 나타내는데 이를 장기공정능력지수(long-term process capability index)라고도 한다.

공정이 안정되어 있는 경우에는 C_P와 P_P 간에는 크게 차이는 없으나, 공정이 불안정하여 군간변동이 큰 경우에는 C_P에 비하여 P_P가 상대적으로 작아진다.

공정능력지수(C_P)는 단기간에 걸쳐 공정이 어느 정도 품질의 제품을 안정되게 생산하고 있는가를 조사하는 데 사용하는 것으로, 현재 공정 상태에서 최상으로 나올 수 있는 능력을 나타내므로 현재 공정조건에서 관리를 잘하면 달성할 수 있는 목표수준이 된다.

공정성능지수(P_P)는 현재 공정에서 중장기간에 걸쳐 조사하는 데 사용하는 것으로, 군내변동과 군간변동이 모두 포함되어 있어 현재 공정 상태에서의 품질수준을 나타낸다. 일반적으로 현재 공정조건에서는 산포가 발생하여 치우침이 발생하므로 공정성능지수(장기공정능력지수)는 P_{PK}를 사용한다. P_{PK}는 C_{PK}를 구하는 방식과 동일하다.

6.1.3 벤치 공정능력지수

6시그마 기법이 도입되면서 공정을 관리하는 수준이 엄격하게 변화되었다. 기존에 사용하던 C_{PK}는 양쪽규격이 주어지더라도 데이터의 중심이 치우쳐 있는 쪽이 규격을 벗어날 확률이 크기 때문에 치우친 쪽에 대한 공정능력만을 계산하였다. 그러나 정규분포의 특성을 살펴보면 양쪽 꼬리부분은 수평선에 근접하면서 무한대(∞)로 뻗어나가는 것으로 되어 있다. 따라서 치우쳐 있는 쪽의 반대쪽은 육안으로 보기에는 규격한계를 벗어나 보이지는 않지만 통계적으로는 미미하게 벗어난 부분이 있다. 불량률을 퍼센트(%: $\frac{1}{100}$) 단위로 관리할 때에는 미미하게 벗어난 쪽에 대해서는 무시하였으나, 6시그마 기법이 도입되면서 불량률이 ppm(parts per million: $\frac{1}{1{,}000{,}000}$) 단위로 바뀌면서 미미하게 벗어난 쪽의 불량률도 중요하게 여기게 되었다. 그러므로 치우침이 발생하더라도 양쪽의 벗어난 확률은 모두 합산해서 공정능력지수를 구해야 한다. 이를 벤치 공정능력지수(bench process capability index: C_{PB})라고 한다.

규격 양쪽을 벗어난 확률 값을 구하기 위해서는 시그마수준(Z-bench: Z_B)을 먼저 구해야 한다(엑셀에서 Z_B = NORMSINV(P_U+P_L)로 계산할 수 있음).

$$Z_B = P_U + P_L$$

P_U : 규격 상한 값을 벗어난 확률 값

P_L : 규격 하한 값을 벗어난 확률 값

시그마수준(Z_B)을 구한 후 3으로 나누면 다음과 같이 된다.

$$C_{PB} = \frac{Z_B}{3}$$

6.2 계수형 공정능력 분석

6.2.1 용어의 정의

공정에서 불량이나 결점과 같이 수를 헤아려서 관리하는 경우가 많은데, 6시그마 기법에서는 계수형을 계량형처럼 공정능력을 분석하는 방법을 설명하고 있다. 계수형 공정능력을 분석하기 위해서는 먼저 용어를 이해하는 것이 필요하다.

(1) 단위(unit)

단위란 공정에서 제품을 한 개씩 생산할 때, 이 한 개가 하나의 단위라고 한다. 일반적으로 불량단위를 말하며, [그림 14-10]에서 사각형 단위를 말한다.

[그림 14-10] 단위의 개념

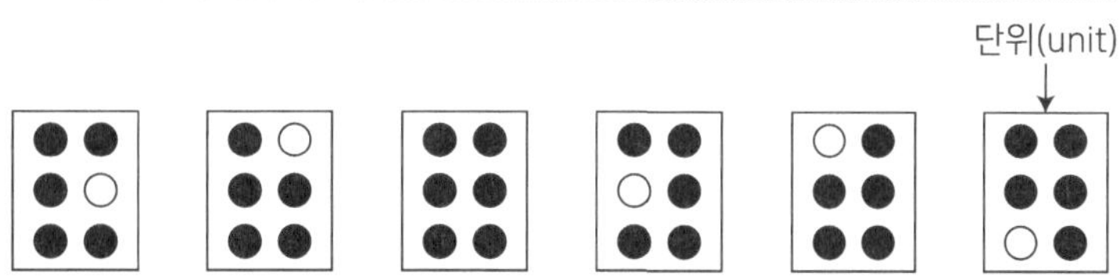

(2) 결점(defect)

공정에서 제품을 한 개씩 생산할 때, 이 한 개의 제품 속에 불량을 일으킬 수 있는 요소가 여러 개 있을 경우 이 중 한 개 요소에 의해 제품이 불량이 되기도 한다. 이때 불량을 일으킨 요소를 결점이라고 한다. [그림 14-11]에서 사각형 단위 속에 6개의 측정요소가 있을 때 이 중 결점이 발생한 요소를 말한다.

[그림 14-11] 결점의 개념

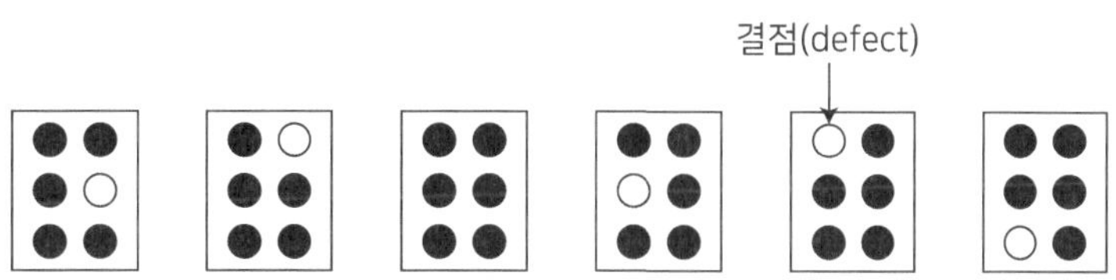

(3) 단위당 결점수(defects per unit: DPU)

단위당 결점수는 총 결점수를 총 측정단위로 나눈 것으로 한 개의 단위당 평균 결점수를 말한다. [그림 14-12]에서 6개의 사각형 중 총 결점수가 5개이므로 하나의 사각형에는 평균 0.83(=5/6)개의 결점이 발생한 것이다.

[그림 14-12] 단위당 결점수의 개념

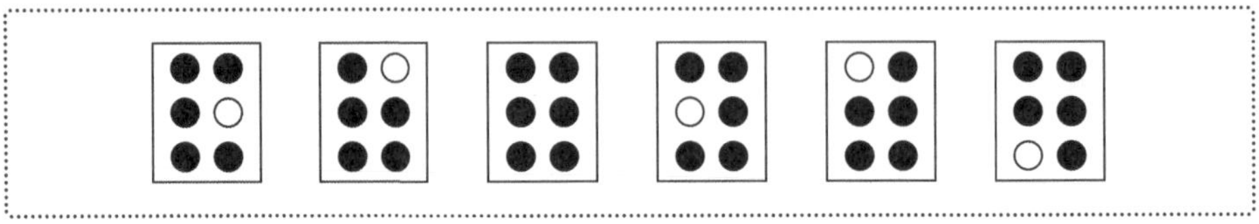

(4) 기회(opportunity)

기회는 결점을 발생 시킬 수 있는 모든 요소를 말한다. [그림 14-13]에서 한 개의 사각형에 결점을 일으킬 수 있는 요소가 6개 있고, 전체 사각형에서 결점을 일으킬 수 있는 수는 36(=6×6)개이다.

[그림 14-13] 기회의 개념

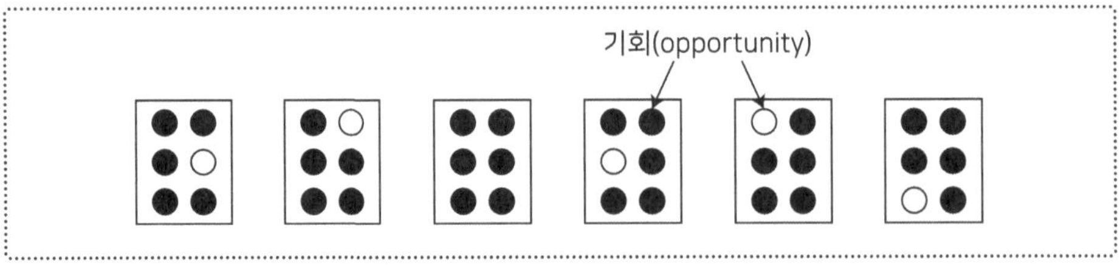

(5) 기회당 결점수(defects per opportunity: DPO)

기회당 결점수는 총 결점수를 총 기회수로 나눈 것으로 한 개의 기회당 발생할 수 있는 평균 결점수를 말한다. [그림 14-13]에서 총 결점수는 5개이고 총 기회수는 36개이므로 기회당 결점수는 0.14(=5/36)개이다.

(6) 백만 개의 기회당 결점수(defects per million opportunity: DPMO)

백만 개의 기회당 결점수는 기회당 결점수에 백만을 곱한 것을 말한다. 기회당 결점수가 0.14개이므로 여기에다 1,000,000을 곱하면 140,000(=0.14×1,000,000)개가 된다. 이것은 1,000,000개의 결점이 발생할 수 있는 기회 중에 140,000개의 결점이 발생할 수 있다는 것을 말한다. [그림 14-13]에서 살펴보면 실제로는 6개의 제품 중에서 5개가 불량이고, 이를 결점수로 살펴보면 36개의 요소 중에서 5개 요소가 결점이므로 140,000개와는 다소 거리가 있어 보인다. 그러나 현재 이 수준으로 생산되는 공정에서 만약에 1,000,000개의 결점이 발생할 수 있는 기회를 가진 만큼의 제품을 생산한다면 140,000개의 결점이 발생할 가능성이 있다는 것을 말한다.

공정에서 불량률을 표시할 때 ppm(parts per million)단위로 표시한다. DPMO와 ppm은 모두 1,000,000을 기준으로 한다는 것이다. 따라서 0.14개가 불량이 발생한다는 것은 1,000,000개를 생산한다면 140,000개가 불량으로 발생할 수 있다는 것을 말한다.

6.2.2 수율의 종류

수율(yield)이란 공정의 각 단계에서 생산되는 제품의 총수량 중 폐기 또는 재작업 수량을 제외한 양품 수의 비율을 말한다. 수율은 다음과 같이 계산한다.

(1) 초기수율(first time yield: Y_{ft})

초기수율은 초기에 투입한 수량이 각 공정을 거치면서 재작업 또는 재투입을 하지 않고 순수하게 최종공정을 통과한 수를 말한다[그림 14-14].

공정 1에서 100개 생산 후 불량 15개를 폐기하고, 공정 2에서 15개를 다시 투입하였으나 15개가 또 폐기되어 최종공정에서는 85개가 완성되었다.

초기수율은 처음 공정 1에서 100개를 투입하여 생산한 것 중 최종 완성된 제품은 70

[그림 14-14] 초기수율

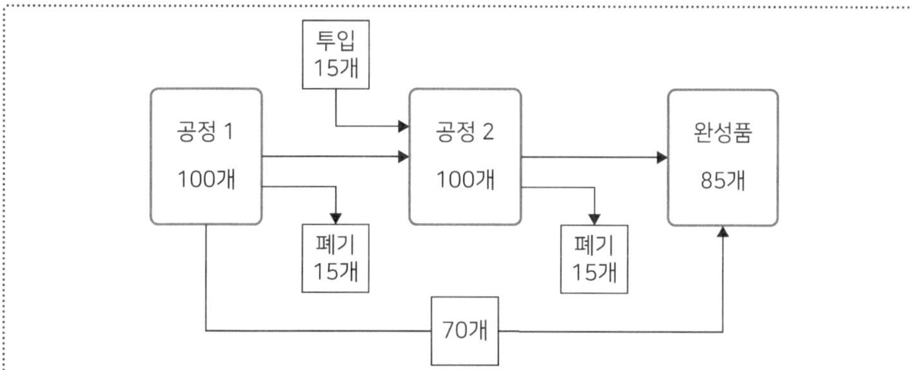

개이므로 70%이다.

$$Y_{ft} = \frac{70\text{개}}{100\text{개}} \times 100 = 70\%$$

(2) 누적수율(rolled throughput yield: Y_{rt})

누적수율은 초기에 투입한 수량이 각 공정을 거치면서 재작업 또는 폐기수량을 제외한 실제 통과된 각 수율의 곱을 말한다[그림 14-15].

$$Y_{rt} = 0.80 \times 0.70 \times 0.90 = 0.504 \Rightarrow 50.4\%$$

[그림 14-15] 누적수율

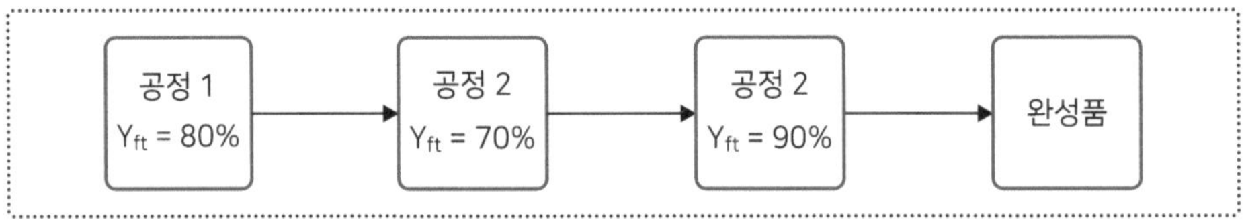

(3) 평균수율(normalized yield: Y_{norm})

평균수율은 초기에 투입한 수량이 각 공정을 거치면서 재작업 또는 폐기수량을 제외한 실제 통과된 각 수율의 곱을 공정수의 제곱근한 것을 말한다. 즉 누적수율을 공정수의 제곱근으로 산출한 것으로 공정당 평균수율을 말한다.

$$Y_{\text{norm}} = \sqrt[3]{0.80 \times 0.70 \times 0.90} = \sqrt[3]{0.504} = 0.796 \Rightarrow 79.6\%$$

(4) 수율과 공정능력의 관계

① 불량률 데이터인 경우

불량률(ppm) = 1 − Yield, Z = ppm의 시그마(σ) 값

DPMO = ppm × 1,000,000

Z_{LT} = DPMO (Z_{LT}: Long-Term σ value): 현재 수준

$Z_{ST} = Z_{LT} + Z_{\text{shift}}$ (=1.5) (Z_{ST}: Short-Term σ value): 목표 수준

② 결점 데이터인 경우

DPU = Defects/Units

Yield = $e^{-\text{DPU}}$, DPU = $-\text{Ln}(Y_{ft})$

불량률(ppm) = 1 − Yield, Z = ppm의 시그마(σ) 값

$DPMO = ppm \times 1{,}000{,}000$

Z_{LT} = DPMO (Z_{LT}: Long-Term σ value): 현재 수준

$Z_{ST} = Z_{LT} + Z_{\text{shift}}$ (=1.5) (Z_{ST}: Short-Term σ value): 목표 수준

14장 연습문제

1. 빅데이터의 개념을 설명하시오.
2. 빅데이터 관리의 주의할 점에 대하여 설명하시오.
3. 빅데이터 분석 과정에서 우선시되어야 할 것에 대하여 설명하시오.
4. 빅데이터 분석역량에 대하여 설명하시오.
5. 데이터 분류 방법의 종류에 대하여 설명하시오.
6. 데이터의 분류 중 계량치와 계수치에 대하여 설명하시오.
7. 모집단과 샘플에 대하여 설명하시오.
8. 샘플링의 종류에 대하여 설명하시오.
9. 위치 통계량에 대하여 설명하시오.
10. 산포 통계량에 대하여 설명하시오.
11. 변동의 원인에 대하여 설명하시오.
12. 관리도의 구조에 대하여 설명하시오.
13. 이상원인의 판정기준에 대하여 설명하시오.
14. 계량값 관리도의 종류를 들고 각각에 대하여 설명하시오.
15. 계수값 관리도의 종류를 들고 각각에 대하여 설명하시오.
16. 계량형 공정능력지수에 대하여 설명하시오.
17. 공정능력지수 판정기준에 대하여 설명하시오.
18. 공정성능지수에 대하여 설명하시오.
19. 벤치 공정능력지수에 대하여 설명하시오.
20. 계수형 공정능력지수를 구하기 위한 단위, 결점, 단위당 결점수, 기회, 기회당 결점수, 백만 개의 기회당 결점수에 대하여 설명하시오.
21. 수율의 종류에 대하여 설명하시오.
22. 수율과 공정능력과의 관계에 대하여 설명하시오.

CHAPTER

15

설비보전기술

1. 설비생산성

1.1 설비생산성의 개요

최근 4차 산업혁명이 화두가 되면서 제조업의 스마트화가 확산되고 있는데 이를 스마트공장이라 한다. 스마트공장은 생산현장의 모든 설비가 사물인터넷(IoT)으로 연결되어 무인 자율관리되는 것을 말한다. 이와 같이 기업은 계속되는 인력문제와 인건비 상승 등으로 인하여 자동화 도입을 확대하고 있다. 그리고 자동화는 사람이 작업할 때 불균일하게 발생되는 품질을, 균일한 품질의 제품을 생산할 수 있도록 만들어 주며 생산성 향상에 도움을 준다.

스마트공장은 정보통신기술(ICT)을 활용하여 공정을 자동제어하고 데이터를 자동으로 수집 분석하여 오류를 자동으로 감지할 수 있는 무인자동화를 의미한다. 이는 설비자동화가 이루어지지 않으면 달성할 수 없다. 물론 제조실행시스템(MES: Manufacturing Execution System)은 수작업으로 이루어진 공정에서도 생산시점관리(POP: Point of Production)를 통해 데이터 수집과 분석을 할 수 있다. 그러나 POP는 수작업으로 데이터를 수집하고 분석함으로써 정보의 지연 현상을 실시간으로 관리할 수 있다는 장점으로 MES를 달성하기 위한 첫걸음에 해당하나 공정에서 발생하는 낭비가 제거된 것은 아니다.

설비자동화는 먼저 수작업을 표준화하는 것이 필요하다. 그렇지 않으면 낭비가 포함된 상태에서 자동화되고 설비를 폐기할 때까지 그 낭비를 발생 시킨다. 수작업을 표준화하고 표준화된 순서대로 간이자동화와 자동화의 순서로 진행하는 것이 자동화로 인한 실패를 최소화할 수 있다. 따라서 스마트공장은 낭비 없는 최적의 조건을 갖춘 설비자동화가 전제가 되어야 한다.

그러나 자동화 도입은 초기 투자비용이 높아 이를 회수하는 데에는 시간이 걸린다. 따라서 설비생산성을 높이는 것이 중요하다. 설비생산성은 설비종합효율로 측정한다.

1.2 설비의 일생과 고장지표

1.2.1 설비의 일생

설비는 도입계획을 통해 조사, 연구, 설계, 제작 및 설치에 이르는 취득 과정과 설비를 설치한 후 운전과 보전을 계속하다가 점차 노후화 또는 구식화되어 결국에는 폐기에 이르는 사용 과정으로 구분한다[그림 15-1].

[그림 15-1] 설비의 일생

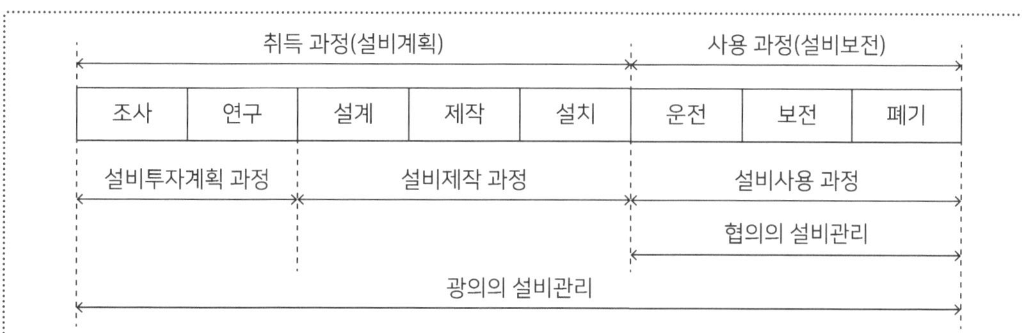

이와 같이 설비는 신규 도입부터 폐기까지를 설비의 수명(life cycle)이라 한다. 설비는 운전과 고장을 반복하며, 고장은 결함으로부터 나타나는데 미결함에서부터 대결함으로 성장해 간다. 즉 설비는 기능을 저하시키는 고장을 일으키다가 이들이 누적되면 기능이 정지되는 고장으로 이어지고, 궁극적으로는 수명이 다되어 사용할 수 없는 상태가 된다.

① 대결함: 설비 운전이 불가능해지는 기능이 정지되는 고장을 일으키는 것을 말한다.

② 중결함: 설비 운전은 가능하나 기능을 저하시켜 일정 시간이 지나면 고장을 일으키는 것을 말한다.

③ 미결함: 설비 운전을 하고는 있지만 결함을 인지하기 어려운 상태로 다른 결함과 복합적으로 작용하면서 일정 시간이 지나면서 중결함과 대결함으로 진행되어 고장을 일으키는 것을 말한다.

따라서 고장은 설비의 수명을 단축시키는 원인으로 보전활동을 통하여 설비의 수명을 연장한다. 설비의 고장 유형은 시간이 흐름에 따라 초기고장기, 우발고장기 및 마모고장기로 구분하며, 배스터브 커브(Bathtub Curve) 형태로 나타난다[그림 15-2].

[그림 15-2] 배스터브 커버

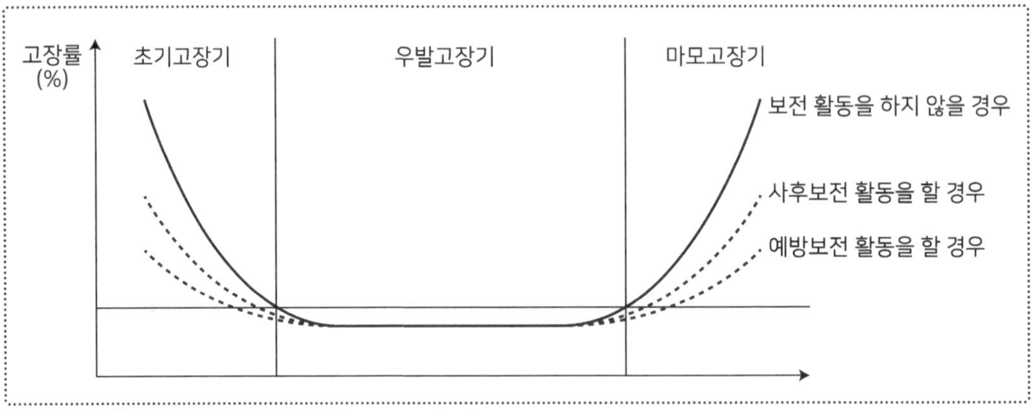

(1) 초기고장기

신규 설비를 도입한 시기로 설비의 상태는 최상이나 길이 잘 든 상태가 아니기 때문에 설비 초기고장은 간헐적으로 발생하기도 한다. 설비의 사양이나 운전 매뉴얼 등을 제대로 숙지하지 못한 상황에서 가동을 하거나 운전 조건을 지키지 않을 경우에 고장이 발생한다. 일반적으로 대중화되고 일반화된 범용설비는 대체로 초기고장이 적으나 개별 회사의 필요사양에 적합하게 제작된 설비는 초기고장률이 높다.

초기고장률을 낮추기 위해서는 정상적인 가동에 들어가기 전에 시운전을 통해 고장 문제를 현재화하여 해결하는 것이 필요하다.

(2) 우발고장기

초기고장기를 지나 설비의 질이 잘 든 상태로 고장이 잘 나지 않는 안정적 시기에 들어 간 것을 말한다. 이때 설비고장은 정기적인 교체주기와 설비의 사용조건을 지키지 않는 등 유지관리를 하지 않음으로써 발생하는 것이 많다.

(3) 마모고장기

설비가 우발고장기를 지나 고유수명에 다다를수록 노후화가 진전되기 때문에 고장률이 증가하게 되며 치명적인 고장이 발생할 경우에는 사용할 수 없게 된다. 따라서 마모고장기에는 정기적인 보전활동을 통하여 설비의 수명을 연장한다.

이상에서 살펴본 바와 같이 설비의 고장은 노후화되는 열화에 의해 일어나게 되는데 강제열화와 자연열화가 있다.

① 자연열화: 설비제작사에서 제공한 설비매뉴얼의 사용조건에 따라 운전과 유지관리를 준수하고 있다고 하더라도 시간이 경과함에 따라 자연적으로 노후화되는 특성에 따라 열화가 진행되며, 이를 설비의 고유수명이라 한다.
② 강제열화: 설비제작사가 제공한 설비매뉴얼의 사용조건을 지키지 않거나 운전과 유지관리를 하지 않았을 경우에 설비의 고유수명보다 더 빨리 강제적으로 열화를 시키는 것을 말한다. 대부분의 공장에서 발생하는 고장은 강제열화가 주요 원인이 되고 있다.

따라서 설비의 수명을 연장하기 위해서는 현재의 결함은 물론이고 잠재결함까지도 문제를 현재화하여 그 원인을 철저하게 제거하는 등의 보전활동이 필요하다.

1.2.2 설비의 고장지표

설비의 안정적인 유지관리를 통해 수명을 향상시키고 신뢰성을 확보하기 위해서는 고장에 대한 관리가 되지 않으면 안 된다. 설비의 신뢰성은 생산활동에 있어서 중요한 요소이다. 즉 설비고장이 규칙적이고 일정하게 발생한다면 생산계획 수립과 생산활동은 이를 고려하여 실행할 수 있다. 만약 고장이 불규칙하게 발생한다면 생산계획 수립과 생산활동에 차질이 생길 수밖에 없다. 그리고 설비고장이 발생할 것을 미리 예측하여 정기적으로 수리할 수 있다면 불량을 줄이고 수리에 필요한 수리부품 등을 사전준비로 인한 비용절감 등으로 보전비용을 절감할 수 있다. 따라서 설비를 관리하기 위해 많이 활용하는 고장지표에는 평균가동시간과 평균고장시간이 있다.

(1) 평균가동시간(MTBF: Mean Time Between Failure)

설비가 고장이 발생하지 않고 가동되는 평균시간을 나타낸다. 이것은 설비의 신뢰성과 연관이 되는 것으로 특히 설비관리에서 보전주기를 결정하는 기준이 된다. MTBF가 길수록 설비의 신뢰성이 우수하다고 할 수 있다.

$$\text{MTBF} = \frac{\text{해당 기간 중 설비가동시간}}{\text{해당 기간 중 고장횟수}}$$

(2) 평균고장시간(MTTR: Mean Time To Repair)

설비가 고장이 발생하여 가동이 될 때까지 보전원이 수리한 평균고장시간 또는 평균수리시간을 나타낸다. 보전원의 기능, 예비품의 준비성, 고장원인 파악의 정확성 등과 같이 보전능력을 나타낸다. 이 측정지표는 설비수리작업에 대한 표준작업시간을 정하는 기준이 될 수 있다. MTTR이 짧을수록 보전능력이 뛰어나다고 할 수 있다.

$$\text{MTTR} = \frac{\text{해당 기간 중 설비고장시간}}{\text{해당 기간 중 고장횟수}} = \frac{\text{해당 기간 중 설비수리시간}}{\text{해당 기간 중 수리횟수}}$$

1.3 설비종합효율

1.3.1 설비종합효율 관리의 목적

설비는 초기 투자비용이 크기 때문에 설비능력을 최대한 발휘시켜 품질·생산성·생산효율을 확보하는 것이 필요하다. 그러나 현실적으로는 각종 로스나 낭비가 발생되고 있어 설비능력이 최대로 발휘되지 못하고 있다. 따라서 설비의 고유능력을 충분히 발휘할 수 있는 상태로 유지하여 Man-Machine 시스템의 효율을 극대화 시키는 것이 목적이다.

① 생산성 향상: 설비 가동시간의 증대와 단위시간 내의 생산량을 증가시킨다.
② 품질 향상: 불량품의 감소와 품질의 안정화 및 향상을 시킨다.
③ 에너지 절감: 각종 로스를 없애 에너지를 효율적으로 사용하게 한다.
④ 인원 절감: 연속 조업률을 증가시켜 사람의 개입을 줄이고 투입인원을 줄인다.

1.3.2 가공·조립산업의 설비종합효율

(1) 설비종합효율 계산

- 설비종합효율 = 시간가동률 × 성능가동률 × 양품률
  - ▸ 설비종합효율은 85% 이상이 되도록 개선 및 관리해야 한다.

- 시간가동률 $= \dfrac{\text{부하시간} - \text{정지시간}}{\text{부하시간}}$
  - ▸ 시간가동률은 90% 이상이 되도록 개선 및 관리해야 한다.

- 성능가동률 = 실질가동률 × 속도가동률

$$= \frac{\text{생산량} \times \text{실제 사이클타임}}{\text{부하시간} - \text{정지시간}} \times \frac{\text{기준 사이클타임}}{\text{실제 사이클타임}}$$

  - ▸ 실질가동률이란 지속성을 의미하며 잠깐 정지에 의한 로스를 산출하는 것을 말한다.
  - ▸ 속도가동률이란 설비 설계상의 속도와 실제 운전할 때 속도의 차이를 말한다.
  - ▸ 성능가동률은 90% 이상이 되도록 개선 및 관리해야 한다.

- 양품률 $= \dfrac{\text{양품 수량}}{\text{투입 수량}}$
  - ▸ 양품률은 수율을 뜻하는 것으로 수리 또는 재작업 등도 모두 불량으로 취급하며 99% 이상이 되도록 개선 및 관리해야 한다.

예를 들어 어떤 기계가공을 하는 기업이 1일 8시간 조업을 한다고 할 때, 1일 부하시간 460분, 준비작업 20분, 고장 20분, 조정 20분이 발생한 경우에 시간가동률은 다음과 같이 계산한다.

$$\text{시간가동률} = \frac{400\text{분}}{460\text{분}} \times 100 = 87\%$$

그리고 설비가 설계될 때 설계상의 사이클타임은 0.5분/개이나 실제로 설비를 가동하는 사이클타임은 0.8분/개로 나타났다. 1일 생산량이 400개일 때 성능가동률은 다음과 같이 계산한다.

$$\text{속도가동률} = \frac{0.5\text{분}}{0.8\text{분}} \times 100 = 62.5\% \quad \text{실질가동률} = \frac{400\text{개} \times 0.8\text{분}}{400\text{분}} \times 100 = 80\%$$

$$\text{성능가동률} = 0.625 \times 0.8 \times 100 = 50\%$$

여기서 실질가동률이 80%라는 것은 설비정지로 인한 손실이 (1−실질가동률)로 계산하므로 20%가 된다.

만약 현재 생산에서 발생하는 불량률이 2%이라면 이때 설비종합효율은 다음과 같이 계산한다.

$$설비종합효율 = 0.87 \times 0.5 \times 0.98 \times 100 = 42.6\%$$

이때 성능가동률, 시간가동률, 불량률 순서로 개선을 실시한다.

(2) 설비의 6대 로스

설비관리에서는 설비와 품질 측면에서 로스와 효율의 관계를 명확히 정의하고 있다. 설비효율을 저하시키고 있는 현상을 분석하여 6가지의 로스로 분류했다[그림 15-3].

[그림 15-3] 설비종합효율과 6대 로스 구조

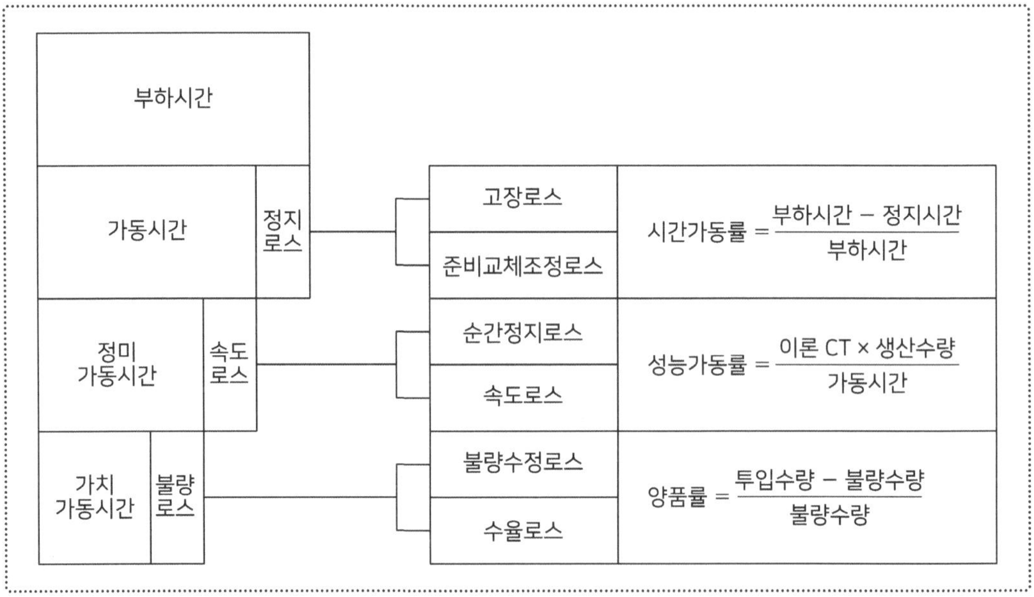

1) 고장로스

어떤 수리를 필요로 하는 만성적 또는 돌발적으로 발생하는 고장으로 설비가 정지된 시간을 말한다. 그 결과는 시간적인 손실로 인한 생산량 감소와 불량 발생으로 인한 물량 감소로 나타난다. 고장에 대한 정의는 다음과 같다.

① 기능이 정지되거나 저하가 되는 것
② 기능을 회복하는 데 필요한 부품의 교환과 수리를 하는 것
③ 수리에 필요한 시간이 5~10분 이상이 되는 것

돌발고장은 쉽게 발견되기 때문에 대책을 마련하기가 쉽다. 그러나 만성적인 고장은 빈번하게 발생하는 형태로서 여러 가지 대책을 세워도 잘 고쳐지지 않는 경우가 많다. 돌발고장이나 만성적인 고장이 날 경우에 대부분은 응급조치를 통해 해결하고 있다. 왜냐하면 대부분의 기업에서는 고장이 난 후 수리하는 사후보전을 하고 있기 때문이다. 사후보전 활동으로는 고장로스를 줄일 수 없다.

고장로스를 줄이기 위해서는 고장발생을 '0'화로 만들려는 사고가 필요하다. 그러기 위해서는 설비의 신뢰도 향상 방안 연구와 고장발생 시점부터 회복하기까지의 시간을 최소화할 수 있는가에 대한 연구가 필요하다.

2) 준비교체·조정로스

준비교체·조정로스는 현재 생산하고 있는 제품의 생산종료시점으로부터 다음 제품의 생산시작시점까지 제품을 전환 및 조정하는 데 소요되는 설비 정지시간을 말한다.

준비교체·조정로스는 IE(Industrial Engineering)의 관점에서 '0'준비교체 또는 싱글 준비교체 등에 대한 연구가 되고 있다. 즉 내준비작업과 외준비작업의 구분과 내준비작업의 최소화, 계획적인 외준비작업 등으로 개선한다. 특히 준비교체 후 조정작업이 많이 발생하고 있는 것으로 기구적으로 발생하는 어쩔 수 없는 조정작업을 제외하고는 오차를 줄이거나 표준화 등으로 조정작업을 없애는 것이 필요하다.

3) 순간정지·공전로스

순간정지·공전로스는 고장로스와 달리 설비의 일시적인 트러블로 인하여 정지하거나 공전하는 시간을 말한다. 예를 들면 가공물이 슈트나 이송장치 위에서 장애물에 걸려 공전하거나, 불량품 때문에 센서가 오작동하여 설비가 일시적으로 정지하는 것을 말한다.

일반적으로 자동기계, 자동 조립기, 반송 설비 등에서 많이 나타나는 현상으로 이러한 트러블로 인한 설비효율화가 저하되는 경우가 많다. 이러한 문제는 조치를 쉽게 할 수 있기 때문에 심각하게 생각하지 않는 경향이 많다. 순간정지·공전의 정의는 다음과 같다.

① 일시적으로 기능이 정지되는 것
② 정지된 기능을 회복하기 위해 간단히 조치할 수 있는 것
③ 부품 교환 또는 수리를 하지 않고 조치할 수 있는 것

④ 회복시간은 2~3초로부터 5초 미만일 것

순간정지·공전로스를 줄이기 위해서는 원인을 분석하여 미결함을 제로로 하는 것이 필요하다. 스마트공장의 기반이 되는 무인자동화를 추진하기 위해 순간정지·공전로스의 제로는 필수조건이다.

4) 속도로스

속도로스는 설비가 제작될 때 설계된 속도와 실제로 가동하는 속도의 차이에 의해 발생하는 시간을 말한다. 이 로스는 6대 로스 중에서 가장 설비효율에 기여하는 비율이 높다.

속도로스가 저하되는 원인으로는 설계 속도로서 가동할 경우 구조적 트러블이나 불량 다발로 인하여 속도를 줄인 경우, 설비 노후화로 인하여 설비 수명이 짧아져 속도를 줄인 경우, 설비의 설계 속도를 모르는 경우 등을 들 수 있다.

따라서 속도로스를 줄이기 위해서는 문제를 현재화(顯在化)하여 원인을 제거하는 기술수준을 높여 설계 속도와 실제 속도의 차이를 제로로 하는 것이 필요하다.

5) 불량·수정로스

불량·수정로스는 불량을 만듦으로써 폐기 또는 수정하는 데 소요되는 물량 손실과 시간적 손실을 말한다. 보통 불량을 수정하여 양품으로 전환되는 것에 대해서는 시간적 손실을 인정하지 않으려는 경우가 많다. 불량품을 수리하는 데에는 추가 공수가 발생하고 생산성이 저하되는 결과를 가져온다.

6) 수율로스

수율은 불량과 수정 등으로 발생하는 로스를 제외한 순수하게 양품을 만드는 것을 말한다. 따라서 앞에서 설명한 불량·수정로스를 제외하면 수율로스가 된다.

예를 들면 어떤 설비를 가지고 생산하는 라인에 4개의 공정이 있다고 할 때, 각 공정의 불량률이 5%, 3%, 2%, 1%라고 한다면 $0.95 \times 0.97 \times 0.98 \times 0.99 = 0.8217937$ 즉 82.17937%가 수율이다. 수율로스는 $1 - 0.8217937 = 0.1782063$ 즉 17.82%이다.

설비자동화를 통한 생산은 균일한 품질과 수율 향상을 가져온다.

1.3.3 장치산업의 설비종합효율

(1) 설비종합효율 계산

- 설비종합효율 = 시간가동률 × 성능가동률 × 양품률
- 시간가동률 $= \dfrac{\text{캘린더시간} - (\text{휴지시간} + \text{정지시간})}{\text{캘린더시간}}$
  - 칼렌더시간이란 장치공업은 24시간 가동하므로 이를 기준시간으로 한다.
- 성능가동률 $= \dfrac{\text{실제평균생산량}}{\text{기준생산량}}$, 실제평균생산량 $= \dfrac{\text{실제생산량}}{\text{가동시간}}$
- 양품률 $= \dfrac{\text{투입량} - \text{불량수량}}{\text{투입량}}$

예를 들어 어떤 화학공장이 하루 24시간 30일 가동하는 기업이라고 할 때, 어떤 달에 실제 가동기간이 27일인 경우에 시간가동률은 다음과 같이 계산한다.

$$\text{시간가동률} = \frac{24\text{시간} \times 27\text{일}}{24\text{시간} \times 30\text{일}} \times 100 = 90\%$$

그리고 한 달 동안 실제 생산한 실적이 다음과 같을 때 총생산량을 계산을 하면 23,000t이 된다. 이때 실제생산량과 성능가동률은 다음과 같이 계산한다.

$$\text{실제생산량} = \frac{23{,}900\text{t}}{27\text{일}} = 885\text{t/일}$$

$$\text{성능가동률} = \frac{885\text{t/일}}{1{,}000\text{t/일}} \times 100 = 88.5\%$$

[표 15-1] 생산실적 현황

일자	생산량	일자	생산량	일자	생산량	일자	생산량
1	500t	9	800t	17	1,000t	25	1,000t
2	1,000t	10	800t	18	1,000t	26	1,000t
3	1,000t	11	800t	19	1,000t	27	1,000t
4	1,000t	12	800t	20	1,000t	28	1,000t
5	1,000t	13	400t	21	1,000t	29	500t
6	1,000t	14	—	22	1,000t	30	—
7	1,000t	15	—	23	1,000t		
8	800t	16	500t	24	1,000t		

만약 현재 생산에서 발생하는 불량품이 100t이 발생했다면 이때 양품률과 설비종합효율은 다음과 같이 계산한다.

$$양품률 = \frac{23,800t}{23,900t} \times 100 = 99.6\%$$

$$설비종합효율 = 0.9 \times 0.885 \times 0.996 \times 100 = 79.3\%$$

이때 성능가동률과 시간가동률 순서로 개선을 실시한다.

(2) 설비의 8대 로스

1) 계획보전 로스

계획보전 로스는 년간 보전계획에 의한 Shutdown 공사나 정기적으로 실시하는 정비 등에 의해 발생하는 휴지시간을 말한다.

2) 생산조정 로스

생산조정 로스는 수주와 생산관계 등의 요인으로 인한 생산계획 상의 휴지시간을 말한다.

[그림 15-4] 설비종합효율과 8대 로스 구조

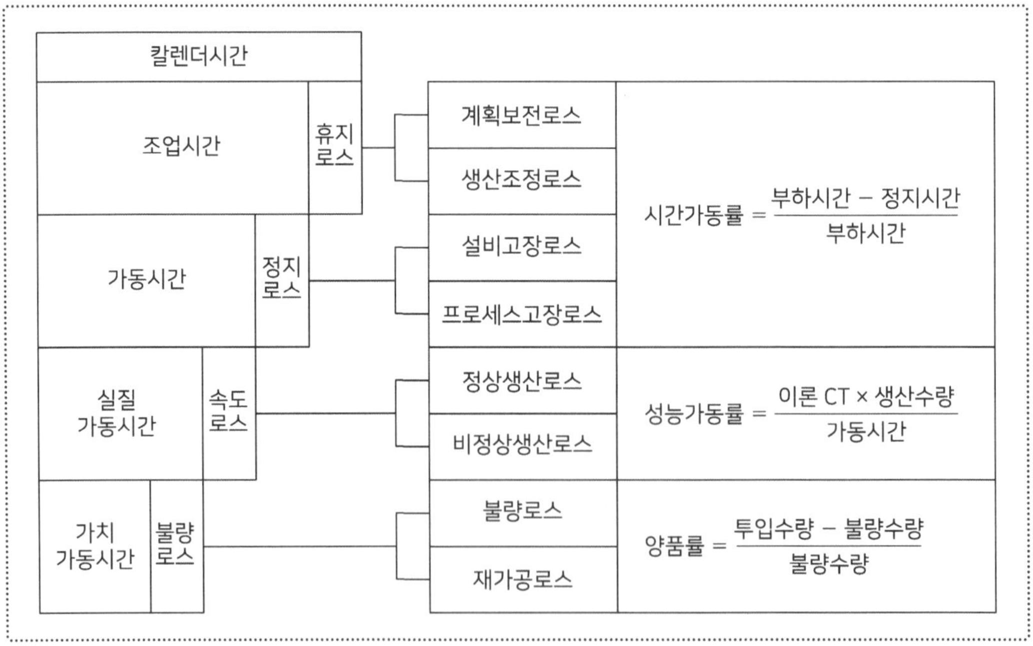

3) 설비고장 로스

설비고장 로스는 장치설비를 구성하는 각 기기, 배관 등의 고장으로 인하여 생산을 정지하는 시간을 말한다.

4) 프로세스고장 로스

프로세스고장 로스는 공장 내 취급물질의 물성이 화학적 또는 물리적인 이상, 조작미스, 외적요인 등으로 인하여 장치설비가 정지하는 시간을 말한다.

5) 정상생산 로스

정상생산 로스는 장치설비의 시작, 정지 또는 품종의 교환 시에 발생하는 생산을 저해하는 시간을 말한다.

6) 비정상생산 로스

비정상생산 로스는 장치설비의 불합리 또는 이상으로 인하여 생산로트를 저하시킨 시간을 말한다.

7) 불량 로스

불량 로스는 불량품을 만들어낸 시간을 말한다.

8) 재가공 로스

재가공 로스는 불량품을 수작업이나 리사이클을 통해 양품화할 때 재가공 수량만큼 새로운 제품을 생산할 수 없는 데 소요된 시간을 말한다.

1.4 설비보전

1.4.1 설비보전활동의 필요성

설비종합효율을 극대화하기 위해서는 각종 로스를 철저하게 배제하는 것이 필요하다. 설비 가동으로 인하여 발생하는 각종 로스는 보전활동을 통해서 최소화할 수 있다.

설비보전이란 고객이 요구하는 제품의 품질, 양, 납기, 원가 등을 만족시킬 수 있도록 생산설비를 언제나 가동할 수 있도록 완전한 상태로 준비해 놓는 것을 말한다. 따라서 설비보전활동은 직제를 통해 지속적으로 추진해 나가야 한다.

1.4.2 설비보전활동의 분류

(1) 개별개선과 일반개선

설비개선 활동에는 개별개선과 일반개선 2가지로 나눌 수 있다. 개별개선은 설비효율을 극대화하기 위하여 로스 제로를 철저하게 추구하는 것을 말하고, 일반개선은 자주보전을 통해 불합리점 개선, 고장 또는 클레임 발생 시마다 개선하는 것을 말한다.

(2) 설비보전의 종류

1) **예방보전**(PM: Preventive Maintenance)

고장 또는 불량이 발생하지 않도록 하기 위한 일상의 보전활동을 말한다. 고장 또는 불량이 발생하지 않도록 일상의 점검, 정도측정, 정기적인 오버홀(over haul), 경유 또는 급유 등의 활동을 실시해 노화의 상태를 측정하여 그 상태를 판단하고 사전에 부품교환, 수리를 하는 활동이다. 또한 최근에는 설비의 상태를 검사, 진단하는 진단기술의 진보에 의해 보다 정확한 보전이 가능하게 되었고 이러한 추진방법을 예지보전이라 한다.

2) **사후보전**(BM: Breakdown Maintenance)

설비장치 또는 기기가 기능의 저하 또는 기능이 정지된 뒤에 보수 또는 교체를 실시하는 것을 말한다. 사후보전은 예방보전을 할 때보다 경제적일 경우에 계획적으로 실시하는 방법이다.

3) **개량보전**(CM: Corrective Maintenance)

고장 또는 불량을 발생 시키지 않도록 또한 보전이 쉽도록 설비를 개량하는 활동이다. 즉 고장 또는 불량이 발생하기 쉬운 설비의 약점을 파악하여 그것을 개량하거나 일상의 점검, 급유, 부품교환이 쉽도록 또는 준비와 조작이 쉽도록 설비를 개량하는 활동이다.

4) **보전예방**(MP: Maintenance Prevention)

새로운 설비를 도입하는 경우에 설계단계에서부터 고장 또는 불량이 나지 않게, 보전이 쉽게, 준비가 쉽게, 또는 조정이 쉽도록 사전에 고려하여 설계하는 활동이다.

1.4.3 설비보전활동 전개

설비종합효율을 극대화하기 위해서는 설비보전활동을 체계적으로 접근하는 것이 필요하다[표 15-2]. 설비종합효율은 단기적으로 달성할 수 있는 활동이 아니다. 설비를 흔히 사람과 비유하는데 사람도 나이가 들면 신체 곳곳에 고장이 점차 증가한다. 이렇게 증가되는 고장을 최소화하고 현재의 건강상태를 유지하기 위하여 꾸준한 운동을 한다. 귀찮다고 운동을 게을리 하면 퇴화가 빨리 오고 고장이 증가하게 된다. 이와 마찬가지로 설비도 장기적이고 지속적인 보전활동이 필요하다.

설비보전활동은 먼저 추진체계를 마련하는 것이 중요하므로 조직을 정비하고 현상파악을 통해 목표를 설정하는 등의 추진계획을 마련한다. 이와 더불어 오퍼레이터, 보전맨, 계층별 등 전사적으로 체계적인 교육프로그램을 마련하여 교육훈련을 실시한다.

둘째, 설비가동률을 향상시키기 위하여 6대 로스를 제거하는 개별개선 활동을 추진한다. 개별개선은 문제가 많은 개별설비 또는 공정 전체 설비에 대하여 본연의 모습으로 복원하기 위해 집중적으로 실시한다. 이를 통해 설비가 어느 정도 안정화를 꾀한다.

셋째, 설비가 대부분 본래의 모습으로 복원이 되고난 후에는 유지와 돌발고장 등을 관리하기 위하여 설비담당자가 주가 되어 일상관리 등을 통해 보전활동을 실시해야 되는 데 이를 자주보전 활동이라 한다. 자주보전은 돌발고장 또는 잔고장 등의 문제를 일상점검활동을 통해 발견하고 조치를 취하는 것이 목적이다.

넷째, 설비보전팀은 설비종합효율을 극대화하기 위하여 회사 전체의 설비에 대해 보전계획을 마련하여 계획적으로 보전활동을 실시한다. 주로 만성고장, 중대한 고장을 해결하는 것으로 정기적으로 수리하는 정기보전, 성능을 향상시키기 위한 개량보전, 생산을 준비하기 위한 사전 예방보전 활동 등을 말하며 이를 계획보전이라 한다. 계획보전은 생산에 차질이 없도록 하기 위한 것으로 예비품관리, 설비도면 또는 자료관리, 윤활관리 등을 포함한다.

[표 15-2] 설비보전활동 전개

Step 1. 개별개선	Step 2. 자주보전	Step 3. 계획보전
- 6대 로스 배제 - 고장불량 '0'화 실현 - 설비가동률 향상	- 설비에 강한 보전인력 육성	- 6대 로스를 발생시키지 않는 보전 - 설비종합효율 극대화
- 고장 로스 - 준비·조정 로스 - 순간정지 로스 - 속도 로스 - 불량 로스 - 수율 로스	- 초기청소 - 발생원 대책 - 청소·급유 기준 작성 - 총점검 - 자주점검 - 공정품질보증 - 자주관리	- 정기보전 - 예지보전 - 개량보전 - 예비품관리 - 윤활관리 - 도면·자료관리

2. 개별개선

2.1 개별개선의 개요

설비개선 활동은 개별개선과 일반개선 2가지로 나눌 수 있다. 개별개선은 설비효율을 극대화하기 위하여 로스제로를 철저하게 추구하는 것을 말하고, 일반개선은 자주보전을 통해 불합리점 개선, 고장 또는 클레임 발생 시마다 개선하는 것을 말한다.

따라서 개별개선이란 설비·공정 등 정해진 대상에 대하여 철저한 6대 로스의 배제와 성능향상을 추구함으로써 최고의 효율을 달성하기 위한 개선활동이다. 이 활동의 전개는 활동의 범위가 광범위하거나 기술적인 교류가 필요한 것일 때에는 과장중심의 프로젝트팀이 실시하고, 자체적으로 해결 가능한 것은 반·조장이 주체가 되어 로스의 조건을 설정하고 유지관리를 중심으로 한 자주보전활동을 통해서 실시한다. 개별개선의 난이도에 따라 개선주체를 구분하면 [표 15-3]과 같다.

[표 15-3] 개별개선의 난이도에 따른 개선 주체

난이도	개선 범위	개선 주체
대	프로젝트팀의 활동으로 개선할 수 있는 테마	리더: 생산 부문, 참여: 각 부서
중	직제 조직의 활동을 통해 개선할 수 있는 테마	해당부서, 보전부서
소	자주보전 활동을 통해 개선할 수 있는 테마	분임조, 소집단, 설비담당자

2.2 로스 평가기준

[표 15-4] 로스 평가기준

로스 종류	수준 1	수준 2	수준 3
고장로스	1. 돌발·만성고장의 혼합 2. BM>PM 3. 고장로스가 큼 4. 자주보전체제 없음 5. 부품수명의 산포가 큼 6. 설비의 약점이 불명확	1. TBM[1]체제의 확립 2. PM>BM 3. 고장로스가 1% 이하 4. 자주보전체제 활동이 활발 5. 부품수명의 연장	1. CBM[2]체제의 확립 2. PM중심 활동 3. 고장로스 0.1~0% 4. 자주보전체제가 유지 및 개선되고 있음 5. 부품수명의 예지 6. 신뢰성·보전성 설계 추진
준비교체·조정로스	1. 작업자 임의의 무관리 상태 2. 막연한 상태로 시간적 산포가 큼	1. 내준비교체를 외준비교체로의 전환 연구 2. 조정의 메커니즘 마련과 대응이 충분히 취해지고 있음	1. 극한 상태 유지·싱글준비교체 2. 조정배제에 의한 초기불량 제로
순간정지·공전로스	1. 순간정지의 중요성을 모름 2. 발생부위, 빈도가 일정치 않고 막연한 상태	1. 순간정지의 문제점 집약과 대책이 실시되어 양호한 상태	1. 순간정지 0
속도로스	1. 설비사양이 불명확 2. 품종별·설비별 사이클타임 미설정	1. 속도차이에 대한 개선 실시 중 2. 품종별로 사이클타임 설정 문제점과 설치공구 정밀도상의 인과관계 명확히 규정 3. 속도로스가 작음	1. 설계사양과 동일 또는 그 이상의 사이클타임으로 가동 2. 품종별 사이클타임을 설정·유지 3. 속도로스 0
불량·수율로스	1. 만성불량이 방치되어 있음 2. 각종 대책이 세워져 있으나 좋아지지 않음	1. 만성불량의 문제점 집약과 대책이 실시되어 양호한 상태 2. 불량발생 시 인 프로세스(in process)검출 연구	1. 불량·수율로스 0. 1~0%

1) TBM: Time Based Maintenance(점검주기가 시간을 기준으로 하는 보전)
2) CBM: Condition Based Maintenance(설비상태를 기준으로 하는 보전)

2.3 6대 로스 분석과 개선

2.3.1 고장로스 분석과 개선

(1) 고장로스란

고장이란 설비 또는 부품이 설계상에 규정된 기능을 상실하는 것을 말한다. 이것은 기능 상실뿐만 아니라 특성치가 점차 저하되어 규정된 기능을 제대로 발휘하지 못하는 것을 포함한다.

고장로스란 어떤 수리를 필요로 하는 만성적 또는 돌발적으로 발생하는 고장으로 설비가 정지된 시간을 말한다. 그 결과는 시간적인 손실로 인한 생산량 감소와 불량 발생으로 인한 물량 감소로 나타난다. 고장에 대한 정의는 다음과 같다.

① 기능이 정지되거나 저하되는 것
② 기능을 회복하는 데 필요한 부품의 교환과 수리를 하는 것
③ 수리에 필요한 시간이 5~10분 이상이 되는 것

돌발고장은 쉽게 발견되기 때문에 대책을 마련하기가 쉽다. 그러나 만성적인 고장은 빈번하게 발생하는 형태로서 여러 가지 대책을 세워도 잘 고쳐지지 않는 경우가 많다. 돌발고장이나 만성적인 고장이 날 경우에 대부분은 응급조치를 통해 해결하고 있다. 왜냐하면 대부분의 기업에서는 고장이 난 후 수리하는 사후보전을 하고 있기 때문이다. 사후보전 활동으로는 고장로스를 줄일 수 없다.

고장로스를 줄이기 위해서는 고장발생을 '0'화로 만들려는 사고가 필요하다. 그러기 위해서는 설비의 신뢰도 향상 방안 연구와 고장발생 시점부터 회복하기까지의 시간을 최소화할 수 있는가에 대한 연구가 필요하다.

(2) 고장발생 순서

고장은 바로 발생하지 않는다. 고장이 발생하기 전에 이상 징후가 먼저 나타난다. 품질이 불규칙하게 발생한다든지, 수율이 저하되거나 순간정지 등이 발생한다든지 하는 기능이 저하되는 트러블 현상이 나타난다. 즉 잠재적으로 보유한 미결함이 누적이 되면서 표면화되어 돌발고장의 형태로 나타난다[그림 15-5].

[그림 15-5] 고장발생 순서

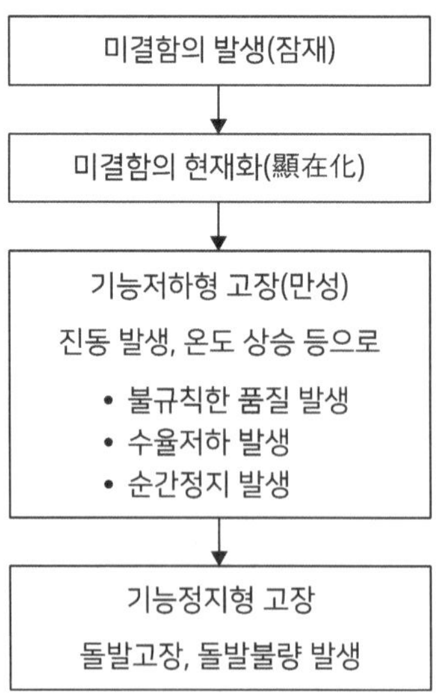

(3) 고장 원인

[표 15-5] 고장원인

구분	고장 원인	고장 원인 예
제조사	- 설계상의 결함 - 재료선택의 결함 - 제조공정에 기인하는 부품특성의 불완전성	- 적정설계 불비, 적정지식 결여 - 사용조건·선정범위 부적합, 재료의 부적합 데이터 사용, 지나친 코스트 절감으로 품질 저하
사용자	- 과부하 및 기타 운용상의 오용 - 부적합한 보전과 수리 - 사용 환경 미흡	- 설계상의 허용범위 초과 - 사용환경하에서 장시간 특성의 열화
프로세스	- 부식균일 - 유틸리티 - 원부재료 - 공정의 성능저하 - 조건의 변경 또는 변화 - 오조작 - 막힘 - 더러워짐 - 이상 징후를 놓침	- 응력부식, 재료열화, 간산성, 강알카리성 - 용수, 압축공기, 전원 - 품질불량, 품질변화 - 촉매열화, 수율저하 - 오버로드, 불순물 축적, 원료변화 - 잊음, 착각, 오조작, 모름 - 이물혼입, 수분혼입, 찌꺼기·스크랩 등이 끼임 - 이물, 반응물, 부식물 - 점검불량, 계측불량
관리	- 경시변화의 방치 - 온도조작 불량 - 설계 불량 - 기능 미숙	- 막힘, 부식, 지반변화, 열화, 마모, 고착, 기후변화 - 온도이상, 압력이상, 윤활이상 - 재질선정, 구조부정, 개악 - 조립불량, 가공불량, 체크누락, 과실, 조임불량

(4) 고장 개선 접근법

1) 설비특성 조사

① 설비가 가지고 있어야 할 기본적인 기능을 조사한다.

- 가공품·제품의 규격과 한계치 또는 공정품질 특성치
- 가공의 원리

② 조업조건을 조사한다.

- 가동시간과 생산능력(네크공정에 해당하는지 확인)
- 가동조건과 범위 또는 설비능력과 한계치(회전 수, 압력, 온도, 전류, 전압, 유량, 사이클타임 등)

③ 설비의 구조와 메커니즘을 조사한다.

- 구성 유니트, 부품의 사상과 기능 등에 대한 관련성
- 구동방식(수동, 자동, 기계, 전기, 유압, 공압 등)
- 제어방식(자동, 반자동, 수동 등)
- 검출방식(제어용 센서, 이상감지센서 등에 대한 기능, 사양, 사용조건 등)

- 요구되는 동작 정밀도와 한계치
- 윤활방식

④ 설비 스트레스가 발생하는 상황을 조사한다.

- 열, 전기, 기계, 화학적 스트레스
- 환경 스트레스, 동작 스트레스
- 온도, 습도, 먼지, 진동, 충격과 이들이 기능에 미치는 영향

2) 과거 고장 데이터 분석 및 개선

① 발생된 고장 데이터를 수집하고 정리를 한다.

- 고장개소, 현상, 처리내용 및 결과
- 정지시간, 발생빈도, MTBF
- 데이터의 층별 분류

② 고장의 원인을 분석한다.

- 정지가 가장 많이 발생한 기능과 현상
- 복원을 위한 처치내용
- 관련된 기능과 고장실적
- 사용시간과 보전 실적
- 고장시에 발생하는 부하사항
- 고장 원인을 추적 및 분석

③ 대책 방안을 마련하고 개선을 실시한다.

- 고장 매커니즘과 추정원인을 상세히 기술
- 대책 방안을 구체화하고 개선 실시
- 개선 결과에 대한 확인

④ 재발방지 대책을 마련한다.

- 가동수명 추정
- 사전예지 가능 여부의 명확화
- 점검, 검사, 대체에 대한 기준 마련
- 고장 징후 파악방법의 구체화

⑤ 청소와 점검활동을 지속적으로 실시한다.

2.3.2 준비교체·조정로스 분석과 개선

(1) 준비교체·조정로스란

준비교체·조정로스는 현재 생산하고 있는 제품의 생산종료시점으로부터 다음 제품의 생산시작시점까지 제품을 전환 및 조정하는 데 소요되는 설비 정지시간을 말한다.

준비교체·조정로스는 IE(Industrial Engineering)의 관점에서 '0'준비교체 또는 싱글 준비교체 등에 대한 연구가 되고 있다. 즉 내준비작업과 외준비작업의 구분과 내준비작업의 최소화, 계획적인 외준비작업 등으로 개선한다. 특히 준비교체 후 조정작업이 많이 발생하고 있는 것으로 기구적으로 발생하는 어쩔 수 없는 조정작업을 제외하고는 오차를 줄이거나 표준화 등으로 조정작업을 없애는 것이 필요하다.

(2) 준비교체·조정로스 분석과 개선

준비교체·조정로스 분석과 개선에 대한 내용은 본 도서 8장 낭비제거 부문의 '8. 작업교체시간 단축'을 참조하기 바란다.

2.3.3 순간정지·공전로스 분석과 개선

(1) 순간정지·공전로스란

순간정지·공전로스는 고장로스와 달리 설비의 일시적인 트러블로 인하여 정지하거나 공전하는 시간을 말한다. 예를 들면 가공물이 슈트나 이송장치 위에서 장애물에 걸려 공전하거나, 불량품 때문에 센서가 오작동하여 설비가 일시적으로 정지하는 것을 말한다.

일반적으로 자동기계, 자동 조립기, 반송 설비 등에서 많이 나타나는 현상으로 이러한 트러블로 인한 설비효율화가 저하되는 경우가 많다. 이러한 문제는 조치를 쉽게 할 수 있기 때문에 심각하게 생각하지 않는 경향이 많다. 순간정지·공전의 정의는 다음과 같다.

① 일시적으로 기능이 정지되는 것
② 정지된 기능을 회복하기 위해 간단히 조치할 수 있는 것
③ 부품 교환 또는 수리를 하지 않고 조치할 수 있는 것
④ 회복시간은 2~3초로부터 5초 미만일 것

순간정지·공전로스를 줄이기 위해서는 원인을 분석하여 미결함을 제로로 하는 것이 필요하다. 스마트공장의 기반이 되는 무인자동화를 추진하기 위해 순간정지·공전로스의

제로는 필수조건이다.

(2) 순간정지·공전로스의 현상과 원인분석

1) 이송장치 부문

① 현상: 이송장치에 막힘, 걸림, 물림, 연결(올라탐), 부품결품, 공급량 부족, 공급량 오버, 이탈, 삽입미스 등으로 나타난다.

② 원인분석

- 재료·부품에 기인하는 것: 치수불량, 외관·형상불량, 이종혼입 등
- 반송·공급계에 기인하는 것: 슈트형상불량, 부품피더관계, 자세제어관계 등

2) 조립 부문

① 현상: 찌그러짐, 파손, 세팅미스, 타이밍불량, 조립불량, 배출미스, 경험부족, 클램핑불량 등으로 나타난다.

② 원인분석

- 조립계에 기인하는 것: 치구정밀도, 부품정밀도, 조립정밀도, 타이밍, 동작 등
- 현장관리에 기인하는 것: 세팅미스, 조정미스, 작업표준·기준 불비, 오퍼레이터 기능 미숙, 5S활동 미흡 등

3) 검출 부문

① 현상: 검출시스템 또는 센서 등의 오동작으로 나타난다.

② 원인분석

- 검출계에 기인하는 것: 검출시스템 자체 이상, 센서의 부착방법·위치, 적정 감도조건, 조정불량, 타이밍불량, 사용조건 등

(3) 순간정지·공전로스의 개선

순간정지와 공전로스는 해결방법이 간단하기 때문에 관심을 기울이지 않고 방치되는 경우가 많다. 또한 순간정지와 공전의 발생 유형이 다양하고 발생빈도가 제품 또는 부품에 따라 달라 현재화하지 않는 경향이 많다.

따라서 순간정지와 공전로스를 파악하기 위해서는 설비의 실질가동시간을 구하여 설비의 능력에 맞는 생산량이 달성되는지를 분석하여 로스를 판단한다.

예를 들어 어떤 회사에서 순간정지와 공전에 대하여 조사한 결과 다음과 같다.

1일 부하시간 480분, 정지시간 40분. 순간정지횟수 1,500회/월,

이론 사이클타임 0.06분/개, 실제 사이클타임 0.073분/개. 생산량 5,100개/일

$$\text{시간가동률} = \frac{\text{부하시간} - \text{정지시간}}{\text{부하시간}} \times 100 = \frac{480 - 40}{480} \times 100 = 92\%$$

$$\text{속도가동률} = \frac{\text{이론 CT}}{\text{실제 CT}} \times 100 = \frac{0.06\text{분}}{0.073\text{분}} \times 100 = 82\%$$

$$\text{실질가동률} = \frac{\text{생산량} \times \text{실제 CT}}{\text{가동시간}} \times 100 = \frac{5{,}100\text{개} \times 0.073\text{분}}{440\text{분}} \times 100 = 85\%$$

$$\text{성능가동률} = \text{속도가동률} \ \ \text{실질가동률} = 0.82 \times 0.85 \times 100 = 69.7\%$$

$$\text{순간정지로스} = 100 - \text{실질가동률} = 100 - 85 = 15\%$$

여기서 순간정지로스가 15%이므로 5%이하로 낮추어야 한다. 왜냐하면 성능가동률의 목표값이 90%이상이므로 실질가동률은 95%이상이 되어야 하기 때문이다. 이와 같이 순간정지로스의 발생에 대해 달성해야 하는 목표값과 비교할 수 있도록 하여 문제를 현재화시킴으로써 개선의 필요성을 나타낸다.

2.3.4 속도로스 분석과 개선

(1) 속도로스란

속도로스는 설비가 제작될 때 설계된 속도와 실제로 가동하는 속도의 차이에 의해 발생하는 시간을 말한다. 이 로스는 6대 로스 중에서 가장 설비효율에 기여하는 비율이 높다.

속도로스가 저하되는 원인으로는 설계 속도로서 가동할 경우 구조적 트러블이나 불량 다발로 인하여 속도를 줄인 경우, 설비 노후화로 인하여 설비 수명이 짧아져 속도를 줄인 경우, 설비의 설계 속도를 모르는 경우 등을 들 수 있다.

따라서 속도로스를 줄이기 위해서는 문제를 현재화하여 원인을 제거하는 기술수준을 높여 설계 속도와 실제 속도의 차이를 제로로 하는 것이 필요하다.

(2) 속도로스의 개선

순간정지·공전로스에서 설명한 바와 같이 속도로스의 발생에 대해 달성해야 하는 목표값과 비교할 수 있도록 하여 문제를 현재화시킴으로써 개선의 필요성을 나타낸다.

순간정지·공전로스 예에서 살펴보면 속도가동률이 82%이므로 속도로스는 100 − 82 = 18%이므로 5% 이하로 낮추어야 한다. 또한 품종별 기준속도의 달성과 향상, 설비

사양속도의 달성과 향상 등의 도전을 적극적으로 추진할 필요가 있다.

2.3.5 불량·수율로스 분석과 개선

(1) 불량·수율로스란

수율은 불량과 수정 등으로 발생하는 로스를 제외한 순수하게 양품을 만드는 것을 말한다. 따라서 앞에서 설명한 불량·수정로스를 제외하면 수율로스가 되므로 여기서는 불량·수율로스로 합쳐서 설명한다.

불량·수율로스는 불량을 만듦으로써 폐기 또는 수정하는 데 소요되는 물량 손실과 시간적 손실을 발생시킨다. 보통 불량을 수정하여 양품으로 전환되는 것에 대해서는 시간적 손실을 인정하지 않으려는 경우가 많다. 불량품을 수리하는 데에는 추가 공수가 발생하고 생산성이 저하되는 결과를 가져온다.

(2) 불량·수율로스의 개선

1) 시가동 로스 개선

작업개시 또는 금형준비교체를 하고난 후 생산을 시작해 안정화되기까지의 사이에 발생하는 로스이다. 이것은 가공조건, 지그의 정비 불량, 금형의 정비 불량, 작업자의 기능 미숙 등에 의해 불량이 발생하는 것을 말한다. 따라서 이들 로스는 잠재화된 경향이 있으므로 로스를 현재화시켜 극소화를 꾀하는 일이 중요하다.

2) 생산 중의 로스 개선

생산이 진행되고 있는 동안의 불량은 대부분 작업자의 표준 미준수, 작업 미숙련, 취급 부주의 등에 의해 발생하는 것으로 지속적인 교육과 불량개선 기법을 활용하여 불량을 최소화하는 것이 중요하다. 최근에 품질관리는 불량률 6시그마(3.4ppm) 수준을 목표로 하고 있으므로 이를 달성하기 위하여 다양한 품질관리 개선기법을 활용하는 것이 필요하다. 구체적인 내용은 본 도서 '14장 빅데이터' 부문을 참조하기 바란다.

3. 자주보전

3.1 자주보전의 개요

우리는 자신이 소유할 자동차를 구입하면 관리 매뉴얼을 잘 숙지하지 못한 상태로 누가 시키지 않더라도 대부분 자동차 소모품 교환주기에 맞추어 정기적으로 정비를 한다. 그러나 기업에서 설비를 담당하고 있는 오퍼레이터는 보전에 대한 관심이 낮아 설비의 외관이 더럽고 녹이 슬어 있거나 고장난 상태로 방치되어 있으며, 에어나 오일 등이 새는 등의 문제가 발생하고 있어도 정비가 잘 이루어지지 않는 경우가 많다. 이러한 사고는 설비가 내 것이 아니라는 생각에서부터 발생하게 된 것이라고 볼 수 있다. 장치공업처럼 설비가 많을 경우에는 보전반의 인원으로는 감당하기 어려울 수 있고, 보전활동을 위해 보전인원의 증가로 이어져 비용이 증가하는 결과를 초래하여 경쟁력이 악화될 수 있다. 따라서 회사 임직원들이 설비에 대한 관심을 가지는 것이 중요하며, 특히 설비를 담당하고 있는 개개인이 설비에 대한 관심을 가질 때 설비 고장이 줄고 수명이 늘어날 수 있으므로 자주보전 활동이 중요하다. 이는 비용을 절감시켜 경쟁력을 확보하는 결과를 가져온다.

자주보전이란 제조 부문을 중심으로 하여 전원 참여의 소집단 활동을 기본으로 전개하는 오퍼레이터 중심의 보전활동을 말한다. 즉 설비의 기본조건인 청소, 급유, 점검 등을 정비하여 그것을 유지관리하고, 사용조건을 준수하여 설비 본연의 모습을 갖추게 하며, 설비의 구조 및 기능과 기능유지를 위한 점검방법을 학습하게 함으로써 설비에 강한 오퍼레이터를 육성하여 설비의 미결함 및 열화를 지속적으로 적출 및 복원하게 하는 활동을 말한다. 또한 지켜야 할 것을 스스로 정하여 자신이 정한 기준을 지켜나감으로써 설비의 바람직한 모습을 실현하고 유지관리하는 활동을 말한다.

3.2 자주보전의 목표

(1) 설비에 강한 오퍼레이터 육성

① 이상을 발견하는 능력: 이상원인을 찾아내는 힘

② 이상 처리 및 복구하는 능력: 설비이상을 올바르게 조치하는 힘

③ 조건을 설정하는 능력: 정상과 이상의 판정기준을 수립하는 힘

④ 설비를 정상상태로 유지 및 운전하는 능력: 설비 기능 및 구조를 이해하고 능숙하게

운전하는 힘

(2) 이상을 알 수 있는 현장체제 구축

현장의 문제를 발견하기 위해서는 3현주의 즉 현장에서, 현물을 보고, 현실을 파악하는 것이 중요하다. 따라서 눈으로 보는 관리와 오퍼레이터의 오감(시각, 촉각, 후각, 청각, 미각)을 통해 공정 및 설비의 결함을 즉시 발견해 낼 수 있는 현장체제를 구축하는 것이 필요하다.

(3) 변화 추구

[표 15-6] 변화의 단계

구분	1단계	2단계	3단계
변화의 종류	사람의 변화	설비의 변화	현장의 변화
변화의 내용	설비나 품질의 이상을 조기에 발견하고 신속 정확한 조치를 취할 수 있는 오퍼레이터 육성	고장'0', 불량'0', 재해'0'의 추구로 설비의 Loss를 철저히 제거하고 설비이상을 한 눈에 알 수 있는 체제 구축	사람과 설비의 집단인 현장을 바꿔 깨끗한 현장, 강한 현장으로 바꾼다.

(4) 바람직한 모습 추구

설비의 바람직한 모습은 설비를 구입했을 때 본연의 사양과 모습을 그대로 유지하는 것을 말한다. 따라서 바람직한 설비의 모습을 설정하고 현재 모습과의 차이를 발견하여 지속적인 개선을 실시한다.

3.3 자주보전 7단계 전개 방법

3.3.1 제0단계: 준비단계

(1) 정리활동

자주보전 활동에 있어서 제일 먼저 해야 할 일은 현장을 깨끗이 하고 현장에서 사용하는 물건을 제자리 두는 것부터 시작해야 한다. 물건이 현장에 어지럽게 널려 있고 지저분한 경우에는 정신적으로 산만하게 되어 일을 하고자 하는 의욕이 생기지 않고 다른 어떤 활동을 하더라도 성과가 나지 않는다. 주변이 깨끗하고 잘 정돈되어 있다면 기분이

상쾌해지고 더럽히지 말아야 겠다는 생각이 든다. 따라서 3정 5S활동은 가장 기초가 되는 활동이라 할 수 있다(정리·정돈에 대한 구체적인 내용은 본 도서 10장 생산성분석의 '7. 3정 5S' 참조 바람).

정리활동이란 필요한 것과 불필요한 것을 구분하여 불필요한 것은 과감히 버리는 것을 말한다. 우리 현장에 불필요한 것을 처분하고 나면 필요한 것만 남는다. 이때 현장을 둘러보면 빈공간이 많아져 한적함을 느낄 수 있다.

그동안 불필요한 물건까지 현장을 가득 채우고 있을 때에는 항상 복잡하고 지저분하게 생각이 들어 무엇부터 손을 써야 할지 막막한 경우가 많았다. 정작 필요한 물건을 제자리에 두고 싶어도 두지 못하거나 둘 장소가 없어 엉뚱한 장소 또는 거리가 먼 장소에 두는 경우가 많았고, 필요시에 찾아다니는 경우도 많았다. 이와 같은 현상은 생산성과 품질을 저하시키는 결과를 가져왔다.

따라서 정리활동은 필요한 것을 누구라도 쉽고 편리하게 사용하기 위해 지정된 장소에 두어 한눈에 볼 수 있도록 만들어 분실방지 및 각종 로스를 배제하기 위한 것이다.

정리기준은 다음과 같다.

① 가용품: 현재의 생산 활동에 당장 사용해야 하는 물품
② 불급품: 사용은 하지만 사용빈도가 적거나 현재의 보관 장소에 놓여 있어서는 안 되는 물품
③ 불용품: 쓸모가 없어서 폐기나 매각 또는 업체로 반납해야 할 물품

[표 15-7] 층별 구분 기준

사용빈도(물품 정체시간)	분류	관리방법
1년에 한 번도 쓰지 않는 것	불용품	매각, 폐기, 버린다.
반년에서 1년 동안에 한 번 정도밖에 쓰지 않는 것	불급품	먼 곳에 둔다.
2개월 이상 반년에 한 번 정도밖에 쓰지 않는 것 1개월에 한 번 정도 쓰는 것	불급품	작업장 내에 한 곳에 모아둔다.
1주일에 한 번 정도는 사용하는 것 매일 한 번 정도는 사용하는 것 매시간 사용하는 것	가용품	작업 범위 내에 두거나 몸에 지닌다.

(2) 정돈활동

정돈활동이란 정리활동을 통해 불필요한 것을 처분하고 난 후 필요한 것을 언제든지

필요한 때 사용할 수 있도록 필요한 장소에 두는 것을 말한다. 정돈활동에서 가장 핵심적인 활동은 눈으로 보는 관리를 하는 3정(定)이라 할 수 있다.

① 정위치: 장소표시 — 지정된 장소(소재지, 번지 표시)
② 정품: 품목표시 — 지정된 물품(선반품목, 물품품목 표시)
③ 정량: 수량표시 — 지정된 수량(최소량, 최대량 표시)

3정(定) 활동이란 본래 지정된 것을 관리하는 것이라고 볼 수 있는데 최근에 들어서는 3정(正)으로도 쓰이고 있으며, 이것은 곧 정품을 나타내기도 한다. 최근 들어 JIT(Just in Time)가 보편화되면서 재고 없이 운영되는 기업이 늘어남에 따라 양품이 아닐 경우에는 생산이 중단될 수 있는 상황이 발생할 수 있기 때문이다.

스마트공장이라는 것은 궁극적으로 모든 생산공정이 자동화되어 일정한 속도에 맞추어 균일한 제품을 생산할 수 있도록 하는 것으로, 이를 위해서는 필요한 자재의 공급이 적시에 이루어져야 하기 때문에 항상 정(正)품이 공급되지 않으면 안 된다. 또한 생산공정에 필요로 하는 자재는 이송 로봇이 담당하므로 장소와 수량이 표준화되어 자동공급이 가능하도록 최적화 배치를 해야 한다.

따라서 스마트공장을 구축하기 위해서는 사내물류의 최적화 배치가 실현되어야 하기 때문에 이를 저해하는 요인들은 제거되어야 한다[표 15-8].

[표 15-8] 정돈작업과 로스

구분	낭비의 분류	낭비의 실태	손실
정돈작업	시간의 낭비	- 찾는 시간이 걸린다. 노는 시간이 생긴다. - 가지러 가는 시간이 걸린다.	- 비용증가, 생산량 감소 - 비용증가, 생산량 감소
	물건의 낭비	- 여분으로 물건을 사둔다.	- 비용증가
	불량고장의 낭비	- 타 부품을 사용하여 불량품이 된다. - 맞지 않는 치공구를 사용하여 고장발생	- 비용증가, 생산량 감소 - 비용증가, 생산량 감소
	공간의 낭비	- 쓸데없는 것을 두는 공간이 발생한다.	- 비용증가
준비작업	시간의 낭비	- 몇 번이고 부품을 가지러 간다. - 몇 번이고 치공구를 가지러 간다.	- 비용증가, 생산량 감소 - 비용증가, 생산량 감소
	물건의 낭비	- 즉시 원위치에 놓지 않기 때문에 없다고 생각하고 구입한다. - 찾아보지 않고 구입한다.	- 비용증가 - 비용증가
	불량고장의 낭비	- 틀린 치공구, 금형을 장착하여 고장 또는 불량을 일으킨다. - 기계설비 주위에 쓸데없는 것을 놓는다.	- 비용증가, 생산량 감소 - 비용증가
	공간의 낭비	- 사용하고 난 후 치공구 또는 금형을 주위에 놓는다.	- 비용증가

3.3.2 제1단계: 초기청소

초기청소란 3장 5S활동에서 제3단계인 청소활동을 의미하는 것으로, 설비관리에서는 설비에 묻어 있는 먼지, 슬러지, 스크랩, 기름 등 오염상태에 있는 것을 구석구석 깨끗이 제거하는 활동을 말한다. 따라서 설비관리에서 초기청소는 설비를 단순히 깨끗이 하는 데 목적이 있는 것이 아니라 설비청소를 통해 누유, 풀림, 마모 등 결함을 발견하기 위한 점검활동을 의미한다.

청소는 시간을 내어서 해야 한다. 특히 설비청소는 설비를 멈춘 상태에서 실시해야 하므로 가동률에 직접적으로 영향을 미친다. 이러한 이유로 설비청소를 하지 않는 경우가 많다. 설비를 청소하지 않는 경우 오염이 누적되어 설비고장의 원인이 되므로 나중에는 시간을 많이 들여 청소를 해야 하는 경우가 발생한다. 매일 청소를 하면 청소시간이 짧아지기 때문에 청소시간을 많이 할당하지 않아도 된다. 즉 작업시작 전에 5분 정도 시간을 내어 청소를 할 수 있기 때문에 가동률이 저하되는 현상은 없다[그림 15-6].

[그림 15-6] 청소시간과 설비가동률

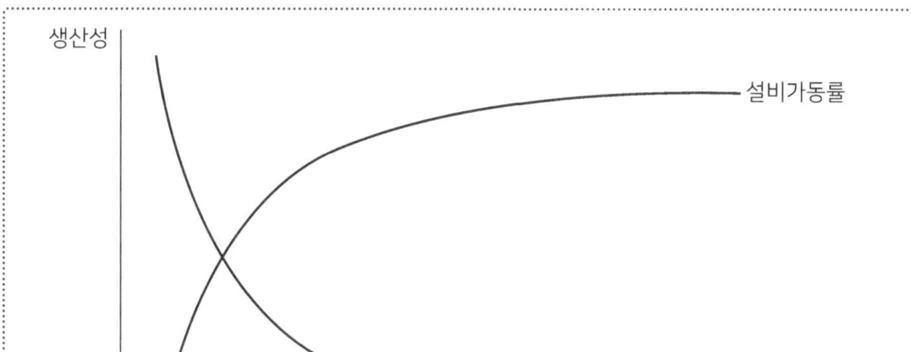

스마트공장을 실현하기 위해서는 설비고장이 발생해서는 안 된다. 스마트공장 구축 이전에는 설비가 고장이 나면 해당 설비만 멈추고 수리할 수 있기 때문에 다른 설비들은 가동이 가능하였으나, 스마트공장이 구축된 이후에는 설비가 고장이 날 경우 다른 설비들도 모두 정지하는 문제가 발생하므로 설비는 깨끗하게 유지되고 있어야 한다[그림 15-7].

[그림 15-7] 설비청소의 효과

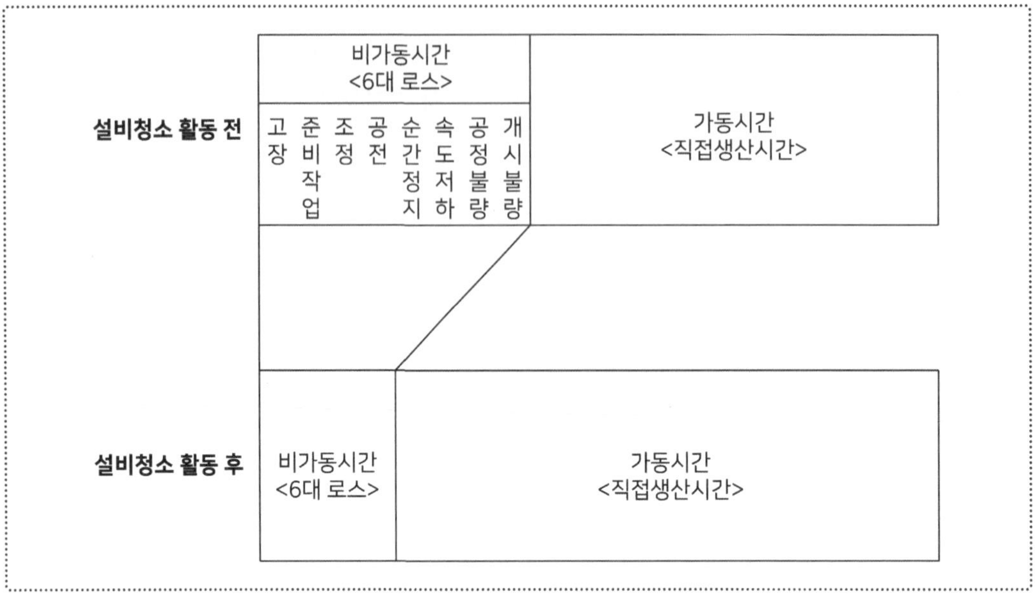

청소는 끝이 없는 것으로 자칫하여 방심하면 원위치 되는 경향이 많은 활동이다. 따라서 지속적이고 체계적으로 활동하는 노력이 필요하다.

[표 15-9] 문제점 및 개선활동 항목

구분	종류	문제점	개선 방향
기계설비	기계본체	- 기계 본체에 칩 절삭가루 기름때 과적 - 칩 절삭유가 날아 다녀 기계주위에 오염 - 칩 절삭유 비산커버에 기름때가 묻어 설비작동을 볼 수가 없음 - 비산커버 부적합으로 누유 발생 - 오일팬의 부적합으로 누유 및 넘쳐 흐름 - 페인트 변색 - 칩통 누유	- 기계본체, 비산커버 대청소 실시 - 칩, 절삭유 비산방지 국소커버 설치 - 낡은 비산커버 교체 및 투명화 - 오일팬을 없앨 수 있는 방법 강구 - 페인트 도색 실시 - 칩통 개선
	배관	- 배관 연결부 먼지 절삭가루 등의 기름때 과적 - 배관연결부 누유, 누출 - 배관 찌그러짐, 꺽어짐, 손상 - 난잡하게 설치된 배선 - 호스류 보호장치 없이 바닥 방치	- 배관부위 청소 - 배관연결부 누유, 누출 방지 - 손상 및 열화된 배관 교체 - 배선의 통일화(용도별) - 호스류 손상방지를 위한 보호장치 설치
	밸브류	- 제어 밸브류에 먼지 절삭가루 기름때 과적 - 제어 밸브류의 개폐방향 표시 없음 - 윤활유, 절삭유의 흐름방향 표시 없음 - 제어밸브류 연결부 누유	- 제어 밸브류 청소 - 개폐 및 흐름 방향표시 부착(용도별) - 누유 방지 - 열화 및 손상으로 기능 저하된 밸브 교체

[표 15-9] 문제점 및 개선활동 항목 <계속>

구분	종류	문제점	개선 방향
기계설비	유면 압력 게이지류	- 게이지 유리면에 먼지로 바늘 및 눈금이 보이지 않음 - 게이지류 고장으로 작동 안 됨 - 유효유량, 압력표시 안 됨	- 게이지 유리면 청소 - 파손, 고장난 게이지류 보수 및 교체 - 유효(최소, 최대) 유량 압력범위 눈으로 보는 관리 실시
	조작반	- 조작반 주위에 먼지과다 누적 - 표시램프류 더러움으로 ON, OFF 구분 안 됨 - 계기류 더러움으로 수치 읽기 어려움 - 실링 고무파손으로 내부에 오물, 먼지 침입으로 기능 저하 - 스위치 고장 파손	- 조작반 주위 및 내부 청소 - 표시램프류 청결 유지 - 파손된 표시램프 및 계기류 교체 - 내부 이물 혼입 방지책 강구 - 고장, 파손된 스위치 수리
	배전반	- 배전반 주위 페인트 변색 - 커버 및 손잡이 파손(닫히지 않음) - 커버 파손으로 인한 먼지 과적 - 스위치 고장 파손	- 도색 실시 - 커버 및 손잡이 보수 청소 실시 - 고장 파손된 스위치 수리
	모터류 압축기	- 냉각팬 부위 오물 및 먼지 과적 - 터미널 부위 커버 파손 - 벨트 보호커버 파손	- 냉각팬 부위 청소 - 파손된 커버 보수
유틸리티	스팀 에어파이프 가스관	- 작업과 관계없이 스팀, 에어 누출 발생 - 스팀 파이프 누수 - 스팀 파이프의 방열 피복 벗겨짐 - 파이프 위 먼지 과적 - 스팀, 에에 파이프 표시 및 흐름방향 표시 없음 - 쓸데없는 파이프 방치로 안전에 위협	- 파이프 전체 청소 - 누출, 누수 발생 방지 - 파손된 연결부 및 밸브류 교체 - 파이프 종류 및 흐름방향 표시 - 불필요한 파이프 제거
	급수관	- 급수관 위 먼지 과적 - 연결부위 누유 발생 - 급수관 IN, OUT 표시 없음	- 급수관 청소 - 누유방지 - IN, OUT 표시
	CABLE (전선류)	- 먼지 과적 및 피복 손상 - 피복 손상으로 인한 합선 우려 - 와어어류 바닥에 방치 및 배선 형태 각양각색 - 불필요한 케이블 방치	- 와이어류 청소 및 배선방법 개선 - 피복손상 와이어 교체 - 불필요한 케이블 제거
운반장비	지제차 운반대차	- 공장 내·외용 구분없이 사용 - 운반구, 대차에 청소도구 미부착 - 용도에 관계없이 사용으로 바닥오염	- 공장 내·외용 구분 사용(색별사용) - 운반구, 대차에 청소도구 부착 - 용도 구분 사용(유류전용 부품운반, 칩 운반 등)
	크레인	- 크레인 위 먼지 과적 - 크레인 유효중량 미표시	- 크레인 위 청소 - 크레인 유효중량 표시
공간	벽, 창문, 천정, 기둥, 외부공간	- 벽, 창문이 파손되어 공장밖 먼지 유입 - 창문 여닫이 수위치 고장으로 정지 - 벽, 기둥, 창문 틀 먼지 과적 - 폐사, 폐토, 집진된 분진, 공사후 흙무더기 등 방치	- 파손된 벽 및 창문 보수 - 고장난 스위치 수리 - 벽, 기둥, 창문 틀 청소 - 공장 외부의 오염물질 확산방지 대책시행
기타	조명기구	- 조명기구에 먼지 과적으로 조명상태 어두움 - 조명기구 고장난 상태로 방치 - 필요없는 형광등 천정에 방치	- 조명기구 청소 실시 - 고장난 스위치 수리 - 필요없는 형광등 제거
	환풍기 온풍기	- 환풍기 주위 먼지 과적 - 고장난 환풍기 방치 - 팬 파손, 페인트 변색, 커버 파손	- 환풍기 주위 청소 - 고장난 환풍기 수리 및 제거 - 도색 실시

3.3.3 제2단계: 발생원 및 곤란개소 대책

청소는 하지 않을 수 없다. 그러나 청소시간을 최소화 할 수는 있다. 먼지와 오염 등의 발생을 근원적으로 차단할 수만 있다면 청소시간이 크게 줄어들어 생산성을 높일 수 있다.

발생원은 설비 내부에서 발생하는 누유 및 누수, 가공 과정에서 발생하는 절삭유, 오일, 칩, 철분, 분진 및 스크랩 등이 있으며, 환경측면에서는 외부에서 운반차 및 작업화를 통해 먼지나 흙이 유입되어 비산되는 것을 말한다. 곤란개소는 청소하기 어려운 곳이나 급유하기 어려운 곳을 말한다.

발생원 및 곤란개소 대책이란 먼지나 더러움 등 오염 발생원을 근원적으로 차단하고, 청소 또는 급유가 어렵고 복잡한 부위를 찾아내어 주어진 목표시간 내에 청소 및 급유를 용이하게 할 수 있도록 대책을 마련하고 개선하는 것을 말한다.

청소, 급유 또는 점검시간을 단축하기 위한 개선활동은 목표 설정이 우선되어야 하며, 청소의 목표는 업종에 따라 차이가 있지만, 일반적으로 작업시간의 2% 수준인 10분(480분 × 0.02 = 9.6분) 이내에서 설정하는 것이 일반적이다. 청소활동이 습관화되어 잘 운영되고 있는 기업은 아침 작업시작 전 또는 저녁 작업종료 후에 5분간 청소를 실시하고 있으므로 궁극적으로는 5분을 목표로 개선활동을 하는 노력이 필요하다.

① 설비오염 발생원 종류: 먼지, 더러움, 누유, 누수, 누출 칩, 절분, 분진, 오일 비산, 흙 이물 등
② 설비열화 발생원 종류: 먼지, 더러움, 이물, 누유, 누수, 누출, 구부러짐, 마모, 진동, 흔들림, 녹, 흠집, 이상 음, 발열, 느슨함, 덜컹거림, 편심, 기울기, 변색, 깨어짐, 빠짐, 이상한 움직임, 이상한 냄새 등
③ 청소·급유 곤란개소 종류: 청소 곤란개소, 급유 곤란개소 등
④ 생산활동 곤란개소 종류: 청소 곤란개소, 작업 곤란개소, 운반 및 이동 곤란개소, 급유 곤란개소, 조이기 곤란개소, 보관 곤란개소, 점검 곤란개소, 조정 및 조작 곤란개소, 품질확인 곤란개소 등

3.3.4 제3단계: 청소·급유 기준서 작성

제2단계에서 실시한 발생원 및 곤란개소 개선활동의 결과가 지속적으로 유지되기 위해서는 기준서를 작성하여 그 기준에 따라 규칙적으로 끊임없이 실행할 수 있도록 해야

한다. 따라서 기준서 작성은 목표로 하고 있는 청소시간 내에 청소, 점검 및 급유를 규칙적으로 유지활동을 할 수 있도록 행동기준을 마련하는 것을 말한다.

설비에는 회전·습동부(摺動部: side bearing, side bearer)를 비롯하여 윤활이 필요한 여러 가지 부품이 많이 붙어 있다. 이것들에 적절히 급유하고 올바르게 윤활을 해 주지 않으면 회전, 습동부, 공압제어계의 동작 정도를 저하시키고 진동, 과열, 마모 등의 고장 또는 불합리를 일으켜 설비의 열화를 촉진한다. 따라서 급유는 열화를 방지하고 신뢰성을 유지하는 데 가장 중요한 전제조건이다.

설비고장의 원인을 조사해 보면 구동계통 고장의 약 70%가 윤활관련 고장이 대부분이다. 그 원인으로는 ① 올바른 윤활(급유)기준을 지킬 수 없다 ② 지킬 기준이 없다 ③ 기준이 있어도 올바르지 않다는 점을 들고 있다. 윤활(급유)불량에 의한 말썽을 제거하기 위해서도 '급유를 하지 않고서는 절대로 기계가 움직이지 않는다'는 의식을 갖고, 올바른 3적(適) 윤활(급유)법 즉 적정한 유종을, 적정한 시기에, 적정량 급유를 지켜야 한다.

윤활관리란 용도에 맞는 깨끗한 윤활유를 정해진 급유구를 통해 정해진 때에 정해진 분량만큼 확실하게 마찰면에 공급하는 것을 말한다.

[표 15-10] 열화·불합리·급유 곤란개소의 예

불합리 종류	예
열화·불합리	- 윤활 또는 급유 점의 막힘(오염, 유량의 과부족) - 급유탱크, 배관, 이음새의 손상, 막힘, 오염 - 그리스 니쁠 파손, 오염
윤활/급유 발생원	- 윤활/급유의 누설, 누유에 의한 오염 - 급유를 하면 윤활유가 넘침
윤활/급유 곤란개소	- 급유가 곤란(위치가 너무 높거나 낮다) - 유량의 점검이 곤란 - 급유점이 분산되어 급유시간이 길다.

[표 15-11] 윤활관리의 경제적 효과

항목	효과비율(%)	설명
마모감소로 인한 에너지 소비량 절감	5.5	불필요한 마모로 인해 에너지의 1/3은 쓸데없이 소비되고 있지만 그 중 25%는 회수 가능하다.
윤활관계 작업에 종사하는 노동력 경감	2.0	자동급유장치나 집중급유장치 등의 채용 그리고 윤활재 취급방법을 개량하여 노동시간은 감소한다.
윤활제 소비량 삭감	2.0	설계, 윤활법, 윤활제 보관방법 개선이나 품종 통합, 여과로 인한 수명 증대 등으로 보수비는 감소한다.
보수비 삭감	44.7	설계나 재질 등의 개선으로 인해 부품의 수명연장, 그에 따른 교체비용감소 등으로 보수비는 감소한다.
고장으로 인한 기회손실 감소	22.3	고장은 윤활을 개선하므로 감소하나 고장으로 인한 생산정지에 의한 기회손실은 공장규모에 따라 다르다.
가동률, 설비효율 향상에 의한 설비투자의 절감	4.1	바른 설계 및 윤활 사용법으로 고장은 줄고, 가동률을 크게 증가시켜 생산요구를 충분히 들어 줄 수 있어 설비투자를 절감할 수 있다.
설비의 내용 년수 증대로 인한 투자금액 절감	19.4	마모·부식 감소로 인해 설비의 수명 증가로 인한 내용 년수가 증대한다.
계	100	

3.3.5 제4단계: 총점검

총점검이란 볼트·너트의 체결상태, 유·공압 배관의 누유, 급유장치, 구동부위 등 설비의 각 항목에 대하여 실무기능을 습득하고, 이 실무기능을 바탕으로 어떤 점검이 필요하며 일상적으로 관리해야 할 점검 포인트는 무엇인지를 정하여, 설비에 강한 오퍼레이터가 되기 위하여 설비 점검에 대한 자주학습과 실천을 통한 설비 결함을 발견하여 복원하고 개선을 해 나감으로써 설비 본연의 모습을 찾아가는 단계를 말한다.

총점검 활동을 통해 각 부품단위의 기능이 제대로 수행되어야만 가공점에서의 편차를 작게 만들어 결국 제품의 품질을 확보하고 기능 고장을 방지할 수 있다.

설비 오퍼레이터는 점검시 발생하는 모든 내용에 대하여 데이터를 수집하고 해석하는 등 데이터의 중요성을 배우고 실행해 나가야 한다.

설비의 종류가 다양하여 설비의 구조와 기능을 이해하기에는 어려움이 있으나 대부분의 설비는 6계통으로 구분할 수 있으며, 각 계통별 부품에 대한 기능을 이해하면 쉽게 접근할 수 있다.

설비 6계통의 종류는 다음과 같다.

① 구동 전달 계통

② 윤활 계통

③ 유압 계통

④ 공압 계통

⑤ 전장 제어 계통

⑥ 체결부품 및 설비 본체

설비 6계통에 대해 센서를 활용하여 실시간 데이터를 수집하고 상태를 감시할 수 있도록 함으로써 설비의 상태를 예측하여 고장을 미연에 방지하고, 설비고장으로 인한 생산성 저하를 최소화 할 수 있다. 센서를 활용할 수 없는 경우에는 수시 또는 정기점검과 수리 등을 통해 상태에 대한 이력관리를 컴퓨터로 함으로써 수리 또는 점검 시기에 대한 알람을 통해 오퍼레이터가 깜빡 잊어버리는 경우에도 알 수 있도록 자동화하는 것이 필요하다. 따라서 설비 6계통에 대한 주요 점검항목을 살펴보면 [표 15-12]와 같다.

[표 15-12] 각 계통별 총점검 항목

명칭		기능	주요 점검 항목
구동 전달 계통	구동 모터	운동전달의 초기 구동력을 생성함	이상발열, 이상음, 모터 팬의 가동상태 등
	브레이크	기계의 운동을 전기 작용에 이해 정지시킴	패드 마모, 디스크 마모 등
	벨트	벨트와 풀리의 마찰을 이용하여 운동을 전달	벨트의 마모, 파손, 장력, 유분 등
	변(감)속기	운동속도 증가 또는 감속	윤활, 이상 음, 발열 등
	커플링	축과 축의 이음 기능	윤활, 체결상태 등
	체인	운동을 전달하는 기능	윤활, 장력, 스프라켓 평행도 등
	기어	맞물림에 의한 회전비 전달	윤활, 치차 마모 등
	캠	회전운동을 직선운동으로 전환	접촉면의 마모, 덜컹거림, 윤활 등
윤활 계통	오일	마찰 감소	유종확인, 오일변색, 이물혼입, 수분혼입, 기포혼입, 점도, 유온 등
	오일 탱크	동력에 의해 윤활유 송출	유면계, 탱크의 손상, 탱크상판 유실, 급유구 및 급유필터, 라인필터, 탱크 밑바닥의 오염 등
	배관	윤활유를 전달하는 통로	배관 연결부 누유, 배관 찌그러짐, 손상, 오염, 녹 등
	분배 밸브	윤활유를 윤활개소에 나누어 공급	배관 연결부 누유, 분배유량 확인 등
	윤활부	윤활막 형성으로 직선 및 회전운동	유막의 깨짐, 마찰음, 파손, 이상발열 등

[표 15-12] 각 계통별 총점검 항목 <계속>

명칭		기능	주요 점검 항목
공압 계통	필터	이물을 걸러줌	케이스 내면손상, 디플렉터 손상, 배플 플레이트 손상, 엘레먼트 손상/막힘, 필터의 수직도, 에어누설 등
	압력제어 밸브	공급압력을 사용압력으로 변환	압력제어밸브의 작동 상태, 압력계 손상, 압력계 '0'점 조정 안 됨, 연결부 에어누설 등
	오일러	에어에 오일을 공급	오일량 확인, 오일의 열화, 오일 적하량, 연결부 에어누설 등
	방향제어 밸브	에어방향 제어, 액추에이터에 에어공급	방향제어밸브의 작동 상태, 연결부 에어누설, 이그조스트 크리너 등
	액추에이터 (실린더)	에어를 공급받아 왕복운동을 함	헤드커버와 로드커버의 에어누설, 피스톤 로드의 흠 마모, 피스톤 작동상태, 고정 볼트의 헐거움, 가공점 연결부 헐거움 및 덜거덕거림 등
유압 계통	작동유 탱크	작동유 회수, 저장 및 공급	유면계, 탱크의 손상, 탱크 상판과 배관부의 유실, 급유구 및 급유필터, 에어브리저, 탱크바닥 오염 등
	펌프 유니트	작동유 순환	펌프의 진동/이상음, 연결부 기름누유, 펌프 및 모터 축의 진동 등
	압력제어 밸브	작동유 공급압력 제어	압력계의 작동상태, 연결부 누유, 압력제어밸브의 작동상태 등
	방향제어 밸브	에어방향 제어, 액추에이터에 에어공급	방향제어밸브의 작동상태, 이상음, 이상발열, 연결부 누유 등
	액추에이터 (실린더)	작동유를 공급받아 왕복운동	헤드커버 로드커버 에어누설, 피스톤로드의 흠 마모, 피스톤 작동상태, 고정볼트의 헐거움, 가공점 연결부 헐거움 및 덜거덕거림 등
전장 제어 계통	제어반	설비 작동 내용 제어	제어반 문의 봉인고무 열화 손상, 박스내 먼지, 단자 더러움/녹낡음, 압착단자부 손상, 릴레이 열화/손상, 배선 상태, 어스연결 상태 등
	조작반	작업내용을 입력하는 기능	메타/램프류의 오염/손상, 조작반 문의 봉인고무 열화 손상, 박스내 먼지, 단자 더러움/녹/낡음, 압착단자부 손상, 스위치 낡음, 배선상태 등
	중계박스	제어내용이 제어기기에 중계하는 박스	제어반 문의 봉인고무 열화 손상, 박스내 먼지, 단자 더러움/녹/낡음, 압착단자부 손상 등
	외부배선	전기를 공급하고 전기신호를 전달	절연피복의 손상, 전선관 손상 등
	검출기	제어기기의 작동상태를 검출, 제어반으로 신호를 보내는 기능	광전부 더러움/손상, 연결부 흔들림 등
체결류	나사부품	체결부의 분리 또는 느슨함을 방지하여 정상적인 설비의 형태를 유지하는 기능	녹, 부식, 머리부의 찌그러짐, 마모, 풀림방지 불량, 와셔 유무, 나사산 상태 등
	리벳		
	키		
	핀		

3.3.6 제5단계: 자주점검

제5단계는 설비를 대상으로 하는 최후의 스텝이다. 이 단계에 들어서면 설비의 고장은 대폭적으로 감소하여 설비고장건수가 '0'을 달성하는 공정 또는 설비가 많이 나온다.

이 단계에서는 제3단계에서 작성된 청소기준, 급유기준, 점검기준 등을 재검토하여 점검 미스가 발생하지 않도록 하고, 점검의 효율성을 높일 수 있도록 하는 자주보전 기준서를 마련한다.

제5단계를 성공하기 위해서는 오퍼레이터들이 설비 전체에 대한 지식의 습득이 필요하며, 점검 미스 등의 실수가 발생하지 않도록 눈으로 보는 관리의 운영과 컴퓨터를 활용한 데이터의 실시간 관리를 통해 고장 또는 점검과 관련하여 오퍼레이터에게 자동 알림 등의 자동화를 한다.

3.3.7 제6단계: 공정품질보증

우리는 흔히 공장의 관리요인을 5M1E, 즉 사람(Man), 설비(Machine), 작업방법(Method), 재료(Material), 측정(Measurement), 작업환경(Environment)으로 설명하고 있다. 이 요인들은 현장에서 지켜야 하는 표준을 지키지 않았을 때 불량을 발생 시키는 전부이기도 하다. 불량은 정상적인 상태인 기준을 벗어난 것을 말한다. 특히 설비측면에서 살펴보면 설비의 미결함을 철저히 없애고, 순간정지, 고장을 대폭 줄이면 불량도 상당히 줄어든다.

설비와 품질의 관계를 살펴보면 [표 15-13]과 같다.

[표 15-13] 제조 단계별 설비와 품질과의 관계

단계	품질관리	관리영역	설비조건
요구계	제품 요구품질	제품설계 부문	- 고객요구사항이 반영된 제품 설계 - 제품을 만들기 쉬운 제품 설계
원인계	설비 가공조건	생산기술 부문	- 제품을 만들기 쉬운 설비 설계 - 양품 가공조건을 충족하는 설비 설계
결과계	완성품 품질	운전/보전 부문	- 양품 가공조건의 유지·관리 - 초기유동기간, 고장 등의 관리

요구계는 요구품질을 만족하는 제품을 만들기 위해 신제품 개발 및 설계에서 설정한

사양을 말한다. 이는 설비가 만들어 내어야 하는 품질을 말한다. 따라서 설비가 가공하기 쉽도록 설계하는 것이 필요하다.

원인계는 요구품질을 만들어 낼 수 있는 설비의 가공조건에 적합하도록 설비를 설계한다. 따라서 가공조건이 까다롭지 않고 제품을 만들기 쉽게 할 수 있도록 하는 설비의 설계가 필요하다.

결과계는 제품 양산을 위해 설비 가공조건의 유지·관리상태에 의해 공정과 설비로부터 만들어지는 제품의 품질이 결정된다. 따라서 설비의 가공조건, 초기유동기간, 고장 등을 실시간 관리할 수 있도록 하는 것이 필요하다.

최근에 공장의 자동화와 스마트화가 진전이 되면서 사람보다는 설비의 중요성이 높아지고 있으므로 설비가 품질을 결정하는 중요한 요인이 되고 있다. 특히 자동화 및 스마트화 등은 일부 설비의 트러블 또는 불량 발생으로 인하여 전체 공정에 영향을 주기 때문에 개별 설비별 신뢰성이 중요하다.

3.3.7 제7단계: 자주관리

제7단계에서는 TPM이 전사·전공정에 정착되어 있는 상태로 재해 '0'·불량 '0'·고장 '0'를 달성하고 있다. 오퍼레이터는 설비의 기준조건(청소, 급유, 조이기)을 충실히 유지하고 열화가 발생된 부품에 대해서는 복원을 항상 실시하고 있다. 그리고 보전맨은 확실한 계획보전을 실시하고, 중요한 설비에 대해서는 예지보전을 실시하고 있다.

TPM에 대한 관심도가 떨어지면 흐지부지되어 지금까지 이루어온 설비관리 체계가 하루아침에 무너지는 경우가 많다. 따라서 지속적으로 유지관리가 될 수 있도록 규정과 평가제도 등을 통해 승진 등 보상체계와 연계하는 체계화를 마련하는 것이 필요하다.

4. 계획보전

4.1 계획보전의 개요

생산활동에 있어서 낭비가 없는 효율적인 생산을 하기 위해서는 설비의 일정한 신뢰성을 바탕으로 가동하는 것을 기반으로 한다. 설비의 신뢰성 확보란 설비가 돌발적인 고장이 적고 고장이 나더라도 고장을 일정하게 발생할 수 있도록 만들어 고장을 예측할 수 있는 것을 말한다. 이를 위해서는 설비나 부품의 상태를 실시간으로 파악할 수 있는 설비진단기술의 개발과 보전성의 향상이 필요하다. 최근에 들어 스마트제조의 핵심은 설비 자동화를 통한 설비감지센서를 활용하여 실시간 설비상태를 모니터링하고 있으며, 궁극적으로는 가상물리시스템(Cyber Physical System: CPS)으로 확대하고 있다. CPS란 제조 현장의 생산활동과 관련된 모든 사항을 컴퓨터로 실시간 제어를 할 수 있도록 시스템화한 것을 말한다. 설비의 계획보전은 생산활동 중에 고장을 없게 하고 사전에 고장을 예측하여 생산활동을 하지 않을 때 보전활동을 하는 것이 목적이다. 따라서 계획보전은 설비의 라이프 사이클에 걸쳐서 설비 자체 코스트, 보전을 위한 유지코스트, 설비 열화에 의한 손실 코스트 등을 합한 총코스트를 낮추고, 설비생산성을 높이는 활동이다.

4.2 계획보전을 위한 표준화

계획보전을 하기 위해서는 보전작업의 표준화가 이루어져야만 한다. 보전작업의 표준화는 보전을 효율적으로 하고 보전시간을 단축하며 작업자의 교육훈련자료로 활용이 가능하다. 특히 미래에 자동화 및 CPS 체제로 가기 위해서는 표준화가 필수적이다[표 15-14].

[표 15-14] 보전 표준화의 종류

구분	종류	내용
보전관리 표준	계획보전 관련표준	보전업무관리, 고장등급관리, 설비등급관리, 보전예산관리, 공구관리, 윤활관리, 유틸리티관리, 정도관리 등
	설비초기관리 관련표준	설비투자 경제성평가, 초기유동관리 등
보전기술 표준	설비점검표준	설비분해를 하지 않고 설비의 이상유무를 파악하는 것으로, 설비의 일상 및 정기점검에 대한 점검업무를 표준화한 것
	정비작업표준	설비의 분해·개방이 수반되어 설비의 이상유무를 파악하는 것으로, 분해, 청소, 검사, 수리 혹은 교환, 조립, 설치정도검사, 시운전 등에 대해 구체적으로 작성한 것

각 표준은 활동과 활용되어야만 가치가 있다. 자사의 조직과 관리 및 기술적인 수준을 고려하여 작성하는 것이 필요하다.

보전관리표준은 개개 시스템 표준 작성을 위해 먼저 표준이 되는 보전관리운영의 표준화가 필요하다. 그리고 보전관리표준은 방법이 주체가 되므로 담당, 책임, 관리점에 있어서 애매한 것이 많을 수 있으므로 개개 설비의 보전관리책임은 작업담당자가 자주보전관리를 해야 하기 때문에 그것에 초점을 두어 작성한다.

설비보전표준은 검사표준작성에 있어서는 항목과 주기결정이 중요하므로 각 설비마다 MTBF(Mean Time Between Failure: 평균고장간격시간)를 설정하고 개량보전활동으로 수명을 연장하는 활동이 먼저이다. 모든 것을 동일한 수준에서 보전을 실시하는 것은 효율적이지 못하므로 중점관리해야 할 설비부터 작성한다. 설비검사표준은 기록을 고려한 양식으로 하고 도면이나 사진 등을 첨부하여 검사부위를 명확히 한다. 그리고 설비검사 결과를 판정하는 기준을 정량화하여 사람에 따른 차이가 발생하지 않도록 한다. 따라서 설비검사항목에 대해 품질특성변화에 영향을 주고 있는 설비성능, 설비열화, 고장 등을 중심으로 대용특성을 파악하여 설비검사항목을 줄여 목적을 달성하는 것이 중요하다.

4.3 예방보전

4.3.1 정기보전

24시간 가동을 하는 장치공업에서 약 1달 간격으로 10시간 정도의 정기수리일을 정하여 중소규모의 보수를 실시하고, 동시에 연1회 1주일 정도의 정기수리기간을 설정하여 대규모 보수를 하는 것과 같이 어느 일정 기간마다 정해놓고 보수를 하는 것으로 시간기준보전(Time Based Maintenance: TBM)이라고 한다. 이 보전방법은 적정주기를 정하고 주기에 따라서 수리 및 교체 등을 하며, 주기를 설정하기 쉽고 편차가 적으며, 점검하지 않고도 정기적으로 교환하는 것이 가치가 있는 것에 적용한다. 즉 보전하고자 하는 설비의 열화와 연관성 있는 생산성, 작동회수 등과 같은 관리요인으로 이론치와 경험치를 바탕으로 설정한 수리주기에 따라 일정한 주기까지 사용하면 무조건 수리를 시행한다. 시간기준보전 방법은 점검 등의 보전공수가 적으며 고장이 적은 것이 장점이다. 그러나 과다한 메인터넌스가 발생될 수 있어 수리비가 많이 소요되는 단점이 있다.

시간기준보전과 유사한 개념으로 우리가 현장에서 흔히 이야기하고 있는 오버홀형 보전(Inspection & Repair: IR)이 있다. 이 보전방법은 설비를 정기적으로 분해 또는 점검하고, 그 시점에서 적합 또는 부적합을 판단하여 부적합 것을 교환하는 것을 말하며, 설비열화에 따른 관리는 하지 않는 것이 특징이다. 이 방법은 시간기준보전과 상태기준보전(Condition Based Maintenance: CBM)의 중간적인 성질을 가진다.

[그림 15-8]은 시간기준보전을 실시하는 경우의 예방정비주기(tp), 고장밀도함수(f(t)), 고장률(λ(t))의 관계를 나타낸 것이다. 고장밀도함수는 일정 기간 내의 고장수를 전체 기계의 수에 대한 상대치를 나타낸 것으로, 마모열화형 설비의 경우는 평균수명을 중심으로 하는 정규분포를 나타낸다. 또한 고장률은 고장밀도함수와 같은 고장 수를 t시간까지 고장이 나지 않은 기계의 수에 대한 상대치를 나타낸 것이다. 따라서 전체 설비의 2%는

[그림 15-8] 시간기준보전

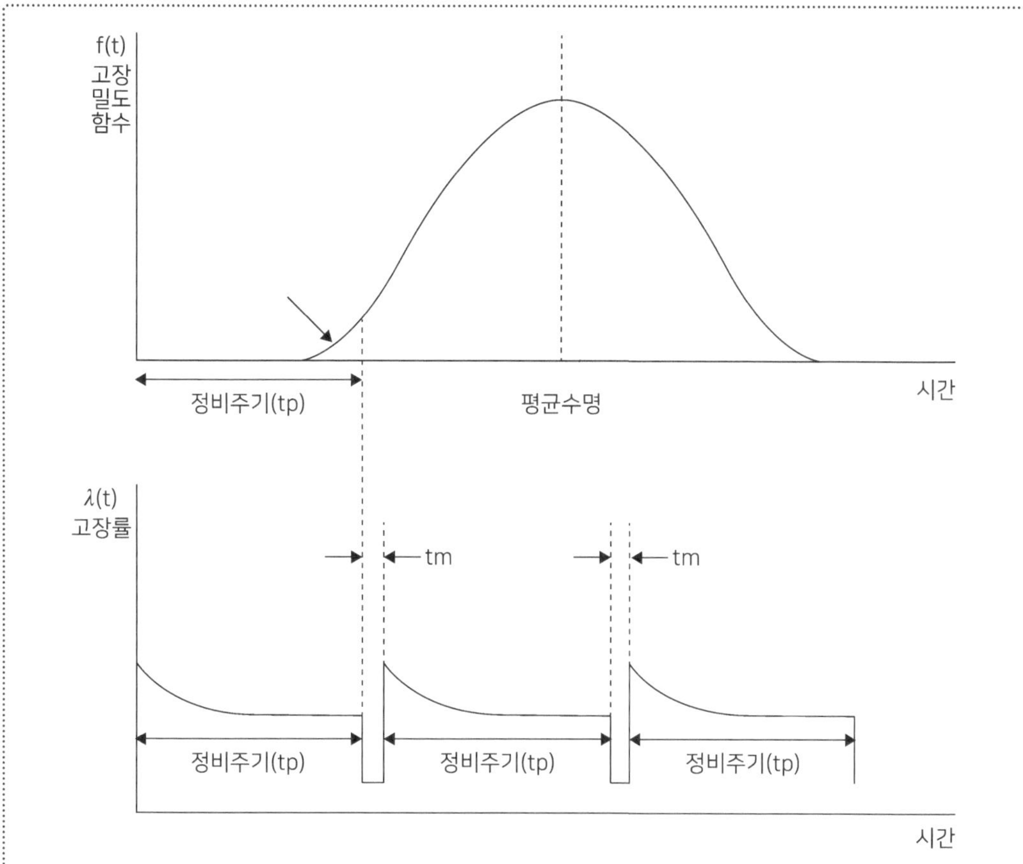

고장발생 후 수리하는 사후보전 수리를 하고 있고, 나머지 98%는 아직 충분히 잔여수명을 가지고 있음에도 불구하고 예방보전을 통한 수리를 하고 있다.

시간기준보전은 운전경험에 의해 일정한 주기를 정하여 정기적으로 기계를 점검하는 방법이므로 주로 운전자의 경험이나 설비제작회사의 의견에 의존하여 설비부품들의 수명을 예측하게 되며, 심각한 파손을 미연에 방지할 수는 있다. 그러나 정상운전 중 발생할 수 있는 예기치 않은 설비의 이상발생에 대처하기에는 어려우며, 정기점검을 위해 중단시킨 설비에 전혀 이상이 발견되지 않을 경우 정기점검기간 동안의 생산중단에 따른 생산량 감소와 인건비 등 경제적 손실이 크다.

시간기준보전의 주된 결점은 다음과 같다.

① 예방정비를 하여도 항상 어느 정도의 고장은 발생한다.
② 예방정비에 의해 일시적으로 고장률이 상승한다.

③ 정비주기가 통계적으로 결정되므로 과다한 정비가 발생할 확률이 크다.

④ 복잡한 설비에 대해서는 효과가 적다.

⑤ 정기적인 예방보전으로 인하여 생산성 저하 등이 발생한다.

4.3.2 예지보전

예지보전(Predictive Maintenance: PM)은 정기보전의 결점을 보완하기 위한 것으로 설비상태를 모니터링하여 관리요인의 변화에 의해 나타난 열화정도에 따라 보전 여부를 결정하는 것을 말한다. 즉 관리요인을 모니터링 했을 때 열화상태가 관리기준에 적합할 경우에는 보전을 하지 않는다. 따라서 예지보전은 설비의 파손 또는 고장을 사전에 감지와 예측하여 적절한 보수 계획을 수립해 심각한 파손 및 고장이 발생되기 전에 보수를 실시하는 것으로, 정해진 수리간격을 미리 정해놓지 않고 설비진단기술에 의해 설비의 열화나 고장의 유무를 관측하여 필요한 시기에 필요한 정비를 실시하는 방식으로 상태기준보전(Condition Based Maintenance: CBM)이라고도 부른다.

[그림 15-9] 설비의 열화 패턴과 정비방법

열화 형태명	열화 형태	보전방법		
		BDM	TBM	CBM
고장률 증가형 (IFR) m>1	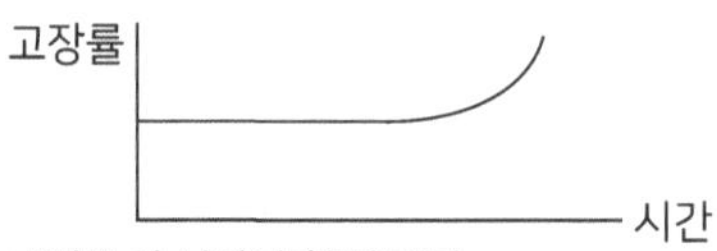 고장률이 시간과 함께 증가	×	◎	○
고장률 일정형 (CFR) m=1	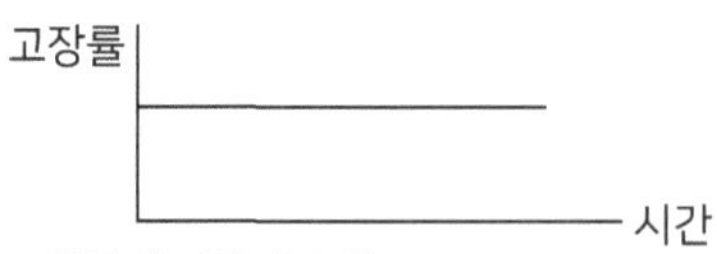 고장률이 시간과 무관	○	×	◎
고장률 감소형 (DFR) m<1	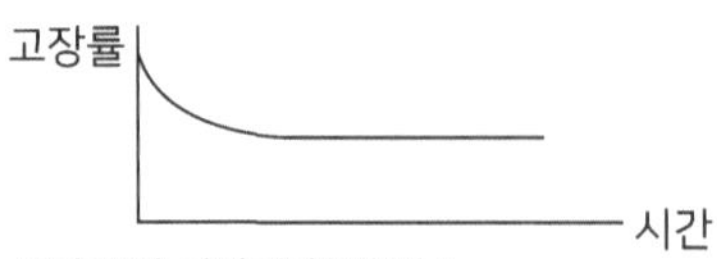 고장률이 시간과 함께 감소	×	×	◎

주1) ◎: 가장 적합　○: 적합　×: 부적합

주2) BDM: Break Down Maintenance 사후보전
TBM: Time Based Maintenance 시간기준보전
CBM: Condition Based Maintenance 상태기준보전

설비에는 여러 가지 열화 패턴이 있다. [그림 15-9]는 설비의 열화 패턴에 따른 적합한 정비방법을 나타내고 있다. 조사에 따르면 설비의 88%는 CBM방법이 최적의 정비 대책이 되는 것으로 나타났다.

[그림 15-10]은 상태기준보전에 의한 진단 데이터, 진단 주기, 예방정비 시기의 관계를 나타내고 있다.

[그림 15-10] 상태기준보전 실시 과정

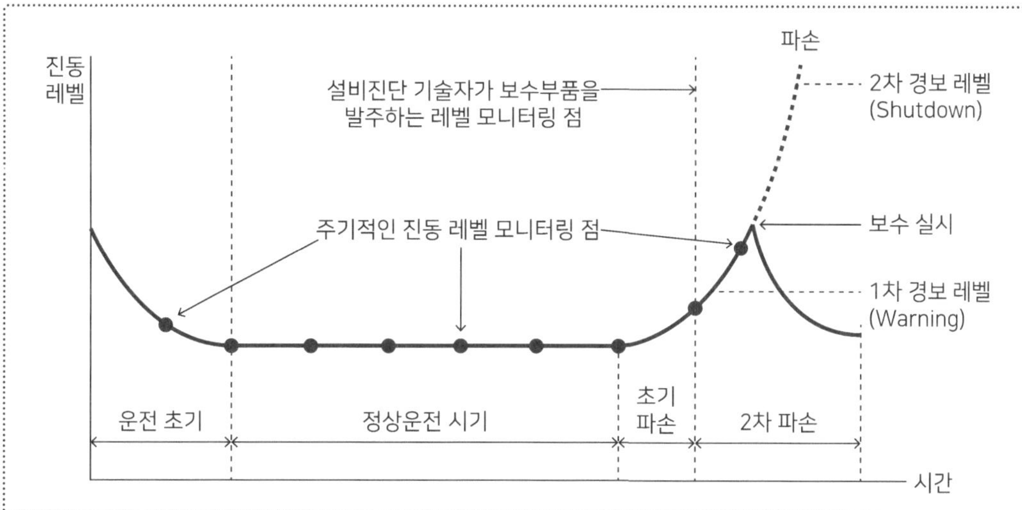

상태기준보전은 초기작동 후 정상적인 운전상태가 될 때까지 설비상태는 점차 좋아지고, 설비수명의 대부분 기간 동안 유지되다가 파손이나 이상발생 시기에 도달하게 되면 설비가 급격히 악화되기 시작한다. 일반적인 예지보전은 설비상태가 이상이 시작되는 초기파손 기간에 설비파손의 가능성을 처음 예측하여 이에 따른 잠정적인 진단을 내리고, 상태가 더욱 악화된 2차 파손기간에 이르면 이상을 정확히 판단하여 파손시기를 예측하고 보수시기를 결정한다. 그리고 이에 따른 구체적인 계획을 수립하여 파손이 일어나 전체 설비에 영향을 미치기 전에 적절하게 부품교체 등의 보수에 들어감으로써 설비가동 중단을 최소화할 수 있는 보전방법이다. 설비운전 중단으로 인한 손실이 큰 장치산업이나 설비 자체의 정비가 더욱 중요시 되는 고가의 설비에서 설비의 운전상태를 대표하는 중요변수의 값이 일정한 경계치에 달하면 운전원에게 경고음이나 모니터링상의 경고표시를 통해 자동경고를 하여 신속하게 보수할 수 있도록 하는 모니터링 시스템을 운영함으로써 손실을 미연에 방지할 수 있다.

CBM의 특징은 다음과 같다.

① 적용할 수 있는 설비의 비율이 90% 정도로 크다.
② 복잡한 구조를 가진 설비에 효과가 크다.
③ TBM으로는 대응이 어려운 불규칙 고장형 설비에 효과가 크다.

CBM의 도입효과는 다음과 같다.

① 설비상태를 정확히 모니터링하고 있으므로 과다정비 발생으로 인한 코스트의 상승을 억제한다.
② 설비가동률을 향상시켜 설비 트러블에 의한 생산손실을 감소시킨다.
③ 설비의 심각한 파손 및 고장을 사전에 감소시킨다.
④ 설비의 안정성이 향상되어 조업과 품질이 안정된다.
⑤ 설비나 부품의 계획적인 수리를 감소시켜 평균고장간격이 향상된다.
⑥ 초기고장이나 잠재결함을 배제하여 돌발고장에 의한 라인정지가 감소된다.
⑦ 정비비용과 정비인력을 절감할 수 있다.
⑧ 설비의 정비계획 정도가 향상되어 제품 공급이 안정화된다.
⑨ 설비의 안정적인 운전을 위한 대기 설비 수를 감소시킨다.

설비고장원인과 기능저하요인을 살펴보면 다음과 같다.

① 설비의 주요기능: 설비의 가동에 영향을 주는 주요한 관리기능을 말한다. 예를 들면 강도(내진, 내압, 내열), 베어링기능, 습동기능, 밀봉기능, 윤활기능, 유체제어기능, 진기능, 연결기능(전도) 등이 있다.
② 기능저하 수반 요인: 설비의 주요한 기능을 관리하지 않음으로써 발생할 수 있는 증상을 말한다. 예를 들면 이완, 누설, 막힘, 발열, 마모, 진동, 압력 등이 있다.
③ 기능저하 발생 요인: 설비의 주요한 관리기능을 관리하지 않음으로써 발생하는 설비성능을 저하시키는 요인을 말한다. 예를 들면 조임상태관리, 틈새·진동·위치의 적정한 치수관리, 세척상태관리, 윤활상태관리, 외관상태관리 등이 있다.

[표 15-15]는 기능요인별 트러블 현상과 발생 원인을 나타낸 것이다.

[표 15-15] 기능요인별 트러블 현상과 발생원인

주기능 요인	부품 예	트러블 현상	발생원인
윤활	윤활제	타 붙기, 접착	유 단절, 유 부적합
베어링	볼, 롤러	타 붙기, 진동	윤활, 중심 찾기 불량
회전	임펠러, 롤러	축 타 붙기, 진동	윤활, 중심 찾기 불량, 언밸런스
연결	기어, 키	파손, 진동	중심 불량, 마모
전동	벨트, 체인	슬립, 발열	마모 방치
밀봉	패킹, 실 류	누설, 중독, 화재	마모 방치, 조임 불량
습동	피스톤, 실린더	누설, 타 붙기, 진동	윤활 단절, 이완, 마모
제진	필터, 스트레너	막힘	청소 미흡, 파손
유체제어	배관, 밸브	압력, 유량 이상	이물질, 누설 방치
체결	볼트, 너트, 핀	진동	이완방지, 조임 부족
지시	압력계, 계기류	온도, 압력 이상	막힘, 동결 균열
몬체	유체기계	진동, 누설	파손, 체결 불량

4.4 고장의 종류와 형태

4.4.1 고장이란

고장이란 정비용어로서 규정의 기능을 달성하는 능력의 종결로 정의된다. 따라서 다음과 같은 고장을 포함한다.

① 돌발적으로 시스템의 기능이 손실되는 파국적인 고장

② 기기의 기능저하에 의한 기능적인 고장

③ 장치가 정상적인 동작 중에 운전자가 부득이 하게 정지하는 경우

4.4.2 고장의 분류

고장이란 용어는 성능의 저하가 그 자체의 기능적인 능력에 제공하는 영향의 크고 작음에 따라 여러 가지로 사용된다. 그리고 경제성, 안전성, 기술적 복잡성, 진행속도, 인과관계 등 이들 모두가 고장을 기술하는 분류기준을 제공한다.

(1) 고장의 발생상태에 의한 분류

① 간헐고장: 극히 단시간, 기계요소의 어느 기능이 손실되지만 또 즉시 원래의 상태로

돌아오는 고장

② 영구고장: 기계요소의 어느 기능을 잃어버리고 그 기계요소 부품의 일부가 교환될 때까지 그 상태가 계속되는 고장

(2) 고장의 정도에 의한 분류

영구고장은 다음의 2가지 고장으로 분류한다.

① 완전고장: 설정의 기능이 완전히 손실된 고장(어느 경우에는 완전히 기능이 손실되었다고 하는 한계치에도 사용 예에 따라 해석에 폭이 있는 것에 주의해야 한다)

② 부분고장: 규정된 기능이 완전히 손실된 것은 아니고 일부의 기능이 손실되는 것에 의한 고장

(3) 진행속도에 의한 분류

완전고장이나 부분고장도 그 발생의 예측 가능성에 의해 다음과 같이 분류된다.

① 돌발고장: 사전에 점검이나 시험에서도 예측 불가능한 고장

② 점진고장: 사전에 점검이나 시험에 의해 예측 가능한 고장

(4) 고장의 정도와 진행속도의 조합에 의한 분류

정도와 진행속도의 조합으로 고장은 다시금 분류된다.

① 파국고장: 돌발고장에 또한 완전고장

② 열화고장: 부분고장에 또한 점진고장

(5) 고장원인에 의한 분류

① 마모고장: 그 설비의 설계시에 예측된 정상인 마모현상에 기인하는 고장

② 오용고장: 설비사양의 값을 넘어선 부하가 부가되는 것에 기인하는 고장

③ 선천고장: 시스템 혹은 기계요소의 설계나 조립불량에 기인하는 고장으로 부가된 부하가 규정의 한도 내에서도 발생함

(6) 위험도에 의한 분류

고장은 중요한 고장이든 부수적인 고장이든 그 위험도에 의해 2종류로 분류된다.

① 위험고장

- 안전장치에서 필요한 때에 기능이 작동하지 않는 고장
- 공작기계에서 공작물이나 작업원에 손상을 주는 것과 같은 고장
- 수송시스템에서 브레이크의 고장 등

② 안전고장

- 안전장치에서 필요하지 않을 때에 안전장치가 작동하는 고장
- 공작기계에서 시동되지 않는 고장
- 수송시스템에서는 필요하지 않을 때에 브레이크가 작동하는 고장

4.4.3 고장등급 구분 평가기준

고장은 장치공업 또는 가공조립산업 등에 따라 다양하게 발생할 수 있다. 이러한 고장은 그 종류에 따라 생산성에 영향을 주며, 이를 수리하는 데 소요되는 시간과 비용에는 크게 차이가 발생한다. 그리고 고장의 경중(輕重)에 따라 효율적인 보전방법이 결정된다. 따라서 고장의 다양성에 따른 구분이 명확하지 않은 경우에 보전에 따른 책임소재가 모호해질 수 있으므로 구분기준을 마련하는 것이 필요하다[표 15-16].

[표 15-16] 고장등급 구분 평가기준

고장 등급	고장손실정도(가공·조립산업형)	고장손실정도(장치산업형)	대책활동
대고장	- 가동(조업)중단 4시간 이상 - 복구시간 4시간 이상 - 복구비용 300만 원 이상 (위의 하나 이상 충족)	- 로드다운 20% 이상 - 가동(조업)중단 4시간 이상 - 복구시간 4시간 이상 - 복구비용 300만 원 이상 (위의 하나 이상 충족)	대·중고장 재발방지 유사고장방지활동
중고장	- 가동(조업)중단 1시간~4시간 미만 - 복구시간 1~4시간 미만 - 복구비용 100~300만 원 미만 (위의 하나 이상 충족)	- 로드다운 15~20%미만 - 가동(조업)중단 1~4시간 미만 - 복구시간 1~4시간 미만 - 복구비용 100~300만 원 미만 (위의 하나 이상 충족)	정기보전활동 예지보전활동
소고장	- 가동(조업)중단 5분~1시간 미만 - 복구시간 10분~1시간 미만 - 복구비용 1~100만 원 미만 (위의 하나 이상 충족)	- 로드다운 10~15% 미만 - 가동(조업)중단 5분~1시간 미만 - 복구시간 10분~1시간 미만 - 복구비용 1~100만 원 미만 (위의 하나 이상 충족)	자주보전활동
잠깐정지	- 가동(조업)중단 5분 미만	- 가동(조업)중단 5분 미만	자주보전활동

주) 위의 여러 기준(로드다운, 가동중단, 복구시간, 복구비용)은 수치를 기업환경에 따라 변경설정 가능.

15장 연습문제

1. 배스티브 커버에 대하여 설명하시오.
2. 설비의 고장지표 MTBF와 MTTR에 대하여 설명하시오.
3. 설비종합효율에 대하여 설명하시오.
4. 설비 6대 로스에 대하여 설명하시오.
5. 장치산업의 설비종합효율에 대하여 설명하시오.
6. 장치산업의 설비 8대 로스에 대하여 설명하시오.
7. 설비보전활동 필요성에 대하여 설명하시오.
8. 설비보전의 종류에 대하여 설명하시오.
9. 개별개선의 개념에 대하여 설명하시오.
10. 자주보전의 개념에 대하여 설명하시오.
11. 자주보전 7단계 전개방법에 대하여 설명하시오.
12. 계획보전의 개념에 대하여 설명하시오.
13. 예방보전에 대하여 설명하시오.
14. 예지보전에 대하여 설명하시오.
15. 상태기준보전과 시간기준보전에 대하여 설명하시오.
16. 고장의 개념에 대하여 설명하시오.
17. 고장의 분류에 대하여 설명하시오.

CHAPTER

16

설비진단기술

1. 설비진단기술의 개요

설비진단기술은 가동 중인 설비로부터 손실 에너지를 측정하여 그 에너지에 대응하는 설비의 열화 상태를 정량적으로 파악하여 설비의 사용한계를 판정하는 기술이다. 통상 설비는 효율이 극대화되도록 설계되어 있으나 사용 중인 설비는 열화가 진행되고 있으므로 설비 본연의 최대효율보다 저하되고 손실 에너지가 증가하게 되는데, 그 형태는 진동·음향과 같은 방출 에너지와 열·비틀림과 같은 누적 에너지로 구분한다.

설비의 열화 상태를 정량적으로 파악하여 설비의 사용한계를 판정하고, 이를 근거로 하여 다음과 같은 설비관리업무를 수행한다.

① 보수 및 교체 시기와 방법 결정
② 예비품 발주시기 결정
③ 예방정비 및 개량정비 방법 결정

따라서 설비진단기술이란 가동 중인 설비의 상태, 즉 설비에 걸리는 스트레스, 고장, 열화, 강도, 성능 등을 정량적인 분석과 처리를 통해 신뢰성이나 성능을 진단 및 예측하여 이상 유무를 판단하고, 이를 통해 원인, 위치, 위험도 등을 식별하고 평가하여 수정방법 및 조치방법을 결정하는 기술을 말한다.

최근에 프로세스 공정에 의한 생산라인의 장치나 기계류는 점점 대형화·고속화·연속화·복잡화되어 가고 있다. 또한 기계가공·자동차·전자 등의 가공조립공업의 생산설비는 고도로 자동화되고 지능화되었을 뿐만 아니라 공장 전체가 컴퓨터통합시스템(Computer Integrated Manufacturing: CIM)이라고 하는 컴퓨터 시스템에 의해 마치 하나의 유기체와 같이 제어되고 있다.

2. 설비진단기술의 구성

2.1 간이진단기술

간이진단기술은 병원에서 1차 건강진단을 하는 것처럼 설비 상태를 신속하고 효율적으로 개략적으로 관찰하는 기능을 말한다. 간이진단기술에는 점검기술과 모니터링기술이 있다. 점검기술은 사람의 오감 또는 간이진단 기기에 의해 설비 상태를 정기적으로 관측하는 작업을 말한다. 모니터링 기술은 모니터링 장치에 의해서 설비 상태를 모니터링하는 것이다.

일반적으로 간이진단은 운전원이나 점검원에 의해 실시되며 그 기능은 다음과 같다.

① 열화 경향관리와 이상의 조기검출
② 설비 모니터링과 보호
③ 문제설비의 발굴과 추출

2.2 정밀진단기술

정밀진단기술은 간이진단을 통해 이상이라고 판정된 설비를 전문적으로 유지·보수할 수 있도록 결정하는 기술이다. 따라서 정밀진단은 전문 진단기술팀을 통해 실시하며 그 기능은 다음과 같다.

① 이상의 형태나 발생위치 파악
② 이상원인 분석
③ 위험도를 알아내어 진행을 예측
④ 최적 수리대책이나 시기를 결정

3. 설비진단기술의 종류

3.1 육안점검 진단기술

사람의 관능점검과 간이진단기기에 의한 가장 간단한 진단기술이다. 접촉에 의한 회전기계의 진동, 온도 판정, 청음봉에 의한 이상 검출 등이 전형적인 예이다. 그리고 기계 검사기기에 의한 회전기계 상태 간이진단, 현미경 사진에 의한 파단면 검사, 내시경에 의한 내부검사 등도 포함된다. 이와 같은 간단한 진단기술은 충실히 수행하는 것이 중요하다.

3.2 진동음향 해석에 의한 회전진단기술

일반 회전기계 및 베어링이나 치차장치 등에 대한 진단기술은 판정기준이나 진단해석기술이 확립되어 완전히 실용화되어 있다. 또한 펌프, 블로우어, 콤푸레샤 등의 유체기계는 회전기구로서의 진동현상에 유체진동이 추가되었기 때문에 해석은 약간 복잡하지만 진단이론은 실용화되어 있다. 그리고 엔진류는 형태가 복잡하며 이음이 크기 때문에 진동해석만으로 이상진단하는 것은 곤란한 경우가 많으므로 유체모델이나 성능진단 등을 병용하여 진단하는 것이 필요하다.

3.3 유 분석에 의한 진단기술

윤활계통이나 전력용 대형 변압기 진단에 유효하다. 윤활계통이나 유압계통의 진단에는 SOAP(Spectrometric Oil Analysis Program)법과 페로그라피(Ferography)법이 잘 알려져 있다. 대형 변압기를 비롯하여 절연유를 사용하는 전력기기는 절연유 중의 가연성 가스를 검출하여 분석하면 대부분의 이상은 검출이 가능하다.

3.4 성능진단기술

설비의 성능을 직접 진단하기 때문에 품질진단이나 프로세스 진단으로의 응용이 되고 있다. 설비진단에 활용되고 있는 측정기술이나 신호처리기술은 프로세스 조업의 이상이나 품질결함 원인탐구에 특히 효과적이며 이미 좋은 성과를 나타내고 있다. 또한 성능진단에서는 기계의 기능 자체를 직접 측정 해석하기 때문에 유체기계나 엔진류 등 진동법 단독으로 진단이 곤란한 분야에도 적용이 가능하다.

3.5 구조물의 건전성 진단

건전성 진단은 교량, 상하수도, 배관, 탱크 및 빌딩 등 대형 구조물의 부식이나 피로, 크랙 등의 진단으로 최근 중요성이 급속히 높아지고 있다. 과거의 비파괴검사 외에 레이저, 초음파, 음향방출(Acoustic Emission: AE) 등 새로운 진단기법이 활용되고 있다. 이와 같이 다양한 방법으로 진단을 실시할 수 있으며 이러한 진단은 적절한 측정 파라메타의 검출을 통하여 가능하다[표 16-1].

[표 16-1] 검출 대상 측정 파라메타의 의미와 응용 예

검출 대상	검출 파라메타 의미	응용 예
진동음향	진동: 정해진 위치에서 시간의 경과에 따라 물체가 반복운동 하는 것 소음: 주관적으로 원하지 않는 음	기계적 피로 / 회전기계 진단 / 음원 탐상
고체음	기계적인 충격을 받은 물체는 그 위치를 발생원으로 하는 탄성파가 방사상으로 물체 중에 전달되며, 이 충격음을 고체음이라 한다	접촉·마찰 부분 표면손상 / 베어링 손상
음향방출(AE)	물체에 힘을 가해 변형되어 내부결함이 성장하면 결정면의 변형시 에너지가 해방되면서 탄성파를 발생한다	압력용기 / 회전체 크랙진단
초음파	가청 주파수보다 높은 음파(20KHz 이상)	용접부 내부 결함 / 두께측정
응력	물체가 외력을 받을 때 물체 내부에 유기되는 반력(대상물의 표면변형 측정 → 응력계산)	토르크 / 하중압력 / 가속도
온도	물체 중의 원자와 분자의 운동에너지 크기로서 온도는 물질에 흡수되지만 물질에서 방출된 에너지가 온도로 측정	베어링 온도 / 오일 온도 검출 / 접촉·마모 부분의 마찰 베어링 손상
마모분	물체가 서로 마찰할 때 표면이 마모되는 과정에서 생성되는 입자	
자기	자성 물체를 자화하여 자기 저항의 변화를 응용	용접부 표면 결함 탐상[1]
경도	Creep[2] 부여 후 경도 변화	고온·고압기기 수명 예측
전기저항	결정립계에 탄화물 응집, 조대화에의 한 전기저항 증가	고압기기 수명 예측
와전류	교번자속이 금속 내에 작용하면 금속 내에 기전력이 생기고 전류가 흐른다. 이 전류는 금속 내의 상태에 따라 변한다	표면 결함
회전X선	자외선과 감마선의 중간 파장	잔류 응력
광전자방사	금속이 연마, 소성변형, 형상변화 할 때 및 표면부식, 증발, 복사열 조사 후 표면에서 저(低)에너지 전자방사가 있다	금속 표면의 결함 / 밀도 / 피로 과정

주 1) 자기 탐상: 철강 제품의 겉이나 속에 생긴 미세한 흠을 자기력선속의 변화를 이용하여 찾아내는 비파괴 시험.
2) Creep: 물체가 일정한 변형력 아래서 시간의 흐름에 따라 천천히 변형하여 가는 현상.

4. 진동 진단 기초

4.1 진동이란

어떤 물체가 기준으로 설정된 위치를 반복운동 할 때 그 물체는 진동을 한다고 한다. 즉 1초 동안에 완전한 운동주기가 일어나는 횟수를 주파수라고 부르며 헤르쯔(Hz)로 측정된다.

운동은 소리굽쇠와 같이 하나의 주파수에서 발생되는 단일 성분으로 구성되거나, 또는 내연기관의 피스톤 운동과 같이 동시에 다른 주파수들로부터 발생되는 여러 성분으로 구성되기도 한다.

실제로 진동신호는 동시에 일어나는 매우 많은 주파수로 구성되어 있으므로 진폭시간과의 관계에서 얼마나 많은 성분이 있고 어떤 주파수에서 진동이 일어나는지를 즉시 구별할 수 없다. 이러한 성분들은 주파수에 대해 진폭을 그림으로 나타냄으로써 알 수 있다. 진동신호를 각각의 주파수 성분으로 분리하는 것을 주파수 스펙트럼이라 하고, 이러한 기계진동의 주파수 분석으로 기계 여러 부분의 기본적인 운동에 직접적으로 관련된 특유의 주기적 주파수 성분들을 찾아냄으로써 바라는 진동의 성분을 추적할 수 있다.

4.2 진동의 발생원인

일반적으로 회전이나 왕복운동을 하는 물체에서 불균형한 힘과 기계부품들 사이에서 발생되는 마찰, 회전접속, 제작상의 공차 및 여유 부분에 의한 동력학적 영향으로 진동이 발생된다. 때로는 무시할 만한 작은 진동도 어떤 다른 구조물의 공진 주파수에서는 가진되어 진동과 소음의 주요 근원으로 증폭될 수 있다.

하지만 이러한 진동도 때로는 기계진동을 이용하여 유용한 일을 수행할 수 있다. 예를 들면 부품이송장치, 콘크리트 콤팩터, 초음파 세척조, 착암기, 파일 드라이버 등의 장비는 의도적으로 진동을 유발시키고 있다.

진동시험기는 생산물이나 부품에 제어된 진동을 주어 진동에 대한 물리적 또는 기능적인 반응시험과 저항능력을 조사하는 등 광범위하게 쓰인다.

따라서 모든 진동과 관련된 연구에서 진동에너지를 이용하는 설비의 설계나 원활하게 잘 작동되는 설비들의 제작과 유지에 있어서나 기본적으로 요구되는 것은 측정과 분석에 의해 진동을 정확하게 기술하는 능력이다.

4.3 진동의 종류

펌프, 팬(Fan), 콤푸레샤, 터빈, 전동기, 증감속기 등의 설비를 비롯하여 공작기계, 운송기계, 건설기계 등에서 발생하는 진동은 규칙진동과 불규칙진동으로 나눈다. 실제 설비의 진동은 규칙진동과 불규칙진동이 복합된 형태로 발생되고 있으므로 이는 진단기술로 구분할 수 있다.

(1) 규칙운동

규칙운동은 진폭이 시간과 함께 규칙적인 형태로 발생하고 있는 진동으로 주기진동이라고도 한다. 회전체에 생기는 언밸런스, 커플링, 센터링 불량 등이 원인이 되는 진동은 규칙진동이다.

이러한 규칙진동의 가장 단순한 형태가 sin, cos으로 나타낼 수 있는 조화진동이다. [그림 16-1]은 조화진동의 파형으로써 이 경우는 $T = \frac{1}{f}$의 주기성을 갖고 있다.

$$변위\ D = X\sin wt$$

$$속도\ V = \frac{dD}{dt} = Xw\cos wt \qquad 진동속도 = X(t)$$

$$가속도\ A = \frac{dV}{dt} = -Xw^2\sin wt \qquad 진동가속도 = Xw^2$$

X : 편진폭

f : 주파수(Hz) $\frac{w}{360} = \frac{w}{2\pi}$

w : 각속도(red/sec)

[그림 16-1] 규칙진동

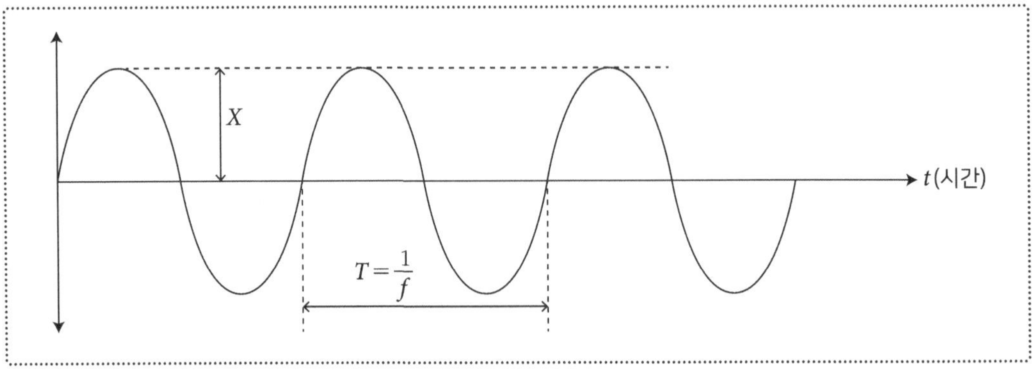

설비에는 여러 가지 진동수를 갖는 조화진동으로서 이것들이 합성된 복합진동은 규칙진동이 되어 주기성을 갖는다.

(2) 불규칙진동

불규칙진동은 시간에 대해서 진폭이 불규칙적으로 발생하는 진동으로서 롤링베어링이나 치차 등에서 발생하는 진동 또는 펌프에서 유체 중에 포함된 기포의 발생이나 소멸에 의해서 발생하는 진동 등이 불규칙진동이다.

불규칙진동은 주파수가 넓은 범위에서 존재하는 경우와 좁은 진동수 범위에서 존재하는 경우가 많은데, 전자는 광대역 불규칙진동 후자는 협대역 불규칙진동이라 한다.

4.4 진동의 성질

4.4.1 진동수 또는 주파수

진동수(또는 주파수)는 어떤 부품이 어떠한 원인으로 진동하고 있는가를 알 수 있는 중요한 양이다. 설비부품이 이상이 있을 때에는 이미 설비에서 발생할 수 있는 진동수는 결정되어 있기 때문에 진동수를 알면 진동원인을 파악할 수 있다.

앞의 [그림 16-1] 규칙진동에서 보면 파동이 규칙적이고 일정한 것으로 1사이클을 그리는 주기에 해당하는 시간을 진동의 주기라고 한다. 그러나 설비의 진동을 표시하는 경우에는 주기로 표현하는 것보다 1초간에 몇 주기의 진동이 있는가, 즉 진동수라는 단위로 표현하는 경우가 더 많다. 진동수는 진동의 원인을 조사하는 데 매우 중요한 역할을 한다.

$$f = \frac{1}{T} = \frac{w}{2\pi}$$

T : 진동주기/sec

f : 진동주파수(Hz)

w : 각속도(red/s)

4.4.2 진폭

진폭은 설비의 열화 정도를 나타내는 양이다. 진폭의 크기에 따라 부품이나 설비 전체가 어느 정도 열화되어 있는가는 이미 경험적으로 결정되어 있기 때문에 이것과 비교하면 열화 정도를 파악할 수 있다. 이때 변위, 속도, 가속도, 진폭은 진동평가 대상이 다르기 때문에 정확히 확인할 필요가 있다.

(1) 변위

예를 들어 길이가 L이고 단면계수 Z인 외팔보에 강제력 F가 작용하여 끝단이 만큼 굽혀진다면, 이 경우 지지부의 응력 σ는 [그림 16-2]와 같다.

[그림 16-2] 지지부의 응력

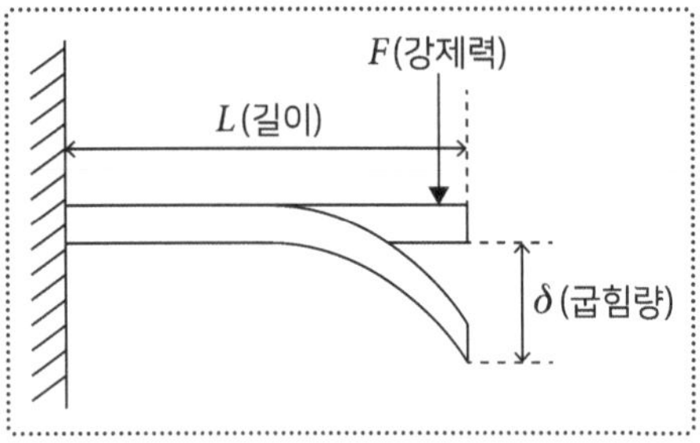

$$\sigma = \frac{FL}{Z}$$

$$K = \frac{F}{\delta} = \frac{3EI}{L^3}$$

(K: 상수, E: 영률, I: 단면관성모멘트)

$$\sigma = \left[\frac{FL}{Z}\right]\left[\frac{3EL}{L^3}\right]\delta$$

위의 식에서 현장에서는 F를 알 수 없기 때문에 굽힘량, 즉 변위를 측정하여 위 식을 이용하면 지지부의 응력이 재료의 허용응력에 대하여 어느 정도 작용하고 있는가를 알 수 있다. 변위는 강제력 F를 알고자 하거나 지지부의 응력을 알고자 할 때 이용할 수 있다. 또한 어떤 공간 내에서 운동량의 측정은 접촉이 문제가 되기 때문에 변위량을 측정할 필요가 있다.

(2) 속도

[그림 16-3]은 재료의 피로특성을 나타내고 있다. A점은 응력진폭이 σ_a일 때 N_a의 반복횟수까지 견디고, B점은 응력진폭이 σ_b일 때 N_b까지 견딘다는 것을 나타내고 있다. 즉 재료의 피로는 다음과 같은 관계가 있다.

[그림 16-3] 재료의 피로특성

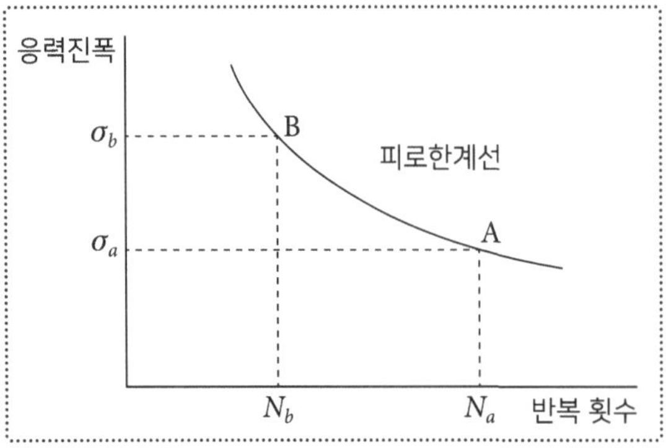

$$\text{응력진폭}(\sigma) \times \text{반복횟수}(N) = \text{일정}$$

응력진폭은 변위량, 반복횟수는 진동수라고 할 수 있으므로 속도식의 진폭 항 $2\pi f \times A$, 즉 진동수 × 변위는 피로에 대한 정보를 제공하고 있다.

[그림 16-4] 외팔보 진동 비교

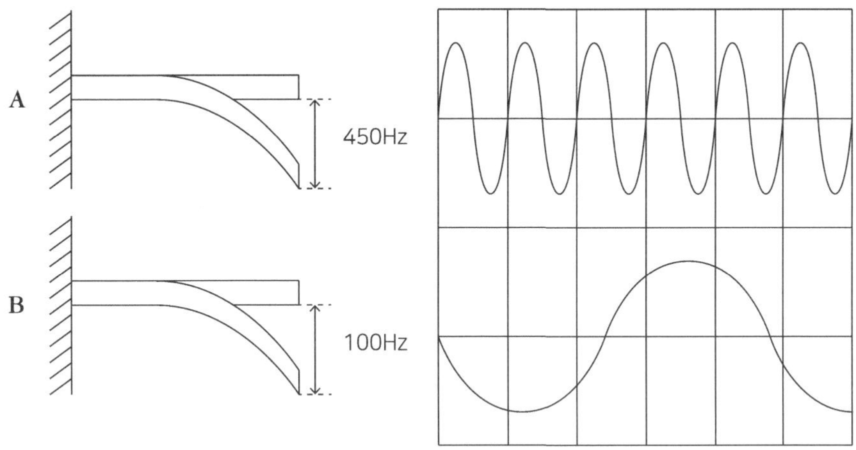

[그림 16-4]는 재료형상이 완전히 동일한 2개의 외팔보에 $F = F_0\cos(2\pi ft)$로 나타낼 수 있는 강제진동이 가해져 각각의 진동수 f가 450Hz와 100Hz인 상태를 표시한 것이다. 힘의 최대치 F_0는 동일하기 때문에 2개의 보는 진동변위가 $\delta(\mu\mathrm{m})$로 되었다고 하자(변위로 본 진동은 동일하다고 가정). 이때 A가 B보다 짧은 시간에 파손된다. 피로조건을 보아 A쪽이 B쪽보다 4.5배 심한 것으로 되기 때문이며, 변위로는 나타낼 수 없다. 그러나 속도에서 A는 $450 \times \delta$로 각각 비례 한곗값을 갖고 A쪽의 진동치가 4.5배 크게 된다.

한편 진동에 의해 발생하는 에너지는 진동속도의 제곱에 비례하여 설비 내부로 확산되어가는 과정에서 마모가 생기기 때문에 진동속도는 설비가 어느 정도 마모되어 열화되는가를 나타내는 유효한 양이기도 하다.

$$\text{진동에너지} = \frac{1}{2}mv^2$$

m: 질량(Kg)

v : 속도(mm/s)

이와 같이 진동속도는 마모나 피로에 대한 평가 차로서, 특히 우수하기 때문에 속도에의 한 기준으로 많이 이용되며, 설비 열화상태를 잘 표현해 준다. 또한 피로특성 곡선의 아래쪽에서도 미소한 손상발생이 존재하기 때문에 피로특정선까지를 정상에서 위험영역으로 분류하여 진동속도 기준을 만들고 있다.

(3) 가속도

뉴턴의 운동법칙에서 가속도 × 질량 = 힘으로 나타내며, 이를 하중이라 한다.

$$F = m \times a$$

회전기계 또는 왕복운동기계 등의 설비에는 하중을 받는 부분이 많으며, 이러한 부위는 정적응력이나 피로뿐만 아니라 하중으로도 손상을 일으킨다. 이와 같은 경우에는 해당부위에 대하여 진동가속도를 측정하는 것이 좋다. 예를 들어 구름베어링에서는 외륜과 전동체가 이 충격력에 의해 손상되며, 높은 진동수의 진동가속도를 발생하기 때문에 구름베어링의 손상을 나타내는 데에는 진동가속도를 이용하고 있다.

(4) 변위·속도·가속도 관계

변위는 저주파 대역에서 검출강도가 좋고, 가속도는 고주파 대역에서 검출강도가 좋다. 따라서 높은 진동수에서 이상요인이 있다면 속도나 가속도로 측정하면 잘 검출할 수 있다[그림 16-5].

[그림 16-5] 변위·속도·가속도의 검출 강도 특성

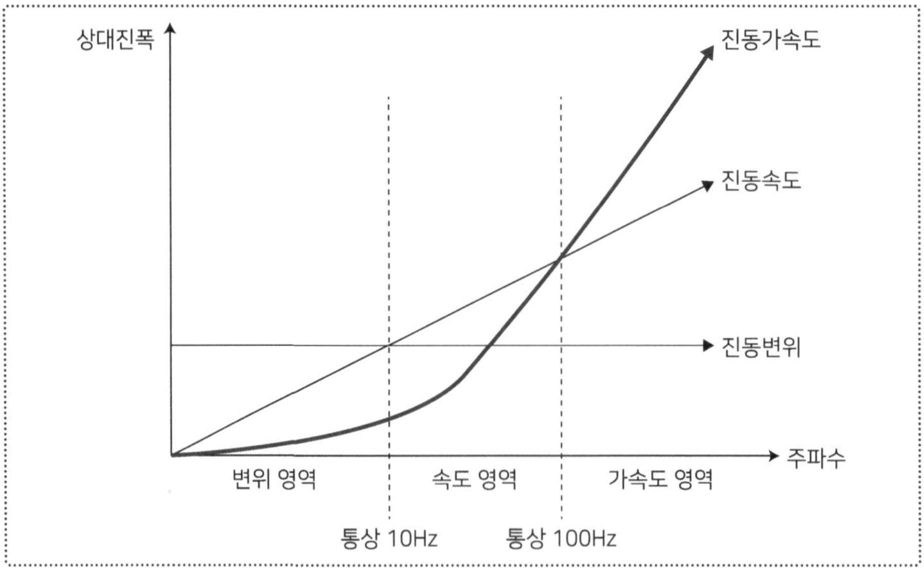

4.4.3 위상차

기계의 2점 간, 예를 들면 양쪽지지 베어링 간의 위상차를 측정하면 진동수나 진동값과는 다른 중요한 정보를 알 수 있다. 양쪽지지 베어링 간의 얼라인먼트가 나쁘면 위상차는 크게 되며, 또 기초볼트가 열화되어 크랙이나 헐거움이 생기면 기계 각 부위와 기초베이스 사이에는 위상차가 발생한다. 또한 불균형 수정 시에는 축의 기준점에 대한 불균형의 위치를 표시하는 데에도 위상차가 이용된다[그림 16-6].

[그림 16-6] 얼라인먼트가 나쁜 경우의 파형과 위상차

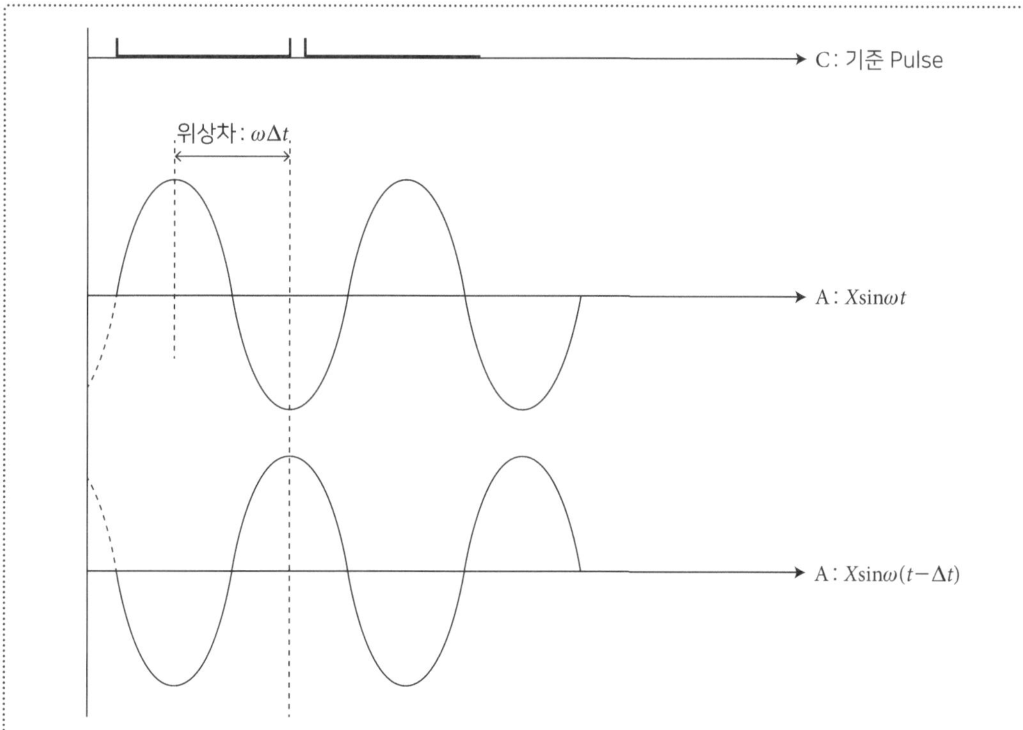

4.5 고유 진동수와 공진

어떤 진동계가 진동할 때 초기적인 힘 또는 변위 이외에 외력이 가해지지 않는 경우의 진동을 자유진동이라 한다. 자유진동에서 강쇄를 고려하지 않은 경우 진동계의 진동수를 진동계의 고유 진동수라 한다.

$$f_n = \frac{1}{2\pi}\sqrt{\frac{k}{m}}$$

f_n : 고유 진동수(Hz)

k : 진동계의 스프링 상수(kg/mm)

m : 진동계의 질량

또한 진동계의 변위를 하나의 양으로 나타낼 수 있는 경우를 1자유도 진동계라 하며, 이때 고유 진동수는 1개가 존재한다. 진동계의 변위가 n개의 양을 가질 때 이러한 진동계를 n자유도계라 한다. 그러므로 복잡한 설비는 여러 개의 고유 진동수가 있다는 것을 의미하며, 고유 진동수는 일반적으로 작은 쪽에서부터 1차, 2차 … 고유 진동수라 부른다.

일반적인 진동계에서는 어떤 저항력이 작용하여 감쇄하게 되는데 이때 작용하는 저항력을 감쇄(damping)라 한다. 한편 연속적으로 외력이 가해지는 경우를 강제진동이라 하며, 이때 진동계는 외력의 진동수와 똑같은 진동수로 진동한다. 강제진동의 경우 외력의 진동수에 따라 진동계의 진폭이 크게 변화한다[그림 16-7].

[그림 16-7] 자유진동과 강제진동의 파형 비교

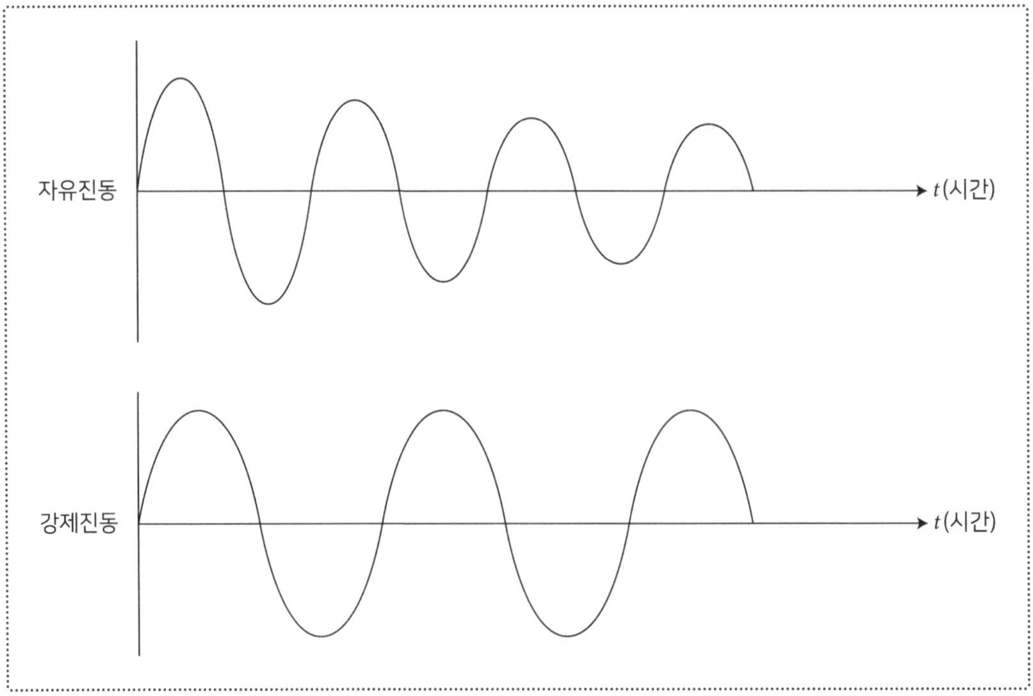

외력의 진동수가 진동계의 고유 진동수에 가까울수록, 즉 진동수비가 1에 가까울수록 진폭비가 커짐을 알 수 있다. 이러한 현상을 공진(resonance)이라 한다. 외력과 변위는 공지주파수 이하에서는 동일 위상이지만 공진점을 경계로 180도 위상차를 갖는다. 또 감쇄 영향은 감쇄가 전혀 없을 경우 공진시의 진폭은 무한대가 되고, 감쇄가 클수록 공진 진폭은 감쇄한다. 위상각의 변화도 감쇄가 클수록 완만하게 변화한다. 강제진동은 회전기계의 회전체 불균형에 기인하는 경우가 많으므로 불균형 양이 클수록 진동의 진폭도 커진다.

[그림 16-8] 고유 진동수 변경방법

질량 변경		강성 변경	
m: 증가 f: 감소	m: 감소 f: 증가	강성(k): 증가 f: 증가	강성(k): 감소 f: 감소
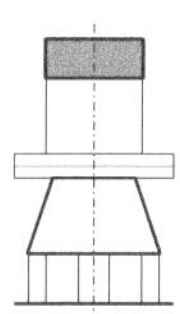 전동기 상부에 중량물을 올려 놓음	경량화 설계가 보급되어 효과가 적음	보강 구조물 연결 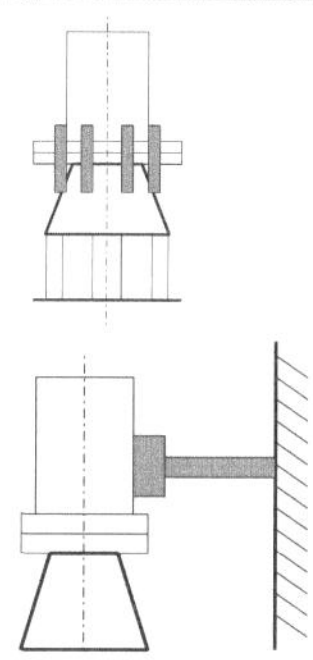	탄성 지지 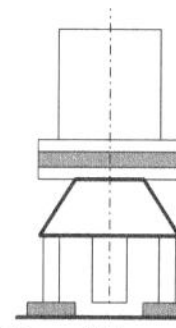 (스프링, 고무)
- 확인 테스트에 적합함 - 비용 저렴	- 통상 적용 안 함	- 안정적 대책 - 비용 많이 듦	- 확인 테스트에 적합함

[그림 16-9] 측정방향 및 판정기준 적용방법

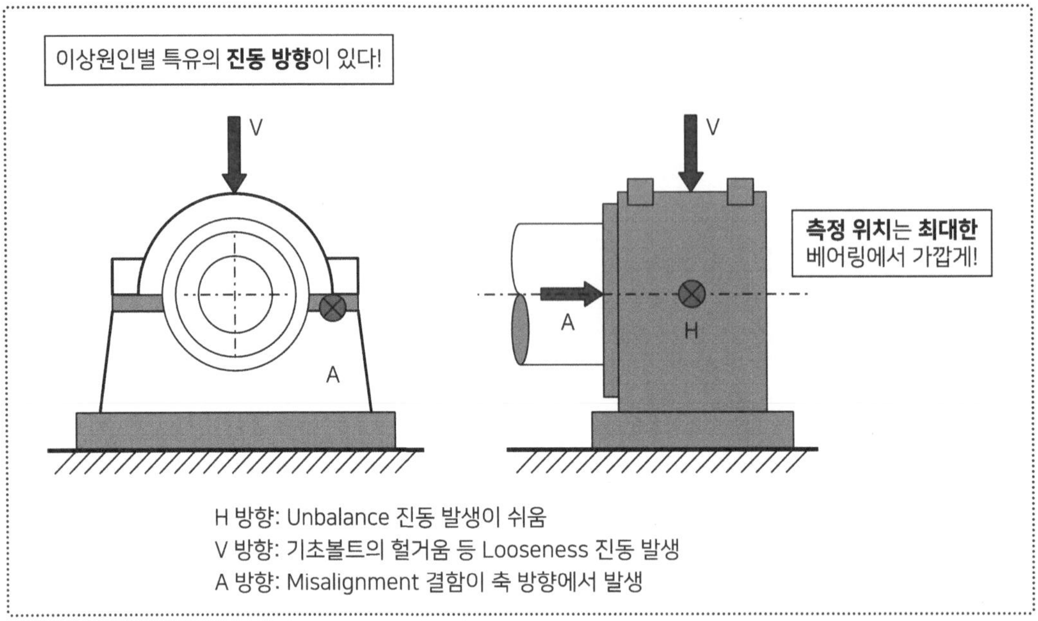

16장 연습문제

1. 설비진단기술의 개념에 대하여 설명하시오.
2. 간이진단기술과 정밀진단기술에 대하여 설명하시오.
3. 설비진단기술의 종류에 대하여 설명하시오.
4. 진동의 개념과 발생원인에 대하여 설명하시오.
5. 진동의 종류에 대하여 설명하시오.
6. 진동의 성질에 대하여 설명하시오.
7. 고유 진동수의 개념에 대하여 설명하시오.
8. 위상차의 개념에 대하여 설명하시오.
9. 공진의 개념에 대하여 설명하시오.

부록

1. KPI

분야	지표명	정의	산식
마케팅/영업	시장점유율	매출목표 달성을 위한 시장지배력 정도	기업매출액 / 시장규모 × 100
	신제품 매출성장률	전년도 대비 당해년도 신제품 매출액 증가율 정도	당해년도 신제품 매출액 / 이전 연도 신제품 매출액 × 100
	Claim률	고객만족도 제고와 서비스 수준의 향상을 위한 수주 건수 대비 클레임 건수 비중	클레임 건수 / 수주 건수 × 100
	수주율	매출 목표 달성과 수주 능력 향상을 위한 생산능력 대비 수주량 정도	수주량 / 생산능력 × 100
	신시장 개척률	매출 목표 달성과 신시장 개척률 증대를 위한 총매출액 중 신시장 매출액 비중	신시장 매출액 / 총매출액 × 100
	우수고객 유지율	매출 목표 달성과 우수고객 유지를 위한 우수고객 유지 정도	당해년도 유지 우수고객 수 / 이전 연도 우수고객 × 100
	매출액 증가율	매출목표 달성을 위해 전년 사업매출액 대비 금년 사업매출액이 증가한 정도	금년 매출액 / 전년 매출액 × 100
	매출액 달성률	매출목표 달성과 매출목표 달성을 위한 계획 대비 실적매출 달성 정도	실적매출 / 계획매출 × 100
	수주출하 리드타임	생산성 향상과 신속납품체계를 위한 리드타임 개선 정도	출하일 – 수주일
	매출이익률	매출액 대비 매출이익 비중	매출이익액 / 매출액 × 100
	매출영업 이익률	매출목표 달성과 매출영업액 이익률 제고를 위한 매출액 대비 세전영업이익 비중	세전영업이익 / 매출액 × 100
	신규업체 매출액	매출액에서 신규업체 매출액 비중	신규업체 매출액 / 전체 매출액 × 100
	고객납기준수율	고객의 만족도 제고를 위한 납기일 준수 정도	납기준수 건수 / 전체 고객출하요구 건수 × 100
	주문 Cycle Time	매출목표 달성과 주문 납기준수율 향상을 위한 주문에서 출하까지 소요기간 정도	주문에서 출하까지 소요되는 기간
	수요예측 정확도	매출목표 달성과 수주예측 정확도 향상을 위한 예상주문건수 대비 확정주문건수 비중	확정주문건수 / 예상주문건수 × 100
	단가유지율	이익증대와 목표이익률 향상을 위한 전기 대비 당기 단가 유지율 정도	1 – (당기단가 / 전기단가가) × 100
	신제품 영업이익률	이익증대와 신제품 수익성 확보를 위한 신제품 매출액 대비 영업이익률 비중	신제품 영업이익 / 신제품 매출액 × 100

분야	지표명	정의	산식
마케팅/영업	미수금 비율	재무건전성 확보와 높은 자산활용을 위한 수주금 대비 미수금 비중	미수금 / 수주금 × 100
	신규대리점 개설 건수	신규 진출 대리점 개설 건수	Σ(신규대리점 개설 건수)
	신규 거래처 발굴	신규 거래처 발굴 건수	Σ(신규 거래처 건수)
	전략 및 로드맵 수립	전략 및 로드맵 수립 건수	Σ(전략 및 로드맵 수립 건수)
고객만족	고객만족도	고객만족도 제고와 고객만족도 향상을 위한 고객만족도 최상 및 상위 응답자 비율 정도	최상 및 상위 응답문항 응답자 수 / 전체 응답문항 응답자 수 × 100
	하자(클레임)발생 건수	고객만족도 제고를 위한 고객 품질보증 건수	Σ(클레임 건수)
	재하자 발생률	하자 처리건수 중 재하자 발생 비중	재하자 발생건수 / 하자 처리건수 × 100
	사내 CS교육 이수자 수	CS교육 이수자 수	Σ(사내 CS교육 이수자 수)
	AS 건당 조치시간	신속한 AS를 위한 AS 건당 조치시간	AS시간 / AS건수
	표준 이행률	성과지표(KPI) 관리 정도	성과지표관리건수 / 관리건수 × 100
구매자재	구매 납기준수율	총 발주건수에 대한 납기준수건수 정도	(납품건수 – 지체건수) / 구매발주건수 × 100
	구매재료비율	원가절감과 재료비 절감을 위해 매출액 대비 재료비 비중	재료비 / 매출액 × 100
	자재재고회전기간	생산성 향상과 자재 진척관리를 위한 자재재고의 회전기간 정도	365 / (매출액 / 자재재고액)
	자재불량률	품질력 강화와 구매품질향상을 위한 샘플수량 대비 불량수량 비중	불량수량 / 샘플수량 × 100
	긴급자재발주율	원가절감과 재료비 절감을 위한 자재발주액 대비 긴급자재발주액 비중	긴급자재발주액 / 자재발주액 × 100
	재고정확도	생산성 향상과 자재진척관리를 위한 총 재고상품 대비 재고과부족품 비중	1 – (재고과부족Item수 / 총재고Item수)
	재고회전율	재고의 회전속도	매출액 / 재고자산 × 100
	제품별 재료비율	원가절감과 재료비 절감을 위해 제품단위별 매출액 대비 재료비 비중	재료비 / 제품단위별 매출액 × 100
생산	인당 부가가치액	생산성 향상과 급여경쟁력 향상을 위한 1인당 부가가치액 창출 정도	부가가치액 / 총인원
	인당 생산액	1인당 종업원이 생산하는 평균 생산금액 정도	생산액 / 총인원

분야	지표명	정의	산식
생산	생산목표수량 달성률	생산계획한 수량 대비 생산실적을 달성한 정도	생산실적수량 / 생산목표수량 × 100
	납기준수율	생산성 향상과 생산납기준수를 위해 생산출하건수 대비 납기준수를 달성한 정도	납기준수건수 / 출하건수 × 100
	택트타임 (Tact Time)	생산성 향상과 생산C/T단축을 위해 고객요구수량 1단위를 생산하는 데 소요되는 시간	작업시간 / 요구수량
	사이클타임 (Cycle Time)	생산성 향상과 생산C/T단축을 위해 제품 1단위를 가공하는 데 소요되는 시간	작업시간 / 생산수량
	피치타임 (Pitch Time)	생산성 향상과 생산C/T단축을 위해 제품 1단위를 조립하는 데 소요되는시간(컨베이어 1명 작업 범위의 간격 시간)	작업시간 / 생산수량
	생산 리드타임 (Lead Time)	생산성 향상과 제조C/T단축을 위해 투입에서 생산완료까지 소요되는 시간(선입선출, 공정재고 포함)	생산완료일 – 생산투입일
	수주출하 리드타임(Lead Time) (제조리드타임)	생산성 향상과 제조C/T단축을 위해 수주에서 출하완료까지 소요시간 관리 정도	출하일 – 수주일
	실동률	근무한 공수 중에 작업을 할 수 없는 공수를 뺀 실제로 작업에 임한 공수 정도	실동공수 / 취업공수 × 100
	재해율	원가절감과 재해의 정도를 나타내기 위한 지표	재해건수 / 총인원수 × 100
	설비종합효율	설비 생산성 향상과 효율화를 위해 설비의 종합관리 정도	시간가동률 × 성능가동률 × 양품률 × 100
	시간가동률 (설비가동률)	설비 생산성 향상과 효율화를 위해 부하시간 대비 실가동시간 비중	(부하시간–정지시간) / 부하시간 × 100
	성능가동률	설비 생산성 향상과 효율화를 위해 설비가 가진 성능을 달성한 정도	실질가동률 × 속도가동률 = {(생산량 × 실제C/T) / (부하시간 – 정지시간)} × {(기준C/T) / (실제C/T)} × 100
	양품률	생산성 향상과 생산 효율화를 위해 투입 수량 대비 양품 수량의 정도(수리, 재작업은 불량)	양품 수량 / 투입 수량 × 100
	생산수율	생산성 향상과 높은 생산성을 위해 투입량 대비 산출량의 정도	산출량 / 투입량 × 100
	평균가동시간 (MTBF:Mean Time Between Failure)	설비가 고장이 발생하지 않고 가동되는 평균시간	해당 기간 중 설비가동시간 / 해당 기간 중 고장횟수

분야	지표명	정의	산식
생산	평균가동시간(MTTR:Mean Time To Repair)	설비가 고장이 발생하여 가동이 될 때까지 평균고장시간 또는 평균수리시간	해당 기간 중 설비고장(수리)시간 / 해당 기간 중 고장(수리)횟수
	출하지연 건수	출하지시서 대비 출하작업 중 지연 건수	Σ(지연건수)
	목표 제조원가 달성율	생산성 향상과 제조생산성 향상을 위한 목표제조원가를 달성한 정도	목표제조원가 / 실적제조원가 × 100
	제조원가 절감액	재료비, 노무비, 제조경비의 절감 누계금액	Σ(원가절감금액)
	공정 사고시간율	생산 작업시간 중 공정 사고시간 비중	공정사고시간 / 생산작업시간 × 100
	개선(제안)건수	생산직 조직문화 형성과 지속적 프로세스 개선을 위한 개선제안 또는 인당 제안건수	Σ(제안건수 또는 인당 제안건수) Σ(개선건수 또는 인당 개선건수)
	공정개선건수	공정개선을 추진한 실적 건수	Σ(공정개선건수)
	종합능률(실시효율)	노동생산성을 나타내는 정도	가동률 × 작업능률 × 100
	가동률	취업공수 대비 실동공수 비중	(취업공수−가동로스) / 취업공수 × 100
	작업능률	실동공수 대비 표준생산량공수 비중	표준생산량공수 / 실동공수 × 100 = (표준시간×양품 수) / (취업공수−가동로스) × 100
	준비(기종) 교체시간	기종을 변경하는 데 소요되는 시간으로 생산성 향상을 위해 단축이 필요한 시간	현재 생산제품의 종료시점으로부터 다음 생산제품이 양품이 나올 때까지 소요되는 시간
	3정 5S 개선	3정 5S 개선 건수	Σ(3정 5S 개선 건수)
품질	Claim 발생률	고객만족도 제고를 위한 고객 품질보증 정도	클레임건수 / 수주건수 × 100
	수입검사 불량률	생산성 향상과 높은 생산성을 위해 입고된 자재수량 중 불량수량 비중	불량수량 / 입고수량 × 100
	공정 불량률	생산성 향상과 높은 생산성을 위해 공정에서 생산하는 생산수량 중 불량수량 비중	불량수량 / 생산수량 × 100
	완제품 불량률	생산성 향상과 높은 생산성을 위해 완성에서 생산된 생산수량 중 불량수량 비중	불량수량 / 완성품수량 × 100
	품질경향 분석 건수	품질경향 분석·보고한 건수	Σ(품질경향분석 건수)
	품질문제 개선 건수	주요 품질문제에 대한 원인분석, 대책수립 및 실행 건수	Σ(품질문제개선 건수)

분야	지표명	정의	산식
품질	품질비용	예방비용, 평가비용, 손실비용의 합계액 (Q-코스트)	Σ(항목별 발생액)
	품질 DB 구축 건수	품질관리를 위한 데이터 처리 시스템 구축 건수	Σ(신규 품질 DB 시스템 구축 건수)
	샘플자재 불량률	품질력 강화와 구매품질향상을 위한 Sample수량 중 불량수량 비중	불량수량 / Sample수량 × 100
	검사 합격률	품질력강화와 고품질 저가격을 위한 검사건수 중 검사합격 비중	검사합격수 / 검사건수 × 100
	품질관리 시스템 도입	품질관리 시스템 도입 정도	Σ(품질관리 시스템 도입 건수)
환경·에너지	에너지 총 사용량 금액	일정 기간 동안 에너지 총 사용 금액	Σ(에너지사용량 금액)
	에너지 절감금액	일정 기간 동안 에너지 사용 절감 금액	Σ(에너지 절감금액)
	전력설비 효율	전력설비의 계획역률 대비 실적역률 정도	실적역률 / 계획역률 × 100
	인당 환경교육시간	직원 1인당 환경 관련 교육시간	환경교육시간 / 대상자 수
	폐수 처리량	기업에서 처리한 폐수의 양	Σ(폐수 처리량)
	폐기물 처리량	기업에서 처리한 폐기물의 양	Σ(폐기물 처리량)
	환경관리 벌금액	환경관리의 소홀로 부과된 벌금액	Σ(환경관리 벌금액)
	단위당 폐수처리 비용	폐수처리에 소요되는 단위당 비용(약품비, 설비비, 전력비 등)	처리비용 / 폐수처리량
	배출 부과금	폐수 등 오염물질 배출에 따른 배출 부과된 금액	연간 배출 부과금
	오염물질 배출농도	생산성 향상과 환경오염방지를 위한 법적기준 대비 최고 배출농도 준수 정도	최고배출농도 / 법적 기준
	단위당 에너지비	원가절감과 제조원가 절감을 위한 생산량 대비 에너지사용액이 차지하는 정도	에너지사용액 / 생산량
	단위당 용수비	원가절감과 제조원가 절감을 위한 생산량 대비 용수비 사용액이 차지하는 정도	용수비사용액 / 생산량
	단위당 전력비	원가절감과 제조원가 절감을 위한 생산량 대비 전력비 사용액이 차지하는 정도	전력비사용액 / 생산량
연구/R&D	신제품 매출 비율	이익증대와 수익성 확보를 위한 총 매출 대비 신제품 매출이 차지하는 정도	신제품매출 / 총매출 × 100
	과제 실용화 성공률	총과제 중 실용화에 성공한 과제 비중	실용화 성공 과제 수 / 총 과제 수 × 100
	개발 이익률	기술개발 수익률 이익/개발비 × 100	

분야	지표명	정의	산식
연구/R&D	VE절감액	최저의 총 코스트로 필요한 기능을 확실하게 달성하기 위하여 VE(Value Engineering)활동을 통한 성과를 절감한 금액	Σ(절감금액)
	인당 기술제안 제출건수	기술개발 관련 연구원 1인당 기술제안 출원 건수	제안 제출 건수 / 연구원 수
	신뢰성 시험 실시율	신뢰성 시험실시 계획 대비 실시한 정도	신뢰성 시험실시 건수 / 신뢰성 시험실시 계획 건수 × 100
	샘플 QA Pass율	생산성 향상과 개발 신뢰성 향상을 위한 시험 건수 대비 합격 건수 비중	합격 건수 / 시험 건수 × 100
	개발일정준수율	개발일정 준수를 위한 목표일정 대비 실적일정 준수 정도	실적일정 / 목표일정 × 100
	기술표준화율	기술표준 적용 대상 대비 표준화 건수 비중	기술표준 완료건수 / 기술표준 적용 대상 건수 × 100
	개발 효율	기술력 강화와 연구 생산성 향상을 위한 투입인원 대비 개발 Model 건수 비중	개발Model 수 / 투입인원 수 × 100
	인당 교육시간	연구원 1인당 기술교육훈련에 소요된 시간 비중	교육참가시간 / 연구원수 × 100
	기술논문 발표(개제)건수	기업의 개발기술에 대한 학회, 논문지 등의 발표 및 개재 건수	Σ(기업 기술에 대한 발표 및 게재 건수)
	특허 출원 또는 등록 건수	기업의 기술개발에 대한 특허를 출원하거나 등록한 건수	Σ(기업 기술에 대한 특허 출원 또는 등록한 건수)
	기술 관련 교육 건수	기업의 관련 기술 분야에 대한 교육 건수	Σ(기술 관련 교육 건수)
	개발 Lead Time	제품개념에서 개발부터 시제품 완료까지의 소요된 시간	개발부터 P.P까지의 소요시간
	개발효율	기술력 강화와 연구생산성향상을 위한 투입인원대비 개발한 Model 비중	개발 Model 수 / 투입인원수 × 100
	정보시스템 구축	업무효율화 등을 위한 신규 정보시스템 구축 건수	Σ(신규 정보시스템 구축 건수)
	정보시스템 개선 건수	업무합리화를 위한 기존 정보시스템 개선 건수	Σ(정보시스템 개선 건수)
정보보호	비인가 소프트웨어 설치율	인가되지 않은 스프트웨어 설치 개선 정도	비인가 소프트웨어 설치 PC수 / 조사 대상 전체 PC수 × 100
	출입통제시스템 도입 비율	정보자산 소재 장소 출입/접근 관리 정도	출입통제시스템*이 설치된 구역의 수/전체 출입통제구역의 수 × 100 *출입이력관리가 가능한 시스템 기준

분야	지표명	정의	산식
정보보호	제3자 출입증 발급 및 관리현황	제3자 출입증 발급 기준 및 대장관리 여부 정도	{1 – (출입증 수량과 발급대장의 내용이 상이한 건수/전체출입인원수)} × 100
	패치관리프로그램 설치 비율	정보시스템에 대한 패치관리 시스템 도입 정도	패치관리프로그램 설치된 PC대수 / 전체 PC대수 × 100
	네트워크 접근통제 비율	조직 내의 정보 자산에 접근할 수 있는 엑세스 포인트에 대한 접근 통제 정도	VPN발급계정 사용자수 / 전체직원수 × 100
	보안서버 비율	주요정보 전송시 비밀성과 무결성을 보장하는 보안서버구축 등의 조치 정도	보안서버 적용된 서버 수 / 보안서버 적용대상 서버 수 × 100
	주요자산 암호화 비율	특정 등급 이상의 주요 정보자산에 대해 정보 노출을 방지하기 위한 암호화 정도	암호화가 이루어지는 자산의 수 / 조직의 주요 자산으로 분류된 자산의 수 × 100
	보안 예산 비율	기업 정보 및 정보시스템을 보호하기 위해 필요한 예산 확보 정도	조직의 정보보호예산 / 조직의 전체 IT예산 × 100
	정보보호 전담인력 비율	정보보호 전문인력 확보 정도	정보보호 전담인력의 수 / 전체 조직원의 수) × 100
	정보보안 취약점 조치 비율	식별된 정보보안 취약점에 대한 개선 및 조치 정도	조치된 취약점 개수 / 연간 조치가 필요한 취약점 개수 × 100
	기술유출 방지를 위한 관리규정 개정	기술유출 방지를 위한 관리규정 개선 건수	Σ(관리규정 개선 건수)
	영업비밀 분류체계	기술정보 자산에 대한 분류기준 개발 건수	Σ(영업활동 프로세스별 분류기준 개발 건수)
	기술정보 권리화	특허, 기술자료 임치 등을 포함한 합리적 노력에 대한 기술 권리화 건수	Σ(기술 권리화 건수)
	기술·정보보호 교육	기술보호를 위한 인적자원의 스킬 증대 노력도	Σ(직원 대상 기술·정보보호교육실행 건수)
유럽연합개인정보보호법(EU GDPR)	GDPR 요건에 따른 기업의 준수 수준 진단	① 개인정보처리 업무 식별 및 분석, ② IT 및 Business 구현 수준, ③ EU개인정보 EU외 지역 이전 현황, ④ Controller & Processor 준수 수준 진단	Σ(진단보고서 건수)
	GDPR 대응 조직 설계	GDPR 대응을 위한 조직(DPO, 대리인) 가이드 제공 건수	Σ(GDPR 대응 조직 가이드 보고서 건수)
	GDPR 동의서 및 고지표준	EU 개인정보 처리 시 필요한 기본 동의서 또는 고지안에 대한 가이드 제공 건수	Σ(GDPR 동의서 및 고지표준 가이드 건수)
	역외이전 요건 검토	EU외 지역 데이터 이전 관련 대책 수립 건수	Σ(역외 이전 가이드 건수)
경영전략	미션 및 전략 수립 실적	미션 및 전략수립 실적 건수	Σ(환경분석, 미션 및 비전 수립, 전략과제 도출, 세부 실행계획 수립)

분야	지표명	정의	산식
경영 전략	해당 사업 매출 성장률	이전 년도 해당 사업 매출액 대비 당해 년도 해당 사업 매출액 성장률 정도	당해년도 해당사업 매출액 / 이전년도 해당사업 매출액 × 100
	ROI	이익증대를 위한 투하자산 대비 이익회수 정도	영업이익 / 총자산 × 100
	성과관리제도 구축 실적	성과관리제도 구축 실적 정도	성과관리 구축 부서 수 / 전체 부서 수 × 100
	인수합병 실적	인수합병 실적 건수	Σ(인수합병 건수)
	성장력지수	매출목표달성과 성장기간구축을 위한 산업성장률 대비 자사성장률 달성 정도	자사성장률 / 산업성장률 × 100
	수익력지수	선진기업ROI(투자자본수익률) 대비 자사ROI 비중	자사ROI / 선진기업ROI × 100
	BEP율	경영합리화와 기업가치증대를 위한 실적매출 대비 BEP(손익분기점)	BEP매출 / 실적매출 × 100
	신시장개척율	기존시장수 대비 신규시장개척수 비중	신규시장개척수 / 기존시장수 × 100
	총자산 영업이익률	이익증대와 기업가치증대를 위한 총자산 대비 영업이익을 달성한 정도	영업이익 / 총자산 × 100
재무/ 회계	총자산회전율	재무적 건정성 확보를 위한 총자산의 활용도	매출액 / 총자산 × 100
	재고자산회전율	원가절감과 높은 자산활용을 위한 재고자산 대비 순매출 비중	순매출액 / 재고자산 × 100
	자본비용	재무적 건정성 확보를 위한 자본비용 최소화 정도	가중평균 자본비용
	장기자금 조달율	총자금 중 장기조달금이 차지하는 정도	장기자금 조달액 / 총자금액× 100
	부채비율	경영합리화와 안정적 성장을 위한 자기자본 중 부채 비중	부채총액 / 자기자본 × 100
	분쟁해결 실적	분쟁해결 실적 건수	Σ(분쟁해결건수)
	판매관리비율	원가절감을 위한 낮은 관리비용을 판단하는 지표로서 매출액 대비 판매관리비용 비중	판매관리비용 / 총매출액 × 100
	원가차액	원기계산시 표준원가와 실행원가의 차이	Σ|표준원가−실행원가|
	영업이익률	이익 증대를 위한 적정이익 확보 정도를 측정하는 지표로서 매출액 대비 영업이익을 달성한 정도	영업이익 / 매출액 × 100
	유동부채비율	재무적 건정성 확보를 위한 재무구조 최적화 정도	단기유동부채 / 부채총액 × 100
	ROI	이익증대를 위한 투하자산대비 이익의 회수 정도	영업이익 / 총자산 × 100

분야	지표명	정의	산식
재무/회계	부실채권비율	재무적 건정성 확보를 위한 부실채권을 최소화 정도	부실채권액 / 총채권액 × 100
	결산준수율	경영합리화를 위한 재무제표 적시 산출 여부 정도	(기준L/T) / (실적L/T) × 100
	금융비용비율	원가절감을 위한 낮은 관리비용을 판단하는 지표로서 금융비용 대비 영업이익 비중	영업이익 / 금융비용 × 100
인사조직	근로시간단축 협약서	주 최대 근로시간 52시간 이하로 규정한 체협약·취업규칙 등 협약서 건수	Σ(근로시간단축 관련 협약서 건수)
	기업의 주 평균 근로시간 감소 확인	기업의 주 평균 근로시간 감소 정도	Σ(사업 착수 전 2개월 근로시간) / Σ(사업 완료 전 2개월 근로시간) × 100
	최저임금제 준수율	기업 내 근로자 최저임금제 준수현황 정도	최저임금제 준수 인원수 / 총인원수 × 100
	인건비 절감액	작업방법의 개선 등을 통하여 지도를 위해 투입되는 시간 또는 인원의 감소로 인하여 절감되는 직접 인건비 및 인건비성 경비가 차지하는 정도	Σ(인건비 절감액)
	직원만족도	생산적 조직문화 형성을 위한 직원 만족 정도	설문조사(인사 + 근무환경 + 복리후생 + 의사소통 + 직무만족도 + 리더십평가)
	1인당 (직무)교육시간	1인당 (직무)교육 훈련시간 정도	총 (직무)교육 훈련시간 / 총인원 × 100
	이직률	생산적 조직문화 형성을 위한 종업원의 조직 정착 정도	당해년도 이직인원 / (이전년도 총 인원 + 당해 년도 신입 총 인원) × 100
	교육훈련 투자율	매출액 대비 총 교육비 비중	총교육비 / 총매출액 × 100
	교육계획서 개발 건수	지원대상자에게 지도할 교수자료, 교안 등의 개발실적 건수	Σ(개발 건수)
	급여경쟁력	원가절감을 위한 타사 대비 급여경쟁력 정도	자사 평균 인건비 / 경쟁사 평균 인건비 × 100
	직무교육 건수	인적자원의 경쟁력 향상을 위한 인적자원의 스킬 증대 노력도	Σ(직원대상 직무교육실행 건수)
	노동분배율	원가절감을 위한 노동분배 정도	인건비 / 부가가치액 × 100
	경비절감율	원가절감을 위한 관리비용 절감 정도	{1 − (실적경비 / 예산경비)} × 100
	업무개선 달성도	생산적 조직문화 형성을 위한 업무 생산성 개선 정도	추진실적 / 추진계획 건수 × 100
	문서화 건수	생산적 조직문화 형성을 위한 문서 공식화 정도	Σ(자료 양식의 문서화 건수)

분야	지표명	정의	산식
인사 조직	직무매뉴얼 작성 건수	기술전수를 통해서 매뉴얼 또는 규정, 지침 등으로 형식지화한 실적 건수	Σ(매뉴얼 작성 건수)
	관리제도 구축 및 재설계 건수	관리제도 구축 및 재설계 건수	Σ(관리제도 구축 및 재설계 건수)
	지표 개발 건수	성과지표(KPI) 개발 건수	Σ(성과지표 개발 건수)
	역량모델링 건수	역량모델링 건수	Σ(역량모델링 건수)
글로벌 경영 전략	FTA 분야 제품 개발 건수	FTA분야 제품 개발 건수	Σ(FTA 분야 제품개발 건수)
	FTA 분야 매출 비중	FTA 분야에 의한 매출액 기여비율	FTA 분야 매출액 / 총매출액 × 100
	해외 수출액	FTA 분야에 의한 해외수출액	Σ(FTA 분야 해외 수출액)
글로벌 경영 전략	해외 신규고객 개척 수	신규 해외시장 고객 수주 건수	Σ(신규 해외시장 고객 건수)
	해외 수출 전략 수립 건수	해외시장 진출을 위한 상세 전략 수립 건수	Σ(해외시장 진출 전 전략 수립 건수)
사업 전환	사업전환 제품 개발 건수	사업전환 제품 개발 건수	Σ(사업전환 제품개발 건수)
	사업전환 매출 비중	사업전환에 의한 매출액 기여비율 정도	사업전환 매출액 / 총매출액 × 100
	사업전환 (예상) 영업이익률	사업전환 사업 분야의 (예상)영업이익률 비중	사업전환 분야 (예상)영업이익 / (예상)매출액 × 100

부록

2. 용어집

용어(약어)	풀어쓰기	설명
5M	Man, Machine, Material, Method, Management	제조의 5대 요소(사람, 설비, 자재, 방법, 관리)
5M1E	5M+Environment	제조의 5대 요소에 환경요소를 추가한 것
ALD	Analysis Lead Design	설계 후 해석이 아닌, 해석을 먼저 선행하여 검증 후, 설계를 착수함
AOI	Auto Optical nspection	자동광학검사. 고밀도 회로기판에 있어서 육안검사는 거의 불가능하여 화상처리기술을 응용하여 외관검사를 기계화, 자동화 한 것
APS	Advanced Planning and Scheduling	선행계획을 하여 최상으로 고객요구를 만족시키기 위해 생산자원을 배분하는 시스템
APS	Automated Picking System	주문에 해당하는 제품들을 창고에서 찾아내어 박스에 자동으로 담는 시스템. RFID Tag를 제품에 부착하여 자동화하는 시스템과 자동창고를 이용하는 시스템 등이 있음
AQL	Acceptable Quality Level	합격 품질 수준
Back-Flush		자재관리에서 자재 차감 방법의 하나로 선 집행 후 처리를 하는 방식. 자재를 먼저 사용하고 생산이 되고 나면 제품의 BOM에 있는 자재 수량만큼 재공 또는 재고에서 차감하는 방식
B/A 검사기	Board Assembly 검사기	LCD Module 공정 중 PCB Bonding 다음 공정에서 PCB에 영상 신호를 인가하여 화면의 상태를 검사하는 시스템
BBT	Bare Board Test	전기성능검사. PCB 가공이 완료된 후 회로상의 회로의 단락(Open & Short), 절연간격위반 등 기본적인 전기적 성능을 Multi-Tester로 시험하는 공정
B/L	Bill of Lading	선하증권. 해상운송에 있어서 운송화물의 청구권을 나타내는 유가증권으로서 국제간에 B/L이라고 줄여서 사용됨. 하주의 청구에 의하여 선주 또는 그의 대리인이 발행하는 것으로서 운송화물의 수취 또는 선적을 증명하는 증명서가 되며 해운업자와 하주 간의 운송계약서가 됨
BL/AL/PL	Block / Assembly / Part List	부품을 구성하는 단위로서 Part(부품)보다 Assembly(조립품)가 크고 Block은 Assembly 모음임
BOI	Bill of Information	눈에 보이지는 않지만, 제품을 구성하는 정보로서, 주로 제약, 화학, 금융, 음료, 통신 콘텐츠, 서비스 업종에서 활용
BEP	Break-even Point	손익분기점

용어(약어)	풀어쓰기	설명
BOM	Bill of Material	제품을 구성하는 자재를 기본으로 하여 자재 수량과 자재가 조립되는 순서에 의한 구조를 체계적으로 기술한 것. 구조를 정의하는 방법에 따라서 분류되는데 Indented-BOM, Family BOM, Modular BOM, 목적형 BOM 등이 있음
BOP	Bill of Process	제품을 가공/조립하는 순서대로 공정을 나열하고 공정별 지켜야 할 스펙을 정의한 리스트
BT	Bio Technology	산업현장에서 생물, 특히 세포의 박테리아 이용 기술
CAD	Computer Aided Design	컴퓨터를 이용한 설계 도구. 도면, 응력해석, 간섭검토 등을 컴퓨터 프로그램을 이용하여 수행
CAE	Computer Aided Engineering	컴퓨터를 활용한 해석(구조, 동력학, 유체, 열전달, 진동, 충격, 피로, 파괴 등)
CAM	Computer Aided Manufacturing	컴퓨터를 이용한 생산자동화 도구, CAD를 이용한 설계 Data로부터 생산설비를 자동화하는 형태의 생산), 생산을 위한 설비/치구 준비공정 설계를 포함함
CAPP	Computer Aided Processing Planning	컴퓨터를 이용한 공정설계 도구
CAS	Computer Aided Simulation	컴퓨터를 활용한 시뮬레이션, 조건 설정하에서 동작, 성능, 효과, 간섭, 생산성 체크
CAT	Computer Aided Test	컴퓨터를 활용한 시험, 목표 성능 시험을 조건을 설정하여 컴퓨터에서 시행
CAX	Computer Aided X	CAD, CAE, CAM, CAT, CAS, CAPP 등
CFD	Computational Fluid Dynamics	컴퓨터를 활용한 NC(공작기계)
CE	Concurrent Engineering	동시 병행 개발 설계
CMM장비	Coorinate Measuring Machine	3차원 측정기. 3차원 형상의 치수, 기하학적 편차 및 형상을 측정할 수 있는 장비
CNC	Computer Numerical Control	컴퓨터를 활용한 NC(공작기계)
CIS	Code Information System	Code 정보를 관리하는 기능
Cpk	Process Capability Index	실질적 공정능력지수, 공정 치우침을 포함한 산포 값
Cp	Process Capability	공정능력지수, 공정 치우침을 포함하지 않은 산포 값
Dash-board		기업의 전체적인 운영현황을 실시간으로 한눈에 볼 수 있는 정보 현황판. 재무, 생산, 물류 등의 분야에서 전반적인 위험을 사전에 예지할 수 있음
DCS	Distributed Control System	분산 제어시스템으로 다수의 제어 모듈이 연결되어 대형의 공장이나 시설물의 정보 수집 및 제어를 가능하도록 하는 장비
DFX	Design For X	DFSS(Design For Six Sigma), DFE(Design For Experimental) 등

용어(약어)	풀어쓰기	설명
DMU	Digital Mock Up	흙, 나무, 금속 재료가 들어가는 형태의 목업 대신 컴퓨터에서 시행
DR	Design Review	제품 개발 프로세스 단계별로 다음 단계로 넘어가기 전에 설계 검증을 하는 행위
ECN	Engineering Change Notice	설계 변경된 사항들을 관련 사람들과 부서에 공지하여 알게 하는 행위
ECO	Engineering Change Order	설계 변경 요청에 대한 수락 여부와 대책 수립 후 내려진 지시
ECR	Engineering Change Request	설계 중 또는 설계 후 여러 이유로 인한 설계 변경을 요청하는 행위
EO	Engineering Order	설계 지시 사항
EPC	Electronic Product Code	GSI국제표준본부에서 제정한 RFID Tag Encoding 표준. 한국에서는 의약품을 비롯한 유통상품의 고유 식별용으로는 SGTIN(Serialized GTIN)을, 물류용으로는 SSCC(Serial Shipping Container Code)를 EPC로 Encoding하여 주로 사용하고 있음
ERP	Enterprise Resource Planning	기업자원관리. 재무/회계, 자재/구매, 품질, 생산, 설비 등을 유기적으로 연계하여 관리하는 시스템
F-Cost	Failure Cost	품질 불량, 품질 결함 등 품질상 실패에 의해 발생하는 사내외의 모든 손실비용을 말한다(소정의 품질 수준을 유지하는 데 실패하였기 때문에 생긴 불량품, 불량 원재료에 의한 손실비용)
FEMS	Factory Energy Management System	조선, 자동차, 섬유, 석유화학제품과 같은 제조업 등의 생산시설에서 사용하는 에너지를 최소화하기 위한 관리 시스템. 생산활동 및 시설유지에 사용되는 에너지를 모니터링, 분석, 원격 제어함으로써 에너지의 효율적 사용 도모
FMEA	Failure Mode and Effect Analysis	고장형태 영향분석 방법. 기계부품(시스템요소)의 고장이 기계(시스템) 전체에 미치는 영향을 예측(결과 예지)하는 해석방법으로, 기계부품 등의 기계요소가 고장을 일으킨 경우에 기계 전체가 받는 영향을 규명하는 방법론
FPCB	Flexible Printed Circuit Board	연성 PCB. 유연성이 있는 절연기판을 사용하여 구성한 회로기판. 작고 가볍고 휘어진다는 장점을 가지고 있기에 주로 소형 가전기기에 많이 쓰임
GAAP	Generally Accepted Accounting Principles	'일반적으로 인정된 회계원칙(Generally Accepted Accounting Principles)', 회계규정 자체, 구체적인 회계 실무 지침, 또는 실무로부터 발전되어 광범위하게 인정되는 회계기준
G/I	Goods Issue	상품 출고
G/L	General Ledger	총계정원장. 기업 회계상 모든 계정의 수입과 지출 등을 수록한 장부

용어(약어)	풀어쓰기	설명
GMP	Good Manufacturing Practice	의약품 및 의료기기의 제품 품질에 이상이 발견되었을 때 원인을 정확히 규명하고 재발을 방지하고 환자들에게 안전하고 질 좋은 의약품을 공급하기 위해 마련된 제도
G/R	Goods Receipt	상품수령 또는 상품수령서
GS1	Global Standard #1	유통물류를 비롯한 전 산업에 사용되는 상품 식별용 국제표준(바코드, RFID, GDSN 등)을 제정하고 관리하는 기구. 현재 108개 국가가 참여하고 있음
GS1 데이터매트릭스	GS1 Datamatrix	데이터매트릭스는 매트릭스형의 2차원 바코드로서 정렬된 네모난 모듈들의 집합. 데이터매트릭스에는 여러 가지 버전이 있지만 Functional을 포함한 GS1의 데이터 구조를 표현할 수 있는 유일한 버전인 ECC 200(ECC=Error Checking and Correction) 버전이 GSI 데이터매트릭스로 사용됨
HMI	Human and Machine Interface	기계의 상태나 제어를 컴퓨터 화면으로 표시하여 쉽게 기계를 관리할 수 있도록 한 프로그램 및 컴퓨터 장비
ICT	Information Communication Technology	정보 통신 기술
ID	Identifier	식별자, 사물을 식별하는 표시이며 숫자나 알파벳을 주로 사용함. IoT의 개념으로는 사물마다 개별적 식별이 가능한 고유식별자를 사용함
IFRS	International Financial Reporting Standards	IFRS는 국제회계기준의 약자로 국제 민간회계사 단체인 '국제회계기준위원회(IASB: International Accounting Standards Board)'에 의해 작성 및 공표되는 회계기준
Inter-Lock		기계 각 부분의 작동이 정상적으로 작동하는 조건이 만족되지 못하는 경우에 기계적, 유·공압적 등의 방법에 의해 자동적으로 그 기계를 작동할 수 없도록 하는 기구 또는 안전장치
IoS	Internet of Services	서비스 활동을 고유 식별체계로 인식하고 인터넷으로 정보를 교류하는 개념
IoT	Internet of Things	사물인터넷. 인터넷을 기반으로 모든 사물을 연결하여 사람과 사물, 사물과 사물 간의 정보를 상호 소통하는 지능형 기술 및 서비스
IP	Internet Protocol	인터넷상에서 컴퓨터 간에 대화를 나누는 데 사용되는 프로토콜
L/C	Letter of Credit	신용장. 상품의 수입업자가 수입상품 대금에 대하여 자신의 외환거래 은행으로부터 대금지급을 보증 받아 수출업자에게 상품의 선적 전에 제시하는 검증서류
M.Sheet	Mill Sheet	검사증명서. 실제 Mill Test Certificate라고도 하며, 제품 9자재)에 대한 모든 생산 이력을 담고 있으며 자재의 출생신고서라고 생각하면 됨

용어(약어)	풀어쓰기	설명
MRP	Material Requirement Planning	자재소요량계획으로서 제품(특히 조립제품)을 생산함에 있어서 부품(자재)이 투입될 시점과 투입되는 양을 관리하기 위한 계획 또는 시스템
MTBF	Mean Time Between Failure	평균 고장발생시간 간격
MTO	Maker to Order	주문 이후에 생산을 시작하는 방식
MTS	Maker to Stock	고객주문을 예측하여 먼저 생산하는 방식
MTTR	Mean Time to Repair	고장이 나서 수리 완료할 때까지의 평균 시간
NC	Numerical Control	복잡한 형상의 제품을 가공하기 위하여 형상 Data를 수치로 표현(변환하여)된 전자정보를 이용하여 가공하도록 만든 가공설비
NT	Nano Technology	원자나 분자를 조합하고 변경함으로써 새로운 소재나 장치를 만들어 내는 신기술
PCB부착	Polychlorinated Biphenyl	LCD에서 PCB를 부착하는 공정
PDM II	Product Development Management	제품 개발 유형(선행 연구개발, 상품개발, 부분 파생 개발, 양상 개발 등)에 따른 프로세스를 모델링 및 WBS화하여 Template화 하여 신속한 개발 전개 및 관리
Pegging		MRP 전개 후 특정 품목이나 주문의 진척상황을 추적하는 행위와 추적 후 상황의 변화에 대응하여 Lot 또는 품목을 조정하는 행위까지 포괄적으로 사용됨. 대표적인 Pegging 개념들은 다음과 같음 • 특정 주문물량과 BOM상의 품목들의 생산진척 현황을 추적하는 행위 • MRP 전개 후 특정 품목이 BOM 상에서 언제, 어떤 부품(또는 제품)을 만드는 데 사용되는지를 확인하는 행위 • 지연이 예상되는 주문의 납기를 맞추기 위하여 선행 생산된 동종의 완제품 또는 반제품의 Lot의 일부분 또는 전부를 대체하는 행위
PLC	Programmable Logic Controller	제어로직 프로그램을 실행할 수 있도록 고안된 시스템으로서 제어를 위한 입출력 장치를 포함함
PDM	Product Data Management	제품개발의 정의에서부터 개발, 설계, 제조, 출하 및 고객서비스에 이르기까지 전반에 걸친 제품정보를 통합관리하는 시스템. 최근 PLM(제품수명관리)까지 개념이 확장됨
PLM	Product Lifecycle Management	제품 설계로부터 최종 제품 생산에 이르는 전체 과정을 일괄적으로 관리하는 시스템으로서 제품 부가가치를 높이고 원가를 줄이는 것을 목적으로 함
PO	Production Order	생산지시
POL	Polarizer	편광필름
POP	Point of Production	현장에서 생산 시작과 종료 데이터를 수집하는 수준의 제조현장관리시스템

용어(약어)	풀어쓰기	설명
Profit Center		이익 창출 책임 부서(주로 단위조직을 의미함)
PSR	Photo Imageable Solder Resist	불변성 잉크도장. PCB제작 공정 중 일부공정으로 동박회로 간 Solder Bridge(땜납걸침)현상 방지하기 위하여 실시함
QMS	Quality Management System	품질경영시스템
R&D	Research and Development	연구개발. 인간·문화·사회를 망라하는 지식의 축적분을 늘리고, 그것을 새롭게 응용함으로써 활용성을 높이기 위해 체계적으로 이루어지는 창조적인 모든 활동
RFID	Radio Frequency Identification	IC칩과 무선을 통해 식품·동물·사물 등 다양한 개체의 정보를 관리할 수 있는 인식기술. 전자태그, 스마트 태그, 전자 라벨, 무선식별 등의 이름으로 명명됨
RFQ	Request For Quotation	견적요구의뢰서. 수요자가 견적을 의뢰할 제품에 대해 품명, 사양, 수량에 관해 기술하여 견적조건을 정하여 주면, 공급업체에서는 검토 후, 단가와 납기 등 견적서를 작성 제출
ROP	Reorder Point	자동 재주문량 설정에 의한 주문관리
Router		PCB 생산의 품질 및 생산성 향상을 위해 사용한 Working-Pannel(작업패널)을 고객이 요구한 최종의 제품 사이즈와 모양으로 만들기 위해 외형을 가공하는 기계
RPCB	Rigid Printed Circuit Board	경성 PCB. 단단한 재질의 절연기판을 가진 회로기판. 일반적인 회로기판으로 전자부품을 기계적으로 고정시키거나 배선의 역할을 함
SE	Systems Engineering	각종 구성요소가 하나의 유기적 질서 아래 결합되어 일정한 투입을 하면 그에 따른 산출이 생기는 처리 과정의 체계
SMT/SMD	Surface Mounting Technology / Surface Mount Device	표면실장기술. 전자기기 조립을 자동으로 실행하는 장치를 총칭한다. 인쇄회로기판(PCB) 위에 반도체, 다이오드, 칩 등을 다수의 장비로 실장하고 이를 경화시키는 기능을 수행하는 기술. SMT를 구성하는 장치의 기계들의 총칭
SOP	Standard Operation Procedure	표준 운영 절차
SOP	Start Of Production	제품을 개발하여 시생산 완료 후 정식으로 판매를 위한 생산 시점
SPC	Statistic Process Control	통계적 기법을 이용한 공정관리. X-bar관리도, Cpk등의 통계적 수단에 의한 공정상황 모니터링 및 수준 측정
ST	Standard Time	표준작업시간
Sub-Zero 설비		열처리 공정 중 0℃보다 낮은 온도로 열처리하는 설비
TAB검사	Tape Automated Bonding	LCD에서 Tape 부착 후 제대로 부착되었는지 검사하는 공정

용어(약어)	풀어쓰기	설명
TAB부착	Tape Automated Bonding	LCD에서 부품을 Tape로 부착하는 공정
TT	Tact Time	1일 생산시간을 고객요구 수량으로 나눈 값으로 1단위 공정 작업시간
TTM	Time To Market	시장에 제품을 판매하기 위해 설정한 목표 시점
V/M	Vision Machine	카메라 영상장치. 카메라로부터 얻은 영상정보의 분석 처리를 통해 제품의 불량 유무를 판단하고 분류하는 비전검출 장치. 다량의 제품을 빠르고 일관성 있게 검사함
VMI	Vender Managed Inventory	고객사의 창고 또는 공정 내에서 자재 공급사의 관리하에 자산으로 운영되는 자재
W/C	Work Center	한 기업의 작업관리의 최소단위
W/O	Work Order	작업지시
WBS	Work Breakdown Structure	업무 행동을 분류 및 분해하여 단위별로 관리하기 위한 기법
Xbar-R관리도	Xbar-R Control Chart	Xbar: 평균(일정 시간 내의 측정값의 평균) R: 범위(일정 시간 내의 측정값의 최대치와 최소치의 차이) 일정 시간단위로 평균과 범위를 계산하여 그래프로 표현하고 관리상한과 관리하한을 두어 범위 이탈 여부를 모니터링하는 방법
그룹웨어	Groupware	기업, 기관, 단체의 구성원들이 컴퓨터로 연결된 작업장에서 서로 협력하여 업무효율을 높이기 위하여 사용하는 소프트웨어(전자게시판, 전자결재, 전자우편, 데이터/파일 공유, 전자회의 등지원)
비즈니스 모듈	Business Module	공장, 기업 등의 비즈니스 단위
빅데이터	Big Data	다양한 비정형 데이터를 포함한 방대한 데이터(수천 테라바이트 정도)가 몇 초에서 몇 시간 내에 생선/유통되어 기존 방식으로는 분석이 어려운 데이터 집합
서열관리	Sequence Management	조립의 순서대로 부품을 순서에 맞추어 납품 및 투입하는 체계. 주로 자동차 조립라인에서 하는 공정물류 관리기법
초중종물 관리		작업 중 일시정지 후 작업을 개시하거나 작업조건, 방법, 내용이 변경될 경우 최초의 초물과 중·종물의 품질확보 및 공정의 보증을 위하여 실시하는 기법
필드버스	Fieldbus	생산 현장에서 사용되는 PLC나 PC 기반의 하드웨어 통신 제어시스템
What-if분석		What-if 분석은 정확하게 구조화되어 있지는 않고, 공정이나 운전방법 등 문제점에 대하여 여러 가지 위험을 가정한 질문으로 난상토론을 통하여 검토해 가는 위험 확인 기법

참고문헌

고민정, 4차 산업혁명과 스마트 기술의 이해, 배움터, 2018.7.18.

권철오, PLC 자동화 응용기술, 태영문화사, 2014.8.10.

김동철, Big Data Blog 빅데이터 삐딱하게 보기, 데이터솔루션, 2016.11.30.

김두경·국오선, ERP시스템 활용과 CRM의 이해, 사이버출판사, 2008.2.

김영렬·한대문, ERP 전략 & 회계정보시스템, 한올출판사, 2008.1.

김용철·안종덕·함호종, ERP실무, 우용출판사, 2009.8.

김은 외, 4차 산업혁명과 제조업의 귀환, 클라우드나인, 2017.8.14.

김종식, 제어시스템공학, 북두힐, 2017.8.25.

김종오·지일구, 알기쉬운 최신 센서기술, 복두출판사, 2015.9.15.

김창봉·여경철·남윤미, 4차 산업혁명 시대의 Global SCM, 박영사, 2018.5.

김태규 외, SPC·SQC, 민영사·한국품질재단, 2012.9.12.

김태수 외, 작업관리론, 북스힐, 2001.3.1.

김한근·박선국, 센서공학 개론, 기전연구사, 2018.8.29.

김희경·성은숙, BSC 실천 매뉴얼, 시그마인사이트, 2001.9.

문일경 외, 생산 및 운영관리, 생능출판사, 2018.1.3.

민경식, 사물인터넷(Internet of Things) Net Term, 한국인터넷진흥원, 2012.6.

박석하 외, 녹색물류, 한국표준협회미디어, 2011.6.20.

박진영, 스마트제조 기술의 이해, 한경사, 2020.6.25.

박진영, 서비스 품질비용 측정과 관리, 서비스전략경영연구소, 2010.7.10.

박진영, 6시그마 추진매뉴얼 따라하기: 제조편, 서비스전략경영연구소, 2003.6.3.

박진영, 6시그마 추진매뉴얼 따라하기: 서비스편, 서비스전략경영연구소, 2003.8.9.

박형호 외, 생산운영관리, 도서출판 청람, 2021.3.20.

방희석·이규훈, 물류관리론, 동성사, 1999.2.25.

스마트공장 기술개론, 중소벤처기업부 외, 2018.04.

스플렉스, '사물인터넷', 'http://www.splex.co.kr/사물인터넷-iot' 로봇 이슈 & 트렌드, 한국로봇산업협회, 2017년 제2호

야마타 타로우, 김지관 역, PLM전략, 한국표준협회컨설팅, 2006.12.

이상문, 생산관리, 형설출판사, 2010.3.12.

이상범, 현대 생산·운영관리, 경문사, 1998.1.18.

이상복·신동설, QFD 이론과 사례, 이레테크, 2008.10.1.

이순룡, 제품·서비스 생산관리론, 법문사, 1998.3.12.

이문규·안광호·김상용, 인터넷 마케팅, 법문사, 2004.

정용욱·정구섭, 제어시스템공학, GS인터비전, 2014.8.20.

정완보, 기초부터 시작하는 PLC, 한빛아카데미, 2017.4.28.

한국경제, 삼성전자판 '로켓 배송'의 비결, 2019.10.7.

한국표준협회, 설비효율화를 위한 개별개선 실무, 2007.4.1.

한국표준협회, 자주보전 1~3스텝 마스터, 2005.3.1.

한국표준협회, 자주보전 5~7스텝과 TPM Part II 입문, 2004.8.11.

한국표준협회, 계획보전 추진실무, 2003.3.24.

한글글꼴용어대사전, 바코드, 2000.12.25.

함유근·채승병, 빅데이터, 경영을 바꾸다, 삼성경제연구소, 2013.6.20.

A Cyber-Physical Systems architecture for Industry 4.0-based Manufacturing Systems, Lee. Jay ; Bagheri, Behrad ; Kao, Hung-An, Manufacturing Letters. 3:18-23, January 2015.

Digital Transformation of PLM to enable Intelligent System & Life Cycle Engineering, PLM 2017 Conference, 2017. Jul. 10, Seville, Sweden.

F.Robert Jacobs, Richard B. Chase, 김연성 외 역, 생산운영관리, 한경사, 2021.1.5.

james M Morgan and Jeffrey K.Liker, 박정규 역, 도요타 제품개발의 비밀, KMAC, 2008.7.1.

Karl T. Ulrich and Steven D. Eppinger, 김재정 외 역, 제품개발론, 한올출판사, 2004.1.15.

Koren. Y., The Global Manufacturing Revolution-Product-Process-Business Integration and Reconfigurable Systems, Hoboken, NJ, Wiley, 2010.

Michael E. Porter, 경쟁우위, 조동성역, 교보문고, 1991.10.26.

Norton, D.P. and Kaplan, R.S., "Using the Balanced Scorecard as a Strategic Management System", Harvard Business Review, January-February, 1996, pp.75-85.

Norton, D.P. and Kaplan, R.S., 송경근·성시중역, 가치실현을 위한 통합경영지표: BSC, 한언, 2002.5.

Norton, D.P. and Kaplan, R.S., 갈렙ABC역, Strategy Maps, 21세기북스, 2004.4.

pmg 지식엔진연구소, 바코드, 시사상식사전

Towards a Definition of the Internet of Things(IoT), Revision 1 — Published, Roberto Minerva, Abyi Biru, Domenico RoTondi, 27 May 2015, IEEE Internet Initiative.

https://naver.com [네이버 지식백과] 디지털 트윈 (시사상식사전, pmg 지식엔진연구소)

https://naver.com [네이버 지식백과] 인공지능 (4차 산업혁명, 2016.10.20., 김대호)

https://naver.com [네이버 지식백과] 인공지능 - '스카이넷'의 시대가 올까?

https://naver.com [네이버 지식백과] 인공지능 [artificial intelligence, 人工知能]

https://naver.com [네이버 지식백과] RFID [radio frequency identification]

https://naver.com [네이버 지식백과] 사물인터넷 [Internet of Things] - 사물과 사물이 인터넷으로 대화를 나눈다 (용어로 보는 IT, 이지영, 블로터)

https://naver.com [네이버 지식백과] 인간을 닮아가는 로봇, 휴머노이드 (훤히 보이는 지능형 로봇, 2008.12.31., 이재연, 정인철, 박천수, 박승환, 장철수, 정연구)

https://naver.com [네이버 지식백과] 바코드 [barcode] (한글글꼴용어사전, 2000.12.25., 세종대왕기념사업회)

https://naver.com [네이버 지식백과] 가상물리시스템 [Cyber Physical System] (두산백과)

WhatIs.com

Wikipedia

찾아보기

ㅇ

ㅈ

ㅊ

ㅋ

ㅌ

ㅍ

ㅎ

기타

A

B